マルグリット・ド・ヴァロワ

マルグリット・ド・ヴァロワ

——一人の女性の物語、一つの神話の歴史

エリアーヌ・ヴィエノ
鍛治義弘訳

水声社

目次

よき王ダゴベールは
半ズボンを逆さに履いた
でも知らないからじゃない
誓って言うが
この王がよりご立派な
他の冒険をしたからさ
俺の言うことが本当さ
こんな風に歴史は書かれるのさ
――シャルル・トレネ「ダゴベール王」

凡例

一、原書におけるイタリック体は、原則として傍点で表記した。

一、原書における引用中での原著者による補足は［　］で示し、訳者による補足および訳注（割注）は、〔　〕で示した。

序論

なぜまたマルグリット・ド・ヴァロワの新しい伝記なのか。アンリ四世の最初の妻にもっぱら関わるフランス語の作品を数えるだけでも、二十世紀には既に十一の伝記が書かれ、最後の二作品は一九八五年と一九八八年刊である。この好色でコケットなマルゴ王妃について全てが言い尽くされてはいないのだろうか。いや反対に、この女性についての書物が出ればでるほど、この歴史上の人物からより遠ざかるというのが、逆説的に思われようが、しかしながら事実なのだ。実際、マルグリットに関して真面目に取り組まれた最後の作品は一九二八年刊のものであるが、とても満足のいくものではなかった。それ以降、せいぜいそれを繰り返すだけで、最悪の場合それを無視している。大抵はできあがった伝説を飾ることで満足し、その伝説は百五十年前からルネサンスの最も偉大な王女の一人に関する知識考察に取って代わっている。

それというのもマルグリット・ド・ヴァロワは真の研究の対象と見なされなくなったからである。いつからだろうか。それを言うのは難しい。一八四五年、アレクサンドル・デュマの『王妃マルゴ』が出版されたとき――この小説は最も博識な研究まで「汚染」することになる――カトリーヌ・ド・メディシスの末娘はすでにフランス史で最も有名な人物の一人であり、その思い出は様々な伝統によりすでにかなり歪曲されていた。諷刺文書作者、歴史家、そして小説家、劇作家、詩人、台本作者、政治家は、何代にもわたって、あるものはこき下ろすために、またあるものは誉めそやすために、この女性を横取りし、それぞれは理解するのではなく、象徴として把握して、その時代社会において、自らの信じる、そしてこの王妃が例として役立ちうる闘いを行おうとする。

何の象徴だというのか。多分それこそマルグリット伝説の最大の説明となるものだ。マルグリットは非常に多くのことを表していた。サン・バルテルミーの大虐殺を始めた永遠に罪のあるあのヴァロワ＝メディチ家の一員だった。何世代ものあら探し屋と外国嫌いにとっては、フランスにイタリアの「退廃」――エロス、ホモセクシャル、梅毒――を移植したことで、また有罪である。ジャン＝ピエール・バブロンの文によれば、「上流の女性が西洋世界を（占めていた）時期」に王妃であり、自分の役割を果たすことを止めなかった。外交官として、不平党〔マルグリットの弟アランソン公フランソワを中心に結成された党派〕の仲間として、王権に対立する者として、ブルボン王朝初期を支持するものとして役割を果たした。当代の最大の文芸保護者の一人であり、ネオプラトニスムの司祭、田園詩のフランスへの導入者、マレルブ論争の鼓吹者であった。そしてさらにそれ以上だった。対抗宗教改革を作り出した人、作家、独立した女性、博識で、生涯の終わりには、フェミニストでさえあった。

歴史におけるヴァロワ家あるいはブルボン家の役割、君主制の合法性、貴族の役割、カトリックの有用性、女性の教育権、両性間での政治権力の分割に関する各人の意見に応じて、マルグリットには多くの敵がいることだろう。しかし賛美者もまた多く存在する。十七世紀初頭から大戦まで、ナヴァールの最後の王妃に夢中になった。礼賛者とけなす人の間で、マルグリットは「動物」あるいは「軽信家」として扱われ、相矛盾する資料が振り回され、主張をよりよく証明するために情報源が偽造され、お互いに叫びあった。一致したことは何一つない。政治的役割でも、私生活でも、証言の価値についても。しかし『回想録』は読まれ、当時の最も興味深く最もよく書かれたものに数えられたのだった。

この情熱は枯れてしまった。二十世紀は、あらゆるジャンルの研究に熱中しているが、フランスルネサンスが提供した最も精神的で最もおしゃべりでない作家の一人の作品を読むのを放棄したように、アンリ四世の最初の后が誰であったのかを理解するのを放棄したように思われる。二十世紀にはマルグリットについて、途方もなく軽率なこと、この上ない下劣な言葉が書かれるがままになっていて、誰もほとんど気を悪くすることがない。今日では現代人が知っているのはマルグリット・ド・ヴァロワではなく王妃マルゴである。とはいえデュマの小説におけるマルゴなのかは確かではなく、『フランス史の恋の話』は四十年前から非常に売れ——そこではマルゴは主要な「ヒロイン」の一人である——大小の歴史家がこの事実、噂話、幻想の奇妙なごたまぜと喜んで競っている。この二十世紀の末には王妃に関する「知識」はほぼ次のように要約されると言えよう。文芸を愛した、陰謀を愛した、しかしそれ以上に男たちを愛した、そして三人の兄弟たちをも愛した、と。

ときには、より深刻な主題を扱う書物の二つの文の間で、碩学が抗議する。いや、王妃はそれだけではなかった。いや、言われるほど腹黒くはなかった。いや、多分余りに男を愛しただろうが、兄弟は違う。それより先に行くものは稀である。確かに、山とある本当らしくないことや中傷は疑わしいが、真面目に問題に取り組まねばならない、そしてまさしく、マルグリットは真面目な主題ではなく、最早そうでない。それに、これらの中傷や本当らしくないことにずっと以前から導いている、押し寄せる資料を前にして、どこから始めるべきなのか。さらに、こうした評判には、実際、何かしら本当のところはないのだろうか。研究が——必然的に長くなるだろうが——何らかのさらなる「手紙」、少なくとも何らかの愛人にしか行き着かないなら。それなら、物笑いになる危険を犯して、明白な力を持つ神話になぜ取り組むのか。そんなことはやめて、慎重に本題に戻る方がよいだろう。

しかしながらそう見える以上に危険な企ては興奮させる。第一にマルグリットは孤立したケースでないから。マルグリットは歴史が罵倒するのを止めなかった家系に属しており、今日、ようやくその不正が検討され始めた。母、カトリーヌ・ド・メディシスが十九世紀の中ごろから名誉回復を始めたなら、兄アンリ三世は、死後横たわっていた底なしの穴からおずおずと出るのに、二十世紀の前半を待たねばならなかったし、本当の初めての伝記が書かれたのは一九八〇年代でしかない。また同様に兄のシャルル九世はまだそうではないが、その名誉回復はサン・バルテルミーの何人かの歴史家によって近年始められた。末弟のアランソン公フランソワに関しては、あまりに忌まわしい評判を疑わしく思い始めているのは、まだ少数の碩学だけだ。マルグリットのイメージの回復は従ってルネサンスに関する研究の近年の更新に結びついており、長い間伝記の代わりとなった愛人のリスト以上に、そこに発見すべきことがあるのはいささかの疑いもない。

マルグリットはまた、過去の政治的、文化的生活で女性が占めていた位置の、その幅はまだ想像できないが、再発見に結びついている。私は「再発見」と言ったが、十六世紀史の貴族政での役割はヴァロワ家の君主の役割に反しており、この役割は情念が消え去り資料が忍耐強く明るみに出された後で、ようやく党派的分析から解放されえたのであり、貴婦人の役割はまず現実に経験されたこと、次に実際に知られていることであった。そしてこの知識は消えてしまった。さて、記憶の消失は、ここでもあそこでも、その役割を果たしたとしても、この消失に責任があるのではない。この知識はさまざまな、繰り返される、一貫した攻撃の対象であったのであり、その攻撃は、それをくじき、次いで無効にすることを狙っていた。ジャクリーヌ・ド・ロンウィ、ルイーズ・ド・クレルモン＝タラール、アンヌ・デステ、あるいはクロード＝カトリーヌ・ド・ダンピエールの痕跡を探すために、カトリーヌ・ド・メディシスの周囲で三十年間この女たちがどのような役割を果たしたかを理解するために、今日フランス史を繙いても、空しく目を疲れさせるだけである。三世紀もの間これらの名を消すために努力がなされ、ギーズ、コンデ、ロアン、ユゼス、レの女性たちのかつての力が持ちえた思い出まで消し去った。マルグリットを再発見するのは、従って世界全体を再発見することであり、その歴史は長い間孤児である。

それはまた時間旅行でもある。実際、その人となりに関して発せられた最初の論に遡り、誰が、いつ、なぜそれを作ったかを問うことなしには、この女性がどういう人であったのか知ることはできない。どのようにしてこれらの最初の意見が知られ、受けいれられ、退けられ、忘れられたのかを理解しようとせずに、どのように、いつ、何から、何の目的で他の意見が形成されたのかを理解しようとせずには、できない。そしてこの調査は、非常に面白く、探求の最も現代的な関心に呼応する。というのもこの堆積の過程を追うのは、マルグリットの物語がどのように作り上げられたかを単に把握することではなく、さらに、非常に具体的に、どのように歴史が形成され、書かれ、変形され、再び創造されるかを把握することでもあるのだから。どのように知識が偽りの知識となるか、どのようにイメージは「知的な著作」と「民衆的著作」の間で、歴史と文学の間で、文学と二次的な文学の間で行き渡るか、いかにして知識は変形し、各時代の関心に応じて軽くなりあるいは豊富になるか、いかにして神話が誕生するのかを把握することである。この意味で、この王妃は単なる一事例に留まらない。王妃は多分、同じスケールの他の人物、特に他の女性に何が起きたのかを理解することを可能にするモデルである。

次に、はっきり言わなくてはならないが、企ての中心には、何よりもマルグリット自身がいる。個人として、複雑な、驚くべき人柄で、時には途轍もないが、特に才能のある作家、回想録作者、弁護人、書簡作家、女流詩人である。後者の特徴がなければ、前者の特徴は実際どうなるだろう。エピナル画のイメージ、歴史書の活気のない姿で、時々、学者が、辛うじてかき乱す。疑いもなく、マルグリットがこれほど著名であり続けるのは、書いたから、何世紀も、『回想録』の熱い皮肉な声を聞かせるからであり、その声は弁護の高慢な声、その書簡の交互に快活な、おもねる、強情な声、その詩の甘い嘆く声で、要するにマルグリットを旧制度の最も魅力のある作家の一人とする、あの模倣できない声だ。

この声をマルグリットの生涯に全面的に当てたこの書の前半で多く聞くだろう。第一に王妃が自身の主要な証人であるからだ。次に、『回想録』がよく知られているとしても、マルグリットの書いた残りのものはずっと、あるいはまったく知られていないが、それらは多面的なこの人格について欠くべからざる解明を提供するからだ。最後に、これらの引用は王妃の文体、王妃のいくつもの文体についてイメージを抱き、作品の深い統一を把握することを可能にする、少なくとも私はそれを希望するからだ。もちろん、それが唯一の接触の方法ではないだろう。王妃の言葉は、可能な限り、同時代人の言葉と比べられ、後代がなした研究の批判を受けるだろう。この交差は、大抵、王妃の供述の信頼性と、言い落とし、あるいは偽りの理由を明らかにするだろう。歴史の代わりになることはないが、この研究は、マルグリットが生きた、それを考慮しなかったならいかなる点で階級、性、環境に適合したのか、そしていかなる点で深く独創的であったのか分からない、政治的、社会的、イデオロギー的、道徳的文脈を注意深く再構成するだろう。

この声はこの著作の第二部では黙し、王妃をいつも間近に知っていたわけでないが、それでも王妃について語っている者の無数の著作に場を譲るだろう。嘲弄する者たち、パンフレット作者、近い、あるいは遠い証言者、公式の歴史を作るために正当に報酬をえている歴史編纂官、真実を追求する哲学者、才能のある、あるいはない夢想家、最善の、あるいは最悪の意図に駆り立てられた伝記作者、偶然に出会った見知らぬ友、あるいは敵。そこでもまた引用は多いが、これらの人たちの声を聞くためであり、この人たちの考え、賞賛あるいは呪詛を要約しては効果がなかっただろうからだ。第一に、私の言うことは信じられなかっただろう。第二に、あちらで書き写された文からこちらで繰り返された言葉へ、王妃の伝説が形成された信じがたい織物をたどれなかっただろう。

各時代が「それぞれの」マルグリットをどのように再発見したかが観察されるためには、もちろん年代順に取り掛からなくてはならなかった。取り上げた時代区分は伝統的に歴史家が基づくものである。それは便利な枠組みで、そのうえこの神話の進化の大きな段階に見事に対応している。これらの大きな時代の内部に、より細かい分割がなされるが、この過程が最も理解しやすいのはほとんど「世代」の点においてであるからで、一つの年齢層の確信と情熱は次の層では理解不能になる。他方、ジャンルの再統合も、知識の各分野に固有の論理の把握が可能になるようになされたが、そのどれもが、他の分野に対しても、社会全体に対しても、「遺漏」のないわけではない。

私は、私より前にマルグリット・ド・ヴァロワに関して意見を表明した大部分の注釈家のイデオロギー的読みを告発するが、もちろん、私自身が個人のイデオロギー的読みを行うことを、私の著作で、私の時代の、私の社会集団の、私の性のものである問い、仮説あるいは位置取りに導かれたことを意識している。少なくとも、私は、マルグリットの再評価を呼びかけ、マルグリットのヴェルチュガダン〔十六、十七世紀にスカートをふくらませるために用いた円い腰枠。そこにマルグリットは愛人の心臓を入れていたのではないかと言われた〕の秘密よりもむしろ政治的文学的能力に注意を引くことで、過小評価する伝統に反対し、私たちの過去の、より複雑な――より興味深くもある――再構成に与ろうとする気持ちを抱いている。王妃の著作が再発見され、研究され、決してマルグリットの場所であることを止めなかったであろう場所に、マルグリットがかくも名誉となる、わが国の文化的遺産を再統合するために、今日この再評価が必要である。

マルグリットに席を譲る前に、この研究期間に私を助け、力づけ、支持してくれた何人かにここで感謝することを許されたい。まずは博士論文の指導をされたマドレーヌ・ラザールに。彼女はこの研究の道に私を向けたのみならず、私の興味が向かうところに行かせてくれた。次に私の博士論文の審査員であったジャン・バルサモ、マリ＝マドレーヌ・フラゴナール、アラン・ヴィアラに。彼らは出版に相応しくなり、常に改善するように、私の注意を私の著作の不備、さらに欠点に向けてくれた。最後に、ジョエル・ヴィエルに。彼女は辛抱強くこの本のページを読み返し、なお手直しすべきことを正当にも際立たせてくれた。ここには挙げない人々と同様に、この人たちが私の感謝の表現を受け取られるように。

第一部　一人の女性の物語

序章

王の娘あるいは王妃の娘

一五七七年九月、マルグリット・ド・ヴァロワは弟のネーデルラント王位への志願を擁護しに出かけたフランドルへの外交のための旅行から戻るところだった。ディナンへの入市にあたり、お供が通過するのを妨げようと過度に興奮した市民に留められる。マルグリットは、少し前から、この地方で暴動が増加していることを知っていたが、ここではさらなる警戒の理由が付け加わる。それは市の選挙の夕べで、住民は選ばれた者を陽気に祝い、その多くの者は酔っていた。マルグリットは群集に取り囲まれる。「わたしは輿のなかで立ち上がり、マスクを取り、もっとも身分の高い者に話したいと合図をして、この者がわたしのもとに来ると、わたしの声が聞こえるように、静かにさせるように頼みました。どうにか静かになると、わたしがだれかを、そしてこの旅の理由を述べました。」〔『マルグリット・ド・ヴァロワ回想録』鍛治義弘訳、水声社、二〇二三、九五—九六頁。以下『回想録』翻訳への参照はこの版により頁数のみ記す〕人々はついに通過させる。町の中で、少し行ったところで、騒動が再び始まる。一団の中に、ディナン市の仇敵である、リエージュ司教区の隊長の姿を認めたのだ。群集が捕らえたく思っている古老で、王妃は隊長を急いで宿舎に入らせ、町役が早く介入することを要求する。町役たちは到着すると、「すっかり酔っ払っていて、自分で言っていることが分かりませんでした。」マルグリットはこの者たちを宥めようと務め、「この隊長がこの町の者たちの敵だとは知らなかったのだと確信させて、諸州同盟のすべての主だった領主の友であるわたしのような身分のものを侮辱するのはどれほど重大かを説き、ララン伯爵殿と他のすべての指導者たちはこのようなもてなしをわたしに対してするのは大変よくないと思うだろう、と言いました。ララン殿の名が口にされるのを聞くと、態度をがらりと変えました。ララン殿にわたしが関係するすべての王以上の敬意を示し、この者たちの中の最も年上の者が、微笑み、口ごもりながら、それではララン伯爵様のご友人なのですか、と訊きます。キリスト教世界のすべての大立者以上にこの伯爵との縁戚が役立つと分り、わたしは答えました。『ええ、友人であり親族でもあります。』するとこの者たちは、うやうやしくお辞儀をして、手を差し出し、無礼であったのとのと同じくらい慇懃さを見せました。」〔九六—九七頁〕

マルグリット・ド・ヴァロワの『回想録』のこの一節は、マルグリットが王家の縁戚関係を想起させる他の多くの箇所同様、この王女の途轍もない自惚れの証拠としてしばしば伝記に現れる。そういう読み、そういう理解は拙劣である。そこでも、他の箇所でも、マルグリットは自分の身分に尊大ではない。この挿話を語りながら自慢しうる長所があるならば、それは脅迫する群集に直面した勇気、かつて一度も経験したことのない――宮廷での陰謀しか知らなかった――状況での落ち着き、臨機応変である。マルグリットは本気でいっているのではない。語りかけているブラントームには想像できないと思われること、確かに、仰天させるであろうことを話したいのだ。姻戚関係のある王の名前をいろいろ挙げることとは、このフランドルの市民たちには、ララン伯に言及するほどの効果はないのだ。このシーンが重要なのは、まずは、マルグリットの途方もない「血縁意識」、アルレット・ジュアナの表現を借りるなら、選良の間に生まれ、輝かしい系譜の子孫であるとの揺るぎのない確信を計ることを可能にするからである。自分が何者かを言うこと、何より、出自を言うことだが、それはお守りを振りかざすことでもある。マルグリットは「キリスト教世界の大立者」の「一員で」あり、それゆえ非難されえない。一生涯、マルグリットは自己のこの高い評価を考慮して行動するだろう、自らの名前、家、先祖に与えられるべき敬意を考慮して。慎重さのためにこの誇り高い信念を括弧に入れるよう要求される時でも。そしてそれは正当だと思わなくてはならない。というのもこの態度により、結局、生涯のあちこちにある罠に勝利することができるのだから。

その上、マルグリットの表現はそれほど極端ではない。最後のナヴァール王妃は実際フランス王政の最も輝かしく最も名高い家系が交わる点におり、多くの王の継承者あるいは縁戚であると自慢するのもそれなりの理由はある。各自が判断されたい。マルグリットは、フランソワ一世の孫であり、自身では知らなかったが、この王に似ており、顔を落ち窪ませた病気の後、自身の鼻が長いのを見て笑うだろう。そして恐らくフランソワ一世から芸術への愛と建築趣味を受け継いでいる。マルグリットは「騎士王」アンリ二世の娘であり、懐かしく思い出す。アンリ二世が死去した時、マルグリットはまだ六歳に過ぎなかったが、フランスがヨーロッパの舞台をその火花で輝かせた時代と結びついた王の名声は、マルグリットに一生付きまとい、この美丈夫な王に、肉体的には最も似ている。また、三人の王の妹である。フランソワ二世は、わずか一年の治世で、この肖像画の回廊では恐らく最もぱっとせず、マルグリットは一度も言及しない。シャルル九世は、「よき兄」で、その死を痛切に悼む。マルグリットにとってシャルル九世の死は騒々しい領域への入場と同義であるから。最後に、アンリ三世は、ヴァロワ家の最後の王であり、繊細で輝かしく魅力的で心を引き付けるこの兄は、青春期にはとても近かったが、徐々に、断固たる敵になった。弟のフランソワは、一度も王にならなかったが、王妃が輝かしい者の中に入れているのは疑いない。イギリスとオランダの王冠を戴きかねなかったのだから。そしてさらにマルグリットは、あの直前の王、夫、フランドルへの旅の時期にはナヴァール王、『回想録』を書くときには、アンリ四世の名で聖別され、内戦の時代においても、カトリックに改宗してフランス人にもたらした平和の時代においても獲得した栄光に包まれたフランス王に「属して」いた。

　諸王に取り囲まれ、マルグリットはまた、異論の余地なく、まさに著名な王妃たちの並外れた網目、恐らく私たちの歴史の有力な女性の最も素晴らしい花束の中心にいる。スペイン王妃〔エリザベート〕とロレーヌ公妃〔クロード〕の妹である。三人のフランス王妃の義妹である。すなわちフランソワ二世の妻であり、フランソワ二世の死後スコットランド女王となった、大胆なメアリー・スチュアート、野心的で知的な女性で、マルグリットと同じ才を授かりものとして受け、マルグリット同様、波瀾に富んだ運命を経験した。シャルル九世の妻である優しいエリザベート・ドートリッシュ、この女性はマルグリットがオーヴェルニュで過ごした困難な最初の年月の間生き延びるのに必要なものを送ってくれるだろう。そしてアンリ三世の妻である、敬虔なルイーズ・ド・ロレーヌ。マルグリットはフランス王妃、カトリーヌ・ド・メディシスの娘であり、カトリーヌはマルグリットの幼少期からフランス王国の運命を手に握っており、三十年近く権力を行使した、あるいは息子たちと分有した。ナヴァールの強力な王妃であるジャンヌ・ダルブレの嫁であり、ジャンヌは自分の領土にプロテスタントの礼拝を課し、コリニーとコンデとともにユグノー派を創設した。あのヴァロワ家の「灯台」である、マルグリット・ド・ナヴァール〔フランソワ一世の姉〕の甥の娘であり、多くのことはこの女性のおかげで、今日想像する以上にこの大叔母に似ている。フランスの摂政、ルイーズ・ド・サヴォワ〔フランソワ一世、マルグリット・ド・ナヴァールの母〕の曾孫娘であり、また同様に摂政であり、傑出した女性たちのこの長い血縁の最初の女性である、ルイ十一世の娘のアンヌ・ド・フランスと遠い縁戚であり、マルグリットはこの血縁の相続者であり継承者でもある。

　ヨーロッパ史をつくりあげ、つくり続けているこの縁戚関係により、ナヴァール王妃はディナンで群集に、次いで名士会に立ち向かうとき、強く、動じることさえない。しかし逸話はさらに他の意味にも満ちており、マルグリットが人生の主要な挿話を経験し、この研究の初めから終わりまでの支持として役立つ、テクストを自分の手で起草した精神状態が把握されるように、伝記を企てる前にそれを解明するのが相応しい。マルグリットはここで「わたしが関係する王たち」について語っており、王妃たちではない。この表現だけなら、フランス語の文法法則で説明されうる（「王たちと王妃たち」のことを「王たち」と言う。そして **potenta**「大立者」という語には女性形はない）、あるいは両性間の客観的力の関係で説明されうる（王妃たちはそれほど重要でないから王たちについてのみ語る）。しかしこの一節はマルグリットの血筋、歴史、存在の女性側の奇妙な深い忘却が目につく他の十行ほどの中にだけある。自らをアンリの「兄弟」そして右腕と言う。自らを「王子」と言う。自らをブルートゥス、ユピテル、テミストクレス、カストール、クレッスス〔リディアの最後の王、紀元前五〇一頃―五四六〕、船乗り、商人、聖人と比べる。マルグリットは自分の書いたもので、自家の女性たちを想起させることはめったになく、例外は母で、『回想録』ですばらしい部分をなし、同様に、マルグリットの想像力では、王妃というよりも王の位置を占めている。一五九〇年代の半ば頃、マルグリットが思い出を書く時には、カトリーヌの末の娘は自分が女性であることをいつでも理解していたわけではなかった。

最後に、フランドルの市民の驚くべき思考様式を記述することしかマルグリットが考えていないこの一節で、勇気と尊大さを誇示しているにも拘らず、自らの依存、個人的立場の脆弱さを認めていることを理解しよう。マルグリットは縁戚関係により他の人より上にあるとしても、それでも臣下であり、自分より有力な者に「関係している」。護符は家族の外では機能するが、家族内部では働かず、しばしば苦い経験をする。しかしながら、自らの思い出を起草するために、筆を執るとき、大部分の大立者は死んでおり、何人かはずっと前に死んでいた。マルグリットは、同時代人の言うように、「一門の最後の生き残り」であり、恐らくこれらの大立者のおかげであることをより落ち着いて考え、かつて自分に力を振るっていた者たちの旗を誇らしげに掲げることができる。たとえマルグリットが幾人かをいまだ恨んでいても、もはや脅威ではないのだから。マルグリットはアンリ三世を恨んでいる、それは明白だ。王に「取り付いていた」悪霊を非難してしばしば許そうとしてもだ。アンリ三世のせいで、オーヴェルニュの暗い城に、マルグリットは追放され、無為と貧困に追いやられた。マルグリットはカトリーヌを恨んでいる。カトリーヌは娘を十分愛さず、お気に入りの息子にあまりに甘くいつも耳を貸す。カトリーヌの過ちにより、マルグリットは城砦に着いたとき、フランスの王女が受ける以上のひどい扱いを蒙った。夫のアンリ四世を恨んでいる。必要な限りはマルグリットを利用して、その後無用になった物のように見捨てた。いつも愛人を優先し、特に、この上ない悲劇だが、マルグリットと子供を作ろうと十分には試みなかった。共同生活が続きえたら、今このときに、アンリ四世が一人で就いたフランスの王座に多分自分もいただろうに。

しかしながらマルグリットに『回想録』を書かせたのは恨みではなく、仕返しをしたいという思いでも、かつてあまりに強力であった敵に、紙の上で、打ち勝ちたいとの欲求でもない。マルグリットは自らの生を語ろうと、遠からぬところで同じく流謫の身となった、古い友人ブラントームが『貴顕婦人伝』でマルグリットにあてた部分〔第五話〕に紛れ込んだ過ちを正そうと考えている。フランスの傷は再びふさがりつつあり、新しい秩序が確立され、時代は決算される。ブラントームを越えて、より広い訂正を狙っている。後世を前にして、二十年に渡る王夫の後見で、夫はマルグリットが相変わらず関係しているただ一人の「大立者」である。

家の内部での兄弟殺しの争闘により、内戦の十年により、汚された自らのイメージをそのまま残さないために、自分自身を説明しようと強く望む。こうして、今一度、マルグリットは男として振舞う。マルグリット以前に、自らの生涯の物語に取り組んだ女性は一人もいなかった。しかしながら、回想録作者の試みには固有の法則がある。自らの生を語るのは、まさにしばしばそれを再び生きることである。ところでこの生は、逆境においてさえ、情熱的で輝かしかった。そのとき正当化の意思は背後に退き、書く純粋な喜びに譲る。この喜びをこの歴史的文献の多くのページに見出すのであり、それはまた本当の文学作品である。

さらに、マルグリットの生は終わっておらず、その『回想録』は決して世を捨てるやり方ではない。せいぜいより好都合な時が戻るのを待つための活動である。時が決算されるなら、次の時期によりよく取り掛かるためであり、その時期にヴァロワ家の最後の女は最初の位置に戻るために何でもするだろう。かつてのように自分のもつものすべて、すなわち名、血筋、家系、先立つ「すべての王」を利用して。しかしだまされてはならない。カトリーヌからマルグリットは最も大事なものを受け継いだ。論争好き、抵抗、オプチミズム、ユーモアのセンス、政治趣味、交渉の才。この例外的な賜物のおかげでマルグリットは自らの立場を再び回復し、まだ自分に圧し掛かっているただ一つの後見を楽々と追い払うことに成功するだろう。それは

第一章
王女の幼年期（一五五三―一五六九年）

マルグリット・ド・ヴァロワはカトリーヌ・ド・メディシスとアンリ二世の七番目の子供で、三女である。ヴァロワ家のお気に入りの住居の一つである、サン＝ジェルマン＝アン＝レで一五五三年五月十四日に生まれた。この誕生の軌跡に関する資料はほとんどなく、フランソワ一世の秘書である宮廷詩人オリヴィエ・ド・マニーによって型どおりに祝われた。カトリーヌはこの誕生を書簡で記しておらず、マルグリット自身も、『回想録』で言及していない。フランス王権は当時非常に忙しかったと言わなくてはならない。カール五世の軍からメスを取り戻したところで、シエナに関して企てている試みを容易にするために、コルシカを征服しようと準備していたが、百年前から、フランスはこの中央イタリアを絶えず要求し、征服し、失っていたのだ。

マルグリットの幼少期についてはたいしたことは分からない。マルグリットの最初の伝記作者の一人、イラリオン・ド・コスト神父は、それぞれ七歳と六歳年上のエリザベートとクロードという「姉と一緒にサン＝ジェルマン＝アン＝レで初めは育てられた(1)」と報告している。フランソワ一世が改修したこの城は空気のよいことで有名で、宮廷は、この当時定住というより移動しており、頻繁にそこに赴く。幼い王女たちは乳母と家庭教師に取り巻かれ、この者たちは最初の教育の任務を引き受け、一歩も離れない。王族の娘たちは確実に結婚させられる運命、すなわち嫡子を産むことのできる配偶者を息子のために探す、他の家系に委ねられる運命である。娘たちの価値――結婚市場での価値――は、完全に処女性にある。それだけが、汚れも異議もなく、栄えある先祖の血統と財産の譲渡を保証するだろう。幼少期から、それゆえ王女たちは執拗で絶えざる監視の対象で、第二の性にとってほとんど「再生《ルネサンス》」ではないこの時代には、エヴァの娘たる女性の好色は桁外れで、女性の本性は「牡のところへ行き激しく燃えること(2)」であると常に信じられているだけに監視される。悪意のある伝統という証拠だけを支えとして多くの歴史家がしたように、マルグリットに対してこの要求が無視されたと考えるいかなる理由もなく、この勤めを満たすために、カトリーヌはマルグリットのそばに古い貴族で品行方正の女性、キュルトン夫人を配した。

こうして厳格に付き添いを受け、若い王女たちは、サン＝ジエルマン＝アン＝レあるいは移動するよう連れて行かれた他の場所で、堅固な教育を受けたが、それはごく幼い頃から始まっている。実際、王侯の娘が十三歳や十四歳で結婚させられるのは稀ではない。当然教育がこの段階を越えて続けられえるとしても、その知識の主要部は思春期の初めに獲得されるはずである。ところで王女――ルネサンスで、よい教育の「権利」を享受する唯一の女性たち――の知識は、同時代人が驚く王女たちの学識が証するように、決して乏しいものではない。王女たちは何を学ぶのか。この章では、王女たちの残した証言と著作から引き出される簡略な結論に限ろう。これらの証言や著作は、初期に獲得されたものよりも何年にも渡り集められた教養についてより教えるところが多いのだけれども。実際、ルネサンスが教育問題に熱中し、数多くの教育論が花盛りになったとしても、ほぼもっぱら貴族の男子の教育に関係していた[3]。この男子のために学校やコレージュが開設される一方、女子は家庭で教えられ、時には、マルグリット・ド・ナヴァールやイングランドのエリザベスのように、兄弟の家庭教師の授業を受け、あるいはメアリー・チューダーやその母のアラゴンのキャサリンのように、個人教師を割り当てられたが、二人ともビーベスによって教育された[4]。カトリーヌ・ド・メディシスの三人の娘はサン＝テチエンヌの領主クロード・シュブレと将来のディーニュ司教アンリ・ル・メニャンの教えを受けた[5]。

　これらの娘の大部分に与えられたのは古典的なユマニストの教育である。ほとんど常にラテン語と時にはギリシア語という古代の言語の学習がこの娘たちにとってほぼ義務的道で、そこに文法とレトリックの研究が付け加わり、そこでフランス、イギリス、スペインの大部分の王女たちは、十三歳あるいは十四歳から、ラテン語と同様フランス語で、詩をつくり演説を起草する能力がある。マルグリットは幼年期に極めて知的な子供でも特別に輝かしい子供でもなかったようだ。アラゴンのキャサリン、その妹ホワナ、エリザベス・チューダー、ジーン・シーモワ〔イングランド王ヘンリー八世の二番目の妻、エドワード六世の母、一五〇九―一五三七〕とその妹たち、あるいはメアリー・スチュアートの示しえたようなそのことに関するいかなる偉業の痕跡も残っていない。しかしながらマルグリットが二十歳で完全にラテン語を理解し、ギリシア語を読んだことは知られている。同様に、著作によって、当時教育を受けたすべての子供と同様、ローマとギリシアの歴史家――カエサル、タキトゥス、プルタルコス――を読むことで、そして当時流行していた騎士物語、特にモンタルヴォの避けがたい『アマディス・デ・ガウラ』を読むことで、英雄崇拝を育まれた。これらの王女たちは、同じく、広い宗教的教養を持っており、全員がいくつもの外国語を話す。マルグリットはこの規則に背かない。非常に早くからイタリア語とスペイン語の手ほどきを受け、自身これらの言語をよくしたブラントームによれば、マルグリットはこれらの言語を「イタリアとスペインで生まれ、全生涯を養育されたかのように[6]」使いこなすだろう。これらの「学問」

と並んで、王女とその姉たちは、音楽、ダンス、乗馬のようなより社交的性格の教えを受けたが、この三つの領域でマルグリットは後に抜きん出ることになる。

　一五五八年四月、長男の王太子フランソワ二世とスコットランド女王の娘メアリー・スチュアートの婚礼に立ち会うために、フランスの王子王女は全員パリに集まるが、メアリーはギーズ公の姪でもあり、フランス宮廷で育てられていた。マルグリット王妃が父親について保持する唯一の思い出を位置づけねばならないのはこの折だろうか。その当時「約四、五歳」だったと言う。王はマルグリットを膝に抱え、後に愛することになるジョワンヴィル公〔後のアンリ・ド・ギーズ〕とラ・ロッシュ＝シュル＝ヨン大公の息子ボープレオー侯爵とでは従者としてどちらを選ぶかと尋ねる。少女は侯爵を選ぶ。侯爵は美しさでは劣るが、「より賢いですし、もう一方は辛抱していることができず、いつもだれかに悪さをしていますし、いつも主人でいたがります[7]」からだ。子供時代の言葉がマルグリットにたいして繰り返し言われ、時がたつと意味を持つようになった。ジョワンヴィル公はギーズ公となったが、マルグリットが『回想録』を書く時には死んでいて、王権を横領しようとし、スペインに身を売ったとして罪を着せられ、王権の敵として死んだから。それ以外はマルグリットはこの年頃のことはあまり覚えておらず、マルグリットが言うには、「理性によって支配管理された人間としてよりも、動植物のように、自然に導かれて生きている幼年期の空漠」から現れ出る。マルグリットはこの年頃にほとんど関心を抱かず、長々と述べようとしない。この時期を構成しようとする努力はマルグリットには「余分な探索」なのだろう。「この子供の活動に、テミストクレスやアレクサンドロス大王の幼年期と同じように、書かれる価値があるだろう」と考えようと、王女の生のこの見習いの時代には英雄的なものは何もないと請合ってもよい。フランソワ二世とメアリーの結婚後、カトリーヌは幼い子供たちをルーヴル近くに住まわせ、新しい傅育官を与えた。ルイ・プレヴォ・ド・サンサックとジャック・ド・ラブロッスである。翌年新たな婚礼が執り行われた。一月にはクロードとロレーヌのシャルル三世との結婚、六月にはエリザベートとスペインのフェリペ二世との、そしてまたアンリ二世の妹マルグリットとサヴォワのエマニュエル＝フィリベールとの結婚で、二つの結びつきはスペインと結ばれたカトー＝カンブレジ条約を確認する。お祭り気分は大きいが、祭りは続かない。騎馬槍試合の最中に、アンリ二世は衛兵隊長モンゴメリーの槍を目に受ける。王は七月初めに死去する。

　これは「フランスから休息を、わたしたちの家から幸福を奪い去った悲惨な一撃」であった、とマルグリットは何年も経ってから書くだろう。アンリ二世の逝去は実際特に困難な時期を開くことになる。フランソワ二世が十五歳半で登極し、若い妻の叔父たち、フランソワ・ド・ギーズ公とその弟ロレーヌ枢機卿に支えられ、この者たちは自分たちを摂政として認めさせるが、一方かつての寵臣たち、その中には、なき王の愛人ディアーヌ・ド・ポワチエとアンヌ・ド・モンモランシー大元帥もいる、この寵臣たちは遠ざけられる。変化は重大な結果を齎し、二つの宗教の間の相対的平衡政策に終わりを告げる。パリで最初の教会会議を開催し、高等法院判事のような古い貴族から毎日新しい信奉者を集めていた改革派の進展を前にして、ギーズ家の指導下にある王権は一連の検挙を決定し、抑圧的規制を強化し、それが一五六〇年三月にユグノーの最初の武装蜂起、アンボワーズの陰謀を惹起するが、激しい抑圧とルイ・ド・コンデという第一血統の王族の逮捕に終わる。[8] そのときカトリーヌが本当に舞台の前面に躍り出る。改革派に加わる貴婦人たち、エレオノール・ド・ロワ、マドレーヌ・ド・マイイ、ジャクリーヌ・ド・ロンウィとの友情により、カトリーヌは仲介役の状況に置かれ、密かに改革派と交渉を企てる。特に一五六〇年十二月のフランソワ二世の死により、カトリーヌはギーズ兄弟の後見から抜け出す。オルレアンの全国三部会により「フランスの統治者」との名称を得て、カトリーヌは次子が未成年であったので王国の指揮の地位に着き、穏健で知られた大法官ミシェル・ド・ロピタルに補佐される。ロピタルこそが一五六一年九月にポワシーの会談を主宰し、それは二つの宗教の和解の本当の試みであった。

この出来事はマルグリットが『回想録』で想起する第二の思い出を提供する。実際、父の死以来起こったことについて、この回想録作者は何も語っていなかった。理解するには幼すぎた政治的・宗教的な急激な動揺に関しても、多分立ち会ったはずだった、[9] 三部会に関しても、一五六一年五月ランスでのシャルル九世の戴冠に関しても、一五五九年の姉エリザベートのスペイン出発、あるいは、翌年のフランソワ二世の死のような、マルグリットにいっそうかかわる他の出来事に関してもだ。この二人は、この王女が七歳に達する前に目の前から消え、作品ではそのうえ二度と想起されない。将来のアンリ三世は異なり、この想起の中心を占める。マルグリットが言うには、宮廷全体がそのとき、「異端に汚染され、宮廷の幾人もの奥方や貴族、そしてその後フランス王となった兄のアンジュー公の有無を言わさぬ説得にわたしは抵抗しました。兄は、[10] 幼年期に不幸なユグノー主義を刻み付けられるのを避けることができず、絶えず宗派を変えるようわたしに叫んでいて、わたしの時禱書をしばしば火に投げ入れ、代わりにユグノーの祈禱と詩篇歌をわたしに与え、持っているよう強いるのです。」マルグリットのキリスト教への愛着は、決して問題にされることはないだろうが、自分の確信を明確にさせる。決然たる、ほとんど頑固な性格が、次の一節にすっかり窺える。「鞭打たれても、場合によっては殺されても、劫罰を受けるよりも、わたしに対してなされるすべてに耐えるでしょう。」そのとき幼い王女は家庭教師のキュルトン夫人の傍でのみ励ましを見出し、この夫人は非常に敬虔なカトリックで、与えられる詩篇歌をいつも決まってこの婦人にもっていき、しばしば「良き人、トゥルノン枢機卿様の所へ」連れて行くが、「枢機卿様はわたしの宗派を維持するためにあらゆることに耐えるよう慰め励ましてくださり、焼いたものの代わりの時禱書と数珠をまた与えてくださいました。」この回想録作者は母親が当時「[息子の]陥った誤り」を知らなかったと信じたく、事態を知ると「強く兄と傅育官を叱責し」、息子に「わたしたちの父祖の真実で聖なる古の宗教を取り戻す」よう強いると断言する。これが長期的には事実だとしても、ポワシーの会談の時期には太后の息子たちは公然とカトリック教を嘲笑し、太后はほとんどそれを不快に思っていないことを指摘しなければならない(11)。

しかしながら、ポワシーの会談は失敗で、両陣営は各々の立場に留まる。翌年三月、フランソワ・ド・ギーズとその手の者がヴァシーで犯したユグノーの虐殺は和解の希望に弔鐘を鳴らし宗教戦争の始まりとなる。「わたしたち、弟のアランソン公(12)とわたしは、幼かったので、アンボワーズに送られ、そこにこの地方の奥方が皆わたしたちと退去されました。」その中にブラントームの叔母のダンピエール夫人がおり、マルグリットに友情を抱き始め、またその娘、将来のレ公爵夫人もいたが、マルグリットの親友の一人となるだろう。不安なこの時期に関してマルグリットの思い出には老婦人の有益な友情とこの若い女性の幸福しかほとんど残っておらず、この若い女性はドルーの戦いで、「厄介な」夫を失い、自由を回復する。

第一次宗教戦争の後、カトリーヌはより自由に振舞えるようになる。ナヴァール王〔アントワーヌ・ド・ブルボン〕、サン=タンドレ元帥、フランソワ・ド・ギーズは一五六二年秋に死亡し、コンデ親王とモンモランシー大元帥は捕虜となる。双方の主要な首領から解放され、カトリーヌはアンボワーズの和議をプロテスタントと締結し(一五六三年三月十九日)、八月にルーアンの高等法院でシャルル九世の成年を宣する。恐らくこの平穏な月の間にフランスの王子王女は、ロンサールが書いた牧歌劇を演じるために、従兄弟の親王たちと再会する。将来のアンリ三世はオルレアンタンの役を演じ(その当時オルレアン公だった)、太后の末子はアンジェロ、アンリ・ド・ナヴァールはナヴァラン、アンリ・ド・ギーズはギザン、マルグリットはマルゴである。皆が九歳から十二歳で、この易しく、自然で、輝かしく快く熱烈な言葉の長い台詞を暗記する。

太陽、火の源、丸い高い驚異
太陽、魂、精神、目、世の美
お前がどれほど朝早く目覚め、海に
どれほど遅く没しようとも、
何も見られないだろう。我らがフランスより偉大なものを(13)。

このように若い王女は叫ぶ。多分この時期に、上演の思い出として、シャルル九世だけに、妹をマルゴと呼ぶ習慣ができたのであろう。
しかしながらカトリーヌはこの見かけの和合だけで満足しない。王国をしっかり平和にすることを望み、それに至る最善の方法の一つは臣下に生身の国王を見せることだと考える。そのときマルグリットの思い出は、「母后が自分の傍からもう動かなくてもよいよう宮廷にわたしを戻した大巡幸の始まり」以降、より詳しくなる。実際、カトリーヌは娘を気にかけ、将来の役割を手ほどきする時期である。以降、マルグリットの家庭教師たちは移動に同行し、教育は新たな展開を見せる。というのも、「古典研究」が王女の知識の根本的基礎であるとしても、それは知識の一部でしかないからだ。肝心なのは精神の形成とすぐに役立てうる政治的作法の獲得である。この知恵は現場で学ばれる。公的関係の大部分が管理される宮廷生活への参加により、公的儀式と私的会見への出席により、遵守される政治的実践の浸透により、モデルの模倣により学ばれる。従ってマルグリットは母の傍で一級の教えを享受し、母の周囲で、大部分の君主制が女性により指揮された、指揮されている、指揮されるだろうヨーロッパを観察して、女性にはすべてが可能である、あるいは、より正確には、女であることあるいは男であることはここではほとんど違いがないとの確信を獲得するだろう。
娘の政治的教育と並行して、カトリーヌは娘に夫を見つけようと考える。二人の姉は五年前に結婚した。既に、マルグリットが三歳でしかなかった一五五六年に、ベアルンの王子、将来の夫との結婚を考えた。[14]しかしこの計画は続かなかった。カトリーヌはまた同様に、カトー・カンブレジ条約の直後に、娘をスペインの王太子、ドン・カルロス王子と結び付けようと企てる。その父は姉エリザベートと結婚していた。太后はこの線で姉娘に手紙を書き、フランス側の提案を夫の側で支持するよう言う。「さもなければ、あなたの夫が死んでしまえば、あなたはこの世で最も不幸になる恐れがあるのです。[15]」そのとき太后はもう一つの結婚計画を妨げたいと考えていたと思われる。スペインの若い王太子とフランソワ二世の寡婦であるメアリー・スチュアートとの結婚計画で、その計画はギーズ家の勢力を著しく強めるだろう。何カ月もの間、交渉は長引き、実際には決着せず、一五六一年の初頭ベアルンの王子との結婚の可能性が再浮上し、第三の候補も一五六三年三月以降検討される。皇帝マクシミリアン二世の息子、ロドルフである。[16]
内心こうした計画を抱いてカトリーヌはフランス大巡幸を準備する。宮廷は一五六四年一月末に動き出す。サン＝モールで幾日か過ごした後、まずフォンテーヌブローに一カ月半滞在し、カーニヴァルを祝う。イングランドのエリザベス女王の許のフランス大使カステルノー・ド・ラ・モヴィシエールは、フォンテーヌブローにいて、回復されたこの平和のぜいたくな時期を思い出す。フランスの王子王女と血統の親王は芸術と快楽を愛好する。この太后は四十五歳の女性の保護する目の下で楽しむ。大使は報告しているが、年の始まりに、「壮大な祝祭が催され、輪取り競技と柵の戦闘が行われ、王と、その後王になられた弟のアンジュー公が、なんども勝負されたが、コンデ親王も挑戦をする騎士の一人だった。［……］また一二人のギリシア人と一二人のトロイア人の素晴らしい戦闘もあったが、久しい以前からある貴婦人の愛のためにその美をめぐって大論争していた。」同じく「王の母の太后がその祝祭で上演されたトラジ・コメディは、最も美しく、想像しうる限りうまく芸術的に上演され、現国王のアンジュー公は、現ナヴァール王妃の、妹のマルグリット・ド・フランスと、コンデ親王やギーズ公アンリ・ド・ロレーヌ、ヌヴェール公夫人、ユゼス公夫人、今のフランス大元帥のレ公、のような王子王女、ヴィルキエやその他の宮廷の諸侯とともにいようとなされた」[17]。カトリーヌの末子も、ベアルンの幼い王子も同様にそこにいる。したがって来るべき争闘の主要な人物がそこにおり、まだ幾年かはみんな友達である。

宮廷は三月初めにフランス巡幸のためにフォンテーヌブローを離れ、この巡幸は二年少し続くことになる[18]。巨大な供回りは、数千人を含み、まず東に向い、モントロー、サンス、トロワ、ナンシーを訪れ、そこで王は厳粛な入市式を行い、次に、五月にバール・ル・デュックに留まるが、マルグリットの言うには、姉クロードの息子、「私の甥のロレーヌ公の洗礼」に立ち会うためである。王一族は次にディジョンに向い、さらにマコンに赴くが、そこでナヴァール王妃ジャンヌ・ダルブレに再会し、以降ジャンヌ・ダルブレも旅に同行する。六月半ばリヨンに到着し、一カ月逗留する。そこでサヴォワ公と公夫人がお供に加わり、二人はアヴィニョンで別れる。七月初頭南下を再開し、宮廷はそれぞれルシヨン――そこでシャルル九世は年始を一月一日に定める王令に署名する――、ヴァランス、モンテリマール、オランジュ、マルセイユ、アルル、アヴィニョン、そしてニームに滞在する。モンペリエ市にはその年の年末に到着し、そこでクリスマスを過ごす。次いでベジエ、ナルボンヌ、カステルノダリ、そしてトゥルーズへと行き、そこに二カ月半留まる。荘厳な入市式が続き、騎馬試合と祝賀行事で楽しくされ、小さな事件で区切られる。リヨンでは、ペストが王の一行を逃走させた。ヴァランスの少し手前でマルグリットの弟は重病に陥り、カトリーヌはパリに送り返さねばならなかった[19]。トゥーロンではエルブフ侯爵のガレー船で海上散歩をする。アルルでは、ローヌ川の水位が隊列を妨げた。カルカッソンヌでは、雪で隊列が遅れた。

トゥルーズで、マルグリットと兄はサン＝テチエンヌ大聖堂で堅信の秘蹟を受ける。太后はこの機会を捉えてエドゥワール＝アレクサンドルという名前を変えさせ、以降アンリと名乗る。バラ色の町トゥルーズで外国大使との謁見も幾度も行われ、それに子供たちが立ち会うが、母親がそれを催すからである[20]。スペインの代表団との会談では、カトリーヌとフェリペ二世の会見のアイデアに言及されるが、それはここで夏に行われるだろう。ポルトガル大使と若い王、ドン・セバスチャンに言及されるが、王は結婚に相応しい年である。スペインが取り下げる場合は、マルグリットに恥ずかしくない相手となりうるだろう。それまでの間、宮廷はアジャンに向って上り、一五六五年春にボルドーに到着し、そこでカトリーヌは二国の間で予定された会見にスペイン王は来ないだろうと知る。アルバ公が代わりにやって来るが、エリザベートを伴っている。それでバイヨンヌへと進路を変更し、王一家はそこに六月初めに到着し、歓喜のうちに、会見はサン＝ジャン＝ド＝リュズで十二日に行われる。この若い王妃に六年会っていなかった。旅の一員であったブラントームは二人の姉妹の比較を短く書いている。「小さな森で、若木が、美しい枝により、より老いた他の木より高くなるのが見られるように、妹君は少し姉君を追い越しておられた。しかしながらお二人ともとても美しかった。」[21]

スペイン代表団とフランス王権との交渉はすぐに着手され、豪華な祝祭で中断されるが、それを十二歳の娘は覚えている。こうして思い出す。「母后の豪華な祝宴は島［アドゥール川のエーグモー島］で催され、バレエを伴っていました。［……］黄金とサテンの布地を着た様々な羊飼娘の群れが給仕し、［……］幾人もの海の神人［に扮した人］がいつも音楽を奏で、両陛下の船の周囲で歌い詩を朗誦していた。」王女はまた雨が祝祭を突然襲い、「夜中、船で退却しなければならなかったのですが、大混乱で」、この変事が翌日笑いを引き起こすことを思い出す。ブラントームの方ではまた認める。「すべてにおいてかくも壮麗で、自分たちの方を除いて、他のすべてのものを非常に軽んじるスペイン人たちも、これ以上美しいものを見たことがないと誓うのだった。［……］フランス側の何人もがこれらの出費はあまりに余計だと非難したのを私は知っている。しかし太后様は外国人にフランスは完全に滅びてもおらず、貧しくもないというのを見せるためにこれをすると言っておられた。」[22]

会見はと言えば、失敗だった。フェリペ二世はカトリーヌが改革派に寛容なのに不満だが、太后はこの政策を継続することを望む。太后の側では、まだマルグリットとスペインの王太子との結婚を考えているが、曖昧な約束しか得られない。最後に、太后はミラノ領あるいはトスカナ地方を取り戻したかったが、アルバ公はこのような要求を受け入れる気はない。それゆえ七月二日に双方は別れた。アンリはエリザベートをセギュラまで送っていくが、王家の残りは海上の遊覧と遠出で気晴らししようとする。次いで帰路をとり始める。ダクス、モン＝ド＝マルサン、ネラック、アングレーム、ニオール、ナント、アンジェ、トゥール、ブロワ、そこに隊列は十二月初めに到達する。とうとう、冬の三カ月を過ごすためにムランに留まる。そこで多分カトリーヌの末子は王の一行に再合流する。ともかく、そこで末子は堅信礼を受け、新しい名前となる。エルキュールは以降フランソワと名乗るだろう。[23] ムランで過ごした三カ月は盛り沢山である。そこで王国の司法と行政の大改革を行い、ミッシェル・ド・ロピタルの示唆で名士会議が召集される。また数年前からの、ギーズ家とシャチヨン家を対立させている争いのような、個人的争いを決着させる。最後に、フランスの王子王女になされる歳費のいくつかを変更する。アンリはその時まで弟の持っていたアンジューの采地を受け取り、フランソワはアンリに割り当てられていたアランソンの采地を受け取る。三月末に、「国家の改革」は終わり、宮廷はフランスの中心部――ヴィシー、ル・モン＝ドール、ラ・シャリテ――に再出発し、そこで復活祭が祝われる。次に、首都への道をとる前に、オセールとサンスに向う。四月末にサン＝モールに到着し、五月一日パリに戻る。

　多くの出来事が続く二年間に起こるだろうが、マルグリットはそれについて黙している。一五六七年春の、ネーデルラントの反乱を屈服させる任務を帯びたアルバ公の軍団のフランス横断。ネーデルラントでは改革派の宗教が地歩を得ていて、特に、スペインの後見に対して独立の願いが認められる。フランドルでの抑圧に動転したユグノーによる、秋の、シャルル誘拐の試み。これで第二次宗教戦争が引き起こされる。一五六八年の夏の間の、王の長い病気、その間王は瀕死だと思われる。秋の戦闘行為の再開、そして、十月初め、スペイン王妃、エリザベートの死去。カトリーヌは苦しみに打ちのめされる。お気に入りの娘だったから。[24] しかしながらカトリーヌは、政策がそうさせるので、スペイン王は寡夫になったと考える。王太子ドン・カルロスが、いわゆる陰謀の結果、その年の初めに父により幽閉され、しばらくして牢獄で死んだことも知っている。フェリペ二世は従ってまた婿になりうるのだ。マルグリットを娶れば足りるだろう。一五六八年十一月、この方向でカトリーヌは大使フルクヴォーに手紙を書く。「わたしは、母として、できれば、同じ立場の娘を見たいのです。それでもわたしの感じている苦しみをわたしから除いてくれないでしょう。[25]」しかしスペイン王には別の計画がある。マクシミリアン二世の姉娘を切望するのだが、この娘こそカトリーヌがシャルル九世の妻にと望んでいたのだ。そのときポルトガルとの交渉が再開する。[26]

　マルグリットは十五歳半である。みんなと同様慣れた混乱にも拘わらず、自分が対象となっている裏取引――それも習慣になった――にも拘わらず、マルグリットは狩をし、踊り、楽しみ、会話し、また疑いもなく、学んで時を過ごす。ひょろりとした背の高い娘で、瓜実顔で、父譲りの黒髪、ヴァロワ家の皆と同じくあごは少し引っ込んでいる。精神は活発で身体は肉体的訓練に慣れている。兄のアンジュー公〔アンリ〕にとって、マルグリットはその当時いつも共にいる者である。この大いなる友情に関するブラントームの言葉は年代が確定し難いが、「お二人は愛し合っておられ、一つの体、一つの魂、そして同じ意思であった」「一緒に会話されるのを見るのは快かった」「兄王様がこの妹様をいつも大舞踏会に連れて行かれた」という時を思い出させるのはこの時期に言及していると想定できる。二人がスペインのパヴァーヌを踊るとき、この回想録作者は思い出すが、「部屋中の者の目は飽きることもなく、このような心地よい光景にいくら魅了されても十分ということはない。ある一節がうまく踊られるとき、ステップは危なげなく運ばれ、休止は実に見事で、見事な踊り方か、休止の威厳か、もう称賛することしかできず、あるいは陽気さを、あるいは素晴らしく深刻な尊大さを表していた。このダンスを見た人で、この兄王様とこの妹の王妃様ほど上手に、優美に、威厳を持って踊られるのを見たことがないと言わない人はいなかったからだ。[27]」

この言葉に幾人かの歴史家が探すであろうことを見ないようにしよう。アンリとマルグリットの間の近親相姦的関係に関する噂の確証である。まず、この噂は、ユグノー派のプロパガンダが作り出したもので、十年ほど後に生まれる。次に、ヴァロワ家の宮廷のこの回想録作者はマルグリットに関する『篇』でこのような言及を決して滑りこませはしないだろう。王女が兄に非常に結びついているとしても、それは、兄が、兄弟姉妹の全員のうちで、最も似ているからである。二人の年齢——二歳しか違わない——知性、美しさ、精神の活発さ、教養、そして特にこの時期の政治ゲームの外にいる立場、これらすべてが二人を近づけ、二人より以前に、マルグリット・ド・ナヴァールとその弟フランソワ一世が形作った神話的カップルを思い出させるほどである。二人を別れさせるのは自然に反する愛から生まれた何らかの遺恨ではなく、アンリとカトリーヌの間に打ち立てられる関係の排他性であり、その好みは既に目に見えており、二人ともが言うように、特にこの「惨めな」時代の政治的局面であり、それは他の家族の成員を引き裂くことになるだろう。

実際、フランスは当時第三次宗教戦争の渦中にある。一五六八—一五六九年の冬の間、アンジュー公は初の戦陣に出、太后と王はロレーヌに赴くが、宮廷の様々な派は戦争の継続あるいは停止に関して対立したままである。いつものように、マルグリットは〔『回想録』で〕口を挟むが、報告するのは政治的動転ではない。マルグリットの心を最も打ったのは、フランスの東部滞在の間、重病に襲われたときに母親の見た幻視である。マルグリットが言うには、カトリーヌが錯乱し、「ベッドの周りには兄のシャルル王、兄姉のロレーヌ公夫妻、顧問会会議の何人もの顧問官殿、多く女官たちと王族の女性たちが立ち会っていて、希望はないと見ていましたが、見捨てはいませんでした」、突然カトリーヌはアンリが勝ち誇り、コンデ親王が死ぬのを「見る[28]」。数日後、ジャルナックの勝利（一五六九年三月十三日）とコンデ親王の死の二重の知らせが実際ロレーヌに届く[29]。そこから現実にマルグリット・ド・ヴァロワの政治的経歴が始まる。そこからマルグリットの本当の生涯の話が始まる。マルグリットは十六歳だ。

第二章

最初の同盟、初めての恋（一五六九―一五七二年）

アンジュー公〔アンリ〕がジャルナックで勝ち取った勝利は王国中で祝われる。公が戦いで決定的役割を果たしたからではない。老タヴァンヌを信じれば、公はそこにいて、自身が勝ったという光栄を得たに過ぎない[1]。しかし王軍の成功は一時ユグノーの前進を留め、首領の幾人かを奪う。特に、初めてこの若者は軍歴で名を挙げる。若さ、力強さ、元気は父親と祖父にそっくりの大公になる希望を抱かせる。コンデ公の遺骸に襲いかかり、数多くの捕虜を殺させ、残酷さをも発揮したことはまだ知られていない[2]。カトリーヌはようやく病から回復したばかりだが、希望を取り戻す。「この兄をこの上なく愛していた母上が感じられたことは、イフィゲネイアの父の悲嘆よりもなお言葉では表せません。」と回想録作者マルグリットは言うが、この折に比喩の奇妙な倒置を行っている。というのも太后はギリシアの大将に描きだされたが、その幸福は絶望に変わり、栄光に生まれつつある息子は死に至らされた若い娘に変えられているからだ。王軍の動きは地方で加速し、コリニーの率いるプロテスタントはコンデとナヴァールの若い王子を首領に戴く一方、太后は王と共にパリに戻るが、すぐに対立の現場に赴くために自身は首都を後にする。夏の間中、太后は軍を訪れ、戦時会議を主宰し、時には戦闘に立ち会う。十月初頭、アンジュー公はモンコントゥールで第二の勝利を勝ち取る。

　カトリーヌが初めて息子と再会する日付である六月一日と、モンコントゥールの戦闘の日付である十月三日の間に、この若い王女の生涯で大きな出来事が出来する。王女と栄光に包まれた兄との会見である。再会に続くある日、実際、アンリは妹を家族が散歩する公園の並木道に連れて行き、仲間になるよう求める。マルグリットは、直接話法で、次のように、兄の言葉を語る。「妹よ、共に糧を得た者として、私たちは親族よりもお互いに愛し合わねばならない。それ故、兄弟全員の間で、他の兄弟よりもお前によくしたいという傾向が私にいつもあったことをお前は理解している。そしてお前の本性は同じ友情を私に返すよう仕向けた。〔……〕それは子供には良いことだった。しかし今はもう子供として過ごす時ではない。お前は神が私をお呼びになり、私たちの良き母后が私を育てた、大きなすばらしい任務がわかるだろう。お前はこの世で私の最も愛し大事にするものなのだから、お前が与らないでは、私には偉大なことも良きこともないだろう、とお前は信じるがよい。」この親切な言葉の後、アンジュー公は正確な提案をする。「母后の傍らで大いに私の役に立ち、私の今の幸運を保つのに十分な才気と判断力がお前にはある。ところで私の主たる支えは母后の寵愛を受け続けていることだ。そばを離れるとよくないと思うが、戦と任務のために、ほぼいつも遠くにいなければならない。［……］こうした懸念を抱き、改善する手立てを思い巡らし、誰かとても忠実な者が母后の傍で私の味方をしてくれることが必要だと思い当たった。お前ほど適切な者を私は知らない。私はお前を第二の自己だと見なしているのだから。」

アンリはマルグリットに太后の起床就寝の儀に精勤し、顧問会議に立会い、太后の側を離れないよう示唆し、自分の方では、マルグリットを当てにするよう太后を説得するために全力をつくすと打ち明ける。アンリは忠告する。「臆病さをなくして、私にするように自信をもって母后に話せ。そして母后がお前を気に入られると信じよ。母后に愛されるのはお前には大きな幸運で名誉となるだろう。お前は自分のために、そして私のためにも多くをするがよい。私が幸運でい続けられるのは、神に次いで、お前のおかげだろう。」王女は恍惚となると同時にすっかり仰天する。「この言葉はわたしにはとても新鮮でした。その時まで、これといった目論みもなく生きていて、踊ったり狩に行くことしか考えず、着飾ったり美しくみせるという心遣いさえありませんでした。まだそのような望みを抱く年でもなく、母后の傍らでとても大きな不安を抱いて育てられ、母后に思い切って話すことができないだけでなく、母后がわたしをご覧になる時には、何か気に入らないことをしたのではないかと思って、身がすくんだからです。」それでマルグリットは熱狂的にこの提案を受け入れる。マルグリットは答える。「お兄様、わたしに望んでおられることでお役に立ちたいと思いますので、神様がわたしに母后に話す能力と大胆さをお与えになるなら、きっとわたしは申されたように役立ち、あなたは満足なさるでしょう。」実際、数日後、カトリーヌはマルグリットを呼ばせ、アンリの要請を知らせる。「『お前の兄はお前たちが一緒にした話を語りました。兄はお前をもう子供とは見ていないし、わたしもそうしたくありません。［……］わたしの傍らで仕えなさい。恐れずなんでも話すがよろしい。わたしがそう望みますから。』」マルグリットは注釈を付す。「この言葉はそれまで一度も感じたことのなかったことをわたしの魂に感じさせました。満足はあまりに大きく、その時までのあらゆる喜びがこの幸福の影でしかないかのように思われました。」

この会談はいつどこで行われたのか。王妃の話は矛盾し、誤りを含んでいる。一方で、兄が自分の活動、特に「最初の二つの勝利で得た二つの戦利品」について報告するために母と兄王に会いたかったと言うが、それではこのエピソードはモンコントゥールの戦いの後になるだろう。それはありえないように思われる。マルグリット自身が自分の「幸福な状態」はこの戦闘の直後に終わったと説明しているのだから。他方で、マルグリットはアンリの話で「神様が私をお呼びになり、わたしたちの良き母后が私を育てた、大きなすばらしい任務」を想起させたが、それは王の総監督官へのアンリの任命を示しうるだろう。それもあり得ない。この選出は十二月にようやくなされるのだから。(3)要するに、マルグリットはこのエピソードの場所をプレシ＝レ＝トゥールとしているが、歴史家はそのことにより八月二十八日から九月三日の間、実際に宮廷で行われた作戦会議の間に位置づけることができた。しかしこの仮説はテクストの内的論理と根本的に対立する。マルグリットはこれらはすべてパリ出発の数日後に起こったと説明するのだから。マルグリットが言うには、アンジュー公が母に会いたいとの希望を表明するや、「突然母后は王と発つことに決め、王とともにいつもの女たちの小グループ、レ夫人、ソーヴ夫人、そしてわたしを引き連れて行きました。母としての望みと愛の翼に運ばれて、母后はパリからトゥールへの道のりを三日半で踏破しますが、それで不都合や多くの笑いの種となる出来事がなくはなく、可哀想なブルボン枢機卿様は決して諦めませんでしたが、しかしこのような労役に向いた体格でも、気質でも体質でもありませんでした。」

この夏の間に、フランス中部の様々な町で、宮廷と軍指揮官の間でいくつもの会談があったことを考慮し、この女性回想録作者が、自分の記憶だけを頼りに、資料なしで書くことを思い出せば、これらの誤りは容易に説明がつく。さて視覚的・聴覚的記憶が優れているとしても、マルグリットの時間に関する記憶はしばしば誤っている。実際、このエピソードは、トゥールとリモージュの半ばにある町、ブランに位置づけられるべきで、そこにカトリーヌと娘は、パリを五月二十七日に発ち、六月一日に到着した。(4)そこで王軍指揮官との重要な作戦会議が開かれ、アンジュー公は「王に対して演説を行い、宮廷を発って以来の任務の遂行具合を説明し、このうえない技巧雄弁をもって、いとも優雅に語りましたので、一同の称賛を浴びました。」その演説を書き留めたタヴァンヌもそれをプレシとしているが、その『回想録』は息子により出来事のずっと後に書かれ、特にマルグリットの『回想録』は、すでに公刊されていて、タヴァンヌが知っていたことを忘れるべきでない。だからタヴァンヌはマルグリットの過ちを繰り返したのだろう。そのうえ、論理がこの仮説に有利に働き、それは今日受け入れられているように思われる。(5)なぜアンジュー公とその指導者は夏の終わりを待って自分たちの武勲を王と太后に報告したのか。春から必要だったのに、なぜアンジュー公は九月を待って母親のもとに同盟者を探したのか。アンジュー公がマルグリットなしで済まそうと決心したときの大きな失意と同様、当時開かれた時期についての、母親との関係でなされる変化の重要性についてのマルグリットのなす描写に関しては、「代役」が二カ月しか続かなかったとするよりも五カ月間に伸びた方が、よりよく理解される。

　この区別は無益に見えるが、重要である。マルグリットのいくつもの伝記が実際テクストの誤りに基づいて、一五六九年の夏の間に獲得した突然の重要性を途方もなく強調した、数日間しか代役を果たせなかった、アンジュー公はふざけてマルグリットに頼ったに過ぎない、兄と交わした言葉は多分幻想のうちに言われたに過ぎない、などと主張する。確かにこの話は発せられてから二十年以上後に再構成されたもので、文体は恐らく整えられているが、内容をまじめに取らない理由はない。マルグリットと兄はそのとき非常に近しく、兄の態度はルネサンスの政治的慣習の内にあり、その慣習では、この種の外交的仲介を行い、家族のネットワークに本質的に基づく影響力を働かせ、不在にするとしばしば致命的になるときに決定的でありうる忠実な行動をとることが、きまって王女たちに期待された[6]。従ってこの若い娘の驚きはことの重大さに釣り合っている。兄の要求は事実マルグリットには「本当の生」への入場、すなわち政治の舞台への入場に対応している。

　幸福感は大きく、兄の役に立つ快感は母に認められる喜びで二重になり、二つの局面は恐らく不都合にも混交する。マルグリットは冒険に乗り出し、それが好きになる。カトリーヌを補佐し、一日何時間も共に協議し、信頼を集める。「わたしはいつも兄のことを話し、兄をつなぎとめていましたが、兄はこれほど忠実に起こっていることをすべて知らされており、兄の意志以外のことをわたしは発しませんでした。」しかしながらモンコントゥールの後、アンジュー公は、攻囲するためにサン＝ジャン＝ダンジェリ方面に進軍し、再び王と太后が戦場に臨むことを要求する。出会いはクローンジュ＝レ＝ロワヨーで十月二十六日に行われる。マルグリットは喜んでそれに備えるが、「妬み深い運命は、このように幸福な状態が続くことに我慢がならなかったのです。喜びを期待していたのですが、運命はこの到着に大きな不幸を準備していたのです。」実際アンリの態度は敵対的になっていた。アンリは母に自己弁護し、「妹は美しくなった、ギーズ公が妹を求めていて、ギーズ公の叔父たちは妹をギーズ公と結婚させたがっているのを知っている。妹がギーズ公に愛情を抱くようになれば、母上が妹に言うことをすべてギーズ公に暴露するかもしれません。母上はこの家門の野望をご存知です。」と言った、とマルグリットは語る。

　ことの核心――ギーズとの気紛れ――について、王妃は否定するにとどまる。恥ずかしいからではなく、その時代の名誉のコードがこのような態度を取らせるからだ。巧みに、告白もはっきりとした虚偽も避け、結婚問題に関する否認に集中する。尋問する母にマルグリットは答える。「一度も聞いたことのないことで、ギーズ公にそういうつもりがあって、そんなことをわたしに話したら必ずすぐにお知らせします。」その上、この恋は一五六九年十月には始まったばかりだ。ギーズ公は春の間ずっと、次に夏の間もずっと戦っていた。季節は恋の冒険に好都合ではなかった。さらに、同時代人は翌年の春より以前にはこの愛情を話題にしない。

本当を言えば、王女を打ちひしぐもの、二十年後にまだこの女性回想録作者を憤慨させるものは、恋により不服従になるあるいは独立できるようになると思われたことではなく、同盟者として疑いを抱かれえたということだ。兄の豹変を、マルグリットは取り巻きの若者、デュ・ガ領主ルイ・ベランジェの「有害な忠告」のせいにする。「この悪人は、悪をなすために生まれ、突然兄の精神を魅了し、多くの暴君的格言で兄を満たしていました。『自分以外を愛し信ずべきでない』、『自分の運命にだれも加えるべきではない、兄弟でも姉妹でも』、そしてその他のマキャベリ風のご立派な掟です。」デュ・ガがアンリの豹変に責任があるのか。その可能性は排除できない。この寵臣はアンリよりギーズ公にマルグリットは献身的だと描き出して、すなわち、非常に大きい、アンリの傷つきやすさに働きかけて、同盟者を放っておくよう説得しようとしたかもしれない。しかしながら、ゲームの規則を変えたのは、アンリではなく、カトリーヌが一人で、あるいはシャルルと合意の上で、と言うほうが可能性が高く、ギーズ家が組みたいアンジュー公以上に二人は事がよく分っている。というのは若いギーズ公自身も夏の間に大勝利を得て、父と同じくらい価値があると、絶えず有利な立場を利用する野心的な家系の指導者としてますます自己の存在を主張するからだ。十八歳で大柄な金髪の若者であり、目は青く、顔立ちははっきりし、立派な風采で、個人的威光が現れ始めている。マルグリットがギーズ公の言いなりになるなら、マルグリットを信頼することはもはや問題外だ。アンリはマルグリットを自分の同盟者とすることを止めねばならない。

カトリーヌがマルグリットの不興の原因である、あるいは主たる原因であることは、兄に対してマルグリットが、恐らく大いに不正にであろう繰り返して述べる非難以上に、『回想録』にいくつも証拠が見つかる。この女性回想録作者は実際、兄が変化の主導者であれば必ず兄にしたであろう弁解をせず、母親との口論をのみ報告する。「母后が兄に話している間に、寝に行くよう三、四度命令され、母后が兄のいるところでわたしに話すのを恐れているのがわかりましたから、わたしは兄が部屋を出るのを待ちました。兄が部屋を出ると、母后に近寄り、無知により、不運にもお気に召さないことをしてしまったのか言ってくださるよう懇願しました。母后は初め隠そうとしました。」実際恐らくカトリーヌは自分が娘に感じさせる失望をよく理解していたが、娘はギーズ家の策略が分っていなかった。王女はしかしながら説明を要求し、母親が次々と返答するのを前にして、できるだけ自己弁護する。自分は一度も結婚の計画を聞いたことがない、ロレーヌ党の利害に仕えることは考えなかった、分らない、と。「しかしそれ以上は何も言いませんでした。兄の言葉の印象は母后の精神をすっかり占領していて、いかなる理性にも真実にももう出番がなかったのです。」

マルグリットは不興の心身相関効果と呼ぶべきものをそのとき書き記す。「この苦しみはわたしの心を押しつぶし、わたしの魂の全能力に取り付いて、当時軍に充満していた悪い空気にわたしの肉体を感染しやすいようにして、わたしはその数日後、大熱が続き紫斑が出て重病に陥りました。」皆を不安にしたこの病気の間、毎日、近親者、特に、兄の見舞いを受ける。「このように大きな裏切りをし、このような恩知らずな仕打ちをした後で、[兄は] わたしの枕元から昼も夜も動かず」、王女は、熱の中で、「ブッルスがネロにしたようにしたわけですが、ため息で兄の偽善に」答え、それは回復によいはずもない。その年の暮れ、カトリーヌはヌムール侯爵夫人に、娘は「肝を冷やさせた」が、その後「具合はよく、熱はなく、ただ弱く、すっかり痩せている[7]」と書く。そのとき宮廷はアンジェに移動し、そこで快方に向かっているマルグリットは回復し続け、ギーズが宮廷に合流する。マルグリットが言うには、兄は若い公を今では毎日の見舞いに引き連れて来て、「ギーズ殿をとても愛している振りをし、そう思わせようと、しばしば抱擁して、ギーズ殿に言いました。『君が僕の弟であればいいのだが。』それをギーズ殿は聞いていない素振りを見せました。しかしわたしは、悪意を知っていますので、我慢できずに、兄の隠し立てを思い切って非難しました。」

　アンジュー公の態度は理解に苦しむもののように思える。実際は、マルグリットに従い、公がマルグリットの病気の原因であると考えるときにのみ、理解に苦しむのだ。手段でしかないなら、すべては明らかとなる。公はモンコントゥールで、母親の命でマルグリットとの約束を破ったが、戦いが終わりかけていて、もうマルグリットの手助けが必要でなかっただけに多分破るのは容易であった。しかし公は王権の関心事を共有せず、常にギーズの親友であり、義兄弟のように見るだろう。その上、この王子は、書簡から衝動的で感情的だということが分かるが、とても愛しているこの妹に対して確かに後悔に苛まれていた。だから恐らく、この一節でマルグリットは兄を告発するが、それは離脱を恨み、兄がともかく後の振る舞いにより遺恨に値するからだ。しかし非難の本当の的は、テクストの表層に満足してアプリオリに考えうるようなアンジュー公ではなく、カトリーヌであり、カトリーヌはモンコントゥール以降、「わたしにだんだん好意を示されなくなり、息子を偶像視していた」。マルグリットの至る結論は確かに他の欠けているものの結果であるが、単に四十歳の女性の考察ではない。『回想録』よりずっと後のテクストは王女がそのとき最初の苦悩を感じる「恋の欠乏」の規模を伝えるだろう。正当に隔たりが兄とマルグリットの間に穿ち始められるのだから。

　他方、多分、女性回想録作者の攻撃は、ギーズと結んだ関係の事実を隠し、続く月にきっと噂となる出来事で兄の共犯を告発するためである。実際、アンジェで、平和の交渉が重ねられ、夏前には調印されないだろうが、その間、結婚の議論を再開する。フェリペ二世は神聖ローマ皇帝の姉娘を娶り、フランス王に末娘、エリザベート・ドートリッシュを残す。その上明らかに、マルグリットとポルトガル王、ドン・セバスチャンとの結婚の議論を押し留める。そのときギーズは多くのものに資格のある求婚者のように思われ、それは、ギーズ家の指導者たち――有力なヌムール公爵夫人である母、ロレーヌ枢機卿である叔父――をきっと引き立て、主要な関係者の気に入らないようには思われない。すぐ後に誹謗文書は語るだろう。「王の妹はどの感じよい若殿にもするようにギーズにかなりよい顔をしたが、どの若殿も自らの価値の証拠を［既に］大いに証明し見せていた[8]。」

　恐らくこの夏にルーヴルでデポルトの『愛の楽園』が上演されたが、後に『最初の恋愛あるいはユーリラ』と名づけられた。ブラントームがその謎をかけるのを聞こう。「『愛の楽園』という名のこの素晴らしい演劇を発想し上演させたのは我らが宮廷の娘であり、ブルボンの広間で、非公開であったが、そこには男優と女優しかおらず、これらが演技者でもあり観客でもあった。話を聞かれた方々は私の言うことが分かる。それは三人の男と三人の女の六人で演じられた。一人は王子で、貴婦人を慕い、この貴婦人は身分が高いが、高過ぎはしない。しかしながらこの女性を非常に愛していた。もう一人は領主で、身分の高い貴婦人と演じるが、この女性は物持ちのご家系である。三番目は貴族で、娘と対だが、その娘を後に娶る[9]。」デポルトの伝記作者ジャック・ラヴォーはこの謎を解明しようとし、以前になされた推測を訂正した。ブラントームの語る王子はアンリ・ダンジューであり、ユーリラの役を演じる。栄光に飾られた王子だが、まだ愛に触れていない。「身分が高いが高過ぎはしない」その貴婦人はフランソワーズ・デストレだと思われ、アンリが恋に落ちたばかりである。フランソワーズはオランプの役を演じ、詩の中でユーリラが惚れ込む。「物持ちのご家系の身分の高い貴婦人」はきっとマルグリットで、名前の語るように、フルールドリス［百合の花］を演じる。ユーリラの仲間でフルールドリスを恋するニレに関しては、それはアンリ・ド・ギーズで、ニレ（Nirée）とはほぼアナグラムである[10]。

　マルグリットの伝記作者の大部分は、この上演の日付として一五七二年の夏を提案している。しかしラヴォーが強調するように、ユーリラの栄光と愛に関する無垢との二重の言及により、異論の余地なく一五七〇年に位置づけられる。アンジュー公の初恋は実際一五六九年の軍事的勝利に引き続く月に遡るから[11]。恋人たちを集めている間に、覚書は二年後に位置をずらされたのだろう。一方で、ギーズ家が一五七〇年秋からサン＝バルテルミーの夜まで[12]半ば不興を蒙っていたこと、この上演が大虐殺に続く血塗られた雰囲気には位置づけえないことを忘れてはならない。要するに、マルグリットとギーズの牧歌的恋愛はこの時期に終わっていたとあらゆる面から思われるのだ。実際公と王女の間のロマンスの唯一の証言は一五七〇年夏に遡る。スペイン大使フランセス・デ・アラバによれば、六月にカトリーヌはこの二人の若者の間の手紙の交換を取り押さえたようだ。(13)七月にイングランド大使は公とマルグリットの間の結婚計画が露見し、王女の好意が明らかであることを指摘する。(14)八月に太后はスペイン駐在大使フルクヴォーに「しばらく前から、幾人もの人の間に出回っている、わたしの娘がギーズ公と結婚するかも知れぬとのある噂」(15)を打ち消すよう求めている。そしてまさにこの時期にマルグリットは、『回想録』で、母の苛立ちと母が服従させるためにする努力に言及している。

事実、王女はするよう言われることをする、望まれる人と結婚するといくら抗議しても無駄で、カトリーヌは逆上する。「母后は、お前の言うことは心からではない、ロレーヌ枢機卿がむしろ自分の甥を望むようわたしを説得したのを知っていると、そういう気持ちに仕向けられておられて、怒って言われます。［……］毎日、この件で何か新しいことが母后に言われますが、デュ・ガの巣窟が考え出したことです。その結果、わたしは一日も気が休まりませんでした。というのは、一方でスペイン王がわたしの結婚を妨害し、他方、ギーズ殿が宮殿にいるので、わたしの迫害の種を提供する口実を与えていましたから。」デュ・ガは、最初の場合と同様ここでも、実際母親に関するマルグリットの怒りの便利な隠れ蓑である。今一度、恐らく、カトリーヌがここで、シャルル九世と一致して、陰で糸を引いているだけであり、アンリやアンリを支配するものたちを喜ばせるためではなく、スペインがその重要性の中心であるカトリーヌの外交政策が、ポルトガル王の結婚に頼っており、フランス王家とロレーヌ家との結婚がありうるとの噂が拡がるのは、この計画を妨げるからである。太后と王の怒りは、スペイン大使が言うように、王女に厳しい罰を加えるまでに至ったのか。それはまずありそうではないし、シャルル九世が、衣を引き裂いて地面に放置するまでマルグリットをさんざん殴りつけたのなら、――アラバはそう言うのだが――マルグリットは兄について生涯保つことになる愛情深い感謝の思い出を持つことはないだろう。(16)

ともかく、ギーズとマルグリットの恋は、恋の戯れの段階を確かに越えておらず、終わりを告げるはずだ。誠意の証拠として、王女は公とポルシアン王女、カトリーヌ・ド・クレーヴの結婚を促すために姉クロードに介入させる。公はそのとき宮廷を離れ、「これで敵はみんな口を噤み、わたしは気が休まりました」とマルグリットは結論する。そのうえもう一つの縁組が姿を現し、何よりも若き公の遠ざかるのを説明する。それはマルグリットとベアルンの王子との結婚で、コグノーとの和平を持続的に安定させうるだろう――少なくともモンモランシーはそう示唆する。(17)すでに何度も検討されたこの計画は、ポルトガルとの長い裏取引に当時まったく腹を立てていただけに太后を引き付ける。ポルトガルとのカードを捨てることなく、太后は問題をまじめに検討し始め、コリニー提督の婿であるテリニーとサン＝ジェルマンの和約に署名する（一五七〇年八月八日）。王女は、母の決定に服従しても、この見通しにほとんど魅了されない。「わたしが敬虔なカトリックであることを思い出されるよう懇願しました。」とマルグリットは言う。

実際、マルグリットがしり込みするのは愛情上の理由あるいは個人的理由ではない。マルグリットはナヴァール王国の後継者をよく知っており、ナヴァールの王子はカトリーヌの末の四人の子供、特にシャルルと非常に親交があった。一五五七年、ポワシーの会談の折に、宮廷に到着し、「大巡幸」の仲間入りをし、ラ・ロシェルのユグノー陣営に再び加わるために従兄弟たちと別れるのはようやく一五六八年になってからであった。一方で、王女は——既に十七歳である——まもなく結婚する運命にあること、この階層の人々にとって、結婚は愛情の問題ではないことはよく分っている。確かに、ギーズの方が好みだったろう。ギーズはマルグリットの気に入り、まったく立派な相手だった。しかし、多くの人が政治の祭壇へ捧げられた犠牲として同情して粉飾するであろう、この結婚への激しい抵抗は、結婚式での「はい」の言葉を発することを拒否したとするのがそうであるように、作り事である。式後二七年目に、この結婚そのものを破棄するための有効な理由を見出す必要性だけが、こうした思いつきの出現の動機となるだろう。明らかにマルグリットがナヴァールを一度も愛したことがないとしても、その人柄と政策への愛着の証言は十分数多く、「臭い」田舎男への洗練された女性の敵意と嫌悪から生まれた不幸な夫婦生活という伝説を決定的に打ち破る。マルグリットの抵抗は、マルグリットを信じるなら、そのとき政治的、宗教的なものである。というのもこの二つは交じり合っているから。王女の政治的役割は実家と婚家との仲介であり、結婚で結ばれた同盟の具体化であることを知っている。その権力、勢力は両家それぞれが他家とのよき関係の維持に結びつける価値に依ることを知っている。ところでフランス王家はカトリック側で、ナヴァール王家はユグノー側で、両陣営の衝突は止むことなくまもなく十年になる。したがってこの結婚計画が自分にとって非常に危険であることを知っている。そのうえマルグリットだけがこの「自然に反する」結びつきを恐れていたのではない。ナヴァールの母の、ジャンヌ・ダルブレは宮廷との数限りない交渉と自らの牧師との同じくらい長い議論の後でようやくこの提案を受け入れるだろう。[18]この出来事の続きが二人の不信が正しかったことを示すだろう。

十月にギーズとカトリーヌ・ド・クレーヴの結婚が執り行われ、盛大に祝われた。別の結婚も見通されている。まずシャルル九世の結婚で、一五七〇年十一月に、優しきエリザベート・ドートリッシュを迎えるために、宮廷中がアルデンヌ地方のメジエールに赴き、エリザベートはすぐにマルグリットの友になる。同様に、アンジュー公とイングランドのエリザベスとの結婚計画が、カトリーヌに最近提案されたばかりであった。確かに、女王はプロテスタントだ。確かに、既に三十四歳である。しかしイングランドとの同盟は展望を開き、他方スペインは避けられる。それ故カトリーヌは一五七一年一月、ポルトガルとの裏取引を決定的に解消し、ナヴァールとの結婚をより推進する[19]。少なくとも、マルグリットは、周囲の楽観論に多分捉えられ、少し意地悪くシピオン・デュプレクスが言うように、野望に多分駆り立てられて、そうした考えを抱いたと思われ、デュプレクスの証言はいつでも信頼できるものとは限らないが、今回は偽ってはいない。ギーズから「引き離す」ために、「この王子との結婚が提案された。［……］王子と結婚すれば王妃の称号が得られると思い出させて。それほどマルグリットは彼らの意思に同意したが、王女の心では愛情よりも野心の方が強かった[20]」とデュプレクスは説明する。

　そのとき宮廷は、ブーローニュの森のマドリッド城に置かれており、平和の時の楽しみが戻ってくる。仮装してサン＝ジェルマンの市に赴く。三月初めに行われる、王夫妻の首都入市の盛大な祭りに備える。三月末には、サン＝ドニでの、王妃の戴冠式に出席する。パリ市が開催する舞踏会で踊る。昨日の敵は今日の同盟者になった。八月に、シャルル九世はサン＝ジェルマンの和平の推進者コリニー提督を国務に呼び、こうしてユグノーに特に寛容な政策を始める。反対に、アンジュー公はイングランドのエリザベスとの結婚の見通しに公然と反対し、カトリック側への執着をひけらかす。この件は王権の意気をくじかず、アンジュー公の代わりに、弟のアランソン公をエリザベスの相手に提案する。その年に開始された政策を継続することが肝心で、多分その政策はネーデルラントへの大きな門を開く。実際、フランドルのカトリック諸州は、北部のカルヴァン派の諸地方同様、当時フェリペ二世の後見を取り除こうとしており、中立的王族を探していた。これらの問題はブロワで、その年の末に、関係するすべての党派と交渉されるだろう。その間、またいとこである、マルグリットとナヴァールの結婚に必要な血族関係解消を手に入れるために、カトリーヌは教皇付使節団を介入させる。「教皇聖下は初め、あなたも知るように、この王子の宗教の違い故に、幾分渋られると思います[21]」と太后は使節の一人に書いている。それゆえ、太后によれば、「この王国の全き安寧[22]」である、この結婚に到達するのを助けるため、教皇にとりなすことを同盟者に求める。

　宮廷は一五七二年初めにブロワに到着する。シュノンソー、次いで、トゥールで、ナヴァール女王ジャンヌ・ダルブレとその娘カトリーヌと初めて会見する。二人には若きアンリ・ド・コンデとフランドル伯ルドヴィク・ド・ナッサウが同行している。イングランド使節団も、他の重要人物同様、そこにいて、政治的展望、殊に結婚とネーデルラント問題を議論する。マルグリットとジャンヌの最初の会談はうまくいく。しかしナヴァール女王は、ベアルンに留まる息子に説明するように、慎重である。「王女はわたしにできる限り礼儀を尽くし歓迎してくださった。そしてどれほどあなたが王女に気に入るかを率直に言われた。王女のご様子、その判断からして、また太后と王と兄弟殿への影響力で、王女が宗教を理解されるなら、わたしたちはこの世で一番幸せだと言えます。」しかし他方で、ジャンヌは、「王女の慎重さと判断からして、自分の宗教に固執し続けるなら、［……］そうであると言われるようにそれに執着するなら［……］、この結婚は［……］わたしたちの友と国の滅亡でしょう[23]」と心配する。若いカトリーヌ〔ジャンヌ・ダルブレの娘〕は魅惑される。「わたしは王女を見ましたが、とてもお美しいと思いました。」と兄に書く。「あなたはお目にかかりたかったことでしょう。あなたに好意をお持ちになるよう、あなたのために王女によくお話しました。それをわたしにお約束になり、歓迎して下さり、きれいな子犬を下さいましたが、わたしはそれが大好きです[24]。」

このよい気持ちはほとんど続かない。交渉が困難だと判明するから。太后は将来の婿がカトリックになると期待するが、ナヴァールの女君主は将来の嫁がプロテスタントになることを要求する。マルグリットは、かつてのポワシーでのように、動じないところを見せ、ナヴァールの女王と王女の会見の一つが、トスカナ大使の報告するところでは、不調におわるほどである。この若い娘は、地上の最も偉大な王子のためであろうと、宗派をかえることはできないと本当に宣言した[25]。不安になり、急き立てられ、居心地が悪く、昔の胸膜炎に憔悴し、ユグノーの厳格な女王はさらにフランス宮廷を支配する軽薄さにショックを受け、マルグリットはその体現に思われる。「王女は極端に胴を締め付ける。顔は、あまりに化粧が濃く、わたしは腹立たしい。それで台無しになるだろうから。しかしこの宮廷では、スペイン同様、化粧はほとんどみんながしている[26]。」最後の瞬間まで、ジャンヌは躊躇する。教皇はこの結婚を避けるために何でもする気である。教皇特使はフランス王権に四千人のスペイン人を提供さえし、そしてマルグリットには、神聖ローマ皇帝の長男との結婚話までする[27]。それでも、契約は四月四日に調印される。

「花の復活祭」すなわち枝の主日に、将来の妻はブロワにまったく壮麗に現れる。ブラントームは言う。「王妃様が行列に現れられるのを拝見した。とても美しく、この世で、より美しいものは何も見られなかっただろう。［……］美しい白い顔は最も偉大で白いうららかな空に似て、頭には大きく豪華な宝石、特に星形の輝くダイヤモンドを星型で飾られていました。［……］豊満で背の高い美しい肉体は、フランスでかつて見られた最も美しく最も豪華な、金糸で縮らせた織物のドレスで覆われていた。［……］行列で主列を歩き、顔を露にして、［……］王家の威厳をもった様子で、半ば高慢で半ば柔和な優美さを持った（いつも王妃様たちがなさるように）棕櫚を手に持ち、さらにいっそう美しく現れられた。［……］そして断言しますが、この行列で私たち［他の宮廷人］は信心の務めを失ってしまった。」[28]

そのあいだ、シャルル九世はジャンヌとの交渉の遅さに苛立ち、ジャンヌは衰弱しても毅然たる態度を変えず、シャルル九世は教皇が免除を与えるのを拒むのにも苛立つ。王は高位聖職者に、カトリック同様プロテスタントをも満足させうる、前代未聞の結婚式を調整するよう求める。ブルボン枢機卿によりパリ大聖堂のポーチで二人の許婚は結ばれるだろう、ついで新郎はミサの間姿を消す。他方王はフランドルへのフランスの軍事介入の計画を維持し、ルドヴィク・ド・ナッサウに支持を約束するが、慎重にイングランドを加担させようとする。ボニファス＝ド＝ラ＝モルが主人のアランソン公とエリザベスとの結婚交渉を加速させるため英仏海峡を渡る準備をする一方、ラ・モルは女王がスペインに戦争を宣告するよう促す責務も担う。フランスは実際単独では冒険に乗り出しカトリック世界の「近衛騎兵」に挑むことはできない。しかしながらイングランド女王は躊躇い、事実、二股をかけ、シャルルとカトリーヌは、コリニーの率いる、フランス軍の出発を、結婚式の後まで、延期せざるをえない。[29] こうして緊張感が高まる雰囲気のなか、一五七二年六月、ジャンヌ・ダルブレの死去が出来し、すぐにカトリーヌとイタリアの毒殺者のせいにされる。馬鹿げた推測だが、続く週の恐慌においては重く圧し掛かるだろう。

当時宮廷は首都に戻ってきた。将来の夫は、いまやナヴァール王で、「母女王の喪に服しながら、全員喪服の八百人の貴族を従えてやって来た」とマルグリットは回想する。大勢でやって来て、武装して黒ずくめで主君に従う、ユグノーのパリへの入市は、カトリックが大多数の首都に衝撃を齎す。数日で、ルーヴルと隣接地区の住居にやっとのことで詰め込まれるこれら改革派の周囲で雰囲気は重苦しくなり、[30] 両陣営で様々な警告する噂が拡がり始める。教皇の赦免を除いて、そのとき結婚式の準備は万端で、太后が繰り返し求めたにも拘らず相変わらず赦免は得られていなかった。ローマの禁止をますます恐れて、王権はとうとう無視することとし、八月十四日には、イタリアから来るいかなる便りも通過させない命令すら下す。[31]

マルグリットとアンリの婚約は八月十七日に執り行われる。結婚契約は同じ日に結ばれる。シャルル九世は婚資として妹に「八十一万リーヴル・トゥルノワ」を与えるが、「その額と引き換えに、この女性は財産上の何か他のものを、亡き父アンリ王の遺産相続も、母后の将来の遺産相続も要求、所有あるいは請求できないだろう。」カトリーヌは婚資に二十万リーヴル・トゥルノワを加算し、二人の兄弟はさらに銘々二万五千を加算する。ナヴァールは、妻にピカルディーのいくつもの城主権を提供するが、その中にラ・フェールの城主権もある。[32]

式は翌日、八月十八日月曜に挙行される。大きな足場が司教館から組まれ、司教館でマルグリットは眠り、夫につき従う諸侯が迎えに来て、行列はノートル・ダムまで移動する。この建造物により、パリの群集は目の前で繰り広げられる王家の盛儀を思う存分嘆賞することができる。マルグリットは強調するが、プロテスタントの諸侯は、「喪服をとてもきらびやかで美しい衣装に変えた」。マルグリット自身は「王家に相応しく王冠と斑点のあるアーミンの髪の束を被り、それが体の前に垂れていましたが、冠の宝石で一面輝き、四オーヌの青い外套をはおり、裳裾を三人の王女が持っていました。」行列はゆっくりと建て渡された床を移動する。「民衆は新郎新婦と宮廷中の者がこの足場の上を通過するのを見ようと、下で押し合いへし合いしていました。わたしたちが教会の扉まで来ますと、ブルボン枢機卿様がその日の祭式をなさり、このような場合に慣例となっている言葉を言うために、わたしたちを迎えられ、わたしたちは身廊と内陣を分かつ壇まで同じ足場を進みます。そこには二つの階段があり、一方は内陣に下って行き、もう一方は身廊を通って教会の外に出るものでした。」そこを通ってナヴァール王と改革派の友は回廊に達し、ドービニェが語るには、「新婦がミサを聞く間[33]」、そこを散歩する。教会内部ではアンジュー公が新郎の代わりをつとめる。次に、儀式が済むと、新郎を迎えに行き、司教館に戻る行列の先頭にたつ前に、教会の内陣で新婦の傍らに並ぶ[34]。式の終わりに関するマルグリットの描写を私たちは持っていない。『回想録』はそこで数ページ欠落しているから。しかし要点は述べている。新郎新婦は、ブルボン枢機卿の面前で、「このような場合に慣例になっている言葉」をまさしく宣言した。すなわち結婚の日に両配偶者から期待されれ、それなしではいかなる結婚も有効ではない同意の言葉である。それが、二七年後、結婚が解消されるとき、否定されるだろう。しかしこの女性回想録作者は、『回想録』を公にするために書いたのではなく、他での多くの他の証言と同様、この日すべてが普通に行われた証拠をここで私たちに与える。

その夕べと続く日々には多くのお祝いと祝祭が繰り広げられた。その折に、ロンサールは「カリス」を書き、「唯一の真珠、ナヴァール王妃、マルグリット・ド・フランス[35]」に献呈する。美しい黒髪で覆われた「神々しい頭」を歌い、その髪は父親譲りで、そのとき「波うち、結ばれ、撚り合わされ、逆毛を立てて膨らみ、巻き毛になっている」。また額は「白大理石」で、「黒い眉は黒檀のアーチにととのえられ」、鼻は「高く持ち上がり」、「耳はやさしく丸く繊細」である。換言すれば、このヴァロワ家の宮廷詩人には、女神パーシテアー〔美と優雅の女神カリスたちの一人、「輝く女」〕のまさしく生き写しである美を歌う。この女性こそ王妃の肉体に位置を占めに来たのであり、この女を、魔法により、舞踏会の女神とする[36]。もう一つの詩で、新しい王妃の教養をロンサールは「この世のパラス」の名づける女性に呼びかけて称える。

いつでもあなたの精神は楽しむ
ムーサイの神聖な骨折りを
ムーサイは墓をものともせず
あなたの名前をより美しくするだろう。

［……］そしてあなたの事蹟の最も素晴らしいもの
それは平和を愛することだろう
そして新しい結婚により
マルスの怒りを鎮めることだろう
マルスがもう一度
私たちの王を武器へと駆り立てたいとしても(37)

ロンサールだけがナヴァール王と王妃の結婚と二人のそれぞれの美徳を歌う訳ではない。庇護を求める詩人も宮廷にいる詩人も、すべての詩人がそれにせっせとはげむ。そのなかの何人もがそのとき初舞台を踏み、以降マルグリットのサークルの一員となるだろう。(38) 饗宴、仮装舞踏会、騎乗槍試合、バレエ、音楽、あらゆる種類の娯楽がこの結婚を飾り、この結婚に国の平和は基づくと思われたが、われわれの歴史の最大の殺戮の一つに行き着くことになる。

第三章

忠誠から対立へ

——両陣営間での「フランスの真珠」

（一五七二—一五七四年）

望まれた和平が定着するどころか、マルグリット・ド・フランスとアンリ・ド・ナヴァールの婚儀は世俗のそして宗教の混乱を加速する。一五七二年八月二十二日、すなわち結婚式からわずか四日後、コリニー提督は、王とその友とポーム〔テニスの前身のスポーツ〕をした後ベティジィ街の館に戻る際、殺害目的の火縄銃の一撃を受けるが、肘と手に傷を負っただけですんだ。歴史家のしばしば用いる用語を繰り返せば、これはサン＝バルテルミーの虐殺の「第一幕」である。意識にかくも強く持続的痕跡を残すはずであるが、相変わらず大部分は歴史的謎である、この国民的悲劇の理解のために、マルグリットの証言は必要不可欠である。実際マルグリットは、ラ・ロシュフコー伯爵秘書のメルジェとともに、ルーヴル内部で体験された虐殺の夜の描写を残した唯一の現場目撃者であり、マルグリットの報告は、メルジェのものよりはるかに豊富で、はるかに完全である。他方で、公式ではない、「状況外」の話をした王家のただ一人の一員であり、悲劇が起きてから二十年以上後で、後世にだけ向けられていた。要するに、衝突の真只中にいながら、マルグリットはそこで——恐らく独自の立場で——完全に外部であり続けた。というのも、自身悲壮に説明するように、「わたしがカトリックなのでユグノーはわたしに不信感を抱き、ユグノーであるナヴァール王と結婚したのでカトリック側もわたしを疑っていました。」マルグリットの証言は、かけがえがなくこの上なく貴重で、時に異議を唱えられるだけに、いっそう入念に研究されねばならない。

　まずは現在の解釈を思い出そう。第一の謎は、すぐに身元の割れた男が犯した、コリニー暗殺の企てに関する。それはルヴィエ・ド・モールヴェールであり、ロレーヌ党（多分ギーズ公の叔父であるオマル公）に属する殺し屋である。この殺し屋はだれのために行動するのか。同時代の人は、明らかに、まずはそこに、九年前の、フランソワ・ド・ギーズ公暗殺の後に猛威を振るった復讐の再現を見た。ギーズ家は実際コリニー提督がポルトロ・ド・メレを操縦したのではないかと疑い、それ以降、復讐するといたるところでわめいていた〔アンリ・ド・ギーズの父フランソワは一五六三年二月十八日、メレ領主ジャン・ポルトロに狙撃され、二月二十四日死亡した〕。しかしながら、つながりはあまりに明白に思われ、カトリック派の指導者はあまりに人気があり多くの擁護者が見出される。シャルル王も同様に、事件の扇動者だ、妹とナヴァール王の婚儀の際に絡めとり、全員を殺害することができるよう、王権とユグノーの間の接近を二年前からマキャベリのように図っていた、と非難された。しかし王の提督への愛情は当時知らぬ者はなく、この説は疑わしかった。アンジュー公もまた疑われた。アンジュー公こそジャルナックで、コンデを打ち倒し、ユグノーの首領たちの排除政策を始めたのであった。しかしアンジュー公はカトリック派で大きな評判を受けており、まだ改革派の嘲笑のまとではなかった。最後に、誰もが一致する名前はカトリーヌであって、久しい以前から双方を操り両陣営の敵となっており、女であり、イタリア人だった。カトリーヌは、息子シャルルに自分以上に影響力を持ち始め、スペインとの戦争に確実に国を導いていた男を消したかっただろう。

この謎に興味を抱いた歴史家は数多いが、それを完全に解明したとはとても言えない[1]。サン＝バルテルミー予謀説はずいぶん前から破棄され、この第一幕でのシャルル王の責任は排除されるように見えても、共謀して（アンジュー公とギーズ家、即ち公と母親と叔父で）行動したのか、太后がこれらの者を使ったのかどうかの問題について諸分析は分かれているが、カトリーヌは相変わらず第一の被疑者である[2]。唯一人イギリスの歴史家のニコラ・メアリー・サザーランドは、豊富な資料に裏付けられ、残念なことに大部分のフランスの歴史家が無視している近年の研究で、「母親の嫉妬という愚かな説」を問題にした[3]。サザーランドはカトリーヌのような政治的女性は、二つの宗教間の和合を回復し、イングランドとドイツ諸侯との新たな同盟を打ち立てるための二年間の労多い努力を、ユグノー派の首領を殺させて危険にさらすリスクを犯しえないことを強調した。また同様に、ギーズ家はサン＝ジェルマンの和約の調印以降多かれ少なかれ不興を蒙っており、当時ギーズ家に非常に近かったアンジュー公とともに行動したとしても、何事であれカトリーヌとともに決定したことはまずあり得ないと強調した。コリニーは、地方の同盟者に援軍に行くことしか考えず、扇動者ではまったくなく、シャルル王と太后は少なくともフランドルでの企てには賛成していたことを示した。最後にサザーランドはフランス王権以上に提督の死を望んだであろう、そしてそのことでより多くの利益を引き出せたであろう別の人物の名を示した。例えば、フェリペ二世で、提督にフランスカトリックの主要な敵を見ており、あるいはアルバ公で、提督のネーデルラント到着を恐れており、パリでたやすく提督を殺害させることができた。

今度はマルグリットのテクストを検討しよう。第一局面ではこの上ない慎重さが特徴で、王妃はいかなる犯人も示すことなく、殺し屋のへまによってプロテスタント陣営に引き起こされたパニックを記述することで満足する。「提督が傷を負い［……］ユグノーの宗門の全員をいたく傷つけ、絶望に陥らせた。」しかしながら、少し後で、マルグリットは、初めの時にカトリーヌが、次いでレ枢機卿アルベール・ド・ゴンディがシャルルにした二つの話を想起してテロの起源に戻る。「シャルル王は、このモールヴェールはギーズ殿の教唆でこの一撃をなしたのではないかと思い、［……］大層怒り［……］裁きを受けさせると誓われました。そしてギーズ殿が一日中隠れていなかったら、王は捕まえておられたでしょう。母后はシャルル王に、国のためにこれはなされたのだ、と言い聞かせるのに大童でした。」レは王に「提督になされた攻撃はギーズ殿一人によってなされたものではなく」太后とアンジュー公も「一味である」と教えてさらに先に行くだろう。このカトリーヌの記述にテロを引き受けそれを正当化する姿を、次にレの「暴露」にコリニー提督殺害でのカトリーヌとアンジュー公の罪過へのマルグリットの非難――黙っていようとしたがついには浮かびあがってしまったのだろう非難――を見なくてはならないのか。そうかもしれないが、完全に確かという訳ではない。少し先で再びこの悲劇の主導者を、母親とは切り離して、「この勝負を始めた者たち」として示すからである。したがってこのテクストを注意深く読めば、犯人がここで名指しされているとすれば、それはギーズ家であると分る。カトリーヌとレの態度は、サン＝バルテルミーの「第二幕」の枠組みで容易に説明される。

第一幕と同じくらい影の部分を含む、この第二幕は、恐らく土曜日の午後に、ユグノー派の主要な指導者を排除するという、王権の取った決定によって構成される。どうしてこの決定がなされたのか。そこでも、原資料と歴史家は分かれる。しかしながら、予謀説（それぞれの行為に同一の責任者を見ていた）が退けられてから、この決定をパニックにのみ帰する広い同意ができあがる。実際、モールヴェールのテロは、すべての証言者が認めるように、一方で両共同体間の、他方でパリにおける緊張を、目がくらむほど高めた。プロテスタントは、罠にかかったと思い、自分たちに対する首都の敵意が高まるのを感じることができ、多くは逃亡しなければならぬと考えるが、シャルル王は援助と裁きを約し、王家全員とともにコリニーの枕辺に個人的に赴く。カトリーヌ、アンジュー公、ギーズ家のパニックは、テロに責任があるだけに、王の裁きにより間もなく名指しされ、権力から力ずくで遠ざけられる恐怖からそれゆえ来ているのかもしれない。しかし近年の研究は、パリを支配していた動揺に結びつく別の恐怖の動機を強調している。コリニーの住居にまで王家が出かけるので、シャルル王がその意図に固執するなら、実際確かにカトリーヌはフランス王権に迫る危険を推し量ることができる。カトリックの首領を逮捕すれば、ロレーヌ家に結びつき、改革派と王権の間の新しい合意に敵対する司祭たちによって何カ月も前から狂信的になっている首都での暴動を引き起こしかねないだろう。恐らく太后は、ギーズ家のテロへの関わりが何であれ、ギーズ家に対してごくわずかな身振りをすることすら論外であることを理解している。そのうえ、改革派のうちの最も復讐を要求する者たちは、シャルル王がもたらす支えに力を得て、マルグリットの報告するように、この不安に輪をかける。「パルダイヤン兄と幾人かのユグノーの首領は母后に訴え、母后にこの者たちがなにか悪いことを企んでいると思い込ませました。」

それゆえ内戦の恐怖が、きっと、王権の主要な指導者を機先を制する方に、つまり不可避だと思われる対立において、政治的にも数の上でもより弱い側を排除する方に向わせる。しかしこの決定の源は誰か。カトリーヌか。シャルル王か。ギーズか。ヌムール公妃か。タヴァンヌ元帥か。ルネ・ド・ビラグ大法官か。ヌヴェール公か。レ伯か。歴史家同様、証言者はこれらの名を挙げるが、決定することはできない。マルグリットは「ギーズ殿と兄［アンジュー公］の意見で［……］、先制する［殺す］という決定がなされますが、シャルル王はこの忠告にまったく関わらず、提督殿、ラ・ロシュフコー殿、テリニー、ラ・ヌーと宗門の他の何名かの首領を大変愛していて、フランドルで用いようと考えていました。[4] それでその後、王ご自身からわたしが聞いたところでは、それに同意するのにとても困難を感じられたそうです。そして、王の命と国家の命運がかかっていると言い聞かされなかったら、決して同意されなかったでしょう。」この解釈は、学問の現状では、ほとんど再検討され得ない。アンジュー公は、知られているように、自身この悲劇的な時の最中に幾度もパリ市中に行き、カトリーヌ以上に首都の「脈を取る（意向を探る）」ことができた。ギーズも同様にルーヴルから外に出た。二人が当時とても近いことを思い出すと、二人は確かにユグノーとの和解政策に最も納得していない。この対立の時に王権の他の指導者が、当時最も断固としているように思われえた二人に賛同したのは従って本当にあり得そうである。

従ってマルグリットの伝えるカトリーヌとレの二つの話の論理は理解される。取り返しのつかないことが行われ、今や素早く行動しなければならないのだから、とりわけ、行動に移る前にシャルル王の同意を得なくてはならないのだから、非常手段が必要である。王を宥めようとすることであり――それをカトリーヌはテロは「国のためになされた」そして「［父の死の］裁きが行われず、同じ復讐をすることを望んだだけなのだから、息子のギーズ殿は許されます」と言って宥める。そしてカトリーヌは王を説得するのに失敗するので、さらに進み、王の意向に逆らったことを覆い隠さなくてはならない。提督のいくつもの残虐な行為を思い出させ、王の生命に危害を加えようと双方を仕向けることができた理由を思い出させてゴンディはそうする。成功するために、ゴンディは、王もまた有罪だとしか思われないと王に示し、ギーズ家を執拗に罰したいと思うなら、どんな破局が準備されているかを打ちひしがれた対話者である王に縷々説明する。絶望して、シャルル王は最後にはレ伯の議論に屈し、承認を与え、「突然手が下され、すべての鎖が張られ、警鐘が鳴らされ、めいめいが、与えられた命令に従い、各区に走り、提督にもすべてのユグノーにも襲いかかりました。」この話で、マルグリットは従ってレに決定的な役割を与え、決定をなしたであろう「国務会議」の他のいかなる成員の名も挙げないのだから、これは明らかである。しかしながら、他の者の責任を弱めるためにレに責任を負わせると考えるのは誤りである。レ伯は、マルグリットの話では、他の者より罪があるわけでもより罪が軽いわけでもなく、「王の最も信頼する最も寵愛する人」であったので、王の心を動かすのが最もできる人として選ばれただけである。また他のいくつもの証言がレをユグノー派を排除する決定の主要な責任者として挙げていたことも忘れてはならない(5)。

ルーヴル内部ではそのとき恐怖の一夜が始まっているが、マルグリットはすぐには何も分らず、驚くべきユニークな話を書き残すだろう。「わたしには、こうしたことは事前には何も告げられませんでした。わたしは皆が動き回っているのを見ていました。ユグノーは提督の負傷で絶望し、ギーズ方は裁かれるのではないかと恐れ、みんなが耳元で囁きあっていました。」寝室に引き下がるときに、若き王妃は姉のクロードに挨拶する。「ご挨拶をしますと、[姉が]腕を掴みわたしを留めて、激しく泣き始め、わたしに言いました。『ああ、妹よ、行ってはいけません。』これはわたしを驚愕させました。母后はそれに気づかれると、姉を呼び、大変怒り、わたしに何も言わないように禁じられました。姉は、このように妹を犠牲に送るのは正しくありません、多分、敵が何かを嗅ぎ出したら、妹に復讐するでしょう、と母后に言いました。母后は、神様の御意に適うなら、わたしに何ら不幸はおこらないだろう、しかし、何はともあれ、行動を妨げるようなことを敵に疑わせないように、娘は行かねばならない、と答えられます。」母親の毅然さを前にして、マルグリットは「身がすくみ、混乱して」部屋に退り、祈るために跪く。「そうすると、夫王はベッドに入っていましたが、わたしに寝に行くように命じ、わたしはそうしました。そして夫王のベッドはわたしのまだ知らない三、四十人のユグノーに取り囲まれていました。結婚してまだ間がなかったからです。一晩中この者たちは提督殿に起こった不幸な出来事について話してばかりいて、夜が明けたらすぐに、王にギーズ殿の裁きを求めると決めました。[……]まんじりともせずに、こうしてその夜は更けていきました。」この話の最後の部分はラ・ロシュフコー伯の秘書、メルジェの話と厳密に一致する。メルジェはナヴァール王の周りに武装して集まっていたこの者たちのまさしく一人だった。「前述の伯が私を呼び、ナヴァール王の寝室に戻り、ギーズ殿とヌヴェール殿が町に行き、ルーヴルでは寝ていないと今知らされた、と言うように命じた。私はそれをしたが、ナヴァール王は妻の王妃と寝ている。[……]王はそのナヴァール王にできるだけ多くの側近をそばに留めて置くよう、ギーズの側近たちが何かをしたがっていると知らせる。そのために多くの側近がかのナヴァール王の衣裳部屋に引き下がっていた。」護衛隊長ナンセは、ラ・ロシュフコーに伴い寝室に入り、タペストリーを挙げてその者たちを見つけるが、「ある者たちは遊び、ある者たちは話をしていた。」ナンセはその者たちを散会させたいが、「その者たちは、ゲームに懸命だから、その夜をそこで過ごしてしまいたいと答えた[6]。」

しかしながら、朝に、ナヴァール王は側近たちと寝室を去り、マルグリットは疲れ果て、とうとう眠り込むが、「『ナヴァール、ナヴァール』と叫びながら、手足でドアを叩く男」によってしばらく後に目を覚ます。それは「レラン殿という名の貴族で[7]、肘に剣の一撃を、腕に戟槍の一撃を受けていて、四人の弓兵にまだ追われ、この兵も全員、レラン殿の後についてわたしの寝室に入りました。レラン殿は身を護ろうと、わたしのベッドに飛び込みました。わたしは、この男が体につかまるのを感じて、寝台と壁との隙間に飛び降りますが、この男もわたしに続き、相変わらずわたしにしがみついています。わたしはこの男をまったく知らず、わたしを侮辱しに来たのか、また、弓兵はわたしをねらっているのか、この男をねらっているのかも分りませんでした。二人とも叫び声をあげ、同じように怯えていました。とうとう、神様のお蔭で、守備隊長のナンセ殿がやって来て、わたしがこうした状態でいるのを見て、同情しながらも、笑いをこらえることができませんでした。弓兵たちの不躾さに怒り、立ち去らせ、この哀れな男の命をわたしに委ねました。」この男の手当てをしながら、マルグリットはナヴァール王がシャルル王の部屋で無事なのを知る。

小タヴァンヌによれば、その夜にタヴァンヌ父、シャルル王、太后、アンジュー公、レの間でなされた長い議論の末にようやく、改革派宗教の放棄の宣誓と引き換えに、ナヴァール王とコンデを生かしておく決定がなされた。大タヴァンヌは二人は「フランスの王族であり、容赦して尊重しなくてはならない。二人は若く、宗教と意見を変えさせうる従者を与えうる」と論じるが、一方「レは反対を主張した。全員を殺さねばならない。この二人の王侯はその宗教で養われ、叔父［提督］と友人の死にひどく傷つき、恨みに思っている。二人をそこに［死に］至らせるのは人間の過ちではなく、中途半端に傷つけるべきでない、と言う[8]。」タヴァンヌは恐らくここで、王侯の保護において父に立派な役割を与えて、父を再び賞賛しようとしているのだろう。王侯の保護は多分すべてシャルル王の責任に帰せられる。同時代人に関しては、マルグリットがナヴァール王の赦免のもとであると考えるものが数多くいた。虐殺の間パリにいなかったブラントームは書くだろう。「私はある王女から王妃様がサン＝バルテルミーの大虐殺のときにナヴァール王の命を助けられたということを聞いた。というのもナヴァール王は、根扱ぎしなければならない、と言われていたので、疑いもなく告発された者のリストに記載され、載っていたからだ。［……］しかしこの王妃様は、自分の主人、夫の生命を求めるために、シャルル王様の前で跪かれた。ともかく王妃様にはこの虐殺は大いに耐え難いものであったし、何人もの命を救い、ガスコーニュの貴族まで救われた（レラックという名であったようだ）。この貴族は傷だらけであったが、王妃様のベッドの下に身を投げ出した。王妃様は寝ておられて、殺人者はドアまで追ってきたが、王妃様はこの者どもを追い払われた。[9]」分るように、ブラントームはむしろよく情報を得ていた。しかしながら、マルグリットは、齎された引証はこの女流回想録作者の話と矛盾し、マルグリットは、事が本当であったら、夫を救ったことを多分忘れず思い出しただろう。

実際、マルグリットは多くの命を救うだろうが、夫の命を救ったわけではない。レランとの悲喜劇的挿話の後で、事実守備隊長に伴われて居室を出て、「生きた心地もなく」シャルル王の所に赴く。道中マルグリットの前に「戟槍で一突きにされた」男が倒れ掛かり、「わたしは気絶せんばかりに反対側のナンセ殿の腕に倒れ、この一突きがわたしたち二人ともを刺したかのように思いました。少し立ち直り、姉の寝ている小さな寝室に入り、そこにいると、夫王の第一の側近であるミオサン殿と第一の侍従であるアルマニャックが、命乞いにわたしを探しに来ました。わたしは王と母后の前にひざまずいて頼みに行き、この者たちの命を乞いました。ようやく二人はこれをわたしに許されました。」

サン＝バルテルミーの虐殺に関するマルグリットの証言はそこで止まる。この悲劇の展開を再構成するために歴史家に欠けている諸点について証言が黙しているのは残念だが、ナヴァール王妃は歴史家として振舞うとは言わない。多分王女が知っていることをすべて私たちに明かすわけではないのだろうが、それは確実ではない。マルグリットは虐殺のいくつかの様相の最も完全な報告の一つ、まさしく、実際に経験した、様相の報告の一つを私たちに提供するのだから。マルグリットの言うことは、他の話と一致することを見た。従って、他の大部分の歴史家と一致して、その証言は最も価値のあるものの一つだと結論しなくてはならない。

早朝に、セギュール＝パルダイヨン、モンゴメリー、シャルトルの司教代理のような、逃げることのできなかったユグノー派の首領たちは処刑され、その中にはラ・ロシュフコーと、サン＝ジェルマンの和約を締結したテリニーも含まれる。コリニーは自らのベッドで止めを刺された。恐らく限定された行動としてカトリーヌと顧問が構想した作戦はそこでほぼ完了した。虐殺の「第三幕」が始まる。パリはプロテスタントに反感を抱き、説教師たちにより狂信的となっており、夜の処刑に多分模倣への呼びかけを認め、幾日にも渡る総殺戮が開始され、わずかな改革派しか逃れられなかった。王家自体も恐怖を覚え、ルーヴルに閉じこもり続け、「そこから王は、この大流血を止めさせるよう、奉行、市参事官、民兵に命令を出すが、なんらの結果も得られない。[10]」大流血は何週、さらに何カ月も収まらない。大虐殺の知らせは、またたくまにフランス全土に伝播し、多くの地方で類似の殺戮を引き起こすだろうから。[11]

同時代人の表現を繰り返すなら、この恐ろしい「祝祭」の翌日はほとんど物音がしない。スペインと教皇庁は賞賛するが、王権は全力を傾けてこの数千の死に責任がないと同盟者を説得する。ギーズとシャチヨンの闘争説をまず主張し、ユグノーの陰謀説を次に選ぶ。ルーヴルでは雰囲気はひどいものである。シャルル王は災難からほとんど立ち直れず、九月に娘が誕生したにも拘わらず、憂鬱に陥る。カトリーヌはコンデとナヴァール王を念入りに監視させ、両者はそれぞれ九月十二日と二十六日にカトリックに改宗し、ほとんど捕虜であり、善良なカトリックの振りをすることを強いられる。アランソン公は、サン＝バルテルミーの虐殺の折に決定全体から排除され、この出来事でまったく冷淡になったイングランドのエリザベスとの結婚交渉をやっとのことで再開して、恨みを反芻する。アンジュー公は、熱狂もなく、数カ月前から噂になっている、ポーランド王位への立候補の準備を考えるが、虐殺に加わったのでひどく危うくなっていた。[12]マルグリットは、破局的な状況にいる。ひどく辱めを受けた王侯の若い妻で、みんなの不信の的となり、二つの敵陣の間の仲介はできず、個人的幸福も政治的経歴も失われたように思われる。

カトリーヌは惨憺たる結果を意識していたのか。娘が陥る窮地を、一度は、感じていたのか。頭に別の策があったのか。いずれにせよカトリーヌはマルグリットに逃げ道を示す。「五、六日後、この勝負を始めた者たちは、王族を恨むほどにはユグノーを恨まず、主要な目論見に失敗しそうだと知り、夫王とコンデ公が生き残るのに耐えかね、わたしの夫であるので夫王にだれも危害を加えようと思わないのを知り、別の陰謀を企みます。母后にわたしを離縁させなければならない、と説きます。[13]」カトリーヌはずばりこの件に取り組む。「聖体拝領が行われるはずのある祝祭日、わたしが起床の儀に行くと、母后はわたしに真実を言う誓いをさせ、夫王は一人前の男かと訊かれ、そうでないなら、わたしを離縁させる手立てがある、と言われます。訊かれたことについて、わたしは何も知らないと信じてくださるように、と答えました。〔……〕しかしともかく、母后がそうされたのですから、わたしはそのままでいたかった。[14]」歴史家はこの返答を嘲笑し、歴史家の目にはマルグリットの典型的策略とうつる。多分それにはあたらないことを思い出そう。王女たちは結婚まで厳重に監視され、マルグリットの最もまじめな伝記はギーズと肉体関係がなかったことを認めた。従ってナヴァール王が、マルグリットの「知る」――最後の男ではないにしても――最初の男で、それを確かに判断する手立てが無い。この一節を前にして微笑むことができるのは、それが若い女性の返答ではなく、女性回想録作者の考察であり、この会話を報告しながら楽しんでおり、書いているときには、もはやそれほどうぶではなく、この想起において夫の有名な臭気への明らかな当てこすりを洩らしている。「それで、そのとき、わたしはあのローマの女性のように言えたのです。その女性は、夫が自分の息が臭いと知らせてくれなかったと腹を立てると、他の男もみな同様だと思っていました、と答えました。」

　しかしながらその時マルグリットの取る態度はいっそう興味深く、ここでマルグリットは思い出させる。ジャンヌ・ダルブレの息子と結ばれるよう求めなかったが、二人の運命が決定づけられた今では、後に用いる表現の一つを用いれば、それを「捨てはし」ないだろう。まず、虐殺の夕べにナヴァール王のために口出しすべきでなかったとしても、二人の結婚は特赦がなされたことに無関係ではないことを知っているからであり、ナヴァール王に対しては責任があると感じている。ナヴァール王はその当時幾分精彩を欠く人物であり、自分が知り始める危険な宇宙でナヴァールが身を守る力があるとはマルグリットは思わない。実際は自分よりずっと強く、無定見は見かけに過ぎず、文句を言わずに服従しているだけだとマルグリットが理解するのに長い時間がかかるだろう。「結婚解消」の拒否の第二の理由は、カトリーヌの手の内の玩具ではもうありたくないからだ。夫に惚れているわけではなく、将来は妨げられたと思われたが、勝負をするつもりである。それに、他に選択肢はあるだろうか。母は娘を政治の駒としかみなしていない、優しさは引き出すことを見込む利益に比例すると母は一度ならず示さなかったか。何年も後、デュプレクスとのこの会談を想起して、まだ反抗の語調を見出すだろうが、それはこの修史官の物語に透けて見える。「私はマルグリット王妃から、ナヴァール王に愛情を捧げるや、カトリーヌ母后は再びギーズ公を愛するよう話した、と聞く。それを王妃はすこしも聞こうとせず、いいなりになる心は持ちあわせません、とはっきりと言う。」[15]ナヴァール王への忠誠、夫を守りたいとの意思、策略の拒否、こうした理由のために、カトリーヌの申し出を押し返す――しかしそれは賢明な解決策である。しかし英雄たちは賢明でなく、まず自分たちの利害を考慮せず、同盟者の救出に輝かしく赴き、そして特に、一度出るや生家に戻らない。マルグリットの教養、個性、すでにマルグリットの歴史全体が、母の提示する粗野な駆け引きに対立する。それゆえ、自由に、結婚の日以上に自由に、ナヴァール王と結びついたままでいることを選び、ルビコン川を渡る。それ以降、まったく感情的で、まったく精神的なこのアンガジュマンを生き延びることのできる政治的道を考え出さねばならなくなる。

　この道を、王妃はすぐには見出すことはないだろう。そして大虐殺の翌日に活動的に捜し求めるのかはあやしい。その上政治的状況はこの上なく混乱している。ユグノーはラ・ロシェルに退却し、王の派遣する新しい司令官ビロン領主、アルマン・ド・ゴントーを迎え入れるのを拒む。この紛れも無い反抗の行為を前にして、王軍は一五七三年一月遠征の途につくが、この上なくまとまりのない首脳部に率いられていた。アンジュー公とアランソン公とナヴァール王とコンデがいるのだから。同行する大法官シュヴェルニに言わせれば、彼らは「無数の王侯領主」に取り巻かれ、「この者たちの間では、嫉妬と分裂がすぐに蒔かれ、最も特別な会議でも、何か言われれば、同時に敵に伝えられた[16]」。包囲は町の前に敷かれ、何らの結果も得られず、大混乱であった。しかしながら、お互いを十分よく知っていたが、ほとんど共感は持ち合わせていないナヴァール王とアランソン公は、接近し始める。二人とも非常に孤立していたのだ。だれも二人をどこに分類すべきか分らない。確かに、カトリーヌのこの息子は血で手を汚さないが、それは母と兄たちを信頼しないからだ。ジャンヌ・ダルブレのこの息子は、結婚により、改宗により、王軍のトップにいることにより、陣営を変えたと思われ、ユグノーは最早ナヴァール王を当てにできない。二人の若者のこの周辺的立場故に、二人は新しい光の下で互いを見るようになり、かなりの政治的反対者の目に、両側の非妥協派の間にそのとき描かれ始める「第三の道」の首領候補として現れるようになる[17]。

　サン＝バルテルミーの大虐殺は、確かに、十六世紀の歴史に巨大な断裂を作り出したが、それでも歴史的連続性の一環をなす。それは君主と貴族の間の対立の連続性であり、アンボワーズの陰謀以来、絶対主義の開始まで一つまた一つと高まりながら続くだろう[18]。一五七二年まで、大領主は特に、自分たちを君主の当然の助言者としていた古い慣習を王が捨てるのを不安に感じ、ギーズ、ヌヴェール＝ゴンザグ、ビラーグ、ゴンディ、ストロッツィなどの、「成り上がり」と「外国人」のために国家の重要職から権力により遠ざけられるとき、「不平党」と自称した。大抵は、武器を取ることに反対する体制派で、自分たちの要求の宗教色をなくすことを勧め、宗教的混乱は自分たちを分断し排除するために、母后と呪われた者たちにより人為的にあおられているとさえ考える。サン＝バルテルミーの大虐殺は大貴族の恐怖を強め、（これらの者の主張への同意を計ることのできる）マルグリットのように、大虐殺の先導者の「主要な意図」は大貴族の排除であり、これら先導者は「王族同様ユグノーを」少しも恨んでいないと考えるものが数多くいる。悲劇に続く月には従って不平党と、最近の歴史家アルレット・ジュアナの表現を借りれば、他の二つの「知的な集団」が接近する。ポリティーク派〔王権のもとでの国民の結集により平和的解決をめざすことを主張する〕とモナルコマク派〔暴政放伐論者〕で、二つのグループはむしろ知的なブルジョワと法服貴族から集められるが、政治的理想に関しては異なっている[19]。この接近は、一五七三年初めにはまだおずおずとしたものだが、来るべき二十年間の政治的激変では本質的役割を果たすだろう。

　さしあたり、ラ・ロシェル包囲は春まで双方に顕著な成功を与えることなく長引く。恐らくこの不確実で無為な時期にナヴァール王妃とヌヴェール公妃とレ伯爵夫人の大きな友情の始まりを位置づけねばならないだろう。後の二人は三十歳代で、二人とも非常に有力な跡取り娘である。三人の中で最も年上のアンリエット・ド・クレーヴは王国の最大の財産家の一人で、夫ヌヴェール公ルドヴィク・ド・ゴンザグにヌヴェール公領を齎した。クロード＝カトリーヌ・ド・クレルモン＝ダンピエールは、従兄弟のブラントーム同様、フランスの最も古い家系の一つの生まれである。[20]クロード・カトリーヌと幼い王女は第一次宗教戦争の間、アンボワーズで長い月を過ごした。この時期から寡婦であったが、一五六五年カトリーヌ太后の側近の一人であるアルベール・ド・ゴンディと結婚し、レの領地を齎したが、そこは間もなく公領に昇格するだろう。レ伯爵夫人は、一五七〇年代から、活発な精神と豊富な知識の故にパリの全詩人が称賛する偉大な碩学である。最初の夫、吃音の嫉妬深いジャン・ダヌボーのために、隠遁生活を余儀なくされたが、勉強、特にラテン語とギリシア語の勉強によりその生活を楽しくしたことをはっきりと言っておかねばならない。しばらく前から、夫が得たばかりの元帥の肩書きで飾られ、パリのルーヴル近く、ダンピエールの古い館に、[21]文学サロンを開いたが、この種のものの初めの一つであった。

実際サロンが生まれるのは十六世紀で、その流行が広がるのはようやく十七世紀を待ってであろう。その創設は十五世紀末以来のフランス宮廷が奨励する男女混合と、上流社会で幾分どこでも成長する文化的欲求に対応している。大抵、それらを活気付けるのは女性で、博識な女性、そして博識な人として同時代人により迎えられる女性であるが、この元帥夫人のように、独学で広い教養を獲得した女性である。こうした女性にとって、サロンは、自分たちの自己形成を続け、学者や才人に取り巻かれ、自分たちの存在と自分たちの知識を引き立たせる一種のやり方である。サロンに集う男女は、学者あるいはただの教養人であり、貴族もいれば平民もおり、宮廷にも伺候するが、楽しみながら自分たちの教養を完成しようと望んでいる。同時期に創設された学者アカデミーと幾分似ているが、[22]それほど形式張ってはおらず、詩人が最新作を朗誦するのを聞き、講演を拝聴し、様々な学問を実践し、立ち寄る異邦人に出会いにサロンに来る。

元帥夫人はこうした種類の社交を実行し奨励した最初の女性ではまったくない。元帥夫人の義理の母、ペロンの奥方マリ・ド・ピエールヴィーヴはその時代にリヨンで文学サロンを開いた。リヨンはイタリア化された都市で、その当時は、新奇においてしばしばパリに先んじていた。しかし元帥夫人はすでに気取った調子をもてなしに与えた最初の人で、後に多くの競争者を作るだろう。芸術家と思潮、特にペトラルカ趣味を奨励する。「アルバム」に最も気に入る作品を筆写させ、そこには自身の作も位置をしめる。[23]招待客を、自身の詩の一つが言うように、「葉叢模様のタペストリーで飾られた美しい小部屋」に迎え、そこから「緑のサロン」のあだ名が彼女の殿堂に与えられる。そして、夏、天候の良いときには、みんなは、レ家が住居を持つノワジー＝ル＝ロワに移動する。元帥夫人はそこで主宰し、八人の友に取り巻かれ、こうして九人の「ミューズ」あるいは「ニンフ」を形成し、めいめいは古代から好んで借りられた名前で詩人と友人に称賛される。こうして、その場の女主人はディクチナ〔ディアナのあだ名〕あるいはパーシテエー〔美の三女神の一人〕であり、一方アンリエット・ド・ヌヴェールはピステールであり、マルグリットはカリパントとエリウあるいはエリスの名前を受け取る(24)。この三人の女性は、こうした名前であるいは本来の名前で「アルバム」で歌われ、明白にサロンの最も貴重な宝である。

フランス、ヌヴェール、クレルモンは三人の美しい女神を
　持つが
同じ心と同じ意思しか持たない
神々は決してこれほど美しい女主人を持たず
それ故その女神たちのそばで何者でもない(25)

マルグリットはそこで幾人かの女性と交際し、後の生涯に再び会うだろう。マチニョン元帥とトリニー姫の娘のジロンヌ・ド・ゴワヨンは、長い間マルグリットの打ち明け相手になるだろう。エレーヌ・ド・シュルジェール（ロンサールのエレーヌ）とマドレーヌ・ド・ブルディユ（ブラントームの姉妹）、この二人は翌年の夏、リヨンへの旅の一員となるだろう。同様に、ソーヴ男爵夫人シャルロット・ド・ボーヌは、ナヴァール王とアランソン公の厄病神となるだろう。これらの女性と他の多くの立派な貴婦人の周囲には、詩人たち、画家たち、多くの貴族がいて、元帥夫人の従兄弟のブラントーム、ロンサールとデポルトもその中に入るが、二人はこれらの貴婦人のあるものを歌い、またデュ・バルタス、ラパン、ラ・ジュセ、ヴァテル、ラヴァル、ビヤール、ラ・ロックらの名を見るだろう。幾人もの詩人、そして何人かは生涯の終わりまで、マルグリットと結びついているだろうから。

そこで男女は論じ、詩作するのを楽しみ、上地土地の女主人を称賛し、現実のあるいは想像上の、誠実なあるいは社交的な、ただ一つのあるいは複数の恋愛を歌うのを楽しむ。十五世紀末から、実際、フランス宮廷では、生まれのよい女性が、夫の面前で、また夫の承知の上で、言い寄る何人もの恋人を持ち、一方その名に恥じない貴族は、妻の面前でまた妻の承知の上で、一人あるいは何人もの「愛人」に「仕える」べきだという習慣が一般化していた。この制度は、その効果ゆえに認められ文明化する力のゆえにしばしば称えられ(26)、女性より男性が五から十倍もいる環境での性的エネルギーにはけ口を与え社会化する必要に対応している(27)。この公式の結びつきは、「みせかけ」（他のを隠すのに用いられる偽りの愛情）を経て、単なる情交から愛情までのあらゆる種類の関係を明らかに押し隠すことができるが、規則ははっきりしている。全員の名誉が尊重され、秩序が支配するために、何も知られるべきではないのだ。マルグリットは、他の女性同様、賛美者によって歌われ、その中にフィリ

ップ・デポルトがいるが、デポルトは「緑のサロン」で王妃のために『イポリット』を書くアイデアを確かに構想する。この長い詩で、デポルトは「世界で唯一の真珠とその不死の花」(28)を歌うだろう。ナヴァールの王妃は、いずれにせよ、レ元帥夫人の「アルバム」に基づきうる限り、当時夫に忠実ではあるが、エリス＝カリパントを言祝ぐ匿名の声が言うように、こうした誘惑のどれにも応じない。

見るとその女《ひと》を愛するが、その女に相応しくない
ユピテル以外の他の松明は
かくも稀な美をかきたてることはできないだろうから。
それ故その女の若さは愛することなく失われ
あの女がフランスとナヴァールの誉であろうとも
あの女がいなくては砂漠の恐怖しかみられない(29)

しかしながら、一五七三年五月、ラ・ロシェルの攻囲が長引く間に、ポーランド国会はアンリ・ダンジューを王と宣言する。大急ぎで講和が調印され（ブーローニュの勅令）、軍は動員解除され、諸侯はパリに戻り、アンリの出発の準備が続く月々のエネルギー全体を吸収する。八月、ポーランド大使がパリに迎えられる。『回想録』の原稿はこの箇所で中断されているので、ブラントームの報告を聞こう。「私たちのアンリ王様がポーランド王に選ばれたのを告げ、臣従の誓い、服従を捧げに、ポーランドの使節がフランスにやって来たとき、この者たちがシャルル王様と母后様と自分たちの王様に恭しく挨拶した後、特に、数日に亘って、王弟殿下［アランソン公］、ナヴァール王様、王妃様に挨拶した。しかしこのナヴァール王妃様に挨拶をする日がやって来ると、この者たちは、王妃様がかくも美しく、威厳、優美を兼ね備えて、豪華、華麗に着飾っているると思えたので、全員がこのような美しさに驚嘆したままであった。そしてとりわけ、使節の主要な一員であるラスキは、この美しさに驚嘆して、引き下がりながら次のように言うのを私は聞いた。『このような美しさの後では、私はもう何も見たくない。』」しかしマルグリットが東方の人々を魅惑したのは美しさでだけではない。「クラクフの司教がいたが、使節の第一の主要な人物で、全員に対して、ラテン語で演説をした。知識のある能力のある高位聖職者であったからだ。王妃様はとても適切に、雄弁に、少しも通詞の助けを借りずに、返答をされ、このものの演説をよく把握し理解していた。皆は大いに賛嘆し、声を一つにして第二のミネルウァ、あるいは雄弁の女神と呼んだ(30)。」

九月初め、太后はチュイルリー宮でポーランド使節のために祝いを開く。マルグリットはこの日、ブラントームによれば、一番似合う装いで現れる。「王妃様は多くのラメの入ったスペインの淡紅色のビロードのドレスを着て、同じビロードの帽子を被り、これ以上ない羽と宝石で飾っておられた。［……］チュイルリー宮殿でこのように着飾って現れられたとき、隣にい

たロンサール殿に私は言った。『実に、白い美しい様相で、真紅と淡紅色に包まれて、美しい曙光が夜明け前に生まれるときのように、この美しい王妃様が華麗な衣装で現れられるのを目にしていると思われませんか。［……］』ロンサール殿は私の言うことを認めた。そしてロンサール殿は（とても美しいと思った）、この比較に基づいて、美しいソネを一つ作り、私にくれた。[31]」

従って雰囲気は再び快楽と祝祭にあった。ドービニェは当時宮廷で出世しようとしていて、『キルケ』と題する戯曲の計画を書き、マルグリットが主役を演じるはずであったが、「太后は出費のために実行を望まれなかった。[32]」お祭り騒ぎの間、出発の準備にカトリーヌは気をとられ続け、息子の旅行に必要なお金を工面せねばならない。シャルル王がますますはっきりとした病状を呈するのを見て、万一の場合に、アンリが、ポーランド王位にいるけれども、フランス王権の推定存続人として指名されるために、同じく必要な手はずを整える。アンリ自身も不安である。ある者たちは自分の出発を喜ぶのをはっきりと見る。それ故妹に対して新たな魅力の攻勢を試みる。「フランス出立の数カ月前、［兄は］あらゆる手を尽くして、自らの忘恩のひどい仕打ちをわたしに忘れさせようとし、わたしたちの最初の友情に初めの頃と同じくらいの完璧さを取り戻そうとし、誓い約束してわたしに恩を売ろうとしました。」マルグリットは自分の反応を語っていないが、シュヴェルニ伯がそれを与えている。伯は説明する。十一月初め、宮廷はフランス国境を越えてまでアンリを送っていこうと動き始める。一行は突然立ち止まる。シャルル王は、重病で、ヴィトリーの先へは行けない。「ポーランド王は［……］自分の旅を続け、ロレーヌのブラモンへと去る。そこまで太后、弟のアランソン殿、妹のナヴァール王妃とロレーヌ殿が同行し、そこで皆に別れを告げて、太后に暇乞いをするが、お互いにこの上ない未練がないことはなく、ナヴァール王妃は、私の目の前で、多くの友愛を約され、誰かが思い留めなかったら、すぐに後について行ったと思われる。[33]」シュヴェルニの言うことは正しく、兄妹の間で仲のよさは再び完全で、出発に引き続く週に、兄に宛てたマルグリットの手紙が明らかにする通りで、王妃は良きにつけ悪しきにつけ、自分の運を賭けたいとアンリに確約している。[34]

しかしながら、アンリが出発し、シャルル王の病が悪化すると、ラ・ロシェルの攻囲以降浮上してくる新しい政治光景の輪郭がはっきりする。議論はルドヴィク・ド・ナッサウ、何人かのドイツの君主、コンデ、アランソン公、ナヴァール王と他の不平党の間で順調に進み、不平党の最前列にはモンモランシーの四人の息子がいる。公でありフランス元帥のフランソワ、ラングドックの総代官であるアンリ・ダンヴィル、メリュ領主シャルル、トレ領主ギヨームである。四人とも宗教的観点では寛容で、従兄弟のコリニーに加えられた運命に傷つけられ、多勢の強力な親族一同を抱えている。ブイヨン家、チュレンヌ家、フォワ＝カンダル家、ラ・トレムイユ家、ヴァンタドゥール家などである。その背後には「アンボワーズで既に武器をとった中流貴族の代表者」も同様に犇いており、やがてこの者たちは不平「党」を形成するだろう[35]。全員がアンリ・ダンジューがフランス王位に登極するのを恐れており、自分たちの望む和平を保証するにはアンリはあまりに熱心なカトリックでありギーズ家に親しすぎる。そして全員がシャルルの後継者としてフランソワ・ダランソンを受け入れさせるあらゆる手段を与えようと欲している。アンリの出発に先立つそして続く月はそれゆえますます目に付くようになる動揺に刻印され、その動揺は、コンデが徴兵の責任を担い、パラチナ選定公の息子ヨハン・カジミールと交渉する軍勢の頭に据えるために、若き公とナヴァールル王を宮廷から引き出すことを狙う、数多の密談と幾度もの陰謀に現れていた。

マルグリットはこの陰謀の高まりを『回想録』で指摘する。マルグリットが言うには、アンリの王国出発は「ほぼ同時に始まったシャルル王の病気と同様にこの王国の二党派の精神を目覚めさせ、この国家に関する様々な企てをひきおこします」。マルグリットは、ナヴァール王とアランソン公は、サン＝バルテルミー以来密かにユグノーに働きかけられ、「王と母后がフランスに戻られるとき、夫王と弟の二人を迎えにくるはずの幾つかの軍団に合流するために、シャンパーニュを通り逃げ出すよう」説き伏せられていた、と説明する。明らかに、ナヴァールの王妃はいつもみんなの不信の犠牲者である。不平党の最初の集合の只中で進行中の裏工作については何も知らないと見える。そしてサン＝バルテルミーの折に命を救った貴族の一人、ミオサン殿からたまたま陰謀を知る。そのとき計画を母と王に告発する。「［わたしは］非常に重要なことを伝えなくてはなりません、わたしが名を挙げる者にいかなる不利益も与えないと約束していただけないなら何も申せません、何も知らない振りをすれば打開できるでしょう、と言いました。」確かにこうした態度は、出発前にポーランド王にした、誠実なのか、あるいはそうではない約束によるよりも、マルグリットが兄シャルルに抱く信頼によってなされたのであろう。「スワソンの企て」と呼ばれるものはそれゆえ失敗する。王子の随員は、予想以上に付き従い、ナヴァール王とアランソン公が逃走させなかった。それは勝負が延期されただけだ。宮廷がパリ地域に戻り、サン＝ジェルマン＝アン＝レ城に落ち着くと、一五七四年一月十日、陰謀はもっとうまく再開する。さまざまな出来事の後、フランソワ・ド・モンモランシーは二月末に宮廷を去る。クリュの歴史家は記しているが、その出発は「フランス全土で武器を取る合図となる。［……］ポリティーク派の中の、賢明な者は除いて、党派の大胆な者たちは大義の指揮を取るだろう[36]」。

マルグリットは指摘するが、そのとき末弟が活発につきあいを求め始め、援助を要請する。マルグリットははっきりと述べる。「その時まで、弟はつねに宮廷外で養育されていたので、相見たことがほとんどなく、あまり親しくなかった。」公は姉が多かれ少なかれ最初の試みの失敗に責任があることを理解して、今度は、自分の側にしっかりとつないで置こうと思ったのか。準備している一種のクーデタのためにこのえり抜きの同盟者の必要を単に感じていたのか。事実、この若者はフランス政治の舞台に登場するところである。戦より和平に巧みで、ラ・ロシェルの和平の交渉に幸運にも参加し、エリザベスとの結婚交渉を再開するのに成功した。アンリほど繊細ではなく、美しくもなく、教養もないが、気前よく野心的である。より確実でより華々しい候補者がいないため人々がこの人の方を向くのかも知れないが、それでも確かに、フランスで和平を求める人々の目には、王国の将来を体現するように思われる。家来たち同様、同盟者たちは、日々多くなる。マルグリットは、この意味で、最も魅力的なもののひとつであっても、持ち駒の一つに過ぎない。[37]

アランソン公と組むものたちみなと同様、マルグリットは困難な選択に直面する。王はまもなく死ぬだろうから、将来は今から準備しておかなくてはならない。アンリの党派を取るのは、確かに王朝の正当性に忠実であり続けることだが、出口なしの道に入り込むことだ。というのもはっきりとカトリックの側にいることを、すなわち夫に対して立ち上がることを求めるだろうから。それをマルグリットは、ナヴァール王妃としてのあらゆる権力を放棄するのでない限りできない。そしてそうしてもアンリが感謝するかは確かではない。モンコントゥールの折のように、最初の転機で約束を破るかもしれない。反対に、フランソワの党派を選ぶのは、夫とフランソワの間に結ばれつつある同盟で貴重な仲介者となることで、フランソワがフランス王になるなら続けるほかはないだろう。換言すれば、政治的役割を華々しく再発見することだ。さらに、フランソワとマルグリットはカトリーヌの権力と愛から同じように排除されたと感じている。それゆえ王妃は提案を受け入れるが、明確にするように、「わたしがよき兄シャルル王に負っていることを害さない」という条件で、である。きっとこの調整に文体の理由以上に、論争内部での態度の表明を見るべきであり、それは、確かに、王侯を動揺させないが、同盟者の一部に働きかける。特に、モナルコマクはいくつかの場合には王殺しも許されると言い始める。[38] マルグリットがある立場に加わるよう要請されるのは生涯で二度目である。一度目ほど熱心に加わらず、マルグリットの選択が——より重大な結果を伴うが——それほど重きを置かれないのも疑いが無い。しかしながら王妃は弟に、生涯の、唯一本当の同盟者、多分唯一の本当の友を見出す。そして二人の結びつきはフランソワの死まで続くだろう。

マルグリットが陰謀者の側に加わるに至る動機の中に、歴史家たちが最も重要なもの、さらには唯一のものとしばしばみなしているものがあるが、他の動機の中の一つと見なすのが相応しい。それはラ・モル領主ジョゼフ・ド・ボニファスとの関係である。四十歳近いこの者は当時アランソン公の主要な顧問の一人である。特にエリザベス一世との結婚を交渉する役目を受け、エリザベスの覚えがめでたかった。[39]パリの悪意ある行政官ピエール・ド・レトワールは、この時期から日記をつけ始めるが、この大誘惑者の皮肉な肖像を残しており、当時「宮廷の軽業士」と呼ばれ、「奥方たちと主人の公に格別愛されたが、〔……〕反対に戦争よりも恋愛に基づくいくつかの委細により王に憎まれ、この貴族はマルスよりもウェヌスの道に秀でていた。なおその上、大いに迷信家で、毎日ミサ一つでは満足せず、三つ四つ、時には五つ六つも聞いていた。〔……〕敬虔に聞いたミサはすべての罪を贖うと確信していた。それについて、よく事情に通じた亡き王は、ラ・モルの遊蕩の帳簿をつけたい者は、ラ・モルのミサを数えさえすればよい、としばしば笑って言われた。」従ってマルグリットはこの貴族を数年前から知っているが、多分弟と接近し謀反者たちの立場を共有することでいっそう着目したのであろう。

　実を言えば、この関係についての証言は稀である。王妃は『回想録』でそれについて一言も漏らさない。アンリ三世の書簡は確かにラ・モルに言及しているが、この件ではかなり謎めいている。[40]「好奇をそそる古文書」が再現する「サン＝ジェルマンの企ての話」の作者は、友のアニバル・ド・ココナはヌヴェール公妃の愛人だったと指摘し、母后は「なにか言えないあることのために[41]」ラ・モルを恨んでいたと付言し、それはマルグリットへの言及でもありうるが、他の謎に及ぶかもしれない。チュレンヌ子爵は、陰謀に深く関与しており、一五七四年の春の全策謀の中に、「もつれた恋愛沙汰があり、普通は宮廷でいざこざの大部分となり、女性がかかわらないとほとんどあるいは全く問題とならないが、女性を愛し、女性が愛している男たちに大抵無限の不幸の原因となる」と同様にはっきりしないやり方で嘆いていた。これはチュレンヌが『回想録』を書いているときの非常に気難しい精神状態以外にはたいしたものを明らかにしない。[42]しかしながら「マルグリット王妃」に献呈されたレ元帥夫人の『アルバム』の一詩編は次のような叫びをあげる。「アモルは王室の花の／美を得るのを確保していた。」これはとうとう高慢なマルグリットが「愛することなく」もはや青春を「失わ」ないことを示唆するのかも知れない。最後に、王妃は自身の『アルバム』に、イアサントと渾名された、愛する美男に宛てたいくつかの詩編を取っておくだろう。それは確かにジョゼフ・ド・ボニファスだと思われる。[43]レトワールは、ラ・モルが死ぬ瞬間にナヴァール王妃の名を発したという噂を伝えるだろうが本当らしくない。多分それはすべて王妃がボニファスを愛していたことを確認はするが、それ以上は何も証しない。ともかく一つのことは確実だと思われる。マルグリットがラ・モルの愛人になったのは、スワソンの企みの後でしかありえない。というのもこの瞬間からマルグリットが、主だった首謀者の一人である公のこの顧問と関係していたなら、この事件で多分中立を保っただろうし、この事件を暴かなかっただろうからだ。

従って、二月の「マルディ・グラの武装」あるいは「サン＝ジェルマンの恐怖」と呼ばれる、不平党の第二の陰謀の折には、事態は様相を異にする。今回は、ナヴァール王妃は実質的に陰謀加担者の側にいる。だからといって、陰謀に通じていたのか。それは否定する。「ユグノーは騒動を求めるのをやめず、弟のアランソン公と夫王を宮廷からまた引き出そうとしますが、最初の時のようにはわたしの知るところとなりませんでした。」この主張は疑いが残りうる。実際、マルグリットがその時から弟の野望を知らなかったとは想像し難い。しかしながら王妃はその時同盟を結んで日が浅かったことを忘れないでおこう。そして先のものよりもずっと広範な陰謀の正確な期限は王妃には明かされなかったこともあり得る。ダンヴィルはラングドック地方中で強力である。フランソワ・ド・ラ・ヌーは徴税請負人という名を自称する数多くの不平党の領主の頭で、ポワトゥー地方で反抗を指揮する。モンゴメリーはイングランドを出航し、ノルマンディー地方に位置を占めるはずだ。モンブランの方はドーフィネ地方を確保するだろう。コンデは、ドイツで二万人の兵を挙げるところだ。それに、王妃がここで嘘をついているなら、不平党への参加、そして後の策謀での、自らの率先を少し後で告白する率直さをどのように説明するのか。

シャルルの結核が最終局面に入る間、謀反の首謀者はアランソンを王位候補者に押し付けようと、サン＝ジェルマンの城に押し入ろうと備えている。計画はマルディ・グラの夜（一五七四年二月二十二日〜二十三日）に決められる。無能、混乱、調整不足のために一団は予定より早く着き、謀反者たちの陣営にパニックを撒き散らす。王妃は書いている。「神様のお陰でラ・モルがそれを母后に知らせます。」神の介入は、『回想録』の他の箇所と同様ここでは、自身の仲介を隠すことができるだろう。実際、動転する中で、王妃は初回にそれほど失敗しなかった戦術を繰り返そうとしたのはありうることで、企まれたことを実際は知らないという考えに信用を与える。しかし「サン＝ジェルマンの恐怖」は「スワソンの企て」ではない。今回はシャルル王は死に瀕しており、カトリーヌのスパイたちは、恐らくラ・モルよりもよく、フランス領で準備されている大混乱の広がりを暴いていた。また、直近に現れた反王権のいくつものパンフレットは権力の弱さを窺わせる。それでカトリーヌは事態を掌握し、パリへの即座の帰還を決定する。「わたしたちは午前二時に出発を余儀なくされました。［……］母后は弟と夫王を荷馬車に載せ、二人は今回は前回ほど優しくは扱われませんでした。」シャルル九世は、一人、スイス傭兵とともにサン＝ジェルマンに留まり、それは恐らく王権が本当に危険であるとみなさなかった証拠であろうが、翌朝ようやく出発する。[44]王は王族と幾日かフォーブール・サン＝トノレのレの館に滞在し、次いでヴァンセンヌ城に落ち着く。

これに続く月は最も混乱したものである。アランソン公は尋問され、一切を自白し、それで許され、共犯の免責を得られると考える。(45) ナヴァール王はより用心深い。監視されているが、二人の王子は本当には不安ではなく、ドービニェが思い出させるように、当時は「明白な理由の無い捕虜(46)」でしかなかった。二人はかなり平静に自分たちの活動に励みさえし、それは当時ただシャルロット・ド・ボーヌという名前だけを持つ、ソーヴ男爵夫人、太后のお付の女性に、二人の義兄弟はほぼ同時に恋したのだ。カトリーヌは確かにこの術策の背後にいて、陰謀は失敗しつつあると思い、コンデをピカルディーの統治へ出発させ、モンモランシーと交渉を再開するが、太后はモンモランシーの宮廷への復帰を要求する。しかし陰謀家たちの放つ奸計はそこに留まらない。モンゴメリーは三月十一日にノルマンディーに上陸し、ラ・ロシェルは蜂起し、興奮が他の地方に及ぶ。王子たちは再び逃走を試み、今回は本当に逮捕される。即座に短い公の宣言に署名させるが、二人共に同じ文で、その宣言で混乱の扇動者と袂を分かっている。(47) しかし二人からはより豊富なより誠実な説明が期待される。マルグリットは言う。「弟と夫王を聴聞するために高等法院から委員が派遣されたが、夫王はそのとき顧問役がいなかったので、自身が述べることで、自身も他人も苦しめないために、答えるべきことを書面で作成するようわたしに命じました。」共犯者たち、求めに応じて宮廷に復帰していたモンモランシー、太后の占星術師であるルッジエリ、そして特にラ・モルとココナを含む全員を、太后は逮捕させた。最後に、軍事面では、いくつもの軍勢、特にマチニョンの軍勢を急派し、モンゴメリーの部隊の前進を食い止める役目を負わせる。

マルグリットは、少なくとも公式には、暴風雨を免れる。ヌヴェール公爵夫人同様、マルグリットは妻としての地位により保護され、十六世紀の危機的な時期にしばしば逮捕された上流の寡婦と反対に、妻は一家の長として指名されない。またシャルル九世の愛情によっても保護される。しかしながら、弟と夫の加担には責任を十分感じており、マルグリットに関して私たちが持っている一定の長さの最初のテクストが示す通りであり、かの『アンリ・ド・ブルボンの弁明書』を数日で書き上げ、四月十三日、宮廷に提出する。(48) それは太后に宛てた、約十五分の弁論で（シャルル王は裁きに立ち会うには病が重かった）、王子の幼年期から逮捕までの、慎重に選ばれた事実の年代順の想起を含む。フランス王家に対してナヴァール家が連続して絶対的に忠誠を誓っていたことを印象付けることが大切であり、この忠誠はずっと以前から悪意と、絶えずギーズ家に与えられる偏愛とぶつかり合う。

マルグリットと夫の採用する防御線は、愛情面をわざと重視することで特に巧みである。ナヴァール王は要するに言う、私は常にあなたを愛したいと思った、しかしあなたは私に対して、つれなさと悪意しか抱かなかった、と。マルグリットは被告を庇護のない子供とし、次いで、邪な手品師に絶えずつけ込まれる信じやすい若者にし、その手品師の偽善は呆然とさせると同時に当惑させる。「スワソンの企て」の動揺を極端に劇的にし、ナヴァール王とアランソン公の殺害計画を考え出しあるいは大げさにし、それは王子たちの恐怖と脱出の意思を正当化しただろう。「サン＝ジェルマンの恐怖」を自分たちの安全を保証する願望しか引き起こさなかった一連の単なるパニックに縮小する。そして次に、この上なく巧みなことに、弁護は大部分アンリ三世の発言に基づき、アンリ三世は幾度もナヴァール王を安心させたろうが、陰では、同じだけ不安にもしただろう、となる。カトリーヌのお気に入りの息子は従って事件の全体的責任に関しては無実であり（太后の気に入るための絶対不可欠の条件）、しかしながら常に太后と一致することで有罪であり（太后におもねることでしかない）、特に今のところ不在で、マルグリット——ナヴァールの申し立てを覆すことができない。最後に、主要な共謀者に関しては一言も発さない。グラントリ、ルッジエリ、ラ・モル、ココナは当時投獄されていた。逃亡することができた唯一の者たち、チュレンヌとトレには言及するが、そのものたちの疑いの正当な理由を強調するためだけにである。

アンリ・ド・ナヴァールの作品として——そして政治的才能の最初の表明としてですらあるが——後世に伝わるこのテクストの最も注目すべき点は、恐らくマルグリットの文体が全面的に印されていることである。まず第一に攻撃の観点で、常にマルグリットのものとなるだろう。美徳と傷つけられた正当な権利の観点で、いくつかの変装による。サン＝バルテルミーを思い起こさせて目覚めさせる自身の恐怖、「太后様とあなたの息子の王とポーランド王がギーズ方になされた名誉と歓迎」に比べて、当時の隔離と「受けた不名誉」でもある。嫌悪するデュ・ガについて語る時に生じる自身の憎悪でもあり、「ポーランド王はこの者を全面的に信頼されていた」。さらにモンコントゥール以来、嘘つきで意見の変わりやすいこの兄に対して積み重ねられた恨みであり、この兄はポーランドへの出発で、「太后様、あなた様の保護を私が受けるよう懇願するのを忘れています」。特にこの母に宛てられた愛情欠如のうずくような非難であり、母は起床時に扉を開かず、自分の部屋にいるのに「王の下に」いると答えさせ、母への愛に対して、「あなた様から来ることを私が知っていることを何も拒絶しようとはせず、あなた様の部屋であなたを見つけるために私は再び戻ったのでした」。最後に幾度もこのテクストに現れるのはマルグリットの不遜さであり、ナヴァール王のものではなく、そうではないだろう誇りであり、演説の最初の語から誇示される慢心であり、弁論に告発者に対する論告の調子を与える。「権利により陛下にしか返答する義務は無いにもかかわらず、しかしながらこの一同と適当と思われる他のすべての人の前で（語るのを）私は恐れないだろう、真実を言うのだから。」同様に、最後の語は、寛容への訴えであるはずなのに、実際は命令を思い出させる。要するに話し手は、だから誰にかかわりあっているのかを思い出し、「あなた方にとって私がどういうものであるかを考えて、それに相応しく私を扱うよう」に、と言うのだ。離婚の際に、自分に相応しい条件を手に入れるために闘うときマルグリットが絶えず繰り返す議論、文でさえあるが、そのときは夫に語りかける。

ある観点から見れば、自分自身のために書くのでないので、恐らくそれだけ自由に、自分と夫の間に状況の数多くの類似があるだけにそれだけ容易に、ナヴァール王妃はこの演説に自分の性格全体を、当時の不安全体を書き入れたと言うことができる。この『弁明書』はこの意味で不平党の陰謀の際の二人の精神的共犯の非常に明白な証拠となる。しかしこの行為の独自性は強調されるべきで、歴史家はほとんどそれをしていない。この事実に触れずに置かないときでも、歴史家はしばしば、ジャン＝ピエール・バブロンのように、「巧みな筆遣いと輝かしい精神、さらに役割を演じるのを渇望する精神」を称揚することで満足する。みんなが知るように「役割を演じるのを渇望する」女たちに歴史は満ち満ちているが、危機の瞬間に政治的演説を書くよう夫に促される王妃に満ちているだろうか。ナヴァール王の要求同様、マルグリットの係わり合いは、それが珍しいということで分析されねばならない。驚くべき容易さで、王妃は男の言葉を用い（一般的に、男だけが自己を「正当化する」）、男の「自我」に紛れ込み、それに同一化し、自身の不満で満たし、自身が心に抱くことを言いながらその男のために語る。実を言えば、王妃はナヴァール王に自身を重ね――そこからこの演説が生まれ、聞き手に認められるだろう真実の調子が生まれる――それはあたかもこの隠された言葉以上に自己を表明するより正当な場所が見出せないかのようであり、この言葉により王妃は「私」と言うことができ、自身の名でなすだろうこととは別のことを表明することができ、要するに、実際の自分、共謀者の妻あるいは姉とは違う者であり得る。ナヴァール王は現在の自らの劣勢を推し量る。勝負に敗れ、自分が優れた演説者ではないことを知る。妻の巧みさと知性を知り、義母に語りかける正しい言葉を見出す妻の能力を信頼するが、義母を恐れており、生涯恐れるだろう。その上取り巻きがよくない。最初の助言者はサン＝バルテルミーの虐殺で倒れ、継承者はまだ形成されておらず、あるいはまだ周囲にいない。しかしこれらの説明以上に、マルグリットがナヴァール王にはそのとき、かつてのアンジュー公にとってのように、少し前のアランソン公によってのように、はまり込んだ窮地から引き出すことのできる、本当の相棒と思われることを認めなくてはならない。換言すれば、王妃が自身とは異なるものと思うなら、他者もまた王妃をそのようなものとして認め、そのことはまた幾度も実証されるだろう。そして未来のアンリ四世は、その時、妻を適切に使うことしかしないのは、反対に事態を何ら変えない。王の妻の利用のしかたは、愛人に行い、行うだろうようにではなく、政治的同盟者全員を利用するようにであり、その者たちから必要とするものを引き出すが、邪魔になるときには見捨てるのだ。

　演説の成功により、このベアルンの王がそれを起草するよう妻に申し出た決定が回顧的に明らかになる。ドービニェはこの弁論の本当の作者に関しては何も言わないが（恐らく知らなかったのだ）、攻撃角度の巧みさを強調するだろう。「ナヴァール王は、聴取で、申し立てた事柄を少しも否定せず、彼女［カトリーヌ］がなした悪事による自らの絶望を正当化し始めた。[49]」マルグリットは、『回想録』で夫の反応と演説に対する法廷の反応を語る。「神様のお蔭でわたしはとてもよく書けましたので、夫王は満足し、委員もとてもよく準備されているのに驚きました。」

　しかしながらナヴァールの供述は、これほど華麗であっても、アランソン公のそれほど輝かしくない供述ほどは役に立たない。実際、王子たちの裁判は恐らく、恐れさせ、共謀を破壊する狙いの偽装でしかない。反対に、二人に加担した者たちは情け容赦なく処罰される。特にラ・モルとココナは長く尋問され拷問される。公の寵臣は真意をうかがわせず、既に知られていることを認め、「王の気に入るときにそうして死を受け入れる備えがある[50]」と言明する。四月末、加担者はグレーヴ広場へと連行されるが、「人々ノ多クノ群レト供ニデアリ、信ジラレナイコトダ」とイタリアの公用文書は報告している[51]。カステルノー家の書類が語るには、死ぬ瞬間に、ラ・モルは「借金を返して従者には給金を支払った」かと尋ね、拷問下で既に言ったことを繰り返す。「グラントリ、グラン＝シャン、ラ・ノクル［ラ・ファン］は陰謀を知っていた。コーム［ルッジエリ］は知らなかった。［……］その後この者は首を切られた。」最期まで模範的な威厳を示し、この貴族は「民衆にだけ哀れまれ、民衆はこの者の若さと美貌に同情した[52]」。

　おそらくつい最近愛人になったばかりの者に加えられた死、弟と夫に課された扱いは、シャルル王が国家元首からますます消え去ることと同様に、今回はマルグリットを決定的に反対へと押しやる。続く月の間に、王妃はアランソン公とナヴァール王をヴァンセンヌから脱出させようと試みる。「守衛が中を見ることなくまた侍女たちのマスクを取らせることなく馬車で自由に出入りできましたので、二人のうちの一人を女装させて、わたしの馬車で脱出させようと［決めました］。しかし、守衛によく知られているし、二人のうちどちらかが外にいればもう一人の命は確保できるので、二人一緒にはできず、二人はどちらが脱出するのか決して一致できず、どちらも脱出する方を望み、どちらも留まりたくなかった。」どう考えてみても、マルグリットの同盟者はほとんど有能ではない。

　五月末の、王の死は、この滑稽な策動に終わりを告げ、反乱は今や衰え、モンゴメリーは、マチニョンにより捕らえられ、パリに引き戻され死刑にされた――確かに無意識的にではあるが、夫の死を引き起こした男へのカトリーヌの個人的復讐である。マルグリットは言う、神は「わたしからシャルル王を奪ったのです、王はわたしの生涯の支え、支持そのもので、この兄からは良いことだけを受け取りました、兄のアンジュー公がアンジェでわたしに迫害した折にも、常にわたしを助け、知らせ、助言してくださったのでした。要するに、この王の死によって、わたしは失いうるものすべてを失ったのでした。」確かに、シャルル王のお陰で自分のものであり続けた特権的位置を距離を置いて測る回想録作者の考察である。しかし、間違いなく、若き王妃の不安に非常に近い考察であり、王妃はアンリがフランスに帰還し、排除しようと働いた王位に就くことを妨げるものは何もないことを恐ろしげに理解する。カトリーヌは、臨終の王から摂政に指名され、実際即座にポーランド王たるアンリにニュースを伝達させ、遅滞無く帰国するよう懇願する。その間に、太后は急いで不平党と休戦に調印し(53)、息子の帰還に備える。レ元帥夫人の「緑のサロン」では、九人のミューズを祝福するが、そのときマルグリットとその友ヌヴェール夫人の悲しみを歌う。

二人は自分たちの若き美しさにおいて心変わりのなさを見せる
生きていたとき、二人の愛人が賛嘆した
毅然たる態度の何も、死に際して、変えることなく(54)

第四章
不平党に仕えるナヴァール王妃
——不和の時期（一五七四—一五七六年）

一五七四年八月八日、宮廷はパリを出発し、新王のもとへ赴く。新王はポーランドの臣下を見捨て、奇想天外な脱出を経て、六月中頃にポーランドをこっそりと去っていた[1]。太后は、二人の王子のもとをもはや離れず、まず息子にブルゴワンで再会し、次に九月初めリヨンにより長く落ち着く。マルグリットもそこにいるが、居心地は悪い。兄が陰謀加担者のたくらみを一部始終承知しているのを知っており、自分に二人が見出した援助も承知していることも知っている。そして取り巻きに、敵を見出すことも分っている。ブラントームは実際「兄の王様がポーランドに行かれ、そこにおられたとき、王妃様は、この兄王の寵を得ていたデュ・ガ殿が、自分にとってかなり不利で兄と妹を敵対させるのに十分なことを話したことを知られた[2]」と報告する。アンリの到着の数日前、王妃はこの寵臣と特に騒然と会談しており、相変わらずブラントームは報告する。「デュ・ガ殿が、ポーランドから戻り宮廷に到着して、妹へのこの王様の書簡を携えてきて、王妃様のもとにそれを届けに部屋に挨拶にやって来た。（私はそれを見た。）王妃様はこの者が入るのを見ると、大層怒られた。そして［……］怒った顔で言われた。『デュ・ガよ、この手紙を持ってわたしの前に姿を見せるのは、あなたを守ってくれますね。［……］それがなければ、わたしは、わたしのような王女に対する口の利き方を教えるでしょうに。』デュ・ガ殿はへりくだって応えた。『王妃様、あなた様が私に悪いことをなされようとしているのを良く知っていますので、主人の王様の善き保証がなければ、私は決してあなた様の前に罷り出なかったでしょう。［……］』そしてこの者は、とても上手に話すことができたので、言い訳をして理由を述べて、王様の妹様については非常に敬意をもって話したことしかない、と王妃様の言われることを否認した。」

再会の現場では、緊張は激しくマルグリットの不安は大きいので、マルグリットは気分が悪い。「二人が抱き合い、相互に歓迎の挨拶をしている間、とても暑い時期で、わたしたちは押し合い暑苦しかったにもかかわらず、わたしは非常に大きな悪寒に襲われ、体中が震え、わたしを手助けしていた者はそれに気付きました。」記録の上では、それは別種の不安である。自分に対する兄の攻撃性と以降示すであろう敵意を説明せざるを得ず、この回想録作者は年代をさかのぼる。事実なのだから、兄を裏切り、自分に忠実だと思っていた者に対するアンリ三世の恨みがそこに根ざしていることをマルグリットは認めざるを得ないだろう。しかしできない。既に先立つ頁で、先の同盟との関連での帰結の角度から結んだ新しい同盟を提示することができず、思い出されるが、ロレーヌ国境でアンリに忠誠を約束したのを言い落としさえした。

マルグリットの筆で提示されたあるいは提示されるであろう報告しがたい他の状況と反対に、後世の眼には弁護しうる正当化を自らの振る舞いに見出せない。他の人々のように、個人的野心の計算に基づいてアランソン公側に加担したと告白することができない。それはなされない。多くの他の者のように、国家の善を引き合いにすることができるだろうが、そんなことは考えない。恐らくこうした論争に相棒たちほど巻き込まれていないからだし、自分自身の名で行動しなかったからだし、みんなにとって、端役に過ぎなかったからである。それで、『回想録』では、嘘をつくだろう。リヨンに着いたときアンリは怒っていないが、なお「取り付かれて」いる「有害な」デュ・ガの支配下に徐々に怒りだすのをマルグリットは描くだろう。「王は弟のアランソン公に大してはこの上ない嫉妬を抱き、弟と夫王との結びつきを疑い、我慢できず、わたしを二人が友情を保つ絆、唯一つの手段だと見なします。」それゆえ、この寵臣に影響されて、アンリは以降二人を迫害する「いまわしい計画」を抱き、それが「弟とわたしがその以降蒙る苦しみ、障害、不幸の源、起源」である。

しかしながら、嘘はひどく大きく、物語で、挨拶するために王が自分の方に進み出る時が近づいているだけに、かつて新王と対面したときと同様に、それを書きながらマルグリットは居心地が悪い。そのとき、動揺に捕らえられ、あるいは後悔に捕らえられ、マルグリットは二頁も長く脱線し（物語の非常に素早いリズムに比べれば長い）、それは『回想録』での年代に関する唯一の断絶である。恐らく来るべき不幸を警告するため天のメッセージである。というのも「神様は偉人を特に保護され、通常ならざる何かの素晴らしさを輝かせる精神に、よき精霊により、良いことでも悪いことでも、その人に準備された偶然の出来事について何らかの秘密の警告を与えられる、と主張する者たちがいる」からだ。そのときマルグリットは、この意見を例証するために、母がこのようにしばしば神の訪れを受けたことを思い出させ、いくつもの「幻視」を長々と記述する。カトリーヌは一五五九年、運命の馬上槍試合の前日夫の死を警告され、そして一五六九年、夢にジャルナックの勝利を見た。マルグリットの不安において神はもちろん無意味ではない。ただ「幾人か」がそれを信じ、マルグリットは迷信深くなく、確実にマルグリットは信じず、嘘をついているのを十分わかっている。しかしこの回想録作者は無駄には神を引き合いに出さない。この話題転換の後、王が物語を再び取り戻すことができる。「母后から離れた後、王がわたしに挨拶に来ました。」

恐らくアンリは愛想良くし、マルグリットはそれで恐怖を免れたのであろう。というのも「数日間は、悪意に満ちたデュ・ガがわたしに対して抱かせた嫌悪と邪悪な意図を、王は露にはしませんでした」から。事実、戦闘行為の始まりに先立つ休息の何日かは王妃が拵えあげた作り話を忘れるなら違った風に説明される。アンリは変わった。ヤゲロ王朝に六カ月孤独にいたので、王の職に、陰謀や国際政治に慣れた。フランスから遠く、フランスを立つとき狂おしいまでにほれ込んでいたマリー・ド・クレーヴから遠く離れてとてもさびしく思ったが、不在はアンリの性格を鍛えた。さらに、自分の周りに勇ましい仲間の小さな核を統合することに成功し、この者たちは献身的に仕え、以降アンリに忠実であるだろう。ピブラック、ヴィルキエ、ベリエーヴル、デュ・ガ、ケリュス、クレルモン・ダントラーグ、ラルシャン、スヴレである。アンリは今やフランス王であり、特に、騒ぎ立っている王国を再統合し、王国でいかに振舞うべきかいまだ分らない。不平党は武器を収めていないが、ダンヴィルはアンリと接触し、示談での合意を提案した。弟と義弟はカトリーヌとソーヴ夫人の二重の支配下に置かれている。アンリは多分妹が非を認めて許しを乞うのを待っている。続く日々に、妹と寵臣を和解させようとさえ試みるだろう。レ元帥夫人の母であるダンピエール夫人に、この方向でマルグリットに対して介入することすら頼むだろう。それはマルグリットが「人のいいなりになる心」を持たないのを忘れることだ。政治的にはマルグリットは弟側にい続けるだろう。そしてデュ・ガの厚遇を求めることは、問題にはならない。ダンピエール夫人は、父王の気に入るように、衣装係の好意さえ求めたフランソワ一世の娘たちの例を挙げるが、王妃はこうした可能性を退ける。「あなたの挙げたわたしの叔母たちが、言われるように、へりくだったのなら、それを望んでそうできたのでしょうし、そういう気質だったのです。しかし、叔母たちの例がわたしの規則となることはありませんし、いかなる種類の真似もしませんし、自分自身のモデル以外で自分を形作ろうとも思いません。」[3]これ以降困った出来事が増えるだろう。

最初の出来事は回想録作者自身によって報告される。僧院を訪問するために、宮廷人の小集団（その中には友人のヌヴェール、レ、ブルディユ、シュルジェールがいる）と共にリヨン近郊に赴いたおり、入り口の傍に四輪馬車を空にしておいた。王がそこを通りがかり、デュ・ガの友が王妃はその場から遠くないところに宿泊している崇拝者の一人を訪れに来ていると示唆する。「アントラゲ」あるいは「ビデ」といわれたシャルル・ド・バルザック・ダントラーグで、ブラントームの友、アンリ三世の将来の大のお気に入りである。悪意を信じ、王はまず義弟を介入させようとし、義弟の嫉妬ではないとしても、名誉の擁護をあてにするが、成功しない。カトリーヌは、事態を知ると即座に苛立ち、マルグリットは、母と兄の言い訳を受ける前に、同行した者たちに証言させざるをえないが、幸いにもその幾人かはマルグリットに近しいものではなく、のちに母と兄の陳謝を受ける。この出来事に基づいて、マルグリットが実際にアントラーグの愛人であると主張する歴史家もいるが、十七世紀初頭のパンフレット『風刺的離婚』だけを根拠にしており、この書は王妃に与える数限りない愛人のリストにこの若者を載せている。この仮説はいかなる証言によっても裏づけされず、特に根拠の薄弱なものである。他方で、マルグリットの愛情の状況は、ラ・モルを失ったばかりで、このような可能性にうまく適合せず、特に、政治的状況から見てその可能性はない。弟とマルグリットはアンリを王座から排除することを狙う共謀から抜け、二人は新王がどのような運命を二人に割り当てるのかまだ知らない。それ故大いに慎重に振舞う時であり、挑発する時ではない。さらにブラントームは美男のアントラーグは当時カトリーヌのお供の二人の女性に係る件でクリヨンと揉めている最中だと指摘する(4)。

一時マルグリットが非難を晴らしても、まだ苦労は終わらない。リヨンから、宮廷はアヴィニョンへ向うことになり、そこでダンヴィル元帥との交渉が予定されていた。王妃の二人の味方は見劣りがする。一方で、王は二人を丸め込もうとし、ポリティーク派と不平党は二人なしで議論を続行する。他方、二人はソーヴ夫人への恋愛で仲間割れする。「たちまち、夫人は弟と夫王の愛を過激にしてしまい(野心、義務、目論見をすっかり忘れ)、二人の頭の中にはこの女を追い求めることしかありませんでした。」マルグリットが言うには、ナヴァール王は、妻が嫉妬していると思い、しかしよりあり得ることとして、マルグリットがアランソン公の側に立つと見て取り、妻を信頼するのをやがてやめる。アランソン公の方では、姉が自分に言うことをみんな男爵夫人に報告せざるを得ない。それにソーヴ夫人がそのとき確実にデュ・ガの愛人でもあると付言するなら、三人の関係者の間に蒔かれた不和の広がりが測れよう。

それゆえますます悪化する雰囲気のなかで、宮廷の旅は続けられ、それ自体ほとんど満足できない。ローヌ川を渡る際、マルグリットの召使を運ぶ船が難破し、二十人ほどが死亡した(5)。アヴィニョンで、王権とダンヴィルとの交渉は何らの成果もなかった。『カトリーヌ・ド・メディシスの生涯と不品行に関する驚くべき話』と題された諷刺文書が夏初めから至るところに出回り、叛徒の不平を掻き立てる。そして帰りの旅は、真冬に行われ、宮廷が「王の婚礼のためにランスに行くべくブルゴーニュとシャンパーニュを通って大周回」をしても、最早楽しいものではない。一五七五年一月十四日、アンリ三世は実際、皆に迷惑を掛けて、ロレーヌ家の二流の姫、ルイーズ・ド・ヴォーデモンを妻にする。ポーランドへの出発の折に出会っていたのだ。王の戴冠はその前日祝祭とは思われない雰囲気の中行われた。カトリーヌの二番目の娘、ロレーヌ公爵夫人クロードの死去が知らされ、「宮廷全体がこの上ない喪と悲しみの内にあった」[6]。

王家の者がパリに戻るや新しい論争が、特に王とアランソン公との間に、出来する。アランソン公は、シャルル亡き後の王権の推定相続人となり、ますます重要な人物となる。アランソン公の従者の員数は定期的に増え続ける。日々数多くの支持者をまとめ、その中にはかつてアンリ三世に忠実だったものもいる[7]。それで二人の兄弟の取り巻きの間で乱闘が勃発し、取り巻きは進んで剣や短刀を抜き、巧みに挑発を誘う大胆な若者で構成されていた。マルグリットは、この者たちの中、ビュッシー・ダンボワーズという者に、最も価値ある奉仕者の一人を見出すだろう。

ビュッシーは当時約二十五歳で、向こう見ずで既に有名だった。友のブラントームによれば「意気軒昂で、この上なく尊大で」、「有り余るほどの大胆さ」を持ち[8]、ルネサンスがたいへん高く買う粋な貴族そのものである。極端なまでに勇敢で、うまく話す技もあり、進んで詩を作る[9]。ビュッシーは王付で、ポーランドへの旅の一部に同行したが、アランソン公の奉仕へと移ったところだ。マルグリットは言う。「ビュッシーはいつでも弟の傍にいて、従ってわたしの傍にいましたが、弟とわたしはほとんどつねにいっしょにいましたから。」王妃はかつてギーズにしたように、アランソン公の寵臣への執着を否定しようと懸命になるだろう。しかしそれには成功しない。この男が残したその思い出があまにも明白で、マルグリットは「ビュッシーと同じ性と身分のもので、勇気、評判、優雅さ、才気で並ぶ者はこの時代には」いなかったと言う。二十年近く後に、この比べようのない英雄に対して、相変わらず感じる、震えるような賞賛をマルグリットが隠しえないことから、マルグリットが捧げた愛情の質と深さを推し量ることが許される。そのうえ、ビュッシーのために、この者だけに、王妃は思っている以上のことをしばしば言うだろう。

またしてもデュ・ガがこの新しい恋愛をすばやくつかみ、王妃を夫君に告発するが、リヨンのときと同じことでしかない。それで、「デュ・ガはより説得しやすいと見た王に」言上し、「弟とわたしによいことをしようとはほとんど思っておらず、またビュッシーはかつて王に仕えていましたが、弟に奉仕するために王のもとを去ったので、王はビュッシーを憎んでいたのです」。この寵臣は再び王の怒りのもとなのか、あるいは王妃は自身の恨みからアンリを保護するために、今一度この寵臣を衝立とするのか。それを決定するのは難しい。一方で、ナヴァール王側での控えめな介入は、この寵臣のやり方より王のやり方に似ている。このヴァロワ家の当主は、生涯特に礼儀の尊重に固執し、明らかに、義弟が家庭で秩序を確立せず、競争相手に少しも嫉妬を感じないのが理解できない。他方で、ルイ・ベランジェが当時主人にかなりの影響力を持ち、マルグリットだけがその介入に苦しんだわけでないのも事実だ[10]。

この女性回想録作者を信じるなら、この告発は根拠がない。

マルグリットは主張する。「わたしの振る舞いはこのようなことにはちっとも向わない。」そして自分の主張を支えるために、リヨンの件でひどい目に会い、兄と妹の間に介入した、母親を描き出す。「『ビュッシーはあなたの前で、娘の寝室で夫の前で、夫の部下たちの前で、みんなの前で、娘に会います。こっそりとでも、ドアを閉じてでもありません。』王は驚いたまま言います。『母上、わたしは他の者が言うことを言っているだけです。』母后は答えます。『息子よ、その他の者とは誰です。その者たちはあなたの家族みなを折り合い悪くさせようとしているのです。』王が立ち去ると、母后は一切をわたしに語り、言われます。『お前は惨めな時代に生まれたものです。』」巧みな演出だと言われるだろう。それはカトリーヌを自分の娘の名誉の弁護人とし、他の状況で聞かれた言葉に基づくから、その調子は非常に正しい。しかしここでは目的は弁明的というより補償的だとどうしてわからないだろうか。虚偽は――それは当時のコードによれば、再び、必要である――現実の本当の転倒を引き起こすとどうしてわからないだろうか。マルグリットは一度だけは母親を注意深く、保護的で、同情していると描き、兄を恥じて、狼狽し、仮面を脱いだ敵として描いているのだから。

もちろん、事件はそこで終わらない。一方で、二人の兄弟の間の嫉妬と疑惑は大きいので、どんなことでもそれに火を注ぐ。他方で、マルグリットとビュッシーの関係は一五七五年春の初めにはまさしく議論の余地の無い事実である。五月ごろ、「勇ましいビュッシー」は獲得した寵愛をたてに、一連のスキャンダルを引き起こしさえし、一時的に宮廷から追い払われる。ブラントームは言う。「この者がパリでサン＝ファル殿と喧嘩したとき、私は一緒にいた。私たちは役者の家にいて、そこには奥方と貴族のかなりの一団がいた。黒玉の刺繍の短い袖のうえにXXとあった。ビュッシー殿はそれはYYだと言った。その時からこやつは言葉以上に進みたかった。しかし私の知っているある奥方が、その方はこの者に大きな力があったが、黙りそれ以上進まないように命じた。自分の傍でスキャンダルが起きることを恐れてのことで、この者はこの方には大切であっただろう。」しかしながら懇願は聞き入れられず、二人の戦闘員の間で翌日決闘がなされた。ビュッシーは負傷したが、続行したかったが、王が戦闘員に和解するよう命じた。ブラントームはさらに報告する。「ビュッシー殿がこの同意をするためにルーヴルに入ったとき、私たちに二百人以上の貴族が同行した。王は王妃の部屋におられて、王妃は私たちが入るのを見られた。王は嫉妬され、これはビュッシー一人には多すぎた、と言われた。(11)」

ビュッシーはマルグリットの知っている最も控えめな恋人ではない。この点でも、この者はルネサンスの貴族のモデルに対応する。武勲の価値の支配する社会において、人は征服をなすや、すぐに負けるのを覚悟して、実際勝利を叫ぶ義務がある。「立派な目覚しい戦功を立てた偉大な隊長にとって、黙して何も知られないことは何の役に立つのか。」と、他の箇所同様ここでも、同類のイメージに、恋愛関係を指し示すのに戦の比喩を用いながら、不躾を言い訳するために、ブラントームは自問する[12]。

マルグリットもまた、秘密を守ることを要求するとき、この規範内にいる。婚外関係に身を投じるとき、女性には秘密を守ることが必要で、何より名誉と評判を失うことを恐れる。その概念は当時すぐれて社会的である。女性の評判は、夫以外の者に愛情を抱くからというのでは傷つかないが、肉体的関係が証明されると傷つく。恋人たちが現場を見つけられたり、恋人が自慢したり、愛人の部屋から出るのを見られたりしたらである。恥辱と、多くの場合、皆の同意とともに、処罰がそのとき襲いかかりうる。しかしながら、ナヴァール王妃は曖昧な地位にいる。まずは王妃は処罰を恐れないからである。夫だけが処罰を行使する権利があるが、そうしない、少しは利害からであり、多くは無関心からである。名誉の観点はナヴァール王の得意とするところではない。そこからマルグリットは自分自身の気質に従って行動できるが、その気質は、マルグリットに、身を隠すようにさせないし、決してさせないだろう。ビュッシーは王妃に値し、王妃はこの者に値する。非難するのは社会的取り決めだけで、詩人が歌い、文芸全体が激賞し、祖父と父が公然と経験した、高貴な感情にどうして赤面する必要があるのか。社会的に支配しているからそうできるのに、マルグリットがビュッシーの服従を得られないなら、若者の無遠慮な言動を実際には不快に感じないからだと思わなければならない。

そのうえ、かつてディアーヌ・ド・ポワチエがマルグリットの父王に自分の色を着させたのと同様に、マルグリット自身も愛人を贈り物――細い絹のリボン、飾緒、マフ――で覆い、これらは王妃が愛人に寄せる力の標、愛着のサインである。それは少なくともブラントームの作品の他の文が理解させるものであり、この回想録作者はだれの「評判も傷つけ」たくないと誓っていた、それゆえ情報源を偽装しているのだから、そう解釈しなくてはならない。分析は慎重に行わねばならないが、ここではブラントームのテクストとマルグリットのテクストを比較すればほとんど疑いはない。『著名婦人伝』の第二巻〔『艶婦伝』〕で言うように、ブラントームは「[贈り物を]たっぷりして気前の良いさる高貴な女性を」知っていたが、「奉仕者に与える飾緒と細い絹のリボンはごく少ないものでも五百、千、三千エキュし、多くの刺繍、真珠、飾り、数字、ヒエログリフの文字と美しい創意が施されていて、世界にこれほど美しいのは何もなかった。」この「ヒエログリフの文字」は、ビュッシー――サン＝ファルの口論を引き起こしたXとYへのほぼ確かな言及であり、それ故マルグリット自身の手で刺繍されていたのだろう。それがマルグリットのことであるなら、王妃の恋愛実践に関する貴重な細部を漏らしながら、ブラントームは話を続ける。この女性は「お金のプレゼント」よりもはっきり目に付く贈り物の方をずっと好むと説明し、「お金のプレゼントは取り持ち屋に与える普通の女の匂いがし、身分の高く立派な貴婦人には相応しくない」(13)。

ビュッシーの異常な行動はそこに留まらない。ブラントームが言うには、一カ月後、この者は「ルーヴルを出て自宅に引きさがろうとして、夜に殺されると思った。[……]十二人の勇敢な男たちに襲われた」。マルグリットの方では、この者は「十五人から二十人の部隊」と同行していて、敵は「二、三百人で攻撃することに決め」「五、六部隊」に整列した兵士に結局襲われたと、報告する。幸いにも、襲った者たちは的を誤る。腕につながる赤紫(玉虫色)の飾緒で見分けたと思った。実際は、従者の一人と混同し、この従者も同様の飾緒をつけており、「しかし主人ほど飾られておらず、まったく異なっていました」。この細部は大変興味深く、刺繍を施した女性が、その注目すべき対象が自分のものだと思われるように自らの優位さを要求して修正したからに他ならない。待ち伏せにあって生き残った者は、ルーヴルに至り、「ビュッシーが殺されたと叫び」、すぐにアランソン公に自分の陣営へと赴く要求を掻き立てる。マルグリットもまた、「恐ろしい知らせ」と名づけるのであるからアランソン公同様恐れ慄き、弟が宮殿を離れないようにと走る。カトリーヌは「門衛に出かけさせないように」命じ、「すっかり事実を知るまで弟と一緒にいる労を取られました」。昨日のことのように思い出すこの女性回想録作者は続けるが、翌朝、「ビュッシーは、神様がこの危険から奇跡的にお守り下さり、この危難に惑わされず、敵の恐怖、主人の栄光、友の希望となるように生まれていて、魂は恐れを生じることなく、[……]この攻撃が気晴らしの馬上槍試合であるかのように勇敢に陽気にルーヴルに戻りました」。しかし太后は「しばらくビュッシーを宮廷から遠ざけるよう弟に忠告されます。わたしが頼んだので弟はこの忠告に同意します」。その貴族はそれ故「宮廷にいた最も勇敢な貴族を伴って」出立した。

ブラントームの話はここでもまたマルグリットのものに近似するが、賛嘆の響きはそれほどではない。「翌日、ビュッシーはどこから知らせが来たかを知り、歯向かい、鼻面をへし折ってやると脅し始め、何でも殺しただろう。しかしその後、確かな筋から、思慮深くし、黙し、よりおとなしくするよう、さもないと早朝に事が構えられるだろう、多くの者が係っているのだから、と警告を受けた。そしてこの確かな筋から、環境を変え、幾日か宮廷を留守にするよう警告された。とても残念だがそうした。」多くの貴族とパリを出て、友のブラントームに、「慎ましい忠告をある夫人に伝えるよう」頼む。「その夫人の二つの愛の証を身につけており、一つは帽子に、もう一つは襟にであり、というのもこの者は腕に飾緒をしていたから」(14)マルグリットのプレゼントへの新しい言及である。

アランソン公の大寵臣が強いられた一時的別離はアンリ三世には明らかに不十分で、アンリ三世は「これほど特別な友情を抱く娘たちを若い王女の傍らに置くべきではないという以外の他の理由も挙げずに[15]」、義弟に王妃を最も近しい従者、トリニーから離させる。単なる意地悪か。トスカナの大使が多分この奇妙な介入の鍵を私たちに与えてくれる。「いとしいトリニーはビュッシーが愛人に抱く愛の手引きをしていた、と思われる[16]。」王妃は夫に憤り、夫は王の圧力に屈したのだ。しかしながら、王妃は夫に大いに役立ったところであった。「わたしの思うに、女性たちと度を越したために起こりました」気分の悪さの犠牲となったある夜に助けていたのだ。従って、双方同点である。しかし辛辣な注釈は当時感じた、イタリアの外交官の至急報が語る、怒りを弱く反映するだけだ。「ナヴァール王妃は弟のアランソン公に味方する。王妃はフランス王に憤慨しているが、王は王妃の傍から女官のうちの最も親しいものを夫が追い払うのに同意した。[……]王妃は以来、夫の命令で、他の女官にも暇を取らせる[17]。」この指摘はアンリ三世が単なる道徳感以外の理由で恐らく行動したと考えさせる。トリニーがマルグリットとビュッシーの橋渡しの役を果たすのなら、恐らくアランソン公とこの寵臣との間にも同様にするだろう。王妃から腹心のものを離すのは、それで一石二鳥である。

しかしながら、一五七五年夏の初頭、宮廷が王派と王弟殿下派に別れている間に、恨みは夫婦の間で満ちている。「わたしたちはもう一緒に寝ることも語ることもありませんでした。」とマルグリットは告げ、辛辣に、繰り返すことになる動機を初めて語る。今一度、ある立場で役立つためのマルグリットの努力は無に帰したと思われる。王妃は挙げないが恐らく軋轢でかなりの役割を果たす、二人の義兄弟の間の不和の種の一つは、王国総代理官職で、アンリ三世と太后は二人に交互に約束し続ける[18]。しかし二人の男はついに明白な事実に屈する。「自分たちが分裂しては破滅だと分ったので、従者と友を寄せ集めて、自分たちの身分に相応しい条件、扱いを王に要求するために、結びつき、宮廷から退こうと決めました。弟はその時まで自分の親族封を持たず、[……]支払いが不確かな年金だけで身を持し、夫王はギュイエンヌの支配権を少しも行使できず、そこにも、自分の領地のどこにも行くことが許されませんでした。」二人はマルグリットの言うように、共同して行動したのか。当時お互いに持っていたライヴァル意識とナヴァール王が義弟を真似るのに時間がかかるのを挙げて、それを疑う歴史家もいる。しかし二人ともの役に立ち、将来の共通政策に関してなんら縛るものではない最小の目的に関して、二人が一致しえたのもあり得なくはない。

幾度か偽って警戒させた後、アランソン公は九月十五日宮廷を去る。「その夜になって、王の夕食の直前に、弟は外套を変え鼻まで着込んで、自分の手の者一人だけを従えて出かけ、見咎められず、徒歩でサン＝トノレ門まで行き、そこに、婦人用の馬車とシミエを見出します。」公の出立はルーヴルに恐慌を来たし、マルグリットは回顧してそれをおもしろがる。「いつも行く女たちの部屋を探し、城を、町を捜索しますが、見つかりません。このとき警戒は熱を帯びます。王は怒り、立腹し、脅し、宮廷のすべての王族諸侯を探しに遣り、馬に乗って、生きていても死んでいても連れ戻すよう命令します。」しかしながら、板ばさみになるのを恐れて、要請された大部分の貴族は命を拒む。ヌヴェール、デュ・ガ、マチニョンのような幾人かの忠臣だけが従うが、アランソン公を捕まえられず、公は待っている数百人の側近と合流し、一晩中ドルーまで騎行する。シュリーが言うには、そこで「大臣と王の顧問官から受けたひどい扱いに不満な多数の貴族が迎えに来る。[19]」不平党とその同盟者の野望は再び実現可能に思われる。

打ちひしがれ、王はその日のうちに困惑をモンパンシエ公爵に打ち明ける。モンパンシエ公爵にこの出立は「大変困ったことで、以前にこれほど大きなものは見られなかった。[20]」と書く。マルグリットも苦悶に蝕まれ、翌日病に倒れる。「一晩中泣きぬれていて、顔の半分に大き炎症を起こしてしまい、大熱が出て、数日寝込み、病が重くてとても苦しかったのでした。」弟と夫（数カ月後にようやく出立する）の出立を混ぜ合わせているために、この女流回想録作者が言い落としたのは、どうにも部屋から出られないということだ。イングランドの大使が明らかにするが、「ナヴァール王妃とコンデの公女は、二人が王弟殿下によせる友情故に、ルーヴルから出ないようにと命を受けた。[21]」

しかしカトリーヌはアランソン公と始める交渉で娘を当てにしている。こうして王に宛てる書簡の追伸に次のように書く。「取引をスムーズにするためにあなたの妹に手紙を出します。[22]」あいにくカトリーヌが何を提案したのかも、マルグリットの交渉への貢献――それがあったとしても――も分らない。それでも、九月二十四日、太后はアランソン公の捜索に自ら出かけ、ドイツ傭兵部隊とアランソン公の部隊が合流する前に満足させることにする。しかしアランソン公は新しい軍を求めて移動している。

そのときナヴァール王妃にとって確かに非常に重要な出来事が出来する。パリの年代記作者ピエール・ド・レトワールは『日記』に次のように報告している。「十月の先週の月曜、トゥッサンの前夜、夜十時頃、ドーフィネの貴族で、ポーランドまで王に付き従った王の寵臣のデュ・ガ隊長は、パリ、サン＝トノレ街の自宅で殺された。武装してマスクをした幾人かの男の手によって、この者と共に召使と従僕も殺された。この者たちは剣と短剣を突き刺して殺害し、知られることもなく、取り押さえられてもいない。デュ・ガは死に際、殺したのは、王弟殿下に仕えるヴィトー男爵だと言う。しかしながら、推測は大いに成り立つが、それは確認されていない。この襲撃は許可命令の下になされた。この傲岸不遜な寵臣は、主人の寵愛に天狗になり、王弟殿下に挑んだからであり、サン＝タントワーヌ街で王弟殿下にある日出会った折には挨拶もせず、見とめる振りもせずに通り過ぎ、幾度も王しか認めないと言い、王の弟を殺せと王から命令されたらそうするだろうと言った。ある大貴族が妻の妬みから殺させたと言う者もいた。」レトワールは次のようにこの短い死亡記録を結論する。「デュ・ガに対する神の裁きである。この隊長はサン＝バルテルミーで多くの無実の血を流させ、神の言葉に従えば、この者の血が同様に流されても驚くにはあたらない。そしてベッドで幾人かを捕まえたのだから（それを自慢していた）、またこの者もそこで捕らえられ殺された。[23]」

　それ故広く伝わる噂はデュ・ガの死亡に関して三人の責任者がいるかもしれないということを示す。つまりヴィトーとアランソンと嫉妬した夫だ。レトワールの説はトスカナ大使によって確認される。アラマンニはデュ・ガが死に際にヴィトーの名を挙げたと報告し、デュ・ガは大層傲慢で、公然とナヴァール王妃とヌヴェール公爵夫人の悪口を言い、「娼婦ノ王妃」のように扱い、アランソンとモンモランシー一族と大変仲が悪かった、要するに王以外はだれも尊重していない、ということを思い出させる。[24]それでデュ・ガはアランソンの党派以外にも多くの敵がいた。イングランド大使の方では、同じ情報の要点を繰り返す。「今夜、王の寵遇を得ていたデュ・ガが自宅で殺された。[……] 誰が殺したのかは不明だが、ヴィトー男爵が疑われている。[25]」

　ブラントームは最初の足跡に関してさらに詳しく述べている。ヴィトーとデュ・ガの争いは古いものだと、ブラントームは思い起こさせる。実際ヴィトーは決闘でデュ・ガの親友ミローを殺し、この寵臣はヴィトーを不倶戴天の敵だと表明した。ヴィトーはパリを逃れなければならなかった。「六カ月後、ヴィトーはある晩食養生で休んでいるベッドにデュ・ガを探しに来て、手下のもの一人だけを連れて住居に入り、二人を入り口に残し、寝室へと上がって行き、デュ・ガのところに行くと、デュ・ガはヴィトーがやって来るのを見て寝台と壁のすき間に飛び降り、防御するために猪槍を手に取るが、ヴィトーはすぐに追いつき、非常に短く鋭利な剣で二突き三突き浴びせ、半死半生のままそこに置き去りにする。[26]」この証言が確かにヴィトー自身によりブラントームに齎されたことを付言しなくてはならない。ブラントームはこの二人の戦士の親友で、二人の争いは何カ月も前からブラントームの心を痛めていた。ブラントームは自分はヴィトーの「義兄弟」だと思っていたとはっきり述べさえする。

　嫉妬ゆえの犯罪だという噂が示唆する今ひとつの足跡も、それほど確かではないが、同様に後をたどり得る。デュ・ガは数カ月前からフランソワーズ・デストレの愛人で、この女性の家の正面に家を借りていた。ヴィトーはアントワーヌ・デストレの命でそのとき行動したかもしれず、このデュ・ガの挑発は憤慨させるものであった。さらに一家の復讐はそこに留まらないだろう。翌年この妻はミロー男爵アントワーヌ・ダレーグルに合流するために夫のもとを去るだろうが、ミロー男爵はすこし後にヴィトーを殺すことになるのだから。

　ともかくこれらの様々な足跡はマルグリットを考慮しておらず、ジャック＝オーギュスト・ド・トゥーは同時代人でただ一人後にマルグリットに責任を負わせるだろう。確かにトスカナの大使は、このニュースを知ったときアンリ三世は妹の部屋に急いだ、と言うが、この動作で説明がつく。アランソン公の不在の折、だれか他の者に怒りを向けえただろうか。これはアンリ三世がマルグリットを疑ったと言う事ではなく、あの外交使節もそれを示唆しない(27)。自分の中傷者に対するマルグリットの態度はそのうえ復讐ではなく、軽蔑であり、幾度も確認する機会があるだろうが、そうできるなら、距離をおいた態度となるだろう。なおまたこのときにデュ・ガを厄介払いしたいと思う理由が無い。マルグリットにそれを実行させたかもしれぬ唯一の動機はアランソン公と王権との交渉にデュ・ガが反対であるということだけであろう。ところでこの可能性はどこにも現れない。反対に寵臣の殺害は交渉を複雑にするばかりで、それはさらにアランソン公を無実にしようとする。

　従って意趣ばらしという仮説が最もありそうに思われ、将来のバッソンピエール元帥の作品が示すように、そのうえ記憶に留まったであろう仮説である。しかしながら、他の仮説も退けられるべきではない。王の取り巻きに、寵臣の代わりとなる候補者は数多く、この者たちはやがて血なまぐさい功績で自らを示そうとしていた。デュ・ガは、いつもの尊大な態度で、一人ならず邪魔をしたはずだ。最後に、王の復讐という仮説を本当に退けえるのか。フランソワーズ・デストレは王の初期の愛人の一人で(28)、多分王は、いくらお気に入りでも、この分野でこの寵臣が真似るのを良い目で見てはいなかった。なおまたこの寵臣の死がこれほど感情をはっきり示す人に先に挙げた以外のいかなる反応も引き起こさなかったのは困惑させる。さらに公然たる家族の衝突のこの時期に多くの他の理由により動機付けられえたのだ。

　マルグリット「篇」で、ブラントームはこの事件に立ち戻り、王女の無実を証言するだろう。「デュ・ガが王妃様を大いに害しようと、王妃様は同じようにすることも復讐もされなかった。確かに、この者が殺されて、それを告げられたとき、王妃様は病気で、次のようにだけ言われた。『この者の死を喜んで祝うほどには治っていないのを遺憾に思います(29)。』」これはまさしく『回想録』で透けて見える態度である。王妃は回想録で、レトワール同様、「神の裁き」に言及し、特に激しい言葉で自らの憎しみを繰り返す機会を捉えて敵の死を描き出す。「あらゆる種類の醜さに蝕まれた肉体であるかのように、その肉体はずっと前から取り付いていた腐敗に委ねられ、その魂は、この者が魔法とありとあらゆる種類の悪意によって褒め称えていた悪魔に与えられました。」

　この間に、太后と息子の交渉は九月末にシャンボール城で開かれ、公の移動に会わせて続けられた。まもなく、要塞が公に割譲され、先年春から投獄されていた、モンモランシー兄弟が釈放された。十一月二十一日に調印されたシャンピニーの停戦は、これらの決定を批准し、プロテスタントに特権を付与し、翌年初めの本当の和議の調停を後押しする。

ルーヴルではマルグリットと夫の間で再び雰囲気が緊張する。夫は、「出立の準備に忙しく、あるいはまもなく宮廷を離れねばならないので、持てるわずかな時間を愛人のソーヴ夫人の存在を楽しむ快楽に使いたかったので、わたしの部屋に見舞いに来る暇を持とうとは思いませんでした」。太后の就寝起床に足繁く立会い、ナヴァール王は当時服従と熱狂のカードを切り、実際は出発の準備をしていたが、出立は、大方の驚いたことに、一五七六年二月三日に行われた(30)。レトワールを信じるなら、ナヴァール王は「いつものふざけたやり方で」言明したという。「パリには残した二つのものしか後悔しない。ミサと妻だ。しかしながら、前者はなしで済まそうとした。しかし後者は、そうできず、再会したいと思った(31)。」

事態はアンリ三世にははなはだおもしろくない。王国内の平和は弟と義弟を無力化する能力に掛かっていることはよく承知していたが、この二人の若者は巧妙な戦略家にも偉大な戦士にも見えず、生まれと時の政治状況が二人を自分の政策に対立する党派の首領にしている。前者が――確かに大きな譲歩によって――正当にも道理に従い始める一方、後者の逃亡は王権の計画を混乱させる結果となり、不平党とプロテスタントの結合にいっそうの力を与える。すぐに、王の懸念にもかかわらず、王は先と同じ決定をする。王は交渉し、良い顔をし、逃亡者が言い訳を添えて遣した忠誠の表明を受け入れ、自分の善意を信じさせるだろう。そして初回と同様に、妹を部屋に閉じ込め、マルグリットが言うには、「夫王を追いかけて行くのを」妨げ、「宮廷で起こっていること二人に伝えないよう、だれにも連絡をとらせない」。三人の人質のうち一人だけ残され、マルグリットはこうして、三つの陣営の間で持続的和平が築かれるまで、二年半夫から遠く留め置かれるだろう。しかしながら王妃の「拘束」の状態はそれほど長い間つらいものではない。「わたしはこうした状態で数カ月留まり、だれも、わたしの最も個人的な友でさえ、身を滅ぼすのを恐れて、わたしに会いに来ませんでした。[……]立派なクリヨンだけが、あらゆる禁止と不興をものともせず、五、六回わたしの部屋に来ました。ドアに配置されたケルベロスに畏敬の念をおこさせ、とても驚かせたので、決してこの者たちは言葉をかける勇気も、通行を拒む勇気もなかったのです。」

ナヴァール王はしかしながら自分の領地に戻り、妻との接触を再開し、「起こっている事態の様子を知らせる」よう求める。「わたしはこの手紙をまだ捕らわれているときに受け取り、大いに慰められ慰謝されました。そして以降、守衛はわたしに手紙を書かせないようにする任務を与えられていましたが、発明の母である必要に助けられて、しばしば夫に手紙を入手させました。」アランソン公は太后に姉の捕囚を受け入れられない、姉の自由は自らの服従の条件であると知らせる。義兄の逃走に力を得て、アランソン公は実際休戦の期限を問題視し、交渉は再開されねばならず、再びカトリーヌが主導するが、今回は二人の王族の密使とである。従ってこれに続く週は母親と息子たちの間で行き違いが起こる。アランソン公の機嫌を取ろうと、カトリーヌはマルグリットの解放を王に忠告し、王はそれを拒む。四月末、カトリーヌは末息子のもとに再び出かける。[32]「弟は、わたしがいないのを見て、当然の不満を表明し、［……］わたしになされた誤りが修復されなければ、和平のいかなる始まりも聞く気はない、と言いました。」王妃が公に宛てた手紙で唯一残っているのはこの時期の日付で、それは『回想録』の話が正確であることを証している。会見の際に姉がいないことをこぼすアランソン公の不平にマルグリットは反駁する。「わたしにだけ責任があったのなら、わたしはあなたに会いに行かないで留まりはしなかったでしょう。しかし神がわたしが戻るのを望まれるとしても、みんなの言うように、わたしが出発しないことを弁護しようとはなさらないだろうとあなたに保証します。[33]」

実際カトリーヌはアンリのもとへその勤めを果たしに戻り、今度は満足を得る。強制され強いられ、しかし一見不運にもめげず健気に立向かい、王はそれで妹を解放し、太后とマルグリットは数週間後、サンスに出立する。マルグリットはそこで弟と合流し、弟は「自分の部隊の幾人かと自軍のカトリックとユグノーの主要な王族諸侯を伴って」いて、その中にはビュッシーがいる。一五七六年五月六日、ボーリュ一の和議が結ばれる。すぐに「王弟殿下の和議」とあだ名されるが、公に与えられた優遇は大きかった。既に自らのものであった領地にトゥレーヌ、ベリー、とりわけアンジュー公領が付け加えられ、以降アンジュー公と名乗るだろう。[34]その他の調印者も分け前を受け、特にユグノーはかつてない礼拝実践の自由、特に独立教会を組織する権利を与えられる。

この和議はマルグリットとその同盟者にとり特に困難な時期の終わりを印す。王権により出発まで分断され、いいように扱われ、二人の男は、条約の条項が表している確かな行動のゆとりを再び見出す。王妃は自由である。だからといって、王妃の困難が終わるわけではない。一方で、王妃の物質的状況は不安定なままである。婚姻契約で定められた取り決めは決して適用されなかったから。王妃と弟は交渉の際にこの問題が解決されるよう望んだであろうが、議論は後に延ばされた。他方で、ボーリューの和議とナヴァール王の出発は三人の同盟者の合意の基礎を変更した。二人の王族がなかば捕らわれていた限り、二人の利害は不和を超えて結びついていた。しかし王権から多くの優遇を受けて、アランソン公はいわば王権に買収される。ナヴァール王は南西部の自らの国に戻り、母の宗教を取り戻し、物理的にも政治的にも公から遠ざかる。ナヴァール王は自らの本来の同盟者に落ち合い、この者たちとまずは行動をともにし、まだ打ちたてねばならない権威をこの者たちに据えねばならない。従って二人の義兄弟の間に隔たりが穿たれる。さてマルグリットはユグノーと不平党の間の仲介者としてしか自分には政治的役割がないことを知っている。ナヴァール王の立場だけを取ると袋小路に入ってしまうだろう。改革派の地方でカトリックの王妃として本当の役割を演じることは決してできないだろう。弟の立場だけを取れば精神的支えの役割に落ち込むだろう。二人のどちらも、そのうえ、相互の同盟の外では政治的将来はない。王権がアランソン公を配下としナヴァール王から切り離すようになると、それは単にマルグリットの政治的経歴の終わりではなく、不平派の計画の終わりであり、王国が久しく落ち込んでいる混乱から脱出できる唯一の解決策と思われる第三の道の探求の終わりである。

従ってマルグリットは、引き続く月の間、難しい選択をしなければならない。王妃は、まだ二十三歳にしかならないが、政治的ゲームのある種の技量を獲得し始める。そのうえ、一五七六年の冬と春の月日ほとんど孤立しておりそれが奇妙に役立った。確かに王妃は現実的に脅威を感じてはいなかった。二人の王族が去り、「二人が外にいるのを知り、不愉快にしようとはしないだろう」ことが分っていた。それでも王妃の反応は確かな性格の力を証している。王妃は読書し祈った。「わたしは最初の捕囚の悲しみと孤独から、勉学を好み、信心に専念するという二つの善きものを受け取りました。わたしの幸運という、虚栄と壮麗な物事の間では決して味わえなかっただろう善きものです。」恐らくこの孤独と反省の時期に王妃の性格と教養の深まりを位置づけることができよう。確かに、幽閉は続かないが、宮廷の世俗的動揺が止むとき日々は長く、「運命」が突然豹変するとき、思想は順調に進展する。特に、王妃はこの折にレイモン・スボンの『自然神学』を見出したことは確かだと思われ、このカタルーニャの医者は十四世紀初頭に、理性だけを用いて信仰の真実を理解しようとし、モンテーニュが新しい翻訳をしたところだった。王妃が、発見ではないにしても、イタリアとフランスの「プラトン主義者」の思想を探求したことも、同様に確からしい。この人たちは、一世紀以上前から、プラトンの偉大なテクストの再読から霊感を得て、キリスト教と古代の叡智の融合を目指す宗教的で同時に哲学的な新しい教義を練り上げていた。

この哲学は、女性を神と人間の仲介者にし、その美ゆえに女性が吹き込む愛を神の愛の一種の不完全な修得としており、当時の宮廷人全員と同様に、王妃は既に知っていた。実際その正典は社会的道徳に単純化され、バルダッサーレ・カスティリオーネの『宮廷人』のようなテクストにより何世代も前から一般化していた。さらにこの哲学の発展はヴァロワ家により活発に支持され、ヴァロワ家はそこに宮廷での恋愛関係の規範化の強力な道具を見ていた。この禁固の週の間にマルグリットが恐らく探求したものは、この高貴な神秘の基礎をなす偉大なテクストであり、十六世紀の精神には大層知的に満足させるものであった。フィレンツェのマルシリオ・フィチーノ、マリオ・エクイコラ、レオーネ・エブレオのテクストである。確かにこの教義は愛する者の間での肉体的関係を非難するが、感覚の享受に厳格な階梯を課す。視覚と聴覚だけが恍惚に与る。しかしこれらの制限と引き換えに、愛の熱情に教会が圧し掛からせている先祖伝来の非難と縁を切るにいたり、神、女性、人間と同じ高まりの愛を和解させることに成功する。永遠はもはや、エロスを決定的に非難するあの清教徒の鞭打ち爺さん〔悪い子供を鞭でこらしめるとされる想像上の人物〕ではなく、神に引き付けるために被造物の有限性に基づいて無限の趣味を与える愛情豊かな精神である。女性は美しさが男を滅ぼすのにのみ用いられるサタンの永遠の補助者ではもはやなく、救いの最も確実な動因である。愛は、トリスタンとイズーの時代のように、狂気への従属よりもむしろ智慧の修得となる。愛は宿命よりもむしろ選択を助ける。復讐と死よりもむしろ魂の純化へとつながる。この発想は、教義の面では本当の異端を構成してさえも、教会の雷に頼らない利益をさえ提供する。[35]

この厳しい哲学は、フランスで既に多くの教養のある理想主義の人々を魅了していたが、マルグリットもこれ以降自らのものとするだろう。マルグリットは、レ夫人のサロンを支配していた、知的に軽いペトラルカ風のレトリックより満足できるものと思う。禁固の月々の後に開ける和平のこの新しい時期に、王妃はそれでネオプラトニスムの主要な信奉者を読み、その思想を一般化するために働き続ける。

第五章　フランドルへの使節（一五七六―一五七八年）

和平が締結されるや、マルグリットの言うには、夫は妻を自分のそばにおきたいと知らせた。トスカナの大使は五月二十日の至急報でこの願いを確認する。「ナヴァール王は自分の妻を送ってくれるようフランス王に懇願するためフェルヴァック殿をここに派遣した。」しかしナヴァール王の要求は拒絶された(1)。この要求は、フランス王権がマルグリットをナヴァール王に合流させるようにナヴァール王が試みた一連の求めの最初のもので、この求めは二年後にようやく達成される。それはナヴァール王が王妃から離れて困るからではなく、自らの逃亡以来困ったことになった政治的状況を正常化したかったからだ。特に、ナヴァール王は、アランソン公の切り札としておく代わりに、妻が自分に果たしてくれる奉仕を自由に使おうとする。マルグリットの方では、変わらない立場をとったと言う。ナヴァール王の最初の要求以来、マルグリットはまだサンスにいて、太后に出発させてくれるよう嘆願するが、カトリーヌは拒絶した。婿が再び改革派に寝返ったからでもあり、個人的に娘をパリに連れ戻すと約束したからでもある。九月にナヴァール王が要求を繰り返すとき、パリでも同じ態度だった。レトワールは言う。「九月二十日木曜、デュラス侯がパリに来た。妻のナヴァール王妃を求めて、ベアルンに連れて行くためにナヴァール王から特別に派遣されたのだ(2)。」マルグリットが言うには、アンリ三世は「この同じ時に、デュラス殿が夫王の側からわたしを探しに来ました。行かせてくれるようわたしは王を急かしますが、わたしに拒む理由がもうないのを見て、ポワチエまで連れて行きたいとわたしに言い、これを請合ってデュラス殿を送り返しました」。とうとう、十二月に、ブロワで、ベアルンの新しい密使ジェニサックが、「荒々しく、脅しに充ちた言葉で」王に追い払われると、マルグリットは憤激する。「わたしが結婚したのは楽しみのためでも、自分の意志によるのでもありませんとわたしは思い起こさせました。〔……〕そこに行きたい。許されないなら、逃れて、どんなやり方をしてもわたしの人生の成り行きのままに行きます。」マルグリットの態度は、夫と同様、愛情よりも政治によって誘発されている。マルグリットはナヴァール王妃であり、母と兄の手の内の捕虜であるのをやめたかった。

歴史家は同時代人レトワールだけによるいくつかの注釈に依

拠して、マルグリットの誠実さとフランス宮廷を去りたいという熱意を疑った。実際レトワールによるとデュラスは「この目的のために偽られた、マルグリットがパリに持っていた何らかの用事を口実にして追い返されて戻った」[3]。この「用事」の下に、歴史家は明らかにビュッシーを見ており、マルグリット自身も宮廷にいたと言及している。まず最初に、レトワールは、陰口の大の愛好家であるが、ビュッシーに言及せず、レトワールにとって、王妃をパリに引き止める用事は明らかに口実であることを指摘することができよう。しかしなにより王権の立場を検討する必要がある。アンリ三世は母親が和約に署名して受け入れた妥協に深く傷ついた[4]。忌み嫌う弟に法外な優遇を許しただけでなく、プロテスタントに与えられた特権でこれまでの勅令よりも遥かに先を行っていた。譲歩しないわけにはいかなくなった王の怒りにより、ナヴァール王に妻を送り返して追加の贈り物を与えるのを最初は拒絶したことは説明される。しかしながら十月に、アンリ三世は新しい状況を甘受した。その上王の書簡はデュラスになしたもてなしに言及している。王は最早妹が出発するのに反対せず、プレシ＝レ＝トゥールでアランソン公に出会うとき妹を太后に同行させようと考える[5]。レトワールの仄めかしははずれる。正しいのはマルグリットで、肯定的な返事が、延期されるが、ナヴァール王の側近に与えられた。しかしながら王権は日和見主義である。六月以来、和約に不満なカトリックは国中いたるところで集まり、最初の旧教同盟を作り上げる。この結びつきは王国全体でのカトリックの回復を目的とし、夏の間に至るところで支持者を見出す。十月末、ユグノーの刊行したパンフレットが、リーグの頭目となり、多分王自身を廃するというギーズ家の野望を白日の下にさらす[6]。その時からボーリューの和約の条項が最早守られないのは明らかだ。リーグは日々地歩を得て、アンリ三世は条項を尊重し続けられないが、その上王はしぶしぶ調印しただけなのだ。

プロテスタントに対する約束に背を向け、そのとき王は、弟をプロテスタントから引き離し、ロレーヌ家がなす脅しを前に一致団結したものとして王権を現して、状況を救おうとする。三部会をブロワで開催する準備をする一方、アランソン公と結びつくためにできることをすべてする。アランソン公は、エリザベスとの結婚交渉は相変わらず足踏みし、いまやネーデルラントの君主として選ばれる希望を温めている。アンリ三世は援助を約束する。兄弟間のこの新しい合意は早急に具体化する。レトワールは指摘するが、十一月十一日、公は「愛する姉ナヴァール王妃とともに、オランヴィルに王に会いに戻り、十三日火曜日一緒に出立し、十五日木曜日オルレアンに到着し、そこで王は入市式を行った」[7]。マルグリットの語るには、三部会の開会の前夜、王は特別顧問会議に弟を招集し、コントロールするためにカトリック連合首領となる決意を知らせ、弟にも同様にするよう求める。公は、かつての同盟者を裏切るという見込みにもしり込みせず、受け入れる。この支持に力を得て、それゆえ王はユグノーに対する前面戦争を宣告する演説で三部会を開会する。だから、この文脈で、折悪しく、マルグリットを出発させるよう、再び求めに来ていた、ナヴァールの密使であるジェニサックを追い返したのは驚くことはない。これらすべてはどの点で王妃の言うことの方が王妃のフランス宮廷への滞在の延長に関して本当だと思われうるかを示し、いかなる点でビュッシーの存在が二次的かを示す。

マルグリットはより重大な告発を雪ぐべきである。それは公のユグノーとの盟約の変化におけるマルグリットの責任の問題で、アグリッパ・ドービニェが不倶戴天の敵となったときに信じ込ませようとするだろう。ドービニェは『世界史』で書く。「太后は娘のナヴァール王妃を用い、ナヴァール王妃はビュッシーとのかねての懇ろさによりビュッシーを捉え、ビュッシーはその主人を捉え、ブロワへの道を取らせる。[8]」まず明らかに公はここでは自分自身の目的を追求している。六月に与えられた驚くべき有利さ、支持を確保するために一時的に何でもする兄がした新しい約束は、道程を変えさせるのに十分まじめな議論を疑わせない。特に、マルグリットがナヴァール王を裏切る利害は何であるのかと問うてみなくてはならない。かつての同盟者の間に穿たれる深淵に、マルグリットはまさしく沈む。当時のマルグリットの態度はその上新しい政治的文脈が投げかける困惑を示す。十二月初めから、ネーデルラントの指導者への弟の立候補を活発に支えて状況を変えようとし、それがフランソワ（アランソン公）がフランスの内政にはまり込むことに代わる唯一の道であり、アランソン公が自身の王冠を獲得して同盟を保つことが可能になる唯一の戦略である。トスカナの大使はこうしてマルグリットがフランドルでのアランソン公の企みを支えるために宝石をみんな差し出したと指摘する。[9] 恐らくこうして事態を進めて最悪を避けようと考えるのだ。しかし王は、原則的にはこの展望に反対しないが、当面弟がフランスにいる必要があり、フランスでユグノーと始めた戦争に弟を巻き込みネーデルラントでの好機をつぶすのを躊躇わない。

三部会は特に緊張した雰囲気のなか十二月六日に開会する。多数派の旧教同盟は王弟殿下の和議の条項を無効にすることを望み、一方改革派はアランソン公と王の新しい合意同様出来事に警告され、ポワトゥー地方とギュイエンヌ地方で再び武器を取ったところだ。舞台には相変わらず華麗さがふさわしい。ブラントームは次のように盛大な開会式の日のマルグリットを記述する。「私はまたこの私たちの偉大な王妃様が、兄の王様が演説された日に［……］オレンジと黒のドレスを着て、地は多くのラメを散らした黒で、威厳のある大きなヴェールを被っておられるのを見たが、自分の列に座り、とても美しく素晴らしく見られたので、集会に参加した三百人以上が、兄の王様は最高に上手に述べ演説されたけれども、素晴らしく荘重な言葉を聞くよりも神々しい美を眺めることに注意を捕らわれてしまった、と言うのを聞いた。[10]」実際は王妃はとても具合が悪く、数日後床に就きさえした。十二月末に回復するが、一月初めいっそうひどく倒れ、そこにナヴァール王側からの暗殺の試みを見ると思われるが、[11]ナヴァール王は妻の死で何の得にもならない。モンコントゥールの後と同様に、マルグリットは再び重大な失敗に直面し、弟が二人ともの利害に反することになる同盟を結ぶのを妨げられなかったので病気になったのだろう。一月十九日、会議の日誌をつけているヌヴェール公は認める。「太后は娘の王妃とともに部屋で、王に戦をするよう助言した者共を嘆かれた。[12]」

状況は悪化する一方だ。一五七七年の初めには、三部会の議論の続行、戦闘の準備、豪華な祝祭の準備がなされ、カトリーヌはこの祝祭により忠誠を買収あるいは保持しようと絶望的に努める。アランソン公は、ビュッシーと共にフランス中部に派遣され、ラ・シャリテの包囲戦で最初の軍事的勝利をあげる。カトリック側での公の勲はマルグリットを耐え難い状況に置く。弟の裏切りにより仲介役としては既に身動きできなくなり、マルグリットは最初の対立から、夫の敵陣におり、夫側の敗北を楽しむよう要請される。友の何人かを集め、忠告を求める。マルグリットの言うには、この者たちは「この戦いが続く間、宮廷外に身を置くよう勧めます。もし可能なら、巡礼に行くとか、親族の誰かを訪問するとか、王国を出る何らかの口実を見つけることがよりまっとうでしょう、と」示唆する。さて、一同の中に、フランドルでの王代理モンドゥセがおり、アランソン公の立候補を支持しその役に当たっていた。この者は公のために、「ラ・ロシュ＝シュル＝ヨン大公妃[13]をスパ温泉に伴う口実で」近々ネーデルラントに戻ることになっている。それでマルグリットに一団に加わり弟の立候補を諸州の領主たちに弁護しに行くよう提案する。口実はすぐに見つかった。医者が温泉を勧め、季節がよいと言えば十分だろう。王妃は久しく腕に皮膚病、丹毒ができていた。

翌日太后は提案を認め王に提示する。王は受け入れ、回想録作者が言うには、「夫王に会いに行くのを妨げることができかなり満足していましたが、［……］フランドルでスペイン王のために指揮していたドン・フアン・デ・アウストリアに、必要なパスポートをわたしに与えてくれるよう、急いで便を送るよう命じました。」三月二十一日付けの、ペロンヌの司令官へのアンリ三世の書簡は、マルグリットの優れた記憶力と同様、この話の正確さを証している。妹の旅行のために様々な命令を与える王の姿を示すだけではなく、援用される口実を逐語的に反映させる。「ユミエール殿、わが妹ナヴァール王妃は医者から健康に役立つためにこの季節に温泉の水を用い、リエージュ地方のスパで入浴するよう忠告されており、数日内に赴こうとしています。そしてそのために道中、またそこにいて、外国の王族や領主の訪問を受けられるように、またこの旅の間、私の評判のためと私の妹を名誉あらしめるために妹が十分守られるのが正しいと考えられよ。［……］出発するために備え準備するよう願います。[14]」アンリ三世はだまされたのか。歴史家の提出するこの問いに、もう一つの問いを対立させ、むしろどうして王がだまされるのかと問わねばならない。王は久しく妹と弟の同盟を知っており、弟がネーデルラントの君主になるのに反対ではない。その術策がスペインの戦争への突入を引き起こさない限りは。反対に、その計画の成功は、フランスの影響力を拡大し、厄介なアランソン公を「お払い箱にし」て、王に役立つだろう。

それ故マルグリットは宮廷を離れるが、弟が「企てでわたしに望んでいる任務を教える」のに数日を費やした後だった。ラ・ロッシュ＝シュル＝ヨンの老大公妃以外に、幾人もの貴婦人が共に旅行することになるが、その中に女官長のトゥルノン夫人と「緑のサロン」の常連のアンヌ・ダトリ・ダカヴィヴァがいる。幾人もの男も同行し、ラングルの司教ルノンクール枢機卿とヴァロワ家の他の側近がいる。フランス中部を六月半ばに立ち、一行は七月初めにピカルディー地方に達し、そこで王が求めたように、諸都市は王妃を迎える。道中ナヴァール王妃は先頭に立ち、「ガラス窓の嵌められた輿で」運ばれ、「裏地あるいはガラス窓に、日輪模様や光の効果の上に、スペイン語やイタリア語で、まったく異なる四十の銘句を刻んでいました。」「十人の侍女はお目付け役とともに馬に乗り、大公妃やわたしの残りの侍女たちは六台の馬車や四輪馬車で行きました。」

主権を持つ地方カンブレジが近づくと、マルグリットは司教の使者に迎えられ、「この地域のとても田舎びている、本当のフランドル人の衣装と様子の者たち」に取り巻かれる。スペイン人の方を好んでいたが、司教はマルグリットを厚遇し、祝祭を催し、その間に王妃は市の司令官アンシー殿と会談する。王妃は言う、「アンシー殿をフランスに、特に弟に好意を持たせるために、神様がわたしにお与えになったあらゆる才知を用いました。」魅惑され、司令官はナミュールまで送ろうと申し出る。翌日、カンブレの司教はカンブレジの境までマルグリットを再び送り、そこでマルグリットはエノーのバイイ裁判長ララン伯爵、その弟のモンチニィ男爵、二百人余りの貴族に迎えられ、ヴァンランシエンヌまで護衛され、そこでフランス人たちは複雑な機構の大時計を前に驚くが、「心地よい声楽を」備えていて、「同じくらいの様々な社会階層の人が来ています」。その夕べに護衛の人々を祝い、ララン伯爵は翌日モンスで貴婦人方の歓迎式を組織し、「妻、義妹のアヴレ夫人、すべての主だった優華な女性[15]」が参加する。これらのフランドル女性は、その「本性は親密で、親しみがあり、陽気で」、マルグリットを熱狂的に迎え、特にララン伯爵夫人は美貌と才気で抜きん出ている。伯爵夫人は息子をみなの前で母乳で育てていて――これは当時驚くほど新しい事であった――マルグリットを魅了し、マルグリットは一週間共にいることを受け入れる。本当を言うと、事態は王妃に都合がよいのだ。

ララン夫妻こそ実際第一に説得しなくてはならない。十年前から、ネーデルラントで相次いだ支配者、アルバ公、ルイス・レケセンス、次いでドン・ファン・デ・アウストリアは収奪と税の徴収を繰り返した。一五六七年十一月のアントウェルペンの略奪と初期の独立闘争の英雄エフモント〔エグモント〕伯の暗殺は、まだみんなの記憶に残っている。国中で、反乱は一般的である。既に、ウィレム・オランイェ＝ナッサウ〔ギョーム・ドランジュ＝ナッソー〕は北部のカルヴァン派のいくつもの州を結合するのに成功していた。しかしフランドルのカトリック諸州はためらいがちで、より中立的な解決を求めており、フランスの王子の立候補はよりよい道に思われる。ララン伯はまさしくスペインに激しく敵対する人々の一人である。「カトリックの領主であるので、オランイェ公の同盟にもユグノーの同盟にも入らずに支配を維持していましたが、決してドン・ファンに会うことは望まず、またドン・ファンもスペイン側の誰も自分の支配地に入ることを許したくはなかった。」

　しかしながら、マルグリットが交渉しようと選ぶのは伯自身ではなく、カトリーヌのいつもの実践に従い、その妻である。この会見に関してマルグリットがする話は詳細でもあり珍しくもあり、多かれ少なかれ公式な外交任務をしばしば帯びたルネサンスの貴婦人が、接触を始め、妥協点をさぐり、一致点を固め、具体的提案に至るためにどのように手をつけるかを把握することができる。伯爵夫人との出会いから、マルグリットは、夫人の知性と感じの良い物腰に加えて、「この立派な女性は夫に全権を有している」――肝心な細部である――ことに気づいた。モンスの舞踏会は、二人の夫人にとって、お互いの側から外交のモデルである政治的議論に手をつける好機である。「あなたとわたしを、天が同じ祖国に生まれさせなかった」と嘆いてその地の夫人にたっぷりお世辞を言うことからマルグリットは始める。他方は、好機を素早く捉えて、フランドルとフランスを結ぶ先祖代々の友情を強調して答える。「このスペインの支配ほどおぞましいものはなく、その圧制から解放されることだけを望んでいます。」それで夫人はフランス王がこの地方を取り戻す望みを想起させる。王妃はそのとき、自身の王国の混乱にあまりに忙殺されて、救いは王からは来ないだろうが、アランソン公から救いが来るだろう、公は「この企てに進んで同意するでしょう、フランス王に負けず劣らず手立てがあるでしょう」と反論する。そしてマルグリットは弟の長所を自慢し、公はラ・シャリテに続いて、イソワールを奪取して軍事的才を発揮したところである。伯夫人は「大変満足してこの提案を受け入れ、こんな風に話したのは行き当たりばったりではなく、光栄にも自分を愛してくれたからだと言い、自分たちの置かれている状態をわたしに見せ、何らかの手を打つことをフランス側に要求しないではわたしを出立させないと決めました。」事態は二人の女性の間で解決し、翌日、伯が王妃と議論しにやって来る。交渉はより明確になる。エノーのバイイは、自分の地方に自信があり、アンシー殿を味方にするよう助言する。それは既に試みたのだが、マルグリットはそれを言わないように気をつける。マルグリットはずっと慎重で、この種の共謀はそっとしておかねばならないと知っているのだ。「わたしはアンシー殿から約束を得ていることを伯爵に明かすことはせず、あなた自身でそうしてくれるようお願いします、隣人にして友であるので、わたしよりうまくできるでしょう、と伯爵に言いました。」

「お互いに残念に思いながら」モンスを出立するとき、マルグリットは伯爵夫人に帰りに再び通ることを約束し、夫と同様、夫人に別れの贈り物をする。アヴレ夫人だけがナミュールに同行し、そこで夫と義弟と合流する。州の境までエノーの貴族に護送され、王妃の一行はナミュール地方で「アールスコート公、アヴレ殿、ヴァランボン侯爵、バランソン弟」に迎えられるが、この者たちは、さらにうまく行っていないスペイン政府を取り巻いている。「ドン・フアンの家来のなかには、ルドヴィコ・ド・ゴンザーガという者しか確たる名前のある者も立派な風采の者もいませんでしたが、この者はマントヴァ公の親族だと自称していました。他の者は顔色の悪いつつましい身分の者たちでした。」しかしながら、夕方着いたナミュールで、王妃を迎えるために特別な努力がなされたことをマルグリットは認める。町は盛んに照らされほとんど日中の様である。

ドン・フアン・デ・アウストリアはカール五世の非嫡出子で、フェリペ二世の異母兄弟であり、ネーデルラント諸州の反抗者の不倶戴天の敵である。しかしながらドン・フアンは、公式にはスペインの同盟者であるフランス君主の妹を儀礼以上に丁重に迎える。豪奢に飾られた市庁舎に落ち着き、マルグリットは翌日「ヴァイオリンと小ラッパの音楽を伴うスペイン風ミサ」に招待され、「そこから大広間の祝宴に行きます、ドン・フアンとわたしの二人がひとつのテーブルで食事しますが、婦人方や領主たちの祝宴のテーブルはわたしたちのテーブルから三歩離れていました」。次いでまた新しい舞踏会である。ブラントームを信じるなら、フランスのもっとも美しい王女として通っているこの女性を眺める機会を得るのはこれが初めてではない。先年の夏の間に、「こっそりとフランスを横切り、パリに着くと、ルーヴルでその夜、盛大な舞踏会が催されるのを知り、何よりもナヴァール王妃様が目的で、変装して行った。［……］じっと眺めて、見とれ、スペインとイタリアの美女以上だと賛美した」[16]。

マルグリットはナミュールに二日滞在し、旅人がムーズ川を遡るのに用いる舟の準備ができるのを待つ。アンシーはそこで王妃と別れ、アヴレ夫妻がユイまで同行し、そこにその夜到着する。道中不運が重なる。出発から、トゥルノン嬢が重病になる。ユイで突然川が増水し、王妃は一行の一部を連れて上陸する時間しかなく、最も高い通りへとよじ登らなくてはならない。「この夜は、家の主人が持っているもので、わたしたちは満足せざるを得ませんでした。船から手の者たちを連れ出すことも、衣服を持ち出すこともできず、まるで洪水の下に沈んだかのような町に行くことはなおさらできませんでした。」そして翌日一行が到着したリエージュで、「参事会員、全員がドイツの公、伯、領主の息子である」一同に取り囲まれた司教に迎えられる。滞在の初めはトゥルノン嬢の死によって悲しみに沈む。王妃は葬儀に参列し、王妃同様若い娘の喪失で苦しむ、一行の気を紛らわそうとする。幸いにもその都市はごく快適である。スパは「そこから三、四リュー離れているだけで、三、四軒のみすぼらしい小さな家しかない。」みんなはこの古い町に身を落ち着け、王妃は大理石で飾られた教会、音楽のなる大時計、噴水、庭園、回廊に驚嘆する。王妃自身司教の館に泊まり、司教はもう一つの住居に引き下がる。温泉を飲むことがもう一つの気晴らしとなる。効能を保つために、湯治客にスパの温泉が夜の間に持ってこられ、庭園をそぞろ歩きながら、湯治客はそれを朝に用いる。「散歩しながら飲むことが必要だからです。」次いで日中は様々な活動で過ぎる。祝祭、舞踏会、修道院の訪問、コンサート。そのうえ、マルグリットはこの地方のかなりの部分の貴族の訪問を受ける。「わたしがここを通るという噂が広まったために、ドイツの何人もの領主、貴婦人がわたしに会いに来ました。」と王妃はこの滞在の間の政治交渉に言及せずに言う。しかしながら、妹、息子、嫁を引き連れたアランベルグの領主の伯爵夫人の訪問は、単なる礼節あるいは興味本位の会合として分析されえない。この家系の女性は全員実際一方でラランン伯爵夫人と、他方でアールスコート公と縁続きである。

　六週間後、すなわち治療の通常の期間の後、小さな集団はフランスに戻る準備をする。九月初頭だ。マルグリットが言うには、そのときアヴレ夫人がリエージュに着き、不愉快な知らせを持って来る。フランドルのカトリック諸州と交わした合意に反して、ドン・フアンはナミュールを占領した。実を言うと、要塞の奪取は八月初めに起こったが、治療を行う振りをしていたマルグリットがより早く知っていなかったことはほとんどあり得ない。混乱した地帯の北に慎重に留まる決定がなされたのでなければ、恐らくリエージュからは、危険は重大と思われなかったと信じなくてはならない。しかしながら、戻らねばならず、大回りをするのでなければ、それはナミュール地方を横切ることを意味する。ところで「地方全体が戦火に包まれ、武装しています。」アランソン公も同じようにフランス宮廷から悪い知らせを姉に届ける。兄弟間の蜜月は終わり、寵臣たちは誰構わず気に入らないものと争いを始め、ビュッシーは再び迫害され、王は妹を出立させたことを後悔する。[17] 従って帰りの旅はことに困難だと予想される。「どちらかを通過しなくてはならないだけでなく、わたしの一行の主だった人は、スペイン人方に、あるいはユグノー方に、愛着を抱いていたのですから。」王妃はパスポートを求めてモンドゥセをオランイェ公のもとに送り、三日間空しく待つが、なしで出発することにする。しかし馬が引き止められる。会計係が「宿泊費がもう」無いと言うからだ。そしてラ・ロシュ゠シュル゠ヨン大公妃が勘定を払わなくてはならない。とうとう一同は九月八日ユイに向けて船出し、リエージュ司教の隊長が同行する。

この都市はネーデルラント諸州の味方をし、リエージュ司教の後見を拒絶し、独立を保っていた。従ってナヴァール王妃に敵対する。そしてドン・ファンが城砦を奪取したのは王妃のナミュール通過に続いてであったからよけいに敵対的である。一行は本当の民衆の蜂起に直面しなくてはならない。「わたしたちが宿泊するや、鐘を打ち鳴らし、通りに大砲を引き出し、わたしの宿舎に向けました。〔……〕わたしたちは一晩中こうした混乱のうちにあり、この者たちの誰にも話しかける手立てもなく、この者たちは細民で、乱暴な、理性もない人々でした。」しかしながら朝に出発できる。次の宿泊地のディナンで、旅人を今ひとつの驚きが待っており、この著作の始まりで既に言及する機会があった。それは町の選挙で、通りで陽気に祝われ、群集がマルグリットのそばに町の古い敵を認め、一同の酩酊が攻撃に変るまで続いた。既に見たように、偶然に言及された、ララン伯爵の名前だけが群集を鎮めることができた。

翌日、興奮した夜の後、新しい問題が出来する。ドン・ファンの軍団がディナンの門に現れ、王妃をナミュールまで送ろうと申し出る。マルグリットは注釈する。「これは二重の目的でなされたのですが、一つは町を手に入れるためで、もう一つはわたしをスペイン人の手に落とすためでした。」町役人の同意を得て、王妃は急いでその場を去り、南方にムーズ川を渡り、フルリーヌ城に到達するが、常にスペイン兵に追われていた。新しい動揺。城主夫人は、一人でいて攻撃されていると思っていて、主塔に閉じこもり一同を迎えるのを拒む。幸いにも夫の城主がそのとき戻ってきて、皆を庇護する。城主はララン伯爵により、諸州を選んだ都市を通って、フランス王妃の帰還を確保するために派遣されたのだ。それでマルグリットは無事カトー゠カンブレジに到着するが、伯爵夫人に約束したように、モンスを再び通過できなかったのを残念に思う。王妃は伯爵夫人に手紙を書き、贈り物を贈る。しかしこれで危険がすべて遠のいた訳ではない。敵軍はフランス国境に集結し、王妃は早朝馬で出立し、幾人が同行するだけで、駈足でカトレに着く。そこから自国領に戻り、九月十二日あるいは十三日頃ラ・フェールに身を落ち着け、平静が戻るのを待つ。

その上平静は、少なくともフランスに関しては、間近であった。というのもアンリ三世はナヴァールと行われた交渉が和平の締結に達したと同月十六日に告げるからだ。[18] アランソン公はラ・フェールに向けて十月十二日にパリを発つ。[19] 公はそこで姉に再会し、姉と一緒にいることは「あらゆる種類の悦楽に満たされた楽園」であり、一方離れてきたところの人々とのつきあいは「あらゆる種類の怒りと苦しみに満ちた地獄」であり、少なくともそれが王妃が『回想録』で与える言葉であるが、やがて見るように、現実に近い。アランソン公のためになした話し合いを報告した後、マルグリットは自らの宿に、ララン伯爵の弟のモンチニィ伯爵を迎えるが、伯爵は「エノーの最も主だった四、五人を伴ってやって来て、そのうちの一人は、弟に仕える、カンブレーの城砦を保証するという、アンシー殿の手紙を持っていました。モンチニィ殿は、兄のララン伯爵からの、エノーとアルトワ全体を弟の手に戻すとの約束を齎しました」。アランソン公にとっては、軍を集めることが残されているばかりだ。フランドル人が地盤を固めに戻る一方、公は十一月初めに「この企てに用いる便宜を王から引き出すために」フランス宮廷に戻り、マルグリットをなお数日ラ・フェールに残しておく。

こうしてネーデルラントにおけるナヴァール王妃の使節は終わる。王妃の作成する総括は成功となっている。確かに、王妃は言葉や魅力の魔法だけでいかなる状況も覆さなかった。自身で強調するように、会談した諸侯は既に多かれ少なかれフランス側に傾いていた。その上明らかに公の立候補の成功あるいは失敗――諸州の政治的議論の内部の争点である――は、王妃の説得能力以外の他の多くの要因に依っていた。しかしながら王妃が弟のために南部諸州の一定数の責任者を結びつけることに成功したのは否定できない。この外交的仕事の効果はその上続く年の間に具体的に感じられるだろう。ララン伯爵は、一五七八年に、アランソン公を支持するただ一人の人であり続け、一五七九年に、アンシーは実質的にカンブレーの町を公に委ねるだろうから。しかしながら、マルグリットは、そこで外交の役割を終えねばならない。ベルジュラックの和約はユグノーとの新たな和平を築き、王妃が夫と合流するときが来たのだ。そのうえこの問題は八月以来ナヴァールとフランス王権の間の話し合いの対象である[20]。

ラ・フェールで二カ月を過ごし、ほぼ二日にしか思われないが、その後王妃はパリに戻り、トスカナの大使は王妃の帰還を十一月十二日と記している[21]。宮廷は盛大にサン・ドニに迎えに来て、王、ルイーズ王妃、太后は「わたしの旅の名誉と壮麗さとリエージュ滞在、そして帰途の冒険を喜んでわたしに語らせます」。そのときまでは王妃の美貌と教養を賞賛していた。今では、交渉人としての才を褒め、大使ジローラモ・リッポマーノに倣ってのことで、この大使は「この王女は本当に母親同様高い精神を持ち、公務に巧みである。スパ温泉とその周りにいて、弟のアランソン公とララン伯爵そして他のフランドルの諸侯との協定をほとんど結び、ナミュールで一緒にいて食事をしたドン・フアンは少しも疑わなかった[22]」。

ガスコーニュへの出発は十二月初頭に予定され、太后は娘に同行することにする。マルグリットが言うには、太后は、相変わらず未解決の、持参金の問題を再考することを受け入れる。「それはこうして決定されますが、宮廷風にです。というものの急いで片付ける代わりに、五、六カ月長引かせるのでした。フランドルへの旅を急がせていた弟も同様でした。」実際、カトリーヌが旅を延期するよう決めたのはポワトゥーとギュインヌでの混乱が長引いたためだと思われる(23)。そして次に、いつものように、王権にはお金がない。最後に、王家の内部と周囲で新たな争いが勃発し、王国を混乱に投げ入れようと脅かしている。従って旅が実際に行われるのは一五七八年の春になってからに過ぎない。

第六章

一方の味方から他方の味方へ
——ガスコーニュの方向
（一五七八—一五七九年）

二人の王妃の出発に先立つ数カ月の間にフランス宮廷を揺るがせる激しい途方もない出来事は、奇妙にも一五七六年初頭を思い出させる。実際寵臣の有名な争いは一月初めから勃発し、再び王弟と王の寵臣を争わせる。マルグリットが言うには、初めは「弟［アランソン公］が勢力を集めるのを遅らせるために、新たな妨げがなされ、その間に弟に、ビュッシーに、他の従者たちに、数え切れない侮辱がなされ、ケリュスから、グラモンから、昼といわず夜といわず、いつ何時でも、ビュッシーにいくつもの諍いが仕掛けられました」。モジロンの方は、当時の大寵臣だが、取り巻く二人の若者のように二人の兄弟の間に憎しみを掻き立て、「その結果、この者たちとビュッシーの間に新しい諍いが起こらない日は一日とてありませんでしたが、ビュッシーの勇気はだれにも引けを取りませんでした」。

王妃の非常に簡略な説明に対して、レトワールの齎す補足は事情を解明する。ビュッシーは恐らくうんざりしているがいつも争いを好み、一五七八年一月六日公現祭に、敵意を露にし、「単純に慎ましく身づくろいをして、しかし縮れた金のラシャを来た六人の小姓を従え、最悪のろくでなしがもっとも勇敢である季節が来たと公言しながら」ミサに赴く。一月十日、グラモンとの口論の結果、何百人もの貴族が動員され、渡り合おうとしていたが、そのとき王は決闘を禁じ、二人の若者に和解を強いる。二月一日、ケリュス、サン＝リュック、ドォ、ダルク、サン＝メグランが貴族一人しか連れていないビュッシーを襲う。マルグリット同様、この年代記作者もこの若者の不屈の勇気を褒め、「勇敢な兵士で、いつでも戦う用意ができており、常日頃これらの小寝台の寵臣どもを馬鹿にし、ほとんど考慮にいれていなかった[1]」。

マルグリットは続ける。アランソン公は、「こうした事態がフランドル行きを進めるのにはためにならぬと考えて、王を苛立たせるよりむしろ宥めるべく、ビュッシーが外にいれば自分の軍に必要な部隊を立てることがいっそう進展すると考え、手筈を整えるために自分の領地に送ります。」レトワールは確かにビュッシーの出立を確かめるが、仲間とシャラントンに避難したと付言し、一方ケリュスとその仲間はサン＝クルーに引き下がった。しかしながら迫害は続き、公は自身もしばらく遠ざかろうと思う。サン＝リュックとアンヌ・ド・コセの結婚は公には新たな屈辱である。共に食事をしたカトリーヌとマルグリットと同様に、公は結婚式を避けたが、舞踏会の夜に、寵臣の無礼なからかいを受け、この者たちは「公の醜さと背の低さ」を攻撃する。母親の同意を得て、公はそれ故幾日か狩に出かけることにする。

そのとき、フランス宮廷を支配する嘆かわしい雰囲気をよく示す悲喜劇的挿話が出来する。おそらく取り巻きの仄めかしに取り乱し、アンリ三世は事実弟を真夜中に捕らえさせ、ルーヴル宮は一様に警戒態勢に置かれる。「王はなんらかの書付がないかを見るために、自身でベッドを探ります。弟はその夜受け取ったソーヴ夫人からの手紙を持っており、見られないよう手に握っていますが、王は奪おうとします。」その手紙の内容が暴かれたとき混乱は極限に達するが、アンリ王はそれでも一同を疑い続け、フランソワを禁足する。フランソワはマルグリットを探しに行く許可を得るが、マルグリットはその折にとても残酷な経験をする。「わたしは宮中を横切らねばならず、わたしを見て、称賛するために走ってくるのが常だった人々で一杯でした。そのときは、銘々は宮廷人らしく、運命がわたしに顔を背けるのを見て、この人たちもわたしに気付かない振りをしました。」弟と王妃は感動して再会し、「こうした話で時を過ごし、これほど残酷で不正な厳しさを王に取らせる理由を一緒に探し求めました。」

そうこうしている間に、ビュッシーが密かにルーヴルに戻っていることが分り、王はラルシャンに命じて逮捕に向わせる。マルグリットは、前夜弟は「フランドルに対して行う軍事について会談するために部隊の中に入らせていた」と説明する。しかしまさしく王妃に会うために、定期的にルーヴルに戻っていたのではないかと思われる。王妃が言うには、ラルシャンは共犯者シミエの寝室で、なげやりに、ビュッシーを探す。というのもこの二人は年齢が違うにも拘わらず親しかったからだ。その貴族は実際そこでベッドの壁掛けの後ろに隠れていたが、確かな人の所に行くほうがよいと考える。マルグリットは思い出す。「危機、危険に際しても決して恐怖を感じない陽気でおどけた気質なので、ラルシャンがシミエを連れて行くためにドアを通ろうとしたときに、帳の天辺から出て言います。『おや、どうした親父さん。こうして俺を連れずに行きたいのか。このろくでなしのシミエより俺の振る舞いのほうがご立派だと思わないのか。』ラルシャンは振り向き、言います。『ああ、息子よ。俺をあまり怒らせるな。お前がここにいなかったらよかったのに。』ビュッシーは答えます。『親父さん、それは俺の事態がうまく行く印だ。』さらに、震え慄いているのを見て、シミエを冷やかします。」疑いもなくこれらの言葉は非常に忠実にマルグリットに報告された。さらに、うまく行っている「事態」で、王妃との恋愛に関して、悦に入って報告される、ビュッシーの自慢話を見ることが多分できる。

しかしながら、王妃はずっと捕らわれの弟の傍にいて、一方宮廷中が動揺している。監視役を命じられた貴族、「父王の扶育係りであった善き老人のロス殿は、自分の娘のようにわたしを愛していて」、そのうえ自分とこのやり方に憤慨する他の領主の支持を保証する。太后の方は、一件を鎮めようとし、何時間も議論した挙句それに成功する。それで王は弟を再び自由にし、全員に和解させるが、無言劇の様相をとる。ビュッシーはケリュスを腕に抱き、「パンタローネ風の抱擁」をし、「一同は、起こったことにいっそう驚き、衝撃を受けますが、笑いをこらえることができませんでした」。王妃の言葉を用いれば、悲喜劇は終わった。

相互の不信は常に根強く、王は公をしっかりと見張らせ続け、公は、生涯で二度目の、逃走の決定をする。「弟はこの意思をわたしに伝えます。それが弟にとって安全で、王もこの国もそれで損害を受けることはないと見て、わたしはこの意志を認めました。そして方策を探し、わたしの部屋の窓から出る以外の手がないのに気付きます。わたしの部屋は掘に面していて、三階にありました。」それでマルグリットは今回は弟の脱出に間近で係る。リュートの容器に太綱を隠して持ってこさせ、公を助ける準備は万端である。出発は二月十四日に予定されるが、フランソワの「逮捕」の一週間後である。その夜、王妃は母と弟と食事をしていると、そのとき息子が逃げ出すかもしれないとカトリーヌに小声で警告されるのを聞く。息子は引き下がり、太后は娘に語りかける。「王に、あなたの弟は脱出しないだろう、と言ったのを、お前は知っている。」マルグリットは困惑して、公の忠誠を自分の命に賭けて請合うことを約束する。しかし王妃は数瞬後公が脱出するのを助ける。「わたしたちは棒で綱を調節しました。だれかいないか堀を見て、わたしたちはまず弟を降ろします。弟は、笑い、冗談を言っていました。［……］次はシミエで［……］、その次はシミエの従者のカンジェでした。」三人はサント＝ジュヌヴィエーヴの僧院にたどり着き、そこでビュッシーと再会し、アンジェに逃走する。

脱出者にとっては成功だが、脱出はルーヴルに残された共犯者にとってはもう少しで悪い結果になりかねない。実際、マルグリットの供の者は、綱を片付け、暖炉で燃やそうとして、火事になりかけ、護衛の弓兵がやって来る。「侍女たちに、どうしたのか尋ねにゆっくりドアのところに行き、わたしが眠っているかのように小声で話すよう命じました。侍女たちがそうして、［……］何でもない、ちゃんと消しますから、王妃様を起こさないようにしてください、と答えました。この者たちは戻って行きます。」二時間後、公の出発が露見すると、マルグリットは王と太后に召還される。自分もだまされたと主張して二人の非難から身を守る。「しかしながら、弟が出立しても王に仕えることになんら変わりはありませんし、フランドルでの企てに必要なことを命令するために自領に赴いただけです、とほとんど命を賭けて答えました。この言い訳はすこし王を宥め、わたしを部屋に帰してくれました。」翌日、即ち二月十五日に、太后は逃亡した息子を追い、その意向を知るためにパリを立つ。マルグリットの言ったように、公の意向は平和的なものだと分り、王は三月一日以降は安心する。二週間後、カトリーヌはパリに戻る。(2)

そのときガスコーニュへの旅が再び話題となり、復活祭後に決められる。(3)アンリ三世はいかなる口実でももう妹をルーヴルに留めおくことができないと分り、そのうえマルグリットは余りに公然と策をめぐらす。王はまた、マルグリットを夫に合流させると、相変わらず支払われていない持参金の問題を片付けねばならないことを知っている。一五七二年に約束した百万リーヴル・トゥルノワを現金で与えるのではなく、王妃が求めるように、収入が規則的な王領に転換するという問題である。三月十八日付けの開封勅書で、王は妹に、アジュネ、ルエルグ、ヴェルダン＝シュル＝ガロンヌ、リウー、リヴィエール、アルビジョワの四つの管轄担当地域、さらにケルシーとゴールの伯領を与える。これらすべての土地で、王は「高位、中位、低位の裁判権(4)」を放棄する。この行為を、マルグリットは振り返っていくつかの底意の結果と解釈するが、理由なしとしない。「自分に不満を抱いてわたしが出立するのを欲せず、それに加えて、弟との友情からわたしを限りなく離すことを望み、王はあらゆる親切をわたしに施し、サンスの和約で母后がなされた約束に従い、領地でわたしの嫁資の割り当てを行い、それ以外に官職と聖職禄の任命権を与えます。フランス王の娘が受け取ることになっている年金を与えるだけでなく、自らの金庫のお金の一部をわたしに与え、毎朝わたしに会い来る労を取り、自分の友情がわたしにどれほど役立つかを述べ、弟の友情は結局わたしの滅亡の原因になると言います。」

四月五月はしかしながらあまりにいろいろとあり、出発は再び延期される。一方で、寵臣の争いは再びよりいっそう活発となり、四月二十七日の有名な大殺戮に至る。(5)他方、アランソンとの交渉の続行は再びマルグリットの仲介を必要とする。パリに引き止められ、マルグリットは古い友ラ＝ロッシュ＝シュル＝ヨン大公妃を訪れるだろうが、大公妃はスパへの旅の冒険をマルグリットと共にし、重病であった。レトワールは言っている。「死の二日前、ナヴァール王妃は（大公妃を非常に愛していたので）会いに行き、大公妃は王妃に次のように言った。『奥様、私に素晴らしい例をご覧になりますわ。神はあなたに言われるのです。奥様、死なければならないのです。この世をここに残さなければならないのです。［……］奥様、お願いですから、ご退出ください。わたしはわたしの神に祈り、わたしの神を思わなくてはならないのですから。そしてあなたはわたしがあなたを見るときこの世を思い出させるだけなのですから。』大公妃はナヴァール王妃が、いつものように、飾り立て化粧をし、言うところの、宮廷風に、自分のためにいい格好をしていたのでそれを言った。(6)」『クレーヴの奥方』の女主人公の母のように、多分大公妃はそのモデルとなるのだろうが、死に行く女は死に備えることを望み、それ故、最も愛している人々も含めて、どんな人でも会うことを拒むのだ。

マルグリットの方では、実際この精神状態の反対であるようだ。王妃には希望が再び生まれる。和平がフランスで確保されたように思われ、弟が野望をフランス外に明らかに向けた今となっては、王妃は二人の間で、そして多分三者の間でさえも、仲介者の役割を再び引き受けることができる。今や王権は王国の深部での平和のために王妃が必要であるからで、ガスコーニュへの二人の王妃の旅でその平和が企てられている。一方で、イングランドの大使の書簡が幾度も示すように、マルグリットは活発に弟の活動を支持し、この大使は王妃とララン伯爵夫人の間の文通関係の続行に特に言及する。(7) 他方で、カトリーヌは娘が「公とナヴァール王を一緒にするために全力を尽くす」のに気づいており、駐イングランド大使に「平和の会談になすだろうととても確かな良き働き」について語る。(8) 実際、太后と王はノルマンディーに赴き、まさにアランソンで公と行われるはずの話し合いにマルグリットを参加させようと予定した。(9) この交渉でのマルグリットの重要性は同時代人には疑いの余地が無い。こうして、教皇特使ダンディーノは、「王と弟を和解させ、二人から離れる前にお互いの若き寵臣を和解させるのに成功することが期待できる」(10) と指摘するとき、太后の分析に同調する。イングランド大使は、「二人の女性は二つの異なる的を狙っている」ことを知っており、大使としてはマルグリットの仲介を通して公と交渉し続けるだろう。(11) しかしながら、女性回想録作者は、この折には弟に別れを言いに行く望みしか想起させない。実は、ビュッシーに王妃は別れを言いに行くのである。再び会わないからである。そのうえ短い別れの挨拶である。六月二十二日にアランソンに到着し、母と娘は七月二日には再びパリにいる。(12)

出発の時が来た。二人の王妃の旅の費用を工面するために、聖職者に例外的税を求め、(13) 王はエッソンヌのオランヴィルの邸宅まで同行し、二人はそこを八月初めに立つ。(14) このことを記すレトワールはナヴァール王妃は「一般の噂では、大変残念がって心ならずも」(15) 出立すると言う。この噂はイングランド大使によって確認され、大使は「大部分の人はナヴァール王妃はガスコーニュに行くのに崇高な情熱は持っていない」(16) と報告する。おそらくそこに王妃自身の不満より取り巻きが出発によって引き起こした不満の結果をいっそう見るべきである。王妃の方は、この旅を恐れる理由は何もない。弟とビュッシーは長い月日フランドルの戦役に行っており、王妃は宮廷に留まっても不幸でしかあり得ず、寵臣たちの傲慢を目にするばかりである。反対に、ガスコーニュに行き着けば、自分の力にふさわしい役割を再び見出すことができるだろう。王妃はナヴァール王が宮廷を逃れる以前に持っていた夫への影響力を取り戻すつもりである。そして疑いも無くこの再会で跡継ぎの誕生を期待している。それがナヴァール王国の先頭で自分の立場を安定化させ、カトリーヌとアンリ三世に対してより自由に振舞えるだろう。反対に、マルグリットの近しい者――そして多分より広く王に反対する党派――は、王妃が出発するのを残念に思うのは明らかである。[17] ブラントームは次のように言う。「母后様が宮廷からガスコーニュに夫に会わせに行くため王妃様を連れて行かれた時、大災難が突然頭に降りかかったかのように、ほとんどすべての宮廷人が出立を残念がったのを私は見た。『宮廷は美女を失った』と言う者もいれば、『宮廷は曇っている、太陽を失ったからだ』と言う者もあった。[18]」そしてデポルトは次のように歌うときこの同じ比喩をまた用いる。

フランス人よ、安心しなさい、彼の方を失ってはいない
それは夜の間不在になるにすぎない[19]

二人の王妃は数日シュノンソーに立ち止まり、そこはカトリーヌのお気に入りの滞在地の一つで、次いでポワチエに向う。二人は数百人の人からなるお付のものの先頭を行き、アンリをポーランド王位に就けるのに成功したジャン・ド・モンリュック、当時王の顧問官で大法官の資格でマルグリットの家に入ったばかりのギ・デュ・フォール・ド・ピブラック、あるいは、六十歳ぐらいで当時王家全体の友であるという離れ業をやってのけ、内心はユグノーであるユゼス公夫人のような、慎重な交渉者たちが同行する。[20] 他の大領主が二人を取り囲み、その中にはブルボン枢機卿、モンパンシエ公とその夫人、コンデ公の寡婦、ブラントームがいる。ナヴァール王妃の正確な行程は会計報告によって与えられるが、これは国立古文書館に保存され、フィリップ・ロザンが詳しく分析した。それには五十人ほどの女性が登場し、そのうち三十三人は「女官」で、その中に古くからの共犯者のトリニーが見出され、十六人の部屋つき女中あるいは洗濯女がいる。男性は二百四十人で、隊長、酌取り人、お付司祭、召使、他の吏員がいる。[21]

二人がガスコーニュに下っていく一方、王は不安で、ユゼス公夫人に書き送る。「我が良き妹の好意に私がおかれ、妹が先に行けば行くほど、できれば、妹を愛する愛情を私は強めると、どうか、信じるように。[22]」このメッセージに読み取れる、アンリ三世の懸念は、説明がつく。確かに、王は経済的要求では妹を満足させたが、こうしてマルグリットの忠誠を買うことはできないことを知っている。王妃が、遠くからでも、弟を助け続け、フランスのユグノーによって弟に齎される援軍はベルジュラックの和約によって打ち立てられた脆い均衡を再び問題にするのではないかと思う。新たに太后が目指す和平の企てで、それゆえマルグリットは、恐るべき敵でありうるのと同様、夫と王権の間で先ごろ署名された和約を固めて大いに役立つこともできる。

八月末二人はコニャックに到達する。マルグリットは言う。「夫王の支配下に入ると、至るところでわたしのために入市式

が行われました。」ブラントームは「そこで、何人ものその地方の身分の高い、美しい優れた婦人がお目にかかりに来て、挨拶し、全員がこのナヴァール王妃様の美しさを見て魅了され、飽きることなく母后様に称賛し、母后様はうれしさで我を忘れられた。それで母后様は娘に、ある日、最高に豪華に着飾るように、と言われた」と回想する。この想起の続きは回想録作者にとって太后と娘との間の対話を私たちに委ねる機会であり、その対話は当時マルグリットがガスコーニュ滞在を小休止と考えていて、夫の宮廷をフランス宮廷の精彩の無い複製と見なしていたことを示している。ブラントームは言う。マルグリットは「銀の布地のボローニャ風の赤紫色のドレスを召されて現れられた、袖は長く垂れ、とても豪華な被り物をして、白いヴェールを被って」現れた。「そのとき母后様は言われた。『娘や、とてもよろしい。』王妃様は答えられた。『お母様、宮廷から持ってきているドレスを着て宮廷風の着方をするのを早く始めます。というのも、宮廷に戻るときには、これらはもう持って行かず、鋏と布地だけもって宮廷に入ります。流行るだろう流行に従って装うためにです。』母后様は答えられた。『娘や、どうしてそんなことを言うのです。お前が着飾る素晴らしいやり方を考え付き、作り出すのです。そしてどこに行こうと、宮廷がお前からそれを得るのであって、お前が宮廷のそれを得るのではありません。』」[23]

ボルドーに二人の王妃は九月中旬に至り、新たな入市式、新たな壮麗さが繰り広げられる。ブラントームは続ける。「市の三身分の代表が挨拶に来て、市の財、産物を捧げた。[……]王妃様は、それぞれに返答されたが（命令により、壇上で王妃様の近くにいて、私は聞いたのだから）、非常に雄弁で、非常に賢明で、非常に迅速で、優美に威厳をもってであり、銘々に、言葉を変えて、最初の返答も二番目の返答も繰り返されず、しかし、注目に値することだが、同じ主題に関してであったのだ。」この回想録作者の文体はとかく反復的で、この才能を前にして驚くのはこの人だけではない。その日の夕べ、法院長はこのガスコーニュの貴族に「当時の二つの黄金の口である「ナヴァールの」マルグリット王妃様とジャンヌ［・ダルブレ］王妃様が語られるのを聞く栄誉をしばしば得たが[……]、このマルグリット様の雄弁にはまるで届かない」と打ち明ける。魅了され、ブラントームはこの言葉を太后に伝え、太后は「自分の娘だが、嘘偽りなく世界で最も完成された王女であり、自分の言いたいことを、そしてそれ以上のことを言うのです」[24]と認めた。しかしマルグリットは単なる飾りではない。カトリーヌの政治的仕事に密接に結びついていて、カトリーヌはその月の末に王に「昨日、四人の院長、十人の顧問官、あなたの検事と弁護士を、あなたの妹のナヴァール王妃、従兄弟のブルボン枢機卿、他のあなたの顧問官の出席のもと、召集しました」[25]と書き送る。アンリ三世はナヴァール王と当地の総代官でボルドー市長のビロン元帥との「和解を急ぐためにナヴァール王妃」にとりなすよう求めるが、二人は当時完全に揉めていた[26]。

一五七八年十月二日の夜、ナヴァール王との再会が行われたのはラ・レオルでだった。ナヴァール王はその地方の貴族全体を伴って到着し、二人の王妃に「出来る限りの喜びと満足の表明」を行う。太后は、この出会いでの詳細に冗長で、詳しく述べる。「ナヴァール王はいつもわたしを寝室まで送り、あなたの妹ナヴァール王妃を住まいに連れて行こうとし、住まいは街路の反対側で、二人は一緒に泊まり寝るでしょう[27]。」マルグリットは夫の愛情表現について同じような証言をする。「わたしたちが到着した日から、[夫王は]フランス宮廷にいた間にわたしたちの仲を悪くさせるためになされた策略を語り、[……]一緒にいることに大いに満足していることを示しました。」ユゼス公爵夫人は、この再会の折に若い王女が示した美と化粧の努力を詳細に王に描き出すために書き送り、第二の結婚式のようである[28]。同じほど詳しくはないが、ナヴァール王自身も何日後かに書き留めている。「おかげで、すべては各人の望みと満足のうちに過ぎた[29]。」

ナヴァール王はほっとする。宮廷を逃れた二年半前から、ナヴァール王は妻にも義理の母にも会っていなかった。そして自由が好きになった。自分の王の役割についても同様である。二人から離れて、いつでも最も巧みに籠絡しに来る政治を行う女性たちの網から離れて、ナヴァール王はフランス王権との伯仲したゲームを配置するのに成功し、ユグノーの同盟者に自分の影響力を多かれ少なかれ取り戻すに至り、しかしながら決して本当にはフランス王と決裂することはない。地方地図と全国地図は大抵対立すると思われたにせよ、王位継承順位をますます真面目に理解し始め、王夫妻の不妊が長引き、王弟は相変わらず結婚してないだけに真面目になった。それで、和平に関して自分と同じ利害を持たない取り巻きの圧力に時には譲歩したけれども、無政府状態が長い年月支配しているこの地方の和平と秩序回復をなにより求める[30]。従って二人の王妃の到着はナヴァール王には単なる儀礼ではない。ナヴァール王はビロン元帥の権力の範囲に関する譲歩を二人から引き出そうとし、ビロン元帥は優れた大将で、抜け目のない政略家であり、ボルドーに到着以来、王軍と改革派軍をひどく競り合わせ、ナヴァール王に多くの心配を引き起こした。一方で、ナヴァール王は地歩を譲ることなく王権との和平に向わなくてはならない。

この最初の出会いから、交渉は開始される。息子に送った報告で、カトリーヌは「ナヴァール王妃は、あのビロン殿のために、夫にとてもつくし仕えた[31]」と請合う。話し合いは十月五日に両者の間のいくつかの条項の調印に達したが、なにもまだ結論めいたものはない。続く月の間、二人の王妃はそれ故ガスコーニュ地方を見て周り、民事的宗教的混乱に引き裂かれたこの地方の和平という辛抱のいる仕事を協同して行う。マルグリットは言う。「母后はそこに少し留まるだけだろうと思われました。しかしユグノー側からも、カトリック側からも、多くの不測の事態が出来し、十八カ月〔ヴィエノの刊行した版の『回想録』では十五カ月間〕留まることを余儀なくさせられました。[32]」

ナヴァール王は二人に付いてどこでも行くわけではない。太后の一行の一部になる気はなく、そのうえ、王妃たちとの会見の前、間、後に、自分の同盟者と協議しなくてはならず、それは問題を提起しないわけではない。こうして、ビロン元帥が二人の女性それぞれに素晴らしい入市式を組織したアジャンから、カトリーヌはナヴァール王は和平に同意するだろうと書き送り、それは少なくともナヴァール王がマルグリットに保証したことなのだが、ナヴァール王の取り巻きは同意しない[33]。それ故本当の交渉は一日一日と引き延ばされた。その間、二人の女性はトゥルーズに向い、そこでマルグリットは「豊に飾られ、白いダマスクのベッドに入って」入市式を行った。「ベッドの奥にはとても小さな侍者を置き、リュートを弾き歌っている。」翌日、熱烈なカトリックの当市の法院は母と娘を別々に迎え、娘は議員たちに「プロテスタントに対する厳しさを和らげるよう[34]」求めて注目される。しかしマルグリットはその日に病に倒れ、ユゼス公夫人と共にしばらくトゥルーズに留まらなくてはならない。ついでカトリーヌとリル＝ジュルダンで合流し、そこではユグノーとの会談が行われ、二人の女性はナヴァール王とその友人たちを待ったが無駄であった。

とうとうオーシュでプロテスタントの首領は二人に再会し、再び上機嫌を取り戻して話し合いが開かれる。確かにカトリーヌは労を惜しまず、美しい女性の審議会は奇跡を起こすように思われる。チュレンヌは赤裸々に宣言する。「私たちはマルグリット王妃と侍女たちに再会した。ナヴァール王とこの王妃はお互いに挨拶し、かつて合間見えたおりになされた以上の和解への備えを示された。ヴァイオリンがやって来た。我々はみな踊り始めた[35]。」シュリーにおいても同じ鐘の音である。「もはや武器の話を聞くのではなく、ご婦人方と恋の話を聞く。あなた方は全く宮廷人となり、他の人同様恋をした。あなた方は笑い興じ、踊り、指輪あそび〔吊るしてある指輪を馬にのって抜き取る〕をするばかりだ。さらにナヴァール王でさえ、母后が見事な言葉で楽しませる間、自分と、コンデ殿とチュレンヌ殿その他の間に分裂と不和を撒き散らしていた[36]。」マルグリットは、非常に早くにだが、二つの集団の間の特別な理解のこの水準が出現するのを報告する。しかしながらプロテスタントの首領たちを母親の巧みさの犠牲と見るどころか、マルグリットは「夫王がデイエル〔ヴィクトワール・ダヤラ〕を、チュレンヌ殿がラ・ヴェルニュを強く恋してしまったために、侍女たちにより長い時間会うためにわざと」多分このものたちは交渉を続けさせるだろうと示唆する。実際母后は、政治的目的を忘れず、その追求にマルグリットは常に緊密に結びついている。「私の娘のナヴァール王妃はあなたのためにあらゆることで最善の務めをいつも果たしています」と母后は十月末にフランス王に書き送る[37]。

オーシュでのとても心地よい滞在と平行して、ラ・レオルやフルランスのような、いくつかの蜂起がおこっていて、楽しみを乱す。和平会談の本当の準備はしかしながら着手されるが、開催場所がまた議論の対象となる。その間、二人の王妃はナヴァール王にアルブレ公国の首都ネラックに招かれる。マルグリットはトゥルーズ滞在以来健康状態があまりよくなかったが、幸いにも回復し、十二月十五日のネラックへの入市式は旅のなかで最も素晴らしいものの一つである。ナヴァール王の妹カトリーヌは招待客に城を案内して回り、新しい城主夫人の到着を祝うために旅をして来た。デュ・バルタスは三つの言語で対話を準備し、ガスコーニュのムーサイ、フランスのムーサイ、ラテンのムーサイを現す三人の娘が朗誦する。[38] マルグリットは政治的に、ガスコーニュのムーサイを好む。

王妃たちはネラックの城を大いに評価し、そこにナヴァール王はそれまでポーの城を飾っていた貴重な生地の象嵌を施されたすばらしいタピスリーを掛けさせた。屋外では、バイーズ川の流れに沿って庭園が整備され、もう一方の翼は素晴らしい小さな森に面している。眺めはうっとりとさせ、その場所は大マルグリット・ド・ナヴァール〔フランソワ一世の姉、マルグリット・ド・ヴァロワの大叔母〕の思い出に満ちている。そこに甥の娘は冬のかなりの部分を過ごすために身を落ち着け、夫のもとでの滞在と母への訪問を交互に行うが、母はポール＝サン＝マリに宿営した。一五七九年の初めはしかしながらユゼス公爵夫人の出立で幾分暗くなる。[39]「わがシビラよ、隠さず言いますが、あなたの存在が失われることよりも大きな残念に思う喪失は決してないと信じてください。というのもうんざりする多くのことをあなたに言いたくて、一時間とて過ぎないのですから。[40]」しかし和平会談の準備を進めることができたと思うのでマルグリットは満足で、何度もそれを断言している。会談は今や間近である。そして女官は自ら付け加えている。「王妃はこれほど美しくこれほど陽気なことは一度もなかった。[41]」そのうえ王妃は喜ぶ理由が他にもある。フランソワとエリザベス女王との結婚交渉がいっそう強く再開され、最後の準備を整えるためにシミエがイングランドに向けて出航する。そのために、マルグリットは女王にその歩みを支持するために、特に美化する――余りにとエリザベスは言うだろう――書簡を書く。[42]

会談はとうとう二月四日に開かれる。厳しい論争が議事日程に乗っている。ユグノーに与えられる安全保障地の数、駐留部隊の支払いの問題、改革派の礼拝の実践の範囲、最後の騒乱に関する大赦。書簡で、カトリーヌはマルグリットの中心的役割に言及し続ける。「わたしはブルボン枢機卿、後継者殿〔モンパンシエ〕、あなたの顧問会議の他の貴族を召集しました。わたしの娘ナヴァール王妃がわたしの傍でその顧問会議にいて、ナヴァール王も、かつてのように自分の貴族を従えて、そこでわたしと娘の間に座っていました。[43]」他の同時代人は調停者としてのマルグリットのとりなしを強調し、特にユグノーの議員が非妥協的で母の怒りを掻き立てるときにとりなした。こうしてダンヴィル元帥の秘書は『ネラックの会談で起きたことの話』で書いている。「太后はこの者たちに王侯らしく非常に声高に語り、反逆者として吊るしてしまうとまで言うが、それにナヴァール王妃は、太后陛下に和平を与えるよう懇願して、皆を宥めなくてはならず、泣きさえした。[44]」王妃の書簡により王妃の努力と希望を追うことができる。例えばユゼス公爵夫人に、多分その月の十日頃、書いている。「会談はとても進みました。三、四日で完全な解決をお知りになるでしょう。思っていた以上に早いのです。」一週間も経たずに、しかしながら王妃は「あらゆる事態が変わってしまいました。三日間この人々はかつてないほど混乱し、他の誰よりもわたしも混乱しました。[……]しかし、お陰で、すべてが再びやり直されました。[45]」と残念がる。

マルグリットは正確にはどのような役割をはたすのか。カトリーヌが王に繰り返す断言は、ナヴァール王との再会以来、マルグリットはアンリと母の望む方向で、即ち現実的和平の方向で王権を助けたことを示している。そうするよう望まれたとおり、ビロンと夫を和解させることに成功した。和平交渉を加速させるよう努め、ネラックとポール＝サント＝マリをしばしば往復して仲介役を果たした。こうして太后は二月十八日王に書いている。「かの者たちが押さえているすべての町を手渡し、ペリグーを元に戻して、わたしは満足だと考えるだろうし、そうナヴァール王妃に申し入れた。[46]」しかしながらマルグリットの書簡は政治的選択に関してそれ以上に語っている。それらは王妃が単なる伝達役であろうとしないことを示す。母親に関してマルグリットはユゼス公爵夫人に書いている。「わたしは、夫の偉大さと保全に背かないことに関して、わたしの力の及ぶ限りの勤めをしようと決心しました。というのもわたしは夫の有利なこと不利なことに余りにかかわっているのですから。」従ってナヴァール王妃は、利害により、まずは夫の同盟者だと自ら認める。しかしまた、再びカトリックとプロテスタントの間に置かれて、自分の将来が両者の間の平和に存することも知っている。それゆえ王妃は全努力がこの目的に向うことを認めて、「というのもわたしは戦争よりも死のほうを好むでしょうから[47]」と続ける。

二月末、会談は二十七条項の署名で終結する。大赦は受け入れられ、十四の新たな安全保障地が六カ月間改革派に与えられ、アジャンに両派合同法廷《シャンブル・ミ・パルチ》が創設されるだろう。何人かの観察者が強調するように、ナヴァール王は会談の大勝利者である。ガスコーニュのみならずラングドックとドーフィネのユグノーの利害の擁護者として現れるのに成功したのだから。[48]しかしながら勅令の署名とその実行は別のことである。パリに再出発する前に、カトリーヌは従って、ネラックで決定された配置を確かめるためにラングドックを通る短い旅に同行するよう夫妻を説得する。二つの宮廷は、しばしば合流しながら、異なった旅程を辿るだろう。

料金受取人払郵便

網島郵便局
承　認
2334

差出有効期間
2025年12月
31日まで
(切手不要)

郵　便　は　が　き

223-8790

神奈川県横浜市港北区新吉田東
1-77-17

水　声　社　行

御氏名(ふりがな)	性別 男・女	年齢 才
御住所(郵便番号)		
御職業	御専攻	
御購読の新聞・雑誌等		
御買上書店名	書店	県 市 区　町

読　者　カ　ー　ド

お求めの本のタイトル

お求めの動機

1. 新聞・雑誌等の広告をみて（掲載紙誌名　　　　　　　　　　　　）
2. 書評を読んで（掲載紙誌名　　　　　　　　　　　　）
3. 書店で実物をみて　　　　4. 人にすすめられて
5. ダイレクトメールを読んで　　　　6. その他（　　　　　　　　）

本書についてのご感想（内容、造本等）、編集部へのご意見、ご希望等

注文書（ご注文いただく場合のみ、書名と冊数をご記入下さい）

［書名］	［冊数］
	冊
	冊
	冊
	冊

e-mailで直接ご注文いただく場合は《eigyo-bu@suiseisha.net》へ、
ブッククラブについてのお問い合わせは《comet-bc@suiseisha.net》へ
ご連絡下さい。

この旅の間に、各自を安心させ特にマルグリットを魅了する知らせが齎される。アランソン公がパリに戻り、寵愛を取り戻した。「わたしは王と弟の和解がうれしく満足で、これほどの喜びをもったことはありません。」とマルグリットはユゼス公爵夫人に書く。[49] そのため、ナヴァール王はカトリーヌと共に近いうちにガスコーニュを離れ、フランスに登ることに決める。それをマルグリットは母に伝え、母は急いで王に通知する。[50] カトリーヌは説明する。マルグリットはもちろん途上だろう、というのも「イングランドに渡る前に弟と会えることを望んでいますから。[51]」しかしながら、ナヴァールの君主夫妻は南西部の所領を離れないだろう。というのも太后は、和平が求めるので、プロヴァンスとドーフィネを通る周遊を続行したいし、ナヴァール王はリモージュを通るほうを好むだろうから。それで母后は二人と五月初めカステルノダリで別れる。

マルグリットは母親が行ってしまって悲しい。いくつもの証言がそれを確認している。まず第一に、マルグリットの証言は、とても控えめである。「わたしたちは母后がガスコーニュにおられる間この幸福な状態にいました。」しかし特に太后はマルグリットの悲しみを証言する。「わたしは、後に残ったわたしの手のものの証言で、娘がこの上なく悲しんだことを聞き、娘は一人部屋に閉じこもり、わたしの出発を強く泣き、悔やんだ。」その上、出発の日に、娘は母に哀れを催させた。太后は代母のユゼス公爵夫人に打ち明ける。「しかし息子の王に九カ月半会っていないことを考えると、一月たてばこのうれしいことがあると考えて力づける助けとなったと断言します。」ナヴァール王は領地全体の平和の回復のために友情と約束の印を増やした。「そこにわたしの娘は（そうしなければならないように）支配するためにとてもうまく振る舞い、わたしに約束したとおり、このよき勤めを果たしたと判断しなくてはなりません。[52]」

それゆえ、婿ではなくとも娘を信頼して、こうした精神状態で、カトリーヌはプロヴァンスへと遠ざかり、一方若い君主夫妻はベアルン地方の首都であるポーへ向う。そこに至る前に、二人はフォワで短い滞在をし、その滞在の間に「ナヴァール王は熊狩りを女性陣に見せたかった。しかしとても怖がらせたので、山に連れて行くことができなかった。[53]」それで男たちだけでこの雄々しい感情を分け合った。このエピソードは母親の出発がマルグリットに印す急カーブを興味深く示すように思われる。実際、この一年をマルグリットは交渉の連続として生き、しばしば勝利者であった。祝祭も連続し、フランス宮廷のかなりの部分が王妃の周りに存在したことも滞在を殊に心地よいものにした。しかし以降は王妃の外交的役割はほぼ終わる。友と近しいものが離れた。王妃はささやかな規模の宮廷にいて、ナヴァール王の取り巻きが容易に支配している。力関係は逆転する。ここでは初めて王妃は、移り気で、きさくな男の単なる配偶者で、この男は、必要でないときはもう王妃の言うことを聞かず、今がそうだが、補佐役たちは妻の影響から引き離そうとし、その愛は他の関心の方へ引きずっていくだろう。

ポーに夫妻は五月末に身を落ち着け、マルグリットはまず不運にもめげず健気に立向かうが——カトリーヌに同行していたマリ・ド・ブルボンはユゼス公爵夫人に「わたしたちはしばしばナヴァール王妃の知らせを得ますが、ポーを大変気に入り、いつものように夫を支配しています。[54]」と知らせているから——悪い予兆は悪夢になる。太后の周囲では、王妃が調停を続けることが予期され、夫を改宗させるのに成功するのを恐らく諦めはしない、しかしマルグリットはすぐに期待を捨てる。このユグノーの封土、後にそう言うように、この「小ジュネーヴ」では、カトリックはジャンヌ・ダルブレによって迫害されたのであり、カトリックの礼拝は一五六七年以来禁止されていて、ごく小さな礼拝堂でミサを挙げるのが許されるだけで、お勤めにいかなるポーの人も参列しに来ないように、跳ね橋は挙げられている。しかしながら聖霊降臨祭の日にそこに潜りこめた人もいる。ナヴァール王の秘書のル・パン領主ジャック・ラリエに告発され、この者たちは逮捕され多額の罰金を支払わねばならない。憤慨して、王妃は夫に介入するよう求めるが、「ル・パンは呼ばれもしないのに第三者としていて、敬意を表して主人に答えさせることすらせず、発言し、そのことで王の頭を煩わせないように、わたしが何と言おうと、王は他のことはなされないでしょう、とわたしに言います。」

この出来事はマルグリットがポーで生きることが出来ないことを明らかにし、マルグリットはこの時から、ナヴァールの君主の首都を去ることを考え、「カトリック教が行われていないベアルンに決して入らない誓いをたてた。」ブラントームはカトリーヌと共に再出発したが、共通の知り合いによりナヴァール宮廷に起きていることの反響をしばしば聞き及び、「王妃様は、自分の宗教を自由に実践できない限り、この国に二度と足を踏み入れないと誓い、抗議された[55]」と伝えている。しかしル・パンの件では、アンリの不誠実が特に混乱させたのだ。確かに、ナヴァール王はベアルンの宗教的法規を妻のために公然と無視することはできない。しかし何ゆえそのように単なる秘書に王妃に声を掛けることを許し、何ゆえこの者が罷免されるまで王妃は言い募らなければならないのか。王妃は自問する。王はお付の一人のルブール[56]の影響を受けているのか。アヤラの出発以来この女に惚れているのだ。実際この女は、「悪意のある娘で、わたしを少しも愛さず、その地位でなしうる最もひどい仕打ちを何でもわたしにしました。」この疑いは正当である。ソーヴ夫人のせいで、マルグリットは夫が自分から遠ざかり、無視するのを見、それで苦しんだ。不倫の愛の法が特に夫婦に平等に行われる時には、夫婦がお互いに信頼しあうのを止めることに全くならない。ルブールのせいで、王妃は連れ合いの人格の新しい側面を発見する。フランス宮廷全体をやがて茫然とさせるであろう、王妃を茫然とさせる側面である。恋したときには、ナヴァール王は礼儀を忘れ、配偶者を最下等の召使として扱うのだ。

王妃の孤立は、奉仕し始めてから王妃に恋してしまい、献身しているように思われる尚書ギ・デュ・フォール・ド・ピブラックが言うほどうまくは、王妃の利害のために多分役立っていないだけに、大きい。後に王妃はル・パンの件で自分を「両天秤にかけた」とピブラックを非難するだろう。ピブラックは熱心に抗議して勇敢に自己弁護し、うまく思い出させるだろう。「王妃様、そのときにそれ以降何度も、私の助力がなければこの地で悲痛と後悔で死にそうだとおっしゃったのはあなたです。」[57]

しかしながらマルグリットは打ち負かされたままではいない。抑圧されたカトリックの味方をし、兄のフランス王にこの者たちのために介入するよう求めた。娘をあまり微妙な状況に置かないために、カトリーヌはポーのカトリックの運命について自分たちに教える者の名前を書簡で挙げないよう息子に要求する。[58]用心は無駄であるようだ。王妃は公然と行動し、アンリ三世はベアルン地方でのカトリック信仰の自由を回復するよう頼んでナヴァール王に語りかける。「それでわが妹のナヴァール王妃の存在は、あなたにいっそう勧め誘うはずです。あのカトリック信者はみな、王妃の仲介でこの恩寵を得られる希望をいだいているので、王妃に今では眼を釘付けにしています。」[59]反対に、王権は近々モントーバンで開催されるだろうプロテスタントの教会会議の開催を妨げようとするのに、マルグリットと尚書を当てにしている。[60]二人はそれに成功しないだろう。その上、少なくともベアルン地方を離れることを可能にする計画に真っ向から反対するのにどれほど熱心だろうか。

六月半ば、ナヴァール王夫妻は実際首都を離れる。マルグリットの期待したように、この出発は幾分休息を齎す。ルブールは病気で、ポーに留まり、「夫王は、会わなくなると、愛着も失い、フォスーズに乗り換え始めましたが、これはより美人で、その当時はまだ子供で善良でした。」[61]しかし道中のエオーズの小村で、一行は立ち止まらなくてはならなかったが、マルグリットは夫と和解する。ナヴァール王は、「病気になり、高熱が続き、頭がものすごく痛み、それが十七日も続きましたが、その間、昼も夜も休まず、絶えずベッドを変える必要がありました。」枕元を離れず、王妃は友人、とくに従兄弟チュレンヌ子爵の尊敬と同時に好意を回復する。ガスコーニュの最初の滞在の最も素晴らしい日々がとうとうやって来る。

第七章
悲喜こもごものネラックの宮廷（一五七九―一五八一年）

一五七九年八月初頭、ナヴァール王夫妻はネラックに戻り、引き続きそこにとどまることにする。平和と幸福の時期が始まり、マルグリットだけが思い出すわけではないだろう。『回想録』で記述する幸福な閑暇はしかしながら、言っているほど突然ではあり得なかった。一方で、和平は固まっていくだろうが、まだ十分安定しておらず、王妃は頻繁にその方向で介入せざるをえない。モントーバンの教会会議の間、王妃はアンリ三世が求めたように、和合の観点を維持し、プロテスタントの大集会で不安になった(1)カトリック教徒を安心させるように、全力を尽くした。カトリーヌは、ナヴァール王宛ての書簡で、ナヴァール王宛に送った書簡すべてを妻に見せ、王権の立場を守るため王妃が介入することを適切だとみなすよう懇願する。八月末、事態がナヴァール王とビロンの間で再び悪化すると、太后は娘に和平条約の条項を効果的に適用することを元帥に求めるよう励ます。(2)マルグリットは一時的にそれに成功するだけだが、アンリ三世はそれでも、ナヴァール王夫妻のもとで王のために仕えているランブイエに、「和平の確立に対して特に［妹に］感謝するよう(3)」求めるだろう。

政治の煩わしさだけがネラック滞在の初めを暗くするものではない。城に戻ってほんの数日後、マルグリットはビュッシー・ダンボワーズの死を知る。罠の犠牲となり、八月十九日、当時の愛人の夫であるモンソロー伯爵に雇われた一五人ほどの者の刃に倒れたのだ。事件は、大評判となり、レトワールは次のように評している。「しばしば言っていたように、恐怖はこの男の心のどこにもなかった。というのも、手に剣の端だけを握り締め留まり、握りだけになるまで、ずっと闘い、剣がなくなれば、テーブル、ベンチ、椅子、腰掛を使い、それらで敵の三、四人を傷つけやっつけ、多勢に無勢で打ち負かされ、身を守る武器道具をすべて奪われ、とうとう窓の近くで殺されたが、窓から助かろうと飛び降りようと思っていた。ビュッシー隊長の最期とはかくなるものであり、打ち負かされない勇気の持ち主で、好戦的で、誇り高く、大胆で、剣同様勇敢であった。(4)」レトワールだけがアランソン公の大寵臣の無条件の賞賛者ではない。ビュッシーは広く称賛を浴びた。レトワールは付け加える。「ビュッシーの死について、さまざまな墓標碑銘が作られ明らかにされた。そのなかに、私の手のうちに落ちてきた次のようなものもあるが、最初のものはピブラック殿の才気に値するもので、作者と目されている。」このあと『ビュッシーの影』と題された対話が挙げられるが、二人の人物が応答している。このテクストはしばしばマルグリットの手になると信じられたが、リシスという名の罠の犠牲者と、ここではあまり曖昧でない渾名フロールとして示されるリシスが征服した最も有名な者を登場させる。フロールは「厳しい時代」を悲しみ、恋人に永続する思い出を保証する。

いつまでも、いとしいリシスよ、おまえはわたしの魂の内
　に生きるだろう。

王妃が尚書にこの詩の発想を提供したのだろうか、その当時恋にふるえて、尚書が主導するのだろうか。私たちには何もわからない。しかしながら、対話は王妃に貴重なものであったのだろう。王妃は『アルバム』に複写させ、お気に入りの詩の傍においたからである。(5) 反対に、書簡では、『回想録』同様、この喪失は想起されない。その上、この時期の思い出を書く時、王妃の精神に蘇る主要な印象は幸福である。

続く時期は実際、他のいかなる時期よりも甘美だと予想される。国内和平は確保されたと思われる。夫婦の和平は合意された。二人の不和はもはや悪い思いでしかない。ネラックでの生活は魅惑する枠組み内での気晴らしの連続として現れる。「わたしたちの宮廷はとても素晴らしく、快適で、フランスの宮廷を少しも羨んでいませんでした。」とマルグリットは思い出し、どれほど一方が他方同様訪れる者が多いかを強調する。女性では、ナヴァール王の妹のカトリーヌ・ド・ブルボン、そして王妃自身が、「かなりの数の貴婦人、淑女」を引き連れている。男性では、王は「素晴らしい一団の領主、貴族に」取り囲まれ、「フランス宮廷で見た最も優雅な人々と同じくらい立派な人々でした。この人たちはユグノーであることを除けば、何ら遺憾に思うことはありませんでした」。しかしながら宗派の違いはもはや問題とならない。各派は自分の側に、説教またはミサに行き、「月桂樹ととても高い糸杉の並木道のあるとても美しい庭を、あるいはわたしの作らせた庭園の、小川にそって三千歩の並木道を散歩する」ために集まる。「そして一日の残りはまったく気持ちの良い楽しみに過ごされ、舞踏会は通常、昼食後と夕べに催されました。」

マルグリットは、パリ、レ元帥夫人の「緑のサロン」で知ったモデルをなぞって、自分の周りに輝かしい文学生活を組織する。元帥夫人同様、王妃はネラックに、カトリックであろうとユグノーであろうと、その地方で詩人芸術家と数えられる者全員を引き付ける。元帥夫人同様、王妃は、取り巻きの作家に由来するあるいはパリに残した作家に由来する、最も気に入るテクストをノートに写させる。ピブラック、デュ・バルタス、ピエール・ド・ブラク、ドービニェ（ノートに現れる八十の詩編

から判断すると当時とても評価されていた）、それほど知られていない他の地方詩人の詩の隣に、デポルト、バンジャマンとアマディスのジャマン兄弟、マドレーヌ・ド・ロベピヌの詩編が見出される。音楽も遅れをとらない。王妃はリュートとヴァイオリンの奏者に伴奏され、アンリとカトリーヌの奏者が加わり、周囲の町から来る他の音楽家とともに小コンサートを喜んで開く。演劇は、みんなが重んじるが、特にマルグリットが評価し、ルーヴルで母のために演じられた数多くの作品を見ていた。ネラックでは、旅の役者を招来し、こうして一同を楽しませる。

　同様にこの時期に、王妃はモンテーニュに出会い、モンテーニュは隣人でしばしば城に赴く。レイモン・スボンの『自然神学』の翻訳を評価して、王妃はその弁護論を書くよう求める。ボルドーのこの司法官は以降少し意見を変えた。カタルーニャ人の大胆な思想は最早モンテーニュには魅力的に見えず、理性の全能を抑えなければならないと思われる。しかしながら、モンテーニュは、思考と書き方の習慣を何ら変えずに、実行する。マルグリットとの会話の間に、王妃の教養と才気を判断することができたからだ。『レイモン・スボン弁護』は王妃との対話を続行する手段となるだろう。こうして、モンテーニュはラテン語の引用で考察を飾り続ける。「私はあなたのお許しがありますので」〔『エセー』原二郎訳〕とモンテーニュは書く。そしてモンテーニュは、多分、委ねられた務めを本当には成し遂げなかったと詫びる。「あなたは尊いご身分から来る権威と、またそれ以上に、あなたご自身にそなわった特質からくる長所によって、ほんの一瞥を向けただけで、お望み次第にどんな人にでも命令をお下しになれるのですから、この役目は誰か文学の専門家に与えるのが本当だったかもしれません。その人なら私とはまったく別な風に、あなたのために、このスボンの思想を支え、豊かにしたかもしれません。」[6]〔原二郎訳〕『エセー』はこの二人の偉大な人物がネラックで結んだ知的交流の他の痕跡を刻んでおり、マルグリットの枕頭の書の一冊となる。

　最後に、王妃は夫とその宮廷を、数年前から加わっているネオプラトニスムの理想に変えようとし、この哲学は前世紀のイタリア人の知識人、とりわけマルシリオ・フィチーノが説いたより上位の愛の哲学で、王妃はフィチーノの『プラトンの「饗宴」注解』の新訳を援助したところである。[7]周囲にこの理想を知らしめ広げようとする努力の証言の一つは、意地悪な、ドービニェのものである。『世界史』でドービニェは書く。「ナヴァール王の宮廷は勇敢な貴族、優れた奥方で栄えていて、生まれつきのあるいは後得のあらゆる種類の優れた点で、他の宮廷に劣るものではないと考えていた。暑さが蛇を連れてくるように、安楽はそこに悪徳を導いた。ナヴァール王妃はやがて才気の錆を落とし武器を錆びさせる。王妃は夫の王に騎士は愛なしでは魂がないと教え、王妃の行う訓練は少しも隠されず、それで後悔が何らかの美徳を感じ、隠すのは悪徳の印であると望む。この王子は、心優しく、やがて妻の従者を愛撫することを学び、妻は夫の王の愛人をもてはやすことを学んだ[8]。」

　ドービニェの皮肉は、後に王妃に対して繰り広げるはずの憎悪とかつての主君に対して養う遺恨の枠組みに置き換えられるべきだ。肝心なのは、ここで、馬鹿にするものによって歪められていても、フランスの宮廷で獲得された愛の社交的実践――従者と愛人の遊戯――の印、そして、特に、マルグリットに親しい教義の原則を認めることである。確かに、ナヴァール王と高官たちは、ドービニェも含めて、そのときネオプラトニスムの喜びを熱心に習得したが、洗練をすべて味わうわけではないと考えることができる。この者たちはまずは、恐らく神の祝福を伴って、愛人に公然と言い寄る許可をそこに見たと考えられよう。大部分は素晴らしい理論の厳格さを少し緩和することしか夢想しないと考えられよう。しかしこれらの新加入者の誠実さを疑う理由はないし、何人もの証人がそう書いている。こうしてシュリーは一種の回顧的愛情をもって、思い出す。「ナヴァール王と王妃、そして王妹殿下は、ネラックにひき込まれ、宮廷は一時この上なく甘美愉快であった。というのもそこでは愛と、愛に依存する楽しみと余暇の話しかせず、あなた方はできるだけそれに加わり、他の人同様に愛人を持った。」シュリーは、ネラックは当時「ナヴァール王妃と王妹殿下が引き連れている多数の美しい御夫人たち故に、パリとユグノーの宮廷の悦楽[9]」であったと付言する。

　これらの文人というよりは行動の人々は、ナヴァール王が経験させた厳しい軍隊生活の慣れ、当時の習慣をよく知るブラントームの言うように、「長持の上でものにする」より女性に言い寄るのが多分より快楽があることを、美人の賛美者となることで魂を失うことはあり得ないことを、論戦は一騎打ちの価値があることを喜んで発見する。ベアルンの人ナヴァール王自身も、ジャン＝ピエール・バブロンの言葉を用いれば、「慣れる」。王は何年もガスコーニュ中を悪魔のごとく騎行して過ごし、安易な恋しか知らなかったが、今や絹と黄色のサテンの服を着、歯を気にかけ、金と銀で飾り、当時十四歳の美しいフォスーズに慎ましく言い寄る[10]。

　マルグリットは、根付いた伝説とは反対に、夫の高官の何人かに「仕え」られるが、ビュッシーの代わりの者を見出さない。王妃の伝記のほぼすべてが実際この幸福の数カ月に、母方の従兄弟で、チュレンヌ子爵アンリ・ド・ラ・トゥール・ドーヴェルニュとの恋愛を位置づけている。ところでこの恋愛は多分起こらなかった。注釈者の依拠する主要なテクストは既に言及する機会のあった、今後もしばしば立ち戻るであろうパンフレットである。この『諷刺的離婚』は王妃の不倶戴天の敵が次世紀の初めに書いたものだ。「この大いに気難しいチュレンヌ子爵」は実際そこで多くの愛人の一人として言及される。短い関係であった、と書き手は意地悪く詳説する。「なんらかの点でサイズが釣り合わないと思い、外観しかない空の雲と比べて」、王妃はすぐにお払い箱にし、「悲しい恋人は絶望して、涙ながらの別れの後」遠くの地方に立ち去るだろう。[11] この最後の細部は、小さな点を除いて、チュレンヌについて知られていることに対応し、自身の町でアランソン公と協議するために十一月半ばにネラックを去り、フォワ伯領でナヴァール王の傍に戻る。そこに、一月末まで留まり、そのときにラングドック内陸地方の指揮を受け入れた。[12] このエピソードは同じく、この務めを受け入れさせた理由を説明するためにチュレンヌが後に自身の『回想録』で行うなぞめいた打ち明け話にも対応する。「[経歴の理由] 以外に、私はこの王から遠ざかるよう誘う原因があり、私たちの魂と肉体に取り付く情念から遠ざかるためで、その後恥と後悔しか齎さない。[13]」要するに、歴史家は、この回想録作者がマルグリットに言及する際に表現する恨みがましい調子に、ネラックで蒙った自尊心の傷の証拠を見るのだろう。

これらの異なる印象に基づく確信はしかしながら事実の検討に持ちこたえられない。まず第一に、この諷刺文書はマルグリットに数知れぬ恋人を与えており、名指しで挙げる三十人ほどの中で、多くはほとんどあり得ず、つまり完全に空想的であることが分り、それは諷刺文書にぜひ必要なのである。他方、チュレンヌにラングドック内陸地方の指揮を引き受けさせた理由は、特にフィリップ・ロザンによって解明された。二十三歳の野心的で大胆不敵な若者は当時ナヴァール王の妹カトリーヌ・ド・ブルボンに惚れていたが、明らかにこの若者には不可能な相手であった。[14] 最後に、マルグリットに対するこの回想録作者の恨みは、アンリ四世となったナヴァール王に対する広範な陰謀への参加を、王妃が、もちろん後に、告発することから来ている。他の作品は結局このいわゆる関係の仮説を乱暴に扱う。それらは「恋人たちの戦い」の名で後世に伝わるもの、即ちユグノーと王権の戦闘行為の再開と関係している。

さしあたり、首都での注釈の対象は夏以来なされたナヴァール王夫妻のあいだでの和解である。レトワールは九月にパリで王妃が妊娠したとの噂が流れるとさえ言及している。

マルグリットは夫と
再び同盟して快適だ。
こんなに早く妊娠して
遺憾には思っていない。[15]

この知らせは偽りである。その上その年の暮は陰気である。ナヴァール王の貴族の大部分は王と共にマゼールにいるが、そこで改革派首領の大会議が開かれる。和約の違反が地方では数多く、二月のネラックでの会談で与えられた地帯を返そうとはだれも本気に考えない。それゆえ、フランスとではなくとも、ビロンとの戦争の再開は、いつ起きても不思議でなく、既定のことでさえある。[16] それはこのベアルン人の意見に反してのことであり、この人はまだ友人たちを譲歩させうると考えるが、友人たちと直接に対立する勇気がない。さらに、マルグリットは細かく気を使ってくれるピブラックの出発を認めなくてはならなかった。カトリーヌが、フランス巡幸から戻り、パリでピブラックを必要としていた[17]。王妃の熱狂は幾分覚め、ネラックでは「あなたが毎日お会いになっているほど一同はよくありません。しかしながら慣れました[18]。」とユゼス公爵夫人に書いている。

一五八〇年から、新たな混乱がこの地域に勃発する。王は和平維持のため権威を行使するよう「良き妹ナヴァール王妃」に話すことをランブイエに求める。飴と鞭を操り、王は、「王妃の持つ生まれつきの愛情と利害関心に鑑みて[19]」この務めで妹を信頼すると付言する。王は正しい。マルグリットは和合のほうが得であり、書簡が示すように、そのうえこの方向で全力を尽くす。ナヴァール王もまた平和を望んでおり、王妃はそれを確信し、王妃は気がかりであるけれど、混乱の再開は王夫妻を分断することはない。パリの噂では、ナヴァール王に対する陰謀を知り、落としいれようと画策された罠を王妃は知らせたとさえ言われた[20]。しかしながら事件は増加し、王権は、二月末に、ナヴァール王夫妻と交渉する任を帯びた使節フィリップ・ストロツィを派遣する。しかしその要求はこのベアルン人を満足させることができない、その取り巻きにはいっそう不可能であると分り、この者たちは明らかに戦闘行為の再開を望んでいる。三月、あちこち武器を取ることが増え、ナヴァール王、ビロン、フランス王権の間の不和は深まり、お互いの不信が齎される。恐らくマルグリットのユゼス公爵夫人への嘆きはこの時期のものである。「わたしのシビラ、もっとしばしば書きたいのですが。しかしガスコーニュは耐え難い状況で、それに似たような知らせしか生み出しえないのです[21]。」しかしながら夫を確信し、自分の説得能力を確信して、王妃は王への書簡でユグノーは戦争を望んでおらず、戦をしないだろうと主張する。

チュレンヌとの恋ほど満場一致を持って受け入れられてはいないが、ここでもう一つの伝説を打ち砕かなければならない。それは戦闘行為の始まりについて王妃と侍女たちに罪があるとの伝説である。まず当時のいかなるテクストも一五八〇年春の武装の責任をネラック宮廷の女たちに帰してはいないことを強調しておこう。しかしながら、ナヴァール王の二人の代官は後のテクストでそれを認めようとするだろう。最初のものは歴史家ドービニェのもので、決定的に「この狡猾な女は夫のフォスーズへの愛を用いて、〔……〕この王の精神に自分の望む決心をばら撒いた」というものだ。ドービニェの説明するには、王妃はフランス宮廷の知らせから、「兄が官房で言った軽蔑の言葉あるいは、ソーヴ嬢の面前でマルグリットに対してなされた王弟殿下やギーズ殿の嘲り」を、受けたかあるいは拵え挙げた。それ故「発言権を持つ者の愛人たち」をたらしこみ、この者たちは「戦争が示すと思われる高い希望と高揚」をすぐに歌い始め、一方「王妃自身はこのためにチュレンヌ子爵を味方にした」[22]。後に見るように正確である最後の細部を除いて、（巧みに「真実への誓い」への喚起に続く）この一節に含まれる全「情報」は、虚偽と矛盾の連続でしかない。ドービニェは「武器を錆」させたと非難したほんの数行後で王妃を好戦的だと告発する。姉を本当に崇敬し、ほとんどギーズ公を訪れないアランソン公がギーズ公とともに王妃を嘲笑していると主張する。そして特に、「兄王に対するナヴァール王妃の憎しみ」を挙げるが、それはまだこの時期には明らかにされていない。シュリーは少しの点を除いてこの同じ説明を採用するだろうが、ずっと抑制した言葉でである。シュリーが言うには、マルグリットの「説得」は「平和よりも戦争で利益を得ると思う幾人もの個人が与える素晴らしい希望」と同様武器を再びとることのためになされた。これはすでにより正直である。しかしシュリーもマルグリットの態度を説明するためにアンリ三世への憎悪を挙げ、「生き方に関して二人は幾度も非難しあった故に」[23]と言うが、これは明確に一五八三年春の諍いに関することである。ユグノー方の二人の主要な回想録作者の混乱は、もちろん動機がないわけではない。武器を再び取ることの責任を王妃と取り巻きのカトリックの女性に負わせるのは、この者たちにとって、プロテスタンチスムの歴史のほとんど輝かしくないこの時期に対して後世の目に自分たちの無実を証明する容易な――二人が書いているときにマルグリットは既に死んでいるだけに容易な――手立てである。

現実に、マルグリットの提案はいま挙げたものとは正反対である。それは王妃の『回想録』――これもまた出来事の、見直され、訂正された説明を含んでいるかもしれない――からばかりではなく、当時書かれたいくつもの書簡からも同様に知れる。『回想録』では、この女回想録作者はナヴァール王とビロンの間の関係の悪化の過程をまさに報告しており、先の春には王妃が和解させていたのだ。「夫王と元帥の間を仲良くしておくためにわたしに何かできたとしても、この上ない不信と憎悪に到るのを阻止することは出来ず、双方がフランス王に不平を訴え始め［……］、この不和の始まりはつねに増大していき、わたしにはそれに手立てが取れませんでした、ビロン元帥殿は王にギュイエンヌにやって来るよう助言し、王の存在が秩序を齎すだろうと言い、ユグノーは、それを知らされると、王がやって来るのは自分たちを町から立ち退かせ、町を奪取するためにだけだ、と信じました。それでユグノーは武器をとる決心をし、それはわたしの恐れていたことでした。」この一節で、マルグリットは戦闘行為が再開する不安と、平和の――そして無力な、仲介者としての自分の役割を強調する。「それを妨げるために、わたしは夫王に話し、顧問官全員にも話し、この戦いはほとんど有利ではありません、この戦いでは偉大な大将で強く駆り立てられたビロン元帥殿のような敵将を相手にしているのです、と諭しました。［……］皆殺しにする意図で、王の兵力が用いられれば、抵抗することはできないでしょう、と。」しかしユグノーの戦争を再開したいとの欲求はとても強く、王妃は勝負に負ける。王妃は付け加える。「夫王は名誉にもわたしをとても信用、信頼し、新教徒の主要な人たちもわたしに幾分判断力があると評価していましたが、やがて自分たちが犠牲を払って本当だと知ることになることを、そのときは説得することができませんでした。この激流を流れるままにしておくしかありませんでした。」

少し先で、王妃は再び戦闘行為の始まり、追い込まれる罠を説明する。「この戦いの始まりから、夫王が光栄にも愛してくださったので、見捨てることはできず、わたしは夫の運にかける決意をしますが、この戦いの動機がこのようなので、自分の損害を望まない以上に、どちらの優位も望むことが出来なかったということをとても遺憾に思わなくもありません。というのはユグノーが優勢なら、それはカトリック教の滅亡であり、［……］またカトリックがユグノーに優勢なら、夫王の滅亡を見たでしょうから。」戦争の強迫観念は、『回想録』のこの一節には非常に感じられ、当時のいくつかの書簡にも見出され、例えばマルグリットがユゼス公爵夫人に宛てた手紙では、夫人に「平和を維持するために」王にできるだけのことをするよう求めており、「戦争を避けるためにわたしはこの方法しか知らないからで、あなたはわたしがそれをどれほど恐れ心配しなければならないかご存知です[24]」と書く。

この強迫観念のために王妃はそのとき、厳密な意味での状況と自分の権威の広がりの評価を間違う。少し後にピブラックは王妃に思い出させた。「あなたのいくつかの手紙により、私は宗派の人たちが平和しか求めていない、この者たちが武器を取りたがっていると信じてはならないと言う命を受けました。王妃様、あなたもそう考えられました、私にはよく分っています[25]。」この態度はまたマルグリットの他のいくつもの書簡によって裏付けられ、王妃は、同時期に、夫は増加している反乱に何ら関係ないと請合うために母と王に絶えず書き送っている。少し後で、ますますはっきりと夫に肩入れして、王妃は認めている。ナヴァール王は「始めたのは自分であるとは決して言わないだろう[26]。」換言すれば、悩みを和らげる意思において、マルグリットは一方で矛を収めるようユグノーを説得しようとし、他方でユグノーの意図を王に保証しようとする。これは王妃の犯した唯一つの誤りだが、それは非常に重大である。王妃はネラックの宮廷での自分の言葉を過大評価した。事実、王妃は夫により操られているところであり、ナヴァール王は王妃には平和の意図をまだ請合うが、一方ですでに何週も前から、自身攻撃に出ることを決めていた。

四月十日になってようやくナヴァール王は手の内をさらし、グルドン攻撃に出発したところだ。妻にはだましたことを言い訳し、「必要にせまられて何も言わなかったが、私の取った決定が変だとは思わぬように。［……］もう遅らせることはできない。悪い知らせは遅く知られるべきだから、あなたに書きたかっただけに、わけを言うのを延ばして、持ちうる限り後悔しながら出発した。[27]」と書き送る。戻るや、ナヴァール王は王妃にも行動に移るよう求める。一方で、王妃の支配下にある町の中立性を保ち、他方で、チュレンヌに影響力を発揮し、ナヴァール王が必要とするネラックに戻らせるように。どうすべきか。今や夫を見放し、アンリ三世に夫の策略を告発すれば、ガスコーニュで生きていけなくなり、もう遅すぎて、自分は夫の共謀者と王が信じないことはあるまい。パリに再出発すべきか。王妃はそうは考えない。活動手段を奪われ、また宮廷の人質となるだろうし、再び兄の好意にすがることになるだろう。そしてアランソン公は相変わらず王妃を当てにしている。結婚の実現に対して、エリザベス——むしろその取り巻き——が設ける障害に絶望して、アランソン公は王妃にまた別の姻戚関係を支持するよう求めた。義妹のカトリーヌ・ド・ブルボンとの結婚であり、王妃は一緒にいて、とても高く評価しているが、この計画も達成されないだろう。[28]

それで、マルグリットに残されたただ一つの選択肢は、『回想録』の表現を借りれば、夫の「運にかける」ことである。それで王妃は実行する。二度に渡り、ネラックへの道をとるよう求めてチュレンヌに書き送る。「起こりそうな事態をよく考え、どれほどわたしたちがあなたの存在を必要としているかを考えてください」と第二の手紙で王妃は懇願する。「あなたが拒めば、[……]わたしはそのことであなたを決して許さず、あなたの縁戚者の最上の者を侮辱したと思ってください。」そして説き伏せるために、母の侍女を恋したのを、前年、見た男の心に触れるのに相応しいと思う論拠を付け加える。王妃は自分の侍女たちの美しさをちらつかせ、子爵は「退屈しないためにより自由に[29]」その女たちに出会うだろう。確かに愛想の良い幾分心をそそる言葉であり、後世十九世紀にようやく知られ、秋の関係を疑わせるどころか、みだらな注釈を掻き立てさせるだけであろう。しかしながら、『諷刺的離婚』が微妙に示唆するように、不能ゆえに、あるい全く別の原因で、マルグリットが前年秋に子爵と切れていたら、王妃はとても子爵の気持ちを動かすことはできなかったと容易に理解される。反対に、二人とも最善の関係を保っていれば、それはこの手紙と（子爵の謀反以前の日付である）『回想録』で王妃が従兄弟について語る優しい調子が証言することだが、そのときはナヴァール王が王妃の仲介を求めるのは正しかった。

相変わらずナヴァール王の気に入るように、王妃は同様に自分の町——特にコンドン——に中立を保ち、ユグノー軍の移動を妨害しないように求める。[30]最後に、支配の仕方があまりにまずかったゲームの棘を抜くために、王と太后に四月十日付けのナヴァール王の書簡を送り、それは王妃の無実を証明している。王妃は書く。「母上、夫の王は、わたしに言ったように、主としてアルマニャックに、自分の支配のいくつもの町に持っていると考える幾つかの試みを指揮しに出発したと考え、事態がなんらかの良い道を辿り、王が戻れば、わたしの言ったように、すべてを検討すると予想していました。しかしわたしは夫の目論見がそれ以上に行くことを知りました。」フランスの君主たちはこの「ナヴァール王がわたしに書いて遣し、王と母上に送る」手紙で判断することができるだろう。「いつも死よりも恐れていた、このように悲しい事件を止めることが」できなかったのを嘆き、王妃は悲痛に自分の困った状況を思い出させる。「このような出来事で、どれほど尊敬と服従を王と母上に負っているかを予見して、母上、この国の休息に持つはずの愛情に加えて、夫の王へ果たすべき友情と忠誠（それは夫の災厄に加わるようわたしに命じます）と魂のうちで格闘しながら、この二つの極の間で両側からどれほどの不幸がわたしたちを脅かしているか予測します。[31]」

パリでは、まだ王妃は多分信じられている。こうして、カトリーヌは四月末に夫に熱心に働きかけるよう書き送る。「ナヴァール王は悪い助言を得ています。娘や、それをナヴァール王に言いなさい。［……］ナヴァール王になしている過ちを知らせなさい、とても重いこの過ちを修復する労をとらせなさい。[32]」しかし、数週間後五月晦日に、カオールの奪取が行われ、そこでナヴァール王は手放しの成功を収める。アンリ三世は、突然対立の広がりを発見し、そのとき妹に裏表があると思い、いつもの怒りの発作を起こして妹を信頼しなくなる。ピブラックは荒れた会談を報告するだろうが、その最中に君主の怒りを被り、自らとナヴァール王妃との共犯との告発を晴らさなければならない。ピブラックは書くだろう。まずマルグリットを信じて、「陛下は揺るがず、戦争を恐れず、いささかもおそれに備えなかった。その結果、真実が露になると、王は執務室で、お前は王妃の扱いをを間違えたと、王妃に自分の事件に命令するのを止めさせた、と私に言われた[33]」。怒りで、王は妹から地所を剥奪しようとさえ思う。カオールは妹の支配下なのだから。そしてピブラックは王妃はこの町の奪取に関係ないと説得するのに苦労する。

フランス宮廷では、数カ月来ガスコーニュから受け取る矛盾した情報の意味を理解しようとしており、噂が飛んでいるが、大使がトスカナ大公に五月末に提供する思い付きの「説明」が証言する通りである。大使は書いているが、マルグリットは王に対して怒っている、「王が、ナヴァール王とチュレンヌ子爵の間に不和をまくために、チュレンヌが妻に言い寄っているとナヴァール王に書き送ったからだ[34]」。この至急便は王妃と従兄弟の間の関係に言及した当時唯一のものである。さて、この時期に、マルグリットは六カ月前から子爵に会っておらず、あるいはごく近くでは牧歌恋愛劇にまったく不向きな状況で会っているだけだ。アンリ三世の書簡については、宮廷に満ち満ちている旺盛な想像力の中にだけ恐らく存在した。そのうえ王がこのようなやり方が出来ると考えるのは、王が十分な情報を得ていない、さらには愚かであると思うことであろう。王は義弟を知っており、妹を知っている。恋愛がある、あるいはあったなら、ナヴァール王は当然知っており、問題にもしなかった。しかしながら、「アンリ三世の手紙と言われるもの」が問題にされるには、カトリーヌ・ド・メディシスの『書簡集』の刊行という記念碑的業績、即ち十九世紀後半を待たなければならないだろう。[35]

トスカナ大使の至急便はともかくある一つの点を明確にする。宮廷でこの関係が想像されており、宮廷が一五八〇年春の小競り合いに「恋人たちの戦い」の名前を与え、ほかではどこでも「モンテギュの戦争」（春の重要な最初の武装地名から）あるいは「ナヴァール王の戦争」と呼んでいた。[36] この渾名を宮廷人は嘲笑して採用した。ユグノー方の主だった将はその夏を「恋人を演じて」過ごしたのだから。回想録で、アグリッパ・ドービニェは宮廷の疑いはこの点で根拠がなくはないと認めるだろう。「ナヴァール王は安全地帯の明け渡し期限について戦争をやろうとして、審議にチュレンヌ子爵、ファヴァス、コンスタンと彼［ドービニエ］しか呼ばなかった。この五人のうち、四人は恋をしていた。[37]」それゆえ、ドービニェが『世界史』で信じさせようとしているのとは異なり、パリで嘲笑されているのはマルグリットよりもユグノーの将たち自身であり、自分たちの教会の厳格な命を守るそのやり方であった。

マルグリットは結論する。カオール奪取は「［ユグノー勢を］強めるよりも弱めました。ビロン元帥は、この期を見て、戦場を固守し、ユグノー方につく小さな町をすべて攻撃し、奪い、すべてを刃にかけました」。確かに、ナヴァール王は最初の戦勝を得たが、むしろナヴァール王側の被害が大きい。カオールの危なっかしい冒険は幾人かの英雄的行為と全員の全力を尽くした不屈さでうまく行ったに過ぎない。町の端に行くまでに五日を要した。しかし元帥は援軍と不服従の町を再征服する命令を受け、他方で、人員は少なく、軍隊の士気は大きな自慢話によってしか保たれていないだけに、元帥はこれをたやすく実行した。またこの自慢話によって将来のアンリ四世は勇敢な戦士との評判を徐々に獲得した。マルマンドの戦闘の際、軍隊の前でアンリは気を失う瞬間に叫ばなかっただろうか。「何だと、戦士諸君、マルスとアモルの旗竿のもとで歩むと言う人が、剣の一突きも加えずにこのように逃げて引き下がるなんてことがあり得るだろうか。[38]」

夏の初めに、王妃は状況を友人のユゼス公爵夫人に書き送る。「八、十日前から、ビロン殿はバザスあるいは他の幾つかの要塞を攻囲するために戦闘に入りました。ラヴァルダン、ファヴァス、数多くのその他の者がそこに身を投じました。［……］その後、アジャンに来るために川を渡ろうと決心して、それを越えると夫王が一週間前から待っていて、その結果二人は闘わずにはすみません。お願いですから、どんな困難にわたしが今いるか判断ください。[39]」戦闘が続いている限り夫が足を踏み入れないと、そこでもまた、多分軽く、約束して、王妃はネラックで周囲三リューの中立を獲得した。それゆえこの町は平和の避難所であり、そこでは戦争の話を聞くばかりで、王妃の報告が証するように、生活は快適であり続ける。恐らくそれでナヴァール王は、妻の約束にも拘わらず、フォスーズがいるので、一度ならずそこに戻る。九月十二日、ビロンはそれを利用して「町に大砲を七、八発発射し、そのうち一発は城にまで到達しました。」シュリーが言うには、すぐに「ナヴァール王妃、王妹、お付の夫人たち全員が、敵軍と小競り合いを見るために、市壁、塔、市門にやって来た。」[40] そしてブラントームは付け加える。「王妃様は危うく巻き添えになるところだった。砲弾がすぐ近くに飛んできたからだ。王妃様は大いに怒られた。」[41]

しかしながら王妃は他の問題も心配している。相変わらず「フランドルでの企て」にかかわっている弟の件をじっと見守っている。アランソン公は王の援助を得るために、フランス改革派に支持を齎すこともあり得ると理解させ、それは王権を不安にさせずにおかない。しかし公は特に自身の目論見のために改革派の援助を求め、「自分のためにフランスのユグノーを獲得するために、姉のナヴァール王妃の協力を当てにする」とトスカナ大使は言う。[42] 実際に、公が予期しなければならないように、戦争は公の立場を悪化させた。公の軍は、既に報酬が十分支払われず、王の軍に合流するために公を見捨てた。それゆえ公は新旧両派の間の仲介者を巧みに買って出て、マルグリットは公の主導権を全力で励ます。夏に、王妃はユゼス公爵夫人に書く。「弟の力を価値有らしめれば、わたしたちは平和を得るでしょう。」[43] ナヴァール王妃が一五八〇年の春と夏の無用な戦争に何ら関係ないと証するためには、あるとしても、フランソワの状況の絶えざる心配は補助的論拠である。

とうとう、秋に、軍があちこちで息切れしている間に、王はアランソン公の提案を受け入れ、ユグノーとの和平交渉に公を派遣する。これは、少なくとも一時的に、公をフランドルの窮地から遠ざけるやり方である。ドルドーニュのフレクスの城が話し合いの環境として選ばれる。マルグリットはそこに十月二十日に至り、一カ月余り滞在する。交渉は素早い。すぐに、王権はナヴァール王の主要な不満に譲歩し、ビロンを召還することを受け入れ、その役目をマチニョン元帥に取って代わらせるだろう。ユグノー側では、奪取した要塞を返さなくてはならないが、六カ月間だけ与えられていた安全保障地を六年間受け取る。『回想録』で、王妃は弟の前に姿を隠し、交渉の成功の功績を弟に譲るが、交渉は十一月末に決着する。絶えずやりとりしているカトリーヌの書簡同様、王妃の書簡はしかしながら、交渉で王妃が中心的役割を果たしていることを示す。王妃は、とりわけ、コンデに条約の条項を受け入れさせる役目を担っていたと思われる。コンデ公は、自分が参加していないネラックの会談以来不満で、前年秋、マルグリットの地所であるラ・フェールを奪取したが、取り返しに来た王軍を前にして逃走しなければならず、目下ダンヴィルとラングドックにいる。コンデ公はナヴァール王をユグノー派の首領と見なさないが、公もまたナヴァール王の妹を娶ることを望むだろう。秘書のミシェル・ド・ラ・ユグリの報告するには、それで王妃は、フレクスの和議の条件を受け入れる場合は支持を約束すると書き送る。「王妃の手紙は友情に満ちていました。［……］曖昧な一般的言葉ですが、かなり理解しやすく、狙っている目的に相応しく、コンデ公をラングドック地方から引き出し自分たちの方に引き付けるというものです。[44]」明らかに王妃は弟の野望よりはコンデ公の結婚の野望を支持しないが、重要なのはコンデ公を宥めることである。それで太后も数週間後全く満足だと言うことができる。「わたしは知っていますし、また確信しますが、王は、娘のナヴァール王妃が王の奉仕と望みに対してなした良き働きと大いなる務めに大変感謝されるでしょう。[45]」頁はめくられたが王はまるで納得していない。

　弟を伴って、マルグリットはフレクスを去り、十一月末にクトラに身を落ち着け、そこでアランソン公はユグノーとの話し合いを再開する。公は王権との力比べの勝負でユグノーを援助した。それゆえ、ユグノーはフランドルで公を援助してお返しをしなくてはならない。ナヴァール王は公に合流する寸前である。しかしこのときにフランスを後にするのはナヴァール王には余りにリスクのある賭けであり、改革派陣営の総指揮に公然と志願している。反対に、シュリー、ラ・ヌー、チュレンヌのようなナヴァール王の仲間のかなりの部分がアランソン公に従うだろう。準備の継続の間、弟と姉は和平を公表するために一月初旬にボルドーに赴き、[46]ついで冬の終わりをカディヤックで過ごしに行くが、そこにマルグリットは和解するためにビロンを招く。[47]

　この一五八〇年の末の間にマルグリットは弟の主馬頭、シャンヴァロン領主ジャック・ド・アルレを詳しく知り、激しい恋に落ちる。シャンヴァロンは、ビュッシー同様、教養があり、詩を書く。しかしシャンヴァロンは異なっている。まず、きわめて美男で、ビュッシーは一度もそう言われたことはない。次に、ビュッシーがそうであった挑発し押さえ切れない面は持たず、確かに王妃はそうした面に感心したが、そのためしばしば困難に陥った。シャンヴァロンはより従順で、より注意深く、より感嘆し、多分より恋している。マルグリットは当時二十八歳だった。王妃は、とりわけ好むネオプラトニスムのモデルに従い、夢見るより高い情熱的な愛をシャンヴァロンと生きようと試みるだろう。

　しかしながら恋愛の始まりはうまく行かない。というのもある日「カディヤックでシャンヴァロンとなれなれしくしているところを発見」され、この件は漏れ伝わったからだ。歴史家としてのドービニェは、王妃はドービニェが秘密をもらす罪を犯したと思い、その振る舞いを非難し、「戦争はこの者を野蛮あるいは少なくとも野生にした」と言った、と説明する。恐らくこの日から王妃と夫の盾持ち［ドービニェ］との間の敵意は消えないだろう。ドービニェは続けるが、復讐するために、そのときドービニェを信用を失わせる使命につける。あまりに凝りすぎた話が拵えられる。ポルトガルのアントニオ王がユグノーと同盟するのを得るために王妃は仲介するよう求めたというのだ[48]。しかしそう考える十分な理由があるように、王妃がドービニェに腹を立てているなら、重要な使命を委ねる理由は少しもない。これは王妃の全体的性格にほとんど似つかわしくなく、王妃の性格はむしろ復讐するより不躾な人を遠ざける傾向がある。そのうえ、何ゆえ王妃はユグノーを励ます主導権をとったというのか。そうなれば王妃の生涯で唯一のこととなるだろう。

しかしながら、一五八一年の初めに、他の恋が大騒ぎを引き起こそうとしている。王妃は言う。「弟がガスコーニュにいる七カ月の間に、わたしにとって不幸なことでしたが、弟はフォスーズを恋するようになり、夫王も、言い寄っていたのでした。」二人の義兄弟は全く同じ趣味を持っている。したがって、マルグリットは再び、より弟の肩を持つのではないかとの疑いを夫に抱かれ、この新たな恋愛牧歌を終わらせるために精力的に介入しなくてはならない。そのうえ、公はまもなくフランスに発つのだ。姉とボルドーで一月以上過ごした後、公はナヴァール王の主要な指揮官を伴って、四月末に出立し、マルグリットは夫とアルブレの城に戻る。

ネラックの会談の後同様、二つの宮廷の分離は高揚する時期の終わりと陰鬱に戻ることを印している。しかしながら、今回は、状況はさらにいっそう不愉快である。まずは、もちろん、「美しいシャンヴァロン」が公について行き、マルグリットの孤独はまた別の味がするからである。次に、アンリ三世が妹に怒っており、アランソン公のフランドルでの試みにプロテスタントの首領たちが齎す活発な支持をたくらんだのではないかと多分疑っているからである[49]。しかし当時最も重大な心配は、フォスーズが妊娠したことである。実際、ナヴァール王は公と対立する競合状況を利用して、若い娘がどちらを好むのかの具体的証拠を要求し、この結果に至った。従って、ナヴァール王は娘のごく細かい気まぐれにも感じやすくなり始め、娘の気に入るようにするために妻と対立することを恐れない。「わずかの間に、夫がすっかり変わったのが分かりました」と王妃は注釈する。実を言うと、事態は王妃が言う以上に王妃を不安にする。それまで、二人のうちどちらが不妊なのか分からなかった。今やそれは明らかだ。このベアルン男の新たな手荒さは、自分が妊娠させることが出来ると知るうれしさと同様正当な後継者を与えるに至らないこの女に感じる恨みによって多分説明される。しかしながら王妃は二年前から絶えずそれを試み、引き続く月日もそれに専心するだろうが、もちろん遠ざかる夫とではいっそう困難となる。

というのもナヴァール王はフォスーズの言いなりだからだ。この女がベアルンに赴きたいとの望みを発すると、王妃はそこに戻るのを恐れていて、拒む。新たな言い争いが起こる。とうとう妥協が見出される。六月、恋する二人が温泉に行く一方、王妃はバニェール＝ド＝ビゴールに赴く。表向きは、王妃はそこで、不妊治療を行い、あるいは母親宛ての手紙で用いる表現を繰り返せば、「奉仕者の数を増やそうと[50]」治療を行う。しかし「二人が温泉の雫を飲むのと同じだけ涙」を流す。悲しみと孤独を王妃は手紙でシャンヴァロンに打ち明ける。「こうしてわたしはこの砂漠に追い込まれたのです。そこで空が頭にとても近い高山の幸運を羨みます。楽しみもなく、最高善を絶えず瞑想しながら、あるいは至福の時を待ちながら、生きています。これ以上適した場所はわたしに充てられていませんでした。」王妃は指摘する。山は轟き、泣き、王妃同様、「絶望的怒り」に襲われたように思われる。「不平しか残っていないこの哀れな者の絶望は、わたしに何らかの慰めとして役立ちます[51]。」しかしながら、ナヴァール王には、気晴らしするための努力を告げる。「快適にするためにこのいやな住居にはヴァイオリンも役者も惜しみません。この者たちは昨日は『イフィゲネイア』の悲劇を素晴らしく上手に演じました。明日は木々のあるとても美しい牧場、とても適した場所で『アミュンタス』を演じさせます[52]。」最後に王妃の悲しみはナヴァール王の抵抗に打ち勝つだろう。そしてバニェール滞在は長引かないだろう。七月に入るとすぐに、君主夫妻は再びネラックにいる。

　しかしマルグリットは楽しくない。過去に既にしたように、勉学に戻り時を過ごす。王妃の家政簿を分析して、ロザンは出費の具合が明確にこの数カ月に切り詰められていると指摘する。「派手な化粧の代わりに、書物の購入である。プルタルコス、デュ・ベレーの『回想録』、デュ・アイヨン〔ル・アイヨン領主ベルナール・ド・ジラール（一五三五―一六一〇）。フランス史の父とも言われる著述家。『フランス史』は一五七六年刊〕による『フランス史』、キケロの演説集、希―羅―仏辞典など。そして衣類を買わなければならないとしても、自身や侍女たちのためよりも天国の良き修道女のためであり、王妃はそれを忘れない[53]。」マルグリットは、実際、ネラックで自分が宗主である町の修道会に広く財政援助し始めた。

　幸福ではなく、退屈しているので、王妃はガスコーニュを去ることを多分夢想する。明らかに王妃はいつも南西部滞在を自分の生活の幕間と見なし、夫とともに、フランスの中心で暮らしに戻ることを希望する。しかし本当に、そして特に今戻ることを望んでいるのか。歴史家はそう主張したが、王妃を宮廷の豪華さから遠く離れて生きていけないコケットとして描き出すのに性急で、シャンヴァロンに再会するという一つの考えしかないと確信している。これほど不確かなことはない。まず、シャンヴァロンはパリにおらず、公とともに、フランドルとイングランドの間にいて、エリザベスは再び結婚契約を結ぶのにかつてなく近いように思われる。次に、王権こそ、この年の初めから、マルグリットと夫をフランスに戻るよう説得しており、反対ではない。二人をフランスで是非見たいというのではない。しかし王は和平条約の調印にもかかわらず領土全体で引き続く散発的な混乱にうんざりし、宮廷は、太后、王、ギーズ家、ダンヴィルと当時最も目立つ寵臣たち、エペルノンとジョワユーズの間の勢力争いに再び引き裂かれている[54]。それでアンリ三世はナヴァール王をフランスに引き付けたい。ナヴァール王を注視し、少なくともガスコーニュのユグノーの不正行為を中立化するためである。このベアルン男はためらい、マルグリットも同様である。

時折、滞在の間に、王妃は戻る希望を明らかにした。母がパリに戻ろうとしているときに、羨ましいと、母に書き送らなかったか[55]。しかしそれは計画というより本当のノスタルジーだった。そして春に、王権がフランスに戻るのを夫に促すよう求めたとき、王妃は多分きっぱりと断り、それはとても脅すようなカトリーヌの手紙を正当化するが、その手紙では太后は実際ベリエーヴルに、「自分が誰であるか思い出させる」よう求め、「自分たちと出自の場を保たないと、疑いもなく無になるだろう。それは王妃ができること、あるいはそれ以上をさせる[56]」と書いていた。この脅しがシャンヴァロンの係ることも同様ありうるが、日付はとても遅い（アランソン公とその一行がガスコーニュを去る時期である）。この枠組では、「できること、あるいはそれ以上をさせる」という警告がよく理解できず、それはナヴァール王に王妃とともに宮廷に戻ることを決意させるというこ とならよりよく説明される。その上罠はうまく働くように見える。六月初めベリエーヴルはカトリーヌに保証した。マルグリットは「今ほど宮廷に行く希望をお持ちになったことはなかったでしょう」とこの者には思われる[57]。さらに、この時期から、多分フランスに戻るとの噂が出る[58]。ユグノーの首領は妻に同行しようとし、再び太后あるいは王に会うのに利用したいが、南西部の事態はすぐにそうできる状況ではない。それで王妃は太后に手紙を送り「母上、あなたの傍で再びお目にかかりたいとこの上なく希望いたします。［和平が］実行されればすぐに、わたしを連れて行くと夫の王はわたしに保証しますので[59]」と言及する。

その間、秋はとても沈鬱だ。まず尚書のピブラックと公然たる論争が起こる。ピブラックは数カ月前から不平の種を王妃に与えていた。ピブラックが一五七九年十一月パリに戻ると、マルグリットは所有していたアンジューの館の売却を委ねたが、王妃の趣味から言えばやり方が大変まずかった。前年の春、王妃はすぐに戻ると王に約束して不注意に先走った。そして、最近、不興を多分感じて、この高官は自分の情熱を敢えて王妃に打ち明けた。以来、王妃は絶えず怒っている。十一月に、王妃は書簡を送り、腹立たしいやり口を非難し、多分不当にだが、二股をかけていると責める。王妃が言うには、「それがあなたの不誠実を増大させるのではないかと思い」、そのときまで沈黙していたが、騙されると考えると今後とても耐え難い。尚書は、苦情を受け入れるどころか、激しく非難する。王妃はすぐに反駁する。「ピブラック殿、あなたから受けたいい加減な仕事について手紙でわたしのした話に、あなたが返答するとは予期していませんでした。」王妃はピブラックから印璽を取り上げる。[60]

今ひとつの不満の種、フォスーズの妊娠は引き続き、不快な注釈を生む。自分の評判を心配して、マルグリットは分娩を容易にするために仲に入り、ネラックから離れた家を提案する。この若い娘は、高慢で、最初は心遣いを拒む。しかしある朝、この女は王妃の侍医と王自身を呼びにやらせる。「わたしたちは、慣習となっていたように、同じ寝室の異なるベッドで寝ていました。」とマルグリットは語る。困惑して、王はとうとう王妃に自分の「娘」と呼ぶ女を助けに行くよう頼む。「夫は何が起ころうとも、自分の気に入るようにわたしがいつでも夫を助けるつもりであると思っていました。」王妃はそれで分娩に必要なことをなし、子供――女の子――が死産であることを認めて、安堵する。しかしながら雰囲気は緩まない。ナヴァール王はさらに妻に愛人の世話をして欲しいが、この人は拒み、そこで新たな諍いが起こる。

最後に、不安の第三の源は弟のアランソン公ががむしゃらに再開したフランドルでの企てから来る。「母上はどんな悩みにわたしが耐えているか考えることがおできになります。」と王妃はこの年末に母に書き送る。「場所が離れていて多くの偽りの噂に惑わされやすく、一週間前から、当地では公が今にも戦闘を開始すると見なしています。」[61]

しかしながら、フランス帰還の計画ははっきりする。王妃の熱意に押されて、王権はマルグリットの収入に関して起こっているいくつもの紛争を解決する命令を下し、多額の旅行費用を交付する。しかし王妃は急がない。十二月末にパリでは王妃を待っているが、王妃が入市するのは六カ月後である。確かに当時王妃は絶望的に母になることを試みていて、一時期妊娠したと信じられた。それはまたいっそう出発を遅らせる口実なのか、と太后は思う。太后は書く。「旅行をさらに遅らせるにしても、娘が妊娠したと分ればとても安心しただろう。しかしこの意見から解き放たれ、今や来る途路にいるはずだと聞いている。」[62]

良き年も、悪しき年も、幸福な思い出で暮らした、南西部を去るにあたり、王妃はためらっている。『回想録』では、当時の交々の感情を思い起こす。「ガスコーニュに留まった時も、好意のこうしたご立派な見掛けから、宮廷にどんな結果を期待すべきか、わたしは欺かれませんでした。過去に多くの経験を積んでいたからです。」この考察は、『回想録』が一五八二年の明けに中断されるので、テクストの最後の部分であるが、考えうるように、フランスで待っているものを思い出す回想録作者のものだけではなく、出発前夜のナヴァール王妃のものでもある。マルグリットは、同時に、急ぐように説得する任務を与えられた古い友人のユゼス公爵夫人に、まったく同様の危惧をもらしていないか。王妃は書く。「わたしのシビラ、あなたの手紙はわたしには、船乗りにとっての聖エルモス〔船乗りの守護聖人〕のようになるでしょう。あなたの保証で、同じ場所でかつてわたしが反対を感じたと同じくらい帰還の喜びをわたしに約束してくれます。［……］信頼するひとを欺くのは容易です。しかしあなたに捧げた愛情のこの報いをけっして期待しないでしょう。それでわたしはあなたの忠告を信じて、できるだけ、出発を早めましょう。あなたは王を支配しているのですから、あなたの厚意をわたしが感じるようにしてください。[63]」

これらの不安はなされたばかりの決定に見合っている。マルグリットはフランス宮廷で孤立するだろうと知っている。出発してから三年半になる。多分支持者を失ってしまい、そこではほとんど妹を愛していない王、王に全権を獲得し自分たちの権威を分け合おうとはしないジョワユーズ公とエペルノン公、いつものようにマルグリットを利用しようとする太后と、一人で向き合うだろう。少なくともマルグリットは弟を助け、フランドル問題をめぐって弟とナヴァール王の間に存在し続ける同盟に手を貸すことができるだろうか。確かにマルグリットはそれを期待している。また、戦場と絶えざる冒険から離れて、夫とのより穏やかな普通の生活が夫への影響力を生み、再び見出すことができると、少なくともフランスまで夫が付いてきてくれるなら、信じたい。そして、パリで、いつの日か、シャンヴァロンにまた会うだろう。

第八章
大恋愛と「大嫌悪」[1]
（一五八二—一五八三年）

ガスコーニュを去る直前、ナヴァール国王夫妻は賓客を迎える。法官ジャック＝オーギュスト・ド・トゥーとコンデ親王である。ド・トゥーは自身の『回想録』で語る。「到着後一晩中雪が降ったので、翌日、この国の習慣に従い、王は正餐の時刻まで野獣の跡を追った。[……] ド・トゥーはネラックにさらに二日留まり、マルグリット王妃とカトリーヌ親王に伺候した。」この訪問の間に——というのもかつての王妃に出会う機会はほとんどなかったのだから——ド・トゥーは『歴史』で考慮することになる王妃に関するひどい意見を抱いたのか。そう考える理由はない。反対に、不幸なピブラックがマルグリットから断交の手紙を受け取った後で気持を打ち明け、ド・トゥーは同僚の一人であるピブラックにこのきれいな王妃が与えた被害を認めることはできなかっただけに、明らかに興味深く見たはずだ。「ある日ド・トゥーと散歩していると、ピブラックは打ち明けた。[……] ピブラックは、よく考えた答えをした、しかし予想された風で、よく練られた言葉と多くの熱情が現れる文体で、この王女がなした非難の真実をド・トゥーに説得するの役立っただけだ。[2]」多分そこにこの法官が自分で後に発展させる幻想の起源を見るべきだろう。

クリスマスが過ぎ、出発の準備がはっきりとした形をとる。こうして、一月の初頭、ナヴァール王はフォワ伯領の総督ペエス殿に、求められたように傍に向いたいが、「さらに出来る限り早く、宮廷へ旅する妻の王妃を送って行くという重大な理由のため引き止められている[3]」と書き送る。見るように、ナヴァール王は長く自分の国を離れるつもりはない。一月末、とうとう、国王夫妻はネラックを離れ、ゆっくりとシャラント地方を遡り、ジャルナックに立ち止まる——おそらく再びコンデと話し合うためだ——次にサントに赴くが、この都市はマルグリットに素晴らしい入市式を行う。太后の方はパリを発ち、ポワトゥー方面へ進む。ナヴァール国王夫妻は次にサン＝ジャン＝ダンジェリに一週間留まり、再び行路を取り、三月十四日、ドゥー・セーヴルのサン＝メクサンに至る。二つの宮廷のこの出会いに関する『日記』の作者である町の二人の名士ギヨームとミシェル・ル・リッシュのお陰で、国王夫妻がトロワ・ロワのホテルに宿泊し、マルグリットは宿舎まで「白絹の縁取りの、白いタフタ織のヴェール」を被っていたことが分る。十七日王妃は、「箱と長持で一杯の何台もの荷車」をパリに送った。十八日と二十日、幾つかの祝典のためにナヴァール王とポワチエに赴く。[4] 実際カトリーヌの到着を待っていて、太后は遠からぬラ・モト＝サン＝エレに落ち着くことになるはずだ。

　このサン＝メクサンで、大后との最初の会合の前日にかなり不思議な事件が勃発するが、その被害者はデュラス子爵ジャン・ド・デュフールの末亡人マルグリット・ド・グラモンで、一五七九年にナヴァール王妃に仕えるようになった女性だ。ル・リッシュ兄弟が言うには、三月二十七日、「デュラス夫人は、夕方ナヴァール王夫妻の上記の家から戻るとき、幾人かに侮辱されたが、この者たちは松明を消させた後、インクで一杯の小瓶を夫人の顔に投げつけ、王妃の大変残念なことにそれで夫人はひどく傷つけられ、王妃はすぐに起床し、ペチコートだけを着て、王に訴え、裁きを求め、王はそうすると約束する。[5]」回想録作者ドービニェは同じ情景を報告するが、自分がこの狼藉の犯人ではないかとマルグリットは疑ったと明言する。「この王女は、かつて王妃のわがままに愛想よくしていたのに、ほとんどしなくなったのと、腹心でお気に入りのデュラス夫人に対してなされた悪意の犯人だと私を疑っていたので、少し前から私に大いに反感を抱いていて、夫の足下に身を投げ、王太后に意図を助けるよう約束させておいて、涙ながらに自分への愛のために私を宮廷から追い出し、二度と会わないように、と懇願した。王はそれを約束した。[6]」ドービニェはル・リッシュ兄弟の語る「幾人かの」一味だったのか。それはありそうなことだ。自分の参加を否定する労を少しもとっていないだけに。

　しかしながら、この回想録作者は自分に対する王妃の恨みの動機を伝えて話を進める。それは既に『世界史』で提供していたものだ。思い出す。ドービニェはマルグリットが「シャンヴァロンとなれなれしくしているところ」を見つけていた。ここでは、説明は異なる。「この王女は私の口にした幾つかの冗談を許すことができなかった。特に次のものである。レ元帥夫人は愛人のアントラーグにダイアのハートを贈った。ナヴァール王妃はアントラーグを移り気だと思い、さらにより美しい戦利記念品を返すよう、この者がこのダイアのハートを与えるよう求めた。さて、私はナヴァール王妃に反対してこの元帥夫人の味方であり、王妃はこのダイアのハート〔硬く冷たい心の意味もある〕をもっていることを何かにつけ自慢していたので、私は言った。『確かに王妃はそれをお持ちだ。その上に刻み印刷することのできるのは雄山羊の血しかないのだから。』」このはっきりしない、そしてたいした興味はないが、マルゴ王妃の伝説が築かれるだろう「証拠物件」の一部をなす言及の意味を把握するには幾つかの詳しい説明が必要だ。第一は当時信じられていたことに関係する。その当時は雄山羊の血はダイアを傷める性質があると考えられていた。王妃をこの動物に比較するのはそれでも侮辱的である。第二の詳しい説明は文脈に関係する。アントラーグは一五七四年からレ元帥夫人に奉仕し、レトワールの伝える諷刺文が認めるように、(7)宝石の贈与は一五八一年のことだ。一五八一年と一五八二年春の二つの宮廷の出会いの間で、いつナヴァール王妃は親友の元帥夫人に代わって、再会していない貴族の心をつかんだのか。それ故ここで、いつもの癖の、第一に自分自身の引き立てに向けた作り話をしているドービニェに出会うのだ。(8)

カトリーヌとナヴァール王夫妻の会見は短い。太后は多分アランソン公の試みるフランドル征服(9)への支持を約束し、ジョワユーズとエペルノンから宮廷で受けている扱いに不平をこぼして婿を丸め込もうとした。しかし太后はまた、フランス王の機嫌を損ねることなくナヴァール王がプロテスタント勢の指揮を得ることはできないことを理解させねばならなかった。さてこのベアルン男に他の選択肢はない。両者の間で、語気が荒くなる。最後に、ナヴァール王は王妃たちについてパリに行くことをきっぱりと拒絶するが、今回は王との、シュノンソーでの新しい会見を受け入れ、そのときまでポワトゥーに留まることを約束した。それで四月初頭から、カトリーヌは娘とだけ出発し、ヌヴェール公爵夫人に書き送る。「わたしはあなたにナヴァール王妃を連れて行きます。ちっともかわっていないと思われるでしょうが、娘は悩んでいます。(10)」この最後の表現は、母の心で、マルグリットは宮廷でするべき大したことがどれほどないかを示している。二人は、ロワール地方の王家の居城を経て、シュノンソーまで、ゆっくりとイル＝ド＝フランス中心に向かう。ブラントームの言うには、そこでルブールが病気になり死亡した。ブラントームは言う。王妃はこの者に恨みを抱いていたが、「見舞われた。危篤となるや、力づけられ、言われた。『この可哀想な娘は大いに耐えました。しかし悪い事もしたのです。神が、わたしのしたように、この娘を許されますように。(11)』」

出来事の続きは予想されたようには展開しない。まず王はシュノンソーに南下するのを拒む。義弟がパリに来るべきなのだ。ナヴァール王の方は約束を守らなかった。王妃たちのもとを去るや、ガスコーニュに戻ってしまう。マルグリットは、ナヴァール王がそうしたいと保証したとおり、ナヴァール王がフランスに留まることを個人的に約束したので、ナヴァール王の態度で陥った困惑をすぐに知らせる。「あなたに関して、わたしの残りの言葉に彼らがどのような信頼を置くことができるか考えてください。あなたの意向がわたしにはほとんど知らされていないとは考えにくいでしょうし、あるいはわたしがだまそうとしていると考えますから。(12)」しかしながらマルグリットは自分の奉仕をナヴァール王に保証しようとし、宮廷に行けばすぐに、ナヴァール王にとって役立つことは何でも知らせると約束する。そしてナヴァール王がラ・ロシェルで病に倒れたので、自分の医師を派遣する。(13)

王妃たちはそれゆえフランス宮廷への道を再びとり、フォンテーヌブローで王と王妃ルイーズと合流し、そこで五月一杯過ごす。着くや否や、マルグリットはナヴァール王に知らせるために記者になる。「わたしはわたしの聞いたすべてのニュースを調べました。それらは本当で、特にモンパンシエ夫人の争いはそうで、愉快でした。」王妃は同様にギーズの弟のマイエンヌ公が「奇妙に太り、不恰好になっている」のを見出した。「ギーズ殿はとても痩せ老いていた。二人はあなたがご覧になったような気質のままです。」王妃はしかしながら、夫を宮廷に来させるよう説得する任務を忘れない。それで宮廷にいることの有利さを自慢し、ナヴァール王が宮廷で受けるだろう良き扱いをためらわずに保証する。「あなたがここにいらしたら、お互いが依存しあう人になるでしょう。というのも各人がここでは自分を差し出しますから。そしてギーズの一党を恐れることについては、あなたに悪いことをする信用も手段ももたないと信じてください。そして王については、わたしはいつも命を担保にしていますが、あなたは決して王から悪いことは受けとらないでしょう[14]。」

マルグリットは再び両者のために仲裁にはいる。それが王妃の役目であり、当面、求められることだ。しかしながら王妃はほとんどナヴァール王を信頼せず、確かにフランスに引き寄せるのは困難であろう。アンリ三世は、かつてなかったほど王妃から遠い。王の振る舞いは、すでに予測不可能で気まぐれで、同時代人の目により奇妙に映った。王は寵臣に栄誉や豪華な贈り物をふんだんに与える習慣だが、豪華な時期と神秘主義の発作を交互に繰り返し、何週間も僧院に閉じこもる。実際この繊細で尊大な人は解決できない問題を解決しなければならない。一方で、他のいかなる時期よりも混乱しているこの時期に、有効で忠実な奉仕者を自分の王国の保護に結びつける義務があり、(大貴族はますます統制できなくなっているから)この者たちを小貴族から選び、忠誠心を高めるために高位につかせる――それは王を対象とする批判を増大させるだけだ。他方で、精神性と、道徳と呼ぶことの出来る秩序を好み、宮廷により大きな品位を回復し、見せかけもなく実行される放恣と、平然と掲げる宗教性の間に長年にわたり穿たれた隔たりを縮小したい。真正さと全く近代的な統一の希求であり、それが十六世紀末の信仰の再生を証言するが[15]、大部分の宮廷人には理解されないままである。アンリ三世が進めたいこの二つの方向は、もちろん両立せず、豪華さの爆発の後で、すべてのものに課される贖罪の表現で表されるが、外部からは理解するのが困難な一種の分裂症である。

例えば、この一五八二年四月末、王は宮廷が断食をすることを望んだ。レトワールは強調するが、ナヴァール王妃は「進んでは断食せず[16]」、それは兄妹の間の軋轢の反響がレトワールにまで達したことを示している。イングランド大使の方では、マルグリットの到着を強調する歓喜の表明と歓迎の祝詞にも拘わらず、王は無理をしていると思われる、と記した[17]。マルグリットの物質的状況を改善するためにカトリーヌとアンリ三世が行った様々な介入が示すように、確かに、戦端はまだ開かれていない。マルグリットはそのとき、ラ＝フェールのピカルディー領近くの領地と同様、ヴァロワ公領、ヴィレル＝コトレの諸都市、クレイユ、クレピ、スワソン、を受け取る。[18] しかし、それでも、雰囲気は厳格、狂信的で、王妃はフォスーズを傍らに置くことを非難される。王妃はすぐにフォスーズから離れ、予想されるように大して残念でもなく、悪意もない。当時の習慣が求めるように、良き女主人として、王妃は夫を見つけてやるだろうから。[19] しかしながら、この若い娘を遠ざけ、ベアルン男がそれを知るや、この男の怒りが掻き立てられる。ナヴァール王は王妃のもとへフロントナック殿を急いで送り、すぐに自分の決定に基づいて戻り、みんなの前でフォスーズを弁護するよう厳命する書簡を持たせる。王妃は断固抗議する。「殿、王に、王妃たちにあるいはわたしにそれを話すだろう人々に口を噤ませるために、あなたがこの女を愛し、そのためにわたしがこの女を愛するとわたしがこの人たちに言うように、とあなたは書かれています。この返事はあなたの従者あるいは女中にはついてはいい言葉でしょうが、あなたの愛人には適切ではありません。[20]」

太后は、使者がこの件についてほとんど慎みなく触れまわるだけに、非常にショックを受ける。太后は婿に書く。「わたしは、あなたの命令であなたの妻に言った言葉だと言いながら、フロントナックが多くの人に話した言葉を聞いてこれほど驚いたことはありませんでした。[21]」カトリーヌは王たちが時には不貞であることを一番よく知っている。しかし太后は婿に行われている慣行を思い出させなければならないのに憤慨する。「あなたはこうしたことで初めての、若い、また賢明ではない夫ではない。しかし、こうしたこと［フォスーズの妊娠］をした後で、このような言葉を妻に用いた最初のただ一人の人だと思います。」太后はそのとき、似た状況での、自身の夫、アンリ二世の態度を思い出させる。「王がこの上なく困惑したことは、その知らせをわたしが知っていると知ったときでした。［……］そしてこの方はわたしの王であり、あなたの王だったのです。そしてこれはその王の娘であり、あなたの王の妹なのです。」

この憤りに満ちた長い手紙で、太后は娘の肩を持つように見えるが、それでも恐ろしい疑いを漏らす。マルグリットは、余りに妥協的な態度により、夫のとてつもないやり方に責任がないのか。軽んじられるままになるほど軽蔑されるべきではないのか、この考えは太后に深い衝撃を与える。太后が娘をいっそう愛していたら、王妃とは言え、女性がこのような場合に何も出来ないことをよりよく思い出すだろう。太后は亡き夫の「よいやり方」が少しも自分に左右されないことを認めるだろう。しかしながらこうした考えはかすめるだけだ。太后は、当面、娘がナヴァール王のひどい要求に身を屈するのは力づくだと信じたいことを認める。しかし太后は付け加える。「もし別のように知っているなら、それを耐えたくはないでしょう。［……］

というのも、嫉妬するしかないのですから。[22]」アンリ二世の賛美の背後に、自身の行動を模範として打ち立てる。太后自身けっしてそれを受け入れなかっただろう。ナヴァール王の不実は、太后に同情と連帯を引き起こすどころか、余りに自分に似ているこの娘に感じる競争心を掻き立てるばかりだ。かつて自分が耐えたのと同じほどには娘が耐えないことを、密かに、望むのでなければ。

しかしながら、書簡が示しているが、マルグリットは自分の尊厳を守ろうと努める。自分が、誰であるかを、その地位の女性が持つはずの名誉も思い出させる。しかし、王妃の運命はナヴァール王に結びついており、こうした矛盾した要求に対して無力であることを認め、フォスーズにしたことを想起させる。「王女とは言いませんが、決して単なる姫君が耐えないことを耐え、この女を助け、その過ちを隠し、それ以来いつもわたしとともにいさせました。それがあなたに満足だと言わせないなら、どのようにあなたは言いたいのか分りません。」マルグリットはナヴァールの要求に譲歩しない。母に立ち向かわなければならないだろうからで、そうすることができる身分にも地位にもいない。夫の我儘に対して、予言的といえるだろうが、王妃は友情の視点を保つ。「時間とわたしの我慢はあなたに仕えることにわたしが持っている愛情と忠誠がどれほど評価されるべきかをいつかあなたに知らしめるでしょう。」しかし漠然と自分より強いと感じるこの男の前で負けたと認める。それで、傷つけられた誇りに長く満ちていた手紙を、このような本当の断念で終える。「わたしは自分の無力がよく分りました。わたしの良き熱意では補うことはできず、国事では私のような無知で愚かな女は多くの誤りを犯しうると知りました。[23]」初めてそして長い年月の前に最後に、王妃の筆で女である意識が生じるのを見るが、それは当面は負けたことしか意味しない。ナヴァール王は王妃を自分のものではない場に置き、カトリーヌあるいはアンリが決して王妃から手に入れないだろうものを手に入れる。行動上のものではないにしても、言葉での――服従である。

六月初頭、マルグリットはパリに戻るが、四年振りであった。ビラーグ国璽尚書から館を買っていて、以降ナヴァールの館と呼ばれるだろうが、まだ準備が整っていなかった。それ故王妃は短期間ルーヴル宮かレのもとに宿泊し、夏の大部分をフォンテーヌブローかサン＝モールで過ごす。当時王権はかつてなくナヴァール王の来訪を望んでおり王妃に圧力をかける。夫と対立したばかりの諍いにも拘わらず、王妃は夏に再び筆を執り、約束をしたのを強調して宮廷へと誘う。[24]確かに大事件がこの和解を急がせる。王妃は妊娠したと思ったのだ。宮廷の専門家が検査して、その者たちの意見は肯定的で、当事者は大喜びで知らせをナヴァール王に送る。ああ、一カ月後、王妃は期待を捨てる。単なる月経の遅れか流産か。私たちには何も分らない。[25]

十月、宮廷中がジョワユーズの婚礼に出席する準備をしている。アンリ三世が自身の妻の妹と結婚させることを決めた。『キルケ』のバレーが催され、ドービニェが一五七四年にマルグリットのために書いたが、一度も上演されたことはなかった。しかし時は変わった。フランスがタイトルを与えた女について評価するすべてのものに取り囲まれて、もう一人の女性が得な役を受け持つ(26)。かつて見られたことのない豪華な婚礼であって、「ナヴァール王妃様がおられたら」とブラントームは注釈するが、他の箇所でマルグリットの不在の鍵も与える。「王妃様が出立してから大変化があり、幾人もが王妃様が見たことも考えたこともないほど偉くなっており、自分と同じ地位の者は少しもしないのに、他の人たちがするように、その人たちを追い求めへつらうのは王妃様には腹立たしかった。私の見たように、王妃様は大いに軽蔑するどころではないのだ(27)。」疑いもなく、この回想録作者はここで王の新しいお気に入りたちを指し示していて、この者たちとマルグリットは長い間関係が悪いだろう。

十一月にようやくマルグリットはパリの自分の館に落ちつく。暦の改革で十日短縮されたこの一五八二年の暮に、王妃は、アントウェルペンからアランソン公に使命で派遣されていたシャンヴァロンと再会する(28)。十八カ月前に別れてから、実際上ずっと手紙をやり取りしていて、二人の関係は少し進展する時間があった(29)。初めから、ネオプラトニスムの伝統の、より上位の愛でこの者と生きていくことに決めた。「こうしてわたしの実践を古い、とても心地よい経験の理論に一致させます。」〔*Correspondance*, p.233〕他者を完璧な恋人にするために、王妃はこの哲学の神秘をこの者に手ほどきした。王妃は、愛は美の欲求であり、「わたしたちの美がわたしたちの愛を生んだ」〔*Correspondance*, p.233〕と説明する。肉体に結び付けられたままの魂と他者の魂に住まいに行く魂という、二種の魂の複雑な理論を教える。「恋する者は恋される者に変わり、わたしはもはやあなたによってしか自分を所有することができないのは本当です。わたしはもはやあなたにおいてしか見ず、あなた以外にわたしの魂は支配されない。」〔*Correspondance*, p.233〕そして王妃は、自分の愛する者に近いと感じるだけに、起源の両性具有の神話を再発見すると思った。「一つの同じ魂がわたしたちの二つの肉体に働くと信じなくてはなりません。」〔*Correspondance*, p.271〕

この説をマルグリットは奇妙な風に自分で修正する。というのも男性に歌われる女性の位置に自分を置かず、さらにネオプラトニスムの教義で下位の、男性の役割にも身を置かないからだ。そうではなくシャンヴァロンに女性の役割を付与する。この理論が、恋人が燃え上がるもととなる、奥方の美を強調するところで、マルグリットは相互の飛躍であると主張し、シャンヴァロンの美を際限なく語る。蘇る伝統が女性を崇拝の対象とするところで、マルグリットは自分の恋人を極端に理想化し、「神々が気に入って作られ、人間たちが感嘆するこの無数の完璧」〔*Correspondance*, p.232〕とする。王妃はその上この教義の幾つかの点に異議を唱える。王妃は言う。「プラトンは、神の熱狂に満たされたものとして、恋する者を恋された者よりも優れたものにしている。」〔*Correspondance*, p.234〕これはフィチーノの信奉者がしばしば、古代の同性愛を異性愛に適合させて、奥方の愛に対する恋するものの愛の優越によって、表現するものである。マルグリットはこの二分法を拒み、同時に「一方であり他方」〔*Correspondance*, p.234〕であろうとする。

熱狂的に、弟子はまず王妃に魅惑的な手紙で答えた。王妃は指摘する。「わたしたちの愛の本性と共感についてあなたのなした微妙で本当の描写は、この研究だけがあなたの魂に気に入る」〔*Correspondance*, p.232〕ことを証する。しかし「美しい心」、「美しいすべて」、「命」、「美しい太陽」、「美しい天使、自然の美しい奇跡」をほめたたえながら、マルグリットはそれでも教義を告白することを忘れず、その教義は魂が「低い地上の対象を軽んじてより高い美しい知識に」上昇し「肉体と言う障害にも拘わらず、完全に保持される素晴らしさを証言する」〔*Correspondance*, p.232〕ことを求める。恐らくこうして崇拝の対象となったことに特に満足して、恋された者は、不在によって事態が理論的になっただけに、愛の非常に精神的な概念に抵抗しなかったように思われる。

しかしながら現実が、特にシャンヴァロンの結婚問題に関して、この清純な宇宙に荒々しく侵入する。王妃は、当時言われたように、この男が「身を落ち着け」ようとしていることを知っていた。それは社会的必要であり、愛情の問題ではない。バニェール滞在以来、この男の役に立つために、王妃は仲介し、理想的な妻、「年金三万リーヴルと銀行に二十万フラン持つ」〔*Correspondance*, p.177〕金持ちの寡婦を見つけたとさえ思った。この件は実現しなかった。「美しい心」はよりよい相手を策略で得ようとして、それをシャルロット＝カトリーヌ・ド・ラ・マルク[30]という人に見出し、一五八一年八月に結婚した。王妃に言う言葉が見つからなかったので、シャンヴァロンは事態を隠し、王妃は「手紙が冷たくなった」〔*Correspondance*, p.221〕と非難した。次に王妃は事実を知り、絶望と軽蔑を表現するのに十分厳しい言葉がない。王妃は怒り狂って書き送る。「わたしを騙したと自慢しなさい。笑いなさい。この唯一の慰めを受ける人とあなたを嘲笑しなさい。その人のわずかな利点はあなたの誤りの正当な報酬となるでしょう。」〔*Correspondance*, p.227〕王妃は敢えて決定的な言葉すら言った。「わたしのうちに生まれた軽蔑は愛を追い払った。」〔*Correspondance*, p.228〕

しかしながら事態は収拾された。というのもシャンヴァロンは自分の忠誠を激しく主張し、マルグリットを罪人として扱うまでに至ったからである。それで王妃は落ち着き、恋された者の賛美者の役割にまた戻った。というのも、恋人に手紙を書きながら王妃がモデルたち、ラウラを歌うペトラルカ、デリーを歌うセーヴ、オリーヴを歌うデュ・ベレーに匹敵しようとしているのは疑いがないからである。王妃は後世を考えているのではなく、作家の作品を書いているのだ。それは個人的で、そうあり続けることを定められた書簡である。しかし王妃は手紙を練り上げ、長引かせ、いくつも書き直し、たくさんの出来事に迂回し、文学的、神話的、あるいは聖書の言及で飾る。「捕られ人は自分の捕囚についてしか、恋する者は自分の情熱についてしか、惨めな者は自分の不幸についてしか語らない。」〔*Correspondance*, p.250〕とオウィディウスあるいはデュ・ベレーを思い出して王妃は嘆息する。そして、ペトラルカ風に、「この美しい髪、わたしの愛しい甘美な鎖」〔*Correspondance*, p.254〕を賛美する。時には、文体の凝りが甚だしく、散文は、確かに不規則だが、幾つかの脚韻さえ聞こえる、一連の完全な無韻詩を含む。「わたしはわたしの名前を惨めさゆえに憎むが、引き合いに出して、あなたに何ほどか幸せとなるならわたしの名前を愛するだろう。わたしの美しい心よ、わたしはしばしば悲嘆の折にこのような手立てを用います。しかし甘美な運命を見る代わりに、妬ましい羨望とわたしの不幸の苦味を増すように思われる。」〔*Correspondance*, p.167〕

シャンヴァロンのパリ帰還は、あるいは十一月以降行ったと思われる頻繁な滞在は、関係を変える。再会は恋と欲望を再活性化し、恋された者は望むほど自分の美しき人に会えないのに苛立つ。王妃は、実際、義務に縛られ、「恋の聖なる犠牲に当てられるべき日にいませんでしたが、そこでは、わたしたちの魂は、最高天で魅了され、わたしたち自身の目で望む光景だけを享受します。」〔*Correspondance*, p.248〕ということが起こる。それで王妃は恋人を説き聞かせねばならないが、王妃の省察は受け入れられ難い。王妃は自分が結婚しており、「ウェヌスはユーノーにより大部分の目論見を邪魔された」〔*Correspondance*, p.248〕ことを思い出させる。そして提案する唯一の展望は、待つことである。「将来にしか慰めを求めるべきではない。」〔*Correspondance*, p.249〕自身も「わたしたちの愛はこの不定な非人間的悲痛の海で苦しむだろう。しかし名誉は苦労によって得られる。最後に勝利して栄誉に包まれ、期待した善を享受するだろう」〔*Correspondance*, p.249〕。いかなる善で、いつなのか。事は明瞭ではない。しかし、今のところ、注意しなくてはならない、と王妃は警告する。打ち倒すために王妃側での過ちだけが待たれているのだから。「それがわたしがここで悪と同様善を期待すべき人々全員が企てていることです。」〔*Correspondance*, p.249〕

状況がシャンヴァロンの精神を過酷な試練にかけるとしても、マルグリットは反対に逆境そのものに一種の高揚を見出すように思われる。「わたしには、すべての妨害、すべての障害もわたしの炎に少し水をかけるだけでしょう。不在、様々な人々、不都合、束縛はわたしの愛に、弱い魂と俗な炎に燃える心に減少を齎すのと同じだけ増大を与えます。」〔*Correspondance*, p.231〕こうして、王妃は説明する。「わたしは昨夜バレエの間に眠り込みました。わたしの寝室は宮廷の伊達男たちで一杯でした。このような気晴らしは、全く別の情熱を揺り起こすでしょうが、不動の岩に対する海の波と同じ効果をわたしの魂に与えます。わたしはようやく朝になって目覚めましたが、わたしの幸福がどれほど大きいか感嘆するばかりです。」〔*Correspondance*, p.231〕しかしながら恋する者は最早夢想と巧言には満足しない。行為を望み、それを手に入れるために、自分ほどは愛していないと王妃を責める。王妃の返答は引用するに値する。他のどの場所より目標について明確だからだ。「わたしの命よ、わたしにあなたより愛がないと非難するのは、わたしたちの愛の素晴らしさを減少させ、あなたの詩句でこれほど賞賛された完全さに反駁することです。同じ意思により結ばれた二つの魂の一致によってのみ愛が完全であるなら、わたしの愛情が欠けているなら、平等はないだろうし、あなたより大切に保持していることを示したと考えるこの結合にある、完全さもないだろうからです。わたしの美しい心よ、あなたがその原因をなくそうとしたとき、アキレウスのように、なんらかの偶発事の宿命に従う不滅を持つと思うことに反対しましたから。アキレスが踵を覆うことができる以上にわたしはそれをうまく保持できるでしょう。」〔*Correspondance*, pp.242-243〕それゆえ、二人のうちより愛しているのは王妃である。

シャンヴァロンはいつでも納得するわけではなく、さらに巧妙に抗議し、念入りに議論する。王妃は注釈する。「たしかに、わたしの美しい心よ、恋は詭弁家で説得だらけです。しかしながら、より抵抗があるところで打ち負かすほうが栄光はより大きいと考え、降伏するとは決めません。」〔*Correspondance*, p.245〕そしてマルグリットはネオプラトニスムの教理を繰り返す。「魂だけが人間で、魂は、肉体と結び付けられその欲求を満足させるのに、視覚と聴覚だけで十分です。その欲求は、肉体の欲望とは異なり、他の感覚に結びつくのと同様その快楽を取り除かれていると感じ、他の感覚は恋の原因にはなり得ません。それらは美の欲求ではないのですから（恋は他のものではありえません）。」王妃は倦まずに釈明するのか。シャンヴァロンの非難を終わらせたいのか。ともかく王妃はユーモアをもってこの「教え」を結論づける。「あなたが哲学者であろうと恋する人であろうと、あなたはわたしの理屈に同意しなくてはなりません。」〔*Correspondance*, p.246〕手紙の続きは、本当の結論で、どんな意味をマルグリットのプラトニスムに与えなくてはならないかを示している。「こうして、神々しい俗ではない情熱に満たされ、わたしは想像力で千もの接吻をあなたの美しい口にいたします。それだけが魂に割り当てられた快楽に与り、やがてわたしが心を奪うことのできる多くの素晴らしい価値ある賞賛の道具となるために値するのです。」〔*Correspondance*, p.246〕これ以上明瞭にはできない。ナヴァール王妃は貞淑ぶった女ではなく、恋の観念しか好まないことはない。官能的な女性だが、思慮深く、ひどい目にもあっており、情熱の終わりのおそらく同義語である「宿命的な事件」に落ち込むよりも想像上の「恍惚」の方を好む。あまりに敬虔だと思う人に身を任す、「言われるように、神をガリラヤに送る」〔*Correspondance*, p.250〕（シャンヴァロン自身の言葉である）ことを求める人に身を任すのは、それは恐らく王妃を支配し、かつてのビュッシーの時のように、大きな危険を冒させることであろう。そしてとりわけ夢の終焉を、マルグリットは社会的危機以上に恐れており、それを示していた。後に王妃は言うだろう。「あなたは愛することを止めたいのなら、愛した者を所有しなさい。(31)」恐らく、王妃はすでにそれを知っている。

情熱に夢中であろうと、王妃は多くのお祭り騒ぎに加わり、それを評価する。一五八三年初頭の夫への書簡でそれを認めており、相変わらずパリに来るよう夫を説得しようとしている。そのために、宮廷の魅力を自慢し、それは「ルーヴルで演奏された音楽は、一晩中続き、皆が窓で聞いていました。〔……〕舞踏会と円卓は週二回開催され、冬と近づく謝肉祭も宮廷に楽しみを齎すように思えます。」のようなものである。王妃はふざけながら続ける。「あなたが紳士なら、人間の間で暮らしに来るため農業とティモン〔棒梶〕の気性を離れるでしょう。天候はそこでは決して相応しくなかったですから。(32)」確かにそのときマルグリットは王の命令で書いていて、それを自身認める。王はいつも発した招待を義弟が終には受け入れることを期待しているから。それに政治はいつも王妃の心を占めていて、注意深く、そしてどんなに不安に、弟のすることを追っている。四月、アランソン公は敗北に敗北を重ね、カトリーヌは娘をつれてダンケルクに公に会いに行くことにする。イングランド女王との結婚が今や完全に水泡に帰したので、他の姻戚関係を提案するためでもあり、それはフランドルでの戦闘を放棄するよう決心させるかもしれない(33)。

しかしながら、年月が進むにつれ、暗雲がマルグリットに立ち込める。一方で、シャンヴァロンは王妃の要求水準にいつでもいるわけではない。パリに留まる機会を見逃し、しばらく離れなくてはならない。マルグリットは甘んじて言う。「あなたの方で事態がわたしの方と同じように準備されていないなら、わたしは提供された便宜を失わざるを得ません。しかしわたしの過ちではありませんし、あなただけがこのような良き事を私たちに禁じるのですから、わたしは我慢します。」〔*Correspondance*, p.252〕王妃はまたシャンヴァロンが自分を騙すのではないかと疑う。その結末に至ったのか、あるいは待つのに飽きるのか。私たちには分からない。二人の恋人の文通は、日付がなく、確信するのが難しい。私たちが判断できるのは、残っているシャンヴァロンの二通の手紙の一通で、この男は不実であることを否認し、美しき人の「この上ない厳格さ」〔*Correspondance*, p.228〕に不平をもらす。マルグリットの書簡は、一種の幻滅を証言する。手紙はより単純になり、不機嫌な言葉が現れ、王妃は自分の書物に戻り、愛人の不安を目覚めさせる。王妃は平静に答える。「わたしの美しい心よ、これほど忠実に価値ある美に心を奪われた魂はこれほど素晴らしい思想に富んでおらず、そのうちにこれほど心地よい訓練を変えるいかなる意思も生まれえず、素晴らしい本の研究で気がまぎれると思いませんが、むしろその快楽が増加すると思います。」〔*Correspondance*, p.247〕そして多分王妃はなおそれを完成させようと夢見て、この者に模倣するよう誘う。「あなたが退屈し、何か違った時間つぶしが必要だと認め始めるとき、欠陥があなたの愛情にあると判断し、学問の実行にあるとは判断しませんでした。学問は恋する魂に苦痛を慰め、その炎を養い、その意図を称え完成させる何らかの新しい方法をもたらします。」〔*Correspondance*, p.247〕かつて他者の愛と競合したアモルの愛は、いまでは他者の愛を遠ざけてしまったと思われる。

　他方マルグリットと王の間で事態は明瞭に悪化する。王の苛立ちの主な理由は、マルグリットを先年宮廷に迎えて王権が割り当てた務めにマルグリットが失敗したことにあると思われる。ナヴァール王を領地から引き出し、その党派から切り離すことである。時が過ぎれば過ぎるほど、王妃は無用だと分る。[34] そして王妃は控えめにする節度すらもたない。シュリーは、そのときパリに着くが、こうして、王に目通りを望んで、マルグリットの助力を懇請しようと思っていた、と説明する。「しかし当時確かに王妃を支配していた、あなたの従姉妹のベチューヌによって、王妃の仲介は役に立つよりむしろ害になるとあなたは知った。二カ月来マルグリットは王ととても仲が悪く、言うよりも黙すほうが良い数限りない非難をお互いにしており、太后とも気まずくしていただけにいっそうだ。[35]」シュリーの言わないことは、従姉妹自身が、友人のデュラス夫人と同じく、王からはなはだよく見られていなかったことだ。

　五月末、アンリ三世は妹に夫に合流するよう求めるが、出発するにはお金がない。[36] 六月、マルグリットは本当に失寵する。そのときカトリーヌがベリエーヴルにとりなし、この男は「わたし〔カトリーヌ〕が負っている延滞金の支払いのために約束していた五万リーヴル[37]」を決済してくれる。しかしながら、マルグリットは病気になり、それが様々な注釈を生む。「ある者はマルグリットが妊娠したと言い、また他の者は水腫を患っていると言う」とトスカナの大使は要約する。[38] 確かに王妃は太り始める。レトワールは「王妃が宮廷に来てから身ごもったと噂となった子供」について語る。「そのやり方については若いシャンヴァロンが疑われ、この者は、実際、この機会に、発ってしまった。[39]」イングランド大使の情報提供者はより詳しい。王妃は六月十三日に子供を生んだらしい。[40] しかしながら、この大使自身が懐疑的で、イタリア人の大使たちも同様である。マルグリットは宮廷に姿を見せ続け、妊娠が間際になっていれば注意を引かずにはおかなかっただろう。それに、六月初めの出産というなら、前年九月初めの受胎となろうし、その時期にまだ王妃はシャンヴァロンと再会していなかった。妊娠があったとしても、流産したとの仮説の方が本当らしく思われる。この実行は上流貴族では比較的一般的であったことが知られており、レトワールはデュラスとベチューヌが「人工流産[41]」で非難されたと忘れずに思い出させる。それでもマルグリットがシャンヴァロンの子を身ごもらなかったことには変わりなく、この方が手紙の内容により相応しいだろう。それは同様に、誇張に満ちているが、マルグリットの生涯に関してはめったに誤らない、『諷刺的離婚』がこの妊娠について一言も漏らさないことを説明するだろう[42]。

マルグリットの病については、恐らく、今や私たちに親しい論理によれば、置かれている窮地の規模に関連している。まずは個人的に。パリでの恋愛の終わり、十五カ月前に始まったこの「散歩」の終わりであり、我が家に、消極的に、帰らねばならない。大恋愛はかつてのようでは最早なく、兄の根深い恨みは王妃をガスコーニュに送る。さてそこでの将来はほとんど輝きがない。王妃は、二年前はまだ明らかではなかったが、夫にいかなる力もないことを、だれも夫にたいして力がないことを理解した。ナヴァールの小王は柔軟で協調的かも知れぬが、多分愛人を除いて、誰も自分の流儀に従わせることはできない。まさにその通り。六カ月前から、ナヴァール王はそれ以前の愛人より影響力のある女性を愛している。ギッシュ公爵夫人でフィリベール・ド・グラモンの未亡人である、コリザンドことディアーヌ・ダンドワン。政治的窮地もまたほとんど明白だ。確かに、マルグリットは弟のチャンスを信じ続け、フランドルでの勝負を諦めないようさせるために出来る限りのことをする。ナヴァール王を筆頭に、フランスのユグノーが受け継ぐことを受け入れ、ネーデルラントの征服のために公の軍に自分たちの軍を加えようと密かに準備するだけにだ[43]。しかし輝かしい企ては敗走の様相を呈し始めている。つい最近、公はダンケルクをスペイン軍に渡さざるを得ず、肺を重く病み、カンブレに退却した。マルグリットが密かに齎す援助は、カトリーヌとフランス王の苛立ちをいっそうかきたてるばかりである[44]。

七月末、妹に対するアンリ三世の怒りは錯乱にまでなる。少しの後に帝国大使ブスベックが説明するように、王はマルグリットが「王がイタリアのジョワユーズ公に送ったこの伝令の死に加担した[45]」と信じたのか。この仮説はほとんどありそうもない。当時の証言者は一人もこの疑いを知らせていない。イングランド大使コブハムはより情報を得ているようだ。大使は説明する。王はマルグリットがアランソン公に最近書いたすべての書簡——あるいは書簡の写し——を受け取ったところだ[46]。そして王は、疑いもなく、デュラスとベチューヌがしばしばこの二人の共犯者の仲介者の役割を果たすのを発見した。逆上して、王は妹がこれらの女と別れることを要求し、今一度パリを離れるよう求める。ブスベックの主張するように、王は同じく、「宮廷の全員の前で」、「結婚してから持ったすべての恋人と現在目をかけている者」を名指したのか[47]。これもまたほとんどありそうにもない。イングランド大使を除いて、だれもこの諍いに言及していないし、これはこの件の公的性格に反する。かつてないほど激しい口論はまさしく起こった。コブハムの言うことだが、カトリーヌが今一度度割って入るが、太后は王の怒りを収めることができなかった。マルグリットも怒り狂う。自分の過ちを認めて謝罪するのを拒み、二人の女官と別れることを拒む。それで王妃は出発するが、二人を連れてである(48)。

他のものに付け加わる、この最後の反抗は、アンリ三世には堪忍袋の緒を切るものであり、怒りに任せて、恐ろしいへまを犯させる。王は妹を追尾させ「武力」で連れと別れさせることにする。マルグリットがパレゾーに向う間、王は隊列を途中で襲うため弓歩兵隊を派遣する。すべての女性はマスクをとらねばならず――当時上流階級の女性はマスクをして旅をした――輿はくまなく捜査され、二人のお気に入りは逮捕される。多分シャンヴァロンの件について、また確かにアランソン公の計画についても、王は自身でこの二人の女を尋問する。そして二人はパリに送り返され、一方王妃は怒りを反芻しながら南西部へと道をとり、王家内でのこの新しい騒ぎの噂はあっという間に広まり、様々な注釈を引き起こす(49)。

宮廷では、数カ月来兄と妹が身を委ねる沈黙の戦いの最後のエピソードとはなるまいと予想している。「この王女の性格を知る人々は、このような大きな侮辱に復讐するだろうと確信している」とブスベックは要約するが、一方コブハムはいつもより慧眼で、ナヴァール王がどのように行動するだろうかと思う。実際驚きはこの王からやって来る。デュプレシ＝モルネは今ではナヴァール王の最も近い顧問官で、この件で最大のものを、特に要塞と礼拝の実践の許可を引き出さないでは王は妻を引き取らないだろうと思う。この見通しは確実に王の代官全員を喜ばす。コリザンドは、特に、囁かれるように、この女が不妊ではないなら、自分を追い出しかねない女の我が家への帰還をあまり良い目では見ない。ベアルン男は、実際、自分を父にしてくれる愛人に結婚を約束する習慣があった。さてすでに母であるのでこの女はそれを主張できるだけではなく、王妃の冠を被るに足る高い貴族の出でもある。みんなにとって、ナヴァール王妃の蒙った侮辱の件はもうけものである。この者たちの影響下に、ナヴァール王は、続く月に、アンリ三世が軽率に犯した大失敗をうまく自分の利益とするだろう。

第九章

一難去ってまた一難
――ガスコーニュの二度目の滞在（一五八三―一五八五年）

八月二十日頃ナヴァール王は妻の出発の本当の状況を知る。ドービニェを信じなければならないなら、強く怒って、しかし恐らくはよき忠告を受けて、ナヴァール王はデュプレシ＝モルネをリヨンに急派し、当時そこにフランス王は滞在しているが、避けられない論理の請願をこの者の仲介で提出する。「妻の王妃がこのような侮辱に値しうる過ちを犯したのなら、［……］一家の主人、家族の父に対するのと同じように裁きを求めた。そうでないなら、そして何らかの中傷の報告に基づいてこの行為が急がれたのなら［……］、見せしめの罰がなされるよう懇願した。」(1) それゆえフランス王は申し開きをするか謝罪しなければならない。

パリから、打ちひしがれたカトリーヌはベリエーヴルに「事態を王の判断と裁量に委ねるよう」示唆する。「これほど進んでしまったのだから。」太后と大臣の間で交わされた言葉は二人ともがどの程度まで状況の重大さを計っているかを示す。その月の末にベリエーヴルは書き送る。「ナヴァール王妃はプレシ＝ラ＝トゥールに落ち着き、私が間違っていないなら、明らかに安全だと分らなければ出立しないでしょう。」太后はどうにかベリエーヴルを安心させる。マルグリットは行路を再開し、「こうしたことにうんざりし、深く悲しんでいる」と思うけれど、こうして王に従う。二日後、カトリーヌは王の楽観論を蒸し返し、王が「これまでまずく振る舞った後、解決策を与えるのに一層困って」(2) いると嘆息する。

この時期に関して私たちが所有しているマルグリットの稀な書簡の一通は、マルグリットが不運にもめげず健気に立向かおうとすることを示す。ヴィエンヌのディセの城から夫に呼びかけ、自分の旅と用事でポワチエに立ち止まる意思を説明する。手紙の末尾だけが心配を垣間見せる。厚遇を保ってくれるよう夫に「懇願し」ているから。(3) 夫が、自分が受けた侮辱を十分に利用しようと決めたことがまだ分らない。デュプレシとの交渉は何も進展がなく、フランス王は前言を翻すのを拒み、ナヴァール王は侮辱が濯がれない限り、即ち南部での要塞に関して王権から新たな譲歩が得られない限り、妻を引き取るのを拒む。九月末、このベアルン男はそれ故マルグリットに「前記の満足が実行されるまでは」(4) 旅を中断するよう求める。王妃はそのときジャルナックにいて、仲裁者の指示を待ちながら、一月以上滞在することになるだろう。

じりじりしながら、マルグリットは母に「余りに長い」悲惨をこぼし、「王が自分の不幸に満足するよう取り計らってくれる」[5]ことを懇願する。しかしナヴァール王とフランス王権の間に口論が生じる。実際のこの時期に侮辱されたと思われている夫は第二の使者ドービニェをフランス王に送ったらしい。アンリ三世の脅しに対してこの盾持ちは答えたであろう。「こぶしに剣の柄を握っている限り、自分の名誉を、陛下にも生きている王侯にも決して隷属させないだろう。[6]」フランス王は今や、敵の巧妙さと同様、自分の犯した過ちの大きさを意識する。ベリエーヴルがナヴァール王を宥めすかすために現地に送られる。マルグリットはそのときそれを利用していっそう最終目的地に近づき、十月末ごろクトラに落ち着く。そこで、翌月十五日頃、王妃はようやく外交官の訪問を受ける。「わたしはベリエーヴル殿から、夫の王と仲直りさせるために、与えられた職務を聞きました[7]」と王妃はそっけなくアンリ三世に書き送り、もう一通の手紙では、仲介者の選任を母に感謝する。カトリーヌは仲介者に指摘する。「マルグリットはあなたに会えあなたと話した満足をわたしに書いてきて、この役目にあなたを選んだことが兄王に気に入ったことをこの上なくわたしに感謝していま す。[8]」

しかしながら王妃の困難は終わり近くにはない。ガスコーニュは再び内戦と宗教的混乱の犠牲となるからである。十一月末、ナヴァール王はモン＝ド＝マルサンを奪取し、それに対してギュイエンヌでのビロンの後継者マチニョン元帥はバザス奪取で答えるが、ひと時最悪の不安とさえなり、ともかく、和解に達する機会を崩してしまう。ナヴァール王はマチニョンを支持しているベリエーヴルを非難する。外交官のこのベアルン男との最初の会談はそれで失敗、むしろ取引に終わる。交渉はマチニョンがネラックに隣接する町々から軍を引き上げるときに再開されるだろう。ベリエーヴルはそのとき王の代官と状況を調整するためにボルドーに至る。

事件の主要人物との豊富な文通のおかげで状況に通じ、マルグリットはカディヤックに移動し、次いで最終的に自領のアジャンに行き、そこで兄と夫の間で妥協が成り立つのを待つために十二月初頭身を落ち着ける。ナヴァール王からの保証を受け取るが、マルグリットの忍耐は切れ始める。「［ナヴァール王は］わたしに対して善意も友情も欠けているのではないと、この長さにうんざりせず、悪くとらないよう懇願しています[9]」と王妃はベリエーヴルに書く。しかし待つのには満足しない。自身でマチニョンに会い、絶えず書簡を送る。ボルドー市長として対立に巻き込まれたモンテーニュと会談する。[10]ナヴァール王にアンリ三世と交渉しに行く任務を与えられた三番目の特使ピブラックと和解する。双方に行動するよう促す。

ベアルン男は妥協しない。十二月末、レトワールは楽しんで書くが、フランス宮廷に第四の密使が送られる。「ナヴァール王に仕える貴族、ヨレの領主が、主人の側から、バザスの町と隣接する場所から、マチニョン元帥が配置した守備隊を引き上げさせるよう陛下に懇願するために、王に会いにパリに来た。太后はこの者と話し、このナヴァール王から娘が受けたひどい扱いを強くこぼし、このヨレに自分の抱いている不満をナヴァール王に言うよう付け加え、厳しい苛立った言葉に満ちて、娘を引き取らない場合の脅しを混ぜた。これにヨレは勇敢に答えた。『主人に伝えましょうが、棒の一撃では動かされない王侯と知っております。』」(11)

実際カトリーヌはマルグリットの運命を悲しんでいる。一五八四年一月、太后はベリエーヴルに「わたしの娘のことを見捨てないで、できれば、夫のもとへ戻さないでは帰らないように」求める。数日後、交渉が終着点にあると思い、母后は「少しも難しくはないこのよき仕事を完成させるよう」励ます。とうとう、二月の数日病で床に着いた後、太后は「あなたの手紙に答えることも、娘に望むほどは手紙を書け(12)」なかったことを謝る。確かに、マルグリットの忍耐は、マチニョンへの告白が示すように、ほとんど切れんばかりである。「不幸を増やし保つためだけに精神を目隠しをした人がいると思います。わたしは、惨めで、何事でも苦労します。ところで、忍耐よ、人々への悪意をわたしが感じるのと同じほど神に助けを見出すことができるよう望みます。(13)」幸運にも自分が女伯爵であるアジャンで従事することがある。自分に付与されたこのカトリックの町の利害を守るために幾度も介入し、住民の幾人かをマチニョン元帥あるいは王権に推薦し、イエズス会のコレージュ創設を支持する。

三月初めごろ、ようやく、交渉は決着に近づくと思われる。王はコンドン、アジャン、バザスの町の守備隊を引き上げることを受け入れた。カトリーヌはそのとき娘にアンリ三世に謝るよう求める。返答は苦いものだ。マルグリットはそれに深く傷ついたと思われる。「言われるように、王が苦しむ心を愛する神々と同じようなら、わたしの心はとても心地よいでしょうに。わたしに悪を味あわせたように、善を感じさせるのが気にいるときに、わたしに悪をなしたように、多くの善をなすことができると疑いません」と母に返答する。しかしながら王妃は母の助言に従い、兄に、打ち負かされた者の調子とは似ても似つかない調子で、書き送る。「陛下、陛下の判断はそれ故わたしの公平な裁き手となられますように。情念を取り去り、陛下に従うために、わたしが耐えねばならなかったことをお考えくださいますよう。(14)」

そのときとても大きな事件が介入し、事態の結論を早める。アランソン公は、四カ月前からフランスに退却していたが、状態が突然悪化した。カトリーヌは計画を諦めねばならなかったとき、アランソン公にサン゠ジェルマンに家を買ってやる準備をした。レトワールは書いている。「五月十四日、[太后は]パリから急いで発ち、シャトー゠チエリーにこの子息殿に会いに行く。出血して重病で、口と鼻から血が流れた。[15]」公は危篤である。ところでアンリ三世には子がなく、兄弟にも正当の子がいなかった。継承の危機が従って一五八四年春に明らかになる。と言うのも王位継承の伝統的法、サリカ法が指定する後継者はナヴァール王、アンリ・ド・ブルボンであり、カトリック過激派はこれを望んでいない。フランス王は珍しく言い逃れをしない。王朝の継承の規則に忠実に、王はすぐに義弟を唯一の後継者と認め、急いで妹の帰還の件を締めくくる。[16] マルグリットは復活祭を祝うためまだ数日アジャンに留まり、四月十三日、共にネラックに戻る前に、ポール＝サント＝マリでナヴァール王と再会する。

六年前に受けた応対となんと違うことだろう。ミシェル・ド・ラ・ユグリは当時コンデ公の使節としてナヴァール王の傍にいたが、『回想録』で二人の夫婦の最初の夕べの話を書き残している。この人は言う。「王と妻の王妃は四時ごろに到着した。そして二人きりで夕方までネラックの城の回廊を散歩した。そこでこの王女が絶えず涙にくれているのを目にしたが、その結果、私が見たいと思った食卓に二人ともが就いたとき、［……］これほど涙に洗われた顔も涙で赤くなった目も見たことがなかった。周囲にいた貴族たちとなにか知らない空虚な話しを交わしている夫の王の傍に座っているのを見ると、この王女は私に大いに哀れを催させ、王も他のだれもこの王女に話しかけなかった。[17]」

しばしば書かれたように、ラ・ユグリが誇張していると考える理由はない。確かに、ネラックから発せられる公式書簡はすべてが順調だと保証する。しかしそれらが反対を言うことはあり得るのか。確かに王妃はとうとう普通の状況を取り戻す。しかし王妃が気力を失うのはまったく自然ではないのか。八カ月グロテスクで屈辱的な状況で過ごし、自分の運命は不確かで、家族のメンバーが開始した神経戦に従属していた。とうとう家庭に戻り、そこは兄が望んだが、夫は望んでいなかった。夫の無作法は知っていたけれど、周囲の無関心と軽蔑は予期していたけれど、自分の位置がふさがれていることは知っているけれど、ショックは厳しい。そしてアランソン公の死の知らせを今日か明日かと待っている。

しかしながら、マルグリットは立ち直ろうと努め、自分たち夫妻の間をかつて支配していた友好を再建しようとする。王妃はそこに到達するようにさえ思われる。それが少なくとも書簡が語ることで、なにより母親を静めようとするものだ。[18] 太后はしかしほとんど安心しない。特に、娘が王の愛人とあまりに時間稼ぎをするのではないかと心配だ。ナヴァール王がアンリ二世といかなる点でも比べられないのを相変わらず理解せず、太后は密かな競合関係がほのみえる次のような忠告をマルグリットに伝達するようベリエーヴルに求める。「この点で娘はわたしのようにすること。［……］賢明で有徳の王女のそばにあるのに相応しくないことをみんな拒絶しなくてはなりません。若く、多分、そうである以上に美しいと考えているのです。［……］かつてしたようには最早しないように。夫が愛を行う女たちを尊重するように。［……］というのも夫を愛する妻は決して淫売を愛さなかったのですから。」(19) 恐らくベリエーヴルはこのメッセージを王妃に伝達しないように気をつけた。マルグリットは自分の意思をいかにしても押し付けられないだけでなく、ほとんど一度もコリザンドに会いに行かなかった。

実際、このベアルン男の愛人はほとんどランドの自分の城アジェトモーを離れない。出かけるのは、ポーに赴くためで、王の妹のカトリーヌが定期的に招くのである。アンリ自身ほとんどネラックに連れてこない。ポーあるいはアジェトモーの方がいいのだ。それでマルグリットとの和解は理屈の上だけになる。四月末、即ち再会してたった二週間で、ナヴァール王はマルグリットをネラックに残す。(20) このような状態で、王妃が取り巻きにその威光のいくらかでも再び獲得できたと信じられようか。ドービニェはそう認め、自分が和解しなかったただ一人であると言う。その一人であったのは確かである。(21)

六月のアランソン公の死は、マルグリットの儚い希望を滅ぼす。アンリ三世は弟が死亡したと知るや、エペルノン公をガスコーニュに急派し、義弟に改宗するよう厳命する。王国の推定相続人は異端ではあり得ない。内戦、宗教戦争がいっそう激しく再開されるだろう。交渉者の選択――口の悪い者たちが「超寵臣」と渾名する巧みな外交家、それほど力がありそれほど主人に尊重されていた――は、会談が公開で設定されたことと同様に、もちろん偶然ではない。フランス王は王位継承に関して開かれる論争で自分の好みがどこにあるかを示したいのだ。それゆえエペルノンは盛大に迎えられねばならない。さてマルグリットは供回りと喪に服したところで、パリ滞在中にひどく侮辱され、自分の失寵に責任があると疑うこの男を迎えることを拒む。(22) ベリエーヴル宛ての手紙で太后は怒りの声を上げる。「わたしの苦悩を増やす原因とならぬよう、兄王を相応しく認め、王を侮辱するようなことをせぬよう、娘のナヴァール王妃に言うよう望みます。娘がエペルノン殿に会わなければ、王は侮辱されたと感じるだろうことがわたしには分りますから。」(23)

マルグリットが従うことに決めるまで、強く数多い圧力がかかる。七月初め、エペルノン公が既に二週間パミエでナヴァール王と協議している間に、カトリーヌは公然と脅す。「このことで娘がエペルノン殿と会わないのなら、王がもう娘の噂を聞きたいと決して考えてはならない。」しかし娘がとった良き決意を知るにはその月の末を待たねばならない。(24) マルグリットは打ちひしがれた。ベリエーヴルに書いている。「この不幸な［……］会見を逃れることも避けることもできないのは分っています。外的行為を支配するのは運命の本性ですが、意思を支配するのではありません。しかしわたしの生は奴隷の生の状態になってしまいましたから、抵抗できない力、権力に従うでしょう。(25)」そして今一度ブラントームはこの降伏のもう一つの側面を私たちに与える。「自分の女官の何人かに言われた。『あの男がやって来て、留まっている間は、わたしは一度も着たことのない装いをする、とあなた方に請合います。つまり、隠し立てと偽善という装いです[26]』」。

ナヴァール王はエペルノンの要求に譲歩しない。ナヴァール王の取り巻きはまだ準備できておらず、改宗はユグノー側から切り離される結果を齎すだろう。公が出発する一方、このベアルン男はポーに脱出し、マルグリットは八月十五日をアジャンで過ごし、特に熱心にお祈りして人目を引く。次いでアンコースの温泉に赴くことにし、九月二十一日に到着する。新たな不妊治療か。多分そうだろう。もし時間つぶしでないなら。マチニョン元帥に書いている。「わたしはこの温泉を九日飲みました。それで今とても元気です。風呂を浴びます。それで得られる利益は、耐えている不都合に対して、とても大きいはずです。というのもあなたはこのような住まいを一度も見たことがないからです。二日前から雨が降り始め、膝まで泥に埋まっています[27]。」次に、十月中頃、ネラックに戻り、そこで冬を過ごすが、ますます一人で打ち捨てられた状況だ。王妃の家政簿の表現を用いれば、五十人の「貴婦人」、「未婚女性たち」、「その他の女官たち」が王妃の周りにいる宮廷のすべてである。こうして一五八五年公現祭に、王妃はため息をつきながら夫に書く。「祭りはあなたの御臨席があれば、素晴らしかったと言えたでしょう[28]。」

マルグリットは苛立ちを抑えきれないとして、フランス王国に関しては同様に言えない。プロテスタントの首領たちは今では権力が自分たちの手の届くところにあると信じているが、どのような戦略を取るかについては分裂している。カトリックはこのような見通しに動転している。一五七六年、多くの特権をユグノーに与えた、不吉な思い出のボーリュー和議の後、カトリックは同盟で結びついた。今回は、集合はさらに見事に繰り返された。特にパリで、ブルジョワ、司祭、学生、小聖職者からなる民衆が民主的希望への運動を生み、暴君放伐論（モナルコマク）を説き、熱心な敬虔のデモに身を委ね、網目を組織し、軍隊を備える。ユグノーの危機に反対して結集するこのフランスは指導者に、当然のことながら、強力なギーズ一族を見出す。カトリック側の擁護者は、自分たちの政策をよりよく実行するために、一五八〇年代初め以来スペインの援助金を受取り[29]、その当時来るべき混沌に対する唯一の防壁のように思われる。一五八四年末、パリの運動の指導者はロレーヌ家と、フェリペ二世の代表者の前で、同盟条約を交わす。これが神聖同盟の誕生であり、カトリックの君主を王位に据え全国三部会にいっそうの力を与えるためにあらゆることをするつもりである。王は、そしてカトリックの最穏健派は、ベアルン男の改宗が唯一の解決策だと信じ続ける。しかしそれは、当時、最も信じ難いことでもある。ドービニェは思い出す。「フランス全土が武装する。改革派は敵に二つの派を認め、自分たち自身も相対立する二つの意見に動かされ、自分たちの首領たちの精神を二分していた[30]。」

歴史が加速するこの月日のうちに、マルグリットが盛んに考えたことは疑いがない。個人的状況は破局的である。不平党とユグノーの間で、弟と夫との間で同盟の特権的関係を結んでいた。この同盟は、戦略的不一致を越えて、確かに維持されるが、今や穏健派カトリックを率いるのはアンリ三世である。そしてアンリ三世はマルグリットを嫌悪している。ナヴァール王はマルグリットを完全に無視している。九、あるいは十カ月間で、いわば続けて三日と会ったことがなかった[31]。王国で最早政治的立場がないだけでなく、捨てられた王妃と見ていた。どうすることができるのか。後継者を産むことだけが地位を回復し、必要とされる人になることを可能にするだろう。その上、ナヴァール王は嫡出の子を産むのが自分の利害でもあり、今やフランス王権を得ようと懸命なのだから緊急であることを理解すべきであろう。必要と感じられるときにはマルグリットを利用するのを躊躇わなかったナヴァール王は、最後のフランス王たちの娘であり妹が、自分が加わる勝負で、王位に就く最上のカードの一枚であることを知るべきであろう。確かに、王妃はこの新しい同盟を熱狂的に受け入れるだろう。ナヴァール王が推定相続人なら、自身は潜在的なフランス王妃であるだけにだ。しかし何も見えそうにない。コリザンドは恐らく分りすぎている。王の愛人であることを固く離さない。それでは、今度は、ナヴァール王を離れる以外に、他の解決策はあるのか。旧教同盟に合流する以外に。

この取引をギーズ公に提案するためなのか、王妃はネラックから、フェランという名の自分の秘書の一人を出立させるが、ナヴァール王の廷臣たちはこの者を途中で取り押さえ、尋問するためにポーに連れて行く。幾人もの証言者はこれを支持するだろうが、この不明な事件について正しい意見となるには至っていない[32]。首都では、秘書の逮捕は夫に対して王妃が犯した毒殺の試みの結果であるとの噂が広がる。そしてこの噂を伝えるレトワールは、パリに流布する説明を付け加える。レトワールが説明するには、マルグリットは「自分を無視する夫に大変不満であった。夫は兄王が一五八三年八月に蒙らせた侮辱の知らせ以来王妃とベッドを共にしなかった。［……］美しい言葉で愛撫し、よい顔をするが、それ以上はない。それに母娘は激怒していた[33]。」と言われていた。実際、フランス王権はこの秘書を釈放するようすぐに介入し、マルグリットの裏切りの疑いを少しでも持っていたら、確かにこの介入はなされなかっただろう。その上パリで王妃について不平を言い始めるのはようやく五月になってからである。

ともかく王妃は決心した。屈辱しか受けないネラックに留まるより、空しく夫が愛人から離れるのを待つより、立ち去る。一五八五年三月十九日、王妃はアルブレの首都を離れ、公式には四旬節と復活祭をカトリックの町で過ごすために、非公式には安全の理由で、アジャンに引きこもる。コリザンドは王妃を毒殺させようとしたかもしれなかった[34]。実は、王妃はベアルン男という船を離れ、王妃自身の言葉を用いれば、ナヴァール王を「捨てる」。これが最初で、唯一である。サン＝バルテルミーの大虐殺の後では、結婚を破棄することを拒んだ。不平党の陰謀では、夫のため弁護論を起草した。「恋人たちの戦い」では、最終的に「夫の運命に身を任せる」。そして、何年も後、和解した時からは、絶えず援助を齎すだろう。しかし今回は、あまりのことであり、王妃は夫を離れる。

この行為は途方もないと思われうるし、いわばそうである。夫と不一致がありえようと、夫と運命を共にせず、公然と夫の敵陣に加わり、家族の側にも加わらない王妃のケースは十六世紀で唯一であろう。遠ざけられた王妃ではなく、遠ざかる王妃である。それは、マルグリットが周りに合わせ、周囲で望まれたように政治舞台から消え、裏で、あるいは忍耐の報酬を、あるいは単なる離縁を待つことをいかなる時にも企てないからである。マルグリットの望むのは、行動すること、同盟者、重要性をもつ人でありつづけることである。そして政治的状況によりこうした願いを具体化することができる。というのも、同時代人が言うように、マルグリットがアジャンに「身を投げに」来た時期、ナヴァール王に対する締め付けがきつくなる時期であり、ナヴァール王はまもなくヨーロッパから締め出される。三月に旧教同盟はペロンヌ宣言で公然と現れ、もう一人の王位継承権主張者の名前を示した。このベアルン男の叔父、年老いたシャルル・ド・ブルボンである。至るところで加盟者は増加し、その中にはジョワユーズ公とエペルノン公に対するギーズ家の抵抗に、また全国三部会の再建で提示される「制度の選択肢」に誘惑された多くの不平党分子も含まれる[33]。弟のかつての党派の一部がこの新勢力を支持するのは、マルグリットの位置を強化するだけだ。至る所で、同じく、戦闘が再開される。そして国家財政は惨憺たるものである。アンリ三世はそれで一八〇度向きを変える。王もまた、少なくとも一時的に、ナヴァールを放擲し、最初の時と同様に同盟の頭と宣言し、ギーズ家と出来るだけ早く交渉に着手する。

この間に、マルグリットはアジャンに身を落ち着ける。初めはマチニョンはむしろマルグリットの到着に好意的で、ベアルン男の勢力外に町を維持する務めを果たす。四月の初旬には、個人的安全のために「歩兵二個中隊」を送りさえする[36]。王妃はそれに長くは満足しない。やがて、部隊すべてを動員する。しかしながら、金銭が不足し始め、その必要の理由は告げずに、母に援助を求め、太后はヴィルロワと「ベリエーヴル殿にも、いくらかの金で救出されうるように、できることをするように」頼む。「というのも、聞くところでは、娘はお金をとても必要としていて、自身の食べ物を得る手立てもないからです[37]。」実際は、マルグリットは武装するのをやめない。二個中隊が町に配置され、多かれ少なかれ「住民」に頼って暮らす。

二十人近くが市壁の外に配置され、定期的に周囲を略奪する。五月十五日、王妃は町の名士を召集し、マチニョンは自分に陰謀を企てたと宣言し、忠誠を誓うよう求める。町の鍵を返させ、幾人かの将校を廃し、その地位に自身の副官、特にオート＝オーヴェルニュ代官リニュラック殿、もう一人のオーヴェルニュ人オービヤック殿、そしてデュラス子爵——この者の妻は自分の一団に戻った——をつける。[38]

数日後、太后はヴィルロワに落胆を打ち明ける。太后は詳しく述べるが、マルグリットは「今後確かだと思われ、娘が否定できないことを、王に書いた手紙で偽装するのに大変苦労しています。息子［婿］のロレーヌ公に手紙を送ったのであり、わたしはその手紙を見ましたが、その国に受け入れてくれるように、というのです」。換言すれば、ナヴァール王妃は既に予想されうる最悪を検討し、義兄が提供しうる避難所を考えている。続く週、カトリーヌの調子は険しくなる一方で、母娘の分裂はいまにもおこりそうだということを示す。「当地では娘がいまやアジャンを強化していると言われています」と太后は五月末にヴィルロワに語る。そして半月後にはベリエーヴルに手紙で次のように述べる。「神様はわたしの罪の罰のためにこの生き物を残されました。［……］厄介者です。[39]」

大部分の観察者にとって、マルグリットが、いまや存在している三つの陣営の中で、旧教同盟を選んだことはそれで明らかだ。[40] そして確かに、忠臣とともにマルグリットが選ぶ権力の集中に与えるべき意味はそれであるはずだ。旧教同盟派の他の首領も自分の支配する町で同じことをする。それでもナヴァール王妃はその場しのぎの旧教同盟派、信念よりは必要に迫られた旧教同盟派である。一方で、後に自身で説明するように、その町は中立ではなかった。「アジャンは［……］わたしの町ですが、しかし旧教同盟側を支持していて、それで亡きギーズ殿の支持なしでは保持することは難しかったでしょう。[41]」他方では、不平党から来た新兵同様、断固たるカトリックであるとしても、旧教同盟の指導者の一歩もゆずらぬ信仰を共有するわけではない。さらに、アジャンで、少しも狂信的なところを見せはしない。闘うことはこうして「自分の命令のもと、神の言葉を説教するのを止めた、そして神の言葉の僕であるバルテルミー氏の書物が取り上げられ、宗派の他の全ての書物は公に焼かれた[42]」ことを意味する。これは他所で実行されていることに較べればあまりひどいことはない。

同様に気づくことだが、レトワールが一五八五年について報告する全ての諷刺文の中で、マルグリットは旧教同盟の支持者として一度も挙げられていない。これらのテクストの一つでは、同盟の高位の人物を全て検討し、旧教同盟に熱心に加わった女性の中で九人を挙げているが、マルグリットには言及していない。[43] 最後に、ナヴァール王自身もマルグリットを孤立した人と考えていたようだ。こうしてナヴァール王は六月初めに書いている。「旧教同盟の者どもは、できるだけ多くの人を集め続けている。その企ては少しの場でしか成功せず、その力はまだ弱い。妻はアジャンでできるだけ防備を施している。」妻の策謀を迫害されているとの感情の、そして特にデュラスの影響のせいにしているようである。回顧してナヴァール王はセギュール殿に説明する。「あなたは妻を連れ去りポーに囚人として連れて行くために特にネラックに来たと妻は言い、いくつも同じようなことを口にする。デュラス夫妻が勝ち誇り、二人の用いる横柄な言葉をあなたは信じないだろう。私たちの忍耐はできるかぎり続く。[44]」恐らくナヴァール王は妻にもっとうまく働きかけなかったことを後悔している。

ナヴァール王が妻の支えをひどく欠くのは、六月末にギーズ家と王権の間で劇的な協定が発生するからで、ロレーヌ家が本当の妥協をおしつけ、ロレーヌ家はアランソン公の死後アンリ三世の取った政策の完全な転換を勝ち取る。改革派は禁止される。ユグノーは財産を残して国を去らねばならない。ナヴァール王は継承権を失い、破門する手続きがローマで始められる。ブルボン枢機卿、ギーズ、マイエンヌ、オマル、メルクールの各公は、自分たちの軍に資金を払うために町や金を手に入れた。マルグリットは、こうした協定を知らされていない。他の者たちのように旧教同盟の首領でないからだろうか。いっそうの裏切りの犠牲者であるからだろうか。娘の名が勝者の傍に現れるのは不適当とカトリーヌが思うからだろうか。それでもやはりカトリーヌはベリエーヴルに「わたしたちの条項で娘に言及することはないでしょう[45]」と明かす。パリから書簡を送る、イングランド大使を信じれば、規定の中でマルグリットの状況が考慮されないので、マルグリットは、「すっかり立場を明かしたのに、自分に知らせずに和約に署名した[46]」ギーズに対して怒り狂うだろう。

それでフランスを引き裂く三つの党派からマルグリットは拒まれる。状況はともかく前代未聞で不気味である。見たところ、少なくともマルグリットには絶望的ではなく、マルグリットにはまだいくつも手がある。再びギーズに援助を求め、政治的助力を約し、カトリックの保持のためにその地方での自分の存在を強調する。少なくともそれが王妃の要求を伝達してギーズ公がスペイン王に説明する議論から引き出されるものであり、ギーズ公自身もマルグリットを助けるには借金を重ねすぎていたから[47]。こうして当てのない援助を求めても、王妃とその取り巻きは逆上し始め、夏の間に誤りを繰り返していた。六月に、守備隊を住民の住居に配置し、ユグノーの家を略奪し、要塞を築くために町で一番立派な館を取り壊し、この大工事で働かせるために住民を徴発する命令を出す。七月には、アジャンの入り口を守る二つの小さな町を軍事的に確保する試みをする。ナヴァール王の町で、王自身が防衛に来るトナンと、住民が勇敢に抵抗するヴィルヌーヴ＝シュル＝ロである[48]。八月にはペストがアジャンを襲い、マルグリットは、強化工事を成功させたいあまりに、住民が田舎に避難するのを禁じる。この時期、王妃は、ギーズ公から何の援助も受けず、デュラスをフェリペ二世のもとに派遣する。ナヴァール王は、この若い子爵が「夫と言う名の者と共にいる異端を追い払う[49]」手段をスペインに求めに行くために感染をものともしない、と苦々しく記す。

守備隊に支払う金もなく、いかなる種類の援軍も持たず、マルグリットは窮地に陥る。一五八五年夏の終わりの王妃の精神状態を思い描くことは実に難しい。不人気に成って行くのが分るだろうか。取り巻きが幻想でたぶらかすのだろうか。王妃と戦う証言者が後に語り、またアジャンの古文書が供述を保存している[50]ほど状況は危機的ではないのか。ともかく、状況からして、マルグリットは当時明日を考えずに暮らしていたと思われ、政治的計画が徹底的にない中で最も緊急のものに備え、ますますそうなるように、神と自身を頼みとする。実際、九月に、部下と何人かの町の住民との間の緊張が高まると、まだ家族とつながっていた最期の関係が突然断たれる。まずは法王シクストゥス五世がナヴァール王とコンデ公を破門して、ユグノーの首領を社会から追放し、その地方で戦闘が激化する。次に、アンリ三世ととうとう断絶して、一方カトリーヌは、サヴォワの大使ルネ・ド・リュサンジュが報告するように、悲しみ、自身で娘を迎えに行くことを考える。リュサンジュは「太后はナヴァール王を憎むが、とりわけ娘を酷く扱うからだ[51]」と付言する。フランス王は、「もう二度とマルグリットに関わりあわず、マルグリットももう自分に言葉をかけない[52]」と宣言した。母との不和はますます大きくなるが、太后はマルグリットのために解決策を探り、王はマチニョンにアジャンを包囲するよう求める。

マチニョン元帥はほとんど何もする必要はないだろう。九月二十五日、元帥との合意に基づいて、幾人かの町民は王妃の守備隊を攻撃し、王軍の入市を可能とする。王妃が避難していて、武器庫としても使っていた僧院が火事となり、パニックのうちに、数時間の抵抗も終わる。オービヤック領主の兄弟は、母がマルグリットに仕えていた義兄弟のアンリ・ド・ノアイユに手紙を送り、マルグリットの出立を次のように記す。「王妃は、砦の一つが打ち破られ、町を支配していた町民に勝利が傾いたと知らされ、[……]四十あるいは五十騎とともに馬の尻に乗って逃れるしか打つ手がなかったが、私の兄弟もその一人で、翌日、騎馬隊の三、四人の旗手を伴ったマチニョン元帥殿に追われた。しかし元帥ははるか遠くで、王妃は一飛びでケルシーのカオールに達していた[53]」ブラントームもほんの少しを除いて同じ退却を記述するだろう。「王妃様にできたことといえば、ある貴族の馬の尻に乗り、デュラス夫人はまた別の馬の尻に乗り、急いで逃げ出し、一息で一二リューを走破し、翌日も同じだけ駆けることだけだった[54]」

敗走である。王の娘、王の妹、そして自身王妃でもあるこの女性は、『回想録』で好んで思い出すように、金もなく、豪華さもなく、自分が女伯爵の地位を占める町から逃れるところで、アンリ三世はやがて規定どおりにその町の権限をマルグリットから取り上げるだろう。前例のない状況で、一五八三年夏の侮辱に引き続いた辛い中休みとどれほど違うことだろう。マルグリットはそのとき衝突の対象、口実であった。今ではもう、消え去る恥ずかしさも持たない望まれざる人物以外の何者でもなく、諸党派間の同盟の、すでにあまりに縺れたゲームを乱す人物でしかない。ガスコーニュを最初に出立したときとも確かに違う。そのときパリに出発するのに明確な目的はなかったが、少なくとも王権と夫の同意があった。今日では、どこに行くかがかろうじて分るだけであり、当然保護するはずであろう者たちから自分を守る避難所を求めての旅である。

だから敗走である。しかし少なくとも自由だ。まずは移動の自由、マチニョンの追求はあまり熱心ではなく、取り返しのつかないことにならないようにしているから。次に行動の自由、フランスの騒動に陥った地域では、マルグリットに関わる人はやがて多くなくなると予想するべきだから。最後に、どれほど高くついても、個人的自由。二年前から、ナヴァール王妃は自分の地位に相応しくない異様な状況に生きていた。しかしそれは、こう言ってよければ、来るべき試練を準備したのだ。自らの帰還を交渉して、うわべのものであれ、従順さの徳をすべて理解したのは疑いない。アジャンで指揮し、やがて役に立つ軍事の基礎を幾分か学んだ。伝来の土台と庇護を一つまた一つと失い、こうしたものなしですむことを、少しずつ、見出した。マルグリット・ド・ヴァロワはそのとき三十二歳だ。逃走、いやむしろ降伏は、アジャンの廃墟から馬で逃げ出すその瞬間に、母から受け継いだ不屈の楽観主義に活気付いていることを示し、その楽観主義ゆえに、いまや経験し始める、信じがたい「砂漠の横断」を実行することができる。

第十章
どん底（一五八五―一五九一年）

一五八五年九月二十五日ナヴァール王妃が向うのはケルシーである。小隊でであり、ブラントームやオービヤック兄が示唆するような一気にではなく、すっかり混乱してでもない。家政簿の証言によればアジャンで食事をする時間があった。王妃は東から一行の一部と町を去る一方、他の一行は荷造りをするために留まったからだ。それでも行程が長いことには変わりない。第一行程としてブラサックまで三十キロほど。次の行程はいっそう長い。ブラサックから、サン＝プロジェ、ブルナゼル、アントレーグ＝シュル＝トリュイエール、モンサルヴィを通って、カルラまで、二百キロ近くは五日で踏破されるだろう。王妃と従者は安全だと感じておらず、安全で保護された場でしか留まらないと言わなくてはならない。三十日、ようやくオリヤックの南西のカルラに到達し、奪取不可能と噂された要塞で、当時はマルセ領主リニュラックの兄が支配していた。

アジャン同様、この町もマルグリットのものである。それで当初は旅の疲れから回復しようと考えて身を落ち着けるが、確かに精神的にも苦難を経験していた。しかしながら物質的要求が最も緊急を要する。王妃は金を持たずに、宝石も、食器も携えずに出発したのだから。九月末の日々は、ごく限られた出費を決済すらできない[1]。早くに、再びギーズに書簡を送り、ギーズは確かに保証を与えた。しかし、初回と同様、スペインに向わせるだけだろう。幾分事実を変更してギーズ公はメンドサ大臣に書くだろう。「あなたはいまやナヴァール王妃がアジャンを去り、ギュイエンヌ地方を宗派の者に委ねざるを得なかったのをご存知です。［……］私が最前の至急便でお願い奉りました額でこの奥方を援助されるのが陛下のお気に召されるなら、奥方は立ち直り、見事な企てを実行することでしょう。［……］脱出した町と、その他の重要ないくつもの町に対してです。[2]」王妃は、アジャンに残した残りの荷物も届けさせようとし、十月末手の者はポール＝サント＝マリ方面に荷物を送るのに成功する。すべてが到着したわけではない。財産の一部はその町でたまった借金の支払いに押さえられた。そして、マルグリットは、荷物を受理して、大きな価値のある真珠の装身具がないのに気づく。それを要求するためにアジャンの行政官に手紙を書いても無駄であった。真珠は失われた[3]。それゆえ相対的に不安定な状況でマルグリットはカルラに身を落ち着けるが、自分の領地であるから、安全である。

太后と王は妹がとうとうアジャンを出発して胸をなでおろすが、まだ満足ではない。マルグリットを完全に中立化させるために、イソワール近くの、カトリーヌの地所、イボワに引きこもるよう二人は申しでる。太后はすでに一人の通信相手に、娘はそこで冬の一部を過ごすことに決めたと書き、生活と体に良い条件に必要なことをするよう求める。[4] しかしマルグリットは拒否する。「陛下がわたしに城を提供してくださるというのには謹んで感謝いたします。お蔭様で、わたしには必要がありません。わたしのものである誠によい場所におり、多くの信義にあつい者が居合わせ、立派に安全に暮らしております。」そしてカトリーヌの申し出は娘の必要な中立に関する厳しい忠告が伴っているので、マルグリットは明言する。「戦を仕掛けたのはわたしに対してではなかったと言っていただけたなら［……］、お母様、自分を守ることはわたしのすることでした。それで他のことはしようとしませんでしたが、そうしたのです、「そうでないなら」わたしから財産、生命、名誉を奪おうとする者の手に再び陥らないためです。[5]」それ故ナヴァール王妃は受け入れない結末を家族の偽善的申し入れと対立させ、同時に軍事的意図へと厳密に焦点を合わせる。自分は誰にも戦を仕掛けないだろう、しかし自己防衛するだろう、と。カトリーヌはそこで誤らず、「娘の態度[6]」をすぐにベリエーヴル宛ての手紙で誹謗する。

おそらくマルグリットはこの確実な退却と信義に厚い者たちの取り巻きを書きながら誇張して、母親に情けは無用であることを示している。実を言えば、マルグリットの宮廷はとても縮小しており、収入はもはや入らず、王妃は取り巻きの軍の頭に依存しており、差し当たり、この者たちは王妃に金を貸している。しかし『諷刺的離婚』が想起させ、その後伝統的に続く「泥棒の巣窟」のイメージは払拭せねばならない。大貴族の財政的困難は内戦の時期には慢性的で、王妃が取り巻きに金を借りねばならないのは初めてではない。そのうえ、王妃は孤立していない。卓越した人物を受け入れるのにあまり慣れていないこのカトリックの地方で、フランス王の妹が到着すると、好奇心と同情の波が引き起こされる。この地方の進んで旧教同盟に加わる貴族にとって、王権に対立するこの女性はそのうえ大いに尊重すべき同盟者であり最重要の精神的支えである。[7] 一五八六年の初めから、みんなが王妃に臣従を誓い、王妃を訪れまた受け入れ、旧教同盟の網が王妃の周りに組織される。

実際、カルラでのマルグリットの活動を正確に再構成するのは難しい。この時期の資料は、ほとんどなく、稀に存在しても、それは、例えばフランス宮廷にいる大使たちのような、非常に離れた人のものであり、また『諷刺的離婚』の諷刺文作者のような敵の手になるものである。それで要点は推測に委ねるほかはない。恋愛生活に関するものは特にそうである。カンタル滞在の初めの週にマルグリットはオービヤックの愛人となったのか。あるいはアジャンの時期からそうだったのか。実を言えば、この恋愛に関してはほとんど何も知られず、この貴族自身にしてもそれ以上何も分らない。オービヤック領主ジャン・ド・ラール・ド・ガラールはオーヴェルニュの古い貴族のいくつもの家系と縁続きで、リニュラックと他のカトリックの領主とともに王妃の軍に加わり、快く仕えにアジャンに来た。反対に、姉のビラック嬢は一五八四年から王妃の所帯の一人だった。証人たち――おそらく一度もこの男を見たことはない人々――は、この男の外見で一致していない。『諷刺的離婚』の作者は、「貧弱な平貴族で、赤魚のよう、鱒より斑点がある」と描き出すが、この諷刺文書で王妃に与えられた恋人は全員滑稽に描かれている。トスカナの大使の方はとても美男だと言う[8]。一年後マルグリットがその死に涙を流した詩ではほとんどそれ以上語らないが、それでも王妃が頭だけではなく愛したと推定することができ、シャンヴァロンより単純で、より肉体的でありながら、これから見るようにネオプラトニスムの愛の教義に忠実であり続けた。確かに文脈はそのときには異なっている。「美しい心」とマルグリットはよりぬきの情熱の高揚を感じ、平和の時期を生きたが、社会的拘束に限定されていた。オービヤックとは、おそらく困難、不幸、不安しか経験しなかっただろうし、自身に課す拘束以外の他の拘束はほとんど全くなかった。この貧窮と依存の時期に、ほんとうに自分に献身する人がマルグリットには必要で、オービヤックは、どうやら、そうであろうとする。

三月末、マルグリットは重病に陥る。家政簿はその地方の医者が何人も呼ばれたことを明らかにしており、そのうちのドロネなる者は四十日間王妃の傍にいた[9]。パリでは、マルグリットはすでに死んだと思われる。リュサンジュは記す。「ナヴァール王妃が死んだかどうか人々が噂するのを止めることはできない。[……]それも平和の手立てであろう[10]。」ナヴァール王を、ある者はスペイン王の娘と、ある者はロレーヌ公女と娶わせるという、めいめいができもしない計画を立てる。マルグリットは重病に罹ったのか、あるいは合併症に続く流産だったのか。王妃は「[オービヤックに]激しく突かれて、このような衝突に恵まれて腹は丸くなった[11]」と『諷刺的離婚』は主張するが、大いに留保して読まねばならない。特に、この諷刺文書の続きは、王妃が聾唖の子供を産み、すぐに捨てられたと説明しているのだから、従うことはできない。話は明らかに誇張されている上に、王妃は三月に生きた子供を産むことはできなかった。馬に乗ってカルラへ二百五十キロも退却したのだから、きっと六カ月早いのも当然だったろう。しかしながら、諷刺文書の陰険な記述と、六月から、王妃の愛人関係がフランス宮廷で知られていたことを関係づけずにはいられない[12]。王権がオービヤックにこの上なく厳しい扱いをするだろうこととも である。

しかし、マルグリットは回復する。王妃にとって最も急を要するのは大きな財政問題と正面から取り組むことである。フェリペ二世はデュラス――あるいはギーズ――に、動くよう説得された。しかし子爵はスペインからてぶらで帰り、軽率さと「敵のめぐらす策略のために、あなたに喜んで与えようとしたあらゆる手立てが引きとめられた」と王妃自身が債権者に説明する。[13] ロレーヌ家からもいかなる金銭も届かない。召使たちはもう賃金を支払われない。トロワに所持している官職をいくつか売ろうとするが、大変不人気な、新しい王令によりその値段があがり、「この新しい事態に反乱を起こした民衆は、蜂起し、王妃の従者を殺し、即座に町中を引きずり回した。[14]」きっと王妃はリニュラック、マルセ、オービヤックに大きな借金をし続けるだろう。そしてまた多分、軍隊の動きはほぼフランス中に起るので、マイエンヌの援助を期待するだろう。マイエンヌはそのとき自軍とオーヴェルニュへ進軍すると脅している。少なくともパリではそれを恐れている。[15]

七月に、カルラでスキャンダルが勃発する。リニュラックが王妃の薬剤師の息子を刺殺したのだ。殺人は王妃のすぐ傍で行われ、王妃は犠牲者の血を浴びた。パリではリニュラックは嫉妬から行動したと噂される。「太后は苦しみで死にそうで、王は死ぬほど憎む」とリュサンジュは批評し、「先の行為に加えて、この度なされた行為は、王妃と夫の間の離婚と別居の原因となるに十分である[16]」と考える。宮廷は奇想天外なシナリオを決して惜しまない。オーヴェルニュの代官は寵愛を要求するためにマルグリットに力ずくで自分の立場を利用しようと実際考えたのか。この者が金銭を前貸しするのにうんざりし始め、王妃が従うどころか、反対に周囲の軍事の頭たちを分裂させようとしているのを見て苛立つということの方がありそうだ。というのもオービヤックが愛人となっただけではなく、自身の兄のマルセが王妃に執拗に忠実であろうと決心したからだ。

もう一つの騒ぎは、ずっと年月が経った後に書かれた長い手紙で、マルグリット自身によって語られる。[17] 秘書の一人、医者の身分のジャン・ショワナンがその扇動者である。[18] 王妃が言うには、「学識があるという評判ゆえに」このものを一五七九年に教師として雇い、いくつもの微妙な使命、特に書簡をギーズに届ける使命を委ねた。王妃が説明するには、カルラ滞在の初め、ショワナンは、出納係の不在の折に、その役を代わりに務め、ついでこの役目を奪われたのを悪く取り、償いに多額の金――多分特に秘密の使命の給金を要求する。「とうとう、この者はあまりに思い上がり、わたしの部屋のドアで、わたしの門衛を平手打ちしました。」そのときショワナンは一週間追い払われ、王妃に関するちょっとした諷刺文を書いて過ごす。次いで、許してもらいたい振りをして、それを王妃の面前で読ませるよう振舞う。[19] この文書の恥辱は最期になってようやく明らかになるもので、この男は棒で何発か殴られて追い出されたが、マルグリットはその責任を認めない。王妃が言うには、それで、この者は王に会いに行き、王妃によれば、アジャン以来保存していた、ギーズ宛ての王妃の手紙を見せる。この最後の細部は馬鹿げていると思われるが、明らかに、この秘書は六年前から王妃の周囲で暮らしていて、王妃からもう何も期待できないので、アンリ三世に多くのくだらない噂を漏らしたのに違いない。多分この暴露は王が妹を逮捕させる決定をするのに大いに与ったのだ。

秋には、不幸が積み重なる。ペストがその地方全体で猛威を振るう。マルセ殿は、王妃の変わらぬ支えであったが、急死し、ジョワユーズに率いられた王軍がオーヴェルニュに進軍する。リニュラックは「野心的で頭のおかしい男だが、わたしは信用せざるを得ない」とマルグリットはスペイン王に説明し、この者は「王が約束された一万エキュのために[20]」そのときマルグリットを裏切ろうと考える。オービヤックはこの計画の実行においてはもちろん障害である。オービヤックを保護し、この新しい危険を免れるためにも、王妃は再び逃走することに決める[21]。リニュラックと激しく議論した後、そして残っている幾つかの宝石によって、リニュラックは王妃たちを出立させておく。十月十四日、それで王妃は一年前から住んでいる城砦を離れ、オービヤック、その姉、そしてまだ忠実だと当てにする者たちが同行する。母の提案を思い出し、王妃はイボワに向うが、「捕えよとの王命を受けている、カニヤック侯爵殿と四、五十人の貴族に近くで追尾」されているのを知らない。こうすぐに母に伝えるのはアンリ・ド・ノアイユで、この母は王妃とカルラに付いていかなかったが、王妃に結びついていた[22]。マルグリットは、ミュラ、そしてアランシュに泊まり、数々の罠に出くわした後、母の館に着く。そこで、その後、侯爵は軍と共に侵入する。

カニヤックはナヴァール王妃に敵対するわけではない。ナヴァール王妃のところで妻は久しい以前から報酬を得ているが、オート＝オーヴェルニュの支配を取り返そうとしており、コンスタンチノープルへの特使のポストを受け入れた二年前にその支配を譲らなければならなかったのだ[23]。恐らく、ジョワユーズから、侯爵はマルグリット捕縛の命令を受け、そこで役に立ち報いられるだろうと考えて、城を包囲した。王妃は語っているが、「食料も弾薬も持ち込む余裕がなく、準備をする余裕もなかったので、わたしは包囲され、食料を口にすることもなく救いの希望もなく二日持ちこたえた後、［……］弾薬がないので、防御する方策もなく、恥ずべき残酷な死しか期待できないので、兵たちはわたしが降伏するよう強いた[24]。」この絶望的戦闘の間にマルグリットは母の司厨長に宛てたこの劇的手紙を書いた。「セルラン殿、わたしの不幸とわたしが決して役にたつことのできない者たちの過酷さはあまりに大きく、何年も前からわたしを苦しめる卑劣さに満足せず、この者どもはわたしの命を最期まで追跡しようとするので、わたしは少なくとも、死ぬ前に、敵の手に生きたまま落ちない勇気をわたしが持っていたことを母上に知っていただける満足を持ちたいのです。あなたにわたしはきっとそうすると主張します。それを確信してください。そして母上がわたしに関して最初に得られる知らせはわたしの死でしょう。[25]」しかしながら小軍は、こうした最期にいたる前に十月二十一日降伏する。

「あなたはナヴァール王妃の捕捉といううれしい成功をご存知だ」とアンリ三世は財政顧問への書簡で勝ち誇る。カニヤック侯爵に最初の命令を伝達する手紙を手ずから書きさえする。次にヴィルロワに語りかける。「マルグリットの指輪をすべて私のもとに送るよう通知されたい。[カニヤックは]王妃をユソン城に連れて行くこと。[……]この侯爵とその警備隊に償還するために王妃の地所と年金を今後は差し止めること。[……]王妃の女ども男どもは即刻追い払うこと。」さらにアンリ三世は付け加える。「母后はオービヤックを吊るすように、それはユソン城の中庭でこの哀れな者の面前で行われるようにと私に命じた。[26]」王の調子は翌日より落ち着いているが、感情は同じように激しい。「神様が妹と私たちになされる最善は、妹を捕まえることである。[……]あのオービヤックに関しては、死に値するが、神と人々の前で、幾人かが裁きをなすのがよいだろう。」カトリーヌの方では何も、あるいはほとんど何も言わない。カトリーヌの書簡で、十二月初旬の日付の、ただ一通がマルグリットの逮捕に言及する。そのときサン＝ブリースの会談のためにナヴァール王と会う準備をしていて、「娘のナヴァール王妃の安全、食料、食事について、[……]与えられた命令」を知らせてくれたことをヴィルロワに感謝する。しかしこの件ではカトリーヌは異論なく息子の側についている。オービヤックの死を要求するだけではなく、マルグリットを見張るために「五十人あるいは百人のスイス兵」を提案する。[27]今回は、もはや甘辛い忠告の時ではなく、懲罰の時である。今回は、太后は娘の罪を確信している。

幾日かはまだ不確かな状況が続く。ノアイユが報告するには、王妃は「捕えられたことを激しく泣きぬれる。オービヤックは代官の手の中にあり、王妃がどうなるかまだわからない。王の知らせを待っている。その間マリオン「マルグリット」は、警備の百人の射手とともに、サン＝タマンと呼ばれる小村にいる。[28]」十一月十三日、王妃はユソン城へ連行されるが、これはイソワールの高台に建設され、難攻不落を謳われた中世の暗い城砦である。[29]ガラールの領主〔オービヤック〕は、簡略な裁判の後、エグペルス城で数日後処刑される。

フランス宮廷では、おそらくヨーロッパの他のかなりの数の宮廷でも同様だが、策略はかつてよりも自由に組み立てられる。マルグリットの不品行は公にされたから、いまでは難なく遠ざけるのが許される。一五八六年十二月、サン＝ブリースの会談の折、老いた太后は、手に他のいかなるカードも持たず、孫、ロレーヌ王女を娶るよう婿に提案する。太后の目にはこの解決は三つの利点を提供する。それは新しいナヴァール王をヴァロワ家にしっかりつなぎ止める。ナヴァール王をユグノー派から分断するだろうし、ギーズ家を出し抜くだろう。ギーズ家は今ではますます公然とフランス王冠を得ようとしている。[30]しかしながら、同時代人が主張するように、カトリーヌが自身の娘を死なせることまで提案するのはまずありえない[31]。このような方策は全く不要で、暗い僧院で十分だった。しかし明らかに、より乱暴な他の者たちは、遠慮なくより手早い解決を表明した[32]。

　マルグリットは自分の運命が宮廷を動かし、僧院と墓の選択が論じられているのをどのように知ったのか。私たちは何も分らない。ともかく、疑いもなく、この時期に、マルグリットは母に手紙を書き、最期の意志を述べている。「不幸な運命のためにわたしはこのような惨めさに陥り、母上、わたしの命が保たれることをお望みなのはあまりうれしくありませんので、少なくとも、わたしの評判が死の口実となるのをわたしは期待できます。」王妃は自分の立場がこの上なく脆いのを知っている。王妃が捕虜に過ぎないなら、フランス王女という身分は同情を引きえただろう。しかし三年以上前からマルグリットは不運を被るばかりで、一八カ月前から社会から追放されている。特に、カルラで過ごした年は名誉を失わせた。守るためにだれを見出すだろうか、死んだときに誰が抗議するだろうか。それでマルグリットは正面から中心であるこの問題に挑む。犠牲となった悪口、特に庶子を産んだとの告発に言及し、カトリーヌに「生涯でわたしのおかれている状態を証言できる身分の高い信用のおける婦人をだれか」そばに残すように懇願する。「その者は死後わたしを解剖するときに立ち会うでしょう。この最期の欺瞞を知ることで、わたしになされた誤りをみんなに知らせることができるようにです。[……]もし母上からこのご厚意を受けられたら、この結果に役立てるために他のことで拵えあげたいと思われていることは何でも書き、署名するでしょう。」換言すれば、マルグリットはなんでもよいと思われる口実で離縁されるのを受け入れるだろう。しかしマルグリットは懇願するばかりではない。王権の策略が組み立てられようとする人々を思い出させて、間接的に、脅迫する。「わたしの名誉は母上の、そしてわたしが名誉にも属している人の名誉に深く結びついていて、この人たち、特に姪たちが、関わり、損害となる恥辱を受け入れることはできません。わたしに蒙らせたい不名誉は他のだれよりこの人たちにとって重大でしょう。」消せないしみが密議の責任者全員と同時に新しいナヴァール王妃の栄光を汚すだろうということほど巧妙な言い分があろうか。最後の頼みは部下の給金支払いに関する。母が「わたしのあわれな召使たちを哀れんでいただける」ように頼む。「この者たちは、わたしが長年にわたり必要に迫られたため、支払いを受けておりません。[……]わたしはこれを良心にかけて果たそうと思うのです。わたしの良心が、母上、このとても控えめな要求をさせるのです。母上、これがわたしから受けられる最後の要求だと思います[33]。」

　このエネルギーの最期の跳躍の後、マルグリットは厳しい牢獄に崩れ落ちる。絶望は、今一度、重病を伴い、トスカナ大使は十二月末にこれに言及し、カトリーヌは二月にまだ触れるだろう。[34] 多分この深い惨めさの週の間に、マルグリットはオービヤックの死に関する長い詩を書く。

わたしの心よ、夜が今や来たのだから、
わたしの苦しみに相応しいこの不機嫌を増大させ
わたしの湿った目の雨よ、続け。
わたしの不幸を溺れさせるために、涙に全てを流せ。
［……］朝の間ずっと、わたしはいつも床についている。
怠惰だからではない。しかし、これから、わたしの目は
いつでも夜だと思う。死が
わたしの光を永遠に奪ったあの日から。

相変わらずネオプラトニスムの哲学に忠実で、マルグリットは魂の二分化の理論を繰り返し、ここでは詩的に整える。

わたしの愛が天に飛翔したとき
名誉と価値は同じ側に立った
美徳は、すぐに、翼を揺らす
しかし唯一の哀れなアモルは二つに分けられた。
わたしの愛人は自分の分け前を取り、わたしは直ちにわたしの分け前を持った
この愛情の唯一可能なものであるように。
それで、アモルは、わたしたちのように、分かたれたままだ
死がわたしたちの半分を集める時まで。[35]

しかし視界はかなり早く明るくなる。一五八七年一月から、カニヤックは陣営を変え、旧教同盟派の首領たちと会うためにリヨンに向けて出発する。太后は王に書いている。「カニヤック侯爵について書かれたことを見て、これほど驚いたことはありません。」すぐに、カトリーヌは現場に監視者を派遣し、数日後息子に次のような信じがたい知らせを伝えることができる。「侯爵はナヴァール王妃を自由に確実な場所に置くだろうと誓い約束しました。[36]」何が起きたのか。ブラントームは単刀直入には言わない。「肉体は捕らわれても、勇敢な心は捕らわれることはなかった。［……］大いなる美に導かれた大きな心がなしうることである。というのも王妃様を虜囚とした者は、とても雄々しく勇敢であったが、たちまち捕らわれ人となったからだ。可哀想な男。この者はどうしようと思っていたのか。眼差しと美しい顔で、徒刑囚のように、世界の残りの人を縛め、鎖につなぎとめることのできる女性を、自らの牢獄で捕え虜囚として留めおきたいとは。［……］しかし王妃様は、愛の喜びを少しも夢想されず、幸運と自由を思われ、とてもうまく役を演じられたので、王妃様の方が強くなり、その要塞を奪取し、侯爵を追い払われた、侯爵はこのような急襲、軍事的策略に驚い

た。[37]」

この説明は、王の周囲に流布している噂に基づいていて[38]、異議を唱えられるはずで、マルグリットの『回想録』の欠如している部分でマルグリット自身きっとそうしただろう。実際マルグリットは献辞で、「カニヤック侯爵の当地からの出立について語るとき」あなたは間違っている、と言い、この件での訂正を予告する。そのうえこの説明を疑うには論理的に考えるだけで十分であろう。オービヤックは十一月に死亡する。王妃はその後長く病気になる。そしてカニヤックは一月末に意見を変えた。これは身を立て直し、自分を投獄し愛人の死を招いた者の誘惑を企てるにはあまりに短い時間だ。実際、マルグリットと旧教同盟派の議論はより散文的であり、より政治的でもある。王妃の死亡、あるいは無力はナヴァール王とクリスチーヌ・ド・ロレーヌの結婚の道を開き、これは、アンリ三世が死亡した場合は、ギーズ家のフランス王位の要求を終わらせただろう。それでギーズ公はできるだけ早くカニヤックと接触し、弟のマイエンヌ公の保護と、金と引き換えに、ユソンをナヴァール王妃に委ねるよう提案した。この申し出は、よき忠実な奉仕と引き換えに、アンリ三世が侯爵に約束した報酬がおとりであると判明しただけに、魅力的である。王は支配を返そうとしないだけではなく、王妃の年金と捕えたときに所有した財産で支払おうと言うのだった。ところで、財産を、王妃はもう持っておらず、収入は随分まえから滞っていた[39]。

マルグリットの方では、説得を用いたと言う。「わたしの死により兄王の意向が向う目的を知らせると、[……]侯爵はわたしを救い、この非常に強固な要塞もわたしも返さない決心をした[40]」、とマルグリットはスペイン王に書くだろう。マルグリットが言わないこと、それは自分がまだ多くの地所の正式の所有者であり、侯爵にそれを売ったということである。レオ・ド・サン＝ポンシーはイソワールの古文書にカニヤック侯爵ジャン・ド・ボーフォール宛の王妃の証書を発見したが、その証書では王妃は「侯爵とその家族にオーヴェルニュの公爵領に有する全ての権利を」譲渡する。「できるだけ早く払いうる一万四千エキュの総額」と、「毎年、財産で享受している、一万エキュの年金[41]」をもでである。これは偽りの取引で、カニヤックは決して自分の財産を回収するに至らず、王妃はその妻を放り出す前に酷く嘲笑したと主張する者もいる[42]。これはなにより自由を回復したい女性にまことに甚だしいマキャベリスムが可能だと想定することだ。特に、マルグリットがカニヤックをよく知っていることを忘れることである。その妻は長年マルグリットに仕え、死ぬまで、その地方の他の旧教同盟派の領袖同様、夫と接触を取り続けたのだから[43]。要するに、それは、一年後でも、王妃が相変わらず「とてもよい男」だと語り、数年後でもその家族のためにまだ仲介させなければならないことを無視することである[44]。カニヤックが自分に売られた財産を所有しなかったなら、それは王妃の仕業ではなく、内戦の仕業である。ともかく、侯爵は数カ月後決定的にユソンを捕虜の女性に委ねる。これは逆境に対するマルグリットの最初の大きな勝利である。

捕囚という危険から一度遠ざかると、取り巻きと守備隊に必要なものを供さねばならない。オーヴェルニュで過ごした初めの月日はとても厳しく、王妃はあらゆる手段を用いた。一五八七年十月あるいは十一月、ナヴァール王がフランス王軍を粉砕し、ジョワユーズが死んだクトラの戦闘の直後、マルグリットはスペイン王への意見書を起草させ、そこで長々とフランスの政治状況とカトリックの大義のための自身の努力を説明する。結論は明快だ。スペイン王が自分を支持し、幾つかの陣地を占める手段を与えてくれるなら、戦いを五十年、一生でも続けることだろう。そして意見書に添えた書簡で、マルグリットは王の唯一そして最期の希望として目立とうとする。「ジョワユーズ殿に対して異端の得た勝利のために、兄王は和平をする口実を得ます」と王妃は説明する。「ギーズ殿はそれほど強力ではなく、それに同意を余儀なくされるでしょう。[45]」それでマルグリットだけが立向かうだろう。フェリペ二世はこの自慢話を信じただろうか。私たちには何も分からないが、スペイン王は動かなかった。確かにギーズ公爵はすでに並外れた額を王妃に投じており、スペインは無敵艦隊でイングランド侵入に備えていた。

マルグリットは、義姉でシャルル九世の寡婦エリザベート・ドートリッシュの側の助力も求め、それを得る。ブラントームが言うには、エリザベートは「マルグリット様がこの上なく欠乏状態にあり、自分の部下の大部分にほぼ見捨てられ、オーヴェルニュの城に追いやられたのを知り、[……]マルグリット様を訪れ、あらゆる手段を提供するために人を派遣された。フランスに持っておられる寡婦給与財産収入の半ばを与えられ、自分の妹であるかのようにマルグリット様と分たれた[46]」。最後に、王妃はリヨンで宝石を売ろうとするが、仲介者にくすね取られてしまうだろう。マルグリットは、「自分の捕囚の惨めさ[47]」を挙げて、お金を回収するのを手伝うよう、リヨンの銀行家に影響力のある、トスカナ大公に仲介させるまでになろう——どれほど成功したかは不明である。

多分、同様に、より確かだが、最初に接近したのがアンリ三世でないなら、マルグリットの方がアンリ三世と和解するためにおずおずと試みる。ロレーヌ家との間で押しつけられた同盟は実際アンリ三世には惨憺たるものだと判明し、王はますます孤立し、一方ギーズ家の力と傲慢は日々いっそうはっきりとする。それでフランス王はできるだけ早くマルグリットを旧教同盟派から遠ざけたいだろう、特にフェリペ二世とマルグリットが交渉の開始をしたのを知ったなら。相変わらず一五八八年の春に、パリでは王妃の帰還が噂となる。トスカナ大使は「王の寛仁と満足とともに[48]」ヴィレル＝コトレへの到着が予告されうるだろうとさえ信じる。しかしこの計画は首都を支配する動揺によってぶち壊される。首都は一五八八年五月、バリケードの日〔一五八八年五月十二日のパリの旧教徒の蜂起〕に行き着き、それでギーズ家がパリの主人となり、アンリ三世は首都から逃れざるを得ない。

　アンリ三世はパリに再び足を踏み入れないだろう。というのも歴史は再び暴走するからだ。続く月の間、しかし王は最期の勝負を試みる。弟の死によって開始した政策を再開して、ナヴァール王との交渉を活発に繰り返し、かつてなくプロテスタンチスムを放棄するよう勧める。他方で、あまりに不人気なかつての重臣たちを遠ざけ、国家の政治的人員を深く革新する。特に、一五八八年末、ブロワで三部会が開催されている間に、ギーズ公とその弟の枢機卿を暗殺することを決意するが〔一五八八年十二月、ギーズ公とギーズ枢機卿を暗殺〕、この二人は単にパリを支配するだけではなく、大会議の代表者の圧倒的多数を操っていたのだ。しかしそれも無駄であった。一五八九年の初週に死亡した母を欠き〔一五八九年一月五日、カトリーヌ・ド・メディシス死去〕、アンリ三世も同年八月に暗殺され〔一五八九年八月一日、ジャック・クレマンによって暗殺される〕、フランス中で戦闘が再び勢いを増すことになる。ユソン近くでも戦闘が起る。一五九〇年三月、イソワールの戦闘では、ナヴァール王が旧教同盟に勝利する。

　それ故政治の光景は、数カ月で、かなり変り、はっきりした。「熱心な」カトリックの首領は死亡し、ヴァロワ王朝の最後の王も死に、太后も死んだ。フェリペ二世の方では、イングランドを前にして無敵艦隊が前例のない惨敗を喫し、その渾名は不当であると判明した。以降、対立する二つの陣営だけがある。一方にはナヴァール王がいて、ヴァロワの王の死後、背後で再結集する王党派とポリティーク派によって王権の後継者と認められる。そしてもう一方は旧教同盟で、武装を解かず、スペインが相変わらず支え、ロレーヌ家の巨大な支配のおかげでフランスの半分をまだ占めている。二人の「殉教者」の死後、この一党は実際、運動の軍事の指揮をする、弟と異母弟であるマイエンヌ公とヌムール公の二人と、プロパガンダ活動を指揮する三人の女性の背後で再び結びつく。この三人の女性とは一党の本当の結び目であるヌムール公爵夫人で二人の母のアンヌ・デスト〔先代ギーズ公夫人で、夫の死後ヌムール公爵と再婚〕、――パリの人々は「太后」と渾名する――、レトワールが「パリの旧教同盟派の支配者」と呼ぶ、マイエンヌ公の妹のモンパンシエ公爵夫人カトリーヌ＝マリ・ド・ロレーヌ、力量はより小さいギーズ公の寡婦カトリーヌ・ド・クレーヴの三人である[49]。民衆運動に関しては、日々、特に司祭たちの狂信とギーズ家のプロパガンダで前革命状態に保たれた首都で、先鋭化する。

　マルグリットは非妥協派の仲間ではない。最後の旧教同盟派の多くのように、もはや制御されないと思われる、むしろ民主的で不安な反王党派の漂流を経験する船を最初に離れる人の一人である。その上、一人一人はアナーキーに沈むこの国で一人で多かれ少なかれ自分の勝負をし、それはマルグリットと部下が一五九〇―一五九一年の冬の間に犠牲となる襲撃が示すとおりで、ある日城の守備隊はマルグリットたちを捕えようとし、急いで主塔に逃れざるをえない。王妃は神がこの危難を乗り越える助けをするなら僧院を建立する誓願をするほど恐れている。

この誓願をかなえて二十年後説明するには、幸いにも「全能の善性のお蔭で夕べには敵に勝利し、わたしの命と要塞は安全となりました」。[50]恐らく、マルグリットは兵士に金を約束し、さらに残っていた貴重品を遅れることなく与えて、幾分神の手を助けざるをえなかったのだろう。

この企ての背後には誰がいるのか。マルグリットははっきりと言わないだろう。ル・ピュイの旧教同盟派の町当局は、リヨンの地方行政官に書簡を送るとき、マルグリットに関してユグノーの攻撃を見ている。「われわれは反対派がピストルを撃ってナヴァール王妃を殺させるところであったという確かな通知を受けました。ユソン城の王妃の部屋で撃ったのであり、その一撃は王妃のドレスに当たり、同じやり口でこのユソン城を奪うところであり、この悲劇は護衛隊長によって指揮されていました。」しかしピエール・ド・ヴェシエールはこの襲撃を起こしたのがイヴ・ダレグレであったことを示し、この者はまったく個人的で、軍事的理由でこの地方の要塞を征服しようとしていた。同じ月日の間に、ユソンの周囲で同じ種類の他の重罪を犯した。[51]

その上、この時期には、マルグリットは既に夫と接触を再び取っていた。最初に動いたのはマルグリットか、それともナヴァール王か。両者とも関心がある。無分別の時期は過ぎ去った。ナヴァール王は最早コリザンドに魅了されておらず、王妃が自分に反抗するよりも自分の側である方がよいと多分理解した。王妃は通常の状況を回復するためにナヴァール王を必要としている。接触の再開の日時は分らないが、恐らくカトリーヌとフランス王が二人とも死亡した時期であろう。ともかく、一五九一年初頭、それは既に何カ月も前からなされていたことである。アンリ・ド・ナヴァールは妻に、恐らく財政的な、「助力をする」ことが既にできたのだから。王妃がジャック・ド・ラ・ファンに送った手紙がその証拠で、このアランソン公の古くからの忠実な奉仕者は少し前からナヴァール王に仕え始めており、妻がオーヴェルニュに所有している地所によってマルグリットの隣人である。[52]この時期に、夫に対するマルグリットの恨みはすっかりなくなり、新たなページがめくられた。王妃は政治的に夫に忠実であろうとするだけではなく、可能なら助けようとする。一種の愛情で、かつて取り巻きの無能の故に吹き込まれた恐怖に関して思わず打ち明けるが、もちろんデュプレシ＝モルネは除外する。

王妃は書く。「ラ・ファン殿、あなたがこの世でわたしに最も大切な方の健康について書かれた［手紙］によりわたしは安心しましたので、この上ない苦労を免れました。わたしはあの方があなたのような方を獲得されたのを限りなくうれしく思います。（大変巧みな親方の手で作られた一人を除いて）お傍にいるものが世情のことにほとんど経験がないために、あなたのような者を必要とされています。お若いとき、あの方より狡賢く、そして多分悪をなそうとした者どもが、助言者がいないのを見て、たくさんの不名誉なことを受けさせるのではないかと限りなく恐れていました。［……］あの方は生まれよく、本性も善良です。［……］お願いですから、あの方を愛してくださ い。あの方に主人と友をきっと見出されると思います。わたしたちの大きな不幸のために、わたしたちは失ったのですが。あの方はわたしに大変友情をお示しになりました。あなたがあの方をこの意思にどれほど留めておくかわたしは少しも疑いません。［……］わたしがあの方を敬っていることをどうか確かに伝えてください。わたしになさった数限りない善良な助力に大変感謝しております。そしてわたしがお役に立つ方策があるなら、心から喜んですることでしょう。」

手紙を終えるにあたり、マルグリットは家族で残っている珍しい一人を挙げる。アングレーム公爵シャルル・ド・ヴァロワで、シャルル九世とマリ・トゥシェの間に生まれたこの庶子は、ほど遠からぬところで暮らしていた。「わたしは弟［アランソン公］を亡くして甥に期待する友情を確信し、この甥の近くにあなたが留まるのを望むだけにこの慰めを抱きます。[53]」この最期の言葉を書きながら王妃が努めているのはほとんど語らぬことだ。というのも、カトリーヌの死後、この甥はカトリーヌがフランス中部で所有していた財産を全て与えられたが、それらはマルグリットに帰するはずであった。それ故マルグリットは、ブラントームが書くように、今では「オーヴェルニュ伯爵領は奪われ、それはフランス大修道院長殿［シャルル］が保持していて、王様は母后様の遺言によって、その伯爵と相続人を指定されたのだった。残念なことに、母后様は自分のいとしい娘に自分のわずかなものしか残すことがおできにならず、それほど王様がこの王妃様に抱かれる憎悪は大きかったのである[54]」。

太后のこの遺憾は本当であろうか。後にマルグリットが引っ張り出す結婚契約によれば、その所有は生存している最後の男子に帰すことになっており、もし男子がいなければ、最後の女子に帰する。それ故、アンリ三世は、通常通り、母の死により相続したが、アンリ三世自身が、何の役にもたたない妹の手に渡すよりも、必要としていて特別に愛していた甥に遺贈する決定をしたと考えなくてはならない。マルグリットが当面恨みを隠そうとするのは、正当な権利を勝ち取る方策がないからだ。その上、アングレーム公は、夫に仕えていて、前者を却下するために後者を頼みとすることができる時期はまだ来ていない。当面、肝心なのは、状況を回復することだ。ユソンで五年過ごし、その上王妃は、戦闘が続いていても、最も辛い時期は過ぎ、追放の終わりは間もなくだと信じることができる。そして嫌いな兄と実際には決して信頼してくれなかった母から解放されている。夫と和解する。特に、潜在的であれ、フランス王妃となる。というのも今ではアンリ四世と呼ばれる者はまだ計算外であるから。首都に入場するには三年待たねばならないだろう。平和な国の君主と言われることができるには七年待たねばならないだろう。

マルグリットは、まだ十四年オーヴェルニュに留まるだろう。十四年の長い間マルグリットには深い変化が起るだろう。近しい者の死は、実際、潜在的あるいは公然たる敵を厄介払いする以上のことをする。カトリーヌの子供の兄弟姉妹での曖昧な位置を割り当てた家族の配置から解放される。いつも王であった母から、「もう一つの自己」と見なしていた兄から、兄として肩入れしていた弟から自由になる。ずっと前から、「悪妻」であった状況から抜け出すことが残っている。そしてまさにそのことをやがて王は提案するだろう。『回想録』を起草して、さまざまな要因により、数年のうちに、新しい女性の誕生に至る。

第十一章
追放と回想
（一五九一―一五九五年？）

内戦が続き、民衆の運動が過激化し、フランス王位を要求する者が――ナヴァール王の他に、老シャルル・ド・ブルボン、マイエンヌ公、ヌムール公、サヴォワ公がおり、やがて若きギーズ公も要求するだろう――増加する間に、少しずつユソン女城主については語られなくなるが、この女城主はなんとか難攻不落の城砦に身を落ち着けている。そこで過ごした長い年月はマルグリットの生涯で最も知られていないものである。フランスは戦をし、その傷に手当てをし、敵味方を数えるのに余りに忙しく、ナヴァール王妃を気にかけない。次に、王政は破綻し、情報外交網は破壊される。その上、マルグリットの書簡も稀で、少なくとも私たちに伝わっているものは稀である。そして『回想録』の記述はほぼこの十年前のところで中断した。

しかししっかり生き、取り組まなければならない。王妃は読書し、祈り、書き、音楽にふける。やがて一五七六年春について書くだろう、次の文が思い出される。「わたしは最初の捕囚の悲しみと孤独から、勉学を好み信心に専心するという二つの善きものを受け取りました。」確実に、第二の捕囚を考えながら、それを言うのであり、この第二の「捕囚」はもはや本来の意味ではない。王妃は自由であるからだが、しかしながら活動と社交的生活に慣れたこの女性には捕囚と思われたはずだ。王妃は詳しく言うが、読書は「悲嘆を慰めるための薬」であり同時に「信心への道のり」である。「宇宙を創られた方の多くの驚異を自然というこの宇宙の本に」読みとり、「生まれのよい魂は、〔……〕完全な円環をなす、このホメロスの鎖、この心地よい博学に従うこと以外は何も気に入らず、この円環をなす知識総体は、神様から発し、神様そのものに戻りますが、神様はあらゆる物事の原理目的なのです。」そのとき、歓喜〔悲しみ〕は「わたしたちの魂それ自体を目覚めさせ、魂は、悪を拒み善を求めるために全力を集中して、最高善を選ぶために絶えず考え、再考します、その保証として何らかの平穏を見出しうるのです。」ほとんど神秘的なこの一節は、レイモン・スボンの理論からの借用を認めることができたが、久しい以前からマルグリットが好んでいる秘教的読書の標も同じく持っている。(1)

実を言えば、王妃自身よりも、ブラントームがこの時期の最も興味深い情報をもたらす。そのときブラントームはユソンから二百キロ以内の自分の地所に引きこもって暮らしていた。一五八〇年初めに、アンリ三世の寵を失い、その後落馬して腰を折り、数年寝たきりになった。この強いられた休息の間、大いに書き、あるいはむしろ、大いに口述した。この十年間の末に、短く宮廷に姿をあらわすが、大部分は賢明にも自宅に留まった。一五九〇年代の初めに、自分の王たちの最期の生き残りの女性と接触を再開することにし、「思いあがって、王妃様から便りを得るために文を送っていた」(2)と言い訳のようにブラントームは言う。そしてマルグリットは感動的な優しい手紙で返事をした。「わたしの思い出(わたしにはは心地よく新しいものでした)により、わたしは、あなたがわたしたちの家にいつも持っていた愛情を、このような難破から残っているわずかなものに対して、保っているのが分りました。どのような状態であろうと、あなたの役にたつ気でいつもおります。あなたのような最も古い友人たちの記憶から、運命がわたしの名前を消すことができなかったのを幸せに思います。わたしと同様、あなたも平穏な生活を選んだのを知っておりますし、そこに留まることができる人を幸福だと考えます。五年前から神様はわたしをご加護くださり、この混乱の嵐が、おかげさまで、わたしを、害することができない救いの船に容れてくださいました(3)。」

この応対に勇気付けられ、ブラントームは思い出と共通の知り合いのところで拾い集めた情報を動員し、マルグリットに関する論を書くことを企てるが、それは書き始めていた『著名婦人伝』に位置することになる(4)。おそらくそれは、多分レ元帥夫人のサロンで、王妃がかつて発した望みを思い出し、ブラントームが次のソネを作るときだが、うまく書けないのではないかとの不安がかいまみえる。

あなたはある日私があなたについて書くと言われます。
そして、王妃様、どのような人がうまく書けるでしょうか。
荘重なリラを持った、ロンサールのような詩人が必要でしょう(5)。

しかしながらブラントームは『マルグリット篇』に取り掛かる。王妃を並外れた女性として描く。まず特に美しい。「現在、未来、過去の全ての美女も、[王妃の美貌の]傍らでは醜い」と、王妃の優美、服装の趣味、化粧の豪華さ、周囲に引き起こす賞賛の多くの例を挙げてブラントームは言う。次にこの回想録作者は王妃の精神の偉大さに関する章に手をつける。「王妃のものとして見ることのできる美しい書簡が、それを十分に明かしている。親しいものであれ、荘重なものであれ、それは、最も美しく、最も上手に書かれている、[……]そして、これらの書簡と演説の集成を作ることができれば、みなの学校や入門書ともなるだろう。」というのもマルグリットは書くことも話すことも上手にできるからだ。最後に、ブラントームは王妃の勇気を挙げ、現実を損なわない賞賛とともに、その勇気は「確かにかつて存在した最も高いものであった」と認め、「しかしそれは同時に、王妃様の不幸の原因であった。というのも、王妃が少しでも抑制し抑えようとされたら、あのように苦しまれることはなかったろうから。」

この三つの軸がブラントームのテクストの非常に細い導きの糸を形作り、残りは思い出から思い出へと経巡り、作者が対象に捧げる限りない崇拝によって完全に背骨を形作られ、無邪気な誇張により膨らまされる。マルグリットは「この世で唯一」であり、過去の女神や皇后も「王妃の傍らでは小間使い」に思われ、書簡は「哀れなキケロが親しいものに書いた書簡」を嘲笑させる。しかしながら、この誇張はブラントーム固有の価値判断にかかっていて、少しも証言に手を加えず、このペリゴールの貴族は何よりも自分が見たり、共通の友によって言われるのを聞いたりしたことを語っている。こうして王妃の読書趣味の記述に、より具体的だが、自身の記述が加わる。「王妃様は、宗教書でも世俗の書でも、すべての素晴らしい新刊書を、注意深く手にいれられた。そしてある本を読もうとされると、どれほど大部で長くとも、途中で投げ出したり止めたりされず、しばしば食べるのも眠るのも忘れられる。自身で、韻文でも散文でも、よく書かれた。[……] とても美しい詩句、詩節をよく作られ、お持ちの子どもたちの聖歌隊に歌わせられた（そして、自身でとても上手に演奏されるリュートを交えて、歌われた。美しく心地よい声をしておられたので）。このようにして王妃様は時を過ごし、不遇な日を送られた。だれをも侮辱されることなく。[6]」

ブラントームの政治的分析は、何ら愚論ではない。ブラントームが言うには、王妃と王が「かつてのように、友情で肉体も魂も、お二人が一緒に結びつかれれば、みなにとってよりよくなり、恐れられ、相応しく尊敬され、認められるだろうに。」ブラントームのサリカ法に反対する立場も同様に良識が刻印されている。「スペイン、ナヴァール、イングランド、スコットランド、ハンガリー、ナポリ、シチリアで女子が治めることは正当であるのだから、何故、フランスでは正当でないことがあろうか。正当であるものは、至る所あらゆる場所で正当であり、場所により法が正当になるのではないのだから。」それが、どちらもフランス王位に至るために、ナヴァール王の支持者がサリカ法の尊重を前面に立て、ギーズ家はその廃止のために戦うこの時代に、至る所に見られる議論である。しかし「廃止派」は王位に登るはずの女性の名について一致しないとしても、この回想録作者には、何らためらいはない。マルグリットは「すべてにおいて本当の女王であり、大きな王国、さらに帝国すら治めるのに値するだろう」。

この感動的な称賛を書き、このプルタルコスとボッカッチョの競争相手は思い上がりで一歩進む。自分の著作を――恐らく一五九三年の間に――王妃に送る。それは、すでに改宗しており、敵に勝利するところである、アンリ四世が、マルグリットに離婚、あるいはより正確には婚姻の解消、を話し始める時期である。アンリ四世は、正当な子孫の不在を心配する大臣たちと、一五九一年初めに愛人となり、王が結婚を約束したので、王妃になると主張するガブリエル・デストレとに押されている。交渉を担うデュプレシ＝モルネは、四月に王妃に最初の提案をし、王は協調して、主張した。「現在も未来も、あなたの同意によると考えることを何も省かないだろう。(7)」マルグリットは、すぐに、同意すると返答する。しかし人生の曲がり角にいて、良く考える必要がある。

それ故マルグリットの賛美者の作品はこの上なく時宜を得ている。疑いもなくマルグリットは貪欲にそれに没頭し、すべてをむさぼり、マルグリットはかつてはとても栄光に満ちていて、そのマルグリットにとてもおもねる鏡を差し出すのだ。あまりにおもねっている。すぐに、ブラントームが描く光輝く若き美人と今の現実の顔つきと肉体との間の対照に衝撃を受ける。四十歳に過ぎなくても、疑いもなく、美しくいるために気を配っていても、十分賢明な王妃はだからもうこうして描かれた女性ではないことを知っている。反対に、友が次のように書くときに、他のイメージに魅了され、その方がより本当である。「世間が王妃様を見捨て、戦いを仕掛けた今となっては、王妃様は神様にだけ頼られ、毎日、いとも敬虔にお勤めをしておられる、それは、不幸にあるこの王妃様を見た者から私が聞いた通りである。というのも、一度もミサを欠かさず、しばしば聖体拝領を受け、聖書をよく読まれ、そこに安らぎと慰めを見出しておられるからだ。(8)」そのとき、「よく作品を作られる」王妃は、筆を取り、次のソネを書く。

この運命の石の塊の中に、
貴重な真珠を誇りとし飾りとする
わたしたちの王の宮殿で輝くのを見た
かつての偉大さを探しに行く友よ

もはやそこでは仕事をしないように。
妬み深い運命はクレスス〔古代リュディアの最後の王。その王国は伝説となるほど豊かであったが、シリュスに敗れ、処刑された〕の声を新たにし
定まりなさの例をあなたはそこに見る
わたしたちの不正な時代の、敬虔な標を。

嵐で動揺する船で
船頭とともに一人助かるために残り
恐怖した商人が財産を捨てたように

同じように、救いの本当の船の、この岩で
運命を経験し、神をこの女は船頭とした
神だけを留め、他のことはみんな取り除く。(9)

しかしながら一編の詩では十分ではない。というのもブラン

トームの論を読みあまりに多くの思い出が蘇るから。そしてこの証言はいつでも正確というわけではない。王妃に関して流布した中傷を賛美者は幾つか繰り返す。悪意からではないが、反対に、大言壮語、あまりに無邪気な賛美によってである。要するに、マルグリットの生涯についてのブラントームの話は思い出、描写、会話の切れ端、政治的考察の突拍子もないごたまぜであり、ガスコーニュへの旅から結婚交渉へと飛び、サン＝バルテルミーの虐殺に戻る前にユソンに触れ、最期にポーへ戻るという混乱した目録である。だがこのようなものがマルグリットが没するとき残るであろう。しかしマルグリットは後世は自分に対して好意を持たないかもしれないことがよく分っている。やがて、位を失った王妃となり、離縁され、局外におかれるのではないか。どのような誹謗の上にフランスの新しい王との離縁の正当化は打ち立てられるだろうか。決定はなされる。マルグリットはより長々と書くだろう。ブラントームの誤りを訂正するためでもあるが、自分のイメージを回復し、相応しく自分の役割を演じたことを示すためでもあり、状況――「惨めな時代」――だけがその役割を妨げたのだ。

恐らく一五九四年の初めの月に遡る[10]マルグリットの『回想録』の冒頭で、上記のソネの考察を一部繰り返すが、王妃が「神だけ」とは別の目的を与え、それゆえ神が現れない点が異なる。「称賛に値しないのに、称賛を好むのは女性に共通する悪徳です。わたしは女性をこの点で非難しますし、この状態に留まりたくありません。しかしながらわたしはあなたのような立派な方がこれほど豊富な筆でわたしを描きたいと思われたのを大変光栄に存じます。この肖像で、絵の装飾は、あなたが主題とされたかった人物像の素晴らしさを遥かに越えています。［……］あなたがわたしに会いに来たら[11]、その点でわたしの側について、しばしばわたしが書くように、デュ・ベレーの詩句によって、『それはローマでローマを探すことだが、ローマにはローマは何も見出されない』、と言われると思います。」

考察は、長く楽しげだが、気取りにだけ帰すべきではない。確かに、肉体は変化し、頬はかつてほど引き締まっておらず、胴体は太った。しかし生全体が変形したのであり、マルグリットが少しの自尊心も感じないのかは確かではない。それでブラントームが作った自分の肖像を批判する。「あなたが自然と運命の対照を表現するためにそうされたのなら、これ以上すばらしい主題を選ぶことはできなかったでしょう。両者が競ってその力を振るおうと試みたのですから。自然のことについては、目撃者なのですから、あなたは教えてもらう必要はありません。しかし、運命のことについては、報告（よく知らないあるいは悪い感情を抱いている人によってなされがちで、この人たちは無知あるいは悪意により事実を表現しないことがありえます）によってだけ書き記すことができるのですから、より知ることのでき、この件の記述の真実により関心のある者の思い出を喜んで受け取られると思います。」換言すれば、マルグリットは自身の生涯を語ることを――どれほど好意的でも――聞き書きでしかできない誰かに委ねたくないのである。「わたしがそうするように促されたのはあなたの『貴顕夫人伝』にいくつか指摘する点があったからで、あなたの『マルグリット篇』には誤りがあります。それはあなたがポーについて、わたしのフランスへの旅について、故ビロン元帥について、アジャンについて語るときであり、カニャック侯爵の当地からの出立について語るときでもあります。」

それでマルグリットは自身で生涯の話を書くだろう。「わたしは自分の思い出を描きます。歴史という名に値しますが、より栄えあるこの名前は与えません。そこに含まれる真実が生のまま何らの飾りもないからで、歴史が書けるとも思いませんし、また今はその暇もありません。」この意図の言明は、かつては対であった、二つの型の書き方の間に穿たれる区別をナヴァール王妃が完璧に知っていることを証している。歴史は高貴なジャンルで、雄弁、比喩、演説、箴言が繰り広げられる。回想録はより簡素で、より飾り気がなく、気取りがないが、大きな歴史に不可欠の基礎的素材であり、それがなければ歴史は何らの価値もない。そこに誇示されている謙遜はそれゆえ欺きようがない。それは新しい美学、補うプライドに対応する。(12) マルグリットが常に大いに読むモンテーニュ同様に、マルグリットは「唯一の立派な歴史は、できごとを指揮し、あるいはそれを導くのに参画した人自身によって書かれたもの」(13) と考える。このように訂正され、王妃の作品は「成長するために、重く不恰好な塊で、小熊〔母熊がなめて形を整える〕のような」ものとしてブラントームのもとに行くだろう。そしてこの歴史家は、今回は十分な情報を得て、『マルグリット篇』を書くことができるだろう。

しかしながら、意図の言明と、書いたものの論理は別のものである。事実に関しては、どのようであるかを見た。当時の名誉のコードが課す偽り――正当でない恋愛に関する偽り――以外は、マルグリットが故意に嘘をつくのは一度しか見られなかった。アランソン派に加わるためにポーランド王を裏切ったときである。歴史ではなく、回想録を書くことに関しては、マルグリットはすると約束したことをするだろう。この話はマルグリットの生涯の話であり、世界の問題の状態についての大した考察は読まれないだろうし、知っていた政治的事件の大部分は、自身が関わるときを除いて、触れられない。飾りのなさに関しては、約束を完全に守るわけではない。確かに、『回想録』には、全身の肖像あるいは対になった肖像、格言、論争、不器用に整えられた長い総合文は見られないだろう。しかし、辛らつな対照法、控えめに際立たせる平行法、幾つかの箴言の楽しみには抵抗できないだろう。要するに、ブラントームを訂正することに関しては、部分的にしかしないだろう。もちろん、生涯の話を時間の順序で書くだろう（「あなたがすでにこの世の光に引き出した混沌」と皮肉なしに言う）。しかしあの回想録作者がどの点で誤っているか詳しく述べることに関しては、大抵忘れ、二つの話から指摘したい誤りを推論する配慮を読者に委ねている。

その上、概してマルグリットは、書く喜びに捉えられて、当初の意図を忘れ、あるいは二の次にし、それ以上する「暇は今は」ない「昼食後の」作品として始まりに予告されたこのテクストに用意されたよりも、遥かに多くの時間をかけるだろう。マルグリットは結婚の解消の交渉がすぐに決着し、政治的生活を再開しうると考えていたのだろうか。それはありうる。しかしながら、議論が長引き、王妃はこれから見るようにそれに関係なくはない。アンリ四世が既に年金を付与し、譲歩する前に王から他の有利な条件――特に借金の支払い――を得ることができるであろうだけに、急がなかった。

それで全ての時間を書くことに当てることができ、そうする。どの時点かは、なにもわからない。私たちは『回想録』のオリジナル原稿を所持しておらず、それ故どれほどの仕事がテクストに施されたのかを決定することは困難である。起草にどれだけの時間がかけられたかも、何年まで続けられたかも分らない、しかし明らかに、王妃の文体を特徴づける生き生きとした歩み、ほとんどぞんざいともいえる流暢さ、ここかしこに撒かれているように思われる短い「管理の指示」(「わたしが言いましたように」「それについては先に述べましたが」)にも拘わらず、これは下書きあるいは紙に走り書きされた考察ではない。『弁明書』と同様に、マルグリット・ド・ヴァロワの中心的作品は注意深く磨きをかけられている。調子は高尚で、変化がある。幾つかの話は巧みに再構成され、幾つかの文はじっくりと考えられている。確かに、これらはみな王妃が生涯を通して獲得した明瞭で、率直で、飾りのない演説技法の一部をなし、王妃が何かを語ろうとし始める時に、長い手紙でややもすれば見出されるものである。しかしこれらの手紙と比較してみると、『回想録』あるいは一五七四年の小弁論の生き生きとした力強い語りの息遣いは、手紙では時折しか現れず、すぐに現実的な考察や実に細かい決まり文句に絡め取られるのがまさしくわかる。王妃は『回想録』では磨きをかけており、それで、「小さな熊」は上手に踊ることができるだろう。だからといって、マルグリットは完璧主義者ではない。恐らく読み返していないだろう。そうでなければ、当初の約束を忘れないだろうし、そして、多分幾つかの文を訂正しただろうから。この作品の最初の部分は、少しばかり修辞的に過ぎ、テクストで唯一の衒学的な言葉が滑り込んでいる。フィロティー、プラトン主義者の自己愛という言葉が。

実を言えば、マルグリットがこのようにうまく書くのは、何も話を圧迫しないからでもある。書簡のように、どのようなものであれ要求することもなく、『弁明書』のように、なんらかの勝利も獲得しない。そしてほんの少し伝え、何かをだれかに証明することだけなのだ。確かに、ナヴァール王の自分への怠慢を強調する――自分が母とならなかったのはナヴァール王のせいだと示唆する遣り方――のは後世のためである。しかし正当化の欲求は『回想録』ではすぐに消え去り、そこでは国家になした奉仕（サンスの和約、ネラックの会談、フレクスの和約）の大部分は触れられない。確実にブラントームのために幾つかの詳細を好意で記し（「あなたは母后が催された豪華な祝宴をきっと忘れずに表現されるでしょう」）、あるいはフランドルの町を描写し、例えばリエージュは「リヨンより大きな町で、［……］ほぼ同じような配置で、ムーズ川が真ん中を流れています」と説明する。しかしかなり早くブラントームのことをマルグリットは忘れ、テクストが進むにつれて呼びかけるのを止め、もはや、自身、自分の過去、自分の記憶とだけ差し向かいになる。伝統に関しては、それも影響を与えない。マルグリット以前に、どんな大領主が回想録を書いたか。マルグリット以後では、回想録を書く大領主、貴婦人は数多いる。そしてマルグリットのずっと後で、回想録を書く高位者は、自分を語るのに「私」と言えずにまごつき、自分のことを「彼」や「あなた」といった人称で表現する方法を取って自分を隠し続けるだろう。マルグリットは、生まれつつあるジャンルの中に巧みに身を置き、それを形作り、その性格、調子を与える。マルグリットを十七世紀の貴族階層は模倣しようとするだろう。

ユソンでは参照できる文献も資料も自由にできないので、自分の思い出だけに頼り、自分の賛美者の『マルグリット篇』に基づいて生涯を再構成する。冒頭、数年を全て飛ばし、あるいは幾つかの文で要約する。全体として、日付を与えるのを怠り、時には誤りすらする。ポーの不幸な小休止の後ネラックで過ごした二年半を幸福な「四、五年」に変えてしまわないか。しかし一五六五年の、バイヨンヌの祝宴を思い出す時は、何と言う記憶力だろう。草地の形、各食卓の人数、王家が座る位置、従者の衣装、バレエのための明かりの配置、雨の中での、急いでの退出をまだ思い出すことができる。しかし子供時代については語らないと約束していた。王家の身分に結びつく豪奢を描写するための細部の豪華さ、ドレスの宝石、輿の銘句。ユソンの女城主はそれらからかけ離れている。そしてビュッシーを想起する何という幸福。深い考察、自己をよりよく知る以上に、マルグリットは、「難局」にも拘わらず、満たされた生活の気晴らしを追うことができ、危険が背後にあるだけに再び生きるのは心地よい。しかしながら、稀に、想起は裂け目を開き、王妃は深い自己のもつれに沈む。こうしてジャルナック戦の後の鉤となるアンジュー公の話は、「わたしは十分勇敢に生まれついていましたが、以前には知られず、アンジュー公の言葉の目的によって掻き立てられた力という、わたしのうちにあってわたしの考え及ばなかったものを見出し、この最初の驚きから我に返り、わたしはこの言葉が気に入りました。そしてわたしは変り、それまでのわたし以上の何かになったと即座に思われました」。

この過去に浸ることは、マルグリットには、現在の忘却と同じ意味ではない。しばしば、書いている時間は物語の時間に侵入し、この回想録作者は、肩越に説明もしくは意見を与え、ちょっとウインクするために、一瞬演技者であることをやめる。こうして、カンブレで、アンシー殿のもてなしを想起するとき、経験を積んだ女城主として、司教がこの者を残したのは「舞踏会の間にわたしと会話し、その後ジャムのおやつにわたしを連れて行くためですが、城砦の任務を担っているのですから、軽率だとわたしには思われます。」と判断する。「わたしがそう言うのは、城砦の警備にどのように振舞わねばならないか、望む以上に学んで、苦い経験を通して知っているからです。」あるいは、最初の宗教戦争のとき、ダンピエール夫人の自分に対する愛情を想起し、ブラントームの意図について詳しく述べるときである。「わたしがここで言っているのはあなたの叔母のわたしに対する友情の始まりについてで、あなたの従姉妹「レ元帥夫人」との友情のことではありませんが、それ以来あなたの従姉妹とわたしは完全な友情を抱いていて、今でも続いていますし、なお続くでしょう。しかし当時、あなたの叔母は老齢でわたしは幼かったのでより都合がよかったのです。年老いた人の性質は小さい子供を愛することですし、［……］成人した年齢の人の性質は、子供が率直なのは煩わしいばかり、軽くみて憎むものですから。」次いで作家は物語の糸を再び結び、いたところに戻り、後に来る展開を予告し、読者をやがて語る波乱に備えさせる。

この書くことの喜び、語りの腕前、自己省察の機会、マルグリットはなぜこれらを、一五八二年初めの、生涯の真ん中で放棄したのか。いかなる疲れも話のリズムには発見できず、この回想録作者はフランスで待っている不幸の話を読者に準備し始め（王の招きを「望むようにわたしを惨めにするよい手立て」として提示する）、フォスーズに関係する言い争いを除いて、書簡を読むことから判断できるように、来るべき年月は比較的幸福であるだろうに。この問いに、十九世紀の歴史家は思いつきの返答をし、それは、しかしながら、以降規範となった。すなわち、王妃は、恥ずかしさから、破廉恥な考えを明らかにしなくてはならないのを拒んだのだろう、と。[14] これは大きな間違いを犯すことである。まずは、回想録というジャンルで、当時、恋愛生活は語られない。それでマルグリットは他の愛人を棚上げしたのと同じく素早くシャンヴァロンとオービヤックを遠ざけるだろう。あるいは、ビュッシーに対するのと同様に、よいことしか言わないだろう。しかし特にマルグリットの性格をひどく取り違えることである。自分の善意をあまりに確信し、あらゆる状況であまりに平静であり、恥ずかしがると想像すらできない。そして何を恥じるのか。隠れずに愛したことか。マルグリットはそれを誇っていた。兄と夫の間の卑しい取引との対象となったことか。それで赤面する必要はなかった。離縁された王妃として扱われたことか。それでアジャンでの振る舞いとその後が正当化された。この回想録作者はまた、あまりに一徹で、個人的争点に満ちた企てにそれほど早く飽きはしない。要するに、最期までいかないにしては、あまりに書くことを好み、ユソンではあまりに時間があった。自分の有利に働かせるだろう多くの語ることがまだ残っていた。それは疑いない。

第二の仮説は紛失で、このほうがずっと本当らしい。『回想録』は少なくともユソン滞在までは続けられただろうが、結末は見出されなかったのだろう。この想定はテクストの三つの欠落の存在と一致するだろう。初版の基礎として用いられる草稿は状態が悪く、欠落した頁があったのだろう。十九世紀の歴史家は忘れずに探したのだが、無駄であった。今日、将来の発見が不可能ではないとしても、王妃の『回想録』の第二部を発見できる希望は薄い。第三の仮説は、しばしば取り上げられるが、検閲である。十七世紀初年の混乱した雰囲気、この時代の出版におけるリシュリューの周知の介入主義が草稿に揮われた削除と最期の束の紛失の原因だとするのである。マルグリットの話で、何が当時権力にあった人々を困らせうるのかを知らなければならない。そしてこのテクストに予定された運命がこのようなものであるならそれを確立することは多分できないだろう。少なくとも、するべき時が来たら、王妃の遺族の用いる動機と作品の結末を消失させる利害について私たちは疑問に思うだろう。

ともかく『回想録』の中断でかなり重要な歴史的関係がわからなくなり、特に一五八三年の侮辱に関する交渉とアジャンの混乱した時期が不明となる。カルラとユソンで過ごした初期の王妃の生活を知るために必要不可欠な情報が不足する。要するに、テクストの続きは、世紀の転換に王妃に働く男女の極の緩慢な逆転で王妃の執筆がどんな役割を演じたのかを知ることを可能にしただろう。実際、作品の私たちが所有している部分で、王妃の興味深い身元証明の体系は、さまざまな折に認めたように、まだ完全にしかるべき場所にある。サン＝バルテルミーの虐殺の翌日カトリーヌの結婚を破棄させようとする意思に言及して、自分の夫が他の夫と同じかどうか判断できないあのローマの女性に自らを較べるとき、一度だけマルグリットが女性として自己を認めるのをかろうじて見出す。例外は顕著で、以前に、ナヴァール王がフォスーズに関して一五八二年にマルグリットから平地戦で降伏を得ただけだ。明らかに、ナヴァール王、そしてナヴァール王だけが、稀に、逆転されたアイデンティティの機構を動かなくさせる。ナヴァール王だけがマルグリットを女性の地位に置くが、その時はいつでも敗者の位置である。ナヴァール王が勝ち誇り、ナヴァール王だけが生き残り、今ではマルグリットの状況の回復はナヴァール王だけにかかっているからだ。

第十二章
王妃マルグリットの誕生（一五九五―一六〇五年）

一五九三年四月、マルグリットがフランス王との「離縁」に至るはずの交渉の開始に対してデュプレシ＝モルネに肯定的に返事したとき、生涯の最後に、王侯として振舞った。マルグリットは拒み、反対に閉じこもり、見捨てられた妻に留まるか、あるいは別居を受け入れ同盟者に再びなることもできた。原則に基づいて、ためらわなかった。かなり早く合意に達した。モルネ夫人は要約するが、「条件は、王妃がフランスに持つ親王領地を王は残し、そこでの教会禄付きの聖職の任命は四つの管轄［ヴェルダン＝シュル＝ガロンヌ、リゥー、リヴィエール、アルビジョワ］に制限され、五万リーブルの年金を継続し、住居の一部となるものとして保持し続けるユソンの男爵領を含み、そして借金を弁済するために［……］十分な収入の二十五万エキュの割り当てを与えるというものです。それと引き換えに、王妃はナヴァール家から得たピカルディーの地所を王に返し、故王達が王妃になした贈り物、ほぼ三十万エキュに登る、未受領の年金をすべて放棄する。主要点に至るために、［王妃は］自分の名においてこの婚姻の解消を求めるために［……］王に委任状を送るが、二つの主要な無効に基づく。一つは兄の故シャルル王の側から暴力や恐怖が介入したということであり、一つは免除が事後にしか得られなかった禁じられた親等であること、加えて宗派の違い、必要な儀礼が保持されなかったこと、長く一緒に暮らして子孫がいなかったことなどです(1)。」

実際、マルグリットとアンリの結婚を破棄する「民事的」理由は数多く、その主要なものは確かに一緒に「子孫」を持たなかったことである。それがなければ誰であれ離縁は問題とならなかっただろう。しかしローマ教会はこの動機を決して受け入れなかった。それで他の動機を見出す。一つ、親等の件は現実である。二人のまた従姉弟を結びつけるには法王の免除が必要であっただろうが、免除は結婚後にようやく届いた。そこに書式の不備を見る。もう一つの動機はこのおりに拵えられた。というのもさきほどの理由は少し軽く思われるから。花嫁は自分の意に反してナヴァール王と結び付けられた。これについて教会は明確である。結婚を形成するのは両者の同意である(2)。

実は、この議論は、相対的に単純だと思われていたが、六年半続くことになる。実際さまざまな不測の事態が決着にブレーキをかける。マルグリットの書簡はまず王の約束の適用における誤解と困難の反響となり、本質的には経済問題に関係してである。王妃はこの問題にことのほか敏感である。一五九二年から、義姉の死によって、逆境にあってそのときまで享受してきた物質的支えを失った[3]。それでマルグリットは、抗議の手紙を愛情と感謝で埋めながらも、ちびちびと論じ、交渉の開始から取った習慣で、次の一五九三年十月の通信が証言するとおりである。「わたしは悲しみにこれほどくれたわたしの魂が、あなたがわたしに喜んで授ける手紙をわたしが受け取ってどれほどうれしく感じることができるか一度も考えませんでした。」とマルグリットは始める。しかし細々とした複雑な議論で手紙を終える。「殿、わたしは大胆にも、わたしに年金を賜りますよう謹んでお願いする次第です。[……]費用を一万二千エキュにまでしても四千六百エキュの節約にしかならず、それはあなたにとってはわずかですがわたしには大きいのです[4]。」時が経過すると、調子はますますしっかりしたものになり、最後には「わたしの生まれに相応しい暮らしぶりを維持するのは王と王国の誉れです[5]」と主張するだろう。

その上マルグリットの手紙は、特に中傷と誤った噂を撒き散らし、さらに筆跡を模倣することができる「敵」によって、計画を失敗させるために組み立てられたさまざまな策謀に言及する。恐らく、それは、一部には、口実であり、同意しないと言い張るとき交渉を六年続かせるために必要である。しかしまた明らかに、新しい君主の敵(一五九八年まで武器を収めぬ者もいて、また王の死まで陰謀を引き起こす者もいる)の中に、新しい同盟を結ぶのを妨げ、それゆえブルボン家を決定的にフランス王権に据えるのを妨げる唯一の絆をそのとき解消するのを恐れる者が多数いる。

他方手続きは君主が予期したよりいっそう複雑であることが判明する。議論が始まったとき、アンリは相変わらず破門されていた。制裁の取り消しを一五九五年夏まで待たなければならなかった。次に、困難は増すばかりであった。というのも同年の春以来、つまりガブリエル・デストレの第一子の誕生以来、みんなには王がマルグリットを自由にするのは愛人を王妃にし、庶子を認知するために過ぎないことが明らかとなったからだ。ところがだれもそれを望まない。ブルボン家の大臣も、宮廷人も、パリの民衆も、いわんや教皇も。アンリは、一瞬、この威嚇射撃を無視し、ゴンディに結婚の無効を宣告させることを想像する。しかしそれは「枢機卿が絶対に拒否すること[6]」である。シルリ殿は、ローマに特別に交渉に派遣されたが、論拠を見出すのにいくら四苦八苦しても無駄であったろう。王の愛人の死までは教皇庁からはっきり拒絶されるだろう。

マルグリットにもこの衝撃的な展望は見通せた。夫は恋愛であまり賢明ではなかったが、今回は限界を越えている。母親がデュ・ガ、ついでアレグル男爵の愛人となる前にアンリ三世の愛人であった、この小貴族の女を、アンリは自分の都合よく利用するためにまず結婚させ、ついで自分の妻とすることができるよう「離縁」させた。幾人か子供を設けさせたが、全員がアンリの子とは限らないと言われる。美男のロジェ・ド・ベルガルドとの関係を続けていたのをみんな知っているから。アンリはこの女をモンソー女侯爵に、ついでボーフォール女公爵――パリでは糞女公爵と言っていた――とし、フランス王妃としようとする。至る所で、全員に大迷惑をかけて、アンリは既に王国でこの女にこの地位を、公式儀式でこの位を与えている。[7]アンリの気に入るように、マルグリットは時に「この立派な女性」によろしく伝えてくれるよう頼んでいた。そしてより多くを引き出そうと考えたある日、この寵姫に、「妹と見なし」[8]たいと確信させるために、手紙を書きさえした。しかし王妃はそんなことは少しも考えていなかった。ガブリエルの死後、マルグリットはシュリーにあけすけに告げるだろう。「わたしが以前にくどくどと言い、疑問や難しいことを入れましたのは、あなたはだれよりもその原因をご存知です。わたしの地位にかような非難された娼婦を見たくはなく、それを所有するというのは相応しくないことだと、この女が望んだ果実をフランスが享受させることはできないと考えました。[9]」

これらの言葉が書かれようが書かれまいが、[10]その言葉が反映する誇りはブラントームがマルグリットと交わした会話によって証明される。この激しい称賛者は自惚れを推し進めてユソンを訪問までしたのだから。ブラントームが報告するには、ある日、王妃は「祖先、先祖の諸王の偉大な種族から生まれ由来するものより高い野心にも偉大さにも関心を持ちませんでした。今日世界で最も偉大な家系で唯一残っている人であると言われることができますし、どんな王国、帝国、君主国も、今のわたしより偉大にすることはできないのです[11]」と言う。これがマルグリットが離婚交渉を行っている精神状態を説明する。困難な年月は、内部の力を損なうどころか、むしろ堅固なものとする。

しかしながら、一五九九年四月の、ガブリエルの急死は、教皇庁側と王妃の側の難点を全て取り除く。王の大臣は久しい前から王に提示すべきほかの求婚者、特にトスカナの公女、マリ・ド・メディシスを書類に書きこんでいる。アンリは急いで結論に到着したくて、夏の終わりに、マルグリットに再び申し入れをする。そしてマルグリットは、自らの退位は、このために指名された枢機卿によってではなく、自分の選ぶ総代理によって聞き届けられるために、要求を固く維持するけれども、これを受け入れる。「ベルチエ殿が当地に急いでやって来るでしょう。そして八日か十日で、陛下に必要なことをすべて報告するでしょう。というのも、公証人によるかあるいはわたしの手で、王がわたしに喜んでお命じになる証書をすべて作成するでしょうから。[12]」婚姻解消は一五九九年十二月十七日に成立する。数日後、開封勅書により、王は前妻に王妃とヴァロワ女公爵の肩書きを保持する権利を付与する。

マルグリットにとって、この件をめぐって保たれた緊張は一挙に弱まる。裏取引での希望、不安と粘り強さの六年は、事態は決着したと知らされる、王に書く手紙に読み取れる。「わたしの不満の最中に、そしてわたしの休息が絶望的であったときに、［神様は］あなたの平安をわたしにお与えになり、わたしに恵みを送られました。」そのときこれまで敢えてなさなかったことを認める。常に自分の権利は正当であり、自分は犠牲者であったという確信を。かつての侮辱を許すために寛大になった。「昔あなたがわたしの悲嘆に同意なさったとしたら、それはあなたのご体質の結果というより時の行き過ぎによるのであり、今ではわたしの身分に対してなした過ちを償います。」最後に、マルグリットは「あなたを満足させるためではなく、あなたに従うために」王の法に服従すると言う。この手紙はパリを一回りし、レトワールを信じるなら、王に「目から涙を」流させ、「その結果陛下は、お読みになった後、大声で言われた。『私が不幸の原因だと嘆いておる。しかし原因はこの女性以外のものではないのだ、神様がご証人だ。[13]』」

首都は、一時、失墜して自身の犠牲者である王妃のイメージでマルグリットを見るのを楽しむだろう。しかしマルグリットはこうした精神状態から程遠い。二番目の大勝利を勝ち取ったところで、自分の地位の回復の第二の段階を越えた。ユソンからのカニヤックの出立によって獲得された身体的自由の後で、これなくしては何もできない物質的安全を確保した。家族の後見からすっかり解放され、妻として（「あなたを満足させるため」）ではなく、臣下として（「あなたに従うため」）王に自由に忠誠を尽くすことができる。今やフランス王の妹である。王はマルグリットをそう呼び、マルグリットは王を「我が兄上」と呼ぶだろうから。

たしかに、それは慣習である。公式儀礼により二人はこのように名乗らなければならない。しかし、マルグリットにとり、それはまったく別のことである。新しいアイデンティティなのだ。王は多分そんなことだろうと思い、この用語を用いる最初の手紙で強調している。「私は、起こったことのために、以前よりも、あなたを慈しみ愛したくないということはないと、あなたが信じてくれることを望みます。反対に、かつてよりあなたに関することで配慮したいと思い、名前だけでなく、実際にあなたの兄に今後なりたいと思うと、あらゆる折に、あなたに分からせたいのです。[14]」そしてマルグリットは返事で、あくまで言う。「それは兄としての務めです。この語をわたしが用いるのをお許しください。[15]」この変化、夫から兄への、より正確には妻から妹への変化を、マルグリットは何年も前から準備している。ガブリエル・デストレ宛ての唯一残っている手紙でマルグリットは書いていた。「あの方がわたしに兄の役割をして、その保護のもとに置いて、兄王たちとあの方からわたしが得たものを維持していただけますように。[16]」奇妙な錬金術の果てに、アンリ四世は悪人――悪い母、悪い兄、悪い夫――を取り除かれた家族の神殿で王妃の他の兄弟たちの位置を占める。善良なシャルル九世の時代と同様、マルグリットは再び妹となり、妹に過ぎない。今日では恐れるべき母、力を競うべきライヴァル、結婚すべき夫はもういないのだから。

一人の女となることを受け入れるのを妨げる最期の障害はそれ故取り除かれた。以降、出来事が次々と起る。結婚の解消後わずか五カ月でマルグリットはアンリ四世に書いている。「あなたはわたしの父、兄、王です。」そして一六〇二年、初めて家族の女性の系譜に身を置き、「ルイ十二世王と別れたときの、ルイ十一世王の娘ジャンヌ・ド・フランス」に擬える。女であることがマルグリットにはいつでも服従を含意するとしても、ある種の険しさがないわけではないが、服従は今ではある種穏やかに言われる。「わたくしの性は陛下に従う意思、そして陛下のご命令以外のわたしの行動の法を持たないという決意以外のなにものも、陛下に申し上げることを許しません。[17]」マルグリットは進化の終わりに達してはいないが、主要なものは果たされた。以降、男性と同一化することはマルグリットの書くものからほぼ消えるだろう[18]。

新しい世紀とともに生まれるこの新しい女性は新しい名前を持っている。その時期からパリで与えられた呼び方によれば、「王妃マルグリット」であり、この女性の前代未聞の状況をよく表している。三十年前からそうなので王妃であり、王はこの肩書きを保持することを許した。しかし何者でもない王妃である。自分自身以外の何者にも属さない。そして王国で以降占めるのは、言葉の最も強い意味で例外的な、前代未聞の地位である。しかしながらマルグリットが計画するこの輝かしいカムバックを明らかにするために全ての条件はまだそろっていない。まだ首都の門を開く「合言葉」が欠けている。

その間、王妃はその地方の人がみんな頻繁に訪れる輝かしい宮廷を自分の周囲に復元する。ラ・ロシュフコー＝ランダン家、シャバンヌ＝キュルトン家、ノアイユ家、ラスチック家、セーヌ家、カニヤック家、モンモラン家、ラ・ファン家、ヌムール公爵自身などで、公爵は時に気軽にやって来る[19]。実を言うと、一五九〇年代の初め、内戦の最中であったときからそうなるように努めていて、「平穏の港の著名な灯台と」なり、「ムーサイに仕えるこの若干の人々を引き付けるように思われる」。このようにアントワーヌ・デュルフェは長い哲学的書簡体詩の献辞で王妃に挨拶し、その中で、恐らく王妃の求めに応じて、アリストテレスに対するプラトンの優位を主張する。デュルフェは付け加える。「王妃様、本当に私たちの時代全体に運命的な、あなた様の魅力の噂が初めて私の耳を打って以来、私たちの最も高貴な部分、即ち理性に関係する美を自然の恵みに付け加えるのを、王妃様がどのように学ばれたのかをとても興味深く調べました。そしてあなた様の神々しい精神が全ての学において獲得された完璧さを知り私がどれほどの満足を得たか神様はご存知です。」弟のアンヌはマルグリットに『フランスの真珠への讃歌』と『聖シュザンヌ讃歌』を献呈する。オノレは、『精神的書簡体詩』の一部を献呈し、マルグリットを『アストレ』

のヒロインにするだろう。[20]

デュルフェ三兄弟は例外的家族ではない。ヴァロワ家の最後の女性は文学、音楽、演劇、学問、哲学に夢中になり、周囲に芸術家、知識人、学者、神秘家を集め、[21]作家と結びつき、この作家たちはパリに付いて行き、マルグリットとすばらしい間柄を保つだろう。ロワ・パポン、メナール、コルバン、ラ・ピュジャド、ダルナルトはユソンの美観と王妃の偉大さを歌い、その当時の最も偉大な碩学の一人となったこの女性をしばしば訪れるという満足以外の報酬をいつでも期待することさえなかった。[22]ダルナルトは「この王女の、実に称賛すべきで宗教的な、進んでの孤独の証人たる岩」を歌う。「そこでは音楽の甘美さとフランスで最も美しい声の調和した歌により地上の楽園は他ではありえないと思われ、王妃様は満足と精神の休息を味わわれる。[23]」パポンはユソンがそうなった「新しいパルナソス山」を歌う。ラ・ピュジャドはマルグリットが城に建てた劇場で演じられた戯曲を書く。[24]その上マルグリットが城砦にもたらした変更はこれだけではない。日常生活をほとんど語らない手紙の一通のふとした折に、マルグリット自身が、「美しくする苦労をつくした場所[25]」をだれにも独占させておかないと言わないだろうか。

この日常生活を語るのは招かれた人々である。とりわけブラントームはマルグリットがオーヴェルニュでとった生活習慣、特に食事について貴重な詳細を与えてくれる。「最期に私がユソンにご挨拶に参りました折、あなたさまの客間に入り、毎日お食事をなさるのを見る光栄をえました。そこで私は一つとても称賛すべきことに気づきました。あなた様の食卓の前に、極めて立派で知識のある人々を置かないであなたが食事されるのを一度も見ず、この方々はあなた様をいつも何か素晴らしい話、論争、ありふれていない言葉に誘われたのです。そして、最も素晴らしく尊重すべきことは、あなた様がこの話を司られ、御自分の意見を述べられ、素晴らしく簡潔な語で結論を与えられ、私はかつてないほど、あなた様を、あなた様の知識と素晴らしい語り振りを称賛したのでした。[26]」地上の糧と精神的糧を結びつけるこの新しいやり方はやがて首都の洗練された人士を魅惑するだろう。

食事の他に、マルグリットは夜の更けた時間まで読みそして書き続ける。まずは手紙を。この時期の書簡は特に豊富にある。アンリへの手紙は数知れず、その大臣ヴィルロワ、ロメリあるいはシュリーへのものは、進行中の正確な要求を王に送るときに王に送られた通信をしばしば裏付ける。父の非嫡出の娘で認知された義妹ディアーヌ・ド・フランスへも書くが、この女性はアンリ四世の確立に大いに働き、時には離婚問題に介入する。[27]助言を惜しみなく与えるラ・ファンのようなマルグリットに仕える者、いつでも任務を果たすわけではない監査官「ド・コンベット殿」、時には自分のためにしかし大抵は自分の部下の誰かのために助力を期待するさまざまな人物への手紙。ラ・ファンのお蔭で宛先に送ることのできる、友達のレ公爵夫人とヌヴェール公爵夫人への手紙。通信に添えたラ・ファンに送る短信は一五九八年にアンリエット・ド・ヌヴェールの訪問を受けたのではないかと推測させさえする。「わたしは昔あなたが証人だったかつての完全な友情が生じさせたのと同じくらい待ち遠しく思いながらあの女性を待っています。(28)」と兄のかつての従者に打ち明ける。しかしながら、この文通は世紀の初めで中断することになった。ヌヴェール公爵夫人は一六〇一年に、レ公爵夫人は一六〇三年に死亡するからだ。そして正当な理由のある通信の中では、幾つかは完全に儀礼上のものである。新しい王妃、王の一時的な愛人へのものなどだ。

マルグリットは詩も書く。オービヤックの死について書いた詩の繰り返しを除いて、この時期のものは一編も我々には残っていない。オービヤックの死に関する詩をマルグリットは作り直し、短くして、一五九九年に匿名で印刷させた。(29)次いでシャンソンを作り、自分のリュートで伴奏するか合唱隊に歌わせる。『諷刺的離婚』の作者は次の牧歌的一節を挙げるとき何らかの概略を示してくれる。王妃をあざ笑うために、この作者は四つん這いになってユソンのベッドの下にこの歌唱長の主人ポミニーを探しているのを描写していた。

この森、この牧、この洞窟に
誓い、涙、音を送るだろう
筆、目、シャンソンは
詩人、愛人、歌い手の(30)

しかしながら、穏やかな時はまだ来たらず、マルグリットはアンリ四世がなした財政状況に関する約束が尊重されるように懸命に闘わなくてはならない。君主は、支持や忠誠を非常に高く贖わねばならず、守れないほど約束していたから。こうして、一六〇三年以降、収入と税に関する一五九九年の合意の適用は困難だと明らかとなる。まず第一に、エギヨン公爵領の創設であり、これはマルグリットの特権を侵害する。マルグリットは抗議する。王は、この都市と他のいくつかの都市をマイエンヌ公爵夫人に予定しており、知らん振りをし、王妃は、絶望して、王はもう自分の手紙を読まないと考えるに至る。マルグリットは言い募り、法院が登録した宣言に拠りながら項目ごとに議論し、「エギヨン公爵領のすべての司法権は自分のものである」と飽き飽きするほど繰り返す。そしてこの機会に二十年来用いていなかった調子で尊大さを取り戻し、これは前夫に対する権威の回復を今やどれほど確信しているかを証明する。「殿、わたしより優れた人としてあなただけに全てを負い、あなたにわたしは譲ったのでした。わたしより劣る人には何も負っておらず、何も譲りません。［……］わたしにいつか何かを譲歩させるのは、陛下であっても、生きている被造物にはできません。(31)」そして大臣に大量の通信文を雨あられと送る。王は終に一六〇四年二月に屈服する。

次に同年春、借金の返済問題は、一五九九年の合意では二十万エキュと見積もられ、四年に分割されると予測されていた。「しかしながら経過した年月の利息がかさみ、監査役は上記の額より三分の一増加したのを見て取りました」とマルグリットは嘆く。それ故すでに実行された四回の払い込みに留まらず、さらに三回続けるようアンリ四世に懇願する必要があると分る。「この割り当てが続けられないのを債権者が見て翌年が始まれば、きっとこの者どもは差し押さえを再開します[32]」とマルグリットは説明する。正当な要求だと考えている。一度に受け入れうる代わりに四年分割を要求したのは自分の誤りだったとしてもこの返済は約束されたのだ。そこでも、王の抵抗に打ち勝つ。最後に、一六〇四年七月、ユソン事件が出来し、マルグリットは税金を免れたいと望むだろう。シュリーに書き送るが、「この町は、大市や市を開催する、分担金支払い都市の地位ではありません。[……]その上、[一五九九年の]宣言により、ユソンであれヴィレル＝コトレであれ、わたしの住む場所にはわたしの滞在の間税免除を付与されるのが王のお気に召しました[33]。」

アンリ四世が毎回王妃の要求を結局認めるのは、王妃の執拗さが理由であるだけではなく、王妃を必要とするからでもある。いかにも平和は国にやってきたが、新しい権力の敵はまだ数多く、不安定化しようとしている。次に、アンリ四世が妻を変えたとしても、態度は変えなかった。そしてまた新たな愛人に結婚を約束した。それはアンリエット・ド・バルザック・ダントラーグで、フィレンツェの女性との結婚前に、ガブリエルの死後数週間経っただけでアンリの心に入った。しかしながら、王はこの若い女に男子を産んだ場合に対して文書で約束を与えるという過ちを犯し、この女性は男子を産んだ。そしてこの女も家族も大胆であり、陰謀と引き換えででも、この武器をうまく使おうとした。陰謀は一六〇一年から組織され、この寵姫の周囲に片親違いの兄弟と新体制に不満を抱くその他の者を集める。この片親違いの兄弟はシャルル・ド・ヴァロワであり、シャルル九世の非嫡出子で、アンリ三世が母親の財産を与えたオーヴェルニュ伯爵である[34]。そしてその同盟者はビロン元帥――王妃が夫とネラックで和解させようとしたビロンの息子――とジャック・ド・ラ・ファンである。従って策謀のオーヴェルニュの下部組織は重要であり、前妻に対するアンリ四世の恐れと要請が生じたのであり、前妻はこの件で王を損なうことも王に役立つこともできる。実際は、王妃は一時もためらわなかった。そこに将来の勝利がかかっていると感じる。

「悪い従兄弟の悪い意向」を初めて王に警告したのは、一六〇一年の秋で、フィレンツェの王女の最初の妊娠を告げている。妊娠を祝い、ユソンの成り行きを保証し、「この悪い助言を受けている男」に絶対譲歩しないと請合う。しかしこの機会を利用して、この男が「この国でいくつもの場所と家門を押さえ、わたしの亡き母后の財産をわたしから不当に奪った[35]」と思い出させる。それ以降、混乱は増すばかりだった。一六〇二年八月、陰謀の一エピソードはビロンへの死刑判決で終わるが、寵姫は矛を収めず、他の不満派がこの女の周囲に加わり、その結果、一六〇四年二月、トスカナ大使は次のように異議の広がりを要約する。「王とマルグリット・ド・ヴァロワとの結婚は相変わらず有効だと主張する者もいて、この者たちの目には、王子は正当でない。ヴェルヌイユ侯爵夫人〔アンリエット・ダントラーグ〕は、王の約束を盾にして、自身の息子が唯一正当で、王子は非嫡出だと見なす[36]。」前夫を助けるために、そのときマルグリットは保持していて、混乱をますだけの王妃の肩書きを放棄する申し入れをする。マルグリットが言うには、自分はヴァロワ女公爵の肩書きだけを維持する[37]。しかしこの区別は権力の敵にはほとんど意味がない。

そこで、マルグリットはもう一つのカード、最後でもっとも見事なカードを切ることにする。自分の財産を王太子ルイに遺贈するというのだ。確かに、この決定がなければオーヴェルニュの地所は王権から離れたであろうけれども、他のだれにこの財産は帰着しえたか分からない。しかし十七世紀の初めにアンリ四世はこの高度に象徴的で、物質的にきわめて有利な行為をこの上なく必要としていたのだ。というのも、すべての財産をフランスに遺贈することで、王妃は新しい権力を富ませるだけでなく、信用を付与しもするのだ。最後のヴァロワ家の女性の所有物は最初のブルボン家の人々へ行き、苦労せずに行われるわけではなく、人々の間ではまだ脆弱な王統の移行を正当化する。カトリーヌの個人的財産はアングレームの庶子に行く代わりに王権に戻るだろう。国内平和と収入に関して著しく有利である。そして最初の妻は、権力と領地の移行が賛同を得ており、離婚は強いられたものではなかったこと、それゆえメディチ家との結婚は正当であり、ルイが立派にフランス王位の後継者であることを見事に示すだろう。きわめて重要なこの政治的行為は、この後の時代に、マルグリットを新しい体制のキーパーソンとするだろう。

しかしながら、ルイを後継者とするためには、今のところ「悪い甥」が保持している、オーヴェルニュの財産をマルグリットは再び自分の所有にしなくてはならない。一六〇四年十一月、この者が逮捕されると、マルグリットはシュリーに手紙を書き、「王の命令の伴う、決定をするための」時は来た、「このことで陛下とあなたにわたしが求めることは、ただわたしの正当な権利を優遇していただくことで、素早い正当な判決を下してもらいたいのです」と言う。そのときカトリーヌの結婚契約の条項を思い出させるが、それによれば、カトリーヌは「財産を子供に、いれば、年齢順に、息子から息子へ、そして息子が子供を設けずになくなることがあれば、娘に与える」と定めてあり、「わたしは神様のお計らいでただ一人残っている娘です[38]。」そのとき、王妃は、アンリ四世の支持を得て、自分の権利の有効性を認めさせるために訴訟を始める。

今回は、成功のための魔法の言葉を握っている。というのも、訴訟のよき展開をよりよく監視するためには、確かに現場、パリにいなければならないからだ。この計画に言及する五月の手紙で、ヴィレル＝コトレよりもむしろブーローニュの自分の館に定住する許可を王に求める。「この住居の空気はより健康的なのです。[39]」マルグリットは夏の終わり前にそこに赴きたい、と告げる。分捕り合いの雰囲気で始まったオーヴェルニュ滞在は平静で心地よい隠棲に変わり、昼夜は読書、祈り、書くこと、訪問をしたり受けたり、友人たちとの終わりなき議論、日常の出来事の配慮と家政の管理でリズムを刻んだのだけれども、隠棲の魅力は王妃には擦り切れてしまった。七月初め、手下の者の一部と出発する。

第十三章

パリの再征服（一六〇五—一六〇六年）

マルグリットは数日でユソンから、現在のニエーヴル県のトゥリーへの旅を実行する。急いでいる。というのも王と大臣に伝えるべき重大な知らせがあるからで、その知らせでマルグリットの帰還は決定的に高く評価されるだろう。チュレンヌは今ではブイヨン公爵となっているが、ヴェルヌイユ＝オーヴェルニュの陰謀に加わり、陰謀の組織はスペインにまで今や広がっているのだ。事態はまったく新しいというわけではないが、マルグリットに非常に詳細な情報が伝えられた。トゥリーから、マルグリットはシュリーに、話したい、四日後にブーローニュに着きたいと思っている、と手紙を送る。しかしながら王は不安だ。かつての同盟者の最新の無分別な行動を既に知っていて、さらに情報を得たいと思っている。それで王は待たずにマルグリットのもとへ、使節を現在のロワレ県のアルトネに遣わす。

使節の目には、会見は失望させるものである。王に説明するには、確かに「推測と噂で」警告された陰謀は「あらゆる身分の多数の人の名前を挙げられたので、この王妃とロデル殿によっていっそう詳しくなりました」が、「これらの事態はとても錯綜して述べられましたので、事実と同じくらい虚偽が混じっているのではないかと思われます」(1)。シュリーの疑い深げな態度を前にして、マルグリットは自分が急いだことを正当化する。「悪事は八月に勃発するはずでした」と王に書く。そして自身でやって来たのは、こうした情報を得た貴族が自分がいるところでしか話したくなかったからだ。ほかの事では、君主は安心されるように。「わたしの望みはブーローニュに限定されています。十九年の滞在で休息を愛するようになった習慣は他の変化を望むことをわたしに許しません。」ユソン城に関しては、何の危険もなく、「安全な見張りに(2)」委ねた。何人かの歴史家が主張するように、首都近くへの帰還をよりよく受け入れてもらえるよう、王妃は極めて重要な情報を手にしているように思われようとしたのか。それは、（ブーローニュの）マドリッド城への到着に、七月初旬から、はっきりと単刀直入に言及していたことを忘れることで、この言及は王妃が許可を得ていた証拠である。おそらく出発を早めたと言えるだけである。他方、それはシュリーの印象だけに多くの価値を与えることである。新しい局面と複雑な組織を持つこの長い陰謀は実際に縺れ危険であったということである。その上王は提供された情報を深刻に受け通り「王妃とともに気づいた、私がすべきことに[3]」同意すると使節に答える。

それに、マルグリットが積極的な忠誠と引き換えに手に入れたいものは、すでに与えられた、パリに戻る許しではない。それは、シュリー自身がアンリ四世に報告するように、「宮廷にしかるべく受け入れられ立派に扱われ、陛下がどんなことでもご厚意と権威でお助けになる」という保証である。王の決定は曖昧なところはない。「陛下とこの女性に値するあらゆる厚意でマルグリット王妃に親切にする」決定をするだけでなく、会う準備をしさえする。

それでマルグリットは望んでいたものを手に入れた。さらに幾日かエタンプに留まり、その後ロンジュモーに至るが、母違いの妹のディアーヌ・ド・フランスが待っていて、フォーブール・サン＝ジャックまで同行する。そのときマドリッド城で応接が行われ、王は、ロックロール殿とシャトーヴュー殿と同様、ガブリエル・デストレの長男ヴァンドーム小公爵を急いで派遣する。後にデュプレクスが認めるように、王は「シャンヴァロン殿」にも同様に命じたのか。「この者を王妃はかつてそうあるべきである以上に愛されたのだった。その結果このもてなしはかくも高貴な王女には恥ずべきであると見なされた[4]。」これはほとんどありそうではない。修史官だけがこの悪趣味のからかいに言及しており、そんなことがあれば当時の諷刺文作者たちは捕えそこなうことはなかっただろう。その上、王妃を迎える役目の人々は「恥ずべきもてなし」が語られるのを許さず、マルグリット自身も応接に深く感動したと認めていた。最後に、アンリ四世の主要な使節の書簡は、王妃の帰還がどのように受け取られるかをそのとき大いに心配していたかを示している。使節たちはこのような大失敗をきっと妨げただろう。

実際、王の周囲では、みんながフランスの歴史で極めて珍しいこの事実を政治的に利用しようと期待している。かつて世捨て人でもあった、離縁された王妃の宮廷への帰還という事実をである。ヴィルロワはシュリーに書いている。「王は王妃マルグリットに関してあなたが私に書いたことをよくご理解された。そして何人もが王妃の来られるのを語る気を起こさないと、［……］これが有害な効果を引き起こさないと疑っておられない。」これに答えてシュリーが言うには、「さまざまな話は、王の欠点でも王妃の欠点からでもなく、国家の安寧への危険な敵のでっち上げからむしろ来るでしょう。それほどお二人が私に語られた言葉はお互いに好意的だと私は思いました[5]」。二十年来会っていなかった、かつての夫婦の最初の会見は実際この上なく良好に行われる。「王は王妃マルグリットとブーローニュにおられて、そこから夜の十時にようやく戻られた」とシュリーのために事態を記しながらヴィルロワは驚く。「私はそこで起こったことをあなたに書かないでしょう。私はそこにいなかったのですから。［……］王はとても満足されてお戻りでした。かの婦人は今日王妃にお目にかかるでしょう。王妃はルーヴルでお待ちになり、迎えられます。それから私たちはサン＝ジェルマンに行くと思います、そこでかの婦人は王太子殿下に会いに行かれるでしょう。(6)」

予想されたとおり、妃の「二十四、五年見られていなかった」パリ帰還と「宮廷到着は、［……］あらゆる種類の人々に豊富な話の種を提供する」とレトワールは述べ、この折に現れたテクストの幾つかを記す。(7) ヴァロワ家の最後の生き残りの女性は実際この上ない興味をもって迎えられる。運命に打ちのめされた「寡婦」として歌う者もいれば、その美しさと栄光を見境なしに褒め称える者もいて、新しい君主より気前のいい保護者を見ようと望む。(8) これらのこびたイメージは大層肥えてしまった五十二歳のこの女性の現状にはもうまったく対応しないが、確かに妃を喜ばせ、このおべっかつかいの中には保護されて目的を達する者もいるだろう。

八月六日、サン＝ジェルマンの、自分の育った壁の中で、マルグリットはとうとう若きルイの知遇を得る。妃は感動する。この四歳の子供、かつての夫の嫡子は自分の子になるはずだったのだ。その上、この子のあるのは自分のお蔭であり、やがて財産をすべて遺贈するだろう。ある意味では、この子の母、本当の母である。長い間子供ができなかったことを後悔するが、今本当の母性愛が現れるかのようである。既に、ブーローニュで、自分の迎える代表団の先頭に幼いセザール・ド・ヴァンドームを見たとき、マルグリットは王に書いたのだった。「この繊細な小さな天使が果たす仕事が体を痛めるのではないかとこの上なく心配しました。［……］もっと配慮が必要ですとわたしが敢えて申し上げますことを陛下がお許しになりますように。(9)」しかしフランス王太子ルイとマルグリットは本当の母子関係を結ぶだろう。

ルイの医師、ジャン・エロアルドは『日記』に二人の最初の会見を書き留めた。この医師が説明するには、何週間も前から妃の到着が語られ、この子供がこの女性をどう呼ぶかが議論された。ことは実際微妙である。「ある者が叔母と呼ぶように言うと、王太子は「いや、妹と呼ぶ」と言われる。」マリ・ド・メディシスは、多分この代理母が到着するのに腹を立てないが、「ママ」と呼ばせたかっただろう。最終的に、もう一つの呼び方が採用され、会見の日から呼び始められる。小さな男の子は「ようこそ、ママ娘」と叫ぶ。そして、数日後、医師はこの家族の感動的なシーンに遭遇する機会を得る。「王妃はベッドにおられ、王はベッドの上に腰掛けられ、マルグリット妃はベッドにもたれかかって、跪いておられ」、幼いルイは傍で遊んでいるのが見られた。その時から、お互いの訪問はほぼ止むことがないだろう。(10)

すぐ後でアンリ四世がパリ定住を提案するのは前妻の保護をより確実にするためだろうか。ともかくそれはアンリ四世が外国大使たちに主張することである。「陛下は、ジョヴァンニ・ディ・メディチ殿に、マルグリット妃はブイヨン元帥［公］とユグノーの手に落ちるのを避けるためにここに来たと言われた。この者たちは、王が亡くなられた場合、結婚の解消の同意は力ずくで得られたと妃に宣言させることを望んだであろう。(11)」意向にすっかり安心し、王家全員とこの上なく良好な関係である今となっては、マルグリットの気に入るためであろうか。これもまたあり得ることである。ともかくマルグリットは招かれたわけではなく、サンス館を住居に選ぶ。マリ橋の近くに、今日なおセーヌ川の川沿いに見ることができるこの壮麗な建物はシュリーの住むアルスナルからすぐのところにある。しかしながら、サンス館は大工事が必要である。八月末に王に書いている。「陛下にわたしが約束しましたことに従い、わたしはパリの自宅にいます。しかしまだ住める状態ではないので、祭りの後までブーローニュに戻らざるを得ませんが、わたしにはとても長い時間となるでしょう。(12)」

　マドリッド城に戻る前に、マルグリットはユソンの住民が慣れていた慈悲深い行いでパリの人々を驚かす。「贖宥を得るためにドミニコ会修道院に入られると、妃は、入り口に、貧しいアイルランド女を見つけられるが、この女は子供を産んだところで、男の子である、子からようやく解放されたところであった。妃はその子を手に取ろうとされ、モンパンシエ殿がそこにいられるのを知っていたので、その子の代父とされ、アンリという名を与えられた。」既に、マルグリットは首都の好奇心の的であり、その言葉と行動が繰り返される。「妃が到着にあたり王は二つのことを求められた。一つは、健康により気をつけるために、習慣としていた、昼夜逆転をもうしないこと。もう一つは、気前のよさを抑えて少し倹約家になることである。第一については、妃は陛下を満足させるためにできることをすると王に約束される。［……］しかしもう一つに関しては、まったく不可能だった。そうせずに生きることはまったくできず、血筋のあの気前のよさを保っておられたのだ。(13)」

　十月、サンス館は相変わらず準備できておらず、マルグリットはシャルトルへお参りの旅をすることにする。しかしイル＝ド＝フランス全域で猛威を振るう赤痢の伝染で道中二週間足止めされる。マルグリットはアンリ四世に書く。「デュジョン殿はあなたの思い出の名誉がわたしになした奇跡をあなたに述べるでしょう。ベッドから初めて出て、千歩の道を行く力をわたしに与えました。(14)」しかしマルグリットは特にアンリのために不安に思う。かつてなかったほどお互いに愛情を結んだ今では、実際マルグリットは絶えずアンリの消息を尋ね、あるいは自分の消息を知らせ、極軽い病気でも不安になり、肉体的苦痛に特別の注意を払うが、年齢からくる衰えに既に悩んでいる二人の友を今では緊密な黙契が結んでいる証拠である。十二月に完全に回復し、ブーローニュに戻ると、母の遺産について、甥のシャルル・ド・ヴァロワに起こした訴訟に備える。とうとう、一六〇六年初めに、サンス館に落ち着く。

　そのとき再びお金の心配に捕らわれた。ヴィルロワに抗議するには、王は先年「厩舎と必要だったものすべての、装備をするのと同じく旅の費用のために、わたしの一行と同様わたし自身のために、そしてブーローニュの家とパリの家に家具を備え付けるために、子爵領の勅令」をマルグリットに与えた。さて相変わらずこの勅令が適用されるのを待っている。「わたしは大変出費をして夏以降一年間訴訟を続けなければならず、利子はこの希望のもとにわたしに貸した人々に計算されています。[15]」パリに定住した今では、マルグリットの生活費は増加したからである。もちろん、家政は新しい召使で強化された。しかし、特に、庇護に関して先祖の伝統を再開するが、ブルボン家の第一代王はこの分野ではけちで、マルグリットは自分の周囲に詩人、哲学者、神学者、音楽家を集め続け、何年も前から交際している人々の数を増やす。[16]どんな場所でも認められる、この役割を果たすために、野心に釣り合った資力が必要だろう。

しかしながらお金の問題は一時後方に引っ込む。四月、アンリ四世がスダンにいてブイヨン公の反乱を打ち負かしている間に、マルグリットは目の前でお付の若者が死ぬのを見る。すぐに王に手紙を書く。「殿、わたしの住居の戸口で、わたしの見ているところで、わたしの馬車の近くで、殺人がなされました。ヴェルモンの息子によってで、サン＝ジュリアンという名のわたしの側近の一人にピストルを撃ったのです。謹んで陛下にお裁きをお願いいし、何卒許しをお与えにならないようお願いいたします。この悪が罰せられないのなら、安全に暮らせる人はだれもおりません。[17]」実を言えば、ガブリエル・ダ・ド・サン＝ジュリアンは「側近の一人」以上の者である。それは、だれもそれ以前には言及しなかったけれど、何年も前からの妃のお気に入りだと思われる。ヴェルモンも、見知らぬ人ではない。それはかつてのトリニーで、最初のネラック滞在の間に妃によって結婚させられ、この年月の間、女主人の移動に付き従った。その息子は、さまざまなことを報告するレトワールを信じるなら、その時「十八歳に過ぎなかった」。

よき習慣に従い、このパリの年代記作者は刺戟的と思われる細かな点を幾つか付け加える。レトワールの言うには、妃はその若者を非常に情熱的に愛し、これを殺した者を深く恨んだので、「自分の住居の前で首が切り落とされるのを見ないうちは飲みも食べもしないと誓った。［……］その夜から、すっかりおびえて、立ち退き、二度と戻らぬと公言してそこを去った。[18]」レトワールが誇張しており、レトワールに情報をもたらした人々は間違っていると信じなければならない。襲撃の四日後マルグリットはまだパリから手紙を書いており、サンス館を決定的に去るのは一年後に過ぎないのであるから。[19]しかしながらレトワールの話の続きは本当らしい。レトワールが指摘するには、この機会に、「この死に関する愛の後悔」が出版されるが、「王妃マルグリットの名前と命により、メナールが作ったもので、妃はその書を常日ごろ懐に入れ、あたかも時禱書であるかのように毎晩唱していた。[20]」一六〇七年のさまざまな詩集成は実際この大事件の思い出を留めた。というのもメナールだけでなく、妃の宮廷の他の詩人も、妃はお気に入りの消失を声高に泣くために貢献させるのだから。そしてマルグリット自身もそこに加わる。

過ぎし喜びの厳しい思い出
心の憂さを思いの中に住まわせた
わたしから喜びを奪い、天は
わたしから望みを奪ったのをあなたは知っている

わたしの嘆きを知らされ、何か物見高い人が
わたしがこれほど激しく傷ついたのを見て驚くなら
確かに間違っているとだけ答えなさい
麗しきアチスは死んだのです

アチスの死はわたしの年月を悲しませ
アチスは生まれ善き多くの魂の願いに値し
人々にわたしの手の作品を示すために
育てたのです(21)

現実の苦しみと言うより、この集団的嘆きは妃の宮廷で行われている文学的実践を証言するもので、そこでは妃の生活に起るごく些細な出来事でも賞賛するのだ。上の詩句に関しては、妃のものであろうと庇護者のものであろうと、妃がこの若者に愛情を持っていたことを確かに示しているが、オービヤックに感じた愛情や数年後バジョーモンに抱くであろう愛情とは少しも較べられない。実際、忠誠を公言する最中に、悲しみが終わるかもしれない、新しい恋が起るかもしれないと絶えず言及する。

時が(しかしこの不安が無駄であるように)
忘却がわたしの苦労を前進させるのを許すとき
わたしは幾度も結んだ誓いに固執する
二度と再び愛さないとの

わたしの心のこの恋人は、永遠の不在が
わたしの思い出ではなく、わたしの目から遠ざけ、
戻ってくる望みもなく、引き出した
わたしが愛に抱いていたものを

わたしが愛するのをやめるなら、言い張るのをやめるように
以降わたしは捉えられも捉えもできない
そして時がわたしの火を消すことができるのに同意する
何もこの火に値しないのだから。(22)

そして詩人たちも競って言う。

妃が不満を言おうと
努められる話は
輪差と餌だ
同意なしに心を急襲するための[23]

マルグリットの苦しみは、これみよがしであるので、ほとんど深いものでなく、「麗しきアチス」は、だれにでも当てはまる渾名で、王家の女主人には、「本人の手になる作品」であることより以上のことを表したとは思われない。サン＝ジュリアンが妃の「心の」愛人であると主張するこれらのすべての作品を特徴付ける超然たる調子は、少し前に妃に仕えるようになった、デュプレクスが後に妃について述べることを裏付ける。晩年「妃は愛を与え、それを慎ましく控えめに語り、男たちが自分に熱中するのを見聞きするのが素晴らしくお気に召された」。これらの要素によって、ダが語の現代的意味で妃の恋人でなかったと確証することは多分できないが、ダを「駄獣」とする歴史家の不躾な幻想をきっと退けさせるだろう。さらに、老年に妃が獲得し、次のように要約している「知恵」を誤るべきでない。再びデュプレクスによるが、「愛するのをやめたいのなら、愛するものを持ちなさい[24]」というのだ。それは相変わらず、かつてシャンヴァロンに述べた議論のように、想像の喜びは他のものより持続するということである。これはマルグリットが愛し愛されるのを諦めたというのでは決してない。その上やがて証拠を得るだろうが、既に詩に窺うことができる。愛への別れは演技の別れだ。

殺人者の家族への妃の恨みは、それに基づいて時にサン＝ジュリアンへの情熱の大きさを証明する支えとされることもあるが、限界を見なくてはならない。六通の手紙がこの件への言及を含むが、マルグリットの関心は愛の熱狂とは別の根を恐らく持つ。実際、殺人者は、数日後にようやく死刑に処せられる。レトワールが語るには、「[この男は]陽気に拷問に赴き、常に耐え、敵は死んで、自分は意図を果たしたのだから、死ぬことなんか気にかけぬと声高に言い張る[25]」。この奇妙な特徴に他の変った点が加わる。尋問され、「悪人は裁判所に、スペインにいる兄が自分と、他の兄弟全員に、魔法の呪符を与え、それにより悪魔と話し、母とトルセの兄がこの殺人をさせたと告白した」とマルグリットは説明する[26]。しかしながら、妃の怒りは殺人者自身と同様その母にも向けられる。というのも、ヴェルモン夫人は、これらの年月の間中妃に忠実に仕えたが、どうやら――しかしいつからか――シャルル・ド・ヴァロワに身を売ったようであるから。この者は――しかし相変わらず投獄されているが――この母子を守るために、実際影響力を、ディアーヌ・ド・フランスにまで及ぼしているからだ[27]。それゆえサン＝ジュリアンの殺害は、カトリーヌ・ド・メディシスのオーヴェルニュの財産相続のために開始される決定的な訴訟の前夜に妃を怖気づかせる伯爵の試みでありえるだろう(28)。それでマルグリットはこの家族全員のルエルグへの追放を求め、それを手に入れる。

訴訟は五月に開かれるだろう。シャルルの弁護士は長引かせるが、妃は平静である。実行を約束した遺贈は大変重要なので、裁判官はその方向に向う。いくつもの他の訴訟が進行中でその一つで勝訴したので心強く感じる。トゥルーズの法院を前にして、ロラジェ伯領を取り戻したが、これもカトリーヌの相続の一部であった(29)。マルグリットは非常に忙しいので、フォンテーヌブローに来るようにとの王の申し出を断る。実際パリにいることが不可欠だと判断するが、「甥は、最初一言も語らない振りをしていたが、今や妻と元帥殿を使って要請して、自分の訴訟に加わらせることができる人々を全員探しているからです(30)」。絶えず思い出させるが、妃が努力しているのはルイのためで、王は「この哀れな者の子供たちより王太子殿下の財産をいつも愛されるだろう(31)」と確認する。しかしながらこの議論は欲得づくだけではない。この子供についてのマルグリットの語りぶりはその愛着がまったく本当であることを示している。マルグリットは二日前にこの子供に会っていた。「わたしは陛下にお子様はとても元気で、奥方たちも同様で、大きく美しく成長されていて、小グループのその他のみんなもです、と保証するでしょう。しかし特に王太子殿下はお顔立ちと王家に相応しい行動のすべてにご自分の本当のお印をお持ちになっている(32)。」この「小グループ」、アンリ四世が嫡子とその他の子供たちを育てるために設立した本物の育児室の只中で(33)、マルグリットはしっかり区別しようとする。

とうとう、五月二十三日、相手方の引き起こす障害にも拘わらず、訴訟は開始される。マルグリットは大喜びする。「わたしたちの権利は明白ですから、相手方は笑われるだけです(34)。」デュプレクスの方では、議論の雰囲気を書くだろう。「それで訴訟事件は三回の審問の間荘重に弁ぜられ、カトリーヌ・ド・メディシス王妃の債権者は大騒ぎをした。[スペインの]大公妃も、王妃マルグリットの姉である母[エリザベート]の代理として、同様である(35)。」結局、五月三十日、パリ高等法院は妃にカトリーヌの相続財産全ての所有を認め、レトワールの伝えるには「妃は大いに喜び、印璽尚書のリウー殿はその知らせをサン゠セブラン寺院に告げに来て、妃はそこでミサを聞いていたが、すぐさま立ち上がり、ミサをそこで終わり、テ・デウムを歌わせるためにコルドリエ会修道院に行った(36)」。それで何日かの休養にフォンテーヌブローに立つことができる。

七月、妃はもう一つの訴訟である、子爵領の勅令の訴訟に関わっている。ノルマンディーの高等法院評定官クロード・グルラールはこの長い裏取引の最後の瞬間を報告するだろう。そのためにルーアンの幾人もの高官がとうとう宮廷に出向いた。この勅令は数多くの人々の権利を侵害し、王は「これが実施されるのを望まないが、国璽尚書殿にその上王妃マルグリットを満足させるよう通知せねばならないこともまた望まない」。それで高等法院評定官が妃に会いに来る。この法官は語るだろう。「妃は必ず立派な話をされるので」、この者たちを前にしてこの件の由来を述べ、自分の論拠をすっかり繰り返し、その終わりに「申し入れをされる。妃を満足させるように王が自分の金庫から六万エキュを引き出されるというものである」[37]。シュリーがいくら反対しても無駄で、マルグリットは最終的に七月半ばに勅令の確認を手に入れ、しきりに礼を述べる。「陛下に何か献ずべきものがあるなら、陛下の足下で提供いたします」と晴れやかに王に手紙を書く[38]。

実を言えば、一連の勝利は妃にとても快いはずである。数カ月を除いて、二十年間、妃は幽閉され、自分の財産をすべて奪われ、公然と望まれないときは死んだのではないかと思われた。そして二十年間妃は生き延び、安全を確保し、状況を立て直し、自分の地位を回復するために闘う。パリ高等法院の判決は努力と粘りの年月を飾り、決して排除されない女性としてヴァロワ家の後継で自分を確立し、アンリ三世の遺恨によってのみ獲得させたアングレームの庶子の地位を却下した。勝利は全面的である。兄に憎まれ母に捨てられても生き延び、二人は死んでしまったがマルグリットは生きていて、二人は追放されたがマルグリットは宮廷に受け入れられている。最高の満足であり、国の恩人でさえある。今では王権に回復した全財産を贈与することができるのだから。

第十四章

国の恩人の晩年（一六〇五―一六一五年）

王妃マルグリットの人生は新しい最後の局面に入る。この五十三歳の女性は、血色がよく、諷刺文作者はやがて「年老いた厚塗り聖女」として扱うが、その後パリの風物の一部をなし、慈善行為、王太子への愛情、お勤め趣味と同様情事、変らないコケットリー、費用のかかる暮らしぶりがごちゃ混ぜに注目される。しかしマルグリットは王家の友人でもあり、ブルボン家の衰えぬ支えであり、豪華に訪問し、迎え入れられる女性で、外国大使を受け入れるのに頼りにする女性である。最後に、マルグリットはこの世紀の最初の才女のサロンとして姿を現す宮廷の中心であり、マレルブの論争のメッカの一つとなるだろう。

この新たな生き方はまずマルグリット以前に祖先、特にカトリーヌが名をあげた領域での大活躍で特徴づけられる。建築である。この情熱を、マルグリットは以降住むことになる二つの新しい住居で働かせる。パリの新しい館とイッシーの別荘である。一六〇六年九月、レトワールの伝えるには、「王妃マルグリットの住居でのペスト（召使が二、三人、とりわけ惨めに、フラッチイ・イニョランチ近くの粗末なあばら家で、死ぬ）のせいで、この夫人は今月の六日火曜日にイッシーのラ・エの住居に引きこもる」。この館をマルグリットは買ったばかりである[1]。事実、ペストはパリ地方全域で猛威をふるい、フォンテーヌブローにあった宮廷も免れない。マルグリットは、危険を信じたくはなかったが、伝染病の規模を残念に思う。マルグリットは王に書いている。「わたしたちは四日前からタタール人のように田舎にいて、いつも場所を変え、あらゆる方面に集団をつくりお供をわけました。わたしが不信仰だった罰にこうした贖罪の苦行をしているのだと思います。」その月末に最も大きな危険が過ぎるが、マルグリットは「寒さで追われるまで[2]」田舎に留まることにする。

イッシーは首都からあまり遠くなく、妃はそこにさまざまな折に、特にお勤めをするために戻り、こうして十月末アウグスティヌス会のミサに出席していて風邪を引く。「わたしはとてもひどい熱に捕えられ、通常併発するように肋膜炎になってしまいました。わき腹がとても痛み、息が切れ、頭がずきずきします。」と治りかけのときにアンリ四世に書いている。「あまりに血を取られたので、陛下のお手に口づけする名誉を賜る折には、骨と皮しか残っていないとお思いになるでしょう、今では祖父の王のように長い鼻をしております。[3]」とユーモアを交えて付け加える。
それでもマルグリットはこの住居に執着し、数多くの美化工事を施し、庇護者はすぐにその悦楽を歌い始める。景色は素晴らしい。一方に、イッシーの丘とムドンが見える。他方には、セーヌ川が見え、ブトルーが韻文にするには、「サン＝クルーは葡萄の／豊穣さと美しさを示す」。主棟は「優れた建設の館」で、中庭は噴水で飾られ、館は「整った花壇」の前にそびえ立つ。他方には果樹園が広がり、その方へは「石の二重階段で[4]」降りる。「プチ・オランプ」は最初の棟にほとんどくっついた他の棟で、庭園、小川、木陰、果樹園、養魚池と楡が縁取る池のために特に価値がある。
しかしながら、妃の建築作品が最も重要なのはパリである。一六〇六年六月から、セーヌ川の左岸、ルーヴルの向かいに、一続きの地所を獲得するが、その大部分は大学のものであった。そこに工事を始める。全体は大きな長方形を描き、今日のセーヌ街からベルシャス街に及び、南ではサン＝ジェルマン大通り、北ではセーヌ川に区切られる。マルグリットは一六〇七年三月そこに定住する。レトワールの報告する、サン＝ジュリアンの死んだときにサンス館を去りたいと願ったことを果たすためだろうか。この悪い思い出はこの決定に恐らく一部は関係する。また、妃は新しい大邸宅建設に必要な助成金を王から得るために利用したということもあり得る。実際この年代記作者は五月に書いている。「陛下は王妃マルグリットに会いに行かれ、妃がお気に入りのバジョーモンの病を悲しんでいるのをご覧になり、退出なさるとき、みんなこのバジョーモンの回復を神様に祈るよう侍女たちに言われ、ご褒美かお祭りを与えると言われる。陛下が申されるには、『この者が死ぬようなことがあっては、ごめんだからな。もっと高くつくだろう。もうもっていたくはないと思うだろうこの屋敷の代わりに、新しい家を一軒買わなければならないだろうから。[5]』」しかしながら妃はそれ以後、かつて暮らしたルーヴルの正面で、建築家としての大望を自由にできる大地所で、自分のものである住居に住みたいという望みに突き動かされて行動するという方が本当らしい。実行する工事、建てる建築物、配置する庭園、劇場、書斎の規模は、著名な先行者以下にするつもりはないことを示している。[6]
もちろんこれらはみなとても高くつく。一六〇七年九月から財産を王太子に寄贈し、これらの財産の終身用益権によって[7]、マルグリットはもう先立つ年月のような困窮は経験しない。付言すれば、国に平和が戻ってきて、収入が回復し、再び繁栄が支配する。その上、王は、シュリーが妃の求めるものを与えるのを渋ろうとも、年老いた女友だちに与えるのをほとんどこだわらない。さらに妃はすばらしい論拠を用いることができる。アンリ四世も建築熱に冒されていたのだから。「陛下がわたしの建物をご覧になれば、わたしが作るのが気に入られるものに陛下はきっと不平を漏らされないでしょう。そして王太子殿下に差し上げるのに値するとお考えになるでしょう。王太子殿下に敬意を表して最初に決めたのより上等な素材で拵えました。」と一六〇六年夏〔十二月〕に書いている。「しかし、切石の、通常は長くかかる工事ですが、神様と陛下のご助力で、三週間で、三階の床が張られ、大階段ができることを期待しています。陛下が建物がお好きで、これをお嫌いでないことを知らなかったら、だれがこれを王太子殿下に差し上げるのか、わたしは大胆にもこのお話を申し挙げないでしょう(8)。」

これはキリスト教徒の大望でもある。寵愛を取り戻し、自由をすっかり回復した今では、マルグリットは守備隊の反乱の日にユソンでした祈願を思い出す。誓いを果たすために、一六〇七年六月「聖アウグスティヌス会隠修士で、かの妃の説教師フランソワ・アミヨ修道士に、すべての財産、遺産、所有物を受領し占有し、王国のどの場所でも、その宗派の修道院を建てることを許す証書」を手に入れさせる(9)。このお蔭で、この修道士は、一年後、修道院と礼拝堂の建設に、今日美術学校が占めている妃の地所で取り掛かることができる。当時のいくつもの資料がこの創設の跡を保存していたが、この折に教皇パウルス五世に妃自身が書いた手紙ほど明快なものはない。その手紙ではユソンで陥った「非常に大きな危険」をまず説明する。「この明らかな危険にあって、わたしは聖書で読んだヤコブの祈願を思い出し、わたしの運命とこの方の運命とが何らかの関係があると思い、神様にヤコブと同じ祈願をいたしました。兄〔エサウ〕の怒りから救われるために、ラバン〔母の兄〕のもとに引きこもり、神様が願いを叶えられ、追放の二十年間共におられ、幸運にも自らの地に連れ戻され、兄が穏やかになり歓迎しているのを目にして、名誉と財産に満たされ、ヤコブは永遠に神様に自分の財産の十分の一を捧げ、自分に恵まれた好意の行為に対して祭壇を建てたのです(10)。」〔「創世記」、二七―三三〕

この聖書の物語の注解とマルグリットが自分とヤコブの状況の間に打ち立てる類推は特に意味深い。妃の男性の英雄との同一化は、オーヴェルニュの最初の時期に遡り、私たちには親しいものである。家族形態の選択――ライヴァルである二人の兄弟――も私たちを驚かさない。このモデルに基づいて、マルグリットはアンリ三世との関係を生きた。残りはそこから説明される。「創世記」の話の冗長な部分を少し削れば。最初の裏切り〔兄エサウと偽って父の祝福を受ける〕、兄の怒り、迫害、追放、神のみを頼りとする、これらを、ヤコブのように、マルグリットのなす読みはすべてた。しかし事の結末についてマルグリットは実際に経験し一六〇七―一六〇七年に属し、そのとき比較はもはやしっかりしていない。というのもまさにエサウをヤコブは追放から戻って見出したのであり、エサウは何年も経って、穏やかになっていたが、妃はアンリ四世と和解したのであり、アンリ三世とではない。今回、離縁の交渉の最中から見られた象徴的位置のゆっくりとした再配置が完成する。全てが秩序に戻る。アンリはアンリに取って替わられる。

そして多分それで終わりではない。妃のヤコブという人物への愛着に、神話の他の枝分かれがありうるのであり、どうしてさらに「何らかの関連」を見ないでいられよう。イサクの息子〔ヤコブ〕は、兄への感謝を示すために、一六〇七年にマルグリット自身がしたように、自分の財産の一部を兄に与えた人ではないのか。マルグリットが「王妃マルグリット」となったように、名前を変え、イスラエルとなった人ではないのか。マルグリットが、フランス王位で繁栄する新しい部族の——生物学的ではなくとも、精神的な母であるように、神が選ばれた民族の一二の部族を築くために選んだ人ではないのか。

僧院の工事が完了すると、ヴァロワ家の最後の女性は、アウグスティヌス会の館で、自分の願いの高みで、ようやく暮らすことができる。ここでかなりの規模を持つ宮廷を指導する。妃のもとには、フィリップ・デポルト、フランソワ・メナール、フランソワ・ド・ラ・ロック、ジャン・ド・シャンペニャック、クロード・ガルニエ、ピエール・ド・デミエ、マルク・ド・メイエ、ジャン・アラリ、ヴィタル・ドディギエ、ジャック・コルバンがいるが、マチュラン・レニエ、テオフィル・ド・ヴィオー、マレルブとさらに他の者もいる[11]。デポルトやラ・ロックのような者は、初期の常連である。レ元帥夫人のサロンの時期に既にマルグリットのために書いていたのだから。他の者は若者で、文芸がようやく再びフランスの名誉となるのを認めて魅了される。マルグリットはこれらの者を勇気付け、作品を世に知らしめ、この者たちの考えを論じ、単に報酬を与えるだけではない。妃に近い者は妃の考え、感情、住居を、宮廷に生じる些細な出来事をも詩にする。「イッシーの庭園の美しさについて」、「王妃マルグリットの雄弁について」、「愚かな韻文屋に対して」などを書く。全てはムーサイに捧げる口実である。

シモーヌ・ラテルが示したように、これらの作品はネオプラトニスム、プレイアッド派から受けついだ古代の影響、よりありふれて、よりユーモラスな感興の混合によって特徴づけられ、発注者の趣味の正しい見解を知らせる。一六〇六年と一六〇九年の間に、デポルトとマレルブの周囲で、古代支持者と近代支持者が対立する論争では、マルグリットは新しい純粋主義の信奉者よりもむしろロンサールの弟子で甘いペトラルキスムの賛同者の方に傾く。反対に、田園詩のジャンルの熱狂では時代に先んじていて、妃の所ではあらゆる形式で実行される。それで一六〇七年以降のオノレ・デュルフェの『アストレ』の刊行と成功を賞賛し、これは十七世紀を魅了する鍵付き小説の最初の一つで、この小説ではマルグリットは妖精ガラテーの顔立ちをとって現れる。

しかしマルグリットは文学に熱心なだけではない。ユソン以来、世俗あるいは宗教的な音楽作品と歌で午後とすべての招待に興を添える習慣であった。数多くの音楽家を養い、食事の最中まで演奏させ、荘厳な出来事があればすぐに大きく貢献させる。妃の館でうっとりと聞かれた作品の中に、すでにモンテヴエルディのマドリガルとシャンソンがあるのは疑いない。このイタリアの音楽家はずっと前からマントヴァのゴンザーガ家——ヌヴェール家の近い親族である——の宮廷を大いに喜ばせていて、妃は、イタリアの新しいものには何でも好奇心をそそられ、確かにこの音楽作品を初めて演奏させた人の一人であり、フェラーラの詩人タッソーを最初に知らせた人でもあった。

マルグリットは、『道徳哲学七講』の作者であるエリー・ピタールや浩瀚な宗教的著作が知られているヴァンサン・ド・ポール（両者ともマルグリットの施設付司祭である）のような人のマルグリットの宮廷での存在が証言するように、より難しい分野にも関心を寄せる。妃の求めに応じて、なかでもオノレ・デュルフェは『道徳書簡』を書き、シピオン・デュプレクスは哲学辞典を起草し、ジャン・ド・サン＝フランソワはとりわけ『エピクテートスの言葉』を翻訳し、この作品を献呈する。マルグリットの役割はすでに一五七〇年代の文化的生活でかなりのものであり、実際十七世紀初めには、時代の最も大きな庇護者の一人である。(12) その蔵書は、豊富で千巻ほどもあり、その中には歴史、哲学、神学、詩の古代からのあらゆる古典が見出され、その上、知識での欲求と同じく、趣味の幅広さを証明する。(13)

機知に富んだ女性も周囲に欠いていない。そこには、やがてサロンを開くショワジー嬢、詩人のアントワネット・ド・ラ・トゥールとボーリュー嬢、マルグリットの図書係でモンテーニュの熱心な弟子、断固たるフェミニストのマリ・ド・グルネーがいる。このうち何人もが書物を書き、作品をマルグリットに献呈する。みんながマルグリットの宮廷を特徴付ける知的競争に加わり、知性は女性によって養われるべきだと確信している。歴史家ピエール・マチューはこうしてマルグリットの女友だちと自身の戦闘的と言ってもいい活動を書き記すだろう。「この性の共通の訓練は素人の味方である。町の女性に作品を送り、この女性たちの精神がより高く上がり、善き書に近寄り、善き例に留まり、幸運にも才能と優美さが一人の口からもう一人の口へ移ることを望む。音楽、絵画、詩、数学は一時間が楽しみ利益なしで過ぎ去ることを許さない。(14)」五十年前に、「クレマンス・ド・ブルジュへの書簡」で、ルイーズ・ラベが、知識に到達し、「学問」が与える幸福を味わうために、「糸巻きと錘の上に」身を起こすよう同類に懇願した熱狂が認められる。

マルグリットがフェミニストになったとすれば、それは単に女性論争が十七世紀の初頭に活力の回復を経験するからではない。事実、この大きな熱狂的論争は、ほぼ二世紀来百人ほどの男女にエヴァの性を弁護しあるいはこき下ろすために定期的に筆を執らせていたが、栄光の最後の時を経験する。(15) 単に、そこまで、妃は自分に関係しないと感じていた。この問題はマルグリットの関心を引いたことがまったくなかった。しかしながら、世紀の変わり目から妃に認められた変化が続いていた。今では、女性であることにまだ最近でも結びついていた否定的意味合いは消え去った。自分の性にのしかかるハンディキャップは最早否定されるのではなく、引き受けられ、この新しい冒険に加わるまでになり、そこでマルグリットは個人的な位置と共同体内部での位置を同時に見出す。こうして、妃は自身と当時の女性と関係を結びなおすだけでなく、自らの家系の大婦人たちに親しい伝統とも再び結ばれる。アンヌ・ド・ブルターニュは最初の『著名夫人伝』を起草させた。マルグリット・ド・ナヴァールは筆を執って自らの性に対してなされた不正を告発した。メアリー・スチュアートは「ルーブルの部屋で公然と、一般の意見に反して、文芸と自由学芸を知るのは女性に相応しいと主張し弁護する、自らの作ったラテン語の演説[16]」を朗誦した。マルグリットは、文化による女性の解放――当時のだれもそれ以外の事を想像しない――を説く宮廷をリードし、やがて、「自らの性の名誉と栄光」を弁護するために、女性論争で自身の態度を決めるだろう。

しかしながら、マルグリットの関心の多様性、教養の幅、当時のフェミニスト側への参加以上に、最も驚かせるのは、些細なといわれる活動と知的論議の間に境界がないことである。すでに、このことはユソンの客たちの賞賛を引き起こした。しかしパリの人々は尽きることなく賞賛する。マルグリットの家を頻繁に訪れる司法官エチエンヌ・パキエは書いている。「妃は通常の食事を取られ、妃として、覆われた皿で、側近、杖を持った大主膳頭と他の給仕役に給仕される。そして妃には後世長く知られるに値するものが見られる。というのも昼食や夕食は肉体の栄養に主として捧げられるとしても、精神の栄養をより考慮して、妃は近くに通常四人の人を配置し、この者たちに最初から、検討するために、自分の好む主題を初めに提示される。この者たちは各自、賛成、反対を、少しずつ順に述べ、幾度となく妃が反論なされ、十分な理性がおありなので、しばしば二の句をつげなくされ、この者たちに制圧されるのに当惑されないが、正しい有効な理由があるかぎりである。［……］その後ヴァイオリンの一団が続き、次に美しい声楽、そして最後にリュートが来て、これらすべては競って交互に演奏する[17]。」

シピオン・デュプレクスは、この証言を認める。妃の教養についていくつか細かな点を付け加えて。「食事の間、そして散歩でも、妃は、神学、あるいは哲学の真面目な話を、家に雇っているめったにない知識のある人々に通常語らせたのです。そしてご自身で話の主題を与えられ、しばしば判断を差し挟まれ、文芸と学問にどれほど上達されたかを示され、フランス宮廷を離れることで失った以上に得られたことを示された。［……］妃はフランス語の韻文も散文も、優雅に書かれ、哲学ではなかなかの進歩をなされた。音楽を聴くのは大いに気に入られ、神様のお勤めと普段の気晴らしをするために雇われたかなりの数の音楽家と楽器奏者を持っておられた。その結果妃の家はアポロンとムーサイに捧げられたアカデミーのように思われた[18]。」

それでマルグリットの住居は趣味に関する参照点、洗練の同意語、文芸と芸術が尊重される場所となる。どの分野でも初期のブルボン家は競合しがたい。レトワールのような町民は当時二つの宮廷はそれぞれの楽しみで価値があると思い[19]、左岸の優位はそこを頻繁に訪れる者の目には疑いがない。その上この者たちは競って「ウェヌス＝ウラニア」[20]と呼ばせてそこに君臨するコケットで細心で、退廃的で革新的な女性を賞賛する。この女性は時間割も細かいしきたりも尊重せず、愛の会話をその日の趣味に委ねた。

同様に、パリの館で、マルグリットは、最初のブルボン家の王の統治の晩年の生活を引き立てる舞踏会とレセプションを開く。一六〇九年一月三十一日のものは特に注目される。「両陛下は、このご夫人が用意した食事（四千エキュにのぼると言われる）が素晴らしく豪華だと思われた。奇抜な食事の間に、三つの銀の皿が出され、この目的でわざわざ誂えたもので、その一つには石榴が、もう一つにはオレンジが、三つ目にはレモンが載せてあり、巧みに巧妙に出され加工を施されていたので、そこにいただれも自然のものとは思わなかった。そして王と王妃が発たれたのは午前六時であった。」マルグリットが迎えるのではないときは、招待される。レトワールが言うには、一六〇八年八月、「アルスナルで盛大に輪取り競技が開催されたが、王と王妃は王妃マルグリットとともに立ち会われ、王妃マルグリットが輪を与えられた。」少し後で、イングランド「女大使」に敬意を表して催されたレセプションにマルグリットの姿が見えるが、この大使にマルグリットは「千八百エキュと評価される宝石で飾った旗標」を贈る。また一六一〇年五月のマリ・ド・メディシスの聖別式に出席する。王国の主要人物のすぐ後ろに、王と王妃の長女の傍らに居て、四つの金の百合の花で覆われた同じマントを着ている[21]。

楽しみと祝祭を単に提供するのではなく、マルグリットは特にアンリ四世の無条件の支えであり、できる限り奉仕する。例えば、一六〇六年の伝染病の後ノワジーからパリに戻るために王の子どもたちに自分の輿を貸すとき、あるいは若い妻、美しいシャルロット・ド・モンモランシー[22]に恋しているアンリに気に入るために、コンデ親王の結婚のすぐ後、舞踏会を開くときなどの小さな奉仕。同様に大きな奉仕は、一六〇八年十一月年金と引き換えに、オーヴェルニュの地所の用益権を決定的に放棄することを王に提案するときである[23]。

自分の宮廷のつきあいで楽しまないとき、そして大きなレセプションを開かないとき、マルグリットは自分の財産を管理する。自分の要塞を見張る。例えば、ドーフィネ地方のメルキュロルは召使の一人が包囲しようとし、オーヴェルニュのラ・トゥールは甥の代理人が取り戻そうと脅かしている。アンリ四世に助言する。「陛下のおつとめはこれらの要塞が実際地上にあることだと思います。」また部下のためにも介入する。「陛下のボルドーでの次席検事で、わたしの主席顧問のデュゾー氏は、重病であるので、陛下が四十日の勤務免除を下賜されるよう謹んで懇願しております。」決闘で死んだブルゼ氏の子どもたちのために、ブイヨン公の側近と闘ったバラニィ殿のために、息子が殺されたばかりのサン＝ヴァンサン夫人のために介入する[24]などである。

そして、もちろん、バジョーモンの面倒を見、一六〇七年五月大修道院が与えられるようにする[25]。書簡でこの最後のお気に入りに言及するのはこのただ一度である〔もう一通未刊であった書簡での言及がある。*Correspondance*, p.565〕。どうやら、一六〇六年末にこの男と結びついたようだ。バジョーモン領主で男爵のエクトール・ルニョー・ド・デュルフォルはアンタンとパルダイヤンの縁続きである。後に言われるのとは異なり、立派な貴族である。ダのように、しかし、家の主人に帰する務めであるから、大部分の使用人のように、妃はアンヌ・ド・ゴントーと結婚させて身を固めさせるだろう。この男に関して大したことは分からない。この男と付き合いのあったヴィタル・ドディギエは哲学にほれ込んでいると言うが、何の証拠もない[26]。『諷刺的離婚』の諷刺文作者は「宮廷にかつて参ったもっとも申し分のない愚か者[27]」として描いている。これはマルグリットの趣味に鑑みてほとんど信頼に値しないと思われる。

バジョーモンはパリの情景で妃の愛人がしばしば犠牲となる嘲りのつけを払うと考える方がよりもっともだと思われる。パリでは多かれ少なかれ大貴族はみんな軽く嘲笑される。一六〇九年秋マルグリットはバジョーモンの面倒を熱心にみる。医者に見離されるが、レトワールの注釈するように、「医者の技によってよりも（言われているように）愛人の思いやりによって」治る。間もなく六十歳になろうかという女性が自分の宮廷の若いお気に入りに示す愛情は、その上、非難を呼び起こす以上に面白がらせる。妃は多くの分野で奇矯である。そうして、王のように、道化師をかかえる。それは「ゲランという名前（一般に王妃マルグリットの道化師と呼ばれる）」である。衣服に関しても、妃は新機軸を考え出す。これ見よがしに襟を広く開け、パリの女性の間に競争相手を生み出す。「イエズス会士のシュフランという名のノートル・ダムの説教師は、説教で女性の放埒淫蕩ぶりに触れ、王妃マルグリットを例に挙げて、今日パリでちょっとあだっぽい女はみんな胸を見せる、と言う[28]。」

その上妃の取り巻きも妃自身とおなじような注意を引く。一六〇七年九月、侍女の一人のモンチニー嬢が死亡するが、「その才気にゆえに惜しいことであり（このように言われる）、しかしながら仮病を使うためにいくつもの手袋を食べて（そんな気はなかったのだが）死んだと見なされた。」一六〇九年八月、「王妃マルグリットに仕えるバリフという名の若い寵臣」が「この妃の侍女の一人を孕ませ、［……］この娘は腹が膨れていたが妃の傍から動かず、まったく関係がなかったかのように受け入れられた[29]」。

しかし、乞食が増え、税が重くなるときには、マルグリットの途方もない気前のよさにも気づく。レトワールは幾度もマルグリットの慈善に言及する。一六〇七年五月に、自分の通りで、金を「集まった乞食」に配っているのを目にし、その時には施しをすることは禁じられていた。[30]デュプレクスは「毎年収入と年金の十分の一を貧者に与えておられた［……］誕生日には手ずから百エキュ・ドールと百個のパンを百人の貧者に与えられた」と明言するだろう。また「パリの四人の乞食の僧院は妃のリストにあり、街区毎にそれぞれ百エキュである」と付言する。これですべてではない。病院を訪れ、貧しい娘を結婚させ、「自宅で毎日施しと慈善を行われた」[31]のは言うまでもない。

それ故、マリの聖別式の翌日、一六一〇年五月十四日に、アンリ四世の暗殺者が動揺させるのは、輝かしく、幸福で、均衡のとれた、平静を取り戻した生活である。この不吉な日はまさにマルグリットの誕生日で、イッシーで五十七歳を祝っていたときに、その知らせを受ける。疑いもなく、自分の目覚しい回復の元であった仲間の消失、もう何も、あるいはほぼ何も、拒まない友の消失は深い苦痛である。マルグリットはパリに戻り、すぐに太后に支持を保証しに赴く。その後の日々、アウグスティヌス会士に、僧院で、王の魂の平安のために歌わせる。[32]

ヴァロワ家の最後の女性にあと残っている五年は幸運にも、連続の印の下に置かれ、マリ・ド・メディシスの好意によって穏やかになる。デュプレクスが思い出すように、マルグリットは一時摂政が「交渉のない血族の親王のだれかの手に落ちる」[33]のを恐れた。しかし太后はうまく操った。国の手綱を取るのに成功し、マルグリットの支持は、その上、この難しい役で当てにすべきものである。さらに、ある種の友情がこの二人の女性を結んでいる。王の生前、マリがマルグリットの要求を支持するために介入するのが見られた。マリはシュリーに書いていた。「我が姉妹、王妃マルグリットがわたしにこぼされる機会があるのはこの上なく不愉快でしょう。［……］妃の幸福と満足であるものをわたし自身のものと同じに愛するからです。[34]」ナヴァールのかつての王妃は、いつでもマリの選択を認めるのではないにしても、最後まで忠実であり続けるだろう。

それで、マルグリットは、アンリ四世の暗殺の数週間後、ぼんやりと知っている女、かつて女中として志願してきた、コマンとかエスコマンとかいう女が、王の暗殺計画を知っていて、陰謀は王妃と王太子も狙っていたと言うのを知ると、急いでマリに知らせる。マルグリットはそのとき病気である。将来がまた不確かになるこの時期、再び不安からか、あるいはすでに、命を奪うことになる病気なのか。しかしながら自身でこの女を尋問し、急いでマリを自宅に来させる。フォントネ＝マルイユの回想するには、コマンは逮捕されて、「宮廷の大物、特にエペルノン殿を告発した[35]」。この者の主張するように、この女は「妃とコンチーニ家の者たち」も告発したのか。大いにありそうなことだ。レトワールは「摂政太后は知らされて、これはみんなを告発し、最後に自身を告発しかねない悪い女だと言われる[36]」と報告していないか。司法官たちは、エペルノンとアンリエット・ダントラーグさえ含めて、是が非でもみんなに聞かなければと考えた。しかし単独殺人説と結論づけ、告発した女は終身刑になった[37]。

それに続く月、陰謀は弱まった権力の周囲で繰り返され、マルグリットは随分前から決めた行動指針を慎重にまもる。王太子と太后をイッシーの美しい庭に迎えて王家を歓待する。慈善に多額を出費する。マリは故王ほど気前よくなく、借金はまた積み重なり始めたのだが。八月、マルグリットは「サン＝テチエンヌ＝デュ＝モン教会に」パンを奉献し、「この教会の祭の名誉を自分が出席して面目を施したかったのだ。［……］創建される正面入り口の基礎に手ずから最初の石を置きさえし、千エキュを与えられた」。しかしながら、あらゆる宗派に補助金を出し続けても、新体制で非常に流行り、激しい攻撃の対象である、イエズス会とは政治的に距離を置く。特に一六一〇年十二月、諷刺文書が、アンリ四世が政策により告解師として選び、マリが若いルイの告解師になるよう信念により再任したばかりの、コトン神父を非難する。「イエズス会士は、『アンチコトン』に答えて、至る所で王、親王、王女そして信用をえて近づいたあらゆる人に自分たちの贈り物をし始めた。とりわけ、王妃マルグリットにしたが、妃は、この者たちが考えるのとは反対に、かなり冷淡に受け取られた。そしてかなり軽く感謝されたあと、もう持ってこないよう言われる[38]。」

実際、妃は宮廷にはより稀になり、アウグスティヌス会士の館に閉じこもり、そこで生活は議論、読書、コンサート、演劇上演、舞踏会でリズムを刻み続ける。それが晩年に関してほとんど資料が残っていない理由の一つだ。それにパリの生活の疲れを知らぬ年代記作者ピエール・ド・レトワールが一六一一年に没し、王国の第一の人物と再びなったこの女性の事跡、行動、言葉に取り返しの付かない空白を残した。しかしながらすっかり隠退したわけではない。マリはマルグリットを数多くの行事にうまく結びつけ、そこでマルグリットは自分の表現する王統の連続性の権威を象徴的にもたらすのだから。一六一〇年十二月、アンリ四世の娘で、将来の（不幸な）イングランド王妃となる「小さな奥方」アンリエットの代母に選ばれる[39]。一六一二年八月、将来のスペインとの婚姻の礎石を据えるためにやって来る、スペイン王の特使、パストラナ公爵の接待をおおせつかる。レセプションには、「銀色の布地の、アーチ型に開いた袖の、全体にダイアモンドの薔薇を散りばめた、ドレスを着て[40]」現れる。

一六一三年は、当時の証人は黙して語らぬが、多分公の舞台でのマルグリットの存在が最も控えめである年である。恐らくそれはバジョーモンが死んだ時期でもあるが、死の原因は不明である。きっと苦しいこの喪については、ヴィタル・ドディギエの詩篇集の幾つかの作品しか残っておらず、献辞が説明するように妃の断固たる求めによって公刊され、特に、妃の詩を含んでいる。妃はイッシーの庭に友のために泣きながら現れる。この折にオービヤックの死の詩で涙を濡らしたのに較べられる荘重さを再び見出すが、ここで支配的なより大きな穏やかさはある種死を望む気持ちを漏らしている。

確かに、わたしのダフニスよ、歓喜のうちに
あなたの命を嘆くのは、あなたを羨むことだ
　しかし、ああ、わたしのより親しい配慮よ
あなたの死に対して、寂しい田野と色のない
牧を見て、あなたの喪失を感じることを
　我慢することができるだろうか
ああわたしの小さいオランピア、わたしの傷ついた魂が
わたしの思想の対象を観照して、一人で行く
　わたしの不完全な楽園
ある時に、その陰が
かつて住んだ美しい住まいで
　夜散歩するのを見ないか
[……] しかし、ああ悲嘆にくれた魂の非力な空言よ
わたしたちから遠くの、空であの者は飛翔を取り戻した
　満足した精神は
より大きく本当の、もう一つの善を享受する
何らかの気がかりがあるなら、わたしたちが同じように
　見るという優しい気がかりだ[41]

しかしながらまだ死ぬ時ではない。政治が再びマルグリットを求めるからだ。一六一四年、コンデ親王の反乱の時、旧友の息子であるヌヴェール公爵を王の膝下に引き戻すために全影響力を用い、公爵に宛てた書簡を公表させる[42]。同年十一月、全国三部会が開催されている時、聖職者代表が王の提案を受け入れ、特に、貴族が提案するポートレット税廃止に同意しないよう説得するために、同様にスルディ枢機卿に介入する[43]。

　この最後の介入は最後まで幼いルイ十三世に持ち続ける愛情と同様思慮分別によって命じられた。マルグリットはあらゆる折にこの子どもを祝福する習慣があり、一六〇九年二月に贈り、この子どもが喜んで誇らかに帽子に着けた、「三千エキュの宝石のリボン」のような、豪華な贈り物をする[44]。イッシーでもアウグスティヌス会士の館でも規則的に王太子を迎え、イッシーでは王太子は兎狩をしたり魚釣をしたりして遊ぶ[45]。死の前年、まだブール＝ラ＝レーヌに行き、「通常スイス兵に担がせる椅子」で王太子に挨拶する[46]。その上、この子どもは特に優しくマルグリットを愛する。一六一四年三月、王太子付き医師エロアルドが言うには、「セーヌ川の向こう側、自分の住居の前で燃えている王妃マルグリットの厩を正面でご覧になるために」真夜中に起き上がり、ニュースを得るためにすぐに側近を遣わす。

　この一六一四年は妃には忙しかったようだ。この火災以外に、マルグリットは、生涯の最後の年に、フェミニストの論争に身を投じる。庇護者の一人、イエズス会士のロリオ神父が起草して、

同年初めに出版された道徳的著作がマルグリットは実際気に入らなかった。女嫌いと判断した言葉を指摘した。それで作者宛ての論証する長い手紙を書き、自分の観点を述べ、次の出版で考慮するよう求める。

人生の黄昏における妃の考えと関心の主要な証言であるこの小さな宣言は、内容に関してあまり注目すべきものはなく、コルネリウス・アグリッパの基礎となるテクスト『女性の高貴さと優越について』（一五三七年）[47]に全てを負っている。当時のフェミニストの主要な論拠が独創性なく繰り返され、聖書のテクストとアリストテレスに当然言及される。女性が男性より優れていると証明するためで、それについてほぼ二百年前から議論されているのだから。マリ・ド・グルネーが最初に主張する両性の平等ではなく、どちらかの性の優越性についてである。こうして、男は泥から引き出されたのに、女は、男のわき腹から、男より後に作られたということは、女がより完全であることを確かに証明する。マルグリットが主張するには、古代人はこの法を認識しており、「より素晴らしい精神によって支配されるために」動物的力の覇権を拒絶する。「それゆえ世界は男のために、人間のために、人間は神のために作られたと言う事はできず、世界は人間のために、男は女のために、女は神のために作られたと言わねばなりません。」ネオプラトニスムのレトリックは決して遠くはない。使い古された月並みなものもそうでない。「神様は、女の精神のような、平穏で、落ち着いた、信心深い精神がお気にめし、男のような、騒がしく残忍な精神はお気にめさない。」

論拠はほとんど新しくはなくとも、表現様式は独自のものだ。手紙は短く、番号のついた八つのパラグラフでまっすぐ本質に向かい、どのパラグラフも一五行を越えず、衒学趣味で重くならず、議論の主役が好む閉口させる引用も一つもない。そこにはマルグリットのやり方が認められる。手紙の導入では、論証の単調さと強く対照させる。そこには妃の良識、簡潔で衝撃的な論理、気質までもが集中する。こうして、ロリオが扱う第二の問題「何ゆえに男は女性をこれほど敬うのか」に特に不愉快だったマルグリットは、初手から攻撃する。「あなたがこの問題についてなされた全章を読みまして、わたしの性の名誉と栄光への野望に押されて、敢えてあなたに言いますが、あなたが書かれる侮辱には耐えられません。」確かに、マルグリットは「自身の薄弱な知識に固有の主題から出ずに」語るだろうが、「自身のことで各人が知識のあるはずの共通の主張」に基づくだろう。そしてマルグリットのメッセージは単純である。ロリオが女性は「その弱点と弱さのために男に敬われる」と言ったことを思い出させ、「弱点と弱さは決して名誉を産むのではなく、軽蔑と哀れみを産むとわたしがあなたに言うなら、あなたはわたしを許すでしょう。そして女性はその優秀さによって男性に敬われるほうが、よりありそうなのです」。

結論はユーモアを伴って冒頭のうわべの謙虚さに戻る。「これらの理由は、一人の女性が書いたもので、大した力は持ちえませんが、幸いにもあなたによって採用され、わたしの荒く粗野な言葉遣いを取り去って、あなたの雄弁の花を纏い飾られ、あなたの作品同様、この主題に関するあなたの章の足下に置かれれば、わたしたちの性はとても大きな名誉を受けると思います。」ここで生前に刊行されることになる唯一の作品に署名し、マルグリットは、公の場面に進み出る大婦人が、特に言うべきあるいはすべきことが自分たちの身分の習慣から出てくるときに、自分たちの言葉を包むよういつも気をつける儀礼的表現を取り戻す。こうしてアンヌ・ド・フランスは政治的遺言を起草するために筆を取るとき「貧弱で弱い創意」を言い訳した。こうしてジャンヌ・ダルブレは宣言で「女性の文体」を容赦するよう求めたが、しかしそれはフランス王権に対する宣戦布告であった(48)。

このように起草し署名されたこの手紙は、一六一四年末ロリオ神父の新しい「全書」で、「王妃マルグリット様によって素早く口述され『道徳的秘訣』の著者に送られた精妙博学な話(49)」の表題で公刊された。この宣言にはこのイエズス会士が保護者と「王家のパルナソス」（アウグスティヌス会士の館）を激しく賞賛する注解が伴うが、この賞賛は、哲学的議論と音楽で食事を楽しくする遣り方に関して、ブラントーム、パキエ、その他の者の感嘆を繰り返す。この出版は、イエズス会士の返答を読んで感じるはずの失望にも関わらず、恐らく妃の最後の喜びであった。マルグリットが、善良な神父の賞賛と「雄弁の花」の積み重ねに、自分のメッセージをまったく理解していないことを見て取ったのは、実際疑いない。男性と女性を同じ尺で測るのを拒んで、この神父は幾人かの女性は（他の女性より）優れていることを認めるだけで、妃を「その性ができうるもっとも大きな知性の一人」として讃えたのであるから。

しかしながら王家のパルナソスは最後の火を輝かす。一六一五年三月初旬、マルグリットは重病に陥り、周囲に何度も危険な兆候を見せる。すぐに、自分の最期が来たのを知り、死に備える。近くにいる者の一人は語るだろう。「世を去ると決意していたので、苦悶の折に没後どのような儀式を望むかと尋ねられて、善人の祈りだけです、と言われた。(50)」何年も経ってからマルグリットの最期に言及して、デュプレクスは「妃は本当にキリスト教徒らしく痛悔し決意して、（特に最期の日々は）備えられ覚悟された(51)」と指摘した。

妃は六十二歳を祝うことはなかった。一六一五年三月二十七日、ルイ十三世の侍医エロアルドは、『日記』に記す。「王妃マルグリット・ド・ヴァロワは［……］午後一一時と一二時の間に、川岸の、フォーブール・サン＝ジェルマンのセーヌ街の自らの館で逝去された。胆汁に大きな石が発見された。」そのうえ中傷に満ち満ちたテクストでデュプレクスは言うだろう。妃はそのとき「いつも身の上に素晴らしく輝いて現れていた王家の身分のゆえに、王国の全ての宗派にいとおしまれ敬われた。

そして敬虔、献身、国家への愛、文芸への敬意、気前のよさ、慇懃さ、愛想のよさ、美徳の尊重のゆえでもある。[52]」マルグリットは債権者にはそれほどいとおしまれなかった。債権者は妃の所有地をすべて売りに出し、自分たちの費用を回収するのに何年も待たねばならないだろう[53]。

翌日マレルブは友人ペルセクに書く。「あなたに昨夜一一時に王妃マルグリットが亡くなったのを言い忘れるところでした。ド・ヴァラヴェ殿は妃に会いに行きました。私は、会いに行ったことにします。バレエと同じくらいひどく混み合っていますが、それほど大きな喜びはないのですから。王妃［マリ］は正当に借りているものは払いたいと言われた。そしてそうしないなら、夜に苦しめに来るのではないかと恐れるでしょう。借金は十万リーヴルにしかのぼらないと評価しています。しかし二十万リーブルの借金があると思われています。今朝、妃の部屋は債権者で満ち満ちていて、体を動かすことができませんでした。国王陛下、王妃陛下、王弟殿下、妃殿下、宮廷中が服喪されるでしょう[54]。」

第二部　一つの神話の歴史

第一章

当時の噂（一五五三―一六一五年）

一六一五年三月ルーヴルの正面で死んだ女性は既に伝説に入っていた人物である。時代がそれを望んだのだ。内戦の四十年の混沌を横切ることに成功し、「混乱」の末に光明に戻りえた大人物はみんな英雄の姿をとる。栄光はこの者たちに独占され、伝説的エピソードがこの者たちの人生の影の部分を占め、人生行路にばら撒かれた憎悪と嘆賞で養われ、これらの年月の間中引き起こした矛盾した言説で培われる。マルグリットの生き方は特にこのような扱いに向いていた。サン＝バルテルミーの大虐殺で血塗られた結婚式、引き裂かれた王家の中での位置、社会から追放された男との明白な別居、オーヴェルニュへの長い隠遁、そして「離婚」と最後の目覚しい回復は想像力を捕え、近しい者のサークルを越えて多くの態度表明の理由となった。これらの想像力や態度表明に今から集中するが、少し遡る。マルグリットに関して発せられた最初の言説は幼少期に始まり、当時の最も偉大な作家が関与するこうした「作品」はマルグリットの死までほぼ尽きることなく、分析、意見、ちぐはぐな夢想が養われる場をなしていて、その後、後世はそこから引き出すしか、最早ないだろうから。

新しいミネルウァ

生涯の初めの頃の間、マルグリットは――フランス王家のすべての子ども同様に――数多くの折に触れての作品に着想を与えた。詩人たちを愛し下賜金を与える宮廷でこれほど自然なことがあるだろうか。反対に、二十歳前から、非常に数多くの作品を通してたたえられるのは、教養があり、文芸を愛し保護する王女である。美しさと教養を歌う詩、マルグリットに贈られた作品の献呈の辞、マルグリットのために書かれたあるいはマルグリットが着想を与えるテクスト。こうした開花は、一五七〇年代の文化シーンでの王妃の占める位置を証言し、そのときずっとより重要になる[1]。

例外を除いて、マルグリットに関する「事実」を探すべきなのはもちろんそこではない。これらの作品の大部分は大きな慣例によるもので、時間を遡れば遡るほど、非個性的になる。カトリーヌ・ド・メディシスとアンリ二世の末女が生まれたとき、宮廷の大きな出来事を歌うために支払いを受けた、優しいオリヴィエ・ド・マニーについて、「マルグリット姫の誕生の讃歌[2]」を三百行の十音節詩句で詰め込んだ、祈願と繁栄に包まれた魅力的な月並みな作品でなければ、何を言うことができたのか。ロンサールの「牧歌」とデポルトの『初恋』もほとんどより詳しいものではない。王妃とナヴァール王の結婚の際、この出来事に動機付けられた数多くの作品がまたどこにでもある王女像を描き出す。祝婚歌で、ラ・ジュセは「このえり抜き花」が「すぐに母[3]」になると思い切って予言するなら、ロンサールは「カリタス」の三つの詩で、当時マルグリットに夢みている美しさ、教養、平和をもたらす役割を歌うに留め、非常に賞賛する言葉ではあるが、理解しえたように、非常に紋切り型の言葉である。

　続く年月の間、レ元帥夫人の「緑のサロン」でのマルグリットの役割と庇護者の活動の始まりにより、マルグリットに関して書き、作品を献呈する数多くの詩人にとって、マルグリットは着想の泉となる。特に、デポルトは、元帥夫人の『アルバム』でいくつもの作品をマルグリットに当てるが、中でも『イポリットの恋』は奥方への大胆な若者の不可能な情熱を変わらずに歌う。

二年前から私はある美しい女性を愛し
この世の唯一の真珠でその不滅の花〔マルグリットは雛菊と真珠の意味を持つ〕
三度だけ私はこの女性に話すことができた
私の不幸の変った残酷さを見てください[4]

マルグリットはここでは近づくことのできないムーサとして現れるだけだ。ここでのような、幾つかの明快な言及以外では、この集成が割かれるのは実際詩人の希望と心理状態にである。一五七五年ジャン・パスラは「三人のマルグリット」〔フランソワ一世の姉マルグリット・ド・ナヴァール、フランソワ一世の娘、アンリ二世の妹マルグリット・ド・サヴォワ、アンリ二世の娘マルグリット・ド・ヴァロワ〕に関するロンサールの少し以前の比較を繰り返し、これ以降王家はこれを自慢する。

第一のマルグリット様は神々とともにいらっしゃる
第二の、マルグリット・ド・サヴォワ様は
天まで道を進まれ
第三番目のマルグリット様はその道を取られる[5]

この三人組のアイデアはその当時若いナヴァール王妃よりもフランソワ一世の姉とアンリ二世の妹の名声に基づく。しかしながら、来るべき年月においては、マルグリット・ド・ヴァロワの栄光が、この三人組の祝賀を正当化し、マルグリット・ド・ヴァロワに大きな運命を経験させ、ほとんど常套句にまでなるほどだ。翌年、レミ・ベローは、『宝石』を「緑のサロン」のムーサたちに献呈し、この宝石詩の四番目の詩「真珠」を「ナヴァール王妃に」提供する。今一度、この作品は韻を踏むための口実でしかない。古代と中世の伝統に親しい主題を飾るだけで、王妃の名前との掛詞で、反歌だけが全体をマルグリットに結びつける。

さあそれでは、えり抜きの真珠よ
このマルグリットを見つけに行け
美しき人の真珠と花を
そしてその耳と顔に
好意を得るために
席を見つけるようにしなさい(6)

一五七八年にギ・ル・フェーヴル・ド・ラ・ボドリーが祝うのは既に個別化されたマルグリットであり、そのときこの者はプラトンの『饗宴』に関するフィチーノの注解の翻訳を献呈する。「この上なく晴朗なナヴァール王妃へ」の書簡詩は、フランスでのネオプラトニスム伝播におけるマルグリットの関わりを証言する。この碩学は「みんなが、あなた様に倣い」完璧なる愛が何であるかを「学ぶ」という願いを表現しているからだ。しかしながら献辞は王妃の言及以上に作品への導入で、最後の数行だけが、韻文で、鑑を差し出し、マルグリットが自分を飾るのを好んだ言葉を繰り返す言葉で書かれる。

というのも愛する者、愛される者、そして
三つにおいて唯一の神であるアモル自身も
あなたを、最高の恩寵において、
王の娘、妹、妻とし
王冠の三重の輪で
それはあなたの美しい頭を取り囲み
幾つかの法により刻んだ
黄金の文字で次の美しい返礼を
マルグリット・ド・ヴァロワには
愛の真実《ジーズ・ラ・ヴエリテ・ダムール》がある(7)〔Gise la Vérité d'Amour は Marguerite de Valois のアナグラム〕

すこし後で、ガスコーニュへの旅を企てるとき、南西部の詩人と作家により王妃は祝福される名誉を得る。サリュスト・デュ・バルタスは特に『ユディット』を献呈する。「各人は正当にムーサを少し無視して生まれた者から生に値する書物を見分けさせる特別な判断を嘆賞する」と献辞でデュ・バルタスは書く。そしてこの詩人は自分に以前に開始された主題を飾りながら続ける。「確かに、フランスの庭にはいつも美しい花が咲いていた、しかし私たちの記憶ではフランスは三つのマルグリット（雛菊）を生み出した」その内の最初の二人は「あなたのうちに蘇るように思われます(8)」。この献辞は一五九七年までこの作品のすべての再版で繰り返されるだろう。

一五八〇年、モンテーニュの『エセー』の刊行はとうとう王妃のそれほど紋切り型でないイメージを与える。確かに、この作品の最も長い章である「レイモン・スボン弁護」を献呈される人の名前は発せられないが、このボルドーの法官が自由に対話するこの貴婦人に学識あるナヴァール王妃を認めるのは困難ではない(9)。モンテーニュがカタルーニャの哲学者の弁護よりも懐疑主義の賞賛をするこのテクストで、王家のスポンサーに理性を再検討することまではしないように懇願し、そのうえ自分の良識をたっぷり信頼している。「私はあなたのために、いつもの習慣に反して、わざわざこんな長い文章を綴りましたが、あなたはご遠慮なく、毎日学んでおられる普通の論証の方法で、あなたのスボンを弁護なさってください。そして、あなたの精神と学問を練磨なさってください。と申しますのは、この最後に用いた剣法は、いよいよというときでなければ用いてならぬものだからです(10)。」〔原訳、岩波文庫、(三)、二一六頁〕この文章はルネサンスの最も偉大な作家の一人がマルグリットに抱く敬意を十分語っている。しかしながら来るべき諸世紀の注釈者はほとんどこのことに注目しない。

　王妃のフランス帰還に続く年月にはこの種の作品が山と現れ、マルグリットのくすんだ評判はもう着想を与えず、王国中の混乱の再開は幸いしない。しかしながらラ・クロワ・デュ・メーヌは王妃を一五八四年に「非常に学識があり雄弁な」王女として賞賛し、「何事においても負けず、文芸に養われたとの評判をとるあらゆる女性を凌駕される」と言う(11)。そして自分のフランス作家事典計画を支持したことを感謝する。最後に、この作品に、作者の地理的位置が説明する日付の遅れにもかかわらず、最新の作品が結び付けられるだろう。それはシェークスピアの『恋の骨折り損』で、マルグリットが登場する初めての虚構の作品である。

　『恋の骨折り損』は実際一五九二―一五九五年のものである。コンメディア・デラルテから借用した滑稽なエピソードで区切られた軽喜劇で、王妃のガスコーニュ初滞在の時代の、「ナヴアール王の庭園」を特別な枠組みとする。王と二人の廷臣、ロンガヴィル〔ロングヴィル〕とデュメイン〔デュメーヌ〕はあまり禁欲的でない生活習慣を破ろうとして、「常識に隠されている事柄」の勉学に身を捧げるために、三年間「女性と会わず、断食し、学び、眠らない」誓いをした。三人は馬鹿げた計画に友人のビローン〔ビロン〕を引き入れることに成功するが、ビローンは賢明さを体現し、やがてみんなが誓いに背くことを見抜く。実際、フランス王女が、「アキテーヌ地方での停戦」を議論するために「使節として」到着すると、あの善き意図は損なわれ、王はすぐに王女を恋し、廷臣おのおのも王女の侍女を一人ずつ恋する。このジャンルに固有の誤解といたずらの後、女性たちは、恋する男たちが最初理由なく課していたものよりも短くより具体的な試練を課すことに成功する。どの男も一年間美女の承諾を待つ必要があり、この時間を自分の魂を高め愛の性質を確かめるために利用しなくてはならない。

　この喜劇はネラックの宮廷が英仏海峡の向こうで獲得した評判を証言する。一五七八―一五八二年に、マルグリットの影響下に支配していた精神を反映する。王と取り巻きの、完全にネオプラトニストのものというわけではないが、それでも通常のものから離れる恋への熱狂的な転向を物語るからだ。これらの要素の先は、この作品は現実の描写からは遠い。劇の必要のために、この劇作家は歴史を自由に扱い、王女と侍女を若い女性にし、ビローンを廷臣とし、端役の名前を考え出し、フランスとアキテーヌの関係を変更する。多分この理由のために、あるいはより確かには『恋の骨折り損』は、英仏海峡のこちら側で、イギリスの偉大な劇作家の最も人気のある作品とはならないだろうから、この作品は王妃の死後の評判に関してフランスでほとんど反響を呼ばないだろう。

一五九九年までの公然の噂

マルグリットが対象となった最初の二つの諷刺文書は一五七四年のものであり、二つともサン＝バルテルミーの大虐殺の結果が動機である。『カトリーヌ・ド・メディシスの生活と不品行の驚くべき話』は主に太后とその大貴族の排除政策と思われていたものに向けられていて、ギーズとの恋愛関係の折にマルグリットに短く言及しているだけで、既に引用する機会があった。ギーズ公に「よい顔」をする以外は、マルグリットにはいかなる過ちも帰していない。なにより作者の意図はフランス王の子どもたちが無実で、悪魔のような女に操られていることを示すことなのだから。

第二の諷刺文書『フランス人の目覚まし』も同様に有名だが、内容はマルグリットの評判に対してずっと厳しい。このテクストは、暴君放伐論者（モナルコマク）の中から出たもので、実際王家全体の非道を告発することを狙っていた。第一の対話はこうして二人の人物、修史官とその下役アリチの会話を提示する。前者はシャルル九世は妹を「ナヴァールの王子ではなく、いわばユグノー全体と結婚するために、妻として[12]」与えたと主張する。この文は後に『諷刺的離婚』の作者が与えるような下劣な意味をおそらくまだ持っていない。アンリとマルグリットの結婚の折の、カトリックとプロテスタントの間に結ばれたひどい休戦とマルグリットの果たした囮の役割を告発した。

それに反して、その続きはずっと辛辣である。修史官は実際シャルルの苛立ちを書き記すが、シャルルはもう二人の結婚のための教皇の特別免除を待たないことに決めている。「ブルボン枢機卿が二人を結婚させたくないとしたら、牧師によって結婚させるために、シャルル王は二人をユグノーの説教に導くだろう。そして、畜生、マルゴ（こう王は妹を呼んでいる）がこの無気力により長く留まることを望まなかった。」これに対して下役は答える。「よき婦人はそんなに長く待つつもりはなかった。王弟殿下は自分が処女を奪ったことをよく分っていた。」「それは知らなかった」と修史官は言い返す。「しかし王妃がサントに行かれればすぐに出産しようとしていると言われるのは確かに聞いた。」換言すれば「大旅行」の間にだ。思い出すまでもなく、この噂を確証するいかなる証言もない。攻撃は王家を汚すことを目的としていて、第一には王自身を汚そうとしている。それでもこのテクストは王妃の伝説の最初の二つの礎となる。二人の兄のうちの一人――アンリ――との淫乱とシャルルが与えた渾名マルゴの伝説である。

続く年月の間、マルグリットは同時代人の注意をほとんど引かない。一五七八年夏の間の、宮廷からの出立は、なんらかの動揺を引き起こし、宮廷人に関して言及する折があったが、この制限された範囲を多分越えていて、レトワールは「一般の噂によれば、残念にもそしてしぶしぶ[13]」出発すると述べる。すでに示したように、マルグリットが出発を幾度も延期したことはたしかな理由があり、多分、パリの住民は、続いて定期的にするように、既に反ナヴァール感情のせいにしている。ともかく一五七九年の夏はアランソン公の庇護者とのかつての恋に言及する一つの詩だけが出回る。「ビュッシーの陰」である。一五八二年夏から一五八三年夏の間の、ナヴァール王妃のフランス滞在は、もうほとんど興奮を引き起こさない。宮廷の策謀の外部者として、周辺的存在にされ、その天下が始まった、王の大寵臣にますます公然と対立する。一五八三年八月の侮辱とこれがもたらすスキャンダルはもちろん大きな噂となるが、これを伝える話はマルグリットが一般には自分の勇気の犠牲者と見なされることを示す。何カ月も前から、マルグリットだけが、王に敢えて立向かう。公衆の知るところである、シャンヴァロンへの情熱によって、レトワールの収集しえたいかなる諷刺文でもマルグリットについて書かれることはない[14]。

旧教同盟戦争の始まりである一五八五年から、諷刺文書はフランスで増える。しかしながらこれらはマルグリットに関しては驚くほど控えめで、確かに、マルグリットは再び首都から離れていたが、特に、争いの主要人物として実際上識別されない。他の者と同様、レトワールは、マルグリットは旧教同盟に加入したと考えたが、六二のテクストのうち、マルグリットに言及するものは三つのテクストだけを挙げる。それぞれはアジャンのエピソードの時期のもので、この時期の文脈で大変意味深い。最初のものは親ナヴァールである。

美しきマルゴはよき夫のもとを
去ったとは性悪だ
夫はそれで残念ではないと思う
このお嬢様をよく知っているから

二番目のは、多分王党派から出ており、このベアルン男に反対する。

大きな価値のマルグリットを
世帯に戻すなら
よく学んだ男たちはどれほど

自分たちの考えに困ることだろう
しかしマルグリットはあまりに怒っている
長く話してはいけない
夫はまたより優しく
事態を耳打ちすることができなかったのか

三番目のは、きっとプロテスタントの側から出て、王家全員を攻撃する。

王は頭はすっかり半白で
もうくどくど繰り返すだけだ
妹はあまりに多くの男を持とうとする
本当にあの母親の娘だ。
キマイラよ、ナヴァールの王に
恥をかかせることはできない
ナヴァール王は娼婦に支配されず
この女をあばずれとしか見なさない[15]

これらのテクストの最初のものは、大人の王妃を「マルゴ」という渾名で示す珍しい場合だ。この渾名は、最後のテクストでは公然とされるように、度外れた性生活に、遠まわしに、言及する王妃の批判に結びつく。二番目のは、反対に、王妃の名前を挙げる恭しい決まり文句を用い、正当な怒りを強調する。そこでは当時の政治的諷刺文書の不変の傾向と支配的イデオロギーの変わらぬ特徴が見出される。遊蕩と淫乱の非難はここでは、男でも女でも、人の評判を落とさせるのに最も適した遣り方として現れる。反対に、誰かを弁護しなければならないなら、性的要素は消え去り、そしてこれは事態の本当らしさを考慮しない[16]。

マルグリットがナヴァール王と、政治的に、肉体的に別れるこの時期から、それ故マルグリットは、一方の主要人物と明瞭に認識されることなしに、フランスを引き裂く闘争に結び付けられ、論争に利用される。一方で、夫の敵に支持され、この者たちはマルグリットの運命を嘆き、ベアルン男の残酷さを見る。他方で、ナヴァール王の支持者に非難され、この者たちはマルグリットに「ヴァロワ＝メディチの女」――換言すれば退廃の本質、ブルボンにのしかかる欠陥――しか見ない。この二重のイメージはアンリ四世の権力奪取まで続くだろう。こうして、全ての「ギーズ派」を泥の中に引きずりこむ、一五八七年の最も有名な諷刺文書「モンパンシエ夫人の蔵書」でも間接的に言及される。この架空の蔵書の百の書物の一つは実際「コキュ大年代記、ナヴァール王に献呈さる、シャンヴァロン殿の考察付き」という題である。次に、レトワールが知りえた公の論争文書で、王妃の軌跡を見出すには、一五九二年十月を待たねばならない。その時には旧教同盟派の説教師に熱心に弁護される。「説教のあった、サン＝ジェルマン＝ル＝ヴィエイユで説教するローズ氏は、この善き王妃、この聖なる王妃（ナヴァール王妃のことである）が四囲の城壁に閉じ込められている間、その夫は女性たちと売女の種馬牧場を持っていた、と語る。[17]」

一五九三年のナヴァール王による権力奪取は、政治論争の主題を変化させるが、それでも論争でマルグリットにいっそうの位置を与えることはない。実を言えば、この世紀末の数年は王国の徐々に進展する平和、秩序の回復、一五九八年のヴェルヴァン条約締結で完成される対外和平の備えに費やされて、世論はほとんどユソンの世捨人に注意せず、結婚の解消の可能性を夫と交渉していることしか知らない。ガブリエル・デストレに残しておかれる名誉が憤慨させる「王家の放蕩」のあら捜し屋だけが、まだ王妃を気にかけ、それは一五九八年に王に宛てられた諷刺文が示す通りである。

不当に引き留めている、他人の女をお前は返すだろう
そしてお前の女を取り戻すだろう、敬虔に生きたいのなら。[18]

好奇心が強く「思慮の浅い人」にとっての的

結婚の解消のすぐ後、マルグリットの不幸がパリの住民の心を揺さぶる。この件で王へのある書簡が書いている。「この不幸な妃は、王妃マルグリットと呼ばれ始めたが、王の目に涙を流させた」。そして、思い出すだろうが、手紙はパリを一周する。しかし五年半後、妃の帰還と「突然であわただしい宮廷への到着は、決して時間通りでなかったと思われるが、好奇心の強い人を目覚めさせ、あらゆる人にたっぷりと話の種を提供した[19]」。パリの人々は、マルグリットの帰還の政治的争点と自分の家系を唯一正当化する女性と緊密に結びつくアンリ四世の必要性を理解せず、このやっかいな人物に実際矛盾した感情を抱き、この人物は時間の制限にもかかわらずヴァロワ家のかつての盛儀を再開し、パリの中心に居を構え、かつての夫とその新しい妻とこの上なく仲がよいが、離縁された妻である。

レトワールがマルグリットの帰還の数週間後に集めた二編が示すように、マルグリットのへの同情の蓄積はやはり損なわれない。最初のは、ネオラテン詩人バルクレの二十二行の詩句のテクストで、すぐにフランス語に翻訳された。

今ではわたしは寡婦でとてもうまく調和している
わたしは肖像画のうわべの王妃で、今日出てきた
山、岩、恐怖、恐れに
釣り合っている。帰還すると
わたしは見る、多くの不幸に
わたしが宮廷を開くよう
命じる運命を。命じられるとすぐに
わたしは来る備えができていて　わたしにより
冠を頭に抱く女性に従う。
わたしが産むはずだった子供をわたしは敬う。

二番目のは、バルナベ・ブリソン作で、やはり二言語で書かれ、「マルグリット・ド・ヴァロワの変えられた名前［アナグラム］」に関して――美徳は友を守る（Vertu garde l'ami〔Marguerite de Val：不完全なアナグラム〕）」という凝った言葉遊びを提供する。詩人はそこで妃の美徳を讃えるが、この困難な時期の唯一の頼りである。

素朴な顔色は何に役立つのか　美は何に役立つのか
夏の花のようにこれらは突然過ぎさる。
しかし不滅に続く美徳だけが
友の信頼を永遠に確かなものとする。
あなたの変えられた名で、谷の出会いは
あなたの心がこの善で飾られていることを証言する。
勇気を出して　そこから低い谷に今ある花は
天に高められるだろう。(20)

しかし妃への哀れみは、やがてより率直な好奇心と、王との損なわれない友情と同様妃の生き方に結びついたある種の非難にさえ席を譲る。「何人かの悪口屋の作れる四行詩」がそれを証言するが、やがてサンスの司教たちのかつての住居であった、妃の館に張り出される。

妃として、おまえは王の
家にいるべきだった
売女として、おまえが
司祭の住まいに起居するのはまったく正しい(21)

続く四年間、噂は王妃マルグリットの事跡に関してほとんど涸れることはないだろう。サン＝ジュリアン・ダの殺害、オーヴェルニュ伯との裁判、財産の王太子への贈与、アウグスティヌス会士の館の建設は誹謗文作者が筆を執る機会である。こうしてある諷刺文書が一六〇七年首都に出回るが、「地獄に旅をしてそこで知っている人々に会った善良な変人」がそれを起草した。カトリーヌ・ド・メディシスはそこで悪魔と「王太子様を相続人とする王妃マルグリットの遺言について」議論する。「娘は愚かな頑迷さより保証を選んだと思う。そしてそれはよくやりました。」と太后は娘のオーヴェルニュへの長い隠遁に言及して述べる。次いで太后は叔父の法王クレメンス七世と語り、クレメンス七世はマルグリットが国庫金を消費するのを妨げるために介入しないよう母后に言う。「あなたの娘を牢獄、病院、贖宥に行かせ、私たちの罪と自分の罪を贖わせなさい。」この作者は二人の女性の名誉に触れて軽く皮肉る。カトリーヌの子どもにアンリ二世とは異なる父親を割り当て、マルグリットはロレーヌ家の面々の総監を「かつてとても快いと思い」、いつでも賢明であったわけではないことを示唆する。(22)

この時期にはまた妃に対してかつて書かれた最も激しいテク

ストが出回る。それは『諷刺的離婚』[23]で、マルグリット伝説にとって重要であるので、後に詳しく述べるだろう。論証は単純である。その作品では、アンリ四世は自分の離婚にまだ異議を唱える者の悪口を止めさせるために自ら起草した声明で発言する。自分をこのように行動するよう仕向けた本当の理由は妻の恐ろしい淫蕩を前にして感じた恥ずかしさである。それで王はこの嘆かわしい結婚の沿革を語る。王は思い出させるが、シャルル九世は「マルゴを妻としてナヴァール王に与えるのではなく、自分の王国の全ての異端に与えた」とまさしく言った。この文章は『フランス人の目覚まし』からまっすぐ来ている。「ああ、あまりに真実の予言である」とアンリは叫び、妻がユグノーでは満足しないことを嘆く。「というのもフランス中のどんな種類身分の者でも、この倒錯した女が淫蕩を実行しないような者はいないからだ。この女の快楽にはすべてがどうでもよく、自分の欲望を満たし満足さえさせれば、年も、地位も、家柄も問題ではなく、十一歳から、今日まで、身を捧げなかった者はいない。」

そのとき王は妻の著名なすべての愛人に言及することにとりかかり、もう思いだせない多くの者がいるので、このリストが多分混乱していることを言い訳する。ボニヴェ、アントラーグ、シャラン、マルティーグ、ギーズ、ラ・モル、サン＝リュック、ビュッシー、マイエンヌ、チュレンヌ、シャンヴァロン（名指されはしないが、「王妃の主人」と呼ばれる）、デュラス、オービヤック、カニヤック、ポミニー、ダ、そして今はバジョーモンで、これに、幼年期、「若い兄弟」を付け加えるのが相応しく、歴史が進むのが分る。これらの愛人のそれぞれの間に、一群の無名の愛人が来て、初期は宮廷人と勇敢な隊長で、次にはアジャンからの逃走の折にアンリ三世が言うであろうように、召使と料理人が来る。「ガスコーニュの若侍はナヴァール王妃を満足させられなかった。王妃はしばしばオーヴェルニュの騾馬引きと金物屋を見つけに行った。」

かなり正しい歴史的筋立てから、マルグリットの恋愛生活のこの話には、想像力を捉えるのに適した細部に満ちたロマネスクなエピソードが混ぜられている。こうして、自分たちの愛人の死刑に続く夜、王妃とヌヴェール公爵夫人はこの者たちの首を奪い、「モンマルトルの下にあるサン＝マルタン礼拝堂に手ずから埋めるために馬車で運んだ」。後に、誘惑術の達人になり、マルグリットは「黒いタフタの二つの敷布の間で、いくつもの松明に照らされたベッドにその主人と[24]」寝ていた。カルラでの不運な愛人であるオービヤックは初めて見たときに言った。「すぐ後に首をはねられるとしても、この女と寝たかったと思った。」しかし捕えられるとき、この者は「なんらかの塵の下に卑劣にも隠れていて、髭も体毛もなく、愛人がこのように変装させていた」。そしてユソンでは、マルグリットは首に青い巾着を巻いて散歩し、決して離さなかった。そこには銀の小箱が入っていて、その中にポミニーと自身の肖像を保存していた。

この諷刺文書から生まれ出るマルグリットの肖像はこのうえなく品位を貶められている。「堕落して無分別で」フィレンツェ商人の家族の出である。カルラで「泥棒の隠れ家」に暮らした。そこから「怯えて臆病に」脱出した。ユソンで、ポミニーが下に隠れていないかすぐに分るようにベッドを高くした。「真っ裸で四つんばいになってもぐりこんで」探す。数年前から、「フランスで最も醜い女」となり、「心と同様化粧を施した口で、顔におしろいを塗りたくり紅で覆い、乳房ではなくまさしく尻に似ている大きな胸をはだけて、週に三回聖体拝領」をする。「あなたは眠らない説教で、話さない夕べの祈りで、売春宿の主人のいないミサでこの女をかつて見たことがないか」と、結論するまえに、王は問う。「この女のすることはすべてうわべと見せびらかしでしかなく、信心と敬虔のいかなる閃きもない。」しかしながら、攻撃の主要軸は相変わらずマルグリットの淫蕩さである。「水銀と同じように揺れ動き、近づくごく小さい対象にもぐらつく。」「クレルモン［ビュッシー］は幾度も部屋のドアでスカートにキスした。」マルグリットは「公の献金箱のごとく、やってくる人みんなの贈り物を」受け入れた。「この三つの尻の半ズボン」はその上「小便するすべてのうちで最も匂い最も臭い穴のもの」だった、など。

しかしながら、『諷刺的離婚』がマルグリットに向けられた諷刺文書でしかないと考えると、誤るだろう。事実は、アンリ四世が第一の的であり、その妻は、男として君主としてアンリ四世を弱くするための最も近いバイアスとしてここで現れているだけだ。実際、アンリ四世自身が、自己正当化を試みて、滑稽化され、恥辱にまみれる。その遣り方は周知のものだ。自分が対象となった非難を雪ぐために、話者はまずそれらを思い出させねばならない。次に、「多くの恥辱」の思い出に赤面しながら、話者は自己弁護しようと企てるが、その証明は自身の下品さを明らかにするだけだ。こうして初めから、離婚が多分不当で、ひどく不愉快な噂を持っており、世間を欺こうとしたことを認める。「一一八年の結婚の後、親族関係という口実があれほど威厳のある秘蹟が結びつけたものを解いたのはとても変だと思う人が何人もいる。ある人は私を好色と呼び、またある人は無信仰者と、そして全員が無知だと呼ぶが、この者たちの無知を解明する必要があり、私の正当な苦しみを隠し、特別で曖昧で凝った言葉で、世評に対して、名誉によって、偽装しようとした相応しい理由を持つことを、開陳した、この者たちのひどい悪賢さをやり込めねばならない。」自己弁護するために次に挙げる「相応しい理由」は、妻の愛人の果てしないリストと明白な卑劣さの繰り返される証拠でしかない。

こうしてこの諷刺文書はアンリ四世に対する陰険な攻撃が詰め込まれている。もちろん政治的攻撃である。王は背教者で、プロテスタント信仰の最終的勝利まで戦う代わりに、敵の前に屈服した。さらに悪いことに、王は敵をあらゆる政治的任務に再び据えた。「私は侮辱で復讐したより多くの敵を赦した。国家を混乱させるものの罪を許しただけでなく、大胆にも、私の名前を攻撃した者に特別な好意を取り戻させた。」また同様に宗教的攻撃である。アンリは「宗教に関して王国で最も精通した一人ではない」と認めるからだ。しかし個人的攻撃が最も数多い。それは男として、騙された夫として、私利私欲で、貴族階級の名誉の最も基本的な規則に破廉恥にも背くお人よしの亭主としてアンリ四世の信用失墜をはかる。「不愉快な夫たちよ、この苦しみについて何というだろうか。［……］これは卑怯だと思わないか。君たちがそう思うのは正しく、私が君たちにそう告白するのも正しい。」実際、話者は続けるが、私利私欲から、妻がこのような破廉恥な生活を送るのを放置したのである。「私は当時王国を持っているよりも目先が利き、そしてこの女性は、私に対して厳しくなった兄たちと母后を宥めてくれた。この女性の美貌は私に多くの貴族を引き付け、その善き本性はこの者たちを私のもとに留めた。」アンリはそれで自分の名誉の破滅の上に同盟を築き上げ、だらしなさは限界がなかった。

アンリ四世の好色はその上妻の好色より小さくはなく、男の名誉のためにさらにいっそう不名誉な説明を申し立てながらも、これを認める。事実悩むのだが、マルグリットが非嫡出子しか産まなかったのに幾人もが驚くだろうし、「淫蕩な家系が繁栄するのを許されない方にこの秘密を帰す代わりに、私の不能をさまざまに判断するだろう。私自身が時には驚くが、お蔭様で、さまざまな場所で、妻と同じくらい撒き方を間違えた不貞の子を設けた」。しかしこれで全てではない。王はひどくまずいと感じており、妻は「私を告発する腕や足のひどい臭い」のせいで打ち捨てたのではないと言いながら、体臭のひどいのは認める。マルグリットの愛人たちの欠陥を強調するのは、その上ナヴァールのかつての王がより優れた男によってとって代わられさえしないということを示す目的しかない。ビュッシーは「通常真夜中におこるなんらかの腹痛」にいつも襲われ、チュレンヌは「どこかが不釣合いな大きさ」だった。「かわいそうなオービヤック」は「奥方の恩恵の残り物である青い毛足の短いビロードのマフ」に口づけして死に、カニヤックは「わずかの間に、私がそうなりえたのと同じく汚らしく」なり「村のご立派な恋人のように油を塗られ光沢が出て」、バジョーモンは「嘴は黄色いのに」「宮廷でかつて出世したもっとも申し分のない愚か者」だ。このの上ない皮肉だ。王だけが王国でマルグリットが喜んで身を任せなかった者なのだ。「残念ながら多数の犠牲になり喜んで身を任せるために、妻はしばしば私の欲望の力に同意した。」

この諷刺文書の激しさ、性的で卑猥な構成要素はなんら驚くものではない。政治的批判は数十年前からこのように表現されていた。この諷刺文書が一六〇七年に現れたのも同様に驚かない。アンリ四世の離縁と再婚の問題は数多くの衝突と陰謀さえ引き起こしたのを知っている。そこに表現された怒りと才能――というのもこの諷刺文書はこのジャンルのちょっとした傑作だから――は、そのかわりにまったく注目すべきものであるから。この憎しみの毒舌の作者はだれか。パルマ・ケイエか、ドービニェか、シャルル・ド・ヴァロワか。これらの名前が批評家によって提出され、他の者たちよりもドービニェにずっと大きな可能性がある。しかしながら、この問題については何ら確証はなく、解決すべく残されている。

もう一つの謎はこの諷刺文書の伝播に関係する。多分これはこっそり流通し、特にユグノーの貴族の城や初期ブルボン家の体制に反対するものの城で流通するが[25]、レトワールはこれについて語らず、これはパリでの反響がとても小さいか、さらにはゼロである証拠である。外国でも、一六六〇年以前には出版されなかったのは、その上かなり早く忘れられたのだろうということを証明するように思われる。しかしながら、作者は、自分の作品に長い繁栄を予言して、誤っていなかった。「この宣言は、恐らく数世紀生き、いつか真実を愛する人々に、私が黙したかったことを教えるだろう。」しかしながら非難を福音の言葉と、アンリ四世への政治的糾弾をその妻の正直な伝記ととる日がくるだろうと思っただろうか。将来の世紀の歴史家は実際、このテクストを最も確実な情報源と見なして、そこに漏らされたすべての「情報」をうやうやしく取り上げるだろう。

ともかく『諷刺的離婚』は一つのことを証言している。十七世紀の初めに、マルグリットの不名誉な行為は多くの者の目にフランス王との別離の最上の正当化と思われ、権力に到達するのに王の感じた政治的必然（正当に跡継ぎを設け、王位に座るために離婚する）が意識のうちで消える傾向があるようにである。こうして、一六〇八年にレトワールの報告するには、パリでは「自分の娘の名誉の弁護のためにショワジー伯爵の王妃マルグリットへの勇敢な即答」が繰り返され、「このご婦人は、自分のお気に入りのバジョーモンの嫉妬により、父親に、あなたの娘は役に立たない、身持ちが悪いと言って、この娘を屈辱的に追い払っていたのだ。（ショワジー伯爵は返答した）『奥方、あなたが、たまたま私の娘同様身持ちがおよろしければ、あなたがなくされた王冠はなくされていなかったでしょうに[26]。』」「歴史の読解」のこのような進展は、採用された説明が幾分新たな体制の基礎に跳ね返るにしても、まだ弱体であった君主制を満足させるばかりであった。

かっての夫婦二人の態度はその上時代の諷刺文書作者にたっぷりと嘲笑され、この者たちは競って二人の「放蕩」を公然と非難した。こうしてレトワールは一六〇八年十二月に、「宮廷では、決闘、放蕩、女衒しか話題にならない。遊びと冒瀆がそこでは信用されている。（最も嫌悪すべき）男色が支配しており、手をブラゲットに置く人が沢山いるが、この道具をこの者たちの間では、汚い隠語で、枕頭の剣と呼んでいる[27]。」並行して、一六〇九年にマルグリットがアウグスティヌス会士の館に落ち着いたとき、パリではマルグリットに関する次の落書が見られた。

もはや淫蕩でのみウェヌスであり
肖像画でのみ王妃であり
その人の考えでは、王妃として
ルーヴルに住むことができないので、
淫売として、セーヌの岸の
正面に住まいを構える。

この年老いた聖なる石膏は
まだ偶像視されるために
川べりに自らの宮を築き
いつでも、向かい岸から
この女を見出せるルーヴルから
王が売淫売宿を見れるがため。(28)

それ故王妃は犠牲者であることを止める。パリの民衆の幾つかの部分のこの貴族社会への憎悪で同類と一緒になり、この貴族社会は、平和が戻ってきて、贅沢と淫蕩の習慣を取り戻し、平民と法律家であるかつてのブルジョワの精神では贅沢と淫蕩は手を携えている。

歴史に入る

アンリ四世の権力奪取以来、ピエール・マチューは一連の公式歴史報告を開始し、これはマルグリットの生前に日の目を見、マルグリットに言及している。一五九四年にマチューは『フランスの最後の騒乱の歴史』を刊行し、そこでわずかに王妃に言及するが、当然ではないとしても、同僚と同様に、サン＝バルテルミーの大虐殺がナヴァール王との婚姻のわずか数日後に起こったことを強調するためである。マチューの一六〇五年の『フランス史』は、王と王妃の婚姻解消に数ページを費やしている。マチューは公式見解を提供する。マルグリットとアンリは禁じられた親等の従姉弟であった。シャルル九世とカトリーヌはこの結婚を王女に強いた。王妃は強制され強いられた同居に耐えた。犠牲により、王妃は王権に大いに奉仕し、全員の尊敬を得た。マチューはこの折に、「マルグリット王妃から王への、本当に王家のものらしい文体の、王女に心配を、王子に賞賛を与えるはずの性向の手紙」に触れる。「これ以上上手に言われも、なされもされたことは何も見られないだろう。」それは離婚の宣言の時に首都に出回った手紙である。マチューの結論は、表面上とても自由な調子だが、恐らく作品の王家のスポンサーの意見を特に反映している。「マルグリットは王の気前のよさの結果と年金の増加を同時に受け、平穏と運命の沈黙のうちに幸せに暮らす。この変化によっても相変わらずヨーロッパの第一位の王女の一人である。天と自然が与えたものを奪うことはできない。雷に打たれたといっても、賞賛され続ける劇場である。私の気質は、諂いにより気に入られるより事実により不興を蒙るほうを好むが、マルグリットは自身で運命の偉大さを破滅させ、今の姿を望んだと言わせる。(29)」

同時期にアンリ四世のかつての教師、ピエール・ケイエの二著作が現れる。一つは『七年周期の年代記』で、一五九八年以降の平和の歴史を叙述する。もう一つは『九年周期の年代記』で、それに先立つ戦争の歴史を語る。王妃はこの二書にごく稀にしか登場しないが、しかし、今の状況を説明するはずの数多くの回顧を含んでいる(30)。

アンリ四世の修史官の慎み深さはジャック＝オーギュスト・ド・トゥーの饒舌と対照をなし、ド・トゥーは一六〇四年と一六〇八年の間に、『自分の時代の歴史』を提出し、そこでマルグリットに多くの詳細を伴い何度も言及し、マルグリットに対する嫌悪を漏らす記載をする。しかしながら、ある一節は他のものより重大である。ルイ・ベランジェ・デュ・ガ殺害の扇動者であるとこの歴史家が明白に非難しているからだ。第五次宗教戦争を終わらせる策略に言い及び、ド・トゥーはリュフェック殿がアングレームをアランソン公に委ねるのを拒否したことを思い出させ、アンリ三世の寵臣を殺害させたことに触れる。「リュフェックがデュ・ガ殺害について付言したことは王弟への非難であった。王弟はこの件で騙されたと言われている。」この歴史家はそこで全てを説明するつもりである。「以下のように事件は起こった。デュ・ガは運命よりも多くの野心を持ち、才気も多く、それよりも王の好意を得ていた。それは自惚れさせるに十分だった。最重要の領主たちと同等であろうとし、この者たちを時には自分より下のように扱うまでになる。宮廷の第一の女性たちも容赦せず、公にこの女性たちの評判を攻撃し、しばしば陛下の面前で行い、大胆にも王女にも悪口を言うことまでする。」ここまで、話は証人が言ったことと一致する。

しかしド・トゥーはさらに先に行く。ド・トゥーは続ける。「ある女の魂ほど恨み深い魂はない。それは激しく刺され、デュ・ガに侮辱された女性たち全員の嘆きによっていっそう活気づけられ、ヴィトー男爵ギヨーム・デュ・プラに語りかける。二年前、この男はミロー領主アントワーヌ・ダレーグルを殺していたが、アントワーヌは新しくポーランド王に選ばれたアンリがオーヴェルニュから越させたのだった。［……］そのときデュ・プラはパリのアウグスティヌス会僧院に隠れていた。王女は夜そこに行き、敵の血を流すのに慣れている男を見出し、自身の侮辱に復讐するため、好意を尽くして容易に自らの復讐者となるよう誘った。」この歴史家はこの会見の細々とした報告にそのとき取り掛かる。「王女はダレーグルの死で、［……］デュ・ガだけがこの者に手に入れさせたい恩赦に長い間反対したことを思い出させる。王女は、デュ・ガは新王の精神をあなたに対して苛立たせるためにしか働いていない、あなたをずっと極悪人として王に思わせている、天が許されるなら、他の多くのものに対して実行したことを王の意に反して敢えてすることができる、と戒めた。さらに、デュ・ガは耐え難い高慢により王国の重荷とさえなった、デュ・ガの死をアンリがそれほど心配しないと思われる理由がある、それにことがなされた後、王弟のところで確実な避難所が見つかるだろう、王弟も自身が不平を言う理由があり、王弟に対して王の精神を苛立たせることのできた男を片付けたら目覚しい奉仕と見るだろう、と言った。」待ち伏せの描写に進む前に、ド・トゥーは結論する。「雄弁で、人をくすぐるのに長けた大王女にとって、自分の利益を見出す男に、強力な敵に復讐するよう説得するのは難しくはなかった。」(31)

マルグリット以外の、どの「大王女」が、これほど雄弁で、狡猾で、アランソン公のために身を投じることができただろうか。それ故、ド・トゥーは、明示的ではなくとも、明確にアンリ四世の最初の妻を指しており、その主張にはいささかの疑いも含まれない。すでに見たように、公の噂も当事者に最も近しい同時代人も決してマルグリットを問題にしていなかった。心理的そして論理的観点から、どうしてマルグリットの責任がほとんど取り上げられなかったかも説明した。それ故私たちを留めるのは、ここでは根底の要素ではなく、この報告の作為的性格を漏らす二つのテクスト現象である。

第一は細部の豊富さで、こうした細部でこの歴史家は夜の秘密の会見の話を作り上げるが、もちろん立ち会ったわけではなく、報告を受けたというのもほとんどありえない。ド・トゥーは実際この主要人物の誰とも緊密な関係は持っていなかった。階級が違い、暗殺の時には長いイタリア滞在から戻ってくるところで——それは自身が『回想録』で述べている——その時研究に捧げた長い孤独の時期を始めたところだった。(32) 明らかにド・トゥーは「大王女」の隠された意図だと想像したものをここではいい気になって潤色している。しかしながら、告発の限界を掴んでおこう。Caressant という語は、十六世紀では、一般に言葉でのおもねり〔媚びること〕を指し、説得を目的とする特に愛想のいい態度のことである。マルグリットの誘惑は、こうした性質が伝説的な女性の二面性にここでは結びつけられているにしても、ド・トゥーには全く狡知と共謀のことである。

この再現で注目すべき第二の要素は女性の政治的駆け引きへの参加に関するこの法官の一貫した反対である。こうした反対はマルグリットに費やされた別の一節でよりよく現れ、それはこの歴史家がマルグリットのフランドル旅行に言及するときである。ド・トゥーの説明するには、マルグリットの病気はナヴァールの夫に合流しないための口実であった。ド・トゥーの考えでは、マルグリットをそこに行かせるべきではなかった。「しかし、太后が大いに自由を与えた宮廷でいつも育てられたので」、自分の決めたことをした。ドン・フアンに出会い、マルグリットは、実際そうであった思慮の足りない者として利用される前に、ギーズ家の気に入るためにドン・フアンと陰謀を企てた。ド・トゥーは結論する。「この点で、この王女の意図は、宮廷に留まる立派な口実を得るために、王国で騒乱を新たに起こすことでしかなかった。[33]」この一節は、結局誤りで織り成されていて、この法官の考えの根本が露となる箇所の一つでしかない。女性は政治では忌まわしいものだ、という考えである。その本来の場所にいる、即ち政治から離れている代わりに、女性は気まぐれに「復讐」――この語はしばしば繰り返される――によって、自分が理解できないことに介入し、事態を混乱させる。女性は、自分たちの行為により有害で、他の者に与える例により有害で、女性の持つ変則的な事態の永続を保証する力により有害である。こうして、カトリーヌによりマルグリットは並外れた自由を握っている。

この作品から浮かび上がる王妃の肖像は特に誇張されている。誘惑的でマキャベリ的で、移り気で熱中し、悪いことに賢しらで重要な論点は把握できないという、聖職者の想像における女性の真髄として現れるだけでなく、殺人の責任を肩に背負っている。王妃は「当時の最も客観的な歴史家」として後世が聖別する人によってこのように痛めつけられるただ一人の女性ではないことを強調する必要がある。ド・トゥーの著作の出版は実際激しい論争を開始し、一六〇九年には禁書目録に載ることになり、一六一四年に刊行されたこの法官の『回想録』に含まれる「説明」は論争を閉じることはないが、その上マルグリットに関しては沈黙していて、ド・トゥーはほんの少ししか知らないのだ。この著作をラテン語で出版するという決定がともかくかなりこの『歴史』の伝播を制限し、フランス語で提供されたのは一六五九年になってからに過ぎない。

最後に、一六〇六年以降、「メルキュール・フランセ」の誕生したことを指摘しておこう。一種の年鑑で、その年に起こった主な出来事が記載される。マルグリットが言及されるのは刊行の最初の三年間に二回だけで、まさに一六〇六年で、一方ではオーヴェルニュ伯との裁判を報告し、他方では、「王は、王妃マルグリットについて、世界で最も高貴だと述べられた。[……]傍に近づく幸運を得る者は最も気前がよいと見なしている」、即ち最も物惜しみしない、と言っている[34]。

歌われた庇護者マルグリット

一五八三年の侮辱に続く十年間を除けば、ナヴァールの最後の王妃は芸術の母、文人の保護者の役割で止むことなく称賛された。既に見たように、マルグリットは一五九〇年代半ばころにこの働きを再び始め、デュルフェ兄弟やロワ・パポン〔マルシリィの領主、司教座聖堂参事会員、フォレーズの詩人〕のようなユソンの馴染みの作家は王妃に作家としての希望を見出した。こうしてパリ帰還以前から、ボーリュー嬢、アントワーヌ・ラ・ピュジャード、ジャン・アラリらの作品のような、数多くの作品が献呈された。しかし、一六〇五年夏の間の、王妃の首都到着が、王妃に捧げられ、向けられ、献呈された作品の増加を印す。クロード・ガルニエは、デポルトに宛てて、王妃のパリでのもてなしについてのエレジーを次のように書き、「無知が住んでいた時代」への移行を嘆き、詩人たちに希望の回帰を告げる。

とうとう、賢明で、学識あり、美しいマルグリット
あなたを強く愛したヴァロワ家の花形装飾が
豪華な船のように、世界が輝くのを見た
高貴な先祖の港に現れた
［……］この婦人になした
これ以上の尊敬、これ以上の歓喜をもって
迎えられた王子も王女もいなかった。
そしてこれまで見たこともないし
後世が今後見ることもないだろう
［……］これ以上大きく好意的な謙譲を。
デポルトよ、このように、
王妃マルグリットは、堂々たるお供で
私たちの方に現れた[35]。

ジャン・デジストリエール、ジャン・ダルナルト、そしてジャック・コルバンも同様に自分たちの現在あるいは将来の庇護者のさまざまな賛辞に乗り出した。ジャン・デジストリエールは、献辞で無邪気に「注目されたい」と認め、まことに平板な文体でマルグリットの美を歌い、最も古典的な規範に留まりながら恐れることなく、次のごとく詳細に述べる。

メルクリウスが熱愛される雄弁な口
活動の空気を切り裂く声
パラスとパンドラに対してあなたを引き立たせ
あるいはこの者たちをあなたの純真さに再生させる[36]

これに続く年代に、妃により出世した芸術家と知識人は極めて多様な大変な数の作品を捧げる。詩人、劇作家、哲学者は援助と自分たちの著作に寄せる関心に感謝するが、神学者、学者、翻訳家、モラリストもであり、ますます数多くの被保護者は妃を賞賛する作品を書く。この分野で最も反響を持ったはずの作品は確かにオーヴェルニュ人オノレ・デュルフェの『アストレ』であり、一六〇七年に刊行され始め、刊行は何年にも渡るだろう[37]。妃はそこでは、イズールを治める妖精ガラテーという人物として登場する。そこは羊飼いの幸福な森と、宮廷と陰謀を表すマルシリーの中間地帯である。ガラテーはランダモールとプトレマに愛されるが、主人公のセラドンに惚れこみ、この者を絶望で身を投げたリニョン川から救い、この者には誘惑を表現している。複雑な筋の終わりに、ガラテーは結局美しいランダモールと結婚する。

ガラテーはこの大河小説の非常に数多い登場人物の一人でしかないが、極めて象徴的で、ネオプラトニスムの影響を受けており、読者に、恋の情熱、人間の条件、習俗、政治、混乱した時代の隠棲の徳について長い省察を提示していた。しかし妃の

刻印はそこでかなり強かった。筋立てはマルグリットが長い年月を過ごした場所から遠からぬところで展開し、作者よりもマルグリットの運命に確かにいっそう着想を得た運命の女神についての考察を反響していたのだから。マルグリットをガラテーと同一視することはそのうえ、パリの宮廷を越えて、同時代の人々に知られていないことはなかった。みんなは、妃のオーヴエルニュへの追放を知っていて、美しい人に夢中になる高位の婦人、自身の主人で宮廷を支配する婦人にマルグリットを認めていた。ルーヴル同様パリのサークルで、妃と小説の作者を結ぶ二十年の友情を知らないものはおらず、オノレ・デュルフェは多分ランダモールの顔立ちの下に自身隠れていると噂された。

続く年月はマルグリットの最晩年でもあるが、先の時期と対照をなし妃に対する一種の満場一致で特徴付けられる。スキャンダラスな噂は止み、妃の慈悲、王太子との友情、歓迎会の壮麗さの反響にのみ場を譲り、館の建設は、市民の目には、最期の狂気をなすかのようである。首都では、マルグリットの存在に慣れ、体制の安定に貢献するのを見る機会が幾度となくあった。騒乱が再び起り、王族は王権への反旗の新しい局面に入った[38]。「メルキュール・フランセ」誌が妃に言及するのは、アンリ世四世暗殺に関する調査での役割、一六一二年のパストラナ公記念の舞踏会、ヌヴェール公を王の膝下に連れ戻すための介入を記すためだけである。このどの時にも、マルグリットは時評子に悪く扱われない。

被保護者は作品を献呈し、折にふれたちょっとした書で王妃を賞賛し続ける。アレクサンドル・ブトルとマルク・ド・マイエはイッシーの庭園の美しさを歌う。ヴィタル・ドディギエはバジョーモンの死を嘆き、ジャック・ド・シャン・ルピュは保護者の名前を飾り、ファサルディは信じられないような歓迎会の一つを描く。最後に、一六一四年の最後の月、イエズス会のロリオ神父の書物、『道徳的秘訣の花』が出版されるが、マルグリットに献呈され、『博学精妙な話』以外に、王妃の教養と生活習慣を特に賞賛する言及が含まれている。

一六一五年初頭、フランス文芸の偉大な保護者となった女性の死は、はっきりと名乗る作家あるいは匿名作者からの、時事的な作品を最後に一斉に浴びることになる。死去の翌日から、ジャン・ダラリは、いつでもこれほど尊敬されるとは限らなかったと示唆しながら、「洗練された人々の母」と賞賛する。「ヘスペリデス〔この世の西の果て＝日没地と考えられていた古代神話上の島〕の花は朝よりも夕べが芳しいように、この神々しいマルグリット〔雛菊の意味もある〕は人生の明け方〔東方〕より日々の暮れ時にその徳の香りをより強くした[39]。」デュ・ペシエは王妃の途方もない気前のよさを強調し、「この亡き妃は学芸を申し分なく愛された」と付け加え、「数えきれぬほど前から見られた最も率直な心の持ち主[40]」であったと断言する。

マチュー・ド・モルグは「顧問官、専任説教師」であったが、「よき学芸の保護者でよき精神の聖なる避難所[41]」であった女性の追悼演説をする。この者の『王家のピラミッド』の四つの面はマルグリットの四つの主要徳を現す。「敬虔、気前のよさ、教養、文芸への愛。」ド・モルグは言う。「この王女様は、［……］多くの男と王を上回る女性、王妃がいることを［……］示された。」確かに「学問はこの王女の身分と性にそれほど似つかわしくないと判断する者もあろう。しかし王女様は、宮廷の噂で幽閉されてお暮らしの時、この王国の騒乱が与えた余暇を、才気を教育することによってしかよりよく用いることがおできにならなかった。ご身分は第一等ではあられるが、学問に推奨される性の一番ではなかった」。ド・モルグは結論する。死後、「お顔の美しさは死の穏やかさを十分証言していた」。

＊

したがって一六一五年三月に死んだのは既に伝説に捕えられた人物だった。演劇や小説の女主人公、歴史上の人物、諷刺文書の的、王妃はある人々には激賞され、他の人々には嫌われた。並外れた運命は、あまりに対照的で、当時の情熱をあまりに担い、無関心にはしておかない。妃に関して知られることはまだ極わずかだが、知られていることは想像力をとらえる。最後のヴァロワ家の女性として、宗教戦争以前の祝福された時期、フランス大宮廷に生まれ、憎悪を浴びせた者たちは苦痛と暴力のうちに滅びたが、これらの人々より生き延びた。若いときは教養と美しさで褒めちぎられ、結婚式が世紀の最大の血の海で汚されるのを見た。十年間、王と弟の争いに巻き込まれ、精神の独立に二十年の追放という犠牲を払った。フランス王妃となり、もう一人の王妃の前から消えることを受け入れた。すべてがマルグリットにとって終わったと思われた時、ライヴァルをとうとう凌駕し、パリに、王家の中まで、戻り、その地位はずっとマルグリットのものであった。

いつの日か王妃マルゴと呼ばれるであろう女性の伝説の全ての要素は、したがって、既に十七世紀の初年に胚として存在した。確かにあまりに矛盾する噂に従い、この上なくありえない無駄話を信じてしまう民衆的想像力の中に。確かに異議を唱えられるが、跡を残すだろう歴史に。理想化された思い出を持続的に引き延ばすだろう小説に。まだあるがままと見なされるが、失われた時代の主要な香りを見出すと信じて、いつの日か掘り返されるだけでよい諷刺文書に。

しかしながら一つ確実なことがある。マルグリットが消えるときに支配しているのは、昔からの評価の高いイメージである。ド・トゥーの『歴史』は禁書目録に載せられ、『諷刺的離婚』はこっそりと回覧され、マルグリットの上を駆け巡った不快な取りざたは一六〇六―一六〇九年の日付である。このマルグリットの死の時期、かつての虜囚のイメージは、尋問とアウグスティヌス会士の館の建設を取り巻く非難によって一時乱されたが、世論に定着し、ヴァロワ家最後の女性に、年老いて、学があり、気前のよい、多分いつでも正しい道を辿るとは限らないが、心と精神の稀な優越によって壮年に償われた婦人の姿しか、もはや見出さない。王の死、摂政太后の王国掌握、王族の陰謀の再開はともかくマルグリットを幾分脇においた。最後の政治的介入が注目されても、最早論争点ではなく、フェミニスト論争での立場の表明は長い間マルグリットを「著名婦人」の長いリストで正当な場所に記載した。

第二章
生きている思い出
（一六一五―一六八五年）

ルイ十三世の治世、ルイ十四世の未成年期、ついでルイ十四世の親政の最初の十五年をカヴァーする時期は、恐らく王妃マルグリットの死後の名声にとって最も輝かしい。妃の『回想録』は素早く公刊され、その人となりは論と論争の増加を促し、全てが歴史的興味によって動機付けられていた訳では決してない。その作品が読まれる人物像が――多くの同時代人と反対に――当時の女性として現れるからだ。その華々しさ、波乱に富んだ生涯、運命が蒙らせた逆境、前古典主義的言語も、バロック時代のヒロインとし、太陽王の治世の最初の側面となる。フェミニスト、リベルタン、フロンド党員、プレシオジテ〔洗練された言行・精緻な表現を求めた十七世紀前半の風潮〕を信奉した作家、当時の様々な段階でそして様々な瞬間に、みんな何がしかの励ましと自分たちの趣味を、自分の性を守り、恋愛を崇め、若い時期に王国の権威に立向かい、フランスに貴族の最初の偉大な回想録を与えたこの女性に認めるだろう。

しかしながら非常に重大な変形はこの世紀の最初の三分の一世紀から、特に権力側の修史官の影響下に、マルグリットの思い出に加えられ、この者たちは――妃にはもちろん与り知らぬ様々な理由で――女性の政治的駆け引きへの参加の信用を懸命に失わせようとしている。少しずつ政治的次元をなくされ、恋愛の傾向へと縮小され、マルグリットの思い出は小説的な成り行きに利用可能になり、一六四〇年代から支配的になる。

「すぐれた婦人」の時代

死に続く二十年間のマルグリットの死後の名声は、刊行者がかつての被護者の著作を提供しようとするとき、刊行者が公衆に提示する著作のタイトルにその名を使おうとする熱心さでまず測ることができる。こうしてジャン・ゲランは「王妃マルグリットの厨房に設けられた裁判長」、ジャン・クラヴェルジェはその「顧問官調査官」、エリー・ピタールはその「顧問官施し物係司祭」[1]であった、などなどが愉快に思い出される。他の作家は、この威信のある言及をひけらかすことができず、自分たちの著作は王妃の面前で述べられたと言い募る手段を見出す[2]。マルグリットの名がいつでも教養とよき趣味の同義語である読者へ保証として役立つ注意喚起が同数ある。

マルグリットの思い出は、二世紀前から女性の味方と敵対者が身を委ね、ジャック・オリヴィエなる者（アレクシス・トルセ）の『世界の最も悪い女性に献呈された、女性の悪意の初歩』の出版で一六一八年に再びいっそう激しく再開されるイデオロギー的論争にも存在している。これは女嫌いの諷刺文書で、すべての女性を非難するが、近頃魔女として火炙りにされた、マリ・ド・メディシスの腹心、レオノーラ・カリガイを確かに何よりもまず標的としている。(3) この諷刺文書が引き起こした数々の反応の中には、(4) フェミニストの宣言、『女性の優越、初歩の作者への返答付き』があり、マルグリットの『博学精妙な話』の再版が付けられている。(5)『返答』は七頁を占める。これは記憶に残る有名な女性たちの一覧を挙げ、その中に二人の他のマルグリットがいて、「この偉大な王妃マルグリット、最初のマルグリット〔フランソワ一世の姉のマルグリット・ド・ナヴァール〕の甥の娘、この第二のマルグリット〔アンリ二世の妹のマルグリット・ド・サヴォワ〕の姪、この二人の二重の精神の後継者」への言及で終わる。『話』は述べられたことの支えの証拠として再び与えられる。この文書は幾つかの文で終わるが、その中に次の宣言がある。「友なる読者よ、さらに話そうとするなら、あなた方はよくないと思われるだろう。この偉大な王妃の道理は賞賛と同様感嘆に値するのだから。各人が私たちの性に負う尊敬と名誉を永遠にあなた方に認めさせるためにも、偽りの愛好者であり真実の敵であるこれらの作家を厭わせるためにも、これらの道理は非常に強力なのだから。しかしながら私たちはこの者たちを気にかけない。無知からは、不正以外は何も生ずることができないことをよく知っているから。(6)」

著名な女性に関する議論は、サリカ法に関する論争と切り離すことができず、この論争は十六世紀の最後の二十年間以後、女性論争の中心であり、二人の摂政、マリ・ド・メディシスとアンヌ・ドートリッシュの治世下に定期的に再燃する。(7) これはフェミニスムの飛躍で糧を得て、フェミニスムは上層貴族階級の女性の活動、女性のヒロイズムを高く評価する文学モデルの普及、フェミニスムを公言する文書の生産によって表現され、その文書の最も適切なものは確かにマリ・ド・グルネーのものである。これらの文書の中に――そのかなりの部分は教会の理解のある部分から来るのだが(8)――マルグリットに言及するものが、少なくとも一六三〇年以前は数多く、この年は国家に関与する女性一般、そして特に王妃に対する攻撃が開始された年である。カルメル会の神父ルイ・ジャコブは、この時期以前、『作品による著名女性叢書』で『博学精妙な話』の長所により王妃を挙げているが、ル・モワヌ神父は一六四五年、『すぐれた婦人の回廊』でマルグリットとマリ・ド・メディシスに言及するのを慎重に避けるだろう。しかしながら、あらゆる障害にも拘わらず、偉大な女性への崇拝を維持し続ける作家もいるだろう。こうしてジェルザン殿は、一六四六年の『女性の勝利』で主張するだろう。妃は「博学な書物によるばかりか、文芸と学者にいつも示したこの上ない熱意によりさらに不滅の評判に値した。そして私は妃の栄光のために、生きておられた限り、何か解決すべき国家的問題があるときは、いつでも顧問会議に呼ばれた、と言うことができる。そしてこれが起きたのを私はしばしば見ており、厳かなマリ・ド・メディシス摂政の時でもだ。［……］名誉にも当時この学ある妃の宮廷にいたので、知っている者として私はそれを言うことができる。」

　このフェミニスム、そして特にキリスト教的フェミニスムの発展の文脈で、一六三〇年に、イラリオン・ド・コスト神父の『著名な王妃、王女、奥方、姫君の生と賞賛』が出版され、王妃マルグリットに一項目を割いている。誕生について、作者は年を誤り、一五五二年生まれと信じていた。一五八二年までのその後の生涯に関しては、二年前に出版された、『回想録』に公然と依拠しており、何度も言及し、時には書き写しさえしている――そのうえ読み間違えて不正確に引用している。一五八二―一六〇五年に関しては、話はより曖昧で、いくつもの誤りを含んでいる[9]。王妃は公然とギーズ陣営に加わったと提示されるが、愛情が原因とされる。「王妃は自分の心を与えた者に自らの救いを委ね、その援助により安全な場に身を置いた。」その者がカルラへの逃避、ついでユソンでの立て直しを可能にし、マルグリットがカニヤックを「立ち去らせる」のを助けた。この侯爵は「マルグリットの象牙のように白い腕を一目見て」――ブラントームから借りられたような描写だが、その作品は、相変わらず未刊ではあるものの、識者には知られていた[10]――直ぐに恋に落ちたが、実際ずっと強情なのだろう。テクストの稀な誇張の一つはまさしくこの伝記の「隙間」に起る。コストが言うには、マルグリットはユソンを「信心のためのタボル山〔イスラエルの山〕、孤独のためのレバノン、鍛錬のためのオリンポス山、ムーサのためのパルナソス山、苦しみのためのコーカサス」とした。概要はパリ帰還後いっそう明確になり、世紀初めの同時代人の証言に近づき、妃に結び付いた思い出は以降このように伝達される。「そこで、妃は大貴族から敬われ、才人から称賛され、みんなに仕えられ従われた。王家に相応しい美徳は判断を魅了し、鷹揚さは心を引き付け奪う磁石だった。［……］秩序と輝きがいつでもその宮廷に現れ、そこではムーサがいつでも好意を示された。」今回は、話はロリオの証言に従うように見え、その上作者はこの者を引用している。最後に、「この王女が単に学者、知識人だけでなく、貧しい者の母、保護者でもあった」ことが想起される。

　この王妃の最初の伝記はこのうえなく称賛的で、明瞭に女性贔屓の問題提起に位置づけられる。「偉大な王女」、「勇敢な王女」、マルグリットは「［敵に］美徳と価値は性を区別しないことを知らせた」女性として提示される。王妃の失敗に終わった結婚に言及して、コストは、教会にとって、夫婦の適切な契約が重要であることを思い出させ、こうして当時のフェミニストの要求に結び付ける。「シャルル九世王と太后は娘の満足よりも自分たちの目論見を進めることを考慮した。［……］しかしマルグリット様の意思はそれに反対しこの事実を確認するために自由なままだった。強制された結婚はあまり幸福ではないという事実を。」コストはさらに『博学精妙な話』に言及し、この書物で「妃は女性が男子より優れていることを証明しようとされた」。概要を読んで認められる政治的判断に曖昧さはない。「最も高貴な最もりっぱな精神を持ち、その時代のすべての女性の中で最も博学だった王女は、フランスの平安を容易ならしめたために、アンリ四世王とルイ十三世王に与えることのできる全てを与えたために、二人の人柄を大いに愛し敬したために、ここに称賛されるべきである」と公言される。そしてこの意見は離婚に言及されるときに繰り返される。「生殖に不適であると見て、妃はフランス王家の王女だけでなく、人々の母の態度を示し、この王国の平和、平安、幸福を愛し、フランスの便宜のために特別の情愛をすべて捨て去り、常にフランスを自身よりも考慮した。」

一六三〇年までの証人と歴史家

　女性問題に関してこの世紀の最初の三分の一世紀を活気付ける政治論争の中に存在していて、マルグリットはさまざまな歴史的著作でも同じように言及される。妃の人生に全体的見解を提供する著作は一つもなく、いくつかの著作は妃に関して頭からの決め付けや不公平さで強調される。しかしながら、妃をしばしば訪れた人により書かれたこれらの証言はナヴァール王妃に関する「直接の」情報をもたらし、パリ帰還以来伝えられたイメージを一新する。

　これらの著作の第一はアグリッパ・ドービニェの『世界史』で、一六一六年と一六二〇年の間に現れる。各観性の望みにも拘わらず、アンリ四世のかつての道連れは妃に対する深い反感をうまく隠せず、「狡猾な女性」、「辛抱できない人」、行動が嘆かわしく非政治的な一種の寄生者として描き出す。ドービニェのテクストが妃に関して、特に「恋人たちの戦い」について、首尾一貫していないのをこれまで幾度も見る機会があった。しかしそれに続く時期の描写も中傷の程度が少ないわけではなく、特にオーヴェルニュ滞在は中傷され――ドービニェは知らなかったのに、懸命に惨めな日として描こうとする。ドービニェによれば、そのうえ、報いを受けた惨めさである、妃の「破廉恥な生活」は夫の「優しさ」を奪ったのだから[11]。離婚に関しては、虚栄によって長引かせ、劣った女性に地位を奪われたことを受け入れなかった。

　ドービニェの狙いは二重である。一方で、大嫌いなこの女性の信用を落とし、他方で、歴史的観点で大いに議論の余地のある行動の責任をナヴァール王とその味方から免除することである。しかしながら結局、そして侮蔑的な表現と名誉を傷つけるあてこすりの先では、攻撃はかなりとるに足りないものである。ドービニェによれば、マルグリットは、一五七八年の、弟アランソン公の――ユグノーにとっては惨憺たる――同盟の方向転換に責任がある。そしてマルグリットが一五八〇年春に戦を推進した。それだけだ。恋愛生活に関する正確な言及は、ビュッシーとシャンヴァロンに関する文に要約され、多分、第二版から、チュレンヌへの言及が付け加わるだろう。[12] この作品で王妃に割かれた部分は故意に制限されていることを明確にしておく必要がある。ドービニェは敵について長々と語るよりもそれを利用するほうを常に好む。[13] こうして侮辱の挿話は七行で要約され、続く二頁は事件の決着のためのアンリ三世との会見の描写に割かれる。

一六一八年に刊行された、もう一つのテクストは反対に、この挿話の正確な情報をもたらす。『ピブラック殿によってなされたアンリ三世王への演説』[14]である。これはベリエーヴルとナヴァール王の間で行われた最後の交渉のかなりの部分を取り上げ、いかなる点でマルグリットが激しく政治的な交渉のむなしい争点であったかを示している。翌年は王妃の同時代人の回想録刊行の始まりを印す。ラ・ロシュフコー公爵の秘書のメルジェの回想録はマルグリットに言及しないが、ルーヴル内部から見られたサン・バルテルミーの大虐殺の夜の最初の描写を提供し、王妃の『回想録』の刊行の折、ヴァロワ家の最後の女性の証言の真実を判断することを可能にするだろう。一六二一年には同様にピエール・ド・レトワールの『アンリ三世治下に起こった記憶すべき出来事の日記』のいくつもの版が現れる。これらの刊行本は、この世紀の末まで日の目を見る全ての刊行本と同様、非常に不完全で、マルグリットへの言及を一つも含まない。フィリップ・モルネの『回想録』は、一六二四年と一六二五年に読者に提供されたが、王妃の生涯の二つの鍵となる時に関して重要な要素をもたらす。一五八三年の侮辱に関する交渉――これについて数々の情報を持ち始める――と婚姻解消の交渉である。しかしながらこの回想録はマルグリット自身に関しては極めて控えめである。そのタイトルが信じさせるのとは反対に、これは様々な作品の寄せ集めで、きっちり組み立てられた物語ではないことを付言する必要がある。

『回想録』の出版

王妃の『回想録』は、一六二八年末に刊行され、それ故非常に有名で非常に尊敬されていたこの女性の生涯に関して大きな解明をもたらす最初の資料である。刊行者、オジェ・ド・モレオン・ド・グラニエは、マルグリットが語りかけている「名家の生まれの、名誉ある騎士、本当のフランス人」の背後にブラントームがいるとは分らず、シャテヌレ男爵シャルル・ド・ヴィヴォンヌに献呈されていると説明する。前置きで「この作者を読むのが気に入らないためには驚くほど愚かでなくてはならない」と宣言するが、写本の出所についても蒙っている変更についても釈明しない。様々な箇所でテクストを中断する三つの空白[15]は、しかしながら検閲の結果とは思われない。実際、この観点で、削除されたであろう唯一の文は、マルグリットが「このような場合に慣例の言葉」がはっきり発せられたと説明するときの、結婚式の冒頭に関するものであり、これは離婚の際に考え出されたルイ十三世の正当性が依拠する作り話に反論する。『回想録』の欠落部分に関しては、内容を推定するのはそれほど困難ではない。フランス滞在を述べ、一五八三年八月の侮辱の後の長い放浪、ネラックへの帰還、アジャンへ、ついでカルラへの退却、ユソンでの幽閉、最後にオーヴェルニュの城砦での定着で、マルグリットは犠牲者の地位を強調し、ほとんど輝かしくはない見方で兄と夫を描くことを確かに忘れなかった。恐らく同様に、庶子に関して自分が無実であることを証明し、ユソンでの隠遁は自分の恋愛生活の無軌道が原因ではなく、自分を厄介払いしたい二人の王の意思によることを示そうと懸命に努めた。これらの言葉の、何が一六二八年の権力を困らせたというのか。アンリ三世の評判はもはやだれにも重要でなく、みんなはブルボン家の最初の王が非難すべきところがないわけではないことを知っていた。一五八三年に、次いで一五八六年以降特に、マルグリットについて流れた不名誉な噂の反駁だけが、民衆の目に、三十年前から離縁を正当化した唯一のこと、マルグリットの淫蕩、に疑いを投げかけえただろう。しかしリシュリューが――この時期の出版へのその介入は周知であるが――この検閲の元であるなら、リシュリューの手の者たちの仕事振りが悪かったのでなければ――そうしたことは一切ならずあったのであろうが――今述べた告白をなぜ見過ごしたのかよく理解できない。

ともかく、一六二九年初頭からマルグリットの『回想録』に対して発せられた裁定の出所は確かにリシュリュー枢機卿でなく、私たちの知っているのは、予告された処罰――書物の押収と書店の有罪――が、かなり早く緩和されたことだけだ[16]。グラニエはリシュリューの目にはほとんど罪があるように思われなかったはずで、少し後でリシュリューが創始したアカデミー・フランセーズの最初のメンバーの一人になるだろう。恐らくマルグリットが『回想録』で問題にし、中傷されたと感じたかもしれない人物の子孫の介入をここに見るべきである。こうした人々の最前列にはレ家の人々がおり、当時の最も強力な家系の一つとなっていて、先祖のアルベール・ド・ゴンディは、王妃によりサン＝バルテルミーの大虐殺の主要な責任者の一人として指示されていた（思い出すが、王妃によればシャルル九世を説得する役目を担ったのはこの者であった）。少し後で権力に圧力をかけたとこの人たちを疑うのがどうして正当なのかを見るだろう。

何はともあれ、断絶と最後の中断にも拘わらず、作品に対して発せられた裁定にも拘わらず、この作品はすぐに大変な成功を収め、すぐさま非合法に再版された。一六二八年と一六二九年だけでも六版が刊行され、一六六〇年まで平均で五年に一版が再刊された。そして『回想録』の名声は早くもフランス国境を越える。一六三〇年から一六四五年の間にイングランドで三版が日の目を見、イタリアで一六四一年に翻訳が出版される。

この翻訳は、回想録のジャンルで唯一のもので、教養のある読者においてのこの作品の成功を証言する。こうした読者はそこに歴史への言及の魅力と、古語法や衒学趣味のない、飾り気のない優雅な文体の魅力を同時に見出し、この文体が十七世紀の美学趣味によく応えている。出版の折のマルグリットのテクストの「近代性」と読者に引き起こす熱狂について、いくつもの証言がある。フォントネ＝マルイユは自身の『回想録』で、王妃は「大きな称賛を得た」[17]と言うだろうし、すでに尊敬される組織の歴史を築いているアカデミー・フランセーズ秘書のポール・ペリソンは、キケロの言語に対してフランス語の優位を確信させる四つのテクストの一つだと説明するだろう。この者は、若いときに、この作品を発見したとき、「一晩で、初めから終わりまで二度」[18]再読した、と付け加えさえするだろう。

一六三〇年代の反撃

一六三〇年代末、欺かれた者たちの日〔一六三〇年十一月十日、リシュリューが政権を取り戻した日〕とマリ・ド・メディシスのオランダ逃亡は、リシュリューを権力から排除するための策謀の長い年月の結末を印す。リシュリューに対してマリ・ド・メディシスと嫁のアンヌ・ドートリッシュは同盟し、政府に入って以来リシュリューが王に及ぼす影響力を不吉と判断し、その好戦的外交を非難する。しかし二人の妃の敗北は単に一政治の敗北ではない。それは、そして多分特に、高貴な女性を権力から遠ざける一貫した試みの始まりでもあり、女性の公的場面での存在は多くの者にとって耐え難く、女性の力は古い貴族の支配に結び付く欠陥と思われる。リシュリューは、「大貴族の思い上がりをくじこう」と夢見ており、女性たちはその力を限定しようとする貴族王侯の鎖の弱い部分だと理解する。それで太后のオランダ逃亡とアンヌ・ドートリッシュを王の配偶者という役割へと縮小することに満足しない。劇作者[19]と修史官を動員して、女性の公的場面での存在の正当性に対するイデオロギー的総反撃を組織する。この攻撃の主要な的はもちろんマリ・ド・メディシスで、存命の危険な敵であった。しかし多くの他の女性も的になり、その時は配置されただけだが絶対王政の勝利まで続行されるこの過程の中で、攻撃される。マルグリットは、一五年前に死んでいた。しかしその『回想録』は王女の政治的役割がどのようなものかを鮮やかに思い出させ、マルグリットは相変わらず当時のフェミニスムの導き手であるだろう。それ故他の女性とともに評判を損なわせるのは無用ではない。それがリシュリューの三人の主要な修史官、ジャン＝バチスト・マチュー、シピオン・デュプレクス、メズレが担わされたことである。

一六三一年にピエール・マチューの『フランス史』が再刊されるが、息子のジャン＝バチストによってあちこち修正されており、特にナヴァール王妃に関することが修正された。この修史官は明らかにイラリオン・ド・コスト神父を読んで、そこから文章全体を借用するが、ついでに修正もする。こうしてマルグリットはユソンを「信心のためのタボル山、孤独のためのレバノン、鍛錬のためのオリンポス山、ムーサのためのパルナソス山、恋愛のためのシテール島、苦しみのためのコーカサス」とした。官能の側面にこの人物を向け、この歴史家は王妃を親の力の純粋な犠牲者とする。王妃は「国家の幸福と安寧のために、そうなると思われていたようにギーズ公とではなく、ナヴァール王とめあわされ」、次いで夫とともに生きることを強いられ、「ナヴァール王にもう会いたくないと、ナヴァール王と一緒にいると耐え難い苦しみのうちに堕落する、とあまりに自由に言うために、兄王の厚遇」[20]を失った。ほとんど力ずくで母親によりネラックに連れていかれ、最初の折を捉えてアジャンへ逃げ、次いで夫と別れる意思をいっそうはっきりと示すためにユソンに引き込むだろう。

マルグリットの政治的経歴を夫への嫌悪に単純化するだけでは飽き足らず、マチューはさらにその証言の信用も――それと言わずに――落とす。実際にこの同じ『フランス史』で、「サン＝バルテルミー大虐殺の原因と動機論」も公刊し、それはアンリ三世がクラクフで書いたと思われていた。この資料は――この修史官自身が恐らく起草した偽物である――王妃の『回想録』に反論し、ゴンディに虐殺での責任を奇妙にも免れさせる。多分ここに、この作品に対して発せられた裁定と同様に、レ家の強力な手を見なくてはならない[21]。

王妃に対して筆を執ったリシュリューの第二の修史官はシピオン・デュプレクスで、かつて調査官を務め、一六二〇年代初めから『フランス総史』をものしてきた。一六二八年に、第三巻を出版し、これはシャルル九世の歴史で終わっていた。この著作に含まれるマルグリットへの言及は悪意のいかなる性格も呈していなかった。デュプレクスは知っている通りに王妃を記述しようとし、ギーズとの間の大恋愛の神話を壊し、力によって強いられたという結婚話に反するのを覚悟している。多分思い出されるように、王妃になりたいという欲求がマルグリットの言い落しの理由であり、次に夫に「愛情を与えた」と説明していた。

続く年代に、即ちこの大臣の監督下に、デュプレクスはこの著作を続け調子を変える。マチューとは異なり、マルグリットの政治的役割を隠すことを選びはしないが、有害な結果を示すことにする。『アンリ三世の歴史』では、アランソン公を反乱に押しやったとマルグリットを非難する。「姉のナヴァール王妃は公を激励して有利を求めるために全ての石を動揺させた。」マルグリットはその上「公を過度に熱愛し、『回想録』で隠すことができなかった」。公のフランドルでの利害に仕え、「そのことでいかなる種類の手管も忘れなかった」。夫と兄に懇願されてガスコーニュに赴くが、自分の意向に反してであった。「応対は双方から、少なくとも外面的には、喜びと歓喜をもってなされた。［……］それで王妃は、巧妙で悪意があったので、誹謗する報告と思いついた考えで王に対する復讐を夫にたきつけ、太后はあらゆる種類の手管で陛下に対する義務にナヴァール王を引き留めるよう努められた。」女性の悪意のこの伝統的言及は名誉の問題に関して述べられた非難と比べれば物の数に入らない。実際デュプレクスが説明するには、ガスコーニュで、アンリはディエル、ルブール、フォスーズを恋し、「次から次であり、夫が行動を制御しないだけにマルグリットは辛抱強く耐え、『回想録』ではこれらの娘たちが夫に酷い仕打ちをしたと嘆くが、婚姻の法に対して自分の側で犯した罪を隠すためにこう言うのである。書かれたものは赤面しない。しかし王妃自身から真面目に聞かされたことを紙の上に記載するなら書きながら私は赤面するだろう[22]」。

　多くの中傷とありそうにもないことは——この後者の告白は特に——王妃の同時代人に激しい反応を引き起こすが、後に検討するだろう。矛をおさめるどころか、この修史官は二年後『アンリ四世の歴史』で反撃する。「(私の聞く)だれもアンリ三世の治世にマルグリットの生活の乱脈を大胆に語ったのを奇妙だとは思わなかった。[……]そして私は、判断力のある人で、私がそれを表現する必要なしに、正当で必要な配慮を用いていると判断できない人がいるのはいっそう奇妙だと思う。王妃の没後私は称賛を提出するだろうが、そこで真実とともに変った驚くべきことも言うだろう[23]。」それまでの間、この著作の最後の行で、この修史官はマルグリットにひどい一撃を投げつける。「マルグリットは、王を離れている間に、二人の息子をもうけた。一人はシャンヴァロン殿の子であり、この子どもはまだ生きている。[……]もう一人は、亡くなったが、オービヤック殿の子どもである。そして私は二人ともを知っていた。」それ故デュプレクスは女主人について出回った噂に信用を与えるが、いつもながら王との別離の動機を確かなものとする目的である。注釈して言うには、それこそ「王妃を厄介払いする一つの論破されない理由である[24]」。『ルイ十三世の歴史』で、この修史官はマルグリットをまずはアンリ四世の暗殺の日に描き出す。報告するところでは、妃は、イッシーで、自分の誕生日を祝っていた。知らせを聞いたとき、「ルーヴルに赴くために、船ですぐさま川を渡った。非常に悲しんで行ったが、王の死を悲しんでではなく(愛していなかったし、一度も愛したことはなかったから)、全く交渉のなかった、だれか血族の王族の手に摂政が落ちるのではないかと心配したからだ。太后が摂政に昇進したのでほっとして満足してそこから戻った」。それでデュプレクスにとっては二人の女性の間に結ばれた同盟を記述する機会で、共通の政治的利害と相互の奉仕に基づいた同盟であるが、「同様に一方が他方の意思を拘束するときの、二人の女性を容易く結ぶ愛情[25]」にも基づいている。マリ・ド・メディシスとアンヌ・ドートリッシュの記憶がまだ鮮明であるときに、どうやってこれ以上うまく結びつきを告発できようか。

　しかしながら、妃に関する言葉の本質は、約束されたように、死を語る瞬間に現れる[26]。そして確かに、予告された称賛はそこにある。この修史官は妃の「敬虔、信心、国家に対する情愛、文芸に対する敬意、鷹揚さ、礼儀正さ、愛想のよさ」に言及し、気前のよさ、教養、知性、幅広さを強調し、その家を頻繁に訪れたことを自慢する。しかしながら、この称賛は不快な注釈が詰め込まれている。「娘のとき自然が恵んだうっとりさせる美しさで、キリスト教国のすべての高位の王侯は王妃を求めたが、その美は多くの虚栄の始まりをも与え、みんなが王妃を女神として言い表したので、自身そうであるとある程度思っていた。」そのときデュプレクスは五年前に書いた結婚の話に立ち戻る。「マルグリットは、ブロワで殺されることになるギーズ公アンリを愛していた、そして思春期を迎える前にこの王子に心からの愛情を宿していたのであり、この王子は魅力的な条件を備えていて、王妃はナヴァール王を一度も愛さなかった。［……］人はマルグリットが初めからナヴァール王を憎むようにし、とうとう意思に反し、教会法に反して結婚させた。［……］ナヴァール王が他の女性に恋を求めたのと同じく恋を求め、二人はとても仲が悪かった。王妃は日の目を見た『回想録』でこの偉大な王に汚物を投げかけようとしたので、私は歴史のこの王に関する部分でよい面を語らざるをえなかった。」

それ故結婚の公式の説明が再び浮上する。離婚を正当化するために教会と王権が申し立てる理由を確認し、当時王位にある者の父である「偉大な王」を再興するのである。それはまた教えることでもある。「私は王子や王女のためにここに賛辞を書くのではなく、本当の歴史を書くのであり、後継者が、記憶がこのように色あせることを恐れ、誉むべき行動を模倣し、悪しき行動から遠ざかるために、それは美徳を表現すべきで、悪徳を消し去らないようにすべきである。」しかしながら、本当の目的は別にある。「その上、国家を慮って、庶子が王と離別し遠ざかっている間に王妃から生まれたことを記録することが重要であった。王妃マルグリットの息子としてこれほど長く姿を現わした（そして今なお現わしている）この修道士をペテン師として罰することを決して人は望まなかったのであるから。[27]」何という告白か。それ故こうして、義務によりデュプレクスはかつての保護者を中傷した。国家理性が、マリとその子孫の正当性がいっそう異論なく思われるように、マルグリットは美徳に関してはひどく穢れていることを要求したという訳だ。「さらに、この唯一の欠陥は、それはこの高貴な王女を損なったが、多くの自然の完全さと王女のうちに輝くいつもの素晴らしさで覆われていて、称賛をあまり減じることはできない。」哀れなデュプレクス。幾度困惑がこのあまりに長い称賛の流れで現れることか。その中でこの修史官は突然悪口から熱狂的賛辞へと移り、攻撃を加えるごとに言い訳をしようとする。この躊躇いのワルツで、リシュリューの書記は先の告発全体を反論しようとさえする。「そして王妃の恋愛には実行よりもわざとらしさや見かけがあった」と主張し、その上王妃はこの感情が「肉体よりも精神により実行される」ことを絶対的に望んでいた。しかしこの矛盾を歴史家たちは見過ごすだろうし、厳密に分析し、この大臣のプロパガンダの文脈に置きなおすことを省略するだろう。反対に、歴史家たちはデュプレクスの誠意を信じ、語っている女性を知っていたと、その結果自分を信じなければならないと常に思い出させてデュプレクスが仕掛ける罠に落ちてしまう。

マルグリット弁護

シピオン・デュプレクスの分析に反論するために筆を執った者たちのなかで、まず第一に、王妃のかつての説教師でマリ・ド・メディシスの宮廷祭司であるマチュー・ド・モルグが現れる。一六三六年「私たちの時代が一寵臣のために生んだ最も忌まわしい」修史官に対して抗議する。モルグによれば、デュプレクスは歴史に対して三つの罪を犯した。第一の罪に反論の最大の部分を割くが、それはマリ・ド・メディシスを中傷したことだ。リシュリュー枢機卿は「フランス王国の腐った作家全員を働かせて、自分が名誉を得る手段を手にした女性を中傷させた」。そしてデュプレクスは卑屈に従い、中傷に他の高位婦人を引き込むことを躊躇わない。「一人の高位の王女を侮辱するために、この者は全ての女性を告発する。」第二の罪は枢機卿を滑稽なまで誉めそやしたことで、「力強い天才」、「国家の傑出した人物」、「時代の最も偉大な人」のようなグロテスクな用語で飽きるほど作り話をし、真実に反する主張に満ち満ちた賛辞を増幅した。最後に、第三の許しがたい罪は、全てがマルグリットのお蔭であるのに、苦しめた。「デュプレクスはその当時貧しい男で、哲学をフランス語でものしようとしていた。[……]王妃のもとで財をなし、この小さな宮廷の劇場から大きな世界の劇場に移り、そこでかつて人が犯した最も汚い最も酷い忘恩を見せる。この素晴らしく本当に王家に相応しい王女に対して何を言わないのだろうか。この王女はフランスの安寧を容易にしたのだ。」モルグはそれ故この修史官の申し立てに反論しようとする。「非常に有徳な王女を、打ち捨てられた女と思わせ、このうえなく高貴な、その時代のあらゆる女性にその性が許した以上に強く、知識がある精神を備えた女性を、心気症患者と思わせようとした。[28]」そしてこの宮廷司祭は、あたかも自分だけが知っていたように、それ故言葉を信じなければならないように、「私は王妃のところにいた、私は王妃を知っている」を繰り返すというやり方についてデュプレクスを嘲弄する。

第二の異論はマチュー・ド・モルグより遥かに重大な人からもたらされる。それはシュリーで、一六三八年に『国家の賢明で立派な運用』、言い換えれば『回想録』の第一版を出版する。シュリーもまたリシュリューの修史官が語る時代を良く知っており、躊躇なく同時代人を弁護し、「私たちが語るのを聞いた作家たち、特にデュプレクスという名の作家」を告発し、これらの作家は「本当の欲得づくの者たち」であると言う。シュリーが非難することには、この者は「これらの人々に仕えたが、アンリ三世王、このうえなく賢明で献身的な人々から尊重される王女である妻のルイーズ王妃、太后、王弟殿下、さらに一番酷く扱うナヴァール王妃の人となりとその他の尊敬すべき人々」を汚した。この者はこれらの人々に「汚辱と破廉恥、そして相互に危険で悲劇的な意図を」仮定するが、「その少しの指標も決して現れず、［この者以上に］だれもこうした非難の恥知らずな嘘を知る者はいない」[29]。残余については、シュリーはその著作でマルグリットには稀にしか言及しない。シュリーは、王妃がナヴァール王の宮廷に俗ではない恋愛の規則を教えたときの、ネラックでの青春期の最善の思い出を留めていたこと、しかし――ドービニェと同じ理由で、つまりユグノー派の無実を証明するという理由で――一部は「恋人たちの戦い」に責任があるとしたことを先に見た。このフランス大蔵卿は反対に、離婚の交渉とそれに続く年代に――追放された王妃の幾つかの書簡を再現し、オーヴェルニュ＝ブイヨンの陰謀の発見での王妃の役割に言及する機会――ユソンの女城主と交わした書簡関係を忠実に報告する。しかしながら、かつてのアンリ四世の大臣の証言は、内密に公表され、すべてが印刷され、識見豊かな読者に知られるには、マザランの死を待たねばならないだろう。

同じ年月の間に、もう一人の偉大な政治家が権力側のプロパガンダに反論するために筆を執る。バッソンピエール元帥だ。『デュプレクスのアンリ四世とルイ十三世の生涯への覚書』はデュプレクスの過ちあるいはへまの注意深い分析で、それらをほとんど一つ一つチェックし、念入りに反論する。しかしこの著作はまたこの公的歴史を読んで元帥の感じた怒りも証言し、修史官は一様にその無気力に対して荒々しい言葉を浴びせられ、さらに「獣」「無知」扱いを受ける。こうして一六〇五年パリへの「王妃マルグリットの不意の到着」と呼ぶデュプレクスをこうして非難し、バッソンピエールは気色ばむ。「汝は恥知らずな嘘つきだ。というのもマルグリット様の来訪は気持ちのよいものであっただけでなく、［王は］同意しようとする前に幾度もマルグリット様を急きたてたのだから。」そしてもてなしはなんら物議をかもすものではなかった。「王は迎えるためにマドリッド城にヴァンドーム殿を派遣され、モンバゾン殿が、貴族の主要な者と同行し、マルグリット様がルーヴルに来られたとき、王は中庭の半ばまで、王妃は大階段の下まで迎えに出られた。」バッソンピエールは同様にデュプレクスの自己正当化も退ける。「汝はろくでなしだ。その方のお蔭で飯が食えた王女を悪く言うよう命じられた時、それをしなくてはならないのか。」最後に、最終巻の故人追悼文の「称賛」にある矛盾、特にすぐれた恋愛に対する妃の趣味に関する矛盾を強調する。「汝は先の書で述べた汚い言葉を否認しておる。そこではぞっとさせる他の罵言をでっち上げておる。」そしてこの章に関して結論する。「汝がマルグリット様を称賛するのは非難するためにでしかない[30]。」

バッソンピエールは、十六世紀末以来アンリ四世の最も近い友の一人であり、ある点で間違っているとはっきり述べようとする。修史官がくどくどと繰り返す、夫に対するマルグリットのいわゆる憎悪についてである。「この馬鹿者は同じ事を幾度も繰り返し言うが、しかしながら二人ともがかつてはお互いに愛し合っていたことを証言され、二人ともからもう一人の前でそう言われるのを聞いた。[……]王妃の意に反して王は娶られたのではなく、王妃はとても満足された。」王妃が『回想録』でいわゆる嘘を散文で晴らそうとしたと修史官が主張することに関しては、元帥は一言で拒絶する。「自分の保護者であるこの偉大な王にマルグリット様がどんな侮辱の言葉を浴びせたのか。色好みの気質があると言う以外に。――王はこのことを公然と示され誇りとしておられた[31]。」良識の片隅に示されたこの説明は元帥の生前には公刊されないだろう。検閲がそうしないよう強いる。そして一六六五年に、元帥の著作が現れるとき、デュプレクスの『歴史』の噂は忘れられるだろう。それを読む歴史家はたいへん稀になるだろう。

新しい記憶、新しい歴史

一六三二年に刊行される、ブスベック男爵の『書簡』の運命は全く異なるだろう。ラテン語版という選択にも拘わらず、皇帝ロドルフ二世のかつての特使の通信文は実際すぐに多くの関心を引き起こす。それはその大部分がこの外交官がトルコ人の間で暮らした時期のものであるからだ。旅行物語の魅力を持っており、一定の才能を備えて、将来の世代に、オリエントの異国趣味を象徴するようになる民族の風習、宗教、文化を記述していた。しかしながら、第三巻はフランスでの事に割かれて、二通の重要な書簡は一五八三年にマルグリットに加えられた侮辱に関係していた。強いイメージを好む趣味とともに、特使はそこで「アフリカも今日のフランスほど驚異に満ちてはいなかった」と主張し、王とその妹の間で「宮廷の人々みんなの面前」で発生した「諍い」の話をした。公的な性格に異議を唱えるためにすでに言及する機会のあった諍いである。ブスベックはこのことを「滑稽な出来事[32]」と形容していた。第二の書簡で、ブスベックはアンリ三世の振る舞いの主要な理由は、妹がジョワユーズの従僕の殺害の原因ではないかと疑ったことであると主張し、王のパラノイアの表れとこの男爵は分析する。一六三二年とそれに続く年の読者は、デュプレシ＝モルネ、ドービニエ、ピブラックのテクストによって交渉を知っており、幾分慎重に、異国趣味を好む男爵の主張を受けとめるはずだ。この出来事に言及する二通の書簡が、一通は八月末（即ち事件の一カ月後）、もう一通は十二月の日付であるからよけいに慎重であっただろう。ともかく、侮辱のこの解釈は後世により念入りに繰り返され、潤色されるだろう。

もう一つのテクストはより素晴らしい未来が約束される。それは『ピブラック殿の弁明』で、言い換えれば、マルグリットの尚書が一五八一年に印璽を取り上げられたときに、マルグリットに書いた長い手紙である。一六三五年の、この出版は何が動機なのか。『四行詩』のお蔭で著名であり続けた作家のこのテクストを公衆に与えるのがよいと思う出版者が先導したのか。しかしながらピブラックの才気はこの通信文ではほとんど輝いていない。尚書の誠実さを問題にする王妃の『回想録』の何行かで思い出が汚されたと感じる、その後継者の反撃なのか。それには時期を逸している。マルグリットの証言の信用を失わせるために配置された攻撃作品の一つなのか。この長い手紙はなにより王妃の告発の偽りを示そうとしているのだから。何はともあれ、『弁明』の読者はふたりのどちらが正しいのか知ろうとほとんどしないだろう。法院長ド・トゥーのように、読者は、王妃の目に己れの無実を証明するための尚書の努力に、特に王妃に対する大きな熱愛の証拠を見るだろう。

シュヴェルニの『回想録』は一六三六年に出版され、マルグリットの幼年期、殊に「大巡幸」の時期の間についていくつかの情報を与えた。続いて、(一五九九年死亡する)この大法官はめったに王妃に言及しないが、アンリ三世に対する厳しい判断は王妃を無実の犠牲者の一人として明瞭に指し示し、マルグリットの『回想録』の解釈を裏付けた。「王はぶしつけな若者に支配され取り付かれたが、この者どもは王から巨大で不当な贈与を引き出し、そこから諍いと戦争の混乱が生じた。[……]とうとう私は名指すのを控えるが、歴史が指摘するだろう、二人[エペルノンとジョワユーズ]を王は愛し始め、この二人は長く王に取り付き、自分たちの気に入ることしかさせない風であり、太后に対して不快感を抱かせ分断し、妻の王妃と不仲にし、弟と絶えず争わせ冷たくさせ、ナヴァール王妃を発たせ、全ての王侯と古くからよく仕えてきた者たちを遠ざけさせ、あるいは不満を抱かせた。[33]」

王妃の同時代人のこれらの部分的証言は、再びリシュリューの最後の修史官、メズレの膨大な『フランス史』で一掃される。メズレは枢機卿の死後もその職務に留まる。著作の第二巻(一六四六年)でマルグリットの結婚に言及し、メズレは望まない結びつきという古典的解釈を再びとりあげるが、その主要部は、マチューから引き出す。「夫婦は婚姻の結びつきで結ばれるが、愛情の結びつきはそこには少しもなかった。マルグリット妃は他に情愛を抱いていて、王によってこの結婚を強いられ、修道院に永遠に閉じ込められるか、この結婚をするか決心するよう王は命じた。」しかし大いに気に入られる詳細を付け加える。「二人を結婚させる枢機卿の前ではいと言わなければならないときマルグリットは黙ったままでいて、王は言葉の同意がないので、同意の身振りをさせるため突然後ろから頭を押した、とさえ言われる。」以前のデュプレクス同様、メズレは「[アランソンと]姉マルグリットの大きな関係」を強調し、「その関係の中で公は自分の最も秘密の考えを打ち明けた。王妃の方も他の兄弟以上に公を愛していた。『回想録』で語っていることに従えば、王妃は初めは王弟殿下［アンリ］に同じ情愛を持っていた。」それからこの修史官はモンコントゥールの豹変に言及するために王妃の話に従い、次に事件の結論の自分の解釈を提示する。「この酷い扱いに傷つけられ、王妃はアランソン公で復讐する。そして復讐するために、あまり賢明でなく気まぐれな女が想像しうるようないくつもの企み、策謀を起こし、やめなかった。(34)」

第三巻（『アンリ三世の治世』、一六五一年刊）も同じ傾向に従う。先行の主張の繰り返しと誇張で、今や誤りが付け加わる。一五七九年に、「王妃が七、八年前から兄王に抱く憎悪は、礼儀の口実で宮廷から追放された恨みだけでなく、より本当でより新しい侮辱でいっそう燃え上がる」。マルグリットが宮廷を追放されたのは一五七九年ではなく、一五八三年だったことを思い出さなくてはならないのか。「より新しい侮辱」とは、「恋人たちの戦い」に関するドービニェの言葉と宮廷に流れた噂の両方に基づく作り話である。ネラックに混乱を広めるために、アンリ三世は、妻とチュレンヌについて「流れていたいくつかのけしからぬ噂を」義弟に知らせたのだろう。「傷つけられた女性の精神よりも復讐のためのより巧妙で熱いものは何もないので、この王女は王が仕掛けようとした策略に猛烈に感情を害し、同じように返そうとし、事態を再び縺れさせようとあらゆる手立てをとった。このために、かつて母に実行されたのを見たのと同じ手段を使い、お付きの女官と侍女に夫の傍で信用を得ている者たちに気に入られるよう教えた。(35)」

政治ゲームへの女性の参加の非難は、娘同様母親も、さらに周囲の全ての女性も含んでいて、これ以上明瞭ではあり得ないだろうし、女性に伝統的に結び付けられた欠陥を強調することも同様に明瞭である。メズレはピブラックの弁護すらし、その『弁明』は再版されたところで、ピブラックは「この王女の技巧を弄する魅力に欺かれた」と言っている。同様に、マルグリットとシャンヴァロンの「親しさ」に言及するとき、あるいはカルラへの逃亡に結論づけるとき、ドービニェに従い、お気に入りの表現を引き写すほどである。「この地方で、フランス王女よりも夫を捨てた女に相応しい恋愛事件で、王妃は青春の残りを費やし果てた。(36)」

しかしながら疑うこともある。一五八三年のジョワユーズの密使の暗殺に言及して――今回は読んでいるのはブスベックだ――「王は王妃マルグリットをひどく疑った。宮廷に十八カ月前［実際には十三カ月前］からいたのだ。さて、王妃が有罪なら、いかなる動機でこの暴力を犯したのかも、指示が何を含んでいたものかも、私は何も知ることができなかった」と説明する。しかしこの文の続きは、依拠している話がメズレに持つ力を示す。というのもこの短い疑いの時はお決まりの非難で終わるから。「どれほど王妃が兄とその寵臣を死ぬほど憎んでいたか以外の、他のことをあなた方に言うことはできないだろう。

この者たちに絶えず何らかの陰謀を企んでいた。」侮辱の挿話に関しては、メズレはデュプレシ＝モルネから借りており、引用ではそのとき軽蔑の言葉は消えている。次に一五八五年にそれらは再び採り上げられる。「この頃、即ち年末、王妃マルグリットは、母親に取り入り、最初に奉仕したギーズ公に恩を施すよりも、王を怒らせそして特に夫の気に入らぬように、教皇の破門の機会を捕えて、夫と別れアジャンの人を捕えようとした。［……］アジャンに逃げ込み、［……］そこから兄に戦を仕掛け、力が弱かったので、女性の本性に従い、いっそう憎悪と怒りを燃やした。[37]」この歴史家はこの時期に関して、まだだれも利用していなかった地方の資料を所有しているようだ。トナンとヴィルヌーヴ周辺での小競り合いを大変詳細に記述しているから。

この時期について私たちを引き留める最後のテクストはミシェル・ド・カステルノーの『回想録』の第二版である。一五九四年に死んだこの政治家は思い出の執筆を一五七〇年で留めていて、一六二一年の第一版はそこで止まっていた。一六五九年に、ル・ラブルールがこのテクストを再び刊行し、この著書がカヴァーする時期とそれを越える時期に関する非常の多くの作品を今回は増補した。この増補はカステルノーの書類から引き出されるが、刊行者自身の知識からも引き出され、特に一五七四年の不平党の陰謀をより理解することができるようになる。実際、そこには、訴訟の展開の詳細と主な被告の供述が見出され、その中にナヴァール王の供述が――即ちマルグリットの起草した『弁明書』が――あるが、マルグリットが起草したものと識別されてはいない。同時代人と同様に、ル・ラブルールも、この弁明とマルグリットが陰謀に言及して『回想録』で喚起した弁明とを近づけていない。

反対に、この碩学は数頁を王妃とビュッシーの恋に割いている。ブラントームがこの貴族に捧げ、「世界で最も美しい王女、女性」の名で、ある大将になした厚遇に言及した称賛を引いて、ル・ラブルールは注釈する。「この美しい王女は王妹の王妃マルグリットであった。『回想録』でビュッシーに与える称賛により、あまりかかわりのある振りはしなかったが、二人の間にあったあまりの相互理解に抱いた嫉妬のために、アンリ三世王が犠牲にした人の死んだ霊に対して、評判の何かを犠牲にしなければならなかったとあたかも信じたようである。［……］この件で多くのことを言うことができるだろうが、この嫉妬については黙す。それはこの治世の最も大きな事件の主要な動機であった。[38]」マルグリットに対するアンリ三世の嫉妬にビュッシーの死を帰着させてル・ラブルールは明らかに誤っている。王妃の元を去って一年以上後に暗殺されたのである。しかしきっと確かに『フランス人の目覚まし』と『諷刺的離婚』は知っていて、王妃と兄の近親相姦を明らかに頭で思い描いた。しかしながら、それ以上いうことは差し控える。この者の実行する高貴なジャンル――歴史――は、高位の者の恋愛生活に関して全

てを語ることをまだ許さない。それで同時代の人に関して多くの不躾なことを語ったのでブラントームを非難する。(39)

物語の霊感

しかしながらこの禁止は既に他のジャンルでは取り除かれている。リシュリューあるいはマザランの同時代人に最後のヴァロワ家の時代がかきたてる好奇心は実際本来の歴史を広く越え、一六三〇年代から、はっきりと物語風の作品が、有名であり続ける人物を捕え、なにより恋愛生活を語る話にこれらの人物を登場させる。この傾向は高位の者の回想録に結び付いた性的タブーの除去と関係しており、十七世紀初頭から観察される。これは、恐らく、一方で王侯――特に、無分別な行動がみんなに知られていたアンリ四世――の貴族政の例と、他方で時の政治での情念の役割をあえて考慮の対象からはずす緊密に歴史的事実的な関係が提供する大きな隔たりの結果である。

しかしながら「色っぽい逸話」の趣味は絶対王政の下でしか真には発展せず、絶対王政はこの歪曲の増幅を経験する。公然と政治宣伝を行い、リシュリューとマザラン配下の修史官は実際、人を公の立場に固定し、推測されるように、この立場が、権力を整える。その結果、歴史小説への道を開き、これは闇に放置されていた領域、特に恋愛を潤色する。これはまた、「小史」と呼ばれることになる分野を開き、この「小史」は他の物で隠されるもの、特にセックスを語ると主張し、二つのジャンルはしばしば互いに裏付けることになる。他方で、絶対王政の決定的強化は権力から貴族をますます排除することになる。ますますお飾りの役割に甘んじさせられ、貴族は特権、特に性的特権へ一種内向し始め、政治的アナーキーの表明を増大させるが、世紀半ばのフロンドの乱はその頂点である。この進展は、徐々に、ともかく貴族階級の大部分に、政治／性の二項式の認識をもたらし、これは随分以前から機能しているが、シャルル九世とアンリ三世の同時代人は認めるのを嫌っていた。

マルグリット・ド・ヴァロワは、他の歴史的人物同様、この時期から歴史・文学的物語のヒロインとなる。宗教戦争の時代の最後の生き残りが死ぬ一方、公式の歴史が課す単純化（強いられた結婚、犠牲者化、政治的次元の消去）は、物語の霊感によってマルグリットを取り入れることを助長し、同じく『アストレ』の成功は持続的で巨大であり、かなりの数の愛好家はマルグリットがガラテーのモデルであるとずっと知っている。(40)王妃の不吉な傾向として分析するものに関して、ドービニェの、あるいはデュプレクスの攻撃でさえ、一六四〇年より後の読者にはもはやこの人物を本当には無効にしない。反対に、この様相は興味深く、現実的にする。(41)

マルグリットを登場させるこのタイプの第一の書は『宮廷の運命』であり、刊行者でヴァロワの時代をよく知る小説家、シャルル・ソレル〔レアリスト小説の作家、一五八二―一六七四〕が一六四二年に提示する。ソレルは「アランソン公の主要な顧問官の一人の『回想録』から引き出した興味を引く著作」として自作を提示し、この著作をヌヴィル殿に帰す。実際は、この著作は一五八五年に既に刊行されていた。その作者はダンマルタンで、回想録などではまったくなく、一五七〇年代の歴史を小説風にしたもので、主人公はビュッシー・ダンボワーズであり、マルグリットには何も言及していない。そこに『フランシオン滑稽物語』〔シャルル・ソレルの小説、一六二二年刊〕の作家のよく知られた韜晦趣味が認められる。しかしソレルはそこで止まらない。テクストを手直しし、確かに非常に控えめだが、マルグリットとビュッシーの間の関係への幾つかの言及を付け加える。特に、この著作を「この書に関する、そして、この書にいくつもの箇所で関係したはずの王妃マルグリットの『回想録』に関する話」で導入し、そこで王妃の著作の長い抜粋を引用し、次の注釈で終える。「王妃はこの者〔ビュッシー〕に特別な情愛を抱いていた。[42]」それ故この刊行者は、非常に多い、マルグリットの読者を、他方の方の有用な補遺として、この書も読むように誘う。このほとんど良心的ではないやり方は一部目的を達すると信じるべきである。この書は二年後再版されたのであるから。

　この同じ一六四四年、ソレルは『当世の最も心地よい作品集』で、首都ですでに数年前から多分出回っているみだらな小品、『琴瑟相和さぬ閨房』を同じく刊行し、「俗にR・Mの閨房と呼ばれる対話」として提示する。この小劇がネオプラトニスムの信奉者たる高貴な夫人と、この夫人が、完全な愛の初歩を教え込もうとするも、やがてあきらめてより「卑俗な」目的に用いる教養のないガスコーニュの若者を登場させるだけに、ほのめかしは明らかである。この小品は、『色男のゲーム』と『愛と女性の敵の話』の間の巻に現れ、もちろんヴァロワ家の最後の女性への諷刺である。この女性は汚く、独裁的で、高慢、自分の原則をほとんど考慮しない者として現れる。しかしながら、この作品はマザランの同時代人を予想されたほどは楽しませない。流布は内密なままで、再刊はされない。タルマン・デ・レオーだけが言及し、マルグリット自身の対話だと信じて大きく誤読する。[43]

『偉大なアルカンドルの恋の物語』は反対に幾分幸運に恵まれる。一六五一年、すなわちフロンドの乱の終わりに出版され、コンチ公女ルイーズ・ド・ロレーヌ（一六三一年死亡）によるこのモデル小説は、恐らく一六二〇年代末のものだが、未刊のままだった。しかしながら、刊行者には当時の趣味に非常に近いと思われる。というのは、もう一つのモデル小説、スキュデリー嬢の『アルタメーヌあるいはグラン・シリュス』が当時刊行中で、大きな成功を収めているから。偉大なアルカンドル、すなわちアンリ四世の物語は十六世紀末と十七世紀初頭に位置する。王妃はそこに離婚の時に登場させられる。「王がクリザント〔ガブリエル・デストレ〕に恋される前に、メリッス〔マルグリット〕に自分と別れるのがよいと思わせようとされた。この方は王の娘、妹である非常に高貴な王女であったが、ルクレチアほど貞潔ではなかった。それ故二人はずっと前に別居され、王妃は王のもとを去り、このうえなく強固な城に身を運んでいかれ、その城は非常に起伏の多い地方の高山に位置していて、その上できる限り強化された。王妃は幾つかの条件でこの別離に同意されることを示し、ほぼ合意しておられた。しかし「アルカンドルの」この新しい恋はこの契約を非常に遠ざけた。」クリザントの死後、「教皇は必要な同意を与えられ、王妃メリッスも自分に依存していることをすべて与えられた。その結果事態は結論を得た」。(44) この小説の続きはタイトルが予告する主題に集中するのでメリッスには関係しない。

今見たような、王妃の肖像は何ら侮辱的ではない。王妃の性的自由への言及は――このジャンルの小説の止むを得ないモチーフだが――非常に高い評判の主張と共存する。アンリとの別離は、ここではこの自由の結果として与えられているが、失墜の同意語ではなく、地位による義務の放棄でもない。王妃は相応しくない結婚に反対するが、危険が去った時には夫を満足させるために「自分に依存していることをすべて」する。オーヴェルニュへの隠棲の想起まで威光に包まれる。マルグリットは取り囲む危険を意識し、運命の主人である女城主として描かれる。小説風にされたために、それゆえルイーズ・ド・ロレーヌの描く人物は、ドービニェが記述し、修史官が自惚れて繰り返す失脚した策謀家のイメージよりも私たちが王妃について知っているものに近づく。確かにコンチ公妃はマルグリットと同じ環境の出で、権力に反対する女性であることが何を意味したかを明確に知っていた。(45)

一六六〇年代の新しい攻撃

一六六一年のルイ十四世の親政開始は古い貴族政治の影響喪失の決定的転機を印す。王はかつての大元帥職と首相職を廃止し、枢機卿、親王、高位貴族の諸公を最も重要な地位から遠ざけ、ブルジョワ出身の秘書官に取り巻かれ、政治権力を全面的に我が物とする。この現象を誇張することなく――貴族がまだすばらしい日々を持っているのは明瞭だ――、どの点でこの過程が大貴族の現実の手立ての余地を蝕み、その支配のイデオロギー的土台を掘り崩し、進行中の変化の拒絶の様々な表明を引き起こすかを強調しなくてはならない。その進展の中で歴史の役割と王政以前の対立の記憶が根本的役割を果たす。上昇する階級は、同じように、イデオロギー的攻撃の戦略的場である歴史の記述に全力を注ぎ、そこから貴族の政治的権力の要求をより失効させるために貴族の風習を非難することを増加させる。

一六六〇年、まずは『諷刺的離婚』が出版され、これは『アンリ三世の歴史に役立つ様々な作品集成』の中に他のテクストとともに現れる。(46) この作品は、当時の歴史的興味と「小史」趣味を代表するもので、三つの再版(レトワールの『アンリ三世時代の日記』、ドービニェの『フェネスト男爵奇譚』、コンチ公女の『偉大なアルカンドルの恋』)と未刊の一作品、ドービニエの『ド・サンシ殿のカトリックふう懺悔』を含む。『諷刺的離婚』は、このうえない激しい言葉で、『集成』が担う二つの非難を結び付けるので、この全体の「堅い核」をなす。それは大貴族の贅沢と女性の政治の動きへの参加であり、旧制度の意識には明らかに結び付く二つの現象である。レトワールの『日記』(この版は相変わらずマルグリットへの言及を一つも含まない)は、実際、時に陽気な、しかし大抵非難するような調子で、王家と他の大家、特にギーズ家の政治的習俗の批判的描写を提供したが、ギーズ家は旧教同盟の最後の七年間パリを制圧した。「ニコラ・プラン裁判」は一六二一年版から『日記』に付け加えられ、より特別にパリの反乱を中心にすえ、ロレーヌ公、公女の統治方法に対してなおいっそう批判的で、同じ非難の中にマイエンヌ公〔ギーズ公アンリ三世の弟シャルル(一五五四―一六一一)〕の弱点とその姉、モンパンシエ公妃〔同じくギーズ公アンリ三世の妹でモンパンシエ公ルイ・ド・ブルボンに嫁したカトリーヌ(一五五二―一五八八)〕の「犯罪的」プロパガンダを集めている。ドービニェの署名がある二つの諷刺文書(『フェネスト男爵奇譚』と『ド・サンシ殿のカトリックふう懺悔』)は他方、安易な快楽で軟弱化し、摂政マリ・ド・メディシス支配で堕落した宮廷人の風習をからかった。コンチ公女の優美な小説は、『集成』で誹謗される階層に由来する唯一の作品で、他の作品と並置されて特別の照明を受ける。ブルボンの初代王はここではもう単に度し難い恋する人ではなく、女性の快楽と支配に身を委ねた王侯の一人である。「ルクレチアほど貞潔でない」メリッスを記述する緩叙法は『諷刺的離婚あるいは王妃マルグリットの恋』として提示される、隣接するテクストによってはっきりと明白にされる。この共存の意味を読者が理解できない場合は、「固有名詞の鍵」で、刊行者が、メリッスは「俗に王妃マルグリットと呼ばれる」マルグリット・ド・フランスを表していると説明する。

この著作は再版の数から判断すると、かなりの成功を収める。一六六〇年と一六六二年に二つの版が出て、一六六三年と一六六六年には三つの版、一六九三年と一六九九年にはその他の二つの版が、即ち世紀末までに十二版を数えた。そして刻みつけられた二重の非難は出版につれて強まる。一六六二年、刊行者は『集成』の末に有名な『カトリーヌ・ド・メディシスの生涯と不品行の驚くべき話』を付け加える。一六六三年に、『離婚』のテクストは明瞭に劣る表現形式の文が増補され、時には具体的詳細、時には、特にマルグリットがシャンヴァロンとの間に設けた子どもに関する、作り話を付け加えるが、第一版ではこれは問題にされていなかった。続く年代の間に、『ボーフォール公妃とヴェルヌイユ侯爵夫人へのアンリ四世の書簡』と、もう一つの諷刺『従う者よりも敵に報いることでアンリ四世王を非難する者たちに対するアンリ四世王への弁護』が著作を膨らませる。

『離婚』の最初の出版の翌年、マルグリットの死後の名声にとって非常に重要なもう一つの書が出る。それは『アンリ大王の歴史』で、ロデスの司教、ルイ十四世の師、将来のパリ大司教でポール・ロワヤルの修道士の迫害者であるアルドワン・ペレフィクスが作成した。実際、ブルボン家の初代の崇拝構築の最初の礎石である。一般向けの書物で、註はなく、一巻で、欄外に要約があり、「われらがアンリ」を不朽不屈の英雄として愛情を込めて提示し、「善良さと正義ゆえに民衆に愛された」とし、「おそろしいこの宮廷の悪徳」の中に落ちることなく、そこで生きる術を心得ていたとする。(47)

マルグリットに関しては、ペレフィクスは二つの時代を一種結び付けるものとする。一方で、自分にまで伝えられたかなり肯定的な判断を広める。確かに、マルグリットはパリで、ついでガスコーニュで陰謀に巻き込まれた、一五八〇年の戦いを押し進めた、しかし「進んでオーヴェルニュのユソンの城砦に閉じこもった」。その後、「パリに来る許可、負債を払う金、多くの年金、ヴァロワ公領と他の幾つかの領地の用益権を得た。それから一五年以上生き、大建造物を建てた。[……]優れた音楽家を非常に愛したが、非常に繊細な耳を持っていたからで、優れた精神を備え非常に快適に会話するので、知識のある雄弁な人をとても愛した。それに、濫費するほど気前良く、華麗ですばらしかった」。他方で、この歴史家は王妃の肖像を二重に曲げる。まず生涯の全体のエピソード(フランドル旅行、一五八三年の辱め、アジャン奪取)に決して言及せず、次にあだっぽさ、無責任を強調する。こうして、一五七四年に、「王妃マルグリットは、本当を言うと、陰謀を企まず、恋愛沙汰なしでは生きられなかったが、「ギーズとナヴァールの間の」この良好な仲の維持に全力を捧げ、この上なく熱烈に愛していた王弟をそこに入らせようとした」。この歴史上の間違いが(ナヴァールとアランソン公はその時不平党の頭として行動し、一方ギーズはカトリック党派にすでにしっかり結びついていたのだから)王妃と最初の恋人の長く続く純愛の主張を強める。この歴史家の強調する最後の欠陥も同じ方向である。「王妃は負債を払うとはどういうことかを知らなかった。」これらすべては大王の寛大さを強調する。「アンリは王妃の気質と振る舞いを知り、近くからよりも遠くからいっそう愛しただろう。しかしながらそれが治療法のない病気だと見て、王妃を我慢し完全な自由に置くことに決めた。(48)」

したがってここではデュプレクスやメズレほど反フェミニスムは辛辣ではないが、多分いっそう強力である。フロンドの乱の終結から十年が経過し、大貴族の女性はより社交的で文学的な活動のために政治的戦闘的地歩を放棄した。それほど危険でなく、それほど責任を負わず、もっぱらより寄生的に思われ、従って言及されるにそれほど値しないと思われる。というのも消えるのはマルグリットの生涯のエピソードだけではなく、女性が大きな役割を演じたすべてのエピソードであるから。反対に、女性の不吉な影響は赤線で強調される。こうして、男性だけが旧教同盟の間活動したと思われ、ロレーヌ家は「マイエンヌ公とその手の者」に制限される。アンリは母親のせいでユグノーだった。その義母は「すべての謀反と内戦を引き起こす」ために生涯を過ごした。最初の妻は、「慰めであるかわりに、最も大きな障害であった」。第二の妻は、あまりに独立的であることを示した。「自分の権威を」示し「より服従して自分に従うよう妻を慣らす[49]」ことが必要だっただろう。これら最後の考察はどの点でブルジョワのイデオロギーがこの十七世紀末に、殊に王の周囲で、進んだかを示す。またどの点で、王妃たちの地位を含む、宮廷の高位の貴族の女性の地位の思い出が失われつつあるかを示し、ここでは善きブルジョワ女性の特徴のもとに夢想されている。当然の結果として、王位のこの「近代的」解釈はルイ十四世の祖父の贅沢の非常に緩和された非難を伴い、それまで放蕩のためにあらゆる方面で嫌悪されていた。

この書は信じられないほどの成功を博する。世紀末までに少なくとも十一版を閲し、内十版は一六六一年から一六六四年の間に刊行され、十八世紀には七版を、十九世紀中に三十七版を数える。しばしば単純化したイメージの愛好家として描かれる、「一般大衆」に気に入られるだけではなく、同じように偉大な歴史家、そして啓蒙の世紀の最も「見識のある」人々にも気に入られることを後に見るだろう。

一六六六年に、ジョゼフ・ジュスト・スカリジェの思い出のごたまぜ、『スカリゲラナ』がラテン語で出版された。アジャン出身で、プロテスタントの学者、法官ド・トゥーの親友であるこの男はポワトゥー地方で一五八九年まで暮らし、次にトゥレーヌ地方で、レイデンに追放されるまで暮らした。一六九五年のフランス語版が提示するような「気の利いた言葉、心地よい名文句、分別があり知的な指摘」はマルグリットに関するいくつかの情報、特にアジャンへの逃亡とユソンでの生活についての情報を含むが、この学者は恐らく伝聞でしか知らない。「王妃はこれらの侍女たちが味見しないものは何も食さず、それほど毒殺されることを恐れている」と読めた。あるいは「王妃はあまりに肥え太り、子どもをもてなかっただろう」。あるいはさらに「王妃は祖父の血を引き、才人と学のある人を愛し、［王妃は］気前よく、学があり、王の徳を多く持ち、王以上に持っている」。マルグリットの宗教活動も同様に記される。王妃は「非常にイエズス会士を愛し、アジャンにこの者たちを入れたのは王妃であり、そこで生活費を与える。イエズス会士は今ではポワチエにいる」。若い二人の学生に与えた話の調子は「男たちの間」であり、しかしながらしばしば下品に流れ、女性、特に有力な女性に対する伝統的な不信を漏らす。こうして、アジャンで、マルグリットは「あまりに命令したがった」。ユソンでは、「王妃は下の二つの町の住民にむけて小便することができる。王妃は自由である。望むことをなし、欲しいだけ男を持ち、男を選ぶ」。カトリーヌについては、「モベール広場の古物商」に比されていた[50]。

このほとんどおもねるところのない言葉の積み重ねは貴族階級以外で深い痕跡を残し、貴族だけがそれを感じないように思われる。こうしてル・モワヌ神父は、一六四〇年代のすぐれた女性たちの唱道者と見なされるが、一六六五年の『詩的会話と書簡』で王妃に言及する。『エンドクス〔エウドクトス〔前四〇六頃―前三五五頃、古代ギリシアの数学者、天文学者〕〕への慰め』と題された章の一つで、「いつも、美、徳、偉大ささえ誹謗と運命にいじめられた」ことを示そうとして、マルグリットの例を引き合いに出す。

ヴァロワ家の樹のこのもう一つの美しい花
勇敢な多くの王の名がそこで死んだが
マルグリット、この人のために多くの月桂樹が花咲き
ムーサたちのもとで、この人のために多くの花束が作られた

この人は花束と月桂樹が頭上で乾くのを見た
運命的な一撃で、百合がそこから離れるのを見た
そして王の輪は、喧騒のうちに秩序なく
あまりに早い婚姻で冠を戴かせ
同じ一撃で破り、足下に倒れ
風によって傷んだ幹のように残す
夫なき妻、王国なき王妃
過去の空しい暗闇、偉大で高貴な幻影
この人は自分の運命の残りをその時から引きずった
そして死ぬ前に自分の名が死ぬまで生きた！(51)

再び気兼ねなく王妃について語れるときに、ル・モワヌは悪意ある言葉で幾十年も傷つけられたマルグリットのイメージを立て直すには至らない。マルグリットに「ヴァロワ家の樹の美しい花」をいくら見ようとも、何よりも運命の犠牲者として描き出し、あまりに早く結婚し、王位から排除され、運命によるかのように夫から見捨てられる。生涯の最後の十五年間にマルグリットが行った目覚しい回復を思い出すならば、この解釈はもちろん非常に偏りがあり、最後の詩行は明らかな真実に反する主張を含む。神父がこの角度を選ぶのは、書いている時の敵意の雰囲気の中で、自分の修道会のかつての保護者の思い出を歌う唯一のやり方だからか。あるいは、自分なりのやり方で、高位の女性は格下げされるより尊敬すべきとする思想の潮流に与っているのか。おそらく両方なのであろう。マルグリットとマリ・ド・メディシスを有名な『すぐれた女性の回廊』で挙げるようにさせない政治的日和見主義が、この明らかなねじれの多分新たな原因であるのだろう。

貴族の回想録の流行

古い封建秩序を軽蔑する人によって生気を失うが、王妃の思い出は反対に貴族たちの間で関心の回復の中心であり、貴族たちは一般的に貴族の起源の、そして特にマルグリットの作品の歴史的物語を楽しむ。フロンドの乱以降、自分たちの思い出を書くために、追放や「隠棲」により筆を執るようになった貴族、

貴族の女性は多数いる。これらのテクストはマザランが宰相の間は日の目を見ることができず、マザランは、前任者同様、当時の主役の個人的歴史が現れるよりも、公式の歴史に補助金を出す方に傾く。一六六一年、マザランの死はそれ故騒乱の時代の非常に数多くの証言の出版の契機となり、先の時代の回想録への関心を再びかきたてるが、検閲によってその出版は枯渇していた。(52)

その時この熱狂は単に歴史的なものではなかった。大変教養のあるフロンドの乱の参加者は旧教同盟の例を常に気に留めて反乱を生きた。旧教同盟は王国に反対する政治的活動の模範であり同時に引き立て役であった。ギーズ家の活動、そしてより一般的には権力に反対する全ての者の活動は、レ枢機卿によって報告される省察と論争が証言するように、長く一六四八―一六五二年の主役たちによって再考された。貴族の回想録――偉大な先行者同様近い過去の当事者の回想録――の流行はそれ故、貴族が、現在の状況を説明しうるよう過ぎ去った時代に何が起こったかを理解する必要を感じていたことに対応する。しかしこの流行が同じように、ルイ十四世がフーケを不興にする時に、現在を逃れ、輝かしい過去を再び生き、偉業に満ちた話を通して、血統と剣が世界を治めていた既に神話となった時代を見出したいとの欲求に応じていると見ることは容易い。

この文脈に王妃の『回想録』の一六六一年の再版と、次に一六六五年の四つの再版、最後に、その翌年の二つの再刊も含まれる。それは読者がこの作品に「欲求不満で」あったからではない。先立つ十年間にも定期的に刊行されていた。そうではなく、知られ、生きていて、容易に近づけ、明快に自伝的で、世代全体のモデルとして機能するからである。マルグリットの作品に、体験したことを報告する趣味、歴史家のうんざりする編纂に頼ることなく自分の見解を弁護する、人生の物語の真実の強調、意味と輝きを得る生涯の正しい流れに従うやり方を見出し、権力者の多くの下働きの歴史家は公式の歴史を拵えあげるために種々雑多な話を終りもなく編むだけで、公式の歴史がどの点で真実から離れるかを誰もが知っている。恐らく、特に、打ち負かされた貴族階層では、王妃の尊大だが傲慢さはない、王家に相応しい調子を愛し、この調子は支配する家族のまさに内部での陰謀の時期を想起させ、決して取るに足りない逸話に流れない。そして多分精神の独立と君主批判を二十年の追放で支払った女性との密かな共犯を感じる。

王妃の『回想録』はそのとき、小説『トゥルノン嬢』の（匿名の）作者が語るように、「みんなの手の中に」あるが、この小説はその主題をマルグリットの作品からとっている。(53) 書かれた物を越えて、貴族の間で存続していると思われるのは王妃の思い出そのものであり、大公妃殿下〔ルイ十三世の姪のアンヌ＝マリ＝ルイーズ・ドルレアン、モンパンシエ公爵夫人（一六二七―一六九三）、フロンドの乱に加わる〕の一節が証言する通りである。ベチューヌ伯爵は病気の間会いに来なかったと大公妃殿下を咎め、王妃マルグリットは――ともかく王妃であり――床に着いた友や召使に会いに行くために移動することをためらわなかったことを思い出させる。[54] 最後に、かつてフロンドの乱に参加した女性の何人もが自伝の企てに乗り出すときに、疑いなく最初に『回想録』を書いた女性は、この女性たちに道を開いた著名な先達として現れる。一六七五年頃、ラ・ゲット夫人が自身の作品の巻頭で、「自分たちの生涯で起きたことを世に出そうとする女性はほとんどいない。わたしはこの少数の一人となるだろう。[55]」と書くとき、他のだれを思い描くことができよう。モンパンシエ嬢は、「王妃マルグリットの『回想録』を読みながら自分のものを書きたい気がした。[56]」と書く。

英仏海峡の向こう側では、『回想録』が目覚めさせる興味はテクストの新訳だけでなく、作品に与えられるタイトルの変化にも読み取れ、それは読者の関心の移動を示す。最初の三版が単に『マーガレット・オブ・ヴァロワの回想録』というタイトルを持っていたのに対し、次の版は『マーガレット・オブ・ヴァロワの歴史』(一六五〇年)であり、最後の三つの版は『明らかにされた大国務会議』(一六五六年、一六五八年、一六六二年)として提示される。まず証言として提示され、このテクストは従って次に歴史資料と、さらに、よりはっきりと、政治資料と見なされる。

一六六五年の、ブラントームの『回想録』刊行はこの時期のもうひとつの大きな出来事である。実際はこの貴族の全集であり、一方で『名士伝』、他方で『著名婦人伝』、そしていくつかの小品と翻訳から構成される。『著名婦人伝』の最初の巻を伝統に組み入れようと配慮して、刊行者は『貴顕婦人伝』と題し、これが残ることになる。マルグリット『篇』は、大層称賛するもので、三番目に位置するが、王妃は同じく『回想録』の主要な女主人公の一人として現れ、このガスコーニュ貴族の女性助言者であることさえ判明する。作品全体は実際「世界で最も美しく、最も高貴で、最も偉大で、最も寛大で、最も寛容で、最も完成された王女様、マルグリット・ド・フランス様、私たちのヴァロワ王の唯一残られた娘、妹様」に献呈されている。そして王妃はさらに個別のテクスト、『名士伝』、『著名婦人伝』の第一巻、『スペイン風空威張りと出会い』、ルカヌス〔マルクス・アナエウス・ルカヌス、古代ローマの詩人(三九—六五)〕の翻訳の献呈を受ける人である。これらの献辞は、作品中の随所に散らばり「世界の奇跡」と呼ぶものに割かれた数多くの脱線同様、ブルディユの領主にとってはマルグリット、その教養、趣味、この人と持った個人的関係に言い及ぶ機会であった。「これがいくつかの『スペイン風空威張りと出会い』であり、随分以前にあなた様に献呈したもので、ユソンであなた様にお目にかかる栄を拝したときに近頃お約束したものです」と作品を提示しながらこのように説明した。ルカヌスの『演説』翻訳の献辞は、オーヴェルニュでのマルグリットの生活習慣の興味深い描写を提供するが、すでに言及する機会があった。[57]

従って全体が王妃の性格同様生活に関して多くの新しい情報

をもたらし、ほとんど諂わない申し立てに対するはっきりした反証をなすが、こうした申し立ては、同時にブラントームの報告に積み重なっている。特に、初めて、ユソンへの追放が平穏で勤勉な隠棲として描かれる。またとりわけ、初めて、マルグリットは重臣の一人によって判断され、描かれた肖像は『回想録』でそのとき貪り読まれた人物像と一致する。ブラントームの証言は、その作品全体が、その弱点にも拘わらず、アンリ二世とアンリ三世の治世に関する第一級の重要性を持つ資料にあふれたものとして歴史の愛好家にすぐに現れるだけに信用できるように思われる。旧制度の終わりまでブラントームの作品は八度再刊される。

この件で『著名婦人伝』の下巻（刊行者により『艶婦伝』と命名された）にしばらく留まるのが相応しい。当時の知識の観点から上巻同様に重要だが、出来栄えはあまり似ていない。フェミニスト的関与を証言し尊重するという二重の意思で、ブラントームは実際女性に関する作品をはっきり区別される二つの部分に分割する。その一方では名を挙げて語るが、幾つかのことは黙する（『貴顕婦人伝』）、他方ではすべてを語るが、いかなる名前も発しない（『艶婦伝』）。この区別によりブラントームはこうして下巻でルネサンスの宮廷人——女性だけではない——の風習について証言を漏らすことができ、これは並ぶものがその後もないだろう。ブラントームの作品のこの部分は、口に出せない逸話と露骨な議論に関係し、ルイ十四世の同時代人がもはや知りようのない「ある高位の婦人」あるいは「ある立派な貴族」にいつでも割り当てられ、その他の人と同様この人々に大いに気に入られる。上品さが流行し、もはや先の時代の偏見に困惑することのない時に、十六世紀の宮廷人の私生活に関しこの回想録作者のもたらす情報が貴重と思われるのは疑いない。しかしながらこの人々はこの興味深い作品に特別な味わいをもはや感じない。数年後単独に再刊される『名士伝』の幾つかの一節とは反対に、『艶婦伝』は十九世紀以前には単独版の印刷はひとつもないだろう。

翌年、即ち一六六六年に、同じくチュレンヌの『回想録』が現れるが、マルグリットの甥で、ナヴァール王のかつての右腕であり、ブイヨン公爵となり、そして陰謀加担者であった。この短い作品は恐らく一部削除され、一六一〇年に六十歳になろうかという作者により書かれたときは一五八六年までで終わっていて、ほとんど私的な情報は含んでいなかった。重苦しい文体で、込み入っており、ともすれば不平を漏らす調子だが、その埋め合わせに青春期の子爵がかかわった戦闘と政治的陰謀を叙述している。ナヴァール王妃への言及は稀だが、しかし、既に見たように、敵意が示されている。チュレンヌはマルグリットの二度に渡るガスコーニュ滞在を混同しており（特に、最初の到着の折、「ナヴァール王によって一方的に離縁されたものとして」妹を見るアンリ三世の恥辱に言及する）、「恋人たちの戦い」での責任を一部マルグリットのせいにしていた。テクストは同じように漠然とした言及が垣間見られるが、しかしはっきりと女嫌いであり、かつての子爵が政治的生活に常に恋愛話が交じるのを見るのを残念がるときのような場合で、こうした話は「通常宮廷で大部分のいざこざを引き起こし、女性たちが拘わらずにはほとんどあるいはまったく済まない(58)」。

従ってこの作品は『諷刺的離婚』の暗々裏の名誉毀損をいかなる点でも裏付けるものではない。しかしながら、歴史家は悪意を含んだこの一般論に子爵の王妃との不幸な恋愛の隠された告白を認めると信じ、また不能ゆえに捨てられた男の恨みの証拠を敵意の調子に見出し、日付の誤りも、この回想録作者の根強い憎しみは、一六〇四年の陰謀をマルグリットが告発した痛切な思い出により確かによりうまく説明されることも考慮しない。

最後に、一六六五年に刊行された、貴族の回想録のジャンルに属すると思われる最後の作品を挙げよう。『ヌヴェール公爵殿の回想録』として提示されるのだから。しかしこれはヌヴェール公爵の作品ではなく、成功した小説の作者の作品である。マルタン・ル・ロワ・ド・ゴンベルヴィルは、マレルブの称賛者で、その書物はルイ十三世治下を魅了し、アカデミー・フランセーズの最初のメンバーの一人であった。ジャンセニストとなり、一六六〇年代には歴史のほうに向きを変え、十六世紀後半の資料を大量に集め、その中にヌヴェール公が一五七六―一五七七年のブロワの全国三部会の間つけていた小さな『日記』がある。

マルグリットに関しては、ゴンベルヴィルは女嫌いの伝統を引き出すに過ぎず、一方で公式の修史官デュプレクスとメズレに、他方でドービニェと『諷刺的離婚』に従う。この小説家が王妃に言及するのはたいてい、『アランソン公の生涯の概要』を含む、その著作の第一部である。アランソン公の疫病神として提示し、公に対する支配は思春期に遡る。「王女マルグリットは、この王子より二歳年上で、この王子の精神を絶対的に支配したので、一瞥あるいは一言でこの王子に望むことは何でもさせることができた。」一五七六年サンスの和平で、「この王子は自分の心の主人である対象をより素早く見て、降伏し王妃の条件をより有利にするためだけに交渉することしかもはや考えなかった(59)」。それ故ゴンベルヴィルは弟に対するマルグリットの「並外れた愛情」に関する先立つ歴史家の曖昧な表現と『離婚』の明確な断定の間の融合を行っている。

この小説家はそこに留まらない。諷刺文書からマルグリットとヌヴェール公爵夫人の愛人たちの死に関する不吉な筋立てを引き出す。テクストを潤色して、原典を当時の歴史的（それ故真面目な）報告と思わせる。「ラ・モルとココナ伯爵は斬首され、二人の首は密かに持ち去られた。私はこのように語る回想録を持っている。恋と嫉妬がこの二人の貴族を滅ぼした。この者たちは二人の王女に愛され、王女たちは愛情を進めて、二人の死後首に防腐措置を講じさせ、銘々が自分の愛人を自分たちの愛の印の中に保った。」次にゴンベルヴィルはアンリ三世との近親相姦の非難を繰り返す。ありそうもないのに主張するところでは、一五七六年春に（マルグリットは囚われていた）、マルグリットがアランソン公との和平をするようアンリ三世を説得した。「王は、いつでも心の底にこの王女への情念の何らかの残りを保っていて、酷い扱いをしたのは嫉妬によるのみで、和解をするのはそれほど困難ではなかった。[60]」

ゴンベルヴィルは、題材を欠くときは、王妃の話をじかに引き写す。しかしながら歴史家が自分より前に異義を申し立てた女性と一線を画そうと強く望み、『回想録』でマルグリットは誤っていると主張し、自分の言い分を支えるために、ためらわずにマルグリットとのいわれのない対立を考え出す。こうして説明するには、アランソンが一五七四―一五七五年にとんでもないことをし始めたのは、マルグリットの与える理由のためでない。「この王女は、世界で最も忠実な歴史家と言う訳ではなく、二人の義兄弟〔ナヴァール王とアランソン公〕の不和をソーヴ夫人への恋とソーヴ夫人の手管のせいにしている。そしてル・ガという名のアンリ三世の最も強力な寵臣の陰謀に王女はなおとり囲まれていたと説得しようとしている。[61]」しかし、特にドービニェによって認められた、これらの事実をゴンベルヴィルは否定することはできず、二人の間のもう一つの不和の種を付け加えるに過ぎない。それは王国総代官の地位である。肝心なことは王妃の話に異議を申し立てることである。「この王女は、世界で最も忠実な歴史家と言う訳ではない」という表現はその上何度も繰り返されるだろう。

恋愛ジャンルのブーム

ルイ十四世の権力到達に続く年代での、恋愛物と物語作品の増加は、貴族階級にとって幻滅させる現在に対するもう一つの逃避の型となる。政治空間は閉じられ、人々はいっそう――場合に応じて程度の差はあるが――個人の原動力、情念の役割、恋の役割、そして時には、単純に性の役割に関心を抱く。韻文あるいは散文で、物語、書簡、詩、題韻あるいは年代記を通して、フランスが社交的あるいは学識のあると見なす人はみな雅の道に没頭する。[62]恋愛関係が最上位を占める作品に登場するのは、ルイ十四世の同時代人ばかりではなく、ヴァロワ時代の英雄たちもである。それは、ブルソーが『コンデの殿』（一六七〇年）を書き、ラ・ファイエット夫人が『ザイード』（一六七一年）と『クレーヴの奥方』（一六七八年）をしたためる時代である。匿名で『トゥルノン嬢』（一六七八年）、『アランソン公』[63]（一六八〇年）、さらには『ギーズ公とヌムール公』（一六八四年）も出版される。シャルロット・ローズ・ド・コーモン・ラ・フォルスは『雅な逸話あるいはカトリーヌ・ド・ブルボンの秘密の物語』を出版する。これらの作者は、出版された回想録のお蔭で知られた、過去の世紀の歴史から、物語風の方向へ手直しできる挿話を汲み出す。これらのうち何人もがマルグリットに結び付いた思い出の状態を証言する。

『トゥルノン嬢』はマルグリットの足跡に直接位置する物語である。匿名の作者は、公然とこの作品を参照し、「トゥルノン嬢の恋愛を明らかにする」「それにもう少しの広がりを与えることとしかしない」人ではなく、人として自己を提示するからである。フランドル旅行の際の王妃の供の一人の話は、『回想録』で何頁かを占めていたが、実際長くなり、マルグリットの報告の以前に位置する、新しい人物と山場で豊かにされている。しかし話はスパ温泉に向けての出発の時に、物語の最後の四分の一のところで、マルグリットの報告に結び付く。ナヴァール王妃はそのとき——原テクストの読者への目配せである——「フォスーズとルブールに」取り囲まれていたが、「このときは二人とも素直であった。[64]」その時からテクストは厳密に『回想録』に従い、王妃の友の忠告、一行と輿の描写、カンブレジでの豪奢な歓迎、ナミュール到着、ドン・フアンの祝宴、船でのトゥルノンの病気、リエージュ到着、大貴族の訪問と最後にこの娘の葬儀を描きだす。ヴァランボンのリエージュ到着と葬列を前にしての茫然自失は原文をほぼそのまま引き写す。作品の結論は、冒頭の話から遠ざかり、この物語から教訓を引き出すとする。若い娘は「自分の心と同じくらい忠実な心を見出すに値した。しかしいつでも不実な男はいた。この例は女性たちにこの意味でいつでも警戒するのがよいことを教えるはずだ。恋が一度心の道を開いたら、ひどい嵐をかきたてる。[……]恋に打ち勝つ力を持たないのは将来の不幸の大きな前兆である[65]」。

もう一つの物語は公然とマルグリットに言及する。ブリそこにラ・ファイエット夫人の同時代人の気がかりが窺われる。

もう一つの物語は公然とマルグリットに言及する。ブリなる者の、『向こう傷ことギーズ公』である。より後（一六九四年）の、雅の流行がより安易で本質においてそれほど貴族風でない物語の方に変化した時代に属し、マルグリットに直接的に割かれたこの型の最初の作品であり、同時にこのように遠い過去に関心をよせる最後の作品の一つである。作者は、王妃との恋愛を通して見た、ギーズ公の話を作り直す。作者が言うには、バイヨンヌの会談の間に、即ち主人公が十二歳か十三歳に過ぎないときに、「相互的恋」が二人の間に燃え上がった。ずっと後に、舞踏会の間に、公は愛を誓う。王女はそのとき幾度か会う約束をし、それは誠実であり甘美で、続きは若者たちにとって、何度も新たにされる、再会する試みでしかない。結婚後、マルグリットは不幸で、ギーズは救い出すと約束する。それには至らないが、幾度も再会することはでき、特にフランドル旅行の折に再会する。後に王妃自身が恋人に会いに行き、カニヤックの毒爪を逃れ、「騎士の服装[66]」で旅をする。二人の恋人はとうとう最後にブロワで再会し、それは公の暗殺の前夜だった。

見たように、作者は当時の回想録を読んでおり、特にマルグリットの回想録を読んでいた。こうして、トリニーが、初めから終わりまで、登場し、唯一の恋で女主人を助ける。さらに、このようにして、ギーズ公が不在の間、「奥方は宮廷で自分の注意を向けるに値するものを何ら見出さず、余暇を勉学に与えることにした。［……］［しかし］歴史は王妃が趣味を抱いた最初の学だった。ブラントーム大修道院長がその師であった」[67]。物語のこの細かな部分は数え切れぬほどの年代上の本当らしくないことと誤りに基づく。王妃の結婚直前の、二人の若者の愛情深い会見はこのようにしてビュッシーにより遮られる（王妃がビュッシーに出会うのは三年後でしかない）。サン＝バルテルミーの大虐殺の夜、ギーズは血まみれになって王妃の腕の中におり、同様に、アランソン公の脱出の日にも、ビュッシー、ジョワユーズ、エペルノンとともにその場にいる。フランドルでは、フォスーズによって、二人の若者は戯れの最中に中断される。この若い女性は出産しているところだ（この出来事は四年後にしか起らない）。後に、王妃が恋人に再会するために脱出するのは、今度は自分がユゼス公爵夫人に嫉妬するからだ。ギーズ公が夫人を――当時七十歳近くだ――恋するようになったとの噂が流れた。最後に、アジャンでの挿話（一五八五年）はユソン脱出の後（？）に位置づけられ、パリのバリケードの日（一五八八年）と同時代にされる。

明らかに歴史はここでは口実でしかない。舞踏会、秘密の会合、夜の逢引、手紙の交換、燃え立つ対話、面倒な出会い、嫉妬による諍い、変装、盗まれた手紙、腹心の陰謀、恋愛小説の手段すべてが引っ張り出され、そこでは甘ったるい近代小説が否認しないだろう控えめなエロチスムと非の打ち所のない礼儀が結び合わさる。こうしてマルグリットは結婚以前「ポワシーの宿泊所で」描き出され、そこで公と会う約束をする。「その目は恋に焦がれていた。半ば開かれた口は時折燃えるため息を漏らした。」しかし王妃は我に帰る。カンブレジでの再会の挿話も同じように極めて現実離れしている。「二人は、カンブレの町から三里の、カトレで会う約束をした。そこで当然王妃の宿泊が行われるはずであった。［……］しかし分け前に与らぬ快楽を軽視する恋は違った風に配置した。」その時ギーズは、温泉から戻る病人のように、弱りハンカチで顔を覆って、到着する。王妃の部屋に通じる寝室に泊まり、翌日立ち去るときはっきりと元気を取り戻した様子だ。確かに王妃はもはや娘ではない[68]……

ギーズとマルグリットの間の大恋愛の説は、六十年前から公の修史官によって支持されていて、それでここで、信憑性を保証し強化する虚構の表現へと行きつく。しかし物語は、有名であり続ける二人の登場人物を、二人の若く、感じが良く相互的恋に忠実で、政治と政略結婚の犠牲者となる主人公として、歴史のカードを再分配し、王妃によって大部分の公衆に保持された同情の蓄積を同様に証言し、公衆は王妃を放埓な生活を送った老嬢としてよりも恋する若い女性として見るほうを好む。この同情の蓄積は十九世紀初めまでずっと無傷のままであろうが、その時に他の小説家がこの人物を捕えて女主人公とするだろう。実際、この作品は当時ある種の傾向の終わりを印す。一六八〇年代から典拠の疑わしい回想録の流行とともに、そして特に、ロベール・シャールの、『フランス名婦伝』の一七一三年の出版以降、関心はそれほど遠くない過去に移り、王妃を登場人物とする作品は、雅の愛好家である物語作者に着想を与えるのをやめるだろう。

＊

マルグリットの死に続く七十年は従って死後の名声の形成において欠くことのできない段階をなす。『回想録』の出版は有名で在り続けたこの人物の思い出を再び活性化し、この時期に全体に持続させた。この作品は過ぎた世紀の歴史の重要な頁とその作者の生涯の前半全体を知らしめた。同時代の人々の回想録も、マルグリットの著作が触れなかったその生涯の時代に関する貴重な情報をもたらした。最初の伝記的研究はマルグリットに関して解明しようとし、まだ部分的であるが、より充実したイメージを与えた。今や幼少期、青春期、アランソン公の傍らでの政治的役割、アンリ三世から受けた侮辱、アンリ四世のためのとりなしについて少し良く知られるようになった。

しかしながらマルグリットに関して集められた証言はよりよい知識を作り上げなかった。次々と、すぐれた婦人、学識のある王女、策謀家、恋する女の象徴であり、王妃は相互に相反して築き上げられた異なったイメージの背後にこれらの年月の間姿を消し、あちこちで人となりの本当の、あるいは本当らしい面をのぞかせる。一六三〇―一六四〇年には、デュプレクスがなんと言おうと、「歴史的真実」の名においてではなく、女性の政治的行動の時宜をえていることあるいは有害性の名においてマルグリットの回想録が論争され、これほど激しくまた具体的な論争はかつてなかったが、マルグリットの与り知らぬものであった。次の十年には、物語風のイメージにもとづいて和解がなされ、恋と政治を同時に考慮にいれるように思われるが、失われた世紀の理解よりは下り坂の貴族階級の感性にいっそう結びついている。その上和解は長く続かず、一六六〇年代には、ブルジョワ・イデオロギーの前例のない前進のせいで、攻撃が再開される。

しかしながら、雅の流行の進展は事態を混乱させる。貴族の退廃と結び付き、雅の道は弁別特徴の一つとなり、中傷者にとっては批判の対象であり、同時にこの列に入ることを熱望する全ての人にとっては模倣の対象である。それゆえに、女嫌いとフェミニストの間の古くからの対立は、女性の淫蕩と美徳を対立させ、この世紀を通じて大貴族の敵と味方の間の対決の形を取っていたが、崩壊に向う。女性論争は消え去り、フランス史の著名なヒロインの称賛は涸れ果て、衝突の意識そのものが消失するように思われる[69]。そのうえ、フロンドの乱に加わった人たちの世代が消えるときに[70]、貴族の政治的思い出全体が消えうせ、一方ルイ十四世は王国の臣民の従属化を続行する。

第三章

陰の時代（一六八五—一七九一年）

古い貴族政治の衰退はルイ十四世の治世の「暗い面」から旧制度の崩壊まで約百年続く。かつての生活様式と思考様式を否定し、あるいはますます寄生者と化す宮廷人の役割に固まるよう誘われて、男の貴族は、どうにかこうにか、自分たちの権力を維持するために新しい政治的イデオロギー的文脈に適応しようとする。女の貴族は、もはや愛人としてあるいは飾り物としてしか宮廷に受け入れられず、政治的舞台を離れ、サロンに撤退し、そこで「新しい思想」を支える。マルグリット・ド・ヴァロワの記憶は、退歩し自分たちの過去の記憶まで失い始めるこの階級と結び付き、そのとき意識の中でかすむが、この時期の間マルグリットの作品がほぼ全く再刊されず、マルグリットに関して論争がほぼ行われなくなったことが証言するとおりである。

しかし、世紀が進むにつれて、マルグリットと大貴族の栄光の記憶だけが衰えるだけではなく、絶対王政の到来以前の貴族の政治実践がどのようなものであったという知識までもが薄れる。みんなが、あるいはほぼみんなが、未来を向き、そこに、理性の助けで、新しいものの到来を見る間に、フランス史は人間の進歩の栄光へと作り直され、つまり女性のかつての力、「野蛮な」時代の象徴の痕跡はなくなる。同類の女性にとっても王妃にとっても、光の世紀は陰の時代である。両者とも忘却され、ルネサンスの偉大な夫人たちは過去の再現から実際上消えうせ、大きな歴史の周辺で、ほとんど考古学的研究の対象となる。

太陽王の死去までのブルジョワ修史の勝利

歴史とさまざまな歴史の趣味は十七世紀末年と次世紀の最初の数十年の変らぬ現象である[1]。確かに現実との関係を持ち出す著作は大部分物語化されており、むしろ個人生活の方に向けられ、ますます近い過去に方向づけられる。それでもやはり歴史小説の流行に題材を提供されて、そして特にルイ十四世の権力の正当性を国民意識に常により堅固に定着させるという意思に促されて、フランスの歴史作品は一六八〇年以降新しい活力を得る。そこにのみマルグリットの痕跡が見つかる。

一六八五年、メズレは『フランス史』の、大いに手直しした新版を公刊し、王妃に関する大部分の文は書き直される[2]。この歴史家はマルグリットの『回想録』を最近読み直したらしく、一五七四―一五七五年の記述ではこれに細かく従う。特に王子たちを縺れさせるためのデュ・ガとソーヴの陰謀、ビュッシーとマルグリットの恋の王への告発、この若者に対してなされる襲撃、公についての寵臣の嘲り、などに言及する。しかし、大部分の手直しは初版から経過した四十年の印がついている。ペレフィクスを読んだことによるものがいくつもあり、メズレはいくつかの文ではほとんど一語一語この者に従い、大きな愚かな誤りを犯してもいる。こうして、一五七五年頃、ギーズ、ナヴァール、アランソンの間の合意を王妃が推進したとの考えを繰り返す。ギュイエンヌへの出発に関しては、先行者からまっすぐ発した、次の注釈が役立つ。「王妃は、愛情が夫のもとにはなく、大宮廷を出ることは世界から出ることだと信じていて、それで強く傷つき、それに復讐できるあらゆる理由を求め、生じさせた。(3)」

二回のガスコーニュへの旅立ちに関する混同は、解決されるどころか、強められてすらいる。この歴史家が言うには、一五七八年に、カトリーヌは娘を連れて行ったが、夫が要求したからであり、「王妃にナヴァール王が抱いていた愛のためというよりもスキャンダルを起こさないためだ。そして王は宮廷で妹を我慢することができないが、毎日、愛しい王弟殿下のために、王に対して企む悪意と諍いが原因で、王は妹にかなり厳しい言葉で、母について行き、夫に会いに行くよう命じられた」。恐らくここではこの歴史家はシュリーに従っているが、シュリーは、思い出されるように、二つの時期を混ぜ合わせ、その『回想録』は再刊されたところだった。他の変更は四十年間で生じた政治的イデオロギー的変化による。例えば、作品の索引は、王妃を「俗に王妃マルゴと呼ばれる、マルグリット・ド・ヴァロワ」として提示し、こうして『諷刺的離婚』の刊行者に従う。以前に女性が果たしえた政治的役割がますます理解されなくなり、このことはフランドル旅行への注釈で同様に読み取れ、その旅の途中で、メズレが言うには、弟に味方を見つけて「自慢する」が、もちろん恋によって、「王弟殿下よりもギーズ公のために働いたと思った者もいた」。この指摘は、再び、ペレフィクスを読んだことによる。ブルジョワの影響は同様にユソン女城主が、「特に王妃が幾人も子供を持ったということを知ったときに」、パリに戻るよう求めたという作り話にも感じられる。(4)

この歴史家の明白な反フェミニスムは従って、より狡猾な、その先行者のものと合わさり、結論で年来の寄生者という肖像を提示する。王妃は「この恩恵［パリ帰還］に値するために、オーヴェルニュ伯の陰謀を暴こうと策謀に前もって加わり、それについていくつもの意見を王に与えた。」ユソンを離れる許しを得るためにビロン―ヴェルヌイユ―オーヴェルニュの密議をマルグリット自身があおっていなかったならこれはまったく正しい。後にマルグリットは「フォーブール・サン＝ジェルマンにもうひとつの［館］を買った。［……］そこで王妃は残りの日々小さな宮廷を開き、奇妙にも快楽と信仰、文芸の愛と虚栄の愛、キリスト教の愛徳と不正をないまぜにした。」この最後の点で、メズレは今一度ペレフィクスを引用する。「王妃は負債を支払うことができなかった[5]。」

十年経たない内に、即ち一六九四年、もう一人の歴史家が輝かしい過去に攻撃を仕掛け、他のフランス王に割いた幾つかの年代記の後、『アンリ三世の歴史』を提示する。ヴァリヤースはド・トゥーをもとに著作した最初の人で、ド・トゥーの『歴史』はフランス語ではまだ部分的にしか刊行されていなかった[6]。ヴァリヤースはデュ・ガ殺害説を再び採り上げ、この法官の幾つかのページを無条件に複写し、注釈をつけてこの事件を導入する。「王妃マルグリットのデュ・ガへの反感の理由を見抜くことはできず、王妃が『回想録』の初めで伝える理由は本当らしくない。［……］王妃マルグリットはカトリーヌ・ド・メディシスの気質であったということのようで」「他の者がアンリ三世のより固い信頼を得るのが耐えられなかった[7]。」

ヴァリヤースは時には歴史を自由に解釈する。述べるところでは、マルグリットとギーズは七歳の折にお互いに言い交わしていたが、シャルル九世はギーズ家の勢力を強めるのを嫌い、ユグノーの虐殺のための餌になるよう次に妹の運命を定めた。最初の主張は作り話で、二番目のは同じく偽りで、『離婚』経由で『目覚まし』から来ている。この者は一五七八年の、フランス宮廷からの王妃の出発を、アンリ三世の寵臣の死――三年前に起こっていたのだが――により説明することをも危惧しない。「王はこのようにデュ・ガを失ったことに腹を立て、ナヴァール王妃が夫に合流するよう急きたてた。」最後に、一五八三年の、ジョワユーズの使いの殺害事件でのマルグリットの有罪に関するメズレの当惑を無造作に取り除くのを見る。ヴァリヤースの主張するには、この使いは「王妃に関係するなんらかの特殊事情[8]」を含む書簡を持っていて、それで王妃は殺害させ、それが理由でこのメッセージの内容は決して知られなかった！

しかしながら、この歴史家は十七世紀の理想に忠実であり続け、即ちアンリ四世の振る舞いを非難し、ペレフィクスとは反対に、王妃の誤りを最小限にする。一五八二年に王妃がフランスに戻りたかったのは、「ナヴァール王が、四方八方で恋をして、楽しむことしか考えなかった」からだ。特に、ヴァリヤースはこの女性回想録作者の手放しの賛美者の一人である。オーヴェルニュのカルラに「内戦の終わりまで」い続けた。「そしてそこで非常に優雅に書かれた『回想録』を作ったが、第一部しか残らず、これが残っていることは、残りが失われて好事家の苦しみを倍増させるばかりだと思われる[9]。」

ここで採り上げる最後の歴史家はピエール・ベールで、この人もいくつかの面で十七世紀に属している。正当に、歴史に関して革新者として伝統的には提示されるのではあるが。その巨大な『歴史批評辞典』は、世紀の曲がり角に起草され、幾版も刊行され、その都度大部になった。一六九七年の初版には、マルグリットに関する注釈はほとんどない。「アンリ四世」の項目には「相次いで結婚した二人の妻は、二番目の妻とは最初の妻の生きている間にだが、多くの苦しみの原因となった。王はその苦しみを当然受けるべきだった。」と明らかにされている。註が詳しく述べている。「マルグリット・ド・ヴァロワに関してこれを証明する必要はない。それ故マリ・ド・メディシスに関する証拠だけに言及しよう。」(10)

一七一五年版――ベールが手直しした最終版――は、反対に王妃に関する二つの重要な注釈を含む。最初のものは「ナヴァール」の項目にあり、かなり厳しい肖像で始まる。死の直前に父とマルグリットが交わした会話に言及して、この歴史家は年齢について現行犯を犯しているところを捕まえたと考える。マルグリットは一五五二年に生まれた（コスト以来みんなこう考えている）、そしてアンリ二世は一五五九年に死亡した。それ故『回想録』で言っているように「四、五歳」ではなく、六、七歳だった。「フランス王の娘が生まれた時を二歳の誤差で知るのは実に奇妙なケースだ。」この王女の気取った言葉を非難し、ブルジョワの女なら認めよう、と言う。結婚式の折の王妃の純潔に関しては、ありえず、「王妃の話は忠実ではない。」宮廷全体が腐敗していたのだから。項目が進むにつれて、判断が自制され、注釈の厳しさは弱まる。「この王子［アンリ四世］の結婚での忍耐を大いに非難した人は、忠実な妻を持った全ての男のなかで最もひどいということを考えるべきであった。王、ギーズ家とフランス宮廷全体に反抗する、大きな党派の頭が、妊娠させた侍女と温泉に行くとは。これはブルジョワ女よりも悪い卑しい女とすることだ。」(11) マルグリットの『回想録』からの引用は、この項目で非常に多く、めったに反論されないが、そのうえベールが、全体として、このことのマルグリットによる説明を認めていることを示す。

王妃に言及する第二の文節は「ユソン」の項目に見出され、そこでは極度に否定的な判断が戻ってくる。「王妃はそこで何年も暮らし、過去の混乱を改悛するためではなく、淫乱の泥沼にますますはまり込むためだった。」『諷刺的離婚』はここではほとんど全文引用され、この主張の最も信頼できる典拠として現われ、ベールが指摘するには、ドービニェ、デュプレクス、メズレ、ヴァリヤースのような数多くの歴史家によって確認されている。辛辣に王妃の称賛者を攻撃し、ベールはこの者たちは真実を隠したと非難し、バッソンピエールに反対しデュプレクスを弁護する。コストをも同様にその書の中に有徳な女性とその他の女性を混ぜ、その書の一部を「改悛した女たち」に割かなかったと咎める。「マルグリットをこの最後の分類に見出してもだれも驚かないだろう。」(12)

しかしながらベールの批判的関心はこの著作では現実である。こうして、先行者の過ちを細心綿密に指摘しようと専心し、歴史家にとって典拠を正確に引用し、もとの典拠に何も付け加えないという必要を強調する。デュプレクスを弁護するのは、知っていることを何も黙さないという歴史家の権限の名においてである。侮辱事件を解決するため派遣された様々な使節を長々と考察し、錯綜を解こうと専心する。最後に、『回想録』は結婚の解消のために支持された主張に反することを強調する。しかしこの歴史家はいつでも厳密である訳ではない。その批判精神は先行者たちがお互いにすべてを写しあったこと、幾人かは多分自由に書けなかったことを疑うまでには至らない。多くの点でブラントームに反論するが、それでもカニヤックのユソン脱出ではブラントームをよりどころとし、これは王妃の話に反して維持されうる唯一の挿話である。『諷刺的離婚』を歴史的著作と同じ資格で援用し、一五七二年にマルグリットが貞潔でありえないのを証明するために、一六八一年の小説『コンデ公』を引用する。

特にベールはブルジョワ的で比較的新しい女性嫌いの道徳主義を帯びており、フィロゾーフを予告する。のっけからベールは宣告する。「これは美徳よりも遥かに才気と美貌を持った王女であった。そのカトリック教義への執着は［……］よき習俗に比べれば何の役にも立たない。」ナヴァールによるトリニーの免職の挿話について注釈して、この歴史家はこの措置を是認する。「王女たちは部屋に腹心の侍女を持たなければ情事をひとつも成功させられなかっただろう。」コストに向ける非難については、信仰と凝り固まった信心を同一視し、社会的道徳性の観点から宗教を攻撃する、生まれつつあった精神状態を証言している。「若いときに放蕩した信心深い老女」は「男たちを魅了することがもはやできなくなった時に信心に身を投ずる」[13]べきではないだろう。こうした女たちは「世間に害」を及ぼす。

回想録の第二の流行

ルイ十四世の非常に長い治世の最後の三十年は、対外戦争、景気後退、イデオロギー的硬化、宗教的非寛容に印づけられる。特に沈滞したこの時期の末に、一七一三年のスペイン継承戦争の終結、翌年からの経済的復活、特に一七一五年の君主の死亡は、全領域で一種の解放を引き起こす。一時、貴族は絶対王政の頁がめくられ、フランスの重臣と王族が王室顧問会議で議席を占める幸福な時期が戻って来ると信じて喜ぶ。この文脈で回想録刊行の第二の波が広がるが、マザランの死に続いたものよりもいっそう大きな波であった[14]。刊行される大部分は、ルイ十四世の同時代の人のものであるが、この動きは再び、十六世紀のものの数多くの刊行、あるいは再刊行を引き起こす。

他の多くのものと同様、王妃の作品もその時読者に再び与えられる。最終版以来、本当の被献呈者に関して発見がなされていた。一六七五年に、学者コロミエは、マルグリットのテクストをブラントームの『マルグリット篇』と比較した後、結論を公開した。「王妃マルグリットが『回想録』を献呈したのは、オジェ・ド・モレオンの言うような、ラ・シャテニュレ男爵シャルル・ド・ヴィヴォンヌ殿ではなく、ブラントーム領主ピエール・ド・ブルディユ殿であり、当時の最も立派な人物の一人で、『貴顕婦人伝』に挿入された、王妃マルグリットの生涯に関する論を書いた。[15]」

一七一三年版は、ゴドフロワの署名があり、一七一五年に再版されるが、そのときこの作品の新しい読みを提示する。実際、パズルのいくつものピースがここで初めて集められた。被献呈者が正しく同定されるだけでなく、長々と引用されてもいる。王妃の『回想録』にはマルグリットとビュッシーに関するブラントームの二つの『篇』が続いているから。この作品は同じように、一六四二年版の、『宮廷の運命』とも組み合わされている。従って全体はしっかりとマルグリットをギーズよりもビュッシーに結び付けていて、ギーズはここでは問題ではなく、明らかにゆがめられた図を改善している。しかしながら、明瞭に、『回想録』とブラントームの証言に限定せず、そしてマルグリットと同じくらいの場をビュッシーに与えて、この碩学は読者の想像力にもう一つの「物語めいたカップル」を与え、これは最初のカップルを消すことなく付け加わり、恋する王妃のイメージをさらにいっそう強調する。『回想録』のこの版はこの時期の最後のものである。ほぼ一世紀前から初めて、フランス人はマルグリットを読むのをやめる。論争の時は過ぎ去り、どうやら、思い出の時もである。

しかしながら、三十年間なお、他の刊行物がマルグリットの生涯の知識にとって不可欠の情報をもたらすだろう。一七一九年と一七四四年の間、レトワールの作品のほぼ全てが読者に届けられる。即ち『回想録』の表題のもとに集められ、あるいは二巻で出版される。『アンリ三世時代の日記』はすでに刊行されていたが、以降完全な形で与えられ、『アンリ四世時代の日記』はこれまで日の目を見ていなかった。これらの版は様々な作品と重要な歴史的注釈で、つまり「当時の写本から引かれた」補遺で豊かにされる。王妃への言及は、作品の第一部では稀だが、それでも人柄について興味深い照明を提供し、それは久しく固定したイメージから救い出す。そこではマルグリットは誇り高く、兄王にたてつき、怒りを受ける女性として、夫から酷い扱いを受け旧教同盟に加担する前の姿で描かれる。特に、侮辱の挿話は、大いに詳細に語られ、先立つ月の間のこの年代記作者の注釈によっていっそう明確にされる。この作品の第二部はマルグリットをパリ帰還後王国の第一の人物の一人となった姿で記述するが、大貴族の放蕩へのレトワールの非難に集中し、その大貴族の中に王妃はしかるべき位置で現れた。柔軟性と柔和さにも拘わらず、知的な非常な誠実さにも拘わらず、パリの社会と宮廷に関する十六世紀末の最も貴重な証言はそれゆえ、貴族の退廃的階級と――十八世紀のこの最初の時期に非常に広がった――放蕩を同じ動きで非難する傾向のブルジョワ歴史記述を強める。『諷刺的離婚』がこの作品と共に定期的に刊行されたのでこの特徴はいっそう強調され、レトワールの寛大な微笑みをこの上なく皮肉な光で照らし出す。

一七二三年、王妃の同時代人の法律家歴史家である、エチエンヌ・パキエの『著作集』の刊行は王妃に関してもう一つの重要な証言をもたらす。雄弁、教養、広い理解力、廉直で知られ、パキエは実際、この世紀の「三人のマルグリット」に割いた書簡で、最後のマルグリットを特に称賛する分析を提示したが、一六一〇年代のものである。「あなたにこの王妃が過ちを犯していないと保証すれば、私は愚か者でしょう。というのも神はこの女性を偉大な王女として創造されましたが、しかし私たちみんなと同じ部品でできている。したがって、この女性に、男でも女でもあてはまらない、完璧を見るべきではないが、最小の不完全を見るべきだ。そして全ての高貴な婦人の中で、〔……〕この女性は最も不完全でないと見られると思う。(16)」そしてパキエは王妃のなした政治的選択を生き生きと叙述した。「内戦のなすがままに揺れ動くことを望まず、王妃はある家に賢明にも隠棲し、自分の肉体も精神も保証した。それ以降、混乱が幾分弱まったのを見て、〔……〕本当にフランス女性であり、生前に自分の財産の全てを私たちの王に贈与した。〔……〕飢えた希望に扉を閉じる確実な方法であった。」この手紙にはマルグリットが「賢明で高貴な王女として」選んだ「王家の者らしい生活」、貧しい者たちへの善意、学識深い人たちとの食事の綿密な描写が続いた。結論として、この法曹家はマルグリットを「筆同様剣の、全フランス人の」母として称えた(17)。

六年後ドービニェの自伝、いやむしろ『児らに語る生涯〔児らに語る自伝〕』が現れるが、その時は『回想録』の表題で刊行された。このテクストは、晩年に書かれ、大部分、『世界史』ですでに語られたことのより個人的な説明を明るみに出しているが、ここでは新たな照明を受けていた。この歴史家の多くの告発は実際相対化され、特にマルグリットに関することはそうされる。こうして、「恋人たちの戦い」での王妃の責任の主張を再び採り上げるどころか、ドービニェはマルグリットの名前すら発しなかった。同様に、ナヴァール王のかつての侍臣は主人との関係でこの作品に戻り、マルグリットのネラック到着以前に、ナヴァール王と仲たがいをしていたと説明する。このベアルンの人は若いティニョンヴィル〔アンリ四世の妹カトリーヌ・ド・ブルボンの侍女ジャンヌ・ド・モンソー・ド・ティニョンヴィル〕と目的に到達するために、ドービニェをほとんど輝かしくないやり方で用いようとし、若いドービニェはあまりに非妥協的であるところを見せた。「そのときから、ドービニェに対する寵遇は下り坂になった(18)。」〔成瀬訳、六〇頁〕したがって、先に自身主張したのとは異なり、自分の寵遇の衰退に責任があるのは王妃でない。ドービニェの自伝はさらに、自身の著作のほかのどの場所にも現れない幾つかの新たな要素をもたらした。しかしこれらは、レ元帥夫人のダイヤモンドの心に関して発したであろう「機知に富んだ言葉」、あるいは、全員に対して一人、ネラック帰還の折にマルグリットを毒殺する計画に対して表明したであろう反対のように、自分を引き立たせる働きでしかない。

最後に、リシュリューの『回想録』の一部が『母から息子への歴史』の表題で一七三〇年に刊行されたが、当時はメズレのものとされた作品である。ルイ十三世の大臣はアカデミー・フランセーズ創設者に相応しい荘重な文体でかなり長くマルグリットに言及する。「夫の敬意が王妃を呼び寄せるなら、兄と王の敬意、宗教の敬意は王妃を留める。最後には恋が心に優位を占める。」「自身と分かれることでしか分かれることができない人」、すなわち夫に従うが、しかし、戦争、陰謀、そして「王妃が与えるいくつかの理由」に満ちた、困難なときに去る。この悲劇の女主人公の政治的役割はほとんど完全に触れずにおかれた。夫が王になったときの、王妃の模範的犠牲と公の秩序への服従だけが強調される。「[マルグリットは]王の気に入ることにいかなる抵抗もしない。最下級の女でも、自分のものであると考える場を占める女に対しては、大いに妬み憎悪して身をこがすものであるにもかかわらずである。[……]神がマリ王妃にお与えになる王太子に財産全てを贈与し、相続者を自身の子のように教育し、宮廷を来訪し、ルーヴルの向かいに住まい、しばしば王妃を訪うだけでなく、最も低い身分の王女からでも期待できる名誉と友情の義務を最後の日まで王妃に果たす。[19]」

言及の終わりは若きリシュリューの個人的思い出に対応すると思われる。「この王妃はヴァロワ家の本当の後継者で、わずかなものですが、と言い訳せずには誰にも贈り物をすることがなく、そして贈り物はいつも非常に大きかったので、その力があったとしても、さらに与えようという望みはいつも残らなかった。そして時にあまり見識なく恩恵を分配すると思われるなら、それは値する人に与え損なうよりも値しない人に与える方がよいと思われたからだ。文人の避難所であり、文人が語るのを聞くことを好まれた。テーブルはいつもその者たちに取り囲まれ、その会話に大いに学ばれたので、当時の女性より上手に話され、同じ性の通常の状況が与える人以上に優雅に書かれた。[20]」

この枢機卿は修史官によって汚させた女性のイメージを幾分持ち上げようと望んだが、しかしだれのために称賛を持ち続けたのか。当然問いを発する権利はある。しかしながら、一方でマルグリットを醜くし、他方で聖女とする、この称賛の肖像に、「息子の母」——「王妃」の単なる名前のもとにこの一節で偏在する——によって夢想された一種の反＝モデルを見ないのは難しい。ある種、ここでリシュリューが描いたのは理想的王妃である。様々な利害に引き裂かれているが、というのも時は不確かだから、最終的に義務に与する姿だ。強力だが、ルーヴルの向こう側にいて、本気の陰謀は諦めている。尊大だが、国家の善のために自分を犠牲にし、臣下の最も立派なものであることを受け入れる。この書が現れるとき、この微妙さ——百年前には明快だった——が、気づかれるかは確かではない。反対に、王妃たちの立場に関する枢機卿の夢想は現実となっていた。

記憶喪失になった歴史（一七五〇―一七八九年）

高位の女性たちはあまりに昔に本来的な政治の舞台を去ったので、ヴァロワ家の時代にこうした女性が演じた役割の記憶が徐々に失われ、これらの年月の間にその消失は強まり、一七五〇年頃疑う余地のないものとなり、摂政の幻影は吹き飛び、古典的十八世紀がはっきり現れる。この世紀後半の歴史家は、ヨーロッパで明らかになる哲学的、道徳的な大きな変化の根を過去に探し、そのときフランス史を偏見からのゆっくりとした解放、人間の進歩への逃れがたい歩みの歴史として読み直す。とかく野蛮として描かれる、過去のこのような一貫した再構成から、輝かしい現在を予告する幾つかの灯りが出現し、その中でアンリ四世は特権的位置を占める。最初のブルボン家の王の崇拝は、ペレフィクスの『歴史』（一七四九年から一七七六年の間に五版）に養われ、こうして先立つ王たち、そして、感性のままに、絶対悪あるいは恵まれず無定見な哀れな母親として現れるカトリーヌを犠牲にして構築され続ける。しかしながら太后は忘れ難く、歴史的物語でその地位を維持する。反対に、その世紀の他の重要な女性はみんな風景から消えるほどかすみ、やがて男性のシルエットだけしかもはや動き回らない。

一七五六年に刊行された、『諸国民の習俗と精神に関する試論』で、ヴォルテールは理性の光によって、フランス史の自分の最も重要な見解を明かす。このフィロゾーフは私たちに関係のある時期を、「この時代の精神の盲目的道具」であるラヴァイヤックが象徴する、粗野な、「ゴチックな」世紀として分析し、そこではアンリ四世が寛容の模範として現れる。『ラ・アンリヤード』をすでに捧げていたこの英雄に対して、ヴァロワ家は近代精神にとって捕らえ難い堕落の怪物である。それを証明するために、ヴォルテールはためらうことなく、サン＝バルテルミーの大虐殺は「二年間計画を練られ準備されていた」との古い説を再び取り上げるが、しかし随分前にすでに論駁された説である。「快楽のうちに育てられ、ユグノー派が少しも不安の念を抱かせないカトリーヌ・ド・メディシスのような女がどうしてこのような野蛮な決定をしえたのか想像しがたい。この恐怖は二十歳の王にいっそう驚きを与える。」[21]

アンリ四世は、啓蒙時代の先駆けで、ヴォルテールが指摘するには、その世紀には理解されないままで、生前はほとんど評価されず、それは暗殺とユグノー側からもカトリック側からも標的となった批判が証言するとおりである。私生活でもあまり愛されなかった。「妻は、アンリ四世を愛しておらず、家庭の心痛で悩ませた。愛人ヴェルヌイユ侯爵夫人でさえ陰謀を企んだ。王の風習と誠実を攻撃した最も厳しい諷刺は近親のコンチ公女の作品だった。［……］王の寡婦の思慮に欠け、騒がしく、不運な摂政時代は、その夫がなくなったことを残念に思う気持ちを増大させた。」ブルボン家の最初の王は女たちに苛まれる。奇妙なイメージである。しかし、これは証明で意味が通る。最初の妻、愛人、従姉妹、そして第二の妻はいわば時代の無理解の範列である。死んで、この面倒な審議会を厄介払いしてようやく、アンリ四世は世紀を乗り越え、自分に値する賛美者に出会うことができたのである。「日々その栄光が付け加わり、この王に対するフランス人の愛情は情熱となった[22]」からだ。

確かに、このフィロゾーフが最初にアンリ四世の栄光を歌うわけではない。しかしヴォルテールは先行者より称賛をより遠くまで進め、その記憶にその時までずっと結び付けられていた「罪」、放蕩まで洗い流して、先行者と区別される。ヴォルテールが言うには、アンリ四世はあまりに愛の営みが過ぎたと非難され、去勢することさえ切望された（ベール）。馬鹿げている。幾度もの愛は微罪であり、男らしさは勝利欲と切り離せない。こうして、アンリ四世を女たちの犠牲者とすることにある逆説はうわべだけのことである。実際は、女たちは重要ではない。力強いということを男に証明する働きを除いては。そのうえ女たちはこの話では陰に過ぎない。マルグリットに関連する文章は数行に抑えられ、その名までもが避けられている。結婚の時は、シャルル九世の妹である。一五八五年の戦いの時は、アンリ四世の「軽率な妻」で、アンリ四世は「妻が占領しようとした、アジャンの市民に「妻が」取り押さえられるのを防ぐのにあまり苦労しなかった」——これは偽りである。離婚に関しては、言及されていない。同様に、マリは王の「寡婦」でしかなく、そのうえ本当の破局である。というのもアンリ四世の治世のすべての利点は「その摂政時代の一年目から失われた」からだ。そしてカトリーヌがサン＝バルテルミーの大虐殺の大責任者の中に入っていないのは、無実だからではない。単に本当の主役が「ギーズ家」と「二人のイタリア人、その後の枢機卿、ビラーグとレ[23]」であるからだが、後者は一度も枢機卿であったことはない。

ルイ＝ピエール・アンクチルの『旧教同盟の精神』（一七七一年）は、同じく十八世紀の後半の間の進化をよく表すものである。この作品は、その名前が示すように、一五八〇—一五九〇年の反乱を扱い、ギーズ党の事跡をアンリ三世とナヴァール王への二重の対立において全体的に述べるはずである。そして特に、再刊された全ての回想録によって喚起される、その一族の女性の活動を述べるはずである。ところがこうした女性たちはほとんど全くこの書には登場しない。モンパンシエ公爵夫人の思い出だけが、異様な人として、保たれる。この「怒り狂った女は憎悪と復讐欲を狂暴な人に吹き込んだ」。この女性が復讐したいのはアンリ三世で、兄弟を殺させたからではなく、「申し出が無視され、あるいは房事が明らかにされた」のが原因で「女が決して許せない犯罪である[24]」。アンクチルはレトワールを読んでいた。この年代記作者が公爵夫人に関して記したほぼ全ての出来事がこの歴史家の話に、歪曲されて、見出される。しかしもう何も理解していないように思われる。あまりに良く理解しているのでなければ。ともかく、語られたことは、もはや現実とは対応しない。これらの事柄は「読むに耐えなく」なり、ヴォルテールにとってと同様、考えられないことのうちに失われる。

そのうえこの歴史家の読み方は真剣でない。サン＝バルテルミーの夜についてマルグリットの『回想録』に従うが、ココナをヌムール公爵夫人（ギーズ公たちの母）の愛人とする。一五七四年のナヴァール王の弁護を褒めそやすが、他の多くの者がすでに知っていたのに、『弁明書』が妻の作であることを知らない。さらに先で、チュレンヌとの関係と「恋人たちの戦い」ではメズレに一語一語従う。最後に、マルグリットは「体面を失い、夫のもとに戻る勇気がなく、恥辱を隠し、離れた城に埋めに行き、そこで自分の性向により自由に身を任せることができると考えた。この時期から、マルグリットに対して歴史家が最も有利になしうることは、もはやそれについて語らぬことだ[25]」と主張する。それゆえもう語らない。

私たちを引き留める最後の作品は、一七七七年の日付の、『アンリ四世の精神』で、ブルボン家の初代王の崇拝の強化を新たに証言する。刊行者は、その端書で、ヴォルテールの『ラ・アンリヤード』の刊行以来、伝統となったものにその書を組み入れると告げる。「それ以来毎年アンリの栄光の新たな記念碑が建てられた。［……］この偉大な君主が示したことに民衆が寄せる好意のために著作が増加している。この著作は他の著作がすでに述べたことを繰り返すと気づかれず、賛同に値するにはアンリについて語るだけで足りる。」従ってこの熱中は掘り下げることはしなくてもいいとする。この書はこの王に関するテクストの抜粋の寄せ集めで、刊行者自身が行い、括弧内に原典を指示している。数多くの著者が引用され、その中にシュリー、ドービニェ、レトワール、ド・トゥー、マチュー、バッソンピエール、ペレフィクスがある。王の即答の才気、機知、ユーモアが強調される。女たちを愛したと言われ繰り返されるが、このことは今では人のよさの証拠として現れ、この世紀の初頭の歴史家の著作を占めていた非難ははるか遠くに思われる。テクストはほとんどマルグリットについて語らず、一度しか言及しない。「アンリが民衆への愛で民衆に与えたもう一つの証拠は、多分同じくらい大きなものだが、マルグリット・ド・ヴァロワとの結婚を破棄させた後――この結婚で多くの煩わしさを受けていた――自分の性向に反して第二の妻と結婚したことだ[26]。」

この書は、「民衆的」方面のもので、先に挙げた二つの著作によって体現された学問的歴史を単純化しており、当時の「一般大衆」に流布しているイメージがインテリが伝えるイメージとほぼ同じであることを示す。アンリ四世は不謬の英雄となり、確かに、女たちはこの王を占領したが、ただ愛人としてである。その最初の妻については、王を「煩わせる」過ちを犯し、それがなければみんなは好意的に忘れただろう。

女性たち、歴史の対象

しかしながら、歴史家たちはこうした意見を共にしないように思われる。反対に、一団として引き立たせる視点で、特に女性たちに関心を持つ。かつての「著名婦人」のリストのような、賞賛のためではなく、それ自体としての研究対象としてである。この新しい好奇心は、女性が個別の研究に追いやられて、フランス史が女性の人物を見捨てた、一種の「領域の分離」の産物であるのか。あるいはこの動きは、フィロゾーフの影響のもとに日の目を見る社会的イデオロギー的進化への、貴族とフェミニストの、二重の反応の一環であるのか。事実はこれらの著作はしばしば女性に好意的で、女性のイメージを再建する意思を表し、時に公然と世紀の峻厳な歩みを批判する。それでもこれらの著者たちはたいてい守勢に回り、この進化で争点となるものを感じ取るには程遠い。

一七六九年、ラ・ポルト神父は『フランス女性文学史』を刊行し、流行の作品を代表する。これは書簡形式の、婦人に宛てた一種の「ダイジェスト」で、簡潔で心地よい言葉で、著名な学識のある女性の生涯と作品が要約されている。読者への「緒言」で、作者は「精神を飾り理性を完成させるのを禁じる偏見を越えて身をおくことができるとき、学問の経歴で女性がなしうることを見せ」たいと思うと宣言し、「女性が精神をまったく用いないよう求める人々の不正に対して」立ち上がる。マルグリットに当てられた概要は中立的な調子で、『回想録』からのかなり長い引用で途切れ途切れとなる。その始まりの書き方は著者の意見をかなりよく要約する。マルグリットは、「生まれ、美しさ、精神、恋愛、文学的価値、カトリック教への愛着で著名[27]」であった、とこの者は言う。王妃に結び付くこの一連の性質のなかに「恋愛」があることは、著者が語りかける貴族の読者にこの要素がどの点でこの人物を無にしないかを、マルグリットに関して品位を落とす言葉が重ねられたにも拘わらず、ヴァロワ家の最後の女性の肯定的イメージが伝え続けられることを示している。

三年後、アカデミー会員トマは、『様々な時代の女性の性格、風習、精神試論』で、「歴史的一覧」を提供し、それは「女性は宗教、政治、あるいは政体が与えようとしたすべての性質を受け入れることができる」ことを示す。「国々と時代を経巡れば、ほとんど至る所で女性が崇拝され抑圧されているのが分かる」との確認から出発して、この著者は、組織と出来事の人間行動への影響と同様、両性間の関係、女性の抑圧の様態を理解しようとする。こうして各時代に男と女の活動の大きな類似を観察し、これは両性の違いを越えて続き、女性は戦いの時代には戦士であり、洗練された時代には作家であることを示す。この枠組で、連れ合いと同じ権利、同じ教育、同じ敬意に達するために、特に十六世紀と十七世紀の女性論争を通じて、女性が絶えず努力することに言及する。マルグリット・ド・ナヴァールの『博学精妙な話』はこの機会に数多くの他のフェミニストの著作の中で触れられるが、トマの指摘では、これらの著作はほとんど問題を進めることはなかった。「二十の引用は一つの理性に値しない(28)」からである。

最も興味深い考察は恐らく先立つ二世紀の間の女性の位置の変化を描写しようとする考察である。女性の地位の悪化の意識は実際そこでは特に鮮明である。「この問題［女性論争］が生まれ討議された十六世紀は多分女性にとって最も輝かしい時代だった。この時代の後、女性の名誉のための著作はずっと少ない。真面目な雅の道へのこうした全体的熱狂は少し廃れた。」トマはこの現象を騎士道の衰弱と社会のより大きくなった男女の混在と結び付け、女性にとってのこの変化がもたらした否定的結果を強調するが、女性は「ルイ十四世治下に学ぶために身を隠し、自分たちの知識に赤面するようほとんど追いやられた」。そして悪化はさらに続く。「この世紀にはかつてほど女性の賞讃はない。」この考察は文人への厳しい判断と釣り合い、これらの文人が進歩を体現するとは信じられず、事実、この著者によれば、そこでほとんど輝かしい役割は果たさなかった。トマが言うには、それは天才的な演劇人だが習俗の有害な描き手モリエールの場合で、トマは、女性が正当な願いを主張するのにこれほど苦労していた時代に、モリエールが安易な反フェミニスムを標榜し知識のある女性を断罪するのを非難する。同様なのが、ボワローの場合であり、非常に卓越した女性と交わる機会があったのに、考察に値する女性を一人も見出さなかった。最後に、古典的十八世紀のやりすぎも批判される。「あまりに光が多く、まったく冷たく見える(29)。」

おそらくそれはルネサンス以来のフランスの女性の位置の進化に関する最も鋭敏な証言の一つであろう。しかしながら、明らかに、この慧眼の人にとっても、女性の運命は貴族制の地位に結びついているとは思われない。「女性たち」は、理性と節制の仮借なき前進により有罪を宣告されていると思われる、孤立した集団として、同情に値する。多分過ぎ去った時の郷愁を体現するが、この十八世紀の後半には、もう一つの世界と対立する世界の一部をなすものとしてはもはや知覚されない。女性たちの凋落は一つの社会階層全体の凋落の目に見える印とは考えられず、「没落」はもう一つの階層の先触れのサインとして分析されないが、それはごく近いのである。

集団としての女性たちへの関心は、ドルー・デュ・ラディエの『フランス王妃、摂政の歴史的、批評的、逸話的回想録』にも見出される。この作品はマルグリットに関する長い説明を含み、アンリ四世の愛人に当てられた部分も同じようにマルグリットの作品から着想を得ている。王の寵姫は実際ここでは王妃たちのように、これらの王妃たちの後でも、「女性」という対象が当時研究された精神状態を良く表す同類扱いで言及される。この作者は、私たちが引用する機会のあった、そして王妃の『回想録』から着想を得ている大部分の歴史家を読んでいて、王妃に対して発せられた告発にかなり批判的で、少なくとも青春期に関するものについては批判的である。デュ・ガ暗殺の罪状同様、近親相姦関係を疑問に付す。いくつかのことについて熟考し、例えば、ジャルナックの後の、兄と妹の同盟は、数年後の二人の間の計画された不和と同じく、おそらくカトリーヌの考えであったと示唆する。二人の間の協力は太后に多分脅威となり始めていたから。同じくネラック滞在時の王妃の陰謀を疑う。「ガスコーニュへのこの旅ではっきり証明されたこの王女の色事が私にはまったく見えない。」[30]

このかなり穏やかな判断は、政治的女性にほとんど余地を残さないが、この女性作家に対するある種の賞讃と釣り合う。こうして一五七四年夫の弁護に責任があると感じるマルグリットの主張とル・ラブルールが委ねる資料を比較して、この作者は「実際ナヴァール王が用いる弁明書が妻の王妃の著作であるなら、素晴らしい作品である」と判断する。『回想録』は、「繊細な、匠の手になる弁護」と形容され、離婚の翌日の王への王妃の書簡は、素晴らしい文体の証言として、今一度再掲される。しかしながらドルー・デュ・ラディエは先行者に囚われ続け、とかく厳密さが欠如し続ける。『諷刺的離婚』はこの人にとって「王妃マルグリットに対して現れた最も情け容赦のない諷刺」ではあるが、しかしながら「当時の中傷文」と同様に情報を得る。とりわけ、オーヴェルニュでの生活の堕落した説明と同様、処刑された恋人たちの頭部の伝説を再び採り上げる。いつも出回る他の噂にもおそらく同じように影響される。「[マルグリットとの]デュルフェの恋愛はガラテーとランダモールの形でこの人の小説[『アストレ』]に隠されていると断言される。」[31]

こうしてこの説明は、作者のものである共感と、作者が自分より前になされた判断から、本当には自由になることができないのを明らかにする。マルグリットは「その身一つにオルレアン＝ヴァロワ家の君主のすべての徳、すべての才、すべての欠点悪徳までも集めた」ので「十六世紀に現れた最も並外れた王女である」と言うことで始めるが、ル・モワヌ神父の同情した詩句――この作家によればマルグリットについてなされた最善の判断――を引用して終わる。自分の研究の一事停止として、王妃とメアリー・スチュアートとの対照表をもつくる。好みは疑いなく後者の方に向かい、その過ちは「最も不吉な最後で償われた」が、一方マルグリットは「世界がもはや望まないものしか神に与えなかった」[32]。二人の義姉妹の間の対照を始めたのはブラントームだが、気持ちは非常に異なっていた。この回想録作者にとって、二人の女性は同じように運命の犠牲者だった。反対に、『諷刺的離婚』以来王妃に敵対する多くの言葉で裏打ちされる意見をこうしてはっきり表明する、この歴史家にとっては、教訓はまったく別物である。マルグリットが非難されるのは罪のなかで生きたことではなく――結局、この事態は女性にはよくあることだ――投獄、離縁の後も生き延びたことであり、道徳好きな人をものともせずに戻ったことである。もしマルグリットが、スコットランド女王のように、センスよくもっと早く死んだら、過ちを許されたのは何ら疑いがない。

二年後の一七七七年に、参事会員の図書係アントワーヌ・モンジェによるマルグリットに割かれた初めての大きな伝記が現れる。モンジェは序文で書いている。「王侯の個人的生活を書いた多くの作家の中に、王妃マルグリット・ド・ヴァロワの生涯を一人も企てなかったのに驚いた。文人を満たしたこの王妃の恩恵、この者たちに与えた公然たる庇護、自身が持っていた広い知識はこの忘却を許し難いものにする。すべてが、マルグリットの生涯で、賞讃の題材とはいえないので、この者たちは止めたのだろうか。」モンジェはそれゆえ、出典を引用し、真実を虚偽から、本当らしいことを作り事から識別しようと務めながら、客観的に王妃の生涯を描こうとする。

この伝記から現れる肖像はこうした進め方を表している。自分より前に書いた歴史家に依拠して、モンジェはベールとともに年齢の嘘に驚き、一五八〇年の騒乱の問題についてはドービニェに従い、レトワールとデュプレシ＝モルネとともに侮辱の挿話を描き、メズレとともにアジャンの恋愛を語り、（引用せずに）ドルー・デュ・ラディエの文を繰り返す。「その世紀の最も並外れた王女としてこの王妃を正当に見ることができる。オルレアン＝ヴァロワ家系統の王のすべての徳とすべての欠点をその身に集めている。」しかしながら、この伝記作者は『回想録』に注意深く従い、大抵マルグリットを正しいとする。特に、「事実幾つかの逸脱では有罪だが、その英雄に見捨てられた絶望、あるいは野望によりかきたてられた騒乱から何らの果実を引き出せなかった人たちの怒りがこの王妃に対して敢えて書かせたことすべてからは程遠く、この王女の上に広がる毒と悪意を遠ざけ」ねばならないと考える。この歴史家は事実『諷刺的離婚』をドービニェのものとする最初の一人で、ドービニェの個人的、政治的恨みにこの諷刺文書の激しさの理由を見る(33)。

この批判精神はまた他の多くの折に働く。こうしてモンジェは大声で言う。「ヴァリヤース氏が、アンリ三世が『夫として予定した［将来のギーズ公を］好意的に見るように命じた』と言ったのをどこで見つけたのか、私は知らない。」そしてこの細部をこの人が考え出したのではないかと疑う。デュ・ガの殺害についてド・トゥーの説明を引用するが、レトワール経由で破棄するためだ。モンジェは説明する。この法官は「王子と宮廷人に負わせる罪」をあまりに信じがちな性質だと。フランソワ〔アランソン公〕との近親相姦の告発を忌避する。こうしたくだらぬ噂の元は弟についてあまりに熱心に語ったからだろう。アンリに関しては、確かに、王妃は兄に嫉妬していたが、それはカトリーヌが二人を同じようには愛さなかったからだ。一五八二年に、王妃は宮廷に戻りたくなかった。ルーヴルの傍の家を売らせたからだ。それゆえ帰還を懇願したのは王権の方だ。モンジェは同じように王妃の文学作品に対する大きな賞讃を表明する。

フランドル旅行に言及して、叫びの声を上げる。「マルグリットが語りに与える熱意と関心は、その世紀の大部分の旅人の冷たい誇張となんと違うことか。」ある註はモンテーニュもマルグリットに匹敵しないと明確に言う。さらに付け加える。「深い政治の人物」が「自分にふさわしい劇場に」呼ばれないのはなんと残念なことだろう。そして『回想録』を中断してこの賞讃の判断をもたらす。確かに、ヴァリヤースから着想を得てはいるのだが。「『回想録』の書きぶりの優雅さ、語りの文体の熱、至る所で告げられる人間の心の知識、アンリ三世の宮廷での一部の陰謀の展開、これらすべてで私たちはいっそう残念に思う。[34]」最後に、歴史的作品を作るためと、マルグリットの才能の証拠のために、モンジェは伝記の続きに王妃の七通の書簡、うち三通は未刊、それと特に『弁明書』を転載する。

しかしながら、この伝記はいつでも忠実に針路を維持するわけではなく、伝説に追随することも起きる。結婚の日にシャルルはマルグリットが同意するよう頭を押した。サン＝バルテルミーの日に夫の命を救った。そしてラ・モルは死に際に、「ナヴァール王妃とご婦人がたの加護に」身を委ねた。『諷刺的離婚』を歴史的報告と同一視し、発行年月日のお蔭で容易に日時が特定できるのに、先行者におけるこの諷刺文書の影響を考慮することなく、「歴史家たちは夜の間にこの二人のご婦人がこれらの者たち〔ココナとアニバル〕の首を持ち去らせたと付言する」と書きとめる。オーヴェルニュの時期全体がこうしてこの寄せ集めにひどく負っている。時には偽造を犯しかねないほどだ。例えば次のように主張する。「忠実な回想録はナヴァールの王子との結婚までギーズ公が熱心に言い寄ったことを保証する。」しかしながらこれは伝記全体の中では、典拠を挙げない稀な場合の一つである。その上モンジェは、書いている時期に、女性に関する――そして特にマルグリットに関する――様々な言説に存在する論理の帰結を意識していないように思われる。マルグリットを全体としては弁護するが、まったく好意的でなくあまり真面目でない、アンクチルの判断に一度ならず全面的に同意すると言う。マルグリットを支持するが、それは「正当に後世の憎悪をあびる」その母を打ちひしぐためである。マルグリットが歴史でより大きな役割を果たす必要がなかったことを残念がるが、ブラントームがサリカ法の廃止について書くときには激しく攻撃する。[35]マルグリットは善意の歴史家の研究対象であり、考察主題ではない。

旧制度の崩壊と高位の婦人の敗北

フランス革命の到来はこの不安定な中間状態の終わりを印す。ますます記憶を失い女嫌いとなる修史によりすでに損なわれていた旧制度の著名な女性たちは、エヴァの性と崩壊する特権階級に二重に属していたので、ブルジョワの理想が勝利するときに、有罪を宣せられる。マルグリットは、妻に割り当てられた地位から敢えて出ようとした女として、また同時に当時すべての攻撃が集中している王妃、マリ＝アントワネットの先祖、不吉な王妃の原型として、この憎悪の波の中に押しやられる。

実際王妃の『回想録』は七四年の沈黙の後一七八九年に再刊されるが、一五七二年八月の大虐殺でのヴァロワ家の責任に関する論争がいくつかの演劇作品の成功とともに最高潮に達していて、これらの演劇作品の中にマリ＝ジョゼフ・シェニエの『シャルル九世あるいはサン＝バルテルミー』[36]があった。この作品に付された長い序論は、大革命の初めにどういう点で精神状態が変わったか、そのうえその世紀のイメージ同様に、どの点で王妃のイメージが悪化したかを示す。「美しく、愛想がよく、機知に富み、感受性は鋭いが、戒め不吉な印象と誘惑の幻惑に抵抗するために、自身がもっていなかったもの（天使の美徳）がマルグリットに必要であっただろう。社交の舞台に登場するや、官能が足下に散りばめる罠に予めがんじがらめになっていた。理由もなくすでに気に入られることを望み、マルグリットはコケットで、それに気づかなかった。」軽薄で思慮のない女性のイメージがマルグリットの青春への言及を支配しており、その言及は、しきりに『諷刺的離婚』を参照しながらも、かなり同情的である。若い女性が恋に導かれるままになるのは許される。反対に強力であり続ける年老いた女性のイメージには嫌悪して拒絶する。カルラで、「マルグリットは自分の趣味に厚かましくも身を任せ、その淫乱は最早神秘のヴェールで覆われない。」王妃の肯定的な証言は手短に一掃され、誹謗者の証言が鳴り響く。「ブラントームとマルグリットの称賛者はこの地方での滞在の歴史を色づけるために懸命に考えるが、マチュー、ドービニェ、デュプレクスはひどく汚れた描写をする。」[37]

確かに王妃の思い出にひどい扱いがなされるのはこれが初めてではないが、恐らく、初めて歴史的判断はこうして感情的考察を担い、幻想が公然と論証にとって代わる。「マルグリットが貪欲であった性的楽しみをゆっくりと味わう一方、夫のナヴァール王は旧教同盟の怪物を粉砕していた。」そのうえこの分析はでたらめである。回想録を「オーヴェルニュのカルラの城で」起草し、評判を落とさせたのは、「大いに権利のある王位」からマルグリットをよりよく排除するためであった。政治的役割に触れずにおかれる一方、負債と愛人に関しては全面的に執拗に言い募る。「習俗に関しては矯正不能な王女。」確かに、『回想録』は「その精神に名誉をもたらす」が、「この性に歴史のたがねを扱わせてタキトゥスの男の誇りをもって刻ませることを要求すべきではない[38]」。

二年後、大革命の真っ只中に、ルイ＝マリ・プリュドムは旧制度の女性全体、そして特にそのとき女性全員を体現する女、「オーストリア女」に対する革命派が到達した憎悪の水準をよく表す作品を公刊する。『王政開始からマリ＝アントワネットまでのフランス王妃の犯罪』は激しい書物で、簡略だが、緒言から繰り広げられる単純な反フェミニスムに動かされている。「女性は、王妃になると、性を変え、すべてが許されると思う。」王妃たちは「ほとんど全員政治の退廃を犯し、歴史の法廷で罰を受けるのはその夫たちである」。したがってこの作品はフランク族のサリ支族以来のフランス王政の女性の歴史をたどる。キルペリク〔一世、ネウストリア分王国の王、五三九―五八四（在位五六一―五八四）〕の妻からルイ十六世の妻まで、王座で受け継がれたすべて女性の犯した、不貞、子殺し、殺害、買収、放蕩、狂信、虐殺、さまざまな恐怖のカタログである。しかしながら多様性は複雑さと同義ではない。「王妃たちの治世のすべては全般的性格で似ている。あるいは摂政あるいは王妃として、自分たちの周囲に堕落した快楽の好みを増殖させた」からだ。犯罪的でない王妃は「どうでもよかった」。こうして、それぞれアンリ三世とシャルル九世の妻であるルイーズ・ド・ヴォーデモンとエリザベート・ドートリッシュは「信心に凝り固まり、才気も個性もなかった」。後者は「オーストリア女だが」、この作者に幾分気に入られる。サン＝バルテルミーの大虐殺を評価しないというよき趣味を持っていた[39]。

「メディシスの立派な娘」であるマルグリットは、当然この歴史でえり抜きの場を占める。ほとんど確かでないテクストから最も不快にする悪口を取り出し、プリュドムはアンクチルの愚かな言辞を繰り返し、再びラ・モルとココナを「マルグリット・ド・ナヴァールとヌムール公夫人のお気に入り」とし「二人はこの特典を他の多くとも分け合う」と言う。その上王妃は「千回も過度の放蕩の限度を越え」、「ゆるぎなさを示したのは遊蕩においてだけ」だった。スパで、「結果の出ない哀れな交渉」に乗り出した。しかしながら、結局、マルグリットは唯一つの罪、デュ・ガに関する罪を犯し、そこから次のような作者の皮肉な叫びが発せられる。「なんという美徳の過剰」。そしてご都合主義のこの歴史家はアンリ三世が妹に蒙らせる迫害に言及するとき、侵犯者に対して夢見る扱いを赤裸々に明らかにする。王が「痛めつけるのを好む」とき、「我を忘れる女が身を任す男に与える権利を用いただけだ[40]」とこの者は言う。

*

したがって、高位の婦人の力の正当性を失わせようと一貫して百年以上基盤を切り崩す破壊工作が行われ、様々な殺害に至った。マルグリットとその同類の殺害はまったく象徴的である。マリ＝アントワネットと他の「対立者」の殺害は現実である。そして、おまけに女性全体を社会的に政治的に殺害する、フランス人の新しい平等を宣告する体制はすべての市民権を女性から奪うのであるから。啓蒙の後継者である革命派は実際、それほど多くを求めていなかったフィロゾーフとその先行者よりさらに先に進む。女性を市民の定義から排除するだけでなく、王とその妻の首を切り、貴族階級を何千とギロチンに送る。崩壊するのは高位の婦人が治めていた「野蛮な」時代だけではなく、王政全体でもある。

この動乱のなかで、マルグリットがすでに長い間入れられていた煉獄から引き出されるのは、より激しく非難されるためだけにである。仲間に見放され、理性の信奉者に非難され、小説家に忘れられ、『諷刺的離婚』をその生涯に関する知識の主たる源と見なす習慣を持つ歴史家の独占的領地であり続け、王妃は一七八九年に出来する社会が憎悪するすべての象徴の一つとなる。しかしながら、王妃とその同類に対して革命派が厳かに宣告する禁止は国民への別れを意味しない。反対である。オランプ・ド・グージュとロラン・ド・ラ・プラチエール夫人が、前者は「重要な政治家にな」ろうとして、後者は「自分の性の美徳」を忘れたために[41]、処刑台に導かれる一方、民主制が、二百年間近く、人類の半分の政治的な排除の上に築かれる一方、女性論争の終結以来活動を休止している、両性間の関係の議論は、新しい基礎の上に再出発するだろう。旧制度の公的舞台で大きな役割を演じた高位の婦人の思い出は、消えうせるどころか、静寂が戻るや、新しい意義を纏うだろう。

第四章
王妃マルゴ伝説の誕生（一八〇〇―一九一四年）

革命の切断により精神に引き起こされたトラウマは、十九世紀の初年から、歴史への関心を活性化し、この関心は先立つものを多分持たず、この世紀を横切る三つの新しい動揺〔一八三〇年の七月革命、一八四八年の二月革命、一八七〇年の普仏戦争と第二帝政の崩壊〕によって再びアクチュアリティを持ち、この世紀中続くだろう。フランス大革命の解釈、歴史の深い意味、あるいはさらに歴史記述の仕方についての活発な論争はそのとき、歴史探求の分野での強い知的活動を養成し、国家に関する資料の体系化、国立古文書学校の創設、学会の増加によって補強された。歴史への関心はまた印象的な著作刊行によって定期的に活性化される。過去の資料の公刊、回想録の再刊、主要な君主の全集の作成などである。マルグリットに割かれた論文と書籍がそのとき増加し、いまだ未刊であった著作のほぼすべても同様に世に出、『回想録』は新たに定期的に再版される。

しかしながら十九世紀の大古文書学者はルネサンスの女性が社会的、政治的に果たす役割の分析に関してほとんど革新を行ってはいない。思われる以上に啓蒙の世紀の後半を受け継ぎ、積み重ねられた言説を借り、体系化する。この大量の産出はしかしながら二つの新しい要因によって大きく変更される。第一は、「地方色」を求めてのロマネスクな気分の再生で、虚構で自由に表現されることに飽き足らず、歴史の領域に達する。第二はこの時期が経験する社会的矛盾の先鋭化と、ほとんど止むことのないフェミニストの激しい動きの誕生で、政治的権力の分割に関する大論争と今や、世紀の間中、女性史への特別な関心を引き起こす。

再び尋問台に上る旧制度の高位の婦人

新しい政治秩序を定義し、生まれつつある「民主制」からいわゆる平等への候補者の大多数を排除する配慮において、権力に就く階級は、十九世紀初頭から、最も直接的に競合する集団の完全な馴致に着手する。この集団を遠ざけるいかなる理由も客観的には存在しないからだ。それは女性たちである[1]。大革命は既に幾つかの問題を「解決して」いた。女性は政治的権利を持たず、軍隊から排除され、集まり、会議に参加することを禁止される。後は自分たちの劣勢を民法上の権利に書き込まれ、そして特に、この排除を巡るイデオロギー的道徳的意見の一致が作り上げられるばかりである。第一の目的は一八〇四年に実行され、そして一世紀以上の間、「ナポレオン法典」の施行とともに実行されるが、この法典はすべての女性を被後見人とする。後者は息の長い仕事で、ヴィクトル・クザンの言い回しに従えば、「男が公的人物であるように、女は家庭の存在である(2)」と証明する必要がある。この使命にシルヴァン・マレシャル以降のすべての女嫌いが取り組むが、マレシャルは『女性に読み方を教えるのを禁止することに関する法案』(一八〇一年)で、「アンリ四世の最初の妻であるマルグリット・ド・ナヴァールは、書くことを知らなければ、それほど身持ちが悪くはなかっただろう」と明記し、知識の問題を権力の問題と結び付ける。「女性詩人は道徳的文学的に小さな怪物である。統治権を持つ女が政治的怪物であるのと同断だ(3)。」

このように広まった攻撃はあらゆる社会階層の女性の間に激しい抗議を引き起こし、その中では旧制度の近い記憶は決定的な役割を演じる。スタール夫人が公然と皇帝に対立する一方、フランス史の著名な女性の称賛が、大革命に先立つ数十年に比して何ら新しいものをもたらさないと思われる形で、繰り返されるが、精神は異なっていた。今や女性がそれに乗り出しているから。それはフォルチュネ・ブリケがフランス女性事典(一八〇四年)を作り上げた時期で、ヴォーヴィリエ夫人は『ジャンヌ・ダルブレの歴史』(一八一八年)を書き、デュパン夫人は『女性によって例証されたフランス』(一八三三年)を送る。これらの著作の大部分はマルグリットに簡潔に穏健に言及する。ブリケはモンジェに依拠し、参照する。ルイヨン゠プチは『フランス王妃の歴史』で、メズレからむしろ着想を得て、王妃の「才能と欠点、美徳と悪徳の奇妙な組み合わせ(4)」を強調する。興味深いことに、何人もの作者が王妃の詩に言及するが、相変わらず未刊で、収集家の陳列室にどうやら展示されていて、ラ・クロワ・デュ・メーヌの刊行者は大革命の少し前に「これらの作品はかなりよい」と言っていた。ブリケはこれらの中には「巧みなものがある」と評価し、ラ・メザンジェールは「当時としてはとてもよい(5)」と明確に言う。恐らくこれらの意見が、一八二四年刊の『十二世紀からマレルブまでのフランス詩人』の詞華集での、王妃の三つの詩の初めて刊行されるもとであろう。

一八四八年までの証言の集積

歴史資料への好奇心の動きは、十九世紀前半では、『回想録』の三つの記念碑的集成によって表される。二十年間プチトとモンメルケ(一八一九—一八二九年)、ビュション(一八三六—一八四一年)、ミショーとプジュラ(一八三六—一八三九年)によってそれぞれ作成された。他の出版者も同じようにこの企画に乗り出し、見出し難くなっていた著作(ブラントーム、カステルノー、シュヴェルニ、レトワール、メルジェ、シュリー、チュレンヌなど)を読者の手に入るようにし、いまだ未刊であった多くのテクストを知らせる。

デュプレシ＝モルネの妻のシャルロット・アルバレスト・ド・ラ・ボルドの『回想録』はこうして一八二四年に出版される。実際これはアンリ四世の同行者の生涯の非常に資料の裏づけがなされた話で、息子たちのためにその寡婦が書いた。この伝記は当時の政治的、宗教的文脈の申し分のない知識を示しており、夫がマルグリットに関して勤めた二つの交渉を簡潔明瞭に要約していた。侮辱の際の交渉と離婚の交渉である。一八二六年、プチトとモンメルケは同様に初めてフォントネ＝マルイユの『回想録』を出版するが、この人は個人的に王妃を知らなかったが、マルグリットが最初のブルボン家の王に寄与した支援の重要さと王妃の『回想録』の価値に関して、貴族階級の間で十七世紀中葉に支配的だった判断の補助的証言をもたらした。同年、同じ刊行者は同じくルーアンの高等法院評定官クロード・グルラールの回想録を公刊するが、グルラールは一六〇六年の子爵領令の調印に対して行われた長い裏取引での王妃の巧みさと弁論の才を称賛した。

一八三四年、今度はタルマン・デ・レオーの『逸話集』が日の目を見る。この作品は、二世紀近く埋もれていたが、十五年ほど前から好事家の関心を引いた。これは一連の、記憶から作られた辛辣な肖像、語られた言葉の報告、機知に富んだ言葉、スキャンダルの詳細で、そこでは一再ならず悪口が交じるが、少なくとも作者が経験した時期に関しては、正当に放たれた多くの辛辣な言葉もある。一六一九年生まれの、このランブイエ侯爵夫人の友は、一六五七年頃に『逸話集』を書き始めたに過ぎず、アンリ四世の同時代人の肖像はすべて重大なゆがみを蒙っていたからである。それは特に、「王妃マルグリット」に割かれた略記に当てはまり、大部分思い付きの噂となっていた。（タルマンは貴族階級出身でないだけに多分いっそうそれらを信じる気になったのだろう。）タルマンが信用させたまゆつばの中には、とりわけ、すでに挙げる機会のあった、一六四二年に刊行された淫らな小対話をマルグリットの手になるものとしたことがある。「マルグリットのものとして『琴瑟相和さぬ閨房』と題された作品があり、雅の文体がどのようなものか見ることができる。[6]」

言及の続きもほとんど現実的ではない。「王妃はまわりに小さなポケットのついたヴェルチュガダンを身につけていて、それぞれのポケットに箱を入れていて、その中には亡くなった愛人の心臓があった。愛人たちが死ぬにつれて、心臓に防腐措置を施させるよう努めたから。このヴェルチュガダンは毎夜、ベッドの背の後ろの、南京錠で留められた鉤に吊るされた。」タルマンはさらに「おそろしく太った」女を描き出すが、流行遅れの衣装を好み、鬘を新しくすることができるように「時々髪を刈る金髪の大きな従者」を抱えている。「早くから頭が禿げていたからだ。」しかしながら色好みはこの風変わりな老女の唯一の罪である。「愛の錯乱以外では、非常に理性的だった」

とタルマンは、ガブリエルに好都合な離婚を拒否するのに言及する前に、その広い教養、当意即妙の才気、良識を説明する。最後にこの作者は逸話を報告した。タルマンにとっても他の人にとっても愉快なものである。若い頃、足下で死にたいという恋人にしつこく悩まされ、マルグリットは、その恋人が毒だと信じたものを与えて厄介払いしたらしいが、それは「とてもお通じがよくなる薬」でしかなかった。

十九世紀の読者は色事は大好きだが、ルネサンスが非常に評価したスカトロジーの冗談にはほとんど心を動かされず、この話を忘れるだろう。またタルマンの発するむしろ肯定的な全般的判断も留めないだろう。反対に、最後のヴァロワ家の人達の不気味な趣味に関して『諷刺的離婚』とレトワールの指摘が広めた伝説を思い出させる(7)、きわどい細部と不快な描写を大歓迎する。圧倒的に認められて、『逸話集』は実際一八三五年から一八七五年の間に七度再刊され、王妃の滑稽でほとんど美化しないイメージを読者に広める。

一八三四年は、同じく、サンベールとダンジューが、『フランス史の珍しい記録』で、十六世紀に関する非常に数多くの資料を刊行、あるいは再刊し始める年である。そこには『フランス人の目覚まし』や『不思議な話』のような諷刺文書、ラ・モルとココナの裁判書類（そのなかに『ナヴァール王の廃位』がある）、他に侮辱事件のためのデュプレシス＝モルネの交渉についてのもの、ブスベックの手紙の一部、ピブラックの『アンリ三世王の演説』、『大アルカンドルの恋の物語』、エロアルドの『日記』の抜粋などが見出される。その規模は圧倒的だが、これらの刊行物はほとんど学問的ではない。作品は次から次へと、いい加減に刊行され、考証資料は最低限に抑えられた。各資料に数行の説明があるきりで、註もほとんどない。『ナヴァール王の廃位』の本当の作者も同定されない。コンチ公女の物語は「明晰さのために」修正され、本当の名前が復元される。一七四八年のものと非常に異なる、ブスベックの手紙の新しい翻訳は、軽蔑的な側面を強調する。「この王女の恋のたくらみ」は「陰謀と無軌道」になり、「色男」の一覧は「愛人」の一覧になり、ある文にある条項が加えられた。「[王は]不貞の関係で息子を設けたとマルグリットを責める(8)」。しかしながら歴史家が当時の原典を求めて長い間情報を得るのはこの「全書」からである。

マルグリットの同時代人の二つの新たな証言がさらにこの時期、それぞれ一八四三年と一八四六年に、現れる。それは一方はラ・フォルス公爵の『回想録』で、他方はル・リッシュ兄弟の『日記』である。前者は、王妃よりずっと若く、アンリ四世の暗殺後の、妻エスコマン事件に言及し、マリ・ド・メディシスに警告する以前にマルグリットが尋問したやり方を述べている。後者は特に、一五八二年カトリーヌの到着を待っていた時の、ナヴァール王夫妻のサン＝メクサン滞在を報告し、この滞在は、マルグリットの友、デュラス夫人に加えられた不運な出来事で混乱した。

一八四二年までのマルグリットの著作の刊本

王妃の『回想録』はこの過去の証言の再発見の巨大な動きによりもちろん忘れられてはいない。イギリスで一八一三年と一八一九年に、最初の再刊がなされ、次いでフランスもそれを継ぎ、回想録の三つの大集成はそれぞれこのテクストを目録に含める。一八二三年にプチトとモンメルケが作成した、フランス版の最初のものは、二十頁ほどの導入の説明文で始まり、その調子は「確かな伝説」と呼びうるようなものに属する。「絶対的に反対の意味で、マルグリットについて語ったほとんどの同時代人が陥った誇張を免れ」ているという。それでもやはり、王妃が「アランソン公と最も親密な関係」を結び、「恋人たちの戦い」をあおり、「才気と魅力で」カニヤックを誘惑したことに変わりはない。さらに、注釈者は、幾つかのお粗末な誤りを免れない。一五八三年の侮辱に関する交渉は数週間にまとめられ、ネラックでの第二の滞在は一年以上に延ばされ、ブラントームは一六〇七年以後のパリのサークルの一員として指摘される。

マルグリットの作品に関して下された文学的判断は人柄に結びついた道徳的判断に非常に依存している。「『回想録』は青春期に引きずり込まれた錯乱に関していかなる疑いも残さない。ほとんどいつも自己正当化しようとして、当然そうされても致し方のないだろう批判を主として封じようとしているのが分る。そして精神を研ぎ澄まし、良心と絶えず闘わざるを得ないので、弁明は非常に辛辣になる。」それゆえ読者はテクストの背後いたるところでテクストが隠そうと努めた、言われていないことを探すよう誘われる。マルグリットの文体は「ほとんど」美しいだけに、この訓練は快いものとなるだろう。マルグリットの著作は「次世紀にフランス語が獲得する完成に近づいていると思われる最初の文学的作品の一つ[9]」であるから。

一八三六年版のこの作品を導入するビュションの解説は控えめであろうとする。しかしながらそこでマルグリットは「メアリー・スチュアートの義妹であり、メアリーの優美、才気、そそっかしさ、そしてほとんど同じ美貌を持っていた[10]」と描かれる。実際は、先の版の序文が、誤りを含めて、ほとんど一語一句繰り返され、ここではそれを補うへまが付け加わる。一五八二年フランスに帰還すると、ギーズ公と関係を再び結んだと主張されるからだ。

同年のミショー＝プジュラ版の『回想録』への序文をなす伝記的説明に関しては、旧制度の最後の年月に発せられた判断に非常に負っている。王妃はそこで「その世紀の最も並外れた王女であり、別の宮廷に生まれていたら、多分最も申し分がなかっただろう」と記述される。というのも「公平であるために、その才能はこの女性のものであるが、その欠点はその時代のものであると付言せねばならない」から。しかしながら執筆者は非常な成功を博するだろう新しいことに責任がある。ブスベック（その書簡の何通かは再び読者に供されたところである）のすでに疑わしい主張に尾ひれをつけて、一五八三年八月アンリ三世が妹に加えた公での諍いは宮廷全員が出席している舞踏会でのことであったと主張する。

しかしながら最も顕著な新しさは解説全体を潤す道徳的判断の強調にある。「マルグリットには二つの人格があった。重大な非難に値する弱い女と、才能と輝く美点により、惜しみなく与えられた称賛の価値がある王女である。」解説の作者が再び、典拠を指示せずに、「歴史家がなしうる最善のことはマルグリットの生涯の残りに口を閉ざすことだ」というアンクチルの文を繰り返すとき、次の注釈で飾っている。「しかしながら私たちは追い求める。この王女の例は社会の最も高い地位、自然の最も幸運な賜物、最も輝かしい才能が、美徳と習俗の尊重を伴わないとき、公衆の蔑みを免れないことを教えるだろう。」同じ気持ちで、性による役割分配に関するイデオロギー的規範的判断の強調を同じく記す。「自然が女性に惜しみなく与えうるあらゆる優位に、この王女は、男であったら目覚しいものであったろう才能と美点を結びつけた。」

文学的判断も、『回想録』の末部が失われても、削除されてもいないと表現して、一新される。「一五八二年の後は、ほとんど歴史的でない告白しかすることはなかっただろうから、マルグリットはこの時期で止め、生涯の前半三十年だけを検討する。」そして執筆者はこれをほめる。そしてこのように最悪のものを取り除いた作品はそのとき心底称賛されうる。「この王女に関する特徴を報告し、ヴァロワ家の内部を申し分なく明らかにする。描き出す人物はその筆の下で生き返る。これらの人物の容貌、性格、情熱は魔法の鏡の中のように現れる。わずかの出来事を詳細に語る。時にはそれらを無視さえするが、状況の重大さと人間の卑小さを大変上手に認識させるので、『回想録』を読んで、大きな不幸が切迫しているのを予想して想像力は怯えた。」ここでもまた、道徳的判断はこのようであり、誠実なあるいは公刊の企画に動機付けられた、称賛の最中に、作者は保留を表明せざるを得ず、過去の世紀の評価の背後に身を隠し、あまり熱中していると見えないように気をつける。「アカデミー・フランセーズの会員に従えば、この作品は十六世紀の散文の模範である。作者の広く多様な知識、洗練された趣味を明らかにし、私たちは私たちの国語のほぼ精髄と言うだろう。[11]」刊行者がこの作品の後に『弁明書』を置くのは、これが理由なのか、あるいは歴史の関心に供するためなのか。ともかく、今日まで続く伝統を開始した。

一八三八年、『回顧誌』は八十頁ほどの「マルグリット・ド・ヴァロワのアンリ四世宛書簡」を掲載する。考証資料は半頁の序文と六行の結論に要約される。校訂刊行者は出版に見られ、「原本の製本された集成を支配する乱脈」のせいである年代の混乱を詫びる。ごくわずかなスペースで、それでも「マルグリットの生涯の無軌道ぶり」を想起させるにいたり、刊行者によれば、これが「[兄たちと夫が]証言した冷淡さの」原因である。テクストに付されたごく稀な註の一つは思いつきの注釈の機会を与えすらする。甥の策謀への王妃の仄めかしを「解明」しようとして、これは「マルグリットの息子のアルシャンジュ神父に導かれた、オーヴェルニュ伯爵とアントラーグ夫人の共謀[12]」であると指摘する。考証作業なしでこの版が作られた軽薄さ同様、時に誤った日付への、この指摘、この誤りは、主題をほとんど真面目に扱っていないことを証明する。しかしながらこの資料はアンリ四世の最初の妻に持つ知識を深く革新し、『回想録』で闇に残された時期を殊に解明する。これらの手紙は、一通を除いて、すべて一五八二年以降であるから。特に、離婚の長い交渉、王妃がパリ帰還まで苦闘せねばならなかった物質的困難、十七世紀初頭以前からの王妃と前夫との間に再び作り出された愛情のこもった友愛関係をよりよく理解させる。

従ってマルグリットの著作集の初版が準備されるために条件はほとんどそろった。これをフランス歴史学会は一八四二年フランソワ・ゲサールに担当させる。それでこの古文書学校卒業生、文学史家は、『回想録』、『弁明書』、先に公刊された書簡の大部分を集め、さらに相変わらず未刊であった、他の多くの書簡を付け加える。仕事はより確かだと思われる。ゲサールは写本と先行する諸版を読み、註を付け加え、幾つかの誤りを正した。しかしながら、多くの細部はゲサールがこの務めに全力を尽くさなかったこと示す。国立図書館にある幾つかの主要作品を見なかった。四八通を公刊しているのに、序文で未刊の三六通しか通知せず、特にその短い前書きは作品同様王妃を軽視する一種の揶揄で印付けられる。こうして、幾人かの先行者の称賛する判断とは明確に一線を画そうとする。『回想録』の最初の刊行者グラニエ、熱心な讃美者ブラントーム、熱狂的な読者ペリソンとである。全員が幻想を抱いていると非難される。ゲサールによれば、より節度ある意見に立ち戻らねばならない。「十六世紀の政治、文学、習俗の歴史にわずかでも興味を抱けば、書簡選を伴った、マルグリット・ド・ヴァロワの『回想録』の刊行本は、みんなの教育の源泉としてではなくとも、すくなくとも役に立つものとして見られることができる。」自分が収集した著作集に関していかなる他の価値判断も発せられない。

この碩学はマルグリットの演じた政治的文化的役割には触れないが、反対に恋愛生活は豊富に言及し、事実を思い出させるのではなく、示唆的な指摘でテクストを満たす。「マルグリットの美徳は当然のこととして疑うことができると思う。才気と文学的利点を疑問に付すのは理解できないだろう」とこのように書く。シャンヴァロン宛て書簡を紹介しながら、それらを再編成したことを正当化する。これらは「マルグリットと恋人、私の言うのは恋人の一人と言う意味だが、の間の、内容も形式もまったく特別な書簡を形作っている」。最後にこの刊行本に、タルマン・デ・レオーの『逸話集』の刊行が明らかにした、『琴瑟相和さぬ閨房』を付け加えなかったことを詫びる。この「辛辣な対話で、マルグリットは、凝った文体でプラトン的愛の理想的喜びを褒めそやした後、対話の相手を納得させることができず、やむを得ず最後は自分の理論を非常に安売りする。」

この小品に割かれた何行か――ゲサールは当時未刊だと信じていて、自身で説明するように、かなりのエネルギーを費やしてそれを探した――は、学者の間で十九世紀に支配的な偽りの謹厳ぶりを非常によく表す。「重々しく」「真面目」であろうとし、女性の美徳を推奨するが、特に親しい友達どうしであることが確かなら、規則に背くことを進んで楽しむ。「この、生き生きとしたいくらか慎みのない小さな文書の結論は幾人かの読者を怖気づかせただろう。特に女性読者を。それで気兼ねした。ついで、それを信じる何らかの理由があろうとも、作品の真正さについて疑いが起きるかもしれない。これは次の格言を当てはめる場合であった。「疑わしい場合には言葉を差し控えよ」。そして私はこの方針を取り、しかしながら王妃マルグリットのこの種の告白、あるいはいっそう好むなら、なんらかの追い払われた恋人の機知に富む諷刺文書を別に出版することは諦めない。」二つの仮説は対立するだけに奇妙でぞんざいな二者択一だ。実はフランス歴史学会が、後に知るように、このテクストの出版に反対した。

最後に、ゲサールの態度は明晰であるという取り柄がある。実際、ゲサールはマルグリットの他の刊行者の感情を言い表したに過ぎず、みんな王妃の才能を認め、本当の批判的検討にその著作を従わせるのを嫌う。この刊行者たちの留保、さらにこのような女性が果たしえた役割の排斥は或る者にとっては真面目さの欠如、他の者にとっては提示する作品の過小評価、そして全員にとって、結局、必ず夢想する淫蕩の非難で表される。しかしながら、読者はこの人物に熱狂する。定期的に『回想録』のテクスト、そして可能ならば他のテクストを与えねばならない。

ロマン主義世代のヒロイン、王妃マルグリット

実際マルグリット・ド・ヴァロワは一八三〇年代に「真面目な」と言われるジャンルを大きく越える興味を引き起こし、フィクションに行き着く。十八世紀を地下で横切った流れの湧出が、あるいは最後のナヴァール王妃に関して一七八九年以降歴史家が放った夢想の誘いの結果なのか。それでもやはり、十九世紀のこの前半に、傾向は逆向きになる。数十年で、ロマネスクな人物像が歴史的人物像に取って代わり、王妃は――叙情的な劇作家と小説家のお蔭で――フランスで最も人気のあるヒロインの一人になるだろう。実を言えば、マルグリットだけが詩人、小説家、音楽家に着想を与えたのではない。ロマン主義の世代は全員十六世紀とその時代の王妃たちに熱中し、王妃たちは暗く激しいイメージに大いに与って蘇っていた。シラーは

『メアリー・スチュアート』(一八〇一年)を最も狂気じみた情熱を吹きこむ崇高なヒロインとして描き出し、ウォルター・スコットは『メアリー・スチュアートの小姓』(一八二〇年)で弁護を行い、ヴィクトル・ユゴーは『メアリー・チューダー』(一八三三年)に正劇を捧げ、バルザックは一八二八年に『カトリーヌ・ド・メディシス』に関する小説を書き始める。同様に、ドニゼッティは『アンナ・ボレーナ』(一八三〇年)と『マリア・スチュアルダ』(一八三四年)の栄光を歌う。現実から放逐されて、力のある女性たちは世紀前半の想像力に大挙して再び現れる。

フィクションの人物としてのマルグリットの復活の最初の痕跡は小説ではなく、大革命後の長い年月の間に現れた歌われる詩の年代記に探されるべきだ。『優美な歌謡集』の一八一九年と一八二一年の巻に、実際マルグリットを登場させる二つの詩が見られる。第一のは、「王妃マルグリットの小姓」と題され、歌詞はエドゥアン、曲はジェローム・モミニー作と記されている。オリヴィエという名のこの小姓は、女主人が課す厳格さを嘆く。

どうして、気高き心と美しい王妃の
高き家系の奥方の中で
隷属がおまえを恋と官能にしえただろう
あの女性を選ばないのか
そしてその方は、おまえの苦労を哀れに思い
口づけで身の上を和らげたかもしれない

実際はこの奥方は情け容赦なく、「恋の避難所に」いないだろうと知りながら、小姓は僧院で生涯を終えることを決める。二番目のテクスト、「美しいマルグリットとその若き小姓」はジロンド県のシャルル・ミュロ作とされ、デュオで歌われる。今度は、王妃は十五歳の小姓のレモンと対話する。王妃は小姓に心の秘密を言うように迫り、若者は不安と誠実な恋人を待っていることを説明する。王妃が言い募るので、自分がこの恋人になるつもりだと分かり、若者の最後の熱狂はこの申し出が気に入ることを示す。しかしながら、この美人の正体は最後まで曖昧にされたままだ。

おまえは感じるだろうか、ある美人の
微笑で、心臓が打つのを。
——ええ、でも自分の熱狂を隠して
自分の幸福を疑うでしょう。
——目が愛の涙で湿り
腕が首に回され
レモン、その口をおまえの
鮮やかで臆病な口に押しつけたら?
——この口づけ、このすばらしい口づけは

私の命の運命となるでしょう。
私はこの恋人を熱愛するでしょう
そして思い違いをする恐れはない[13]。

この二つの詩は、二世紀前から歴史家が持ち運んできた、疑わしい、さらには下劣なイメージと遠い関係しか持たない女性を登場させる。最初の詩は近づき難く運命的な王女を描き、二番目の詩は繊細で好ましい恋する女性を描く。問題の美女が、両方の場合に、王妃マルグリットと呼ばれるのに気づくのは興味深く、明らかにこれはナヴァール王妃である。王妃マルグリットという名で民衆の意識に生き続けていて、すぐれて魅力的な若い女性の肯定的なイメージに結び付けられる名前である。同じ時期に、同じ名前で、次の作品に登場する。

一八二九年刊行の、メリメの『シャルル九世年代記』は、大革命以来常に議論の対象である出来事である、サン＝バルテルミーの大虐殺前後の月のユグノーのメルジーとカトリックのディアーヌ・ド・シュルジの恋を語る。マルグリットはこの小説では背景の要素としかまだ現れないが、より長い間である。スタンダールの友メリメは実際ここで歴史小説の大シリーズを開始する。恋愛事件を遠ざかった時期に据え、「地方色」の探求を動機付ける公然たる無造作でこの時期を利用する。その書の序文でメリメは「私が歴史で好むのは逸話だけです。そして逸話の中ではその時代の習俗と性格の本当の描写を見つけると思えるものをより好みます[14]。」一つのジャンルが始められ、多くの作家に着想を与えるだろう。

しかしながら、マルグリットを、一八三〇年代にそして十九世紀で初めて、人気のある登場人物にするのは歴史小説ではなく、歴史が重要な場を占める小説、『赤と黒』である。ジュリアン・ソレルが仕える二番目の家族は実際ボニファス・ド・ラ・モルの後裔で、伯爵の娘マチルドは自分の祖先のかつての愛人に本当の崇拝を捧げている。毎年、四月三十日に、友人ココナとともに斬首されたこの有名な先祖の思い出に喪服を着る。ジュリアンに説明されるが、「しかしマチルド嬢の心に触れるのは、この政治的破局で感動させたのは、マルグリット・ド・ナヴァール王妃が、グレーヴ広場の家に隠れて、首切り役人に恋人の首を求めさせたことだ。そして次の夜、この首を馬車に載せ、自身でモンマルトルの丘の麓に位置する礼拝堂に埋葬に行った[15]」。マチルドにとって、この行動はすぐれて高貴な世紀の英雄主義の象徴で、ジュリアンに描写する。「ある日、天才と熱狂の輝くような目をして、マチルドはジュリアンに言った。『旧教同盟の戦争は、フランスの英雄的な時です。その当時各人は自分の望む何かを手に入れるために、自分の党派を勝利させるために、お互いに闘いました。あなたの皇帝の時のようにありきたりに勲章を得るためではありません。』」それゆえこの若い娘はモデルを提示する十六世紀に想像で生きている。サロンの英雄主義に追い込まれて、勇敢な行為のように軽率な行為を重ねて、自分の階級と運命に挑むためにジュリアンと結婚しようと決める。小説の最後で、先祖の愛人の動作を繰り返す。「[マチルドは]自分自身の手で恋人の首を埋葬したかった。」[16]

ここではマルグリットは小説の動機以上のものである。この若い娘の模範となるだけではなく、世紀を越えて、自身の一部を与えるように思われる。そのエネルギー、誇り、勇気、忠節、値する者に結び付きその者を自分の高さまで引き上げるやり方を。他方王妃は小説中で本当の象徴となり、第二部全体を支配する。過去の時代の象徴で、王政復古の失望させる現在との比較で、作者にとってと同様マチルドとジュリアンにとって、光輝を引き受ける。それゆえスタンダールがマルグリットに割り当てる役割は特に重要で、その思い出は、生まれつきではなくともこの心の貴族においては、肯定的意味に結び付けられる。それでもやはり、ここで言及されるのはナヴァール王の弁護を書いた女性ではなく、アランソン公の加担者でも、スパあるいはネラックでの外交家でもなく、アジャンで戦う女性でも、ユソンの女城主でもなく、陰謀家の愛人である。その唯一の英雄主義は愛人の首を自らの手で葬ったことである。多くの同時代人と同様、マチルド・ド・ラ・モルは偽造された十六世紀を祝い、そこでは崇拝する者の本当の勲は『諷刺的離婚』のでっち上げの思いつきのせいでごまかされる。

ナヴァール王妃は同じように、続く年月の間に、二つのオペラのヒロインとなる。最初のものは『学生の牧場』で、一八三二年のものだ。プラナール台本の、フェルディナン・エロルドの作で、メリメの『シャルル九世年代記』に想を得るが、マルグリットはここではもはや遠い過去の王女の何ももたない。感じのよい親切な人物で、夫と合流するためにフランスの宮廷を去ろうとし、できるだけ伯爵夫人イザベルとベアルンの大使メルジーの恋を助ける。非常に人気があり、このオペラは続く数十年の間頻繁に上演される。王妃の現れる第二のオペラ作品はジャコモ・マイアーベアとウージェーヌ・スクリーブの『ユグノー教徒』で、一八三六年パリで初演される。筋立ては再び一五七二年八月のことである。マルグリットはカトリックとユグノーを和解させようとし、ヴァランチーヌ・ド・サン＝ブリとヌヴェール伯爵との婚約を破棄させ、そしてヴァランチーヌが自分の恋しているプロテスタントの若者ラウル・ド・ナンジと結婚できるようできるかぎりのことをする。しかしながら数多くのたくらみはこの結びつきを妨げ、二人の主人公は大虐殺の夜に死亡する。このオペラの成功は、大きく長く続き、時代の想像力にアンリ四世の最初の妻の好ましい像を固めるだろう。

しかしながら、一八四五年、マルグリットはフランスで最も人気のある王女となったが、これはアレクサンドル・デュマの小説のお蔭で、伝説を確固たるものにする渾名をその折に見出す。『王妃マルゴ』である。この小説は、結婚の時に始まりシャルル九世の死で終わるが、三つの主要テーマの上に築かれている。ラ・モルとココナの不滅の友情、カトリーヌ・ド・メディシスの悪魔的な陰謀、一方でマルグリットとラ・モル、他方でナヴァールとソーヴが作る二組のカップルの恋愛。他でと同様、デュマは現実の出来事と小説のつくりごとを混ぜ合わせ、想像力に衝撃を与えるのに最も適したエピソードに集中し、事実の年代順を狂わせ、現実を変更することを厭わない。こうして、大虐殺の朝に、眠っているナヴァール王妃の寝室に負傷して入ってきたのはレラン殿ではなく、ラ・モルで、これがこの貴族の死刑まで続く恋の物語の始まりである。

その上恋愛は王妃の大きな気晴らしの一つだ。結婚の夕べ、「いつものように今晩も」ギーズと会う約束をしたが、ギーズが手紙を返すためだった。これが二人の関係の終わりだ。大虐殺の夜、アランソン公は部屋に留まった。最初の叫びが聞こえると、衛兵と渡り合おうとするが、姉がおとなしくしているように言う。「こんな時刻に部屋に」いるのが知られるのはよくないだろう。最後に、マルグリットの気質は、自身で世話する、負傷したラ・モルの誘惑のシーンで私たちに確認される。「王妃は限りなく優しい声と微笑で言った。『それではあなたは知らないのですね。わたしたちフランスの王女は草木の効力を知りバルサムを調合できるよう育てられていることを。』」二年後、苦しみに打ちひしがれ、マルグリットはラ・モルの斬首された首を首切り役人に掠め取らせるだろう。しかしながら、マルグリットは単に恋する女ではない。陰謀に引き裂かれたルーヴルで、若さ、知性、教養を代表する。母と接触して手練手管を磨き、争点を把握し、駆け引きを理解し、その裏をかく。愛してはいないけれど、夫の側を選んでおり――二人の同盟は政治的なものに過ぎないことが了解されている――ナヴァール王を排除したいという考えに抵抗する。「妻の義務は夫の運命を分かち合うことです」と大虐殺の朝に認め、悲壮に叫ぶ。「殿、あなたが追放されたら、その追放にわたしはついて行きます。あなたが投獄されたら、わたしも虜囚になります。あなたが殺されたら、わたしは死にます。[17]」これに続く月日、巧みに夫を助け続ける。

このヒロインは異論の余地なく感じがよく、モデルとはもうあまり関係がない。小説の初めから終わりまでマルゴと渾名され、身分の低い者も「マルゴ様」と呼び、ナヴァールの高慢な王妃はいたずら好きのブルジョワ小娘となり、シャルル九世の地獄のような宮廷でいたずらっぽく動き回る。輝くばかりの若さのお蔭で当面なんでも許されるが、明らかに自身により暗い運命を担い、時間が経てば母のようになるだろう。この陰謀を巡らす不吉な女、計算高く、桁外れの野望を持った女のように。このカトリーヌ・ド・メディシスはアレクサンドル・デュマの作品につきまとう怪物のような女の一人に過ぎない。

繊細で洗練された王女から二五年を経て抜け目がなく臆面のない若い女、最も黒い遺伝を担う女への、人物の変化は、もちろん、十九世紀が女性、特に政治的な女性に対して徐々に態度を硬化させることと関係づけられるべきで、この硬化についてはマルグリットの刊行者の分析で既に指摘した。しかし影響は相互的である。ロマン派の世代が過去の壮大な復興を諦める一方[18]、この小説のすさまじい成功——一九〇四年までに二十版、そのうち初版に引き続く十五年間は毎年再版される——は、来るべき数十年の想像力に決定的に重くのしかかり、大衆に影響するだけではなく、真面目な人にも影響を与え、この人たちは、しかしながら同時期に、とうとう「科学的な」歴史が到来したと褒めそやす。

一八四〇年と一八五〇年の間の歴史学と、フェミニストと女嫌いの間の矛盾の激化

ルイ＝フィリップの治世は女性の理想化の時代である。これまで女性のミューズ、詩人の創造的イマジネーションを豊かにし霊感をあたえる人としての役割をこれほど褒め称えたことはなかった。実は、この称賛は両義的で[19]、無益で単なるお飾りの地位に女性を押しやり、都市においても文学創造においても、各性が占めるべき役割を限定するための数限りない骨折りをしばしば隠している。部分的には無益な骨折りである。女性崇拝の両義性故に恐らくジョルジュ・サンド、ルイーズ・コレ、あるいはマルスリーヌ・デボルド＝ヴァルモールは自分たちが他の女性の姉妹であると感じることができないが、それはこの女性作家たちが創造することを思い留まらせることはない。一八三〇—一八四〇年の世代は現在「女性作家[20]」と呼ばれる変った女性が最も豊富な世代の一つである。

特に、この時期は、あらゆる出身の女性の側が、自分たちの性全体が蒙っている不平等を広く自覚する。こうして王政復古の終わりは女性の間での増大する政治的動揺に印付けられ、女性はクラブや協会で団結し、新聞を創刊し、公然と権利を要求し、民主制の堕落を明るみに出し、そしてやがて、一八四八年の騒擾に加わり、普通選挙の再建を利用しようとする。女性たちは失敗し、立法府は一八五〇年五月に制限選挙を再建し、専制体制が翌年権力の座に着くのでそれは民衆の失敗でもあるが、女性たちは再び抵抗の時期に入る。

その間に、一七八九年以来配置される新しい秩序へ女性が数十年反対したことで女性の意識に残された痕跡は大きい。解放と政治的権利への接近に対して中立でい続けることは不可能なので、平等の支持者とそれ以外の者との間の立場は硬化し、この対立はあらゆる分野で見られる。特に旧体制の歴史の記述で、もっともらしく女性の役割を回復しようとする者と、女性の記憶の歪曲を、時には愚かしいほどにまで、続ける者との間に隔たりが穿たれる。この分裂の周りに貴族的歴史家とブルジョワの歴史家が並ぶのは驚きではない。その時から、フェミニストは議論の外にい続ける。マルグリットとその仲間はフェミニストの敵ではないが、その姉妹でもなく、歴史記述と同様歴史的に「専制」時代にあまりに結びつけられていた。この現象は徐々に、過去が提供する唯一の肯定的モデルで闘う女性たちを

分断し、「性の記憶」の根本的不在を余儀なくするだろう。

私たちがその言葉を分析する最初の歴史家はアンベルディで、一八四〇年の『オーヴェルニュの宗教戦争』で、資料よりも悪口から捏ね上げられた、特に戯画化された肖像を王妃についてこしらえる。「心は悪く、薄情な母で、マルグリットは品位を落とす恋で二人の子どもをもうけ、捨てた。」道徳的非難は王妃の知性を否定する厳しい意思で二重にされる。アンベルディの説明するには、マルグリットは旧教同盟に賛成を表明したが、「同盟が夫を王権から排除するのを特に目指したのを忘れていた」。その上自身ではたいしたことを表していなかった。「宗教的騒乱でナヴァール王妃を著名な人物としたのは、個人的な価値よりも恐らく［ユソンの］三重の城壁である。その少し広く大胆な才能は真面目な作業では少しも発揮されず、快楽の極端な恋で弱まったのだから。この女性には強い魂も大きな精神もなかった。[21]」

この軽蔑する言及はその上、十八世紀末に生まれるが、実際は十九世紀中頃に開花する傾向をかなり代表している。空想と歴史的記述を常に混合する傾向だ。こうして、アンベルディは進んで王妃と他の人物の対話を拵えあげ、あたかも立ち会ったかのように記述する。例えば、カニヤックを前にして、「マルグリットの顔は青ざめ、口元はきっと閉められ、鼻孔は膨み、眼差しは侮蔑的で、言葉より先に取り付かれている怒りを表していた」。しかし「鷲の目」をした女性は特に放蕩と憐れみを結び付けるやり方で魅了する。「怪物のような混合で、途方もなく淫乱で、どんな犠牲を払っても情念を満足させるこの女性は、毎日礼拝堂を訪れた」とアンベルディは怯える。そして夢見るように付け加える。「マルグリットが人物で飾られたミサ典書に身をかがめるとき、［……］地上から引き離す深い瞑想に身を浸す聖なる女性と思われた。［……］そして突然世俗的な考えが、官能に身を投げるために祈りからこの女性を引き離した。[22]」

一八四三年、バザンことアナイス・ド・ロクーは、これらの空想にけりをつける「王妃マルグリット」と題する長い論文を公表する。これは真面目な研究で、いくつもの誤り、特にマルグリットの誕生の日付（一五五二年ではなく一五五三年）を訂正する。多分、初めて、歴史家が、後世の判断ではなく、その時代が提供したデータからマルグリットを理解しようとする。こうして、夫と別れた時の、夫に対する王妃の態度は、アンリ四世が破門され、政治的に完全に孤立し、その時まで、将来の偉大な王のスケールを垣間見せていなかったことを考慮するなら、何ら驚くべきでない、とこの歴史家は判断する。その上バザンは自分より前の歴史家を注意深く読み、この者たちの一貫性のなさを適切に指摘し、新しい分析を提示する。例えば、一五七九―一五八〇年にマルグリットに平和と戦争の両方に責任があると非難するとき、歴史家ドービニェの話に存在する矛盾を指摘する。この歴史家は「色事と女性の恨みの不貞の混合により損なわれた聖なる原因を見ると思う厳格なユグノーたち」[23]を嘲笑する。オーヴェルニュでのいくつかの謎について考察し、ブラントームの『マルグリット篇』の起草年月を前倒しし、離婚手続きで出会う遅れではマルグリットに理由がないと主張できると信じる。「娼婦」ガブリエルに言及する手紙のように、王妃の抵抗をでっち上げたのはシュリーであったろう。

発掘されたばかりの最新の資料に基づき、バザンはこの人物の全体的な読み直しを提案する。ナヴァール王宛ての一五八二年の手紙は、「王の側に立ち、期待し、愛を分け与えることについて公言するが、それでも夫と留まれない、善良で、優しく、気が利き、従順で、夫の利害にすべてを捧げ、夫の望みに合わせる女性」を示す。シャンヴァロンへの手紙で、この歴史家は「後悔、望み、感情、考え」しか見ず、「これらの手紙を愛のレトリックの試み、無為の心の純粋に文学的な練習ととることができよう。そしてこの点から見ると、これらの手紙は作家の才能にとってほとんど名誉とならないだろう。」『回想録』は、「不運にも未完」だが、「素朴な優美さと新鮮さに満ち溢れた話」で、「すべてを語るわけではないが、語るのに同意することについてさらに最も確かな情報を提供する」。ユソンでの破廉恥な言動は、本当らしくない。「[誹謗者が]ほかで非難する軟弱な追求、繊細な官能にそっくりだ。マルグリットがすべての嫌悪と誇りを犠牲にしたことをこの者たちがここで望む、粗野で選ぶところのないこの狂乱は。[24]」

バザンは現実性、明晰、繊細さを示しただけではない。そのマルグリットの肖像は、アプリオリでないなら幻想を欠くが、恐らく貴族の出自であることによっている。道徳的判断をすることは稀だが、その判断は、実際ブルジョワ歴史家の判断と反対である。ナヴァール王妃がシャンヴァロンの子をもうけたのは恐らく本当だろうと、記す。「それにそれは厭うべきことではない。」そしてマルグリットの名誉回復はその母の名誉回復を伴う。この母は「歴史家たちが絶えず没頭しているとする暗い目論見のさなかに、しかし申し分なく子供を育てる手立てを見出した」。結論として、バザンは王妃の悪い評判の起源を初めて分析してみせる。まずはドービニェの作品『諷刺的離婚』を告発する。これは「もちろん邪険なユグノーの臭いがする」。次に「ブルジョワ」レトワールを非難する。「恥ずべきユグノー」で悪口の吹聴者である。最後に、ほとんど細心綿密でない歴史家を咎める。しかしこの碩学はさらにそれ以上のことをする。マルグリットに対して批判が一致してなされた意味を理解しようとする。バザンの考えでは、マルグリットに対して宣告された道徳的非難はしばしば安易な正当化の代わりをする。しかしながら、夫も同じ非難に値した。夫が違ったふうに判断されたなら、その理由は純粋に政治的である。バザンは指摘するが、デュプレクスは王妃の息子とされた修道士が一度も脅かされなかったと説明するとき、素朴に認めている。「ルイ十三世の王権にとって、アンジュ神父の母の評判が悪いことが重要であり、この作家は、自分に報酬を与える、生きている王子への熱狂を証言していたに過ぎない。［……］」バザンは結論する。「追従よりも悪口にしばしばより多くの卑劣さがあることを知るのに、この証拠は必要ない[25]。」

一八四〇年から一八四六年の間に、ドミニコ会士クロード・ド・ヴィクとジャン・ジョゼフ・ヴェセートは『ラングドック通史』に記念碑的な研究を寄せる。同郷人ピブラックが王妃の恋人であったのかなかったのかの疑問に関して長く検討して、十七世紀の一歴史家が短く言及していたが、全体を見つけ出せなかった、ガスコーニュ語の小シャンソンを復刻して、引用する。リフレインは次のようになっていた。

愛しいマルグリットは
小唄を聞いた
愛しいマルグリットは
小唄を聞いた
あなたのために作られた

このシャンソンのテクストからピブラックの作であることが確立できないとしても、第四連と第五連が証明するように、明らかにマルグリットに宛てられていた。

私はちょっとした連れ合い
村の小領主であるだけではない
いつでもあなたの
立派な奴隷でいたい。

ナヴァールの若い王について
あなたは自分の夫、主人だと言う
私はあなたの従僕であるだけではない
しかし私の全幸福はそうであることだ[26]。

これらの文に着想を与える役割を越えては、ナヴァール王妃は二人の男にほとんど関係しない。それに、二人の研究は、マルグリットの生涯に関して、世紀末まで気づかれないままだろう。

数年後、一八五二年に、サント＝ブーヴは王妃に割かれた最初の文学史の研究を発表する。ルネサンスを大変愛好し、この批評家は実際『月曜閑談』の一つを「王妃マルグリット、『回想録』と書簡」に捧げ、マルグリットの生涯と作品に関する考察の穏やかな混合であるが、「魅力的で、そして終わりの方は、奇妙[27]」と請合う。引用している、大部分はバザンからの考証は、最終的には思われるよりしっかりしていても、この軽妙さが解説全体を支配する。

王妃の生涯に関する判断は最も厳しいものではない。サント＝ブーヴが説明するには、これは何より流行の女性だった。

「最後のヴァロワの人たち」同様学識があり、「美質と多くの欠点を」持つが「残酷ではなかった」。若い頃はにこやかで気安かったが、「王妃、男たらし」になり、長くユソンに留まった。「そこで何が起るのか。恐らく多くの俗な誘惑に負けることだ。しかし辛辣で辱める年代記作者の言うほどおぞましくはない。典拠はこれらの者たちだけが提唱している。」パリに戻ると、タルマンが嘲笑する少し滑稽な人物であった。「この女性の生活をつかさどったのはまさしく良識ではなかった。」しかし愛され惜しまれた。最後に、サント＝ブーヴはドリュー・デュ・ラディエが発展させたメアリー・スチュアートとの比較をくりかえす。「一方はある種の心の気高さを持っていた、あるいは持っていると思われ、それを長い捕囚の間に獲得し発展させた。そして悲痛な死において戴冠した。［……］もう一方は、奇聞とほぼ逸話が広まり撒き散らされるが、半ばは卑猥で、半ばは信心に凝り固まったものだ。[28]」

　この批評家の本当の意見はしかしながら、話題と関係ないと思われるが、当時のイデオロギーの文脈で意味をなす長い展開に現れる。マルグリットは恐らく書くのが巧みだったが、「政治的女性ではなかった。このことではあまりに完全にその性に属していた」。それから型どおりの酷評が続く。「政治の陰謀に加担する女の大部分は自分の心と感覚の情事をそこに持ち込み混同する。それで、これらの女がどれほど才気があろうと、それらはある瞬間に逃れ去る。そして舵を取り決然と指針を与える者でない限り、これらの女は、裏切り者で、不実で、信頼できず、敵側の何らかの人物と秘密の窓からいつでも一致しかねないと容易く分る。マルグリットは、無限の才気と優美さを持つが、こうした女の一人であった。すぐれているが上回ることはなく、すべてを情熱に注ぎ、鋭敏さ、細かな巧妙さを持つが、見解というものを持たず、風格はさらになかった。[29]」変わった告白だ。熟知していない女たちを、どうして感じがよく、役に立ち、確かだと思えよう。あるいはむしろ、熟知されていない女たちはどうしてあなた方に仕えるだろうか。確かに女たちは主人に仕えあるいは他のものに身をささげることしかできないのだから。

　ほとんど信じられないような無造作な、文学的判断は、今規定した偏見に一致する。王妃は「歴史的な感じのよい頁を残し、私たちの文学に女性の回想録の優雅なシリーズを切り開き、それ以降もう止むことはなく、戯れながら、ラ・ファイエットやケリュスたちが後に続けるだろう」。こうしてマルグリットはあるジャンルのパイオニアで、この批評家はもっぱら女性のものと見ようとする。サント＝ブーヴは続ける。「こうした書物は、思いもかけず、それでよりよくなるだけのものだ。」王妃は「何日かの食事の後で」著作を書いたのだから。こうして王妃の言うことは真に受けられた。だからと言って、「この優美な『回想録』を自然の単純な作品と見な」さないように。実際作者は「一種のうぬぼれで」幾つかの話を語るのである、その教養をひけらかす。「しばしばブッルス〔セクストゥス・アフリカヌス・ブッルス、ネロの師、紀元前六二年死亡〕、ピルホス〔エペイロスの王、紀元前三一八頃―二七二〕、チモン、ケンタウロスのケイローンほかを挙げる。」引証は誤りである。マルグリットはブッルスの名を一度しか発せず、チモンに言及するのはアンリ四世への手紙でだけで、ピルホスもケイローンも一度も語らず、ケイローンはタルマン・デ・レオーの『逸話集』から来ている。しかしながら批評家は「『回想録』の最も心地よい部分の一つはフランドル旅行である」と評価する。「そこにはラ・ファイエット夫人のジャンルの小さなヌーヴェルの素描が仕上げられている。」これもまたもっぱら女性の系統だ。最後に、作品の「稀な気品のひとつは、マルグリットがすべてを言わないことだ[30]」。

書簡の評価もより肯定的というのではない。シャンヴァロンへ送られた通信文は「高度に形而上学的でほとんど理解し難い純粋なポイボスのもので、とても滑稽である」。バザンの発した判断を繰り返し、サント＝ブーヴは記す。「実際、これらの書簡を読むと、マルグリットは心ではなく、むしろ頭と想像力で愛したように思われる。」しかしその続きはサント＝ブーヴ自身のものだ。「まさに愛には肉体しか感じず、なおのこと表現を洗練し、言葉でペトラルカ風にする義務があると思った」ように見える。「振る舞いではあれほど積極的だったが。」ユゼス公爵夫人へのマルグリットの手紙は引用されておらず、当時の政治家宛ての書簡も同様である。アンリ四世とのやり取りは、「王家の夫妻の振る舞いがお互いにまた公衆に関してまったく不完全であるとしても、二人の文通は紳士淑女のものであると認めよう[31]」と言うために言及され、またそれは、特別な関心はない、と言うことだ。

これらの指摘の導きの糸はおのずと現れる。ものを書く女はいつでも、五十年前シルヴァン・マレシャルにとってと同様に、「道徳的、文学的なちょっとした怪物だ」。しかしながら、この女たちは書き、このとっぴさに適応しなくてはならない。それで、事態は明らかであっても、女の作品は、そこに思想も、論述も、教養も見出さない、作者ができるだけ少なく語るという条件でのみ尊重すべきである[32]。マルグリットは「ペトラルカ風にする」代わりに「肉体的に」愛することで満足すべきであったろう。その得意とする領分にいただろうに。この意見に賛成しない男は、文字通りに頭がおかしく、黙る代わりに、多分この者たちが原因で女性たちは書くのだ。実際王妃はブラントームの『マルグリット篇』に答えるために『回想録』を書き、「この称賛は本当に気違いじみていると呼ぶことができる[33]」。

この世紀の半ばに、もう一人の男が、非常に注意深く女性に関心を寄せる。それはミシュレだ。その『フランス史』はジャンヌ・ダルクの時代に取り掛かるとき既に五巻が刊行されていた。ジャンヌ・ダルクの周りにミシュレは歴史における性的役割分配の理論を構築するだろう。オルレアンの乙女は私たちの過去の最初の肯定的女性像で、その他の女性はヒステリー女、邪険な母親、毒をもる女ででしかなかった。ジャンヌはフランスを救った処女で、自然はこの人を女とせず、子宮と血の激しい力に決して委ねなかった。ミシュレは続く年代に、特に『大革命の女たち』（一八五四年）で考察を続けるが、一八四八年の事件直後に書かれた著作である。この歴史家が最終的に考えるのは、男と女は社会的に異なる運命を持っているということだ。公的領域は前者に属し、家庭の領域は後者に属する。女たち、本当の女たち、毎月子宮の力に委ねられる女たちは歴史で有用だった。「本来的に」混沌を担い、共和国を「産む」ようフランスを導いた。しかし、今では、政治的舞台を去り、国家が委託する唯一の務め、子供を生み出し、育てることで自己実現すべきである。

　一八五五年に、ミシュレがルネサンス期の『フランス史』を再開するとき、その分析はこのイデオロギーにひどく従属している。いかなる女性もミシュレには気に入られない。ルイーズ・ド・サヴォワは「フランソワ一世の官能的で厚みのある大鼻、幸運にはぐくまれた鼻をもち、強く卑しい本性、情熱的な、時に不健康で病気の体質がそうであるように、血色がよい。」娘のマルグリット・ド・ナヴァールは、弟の傍らである種の政治的役割を持っていたが、「もちろん本能的に、結果も見ずにそれを理解もせずに行動し、弟を宗教的な正しい道に置き、神の援助に値するとだけ信じていた」。その上この女性は弟の女主人であった。そして一五七四年にカトリーヌが、シャルル九世の死によって、権力の手綱を握る。「（女男のアンリ三世のもとで）跡を継いだこの老女は恥辱のすべての段階を使い果たすだろう。」ギーズ家のプロパガンダの首領、モンパンシエ公爵夫人は「旧教同盟のヒステリー女」である。反乱の真っ盛りに、「この女はドレスとスカートを脱ぎ捨て、改悛のシーツをはおり、それを胸にさえ身につけず、ただ素朴なレースだけをつけた。この女を見ようと人が押し合った。押され、踏みつけられても、ヒロインは狼狽しなかった。こうした流儀を開始した」[34]。

　マルグリットに割かれたページは、驚かないだろうが、憎悪のこもった同じ激しさに支配されている。そして真面目さに欠けてもいる。政治的役割は完全に素通りされる。有名な愛人たちを通してしか問題ではなく、このリストにミシュレは補う名前をためらいなく付け加える。ヴィトーによるデュ・ガ殺害に言及して、ド・トゥーが既に想像したことに実際尾ひれをつける。「この王女はためらわずに血の気の多いこの男〔ヴィトー〕を修道院、あるいはよりありそうだが広大で暗い教会に、探しに行った。死者の日の前夜だった。好都合な時期だ。すべての鐘が打ち鳴らされようとしていて、パリの人々は、教会へと走り墓を訪れその日を過ごし、早くに帰宅しただろう。この王女は襲撃を容易にするこれらの状況を利用した。胸をどきどきさせ震えながら、この男が望むことそして遅かれ早かれ自分のためにしたであろうことをこの女のためにするよう求めた。我らが男はしかし懇願され、言い伝えを信じるならば、ただで行動したくなかった。この女は約束した。男は抱きたかった。夜で、陰に満ちたこの教会のすべての死者は、毎年の祝祭を待ち、それでもひどく平穏で生者を気にかけなかった。小柄な女は、大胆不敵にも、現金払いした。男は忠実だった。デュ・ガは翌日殺された。[35]」

従って「過去の全面的復活」の唱道者は大伽藍に小さな石をもたらした。デュマ同様、こしらえあげたが、それほど陽気ではないジャンルでそれほど高貴でない調子である。ド・トゥーの想像した場所を変更し、修道院のシーンを教会に移し、冒瀆をより大きくした。法官が描き出した「雄弁で媚びるような caressante」王女を、十九世紀に採る意味で愛撫する（caresse）女とし、そしてミシュレは間違っていない。誤りでありうるにはこの語はルネサンスのテクストで非常に頻繁だからである。最後に、虚偽をこの権威のもっともらしい論証で信用させる。「言い伝えを信じるならば」。新たなぺてんだ。実をいえば、ここで尊重されている唯一の言い伝えは女嫌いの歴史家の幻想の言い伝えである。二世紀半の歴史記述の自由な表現はその幻想を極限にまで導いた。教会の薄明かりの中で暗殺者によって浮気な女として抱かれたものとして、すべての王女の中で最も誇り高い、フランス王女を表現する。ミシュレの二つの憎悪を結びつけるだけにこのイメージは強力である。強い女と教会。そして攻撃は、キリスト教的フェミニスムが復帰し、ブルジョワ女性、貴族の女性、女性労働者が市民権と政治的権利の平等の要求で再会し始める[36]時には、動機がないことはない。この歴史家はこの計画に激しく反対している。

王妃の評判に欠けていたこの詳細はそれゆえそれ以降他の多くに付け加わり、意識に長く定着する。ミシュレの作品は、「共和国の学校で使用されるフランス史」、あるいはさらに、「民衆の聖書[37]」となるよう構想され、深く影響を与える、将来の世代の歴史家だけでなく、フランスが共通の、一つの言語、一つの歴史、一つの教育の周りで本当に国家的アイデンティティを構築し始める時期であったので、当時形成される広範な読者にも、かなり流布するからである。

重要な参照版

事実このような展望において、世紀の後半に、十六世紀の最も重要な歴史資料の刊行あるいは再刊の巨大な企画に資金が供給される。君主、大使の書簡、また当時の主要な回想録作者の書簡も、注意深く研究され、学問的な、あるいは少なくともそうあろうとした、註と序文をつけて、この世紀初頭から刊行あるいは再刊された数多くのテクストの照明を受ける。巨大な仕事で、しばしば何十年にも渡り、貴族出身の数多くの歴史家が名をあげる。理解できるフランス語で書かれ、見たところ堅固で「科学的な」考証資料を備え、この大全は西洋の大図書館の大部分に配給され、そこで徐々により古い原典と置き換えられ、今日でもなお、碩学が研究する文集となる。したがって歴史の当事者、特にマルグリットに関する一種の「決定」版を提供するこの版が重要だと言うことである。

この重要な版の最初のものはアンリ四世の『書簡』で、ベルジェ・ド・グジヴレによる刊行は一八四三年に始まり、三三年に渡る。そこにはマルグリットへの言及はほとんどないが、王の最初の妻への書簡が極わずかしかないという単純な理由のためである。第一巻はしかしながら、「恋人たちの戦い」に関する新しい要素をもたらす。一五八〇年四月十日付の、ナヴァール王から妻に宛てた有名な書簡が見られるからで、そこで王は何も言わずに立ち去ったことを詫び、約束したのとは反対に、不満を引き起こすことになりそうだと通知している。この手紙は、思い出されるが、ユグノー方がそのとき巻き込まれた偶然の小競り合いにおけるマルグリットの責任を明白に遠ざける。しかし、刊行者は王妃の罪状を強く確信しているので、王の策略ではと疑うほどである。註で「これはわざとらしい手紙だ」と記し、何に役立ったのかをそれ以上明確にはしない。さらに「歴史はこれに対して明白だ。この戦いは王妃の仕業だ[38]」。ドービニェとメズレの告発に従うが、メズレはドービニェを繰り返していた。

一五八三年の何通かの書簡も同じく侮辱の状況に関する情報をもたらす。一方で、マルグリットのガスコーニュ帰還は七月初頭から計画されていたように思われ、ブスベックが申し立てたような、ジョワユーズの使いの殺害に関して王妃を送還するという仮説を打ち壊す。他方で、八月四日、即ち侮辱の数日後、アンリ三世はデュラス夫人とベチューヌ夫人に激しく苛立ち、この者たちを妹から離すことを決めたと義弟に書いたことが分かる(この書簡は失われたが、ナヴァールは十二日付けの書簡でほのめかしている)。しかしながら、ベルジェは再びブスベックの説明を採り、「このアンリ三世の手紙はこの事件の最重要事に触れていなかった」と主張する。最後に、刊行者は一五八五年末の、コリザンド宛ての王の書簡にマルグリットへのほのめかしを見る。その時期に王はある「ひどい女」を嘲笑した。この渾名がどの点でマルグリットに当てはまるのと思うことができるし、「税を払わず、自分の口のために、五百樽の葡萄酒を通過させる通行書[39]」を要求するこの女がマルグリットとは考えにくい。王妃は、カルラに居を定めたところで、多分ほかにもっと大事な仕事があり、夫の領土にまさしく探しに行く必要などなく、フランス領内に十分な葡萄酒がある。そのとき夫にいかなる厚意も求めることができないと知っている。しかしながらこの思いつきは今日まで多くの歴史家が繰り返す。

トスカナとイングランドの大使の外交書簡は、トスカナ大使のものは一八五九年から、イングランド大使のものは一八六〇年から刊行され、マルグリットを知る上でとても重要な証拠品をもたらす。実際多くの公文書のお蔭で日付を特定でき、王の周囲で王妃がパリにいたときの活動について語られたことの、かなり正しい考えをもつことができる。しかしながら、フランス宮廷に直接関係しないことについては、大使たちは多くの噂を報告し、時には印象にしか基づかない情報を与え、自分たちの主君の利害に対応する格子に従って事を分析する傾向がある。多くの歴史家は一方がイタリア語（フランス語の要約付き）で他方は完全に英語で公表されたこれらの資料を、長い間知らないだろう。

反対にこれらの歴史家はブラントームの『全集』版の頁の下にリュドヴィク・ララーヌが付したそれでも思いつきの注釈を大歓迎するだろう。この歴史家が、一八六四年にこの仕事に取り組むとき、マルグリットはこの人にとって未知の人ではまったくなかった。九年前に、『琴瑟相和さぬ閨房』に序文と註を付したが、一瞬もその作者については議論しない。二年後、一六一六年以来再刊されていなかった、ドービニェの『悲愴曲』を発掘し、「王侯」から引き出した、マルグリットをほのめかす幾つかの詩句を探し出した(40)。翌年、王妃の『回想録』の新版を出したが、非常に敵意をもつ偏見が強く表明されている。こうした偏見は三二年かかる企画に手をつけるとき相変わらずそのままで、ずっとそのままだろう。

作品に付した考証資料は実際しばしばマルグリットに言及する。註の第一系列で、ララーヌは――客観的にそういえるだろうが――短く、ブルディユの領主が王妃に言及する度に仄めかす出来事を思い出させる。しかし第二の範疇の註は、ずっとより典型的で、ただ主観性だけを際立たせる。特に高慢な、あるいはあまり美徳ではない活動に身を委ねる「貴婦人」が問題であるとき、この歴史家はそこにナヴァール王妃を認めるよう読者を誘う。この偏執は『艶婦伝』でことのほか現れ、そこには卑猥な逸話が多く、物語が数十人の他の女性に当てはまりうる、あるいは王妃に帰すのは完全に場違いなときでも、「恐らくマルグリット・ド・ヴァロワ」、あるいは「言うまでもないがそれはマルグリット・ド・ヴァロワ」と指示する短い数十の注釈が読み取れる。こうして、ブラントームは「非常に立派な貴婦人」を知っていたが、「私の時代に五、六人の仕える者をお持ちなのを見たが、みんな相次いで死んでしまった」。「この女性の上に乗った者はみんな死んだ」からで、この回想録作者はこの女性をセイウスの馬〔アウルス・ゲッルス『アッチカ夜話』、第三巻第九章に見える運命的な馬。セイウスはある名馬を手に入れたが、セイウスに続いてこの馬の乗り手は次々に死亡したので、この馬は不吉なものとされた〕にたとえ、「この者たちが死ぬと、徒歩で行かないために、ご婦人はいつもまた乗ろうとされた」。ブラントームの調子はマルグリットに言及するときに用いるものではまったくなく、この記述は王妃に適合しない(41)〔今日ではこの貴婦人はシミエの女領主、ルイーズ・ド・ヴィトリと考えられている〕。しかしながらララーヌはマルグリットと同定し、註で、『諷刺的離婚』から引いてきた、荒々しく死んだ恋人の一覧を挙げている。当時は、病床で死ぬのは稀であったので、マルグリットの恋人と見なされる者全員が荒々しく死んだと言ってもいい。同様に、ある貴婦人が醜く、「村の本物の菓子屋(42)」に似ている奉仕者を捨てるよう娘に言ったとき、註は、事が本当らしくはないのに、それはカトリーヌとその娘のことであると説明する。

確かに、この書を取り巻く病的好奇心はララーヌだけのことではない。ララーヌがブラントームの「決定」版を作成するという重い務めを引き受けるとき、この多弁な回想録作者の作品は一八二二年以来既に四回再版されていて、『艶婦伝』はベストセラーになっていた。この作品は他の『回想録』からは切り離され、一八三四年以来十五版あまり独立に再刊されていて、一九〇〇年まで同じ位の版を重ねるだろう。十九世紀は高貴な婦人たちがそそくさと衣服の袖をたくし上げさせ、飽きないと言うこのみだらな話に魅了されたように思われる。『貴顕婦人伝』はこうした成功を得ることはない。権力にたどり着きあるいはそこに留まるために貴婦人が配置する戦略はほとんど興味を引かず、サリカ法に関するブラントームの考察はいっそう興味を引かない。この回想録作者の証言をその文脈に置くどころか、そして『著名婦人伝』をこのガスコーニュ貴族の作品に入れるどころか、この歴史家は、自分の性と時代の大多数の偏見をともにし、自分の刊行する作者が女性の肩を持つときこの作者を嘲笑する。この歴史家の言うには、『諷刺的離婚』は「ブラントームの熱狂的な称賛ほど事実から遠くない激しい諷刺文書」である。真実を曲げることもためらわない。「当時の歴史家たちは［デュ・ガの］殺害はマルグリット・ド・ヴァロワの教唆によって犯されたと言うことで一致している。ド・トゥーはこのことを長々と語っている。[43]」ところがド・トゥーはだれとも一致していなかった。この件で王妃の有罪に言及するただ一人の「当時の歴史家」であったから。実際すこし「長々と」ではあったが。

一八五七年ピエール・ド・レトワールの『回想録――日記』に取り組む六人の碩学は同じゆがみを告発されずにはおかない。アンリ三世とアンリ四世の治世を知るのに最も重要な資料の一つを再び日の目を見させるのに、この碩学たちは自分たちの提示する作品に関してほとんどあらゆる注釈を慎む。またこのパリの年代記作者が知っていてテクストを書き写した別のノートを初めて公刊する。『時に応じて深刻あるいは滑稽な、良いあるいは悪い雑多な諸集成』である。そこにマルグリットに言及する詩句が見られ、その中には「シャンヴァロンとの恋に関する、ナヴァール王妃のスタンス」（これはやがてある碩学が説明するように、あいにく王妃の作ではない[44]）と、またいくつもの一六〇五―一六〇六年の日付の小落首とさらにはサン＝ジュリアン・ダの死を祝うテクストもある。

リュブル男爵によりもう二人の重要な証人も続く年代に著作が再刊される。ラ・ユグリの『未刊回想録』は一八七七年に刊行され、ドービニェの『世界史』は一八八六年から再刊される。コンデの秘書が幾度もマルグリットと交渉したことが思い出される。その話はこの王侯にフレクスの和議の条件を受け入れさせるために王妃がどのように立ち回ったかについて、一五八四年四月ナヴァールとの悲しい再会について、ユソンでの幽閉の後王妃の死に関してでっち上げられた仮説に関して新しい解明をもたらした。刊行者は、奇妙に「解明する」註でテクストを味付けする。こうして王妃の死去に関して立てられた憶測は次のように注釈される。「王妃マルグリットがアジャンを追われたとき、カルラに逃れた。カニヤックが追跡し身柄を押さえた。その牢番になり、愛人となることを欲した。王妃は直後に脱出しユソンに逃れた。この恋愛話は『諷刺的離婚』の作者により最も生き生きとした言葉で語られている。[45]」言い換えると、リュブルは場所と人を混同しているが、この諷刺文を書いた者を信頼していても、注意深く読んでさえいない。

リュブルは『世界史』の記念碑的な版でこの問題に立ち戻る。同時代の数多くの証言に異義を唱え、マルグリットの死去がかつて議論されたことを否定するが、王妃について語るときのドービニェの発言を疑問に付さないように気をつける。いくつかの注釈は歪曲すら含んでいる。こうして、一五八二年の初頭の「アンリ三世から宮廷に戻る許しを得たことに満足したナヴァール王妃」に言及して、支えに『回想録』を引用する。ところがそこで王妃は宮廷に戻る希望についてどこでも言及していないばかりか、反対に、それを恐れていると記述していて、このことは、ゲサール版で四五年から刊行された、ユゼス公爵夫人への手紙で確認される。

カトリーヌ・ド・メディシスの『書簡』の大規模な刊行は、一八八〇年以降ラ・フェリエールとバグノー・ド・ピュシェスが取り組むが、このジャンルの最後の企画の一つである。全時期に渡る主要な資料であり、太后と娘の間の難しい関係についての最重要の情報をもたらす。娘の身の上に数多く言及され、何通かの往復書簡が見出されるからだ。この刊行により同様にマルグリットの移動の日付と理由を明確にすることができる。マルグリットの政治的活動、殊にアランソン公、次いで最初のガスコーニュ滞在の初めの年月のナヴァール王との様々な交渉への参加の重要性を明らかにする。最後に、アンリ三世の唐突な行動の仕方と、一五八六年冬の逮捕の際を除いて、カトリーヌが兄と妹の間でいつも果たした仲介の役割を見出す。二人の刊行者の注釈は、王妃に関しては、特に短い。しかしながら二人は「恋人たちの戦い」の端緒となったであろうアンリ三世の手紙の存在に、この争いでのマルグリットの責任と同様に、はっきりと異義を唱える。「ナヴァール王妃は戦争を回避するために自分に依ることはすべてした。この戦争で王妃はなんら得るものはなかった。[46]」

マルグリットの作品集の再刊と一八八六年まで未刊であったものの刊行

マルグリットはこれほど盛大に刊行あるいは再刊される作家の一部をなしていはいない。確かに、その作品は、先立つ作家の作品より限られているが、人柄が同じように真面目とは見なされない。兄のアンリ三世にのしかかるのと同じ偏見で、アンリ三世の浩瀚な書簡集は出版されるのに二十世紀半ばを待たねばならないだろう。しかしながらマルグリットの『回想録』はこの時期の間に二度再刊され、なお未刊だった多くの書簡も、広まりつつあった地方史家のてこ入れで専門雑誌に発表され、明るみに出された。しかしこれらの資料につけられる注釈はどれも、どうやっても、フルスピードで働き始める伝説が押し付ける偏りのあおりを受け、王妃は歴史家が従事すると見なされる調査考察の仕事を免除されてしまう。

ここで引用するのが相応しい最初の「マルグリット作品」はあいにく『琴瑟相和さぬ閨房』で、リュドヴィク・ララーヌは序文で出版史を付して一八五五年に読者に再び提供する。ララーヌの言うには、フランス歴史学会は「すこし性格が潔癖すぎて」、ゲサールに『回想録と書簡集』の刊行本にこの小品を付け加えることを許可せず、別に印刷することだけを許した。この小冊子を読んで、バザンは、一六四四年のソレル版を一冊持っていて、この作品は未刊ではないと学会に指摘し、そこからララーヌは、それほど潔癖ではなく、新版を準備するために、初版を研究しようと考えた。ララーヌは正当に、「騎士の応答はフランス語ではなく」、ドービニェの諷刺文書である『フェネスト男爵』に見られるガスコーニュ方言でなされている」と強調する。それでも「ためらうことなく」マルグリットがこの作品の作者だと結論する。「そこにはこの女性の洗練された機知と、この女性をその時代の最も放恣な王妃とする淫蕩が見出される。[47]」そして残る唯一の興味深い問題、騎士の正体の問題に答えようと、『諷刺的離婚』が目録化した愛人のリストが続く。

三年後、一八五八年に、ララーヌは王妃の『回想録』の新しい版を提示し、『弁明書』と『国璽尚書デュ・ヴェール氏の口から引き出された……フランス史の未刊の逸話』を付す。解題はこの上なく悪意に満ちている。『艶婦伝』の第一列に現れるに値する王女」マルグリットは生涯を「恥知らずの淫蕩」に委ねた。証明はただ『諷刺的離婚』に依り、「これと矛盾するものは何もなく」、「破廉恥そのものの賞賛者」の主張を木っ端微塵にする。『逸話』は、マルグリットの二人の同時代人、ペレスクとデュ・ヴェールに由来し、マルグリットに関することはまったくの思いつきである。こうして、侮辱に関して、「王妃は夫のもとに行き、すべてを語り」、その時になってようやく二人の王の間の関係は悪化すると言われる。同じく、自身は誰か知らぬ者から情報を得ているデュ・ヴェールから情報を得たペレスクの報告するには、グラスの司教は、王妃は三人の兄弟たちの愛人であったと告白したと言ったらしい。ネラックを去るとき、「宮廷（?）を脱出し、カニヤック侯爵によって城に攻囲された」とも主張した。侯爵が王妃を捕えるときの王妃の言葉を引用することすらできる。王妃は言ったらしい、兄上は「わたしが時を過ごすのに不平を言い、自分が最初に踏み段に置いたのをご存じないのか。お気にめさないのがそれだけなら、そして怒らせるとわたしが思ったなら、遊女として暮らしにローマに行ったでしょうに。(48)」いかなる註もこれらの主張、第三者の思いつきあるいはくだらない噂話を訂正せず、こうした「冗談」、特にアンリ三世との近親相姦に関するものが、随分前からユグノーの間に流れていたと説明しない。ララーヌはすべてが事実であると確信しているようで、あるいは少なくとも、作り話と本当らしさを識別しようとはしない。

シャルル・カボッシュが『回想録』の一八六〇年版でマルグリットに割いた長い序文は、それほど激しくなく、少しばかり真面目である。ブラントームの『マルグリット篇』を全面的に再版しようと配慮して、「この世紀には、色事はたいてい野心的であった」と説明するが、これが、カボッシュによれば、マルグリットの幾つかの選択を説明する。同様に、「生まれたばかりのアカデミー・フランセーズはこの『回想録』をその時代の最上の作品の列に置いた」ことを思い出させる。しかしながらカボッシュの意見はより節度のあるものだ。この人は、「うまく運ばれた話の中に、正当で重大な考察」がある、と言う。それでも全体の判断はとても軽蔑的である。フランドルへの旅に関して、「政治的役割を自分に与えたいという気が王妃に起こった」と説明する。というのは、何より恋する女性であり、愛人は「二三人をくだらないリスト」を形作り、その中には「オーヴェルニュの金物屋、アルルの大工」がいる。ここに『諷刺的離婚』の主張が認められる。カボッシュの考えるには、大変幸運にも王妃は愛人に言及せず、『回想録』の主要な美点は「留保せずには決して語らない」ことにある。反対に、シャンヴァロンへの書簡は「悪趣味のおどけ(49)」である。

同じ一八六〇年に、レオン・フジェールは『十六世紀女性詩人』の注釈付き詞華集でマルグリットに五頁を割き、こうして王妃の作品を他の女性の作品としか比較しない傾向を強める。全員が非常に文芸の才のある、ヴァロワ家の文化的伝統を思い出させる利点はあるが、注釈はほとんど興味を引くものでない。「マルグリットは、不幸なことに、立派に行うことよりもうまく語るのに巧みな家を堂々と代表した。『回想録』はアミヨのこの言語のモデルであり、素朴で自在な表現をもち、快活さと繊細さで味付けした。」パキエとブラントームの称賛の一節を引き、一八二四年に既に刊行されていた、サン＝ジュリアン・ダの死に涙する、王妃の二つの詩を提示する。この批評家は、「この詩句にも拘わらず、マルグリットの愛人の長いリストは終わらなかった(50)」と注釈する。

一八六四年、フイエ・ド・コンシュはガスコーニュ滞在中のマルグリットとその夫を検討する。数多くの古文書の所有者で、『好事家の閑談』で、王妃の未刊書簡を四通読者に提供し、そのうち一通は自筆で、複写再生する。ナヴァール王の妻への書簡も刊行し、既にグジヴレによって与えられていたが、この者の「説明」をせり上げる。この書簡は「これ見よがしで、フランス宮廷に送るためのものだ」。換言すれば、王はフランス王権のもとで妻の罪を晴らす目的でのみこれを書いた。奇抜であり細かな注意だ。注釈は、博学な調子でなされているが、実は多くの誤り、日付の混同、愚かな言行、歪曲された引用を含み、主として『諷刺的離婚』に基づき、数多くの悪口に多くを割り当てる。真面目さの欠如の最も明白な印は、マルグリットがこの種の研究では始めてデュマの考案した渾名を纏っていることである。「娘の名誉は自分にあり、それを慎重に考える。妻の名誉は夫にある。この妻が王妃マルゴであるとき、それほど気を配らない[51]。」

E・ド・シャラヴェによる、一八七三年の王妃の二通の新しい書簡の出版に添えられる素早い注釈は、この現象の強化を示す。『諷刺的離婚』が王妃の生涯の知識の尽きることのない源であり続けるだけでなく、それはいつでも言及されるわけではなく、引用そのものが大雑把になり始める。「マルグリットは美しく、自分でそれを知っていた。その魅力は政治的手段であった。シャルルは次のように告白した。『妹マルゴのスカートはユグノーを捕まえるのに役立った網だ。』」シャラヴェは、他方で、明らかな詐欺の作者だ。刊行した二通の書簡のうち一通は実際は、一五八〇年春に、王妃がネラックに呼び戻すためにチュレンヌ子爵に送ったものだ。そこにはマルグリットと、三百年前から愛人と見なされた者の間のなんらかの口に出せない親密さを明らかにするものは何もないことを私たちは既に見た。

しかしながら、資料と伝説の間の矛盾を強調するどころか、シャラヴェはこの二つを和解させる方を選ぶ。マルグリットは「子爵を愛人であると信じさせるように扱った。」もちろんこれは不可解だ。それで、自分の言うことを支えるために、この批評家は註でタルマン・デ・レオーとチュレンヌ自身を参照させる。ところがこの二人のテクストにはこのようなものは何も含まれていない。チュレンヌはいわゆるナヴァール王妃との自分の恋にいかなる風にも言及していなかった。タルマンが子爵に言及したのは、次のように書くためだけだった。「ある日、チュレンヌ殿は酔っていて、ベッドに吐こうと思いながら、その口に吐き出した[52]。」

他の未刊の書簡が一八八一年ミシェル・コアンディによって公にされるが、クレルモン・フェランの古文書館から十六通の『王妃マルグリット・ド・ヴァロワのジャック・ド・ラ・ファン宛ての、大部分は自筆の、未刊通信文』を引き出す。一五八六―一六〇〇年をカヴァーするこの書簡の公表は特に重要である。ユソンでの王妃の生活に関する稀な資料となるからである。オーヴェルニュの古文書保管人は、そのうえ、テクストを復元するだけでなく、それに伴う詳細もすべて復元する。書法、日付、マルグリットの数字の再現、様々な秘書に関する的確な分析、などだ。反対に、全体的注釈はアンベルディから唯々諾々と着想を得て、真摯さが完全に欠如している。明らかにこの歴史家はマルグリットの生涯よりも手にしている物にずっと熱中している。

　また一八八一年に、もう一人の地方史家、フィリップ・ロザンがマルグリットのコンドンの地方行政官宛の八通の手紙をもたらすが、そのうち七通は未刊だった。それらの書簡はアジュネ女伯爵の役割の王妃を示し、「恋人たちの戦い」に身を投じたところの夫の大胆な企てへの支持を自分の町から手に入れるためにカオール奪取以来王妃は介入している。そのときロザンは王妃の伝説に非常に影響されている。ロザンの言うには、これらの書簡が「この愛らしい王女の、柔軟で繊細な、器用で巧妙な精神を今一度浮き彫りにし、その生涯は熱狂的な恋愛に満ち満ちた長編小説よりも混乱している」。ロザンによれば、これらの通信文は一五八〇年春にどの点でマルグリットがナヴァール王を支えたかを証明する。反対に、『回想録』では戦いを望んでいなかったと主張して嘘をついた。というのも「『回想録』を拵えるのは後世のためで、生涯の前半しか語らず、熟年の悲しい出来事や堕落は自身にも認める勇気がない[53]」。ここにミショー＝プジュラ版の解題で表現される考えが再び見られる。

　ロザンは、刊行する手紙の一通だけがカオール奪取以前の日付であり、この回想録を書いたマルグリットが残りの点では書簡を書くマルグリットと完全に一致していることを理解しているとは思われない。王妃は夫の「運を試さ」なければならない時まで戦争に反対した。純真な熱意で、ロザンは、王妃がガスコーニュ滞在で一変して、生涯一度だけ誠実だと示そうとする。「マルグリットは、確かに一時的にだが、悪徳をすべて払い捨て、田舎の澄んだ健康な空気の中で、正直とよい思いつきの泉に再び浸ったように思われる。」それゆえ地方の英雄に誠実で忠実に仕える女性である。しかし「それは、いくつもの恋愛にも拘わらず、アンリ・ド・ブルボンが、待っている高い運命の方に、強力に飛び立ち、以降何にも止められなくなる時期である。反対に、マルグリットは、優美さと稀な知性にも拘わらず、悪い本能と、ヴァロワの堕落した種族の最後の子孫に圧し掛かると思われるこの奇妙な運命の方へ引きずられて、軽蔑と忘却にまで、転落に次ぐ転落へと落ちていく時期である」。こうしてナヴァール王妃は、不本意ながら、地方のヒロインへと変形され、ロザンはこの女性に恋する。ロザンは自分が「肉体的な美ではなく、才気と不滅の優美さにより、この女性の新しい愛人[54]」の一人であると認める。

　恐らくこの理由のためにロザンは五年後、一八八六年再びマルグリットに立ち戻る。ラ・フェリエールは、カトリーヌの書簡集を校訂中で、サンクト・ペテルブルク図書館の所有するフランス語作品目録を作ったところだ。ロザンは、マルグリットのガスコーニュ滞在に関する本を準備していて、カトリーヌの愛する娘の未刊の手紙三七通の写しを急いで送らせる。ほとんどがカトリーヌあるいはアンリ三世宛で、フランス南西部で暮らした時期のものである。資料に付加する非常に学識豊かな数多くの註に叙情的高揚は消失していないけれど、ロザンの調子は最初の刊行ほど感情移入しておらず、全体から生じる新しい肖像は明瞭にそれほど戯画化されていない。しかしながら、不快な文章は存続する。こうしてこの歴史家は王妃に「美しいシャンヴァロンのいるパリに戻る固定観念」を見るが、この希望は書簡で二度しか表現されず、アランソン公の侍臣はそのときフランドルにいる。こうしてまた、ロザンは、カルラに着いたばかりの王妃が援助を断るために母に書いた書簡を注釈して、「多くの立派な人に補佐され、非常によい地位で」暮らしていたと結論する。「マルグリットは、リニュラック、マルセ兄弟、そしてこの住まいへと導いた他の同類の山師を『立派な人』と見なすとき、なお自分の運命に幻想を抱いていた[55]。」

この同じ一八八六年に、シャルル・ド・ラ・イット子爵は『ガスコーニュ雑誌』にマルグリットと請願審査官でアルビジョワの判事ロク・ド・コンベットの間の交信の唯一残された書簡を公刊する。ラ・イットは書く。「ここで打ち明けよう。生前、ロクは美しくあまりに優しい女支配者にとって幾分それ以上である。はっきり言おう。恋愛が女主人と従者の間に関係を生み、それがこの親しい手紙の目的であり、多分、正しいというより熱中した関係である。」この主張は根拠がなく、「多分」は遅すぎる。というのもこの書簡は想像される愛情関係にいかなるふうにも言及せず、そしてラ・イットは焼却された、残りの手紙を見なかったのだから。羞恥からロクの子孫がこの取り返しのつかない行為を犯したと主張することをそれでもラ・ビットはやめない。そのうえこの危険なでっちあげは公然の夢想に基づいている。「戦争、愛、逆境に交互に捕らわれる女性の苦しい生涯は捉えるために作られる。そしてこの女性が美の光輝を持ち、王妃であるとき、この王妃がアンリ四世の妻であり、マルグリット・ド・ヴァロワという名であるとき、王妃の恋愛、女の勝利、捨てられた女の涙を語ることにどうして熱中しないだろうか[56]。」

マルグリットと同類——一八八六年までの女性研究

ナヴァールの最後の王妃は国あるいは地方の歴史書と、未刊行物が刊行される小雑誌で称えられるだけではない。当時の他の女性とともに、この十九世紀後半に増加する著作で研究もされる。実際一八六〇年以降の女性の激しい動きの再開[57]は歴史家の間に、女性、特に十六世紀の女性の歴史への関心をかきたてる。これはラ・フェリエールとバグノー・ド・ピュシェスがカトリーヌ・ド・メディシスの書簡をよみがえらせる時期で、ル・ルー・ド・ランシは『昔のフランスの著名女性』(一八五八年)を検討し、ヴィット夫人はモルネ夫人の『回想録』を再び刊行し(一八六八年)、アンバール・ド・サン゠タマンは『最後のヴァロワ宮廷の女性たち』(一八七〇年)を研究し、ロシャンボー侯爵はジャンヌ・ダルブレの書簡を公刊し(一八七七年)、バイヨン伯爵は『ルイーズ・ド・ロレーヌの歴史』(一八八四年)を書く。

旧制度の貴婦人の歴史を検討する歴史家の間に、貴族層が多いのが目につく。フランス大革命を生き残った人にとり、自分たちの階層が指導的地位を占めていた栄光の過去を再興するのは、とりわけ、女性のかつての栄光を復活させることであり、他の歴史家はこの配慮を共有しない。しかしながら、これらの者が自身に作り上げる――そして伝達する――先祖のイメージは正確からはほど遠い。ラ・フェリエールのように、そこに恋する女性しか見ない者もいる。ロシャンボーやリュブルのように、これらの女性に女性の性質を否定する者もいて、ジャンヌ・ダルブレの「男らしさ」、「男らしいエネルギー」をほめそやし続ける。至る所で、道徳的非難が歴史的判断を曇らせる。マルグリットに対して、これは多分最も逆説的な時である。研究がマルグリットに関して積み重ねられる一方、王妃マルゴ神話は批判的分析に公然と取って換わられ、学者の想像力に猛威を振るう。歴史はかつてないほど科学であろうとし、研究は学問的な言及が詰め込まれる一方、偽造が増加し、自称歴史家は、不条理なまでに、同じ陳腐なテーマの反復で満足する。

この時期にマルグリットに割かれた二十ほどの刊行物の中で、かなりの部分は本当の研究ではない。幾つかの記事は数頁しかなく、さらに資料に付随する数行のものもあり、これらは念入りに伝説を続行する。こうして、署名のない非常に短い記事はユゼス公爵夫人のアンリ三世への一五七八年の手紙を再現し、その中でマルグリットが三年半の別居の後夫と再会する前夜に化粧をするのを記述していた。『諷刺的離婚』をあまりに控え目と見なす作者によれば、公爵夫人が与える詳細は王妃が兄の愛人であることの証拠となる。別の記事は一六九四年の小説、『ギーズ公』に依拠して、カルラでの王妃とかつての愛人との再会を例証しようとする。

他の研究は王妃が居住した場所を短く扱う。シャルル・グランディエは聖シュルピス会の神学校となったイッシーの領地の歴史を一八五三年に書く。これは事実上王妃に関して何も明かさない小冊子である。アルフレッド・ボナルドは一八七九年にプチ・オランプを検討する。作者は地図と所有証書にしか関心を抱かないが、これは正当だが、ブトルを読み間違え、王妃の主宅（神学校）と詩人に歌われる小領地を混同する過ちを犯す。シャルル・デュプロンはアウグスティヌス会士の館に一八八一年に割いた非常に皮相な小書籍で大変無造作にマルグリットの生涯を要約する。館の描写そのものが非常に不完全で、付属文書だけが興味を示す。それは十七世紀初めの「王妃マルグリットの館の巡視の調書」、主要な肖像のリスト、王妃の名誉のために刻印されたメダルのリストを含むからだ。

より確かな幾つかの記事がある主題について解明しようとする。こうして王妃のフランス南西部とオーヴェルニュでの存在が二つの研究を生み、フランシスク・アバスクとフィリップ・ロザンによって提案され、マルグリットの結婚は長い論文の対象となる。大部分の記事は中立的調子で、資料の裏づけもしっかりされている。何人もの著作家が先人の幾つかの誤りを正そうと試み、王妃の伝説には本当らしくないことが満ち満ちていることを強調する。しかしながら、ある時期または別の時期に、マルグリットに対して積み重ねられた悪口の大きな貯蔵庫から汲み取るという罠に嵌らない歴史家はごく稀である。

　この矛盾はサン・マルク・ジラルダンが一八六二年に『十六世紀フランス文学一覧』で回想録ジャンルに割り当てる章によく現れている。このアカデミー会員はルネサンスの回想録が大革命期のものよりはっきりと優れているとみなす。「独創性のこの性格、自己であるこの幸運な恵みは、十六世紀のすべての回想録に満ち溢れている、もっとも重要でないものにも。証拠にはマルグリット・ド・ナヴァール王妃の回想録しか必要でない。」初手から等級を下げられ、この作品はそのときこの著作家の賞賛を受けるが、賞賛は慎重に限定されたものである。サント＝ブーヴの例に倣い、『回想録』は女性の他の作品とだけ比べられるからだ。「これは非常に短い。しかしこれより興味深いのは極少ない。それは二つの点でだ。まず、だれも、その世紀においても、王妃マルグリットほど上手に舞台に登場した者はいない。だれもこれほど生き生きと、辛辣に自分を描くことができなかった。私の思うに、王妃はこの種の才能で、ただ一人のライヴァルしか持たず、それはロネー嬢（スタール＝ドロネー〔一六八四―一七五〇。『ドイツ論』などの作者のスタール夫人とは別人〕）だ。次に、この『回想録』は、書かれた時代を考えれば、文体の面で関心を引く。言葉の調子は生気があり機知に富んでいる。〔……〕くつろいだ自然の歩みで、辛辣で簡素な調子で、セヴィニェ夫人のような文体である。[58]」

　実際、マルグリットの『回想録』への注釈は見たところ十六世紀の回想録に割り当てられた章全体を占め、これをマイナーと言い、腹立たしい時代錯誤の危険を冒して、他の女性の作品としか釣り合わせないという非常識を引き起こしている。しかしマルグリットを同類の女性と比べることはマルグリットが優れていると言うことに相当するだろう。要するに、このアカデミー会員は確立しようとしたことのほぼ反対を証明する。一つの例だけで十六世紀の回想録の優位に関する自分の意見を例証し、まさしく、批評家の見解では、その時代の最も代表的でない例を選んだ。「私はこれほど目覚しく書かれたこの時期の作品をほとんど知らない。マルグリットにはフランス語の文の天分がある。」その作品で、「私たちの言語は既に、最もうまく語ることのできる言語とするあの明晰性と洗練された流暢さを持つ。」この章の結論はこうした様々な矛盾を例証する。次世紀に対するルネサンスの回想録の優位を証明するのではなく、旧制度の女性の回想録の他の世紀に対する優位を証明することになるからだ。「セヴィニェ夫人のように、スタール夫人のように、王妃マルグリットのように語ること、それは私たちがもう持っていない賜物だ。[59]」

　こうして、サン・マルク・ジラルダンは、一から十までサント＝ブーヴの作り出した、「女性の回想録」のカテゴリーを正当化しようとする。二人が共通するものは何か。書き方の素直さと単純さ――十九世紀の批評家の筆のもとでは、女性の無教養と同義語である二つの性質――である。偉大な先行者は「こうした書物は、思いもかけず、それでよりよくなるだけのものだ」と言っていた。サント＝ブーヴ同様サン・マルク・ジラルダンも王妃が『回想録』に「何日かの食後」しか費やさないと言うときそれを文字通りにとる。しかしながら、無教養というなら、それはジラルダンの側であるように思われる。ジラルダンはマルグリットの作品を少しも研究しないだけでなく、相変わらず王妃がド・ラ・シャテヌレに話しかけていると信じている。

アカデミー会員エドワール・フレミも同じようにカトリーヌ・ド・メディシスの娘をもう一人の女性、グランド・マドモワゼル〔モンパンシエ公爵夫人アンヌ・マリ・ルイーズ・ドルレアン（一六二七―一六九三）〕と比べる。この二人をフレミはアカデミー入会演説の主題とし、それは一八六五年に公刊された。演説の進め方は「二人の女性、二人の王の娘「マ」〔モンパンシエ公爵夫人はルイ十三世の弟ガストン・ドルレアンの娘で、王の娘ではない〕」の類似点を浮き彫りにすることで、「二人は生涯と著作の強力な独自性により、十六世紀と十七世紀のような時代を代表するに値し、弱さと偉大さを持つ」。そこには、二人とも母親の愛を欠いた幼年時代を送り、「熱狂的で不可能な恋愛」を経験し、人生の困難を前にして、「信心から英雄的行為に」身を投じた、と書いている。そこまで、比較は幾分強引である。しかし二人の政治活動の平行性はより堅固である。マルグリットのフランドルへの「いわゆる外交的」任務は実際グランド・マドモワゼルのフロンドの乱の間の「錯乱」と似ている。最後に、作品で、二人は接近するが、非常に異なるものではある。というのもモンパンシエは「ぎこちなく」書くが、一方マルグリットは「女モンテーニュである[60]」から。

エクトール・ド・ラ・フェリエールもこれらの貴婦人の間の平行性に心を引かれた歴史家の一人である。三十年間カトリーヌ・ド・メディシスの書簡を長期にわたって公表し、実際女性を中心に据えた様々な著作を出版する。『エリザベス女王の結婚計画』（一八八二年）、『十六世紀の三人の恋する女性』（一八八五年）、『二つの愛の劇――アン・ブーリンとエリザベス』（一八九四年）、『十六世紀の二つの恋愛小説――アラベラ・スチュワート、アンヌ・ド・コーモン』（一八九八年）。これらのタイトルがこの歴史家を魅了したものが何かを語るが、どの点でイデオロギーが知的な仕事を抑制し、混乱させうるかを測るためにこれらの研究をより注意深く分析しなくてはならない。碩学は、ヴァロワの世紀をよく知っていて、カトリーヌ・ド・メディシスと親しく何年も付き合い、ユゼス公爵夫人、ヌムール公爵夫人、あるいはレ公爵夫人とフランスの事件を日々カトリーヌが管理するのを見ているが、実は自分の研究対象に関して最もずれた話をする人である。

マルグリットは『十六世紀の三人の恋する女性』の一人である。この書の副題は三人の名を挙げており、歴史研究の著作で初めて渾名「王妃マルゴ」を含んでいる。ラ・フェリエールは論文の最後で釈明する。「マルグリット・ド・ヴァロワの三人の兄弟はマルゴと呼んでいて、この親しみをこめた名前はこの女性に残される。」アンリあるいはフランソワがかつてこのように渾名をつけたと証明する唯一つの資料が存在し、この呼び名が三世紀続くかのようにだ。しかしながらラ・フェリエールのもたらす考証は興味深い。この歴史家が書くとき、既に王妃に関する多くの新しい情報、特にカトリーヌと駐スペイン大使フルクヴォーとの通信全体を手にしている。それ故まさしくスペイン王家、ポルトガル王家とフランスが開始した長い結婚交渉を報告し、同様に純情な恋愛による王女とギーズ公との関係に生じた波乱も報告する。こうしてラ・フェリエールは、オーヴェルニュでの初期の、宝石の盗難についての、マルグリットからフィレンツェ大公への未刊の書簡を採録する。しかしながら、多くの挿話については、この歴史家は無条件に伝説に従い、異義を申し立てながら『諷刺的離婚』を引用し、実際はララーヌを引き合いに出すのにブラントームを引用すると言い、デュプレクスは「もっとも疑わしくない証言[61]」を提供すると評価し、時には、虚偽あるいは思いつきの、自分が作り出した要素をためらわず付け加える。

こうしてデュ・ガの死に関して「公衆の意見はそれておらず、王妃をヴィトーの腕を武装させたと非難した」と断言する。こうして、デュマの立派な讃美者であると自認し、一五八二年の、シャンヴァロンとマルグリットの間の疑惑はソーヴ男爵夫人がしわざであったろうと思いつく。こうしてまた、本当らしさをものともせず、いわゆる一八五三年の舞踏会に個人的筆致を加える。カトリーヌは不在で、ルイーズは体調がすぐれず、アンリ三世は「マルグリットに二人の代わりを務め、礼をつくすよう」懇願した。準備しているスキャンダルにいっそうの厚みを加えるためのマキャベリ的な演出である[62]。

しかし、最悪なのはそれではなく、テクストに撒き散らされたたわごとである。この研究の最初の文がその調子を伝える。「春の日々に、愛する本能的、絶対的欲求を感じない女性はどんな人か。」続きはこの最初の印象を確認させる。十七頁で、訳知り顔に、「その胴は既に非常に明らかな何かしらの見込みを示していた」。次にこの歴史家はこれを発展させる。「マルグリットのうちで人を魅惑したものは、眼の挑発する炎、顔色の輝き、端正さ、肌の透明感であった。色の白さを目立たせるために黒いサテンのシーツに寝ていると責められさえした」「この詳細は『諷刺的離婚』によるが、そこではこの洗練は若いマルグリットではなく、シャンヴァロンの愛人であるマルグリットに帰せられていた」。男たちを引き付け離さない官能的で情欲をそそる美貌であった。」しかし伝記作者はさらに筆を進める。「三十歳に近づいていた。長い間眠っていた、あるいは厳しく抑えられていた官能が、より多くを要求する時だ。この女性がこの最後の試練に勝利すれば、自分の運命を永久に手の内にしっかり握り続けるだろう。もう戻れない運命の坂で、押し流され、屈服すれば、逆上して、色事に身を投げるだろうが、そこには、遅かれ早かれ、後悔と失望が待っている。[63]」

ご存知のとおり、ナヴァール王妃は屈服し、そして特に、年老いた。それでもはや軽蔑にしか値しない。その性質の他の女性と同じく、「うぶな若者で我慢した。［……］それは言うも悲しいが、マルグリット・ド・ナヴァールは結局そうなった。」結論はこの「分析」の特に明快な教訓を引き出す。数世紀に渡って王妃について発せられた言説で「非難が称賛に勝る」のは、「歴史は、忠実に誠実に愛した女性にはとかく寛容だが、色事だけで生涯が満たされている女性にはほとんど寛容でないからだ。[64]」もちろん、色事「だけで満たされて」いたのはマルグリットの生涯ではないが、ラ・フェリエールの説明は自分だけが責任のある疑わしい脱線に惨めに広がり、一方フランドルの挿話を十行で要約し、王妃がアンリ四世とルイ十三世に果たした政治的奉仕には触れずにおいた。

サン=ポンシーの伝記（一八八七年）

レオ・ド・サン＝ポンシー伯爵が一八八七年に王妃に割く伝記的大作は人物とこの人に注がれる眼差しを完全に一新し、この偏向を急激に終わらせる。『マルグリット・ド・ヴァロワの歴史』はそのうえ単なる伝記ではなく、首尾一貫した歴史的一大絵巻であり、事実の厚みで時代を再構成することを目指し、当時行われた研究と刊行あるいは再刊された証言の集成がこれを可能にする。この歴史家は、途方もない碩学で、さらに、既に同僚の幾人かが調査していた、シマンカのスペイン語の古文書にも依拠し、また自身が初めて活用する資料にも拠る。ラ・ファイユの『トゥルーズ市の年代記』、イソワールの手稿の年代記、国立古文書館に保存されている王妃の家政簿である。

日々綴られた、マルグリットの家政簿により、こうして、出費同様、移動の日付と場所を明確にすることができる。王妃は二日でカルラにたどり着いたのではなく、五日かかっている。そこでの滞在は十八カ月ではなく、十四カ月である。オービヤックを雇ったのでなく、この者は、リニュラックやマルセ同様、無報酬で仕えた。恥ずべきやり方でカニヤック侯爵夫人を送り返したのでなく、長年傍に置いた。ユソンで悲惨のうちに暮らしたのではなく、どうにかこうにか、自分の周りに小さな宮廷を維持する。カニヤック侯爵については、イソワールに保存されている証書が証明するように、実際買収する。サン＝ポンシーはその点で、そのときまでよく知られていなかった、特にオーヴェルニュ時代に関して、決定的な要素をもたらし、それに二百頁近くを割く。宮廷とそこを訪れる貴族たちを記述し、取り囲む女性たちと抱えている詩人と音楽家のリストを作り、ユソンで獲得する生活習慣を描く。サン＝ポンシーの説明するには、住民への気前のよさはたいしたもので、その記憶はこの地域でなお広く流布している。ダルナルト、コルバンあるいはメナールのような召使の証言を、デュルフェ三兄弟のような友人の証言同様引用し、王妃の政治的役割を立証するが、それは一五九三年までの「カトリックの抵抗の首領」であったが、アンリが新教誓絶すると旧教同盟から抜け出た。その枠組にサリカ法に対するブラントームの立場の選択を復元し、「マルグリットの支持者の反響[65]」とする。

これらの新しい要素によりこの歴史家は「小説家に親しい年代記」に激しく異論を唱えるに至るが、時には過剰であり、時には十分でない。ラ・モル、チュレンヌとの恋愛は敵がでっち上げたものだ。ビュッシーの愛人だと言われるが、この語について意見が一致する必要がある。ジョワユーズの使いの殺害同様、デュ・ガの殺害については無実である。一部「恋人たちの戦い」に関しては責任があるが、政治的理由に対してである。子供は一度も産まなかった。不妊は「失寵のもと」ですらあり、これほど気前のよい女性は庶子の生計に必要なものをきっと供しただろう。王妃の書簡も家政簿も遺言もいわゆるこの子供の痕跡を少しも留めていない。名誉を傷つけるこうした伝説の責任者は、まずは「陰気で真実をほとんど見ない」歴史家ドービニェ、バザンが「恥ずべきユグノー」と記述したレトワールである。ああ、ブラントームはマルグリットの巧みさを強調しようとしてカニヤックの急変に関してほらを吹いた。次に国家理性に仕えるためにデュプレクスはわざと嘘をついた。もちろん、タルマンは「面白いことをみんな本当だとする」。さらに全歴史家がララーヌに至るまでこれらの噂話を盲従的に繰り返したが、ララーヌは『諷刺的離婚』を恥ずかしくも潤色する。「この歴史の詳細に参入するとき、これらの虚偽の皮肉に当惑し続け、これらの虚偽は手から手へと伝達されて、いわば古典となっている[66]。」

サン＝ポンシーは王妃の作品も分析する。『弁明書』を「輝かしい論述の傑作、繊細で、機転がきき、威厳があり、雄弁そのもの」と評価する。書簡は、伝記的観点からも歴史的側面からも興味深い。そのうえ、なお未刊だった一通を再現する。『回想録』はすばらしい。純粋に文学的な評価に関してこの歴史家が文人の称賛する判断の背後に身を隠すとしても、その代わり歴史資料について態度を明らかにする。ベールのように、この作品は事実であるより精神的であると決め付けたすべての歴史家を否定する。この意見は誤りで、「王妃の話に含まれる大部分の個人的事実は新しい資料により正当化される」と。最後に、サン＝ポンシーはマルグリットが「プラトン派に[67]」属し、著作はこの文化的文脈で判断されねばならないと正しく分析する。

したがってここでこの歴史家が打ち込むのは正式の復権であり、伝説の言説の罠に自身が落ちることが相変わらず避けられないとしても、これほどの大きさのものは始めてである。こうして、シャルルが結婚の日に頭を押しただろうという伝統を受け入れる。同様にデュプレクスの（第二の）説明を繰り返し、これは王妃が一度もナヴァールを愛さなかったと主張するものだ。特に、サン＝ポンシーの分析はいつも王妃になされる批判につけいる隙を与える。実際、王妃は「聖女でもメサリーナ〔紀元二五年頃―四八、ローマ皇帝クラウディウスの妻。野心的で放埒で、ナルキッソスに唆されて殺害された〕でもない」と言って研究を結論づけるものの、帰せられていた恋愛を前にはすべて無実としていた。この理想主義は、この人物にも時代にも適合せず、この歴史家はそれをしばしば責められるだろうが、歴史家の中にはこの解釈の誤りに基づいて――その著作から着想を得ながら――結論を打ち砕こうとする者もいる。これらの歴史家はサン＝ポンシーがフェミニストと貴族の二重の伝統にイデオロギー上位置するだけにいっそう熱心にそうするだろう。サン＝ポンシーがデュプレクスに従うのは、遠い先祖同様、アンリ四世が大嫌いだからで、この「ブルジョワの」王は「愛人には魅力的な胸の高まりを感じるが、二人の妻には酷い態度を取った」。人物に言及するとき、昔のやり方で、忘れずその人物を系図に置き直し、特に母親のフルネームを与えるが、一方この時代の歴史書の中で描かれた家系図は産んだ母親が消えていて、男により男子をなすという奇妙な夢想を示している。そして最もひどいへまを犯すのはサン＝ポンシーがフェミニストだからだ。『琴瑟相和さぬ閨房』の侮辱的な幕切れを理解したくないので、「ウラニアは、愚かな言行に苛立ち、対話の相手を追い払う」と要約し、「才女ぶる女の作品」[68]と見ていても、それをマルグリットの作品であると受け入れる。しかしながら、この誤りは続く歴史家には指摘されないだろう。

　最後に、事態が経験する成功のために、この伝記はフランス南西部の人気のある伝統を引き合いにしたことを記しておこう。それは次のシャンソンの作者をピブラックとするものだ。

私は法院の
長官だった。
私は厄介払いされた
王妃マルゴ、マルグリット
私は厄介払いされた
すっかりあなたのものになるために。[69]

　このテクストは、ラ・ファイユによって確認され、既に見たように、クロード・ド・ヴィックとジャン・ジョゼフ・ヴェセートが『ラングドック通史』で繰り返すもう一つの小シャンソン（「マルグリット、わが恋人」）に言及するとき、サン＝ポンシーの記憶に蘇る。サン＝ポンシーの報告する詩句が真正なら、生前にこう呼ばれた唯一の証拠となり、デュマはそうと知らずに既に用いられた渾名を発見したことになっただろう。しかしながら、そうではなく、サン＝ポンシーが誤用あるいは言及する「伝統」は、新しい時代のものであるということがきわめて本当らしい。四十年まえからデュマの小説が広めた、王妃マルゴ伝説の強烈さを証言するにすぎないのが本当らしい。さもなければ、何故ラ・ファイユがこの二つのシャンソンを報告しなかったのかわからない。もう一つのシャンソンを完全に再現する労を取った博学の修道士たちがこのシャンソンにもなぜ同じようにしなかったのかも理解できない。最後に、十九世紀後半に王妃に大いに関心を抱いた南部の歴史家全員が、なぜ一度もこれについて語られるのを聞いたことがなかったのかも理解できない。その上、これはこの歴史家が典拠を示さない稀な場合である。

マルグリットの復権（一八八七―一九一四年）

欠点と誤りにも拘わらず、『マルグリット・ド・ヴァロワの歴史』は王妃の修史に転換点を印す。第一次世界大戦後までその後のすべての研究に影響を与えるからだ。百十年間いかなる伝記も公刊されなかったのに、次の二十年には王妃に割かれた大きな伝記研究が三つ出現する。王妃に関して落ち込ませる言葉が増加したのに、幾つかの例外を除いて(70)、大量の似非学問的無駄話は枯渇し、マルグリットの人となりは研究対象という地位を回復する。王妃に関心を抱く新しい歴史家は先立つ数十年の思いつきの迷論と袂を分つ意思をはっきりと現わして検討する。そして再建はフィリップ・ロザンのように、既に意見をはっきり述べていたものにもかかわる。特に脆いものであり続けても、大事なのは復権である。というのもフランスの大きな歴史そして当時の文学史に影響はないからで、女性の問題については「修正主義」にすっかり後退している(71)。

サン＝ポンシーの著作だけがこの傾向の逆転の原因となるわけではなく、マルグリットだけがこの世紀末に偉大な歴史家に出会うことになるわけでない。一八八九年にピモダン侯爵はギーズ公の最初の夫人アントワネット・ド・ブルボンの生涯を、デクロゾーはガブリエル・デストレの生涯を復元する。一八九八年に、エルネスト・チソは『王妃たちの書』を刊行し、ルネ・ド・モルド・ラ・クラヴィエールは十六世紀の女性に割いた大著を出版する。一九〇二年に、ロジェ・ペールはマルグリット・ド・ナヴァールの伝記を提示する、などである。実際、ルネサンスの貴婦人の生涯に取り組むこれらの新しい真面目さは、この時期のフランス社会で、女性の政治権力の問題が担う決定的な重要性と関係づけられるべきである。第一次世界大戦に先立つ三十年は事実フェミニスト運動の目覚しい拡大に印しづけられ、この運動は、十ほどの協会と四十ほどの定期刊行物で引き継がれ、教育分野で最初の勝利を収め、選挙権獲得活動に大規模に乗り出す(72)。

それゆえマルグリットの政治的フェミニスト的活動が、この時期に日の目を見る研究でいわゆる「恋愛」生活に再び先んじるのは意外ではない。一八九一年に、ケルヴァン・ド・レッテノーヴは王妃とフェリペ二世の関係を分析するためにオーヴェルニュ時代に戻る。スペイン側古文書は、詳しく調べられたばかりで、ギーズ公がアジャンに立てこもる王妃の救助を求めるためにスペイン王にとりなしたことを明らかにした。ケルヴァンは、送ってもらったが、手元に届かなかった資金に感謝するため一五八七年スペイン王にマルグリットが送付した手紙を公刊する。この手紙に添えるためにコマンジュの司祭に王妃が起草させたイタリア語の長い陳情書も同じように要約する。これらの資料で王妃が当時もがいていた困窮が理解できるが、アンリ三世とエペルノン公が失脚を誓い、多分暗殺と引き換えに和平が準備されていたときに、状況を立て直すための決意のほども見て取れる。

また一八九一年に、シャルル・ユルバン神父は、一六一八年以降初めて、マルグリットの『博学精妙な話』を『外交史雑誌』に再刊する。作者はそこに異父姉妹ディアーヌ・ダングレーム宛の離婚交渉に関する王妃の手紙を、アンリ四世の返事ともども付け加える。翌年、ルイ十三世に服従させるためにヌヴェールの若公爵に一六一四年に宛てた政治的書簡も再刊する。両者とも注釈は短く、作者はサン＝ポンシーを参照する。

六年後、タミゼ・ド・ラロックはマルグリットのポンポヌ・ド・ベリエーヴル宛の二十七通の未刊書簡を明らかにする。アリエノール・ダキテーヌを専門とするこの南仏の歴史家は王妃と接触するのは初めてではない。一八六六年に、既に注釈なしで、一通の手紙を公刊し、一八七〇年にはまた別の三通を出版し、それにより、ナヴァールの利益のために一五八〇年コンドンの地方行政官に、ルイ十三世の利益のために一六一四年聖職者に王妃が仲介したことが知られた。この論文はアジャンの逃亡に関する資料も含んでいて、特にアンリ・ド・ノアイユのその母への手紙だが、その中でアンリ・ド・ノアイユはマルグリットを「マリオン」と渾名していた。タミゼは「サン＝ポンシー以前」の特徴的な調子で注釈する。「これらはみな途方もない生涯をもう少しよく知る手助けとなろう。語られていることを大いに割り引いても、最も大胆な小説家の最も劇的な頁よりもさらに多くの出来事が見出される。」一八九七年の出版はさらに重要である。一五八三年の侮辱に関する折衝のかなりの部分を跡付けるからで、その時までナヴァール王側の交渉人の観点からしか知らなかったのだ。タミゼの調子は、同僚と同様、深みが増し、そして歴史家はそこで王妃の大称賛者のうちに数えられ、ペリソンとひきくらべられ、「作家として、女性として、魅力的なマルグリットと渾名されるに二重に値した女性の人を引き付ける散文[73]」に敬意を表する。

こうした様々な書物の刊行に動機づけられ、レオンス・クチュールは十五年前からロザンとタミゼが成し遂げた研究出版について一八九七年に長い書評を書く。記事の冒頭でこの南仏の歴史家は記す。「私は『王妃マルゴ』を書きたかった。しかしこの名は、粗野で侮辱的とは言わないが、何かうさんくさいところがある。初めは、特にシャルル九世王によって、愛情深い優しい意味で用いられたように思えるのだが。アンリ四世の最初の妻は、後半生と死後は、一般に『王妃マルグリット』と呼ばれた。」同業者に続いて、クチュールは「歴史家によって供給された、敵の悪意」を誹謗するが、「残念ながらこうした歴史家の中に、同郷人、恩知らずのシピオン・デュプレクスがいる」。しかしながらこの人が最も興味を抱くのは王妃の文体である。こうしてエペルノン公と再会しなければならない絶望を述べる一五八四年の通信文に注釈する。「このうえない苦しみのときのこの尊大な感情はマルグリットの書簡にしばしば表れる特徴の一つだ。」さらに、「一族の印としてマルグリットのものであり、兄弟と共有する力強い表現」に正当に敬意を表す。そしてシャンヴァロンへの手紙は「ゲサール氏によって、私の思うに、すこし意地悪く公刊」されたと指摘する。[74]

ギュスタヴ・バグノー・ド・ピュシェスの場合はより複雑で、意識に染み付いた伝説の轍を碩学たちが抜け出ることの難しさを表す。一八九八年、カトリーヌ・ド・メディシスの書簡の共同編集者は、マルグリットとチュレンヌの恋に関する、ナヴァール王宛の「いわゆるアンリ三世の手紙」に焦点を合わす。これは、メズレによれば、「恋人たちの戦い」の引き鉄となっただろうものだ。「私たちは、十八世紀とそれ以降、信頼してこの伝統に従った、大小の、歴史家をうんざりしながら数え上げることはしないだろう。」そしてカトリーヌの書簡の註にだけ指摘されたことを繰り返す。王妃はこの戦争になんらの利害関心もなかった。少し先で、「当時を良く知る碩学がいつの日かマルグリット・ド・ヴァロワに関するすべての書簡の完全な集成をつくる」望みを表す。しかしながらその続きの注釈はそこまでの惜しみのない称賛と対照をなす。バグノーが示唆するには、フィリップ・ロザン、「ナヴァール王妃に今日恋する男」は「ヴァロワ家最後の精神的王妃の美徳にではなくとも、記憶に、いわば決定的な一寸した瞬間を」提起することができただろう。「そこに当時の一つ、二つの肖像を付け加えて、学識と歴史に対する貢献は言わずとも、気難しい人にも最も気持ちのよい出版物となるだろう。」三年後、一五八三年の侮辱にあてた論文で、伝説の問題視をさらに進めるが、「マルグリット・ド・ヴァロワの長く無駄な生涯」に言及して始める。[75]

「ナヴァール王妃に今日恋する男」はマルグリットの書簡を公刊しないだろうが、愛する者に無関心だからではない。実際ロザンが、一九〇二年に、この時期に王妃に捧げられる第二の大著を出版する。この人の『マルグリット・ド・ヴァロワのガスコーニュでの旅程、注釈付き』は、ガスコーニュ到着からユソン定住まで、王妃の生涯の八年間をカヴァーする。この歴史家は数多くの地方史研究と、サン＝ポンシーが調査を開始した家政簿に依拠する。ここでは研究はより専門的である。ロザンは、当該の年月の、王妃の所帯の状態、召使の名前、抵当の額、月々の出費、日々の移動を再現する。数多くの書簡の抜粋で注釈を豊かにし、その中には、大部分がマチニョン元帥宛の、一六通の未刊のものも含まれる。すべてが非常に高い価値の、ほとんど民族誌のように正確な研究手段をなし、しかし碩学は「この時期のけしからぬ年代記［によって］楽しませる」[76]つもりだ。

王妃の生涯の解釈に関しては、多くをサン＝ポンシーに負っていて、この著作はいかなる激変ももたらさないが、歴史的厳密さでゆっくりと復元を続ける。ロザンは特に、初めて、最初のガスコーニュ旅行前日のマルグリットの感情に立ち戻り、レトワールだけが王妃の悪意に言及していて、さらに王妃の態度はこれに反すると指摘する。一五七九年以降の王妃の政治的役割を強調する。「この時から、マルグリットは本当に政治的女性として登場する。」チュレンヌと王妃は決して恋愛関係になったことはなく、子爵の語る「身を滅ぼす情念」は王妃に関係しないことを証明する。サント＝ブーヴ（実際はバザン）の判断に異議を唱えるが、その判断によればマルグリットはシャンヴァロンに「頭だけの情熱」しか持っていなかったことになっている。何人かの歴史家の気まぐれな方法にも異議を申し立てる。「ラ・フェリエール氏はどこでこれほど親しい情報を得たのか」と、先行者の極めて自由な解釈に関して自問する。最後に自身の過去の判断に立ち戻る。確かに、そうとは言わずにだが。カルラでマルグリットを囲み、自身が一八八六年には非難した「名誉な人びと」に言及して、この度は次のように書く。「これらの名誉な人びとは、そう書きえたのとは異なり、信仰も法も持たない山師の一団ではなかった。それは、反対に、オーヴェルニュの最も古い貴族を代表する人々だった。」[77]

これら様々の訂正はこの歴史家の進化を証言しており、この書でよく感じられるものであるが、横滑りを免れてはいない。こうしてロザンはマルグリットが「愛した者全員に不幸をもたらした」という考えをいい気になって繰り返す。保存されている一五七九年一月以前の王妃の少数の書簡に依拠し、「その時まで王妃の役割はお飾りに過ぎなかった」と主張する。ピブラックの「王妃マルゴ、マルグリット……」のシャンソンに言及し、ラ・ファイユが引用していると言う。これらの報告に従って、一五八五年夏の戦闘の間アジャンを去らなかったと明確にする。トナンの攻撃を「指揮したのは本当の軍人であり、ロマンチックなアマゾネスではなかった。」戦闘に女性が加わるのは一八三〇年代の発明であるかのようだ。こうしたへまは、見るように、この歴史家の女嫌いの偏見に結び付いていて、マルグリットの政治的役割は認めるが、限定しようとし、そのうえ、ユソンでの二十年に言及するのを厭い、数行に要約する。「一六〇五年以降、パリでの王妃の生活を追いはしない。奇妙で時代遅れで、老いる術を知らない女の失望させる光景を提供している。」[78]

これらの偏見は一九〇五年シャルル・メルキの作成した、当時のフランスの最後の大伝記、『王妃マルゴとヴァロワ家の最期』にも全くないことはない。これは渾名が名前を上回るマルグリットに完全に割かれた最初の著作であり、タイトルにおいても研究全体でもそうである。そこから浮き上がる全体像はそのうえ明らかにデュマの創造したものから着想を得ている。「これまで稀にみる恋の気質」で、「母のように抜け目なく、陰険で、ある種の遠慮を欠き、官能的で優しい眼差の下で生き生きと熱中し」、マルグリットはメルキにとって「このヴァロワ家の中で最も魅力的で心を引き付けるロマネスクな人物」である。人物のロマネスクな解釈は、ロザン同様、ここでも、「ナヴァール王妃と他の貴婦人」に献呈されたと思われるラ・モルの最期の言葉や舞踏会での諍いのような、伝説のいくつかの挿話を継続しがちである。当時の歴史において王妃の果たした重要な役割を同じように限定する。王妃は「政治的というよりも、趨勢、時、機会に敏な」性格だった。そのうえ「軽率さ、不注意、女の誤った理屈により」(79)一五七四年に不平党の陰謀を頓挫させた。『弁明書』はメルキの読むところでは、マルグリットが作者であると理解することは不可能で、間接話法での要約と混ぜ合わされた多くの引用は不正確である。

しかしながら、この歴史家は堅固な良識に突き動かされ、それはサン＝ポンシーの幾分天使的なイメージを訂正して、先行者の道徳的考察にけりをつける。この者の見るに、マルグリットは「美徳と夫婦の誓いに関して――そのうえアンリ四世のような夫とこれらを守るとしたら馬鹿げたことだったろう――潔癖家の考えは持ち合わせておらず、こうした考えはその当時のものでもなければ、王妃の成長した環境のものでもなかった」。王妃は「当時の最も目覚しい何人かの男に」愛情を感じた。最期のお気に入りの者を、恐らく「母親の、全くプラトニックな愛情で」愛した。しかしこうして割り引くのはいかなる関心によるのか、最後にこの歴史家は自問する。「私たちには関係があろうか。要するに自分にしか関係しない出来事について慎み深く沈黙を守ったことを王妃マルグリットに感謝する。［……］それはよき趣味の証で、君主の生涯の淫らな挿話を歴史に探した者の不健全な好奇心だけが非難することができよう(80)。」

この伝記の興味深く革新的なもう一つの面はメルキが「王妃マルゴ伝説」に割く章にある。引き続いて作り上げられ、結局人物のイメージを歪ませることになるものを暴き、あるいは歪曲の主要な責任者を告発するのはこの歴史家が最初ではないが、先行者、特にバザンとサン＝ポンシーの研究でそれまでばらばらな指摘でしかなかったことを体系的に扱うのはメルキが初めてである。こうしてメルキは王妃は「結婚からプロテスタントに憎ま」れた、と説明する。「コント作家は逸話を記録し、美貌、才気、態度が熱気を帯びた。最後に［……］死後国家理性により誹謗され泥にまみれることとなった。」他方、明らかに、毒舌が「人びとの気分に従って外に語り叫」ぶのを放置し、そこから、他の多くの者に関してと同様に、王妃に関する噂が流れる。メルキは要約する。伝説の基礎には、「レトワールのいくつかの文が」あり、「この男は立派な人だが、信じやすく、

『日記』にもたらされたものはなんでも区別しないで雑然と記す。デュ・ヴェール氏の二、三の逸話は、多分非難しなくてはならないことがたくさんあろうが、公平といわれる証言の中から採り上げられうるほぼすべてである。」『諷刺的離婚』が残る。「ドービニェの老年の作品あるいは当時のいくつものパンフレット作者の一人の作品であろうとなかろうと、歴史家や碩学が［……］権威として引用し、判断に利用するのは驚きだ。」そこからベールとその真似をする人全員が題材を引き出す。しかしながら、十九世紀の歴史家はさらに先に行った、と、メルキは判断し、とりわけミシュレ、ララーヌ、ラ・フェリエールを名指す。メルキは注釈する。「ここで驚くのは、時にはほとんど無意識の、悪意をもった仕事振りで、それが王妃マルゴの伝説的姿を与えた[81]。」

結局、冒頭の横滑りにも拘わらず、この著作は当時のもっともよくまとまったもの一つだと分かる。一族のもっとも人気のある人物に依拠しながらヴァロワ家の非常に歴史的な著作を書くという考えから出発して、メルキは当初王妃にかなり遠くから興味を抱くだけだが（それで書物の冒頭では、王妃を問題としない文章が長々と続く）、徐々に、フランス史の最も執拗な欺瞞の一つの被害者に出会う（それで最後の二百頁は立てなおし、最後に辛辣に告発する）かのように、すべては展開する。

同じような誠実さが一九〇七年にアメリカ人ヒュー・ノエル・ウィリアムズが出版する伝記を特徴付ける。非常に真面目な大冊で、サン＝ポンシーとメルキから着想を得て、巧みな総合を提示する。ウィリアムズの考えでは、サン＝ポンシーの非常に弁護する立場に戻らなければならない。「王妃の讃美者はみんな多分無駄に切望してはいなかった。」しかし王女の「重要な外交上の長所[82]」を大いに強調し、伝説の影響でメルキの陥った罠をほぼすべて避ける。著作の表題に「王妃マルゴ」という渾名を繰り返しながら、書物の中では「マルグリット」としか呼ばず、最後にこの渾名でより知られていたにすぎないとはっきりさせるが、これはもちろん誤りである。

英語のこの伝記はアンリ四世の最初の妻に対して無視できない関心がイギリスとアメリカで存続していることを物語る。一八四二年に、王妃はウィリアム・テイラーに『ロマンチックな伝記』の一つを着想させた。一八七八年に、バーナード・ヘンリー・ベッカーは『大胆な生涯』で一つの説明を王妃に割いた。一九〇〇年、アンドリュー・チャールズ・パーカー・ハガードは『アンリ・ド・ナヴァールとマルグリット・ド・ヴァロワの恋』に専念した[83]。表題が示すとおり、これらの作品は真面目さで際立つのではなく、これらの国で王妃マルゴの伝説を広めるにすぎない。しかしながら、これらの作品の全体はイギリスとアメリカで出版される『回想録』の六つの英語新版の多分源であり、この作品は十九世紀の初頭からおそらく再刊されていなかった[84]。

フランスでは、二十世紀の初年に、マルグリットに関する真面目な研究が続行される。何人もの歴史家が生涯の個々の様相を掘り下げ、殊にフィリップ・ロザンは一九一三年に王妃の恋に立ち戻り、王妃の、一五八四年の、アンコース滞在に関する論文を書き、最後に世界大戦只中の一九一七年に、未刊の六通の通信文を公表するが、それはイタリアとイギリスでの辛抱強い探索の最後の成果である。この時期、不愉快な言葉はロザンの注釈から消え去り、老いた歴史家は「マルグリットの書簡にまだ公刊すべきものが残っている」のを残念に思い、これは「母と夫の書簡」と同じくらいの関心を提供する。(85)

*

したがって、マルグリット・ド・ヴァロワの人物像の神話化のためにこの百十年の間に非常に重要な段階を通り越した。十八世紀にはほとんど忘れられていたのに、マルグリットは政治的イデオロギー的対立の作用で、舞台に連れ戻され、この世紀に最も論議される歴史的人物の一人となった。特に、碩学の歴史の狭い場から抜け出た。ロマン派世代のヒロインで、アレクサンドル・デュマのお蔭で「王妃マルゴ」となり、次に「夢想家」ミシュレによりかなり変質させられ、才気煥発で、官能的で、ためらうことのない「小女」はフランス人の想像力に入り、長く定着した。生きている伝説は豊かになり、何十年何十年と新しい挿話と新しい細部が相互に変造される。

歴史的探求の領域では、マルグリットに対する判断は、女性の社会における位置に関する大革命後に開かれた政治論争が展開する文脈と密接に依存している——即ちこの世紀の深い女嫌いに従っている。貴族的文化に常に浸っている碩学の推進力で、一八四〇年から日の目を見た復権の稀な部分的試みは、不利なあるいは一見したところは中立的だが、同じ偏見にとらわれている大量の刊行物により覆い隠され、王妃マルゴの神話は最も敵対的でない研究までも汚染する。世紀転換期の大伝記によってなされたより真剣な復権は非常に不安定である。一方で、それ自体ではごくわずかのことしか表現しない。通史から切り離された研究に限定されていたから。一方通史は反フェミニストの記念碑的大作に従い続けるが、絶えず再刊されるミシュレの『フランス史』、ランソンの『フランス文学史』、三二版を数える人気のあるペレフィクスの『アンリ大王の歴史』、アンクチルの八二版を数える『フランス史』、エルネスト・ラヴィスの大『フランス史』のような作品で、言及する機会があるだろう。他方、この復権は普通選挙運動の目覚しい台頭にイデオロギー的には依存している。ところが世界大戦が長い間フェミニストの要求に歯止めをかけ、世紀転換期に女性史に開かれた空間を早くも閉じてしまう。

第五章

ありのままの王妃マルゴ（一九一八―一九九二年）

第一次世界大戦は世紀の本当の転換点を印し、前後の時代を分断する。紛争の世界化、人命の代償、大戦のもたらす工業化の加速は、男女間の政治的論争の条件を深く変更する。女性は大量に産業に入り、髪とスカートを切り、かつては厳密に男に限られていた経歴に就く。風習の進化の力だけで、女性の解放は順調だと思われる、フェミニストは闘いが終わっていない、獲得したのはまだ極わずかだ、と理解させるのに多かれ少なかれ苦労する。ロシア革命の勝利はそのうえ、政治的権利のための闘いが優先目標であると考える女性と、それは、民衆と庶民の女性の切望を逸らすのに適した、「ブルジョワ女性」の要求でしかないと見る女性の間に深い割れ目を生み出す。この二重の困難――一方では解放の幻想、他方では具体的闘争の放棄――を乗り越えることができず、フェミニスト運動は一九三〇年代から多かれ少なかれ消滅し、女性の政治権力の問題は、一九四五年の参政権の「授与」と一九七〇年代のフェミニストの激しい動きの再生にも拘わらず、続く数十年間不問のままであり続けるだろう。

一方で、戦争のもたらした大変動はフランス人が自分たちの国、自分たちの歴史に抱く認識を深く変更した。旧制度は、十九世紀の間ずっと復元もありうると思われたが、突然決定的に過去に属するように思われる。貴族の歴史家は枯渇し、実証主義的研究は消滅しつつある。何年かまだ偉人に興味を抱き続けても、新しい問いかけが生まれ、様々なことが調査方法に要求される。ますます社会的事象、心性、数量分析に関心がもたれる。公衆が非常に愛着がある、事件史は通俗化させる人に委ねられるが、競争がないので、その才能は年月の経過とともに衰える。最後に、二つの戦争〔普仏戦争と第一次世界大戦〕、そして間もなく三つの戦争〔普仏戦争、第一次、第二次世界大戦〕が、フランス国民を戦死者という被害とドイツへの憎悪のうちに一致団結させ、フランス史の出版あるいは過去の大立役者の証言という巨大で費用のかかる企ては無用になった。大部分は十九世紀に確立された参照版に留まるだろう。

王妃マルゴがこうした文脈を生き延びたのは、大部分はその記憶が民衆文化に根を下ろしたおかげである。碩学は関心を失い、マルグリットの作品は出版されなくなり、稀な未刊のものはその状態のままで、非常に稀な研究が生涯と文化的役割を少しよく知らせるだけだ。自分の国の歴史と大人物に愛着を抱く民衆に人物がいつも目覚めさせる興味だけが、マルグリットについて留まり続ける数限りない言説を動機付け、この言説は学問を装う無駄話と歴史小説の間でためらっている。第二次世界大戦後に感じられるポルノ風の偏向は、この意味で、今では完全に歴史的参照と切断された伝説の退化を表現するだけである。

一九三〇年代末までの文学的研究

第一次世界大戦に続く二十年間は連続と変化で同時に印付けられる。世紀初めの精神が存続し、伝記的大研究がマルグリットへの関心を活性化するゆえに、連続である。王妃の復権はフランス史あるいは文学史の大総合を示さず、その題材で研究者が探求し、結論が重く圧し掛かり、それでその題材を再び問題にするのは困難であるゆえに、変化である。そのとき研究は王妃自身から、より重大と判断された周辺的主題、その影響、環境などへと慎重に移動する。

最初の傾向はアルスナル図書館司書ポール・ボヌフォンによって例証される。ボヌフォンは一九二〇年に『回想録』と『博学精妙な話』を読者に再び送ることを引き受ける。その序文でマルグリットの生涯についてなす要約は、ブラントームは「熱狂で狂っている」と判断されるものの、特に穏健である。ボヌフォンは、王妃の伝記で「最も適切で最も事情に通じた」メルキから着想を得ている。文学的分析は、当時の習俗のすぐれた理解に依拠し、妥当性を欠いていない。もちろん、王妃は『回想録』ですべてを語ってはいないが、「違った風に行動することは告白を書くことであっただろうし、その様式はまだ存在しなかった」。多くの先行者同様、ボヌフォンはテクストはもっと書き進められていて、「慎重に削除」されたと考える。道理にかなった結論が全体として好意的なこの分析を締めくくる。「その大部分が近親者と時代のものである過ちを王妃に許すことなく、［王妃の作品は］マルグリットが知的で闊達な女性、稀な知識を持ち、さらに稀な才気の持ち主で、その上気前よく、慈悲深く、非常に個人的なやり方でまったく平凡でない生活を分析できたことを証明する。[1]」この解釈はボヌフォンがこの版に、『弁明書』よりもむしろ、近く再発見されたが、雑誌にだけ公刊された『博学精妙な話』を加えた訳を説明する。この選択はどの程度女性の要求がこの時期真面目に取られたか示すもので、この時期にフェミニスム史の最初の大古典が現れる[2]。

しかしながらマルグリットの二つの作品の再刊は作者としての王妃を研究するよう批評家を促さない。続く年代から、反対に、王妃に関係するが直接的に関連するわけではない主題への二十世紀に特徴的な移動が始まる。一九二三年、ジョゼフ・コパン神父はレイモン・スボンの王妃の思想への影響に論文を充てる。実際、『創造の書』を読むことでマルグリットが見出す慰めを記述する『回想録』の一節に、スボンになじみの概念を認める。そこから、モンテーニュがなした翻訳で、王妃がこの書物を発見し、このボルドーの司法官に翻訳するよう命じたとの物語を再構成する。王妃はこのカタルーニャ人の思想を愛好し、自分の哲学の弁護が企てられるのを望んだ。この派生関係は、マルグリットを『レイモン・スボン弁護』の献呈をうける者とする伝統の有効性を信じさせる補助的理由とコパンには思われる。実は、この批評家はこの女性作家よりは男性作家〔モンテーニュ〕に関心があり、この論文は王妃の哲学的思想の分析を続行しない。

　一九二四年と一九二五年に、シモーヌ・ラテルは生涯の最後の六年間のマルグリットの宮廷に関してこれまでなされた最も資料豊富な研究を公刊する。素早く王妃のパリ帰還とセーヌ街の定住に言及し、次に、はるかに徹底的なやり方で、マルグリットの宮廷での活動とそこで行われている文学的実践と同様、取り巻き、知識と娯楽の折衷的趣味、プラトニスム、霊感を与えるものとメセナとしての役割、マレルブ論争での立場に言及する。『琴瑟相和さぬ閨房』をマルグリットに帰することについては、ラテルは当惑を表明する。この小品は作品全体を占めるプラトニスムとあまりに対立する。それでラテルは別の作者を提案する。カルラから追い払われた敵意を抱く秘書、ショワナンである。

　しかしながらこの異論の余地のない巧みさと明敏さは、マルグリットの生きた最後の環境の文学的、社会的分析と接しており、この批評家は王妃に関してこれほど慧眼な全体的判断を下すには至らない。確かに、「多くの利害関心が〔王妃を〕中傷しようと促した」、「中傷はしばしば馬鹿げたほどにまでなり、本当らしいことすら信じるのをためらわねばならない」と指摘する。しかし先行する歴史家の最も根拠のない攻撃のいくつかを王妃に関して繰り返し、そして付け加えさえする。例えば王妃は「『太っちょマルゴ』という渾名をひどく弁明した」と主張するが、だれもこのようにマルグリットを呼んだことはない。同様に、この点でギュスターヴ・ランソンの『フランス文学史』の結論に従い、マルグリットを「プラトニスムの時代遅れの弟子」として扱うが、この運動が一時の流行でしかなかったかのようにである。結論として、「滑稽の感覚」を持ち合わせなかったと王妃を非難し、「それがあれば多くの過ちを多分避けただろう[3]」とする。

　この厳密さの欠如のため、「王妃マルゴの本当の姿」と題された研究の最後の章で、「永遠の対照」となるだろう女性の伝統的イメージを再び導きいれることになる。こうして作られた謎を前にして、ラテルは十九世紀から受け継いだ自然主義の理論に印付けられた説明を提示する。「多分このヴァロワ＝メディチの二重の出自にその秘密を求めなくてはならない」。この出自はマルグリットにおいて「二つの種族の血統」を持つ。最後に、多分行き詰まりを意識して、この批評家は視点の移動を提案し、これはこの人自身の足取りを要約する。「しかし王妃マルグリットの『放蕩』以上に興味深いなにかがある。それはその時代にこの王妃が果たしえた役割であり、多くの賢明さと忠誠を示した政治的役割だけでなく、文学的、社会的役割でもある。[4]」こうして伝説を根本的に再検討できず、部分的研究を越えて身を投じることを拒むのは、おそらく、当時男ばかりの環境に自らの立場を作ろうとする女性研究者の困難さを表していて、この女性は、「滑稽の感覚」を持っている。この研究者の感性が同僚研究者が決して提起しないありそうもないことを狩り出したとしても、自身は大胆さの限界を定め、優位な意見に本質的には与し、みんなの眼差しに非常の多くの象徴を担ったままの人物とはっきりとたもとを分つ。

ジャック・ラヴォーがフィリップ・デポルトを対象とし、一九三六年に公刊した博士論文も当時の文学的生活でのマルグリットの位置を明らかにするが、一五七二―一五七八年のことである。「一五七〇年頃のペトラルキスムと女性の影響の回帰」[5]を分析して、この研究者はレ元帥夫人の「緑のサロン」に四十頁ほどを割き、その『アルバム』から数多く抜粋し、初めて、詩を大いに生み出すこの年代に王妃が果たした役割を示す。

一九三〇年までの歴史的研究

同じ時代には同様に王妃に関する歴史的研究も提供されるが、これらは、一つを例外として、明らかに文学的研究ほど確実ではない。歴史に文学ほど研究者がいないからではなく、単に、マルグリットの属する研究分野――旧制度と、次には十九世紀が研究した、偉人の生活――が、徐々に真面目な歴史家によって捨てられたからである。そのうえ、マルグリットに関して発せられた言説での厳密さの欠如は、一九二三年の『グラン・ラルース百科事典』の記事の数行に含まれる三つのひどい誤りが証言するように、すべての分野に及び始める。「シャルル九世が呼んだように、王妃マルゴは、交々デュ・ガ、ラ・モル、ビュッシー・ダンボワーズ、チュレンヌ子爵を寵臣とした。[……]興味深い回想録を残し、一六五八年に刊行された。」

一九二四年と一九二五年には、フォレの地方誌に、この偏向を良く示す二つの記事が刊行される。シャルル・アンドリューの「オーヴェルニュでの王妃マルゴの思い出」は、悦に入って、そしていつの時代からか問うことなく、王妃に関してまだその地方に流布している伝説に言及する。王妃は子供を食べ、許してもらうために地所を与えた、というものだ。この作者は『諷刺的離婚』をあまり信用しないように忠告するが、注意深く読むことなく、そこから着想を得て、ますますいい加減な、何番目かの愛人リストを挙げる。「カニヤックの後に、[……]王妃はシャンヴァロン、デュラス、サン=ヴァンサン、ポミニーを愛人とした。[6]」ジョルジュ・ポールは、ユソンでのマルグリットの歌手であるポミニーを対象とする記事を書く。旧知のテーマに尾ひれをつけて、この人は「三人の兄弟は『太っちょマルゴ』と呼んだ」と主張する。途中で大文字は失われても、知らせは早く伝わることが分る［ラテルの説では王妃もマルゴも大文字だったが、今回は両方とも小文字］。アンドリュー同様、真面目な情報はサン＝ポンシーに従うが、不正確なもののなかに埋没させる。記事の第二部はこの歌手、その出自、経歴、出世、家族の運命に当てられている。当時の習慣によりマルグリットの斡旋した（明らかにこの作者は知らない）結婚に言及して、「できるものは説明せよ[7]」と注釈する。

翌一九二六年、ジョゼフ・ノーは著作『イッシー城とその主人』のかなりの部分をその所有者のうちの最も有名な女性にあてる。地所の歴史をたどり、この人はプチ・オランプと王妃がイッシーに所有していた他の財産、聖シュルピス会の所有地となるものと混同されていると説明する。ブトルを注意深く読み、地所の改修契約を仔細に調べ、この二つの所有地が三百メートルほど離れていたことを示す。主に場所に専念し、この人はかなり長々と「独創的で魅力的な人物であるマルグリット・ド・ヴァロワ」に言及するが「この女性をめぐっては、当時の回想録、演劇、武勇活劇小説が、幾分混乱し不正確な伝説に尾ひれをつけた[8]」。この前口上は、癖になりつつある習慣によるものだが、王妃の生涯の概要が全く伝説であることを妨げない。

次に来る研究はずっとより重要である。これらは非常に偉大な歴史家ジャン＝イポリット・マリエジョルの手になるもので、王妃に関して刊行された規模の大きな最後のテクストの一つに数えられるからだ。王妃とマリエジョルの最初の出会いは世紀の初めに遡る。実際、マリエジョルは、エルネスト・ラヴィスの監修する記念碑的な『挿絵入りフランス史』のルネサンスに当てられた部分をラヴィスから委ねられたのだ。師同様、マリエジョルは歴史家であると同時に、共和派の理論家である。近世の二巻を著す一九〇五年から、その女嫌いは旧制度の王妃と王女の言及のそれぞれにおいて明らかで、ミシュレの伝統で権威づけられる幻想に飾られた女嫌いである。こうしてエリザベス一世は次のように描かれる。「この女王の嬌態は政治的計算に純真さの様子を与えた。しなをつくり、これほど若い人［アランソン公］〔エリザベス一世はアランソン公より二十二歳年上〕と結婚するのは相応しくないと言ったが、年齢は女王には影響しないと言わせるためだ。官能的で不純な想像力から身を守る肉体は貞潔で、女王はまさに思いにおいて男に軽く触れるのを好んだ[9]。」

これらの気をそそる貴婦人へのマリエジョルの関心は非常に大きく、研究生活で何度もこれらの女性に立ち戻る。一九二〇年、カトリーヌ・ド・メディシスの大きな伝記をものし、二年後、『ガスコーニュのナヴァール王妃、マルグリット・ド・ナヴァール』を対象とする研究を出版するが、コパンのような、最近公刊された幾つかの批評に依拠している。この論文は註がなく、知られていることに何一つ付け加えない。最後にマリエジョルは叫ぶ。「ああ、可哀想なマルゴ。天に昇ろうと希求し、人間の重みで地面に再び落ちる[10]。」

同じ一九二二年、『琴瑟相和さぬ閨房』の新版の序文を同様に書き、その中で、歴史界に存続しており、シモーヌ・ラテルが直後に広めることになる疑いにけりをつけたいかのように、これは「マルグリット・ド・ヴァロワの作品である」とまずは宣言する。王妃の生涯の要約はもちろん『諷刺的離婚』が数え上げるすべての愛人を思い出させ、誤りがあるかもしれないなどとためらうことはない。王妃は「関係がたくさんあり、それに身を任せても何も失われない世紀に」生きた。王妃の淫乱をよりよく証明するために、シャンヴァロン宛の書簡の一通を挙げるが、誤っている。「わたしの愛は、神々しい精髄の友である、美徳を忘れました」。しかし文がこの条項を否定するために向きをかえるときに引用を中断するのだ[11]。自分の読者の疑いを先取りしてマリエジョルは判断するが、それでも『琴瑟相和さぬ閨房』は『回想録』と何ら似たところはない。「自伝の故意の言い落とし、省略、偽りは『対話』の誠実さとあまりに合わないので、読者はこの違いを矛盾として驚き不安になる[12]。」正当な問いであり、同時に大胆に却下された問いだ。この女性にあっては何も驚くべきではない。一度この「説明」が与えられると、歴史家は、この歴史家より前のララーヌ同様、ガスコーニュ貴族の身元という厄介で非常におもしろい謎を解決しようと長々と論じる。これはバジョーモンだ。最後にテクストで確かとは思われない表現にもっともな三つの修正を提案する。

しかしながら、一九二八年に、王妃を対象とするこの人の最も重要な著作、『マルグリット・ド・ヴァロワの生涯』が出版される。これは多くの観点で驚くべき伝記である。博学で真面目な歴史家マリエジョルはロマネスクで伝説的な説明の大部分を放棄する。サン＝ポンシーとロザンの前進の恩恵を受けて、歴史的考察の重要な著作を実現し、マリエジョルは王妃の生涯の理解を損ない続けていた数多くの不正確を正す。こうして、一五八三年マルグリットが主宰する舞踏会の挿話を正当なものと認めない。この時期に宮廷で舞踏会はもうなく、そして王は、「礼儀作法を大いに慮り」、醜聞を嫌っていた。アランソン公の死去に際して、アンリ三世とナヴァールの和解は、「マルグリットを犠牲にして[13]」なされた。囚われた女の不確かな誘惑以上に、カニヤックを反対陣営に移らせた政治的、物質的理由をたどる。そしてリシュリューの修史官がマルグリットの証言を攻撃し、マチューが父の『歴史』を手直しし、自身でサン＝バルテルミーの大虐殺に関するアンリ三世のいわゆる『演説』を書いたのは政治的理由のためであると説明する。

そのうえこの伝記には、論争され続けていた挿話に関する多くの修正が見られる。ギーズとの純情な恋愛は「感情的な好み」に他ならなかったと思われ、アランソン公との近親相姦は馬鹿げていると見える。「情事を隠そうと『回想録』で工夫をこらす女性が自然に背いてこの弱さを誇示しただろうか。こうした感情を曝け出すのは、その二重の出自が熱情を説明するように、無垢の思い上がりに見える。この兄弟姉妹の熱情がアンリ三世に対する憎悪の基礎にある。」「恋人たちの戦い」はマルグリットのせいでも、その女官たちのせいでもない。「男たちが貴婦人の気に入るために心から喜んで闘ったのは、ずっと以前からそれを欲していたからだ。」先行者の思い付きを標定して、マリエジョルは「想像力豊かな」スペイン大使アラヴァ、「小説家」ゴンベルヴィル、「悪口屋」のタルマン・デ・レオーを告発し、その馬鹿馬鹿しい「納骨堂を持ち歩いている話[14]」を正当なものと認めない。

しかしながら、この書物にはマルグリットに関して、中立的な――そしてましてや好意的な――文がほとんど一つもないことが分かる。注釈は不快な、さらにひどく不愉快な指摘が文字通り詰め込まれている。「王妃はいつでも衝動の奴隷だった」、「王妃の関係は後悔が短いのと同じように全面的だった」、「王妃を楽しませてつけこむのは容易だった。王妃は宮廷の訓練として外交を行った」。マリエジョルは、外交では自分の感情にしか従わず、何にでも自分の魅力を用いる、優柔不断で、うぬぼれた女性を執拗に描きだす。こうして王妃がアンシー殿を魅力的な男として記述する一節に注釈する。「『城砦の務め』、カンブレとフランドルの鍵はこの男をいっそう魅力的にする。こうして王妃は神が与えた才気のすべてを用い、『フランスにそして特に弟に好意的に』するのに、説得の他の方法を何も言わない。」マルグリットの交渉はそのうえ何の役にも立たない。みんなが王妃につけこんだから。この歴史家は王妃の思想――単なる虚栄の気取り――に言及するさいには軽蔑する十分な言葉を持たない。この歴史家が説明するには、プラトンの『饗宴』は「マルグリットの夢想する純粋な愛を表し、生来の弱さに引きずり降ろされ、そこに達することも、身を持すこともできず、あるいは王妃が信じるのを好むように、自分の魂が対となっている魂の下品な懇願に引きずり降ろされている。[15]」この文の要素はもちろん『琴瑟相和さぬ閨房』を参照させる。

作品に関わる判断も同じ軽蔑を表す。「碩学なマルグリット」は「聖史を知っていることを自慢し」「省略したり脚色したりする自分のやり方」で語る。「真実の一部しか言わない年代の省略に優れている」からだ。そのうえ「偽りと不正確」は『回想録』の巧妙なやり口の一つ」だ。サン゠バルテルミーの大虐殺の話は完全に自分の方に向きを変えられた。レランが負傷して部屋に侵入してきたのを語る挿話では「この思い出で心を動かされるのはこの女性の憐憫ではなく、望まれた女という自惚れである」。スパからの帰途に受けた危険はありもしないことだ。「もし一つの危険を経験したというなら、翌日［ディナンの住民は］マルグリットをもう一つの危険から救った。［……］しかしその命に対してでないにしても、自由に対して陰謀を企むに熱心な敵とは何でありうるのか。[16]」

カトリーヌの娘に対する嫌悪のためにそのうえマリエジョルはいくつかのひどいへまを口にする。ジャンヌ・ダルブレの死に関して、この人は「マルグリットはこの男らしい心持の女性に賞賛の言葉あるいは少なくとも同情の言葉を持たない」。この歴史家は王妃が義母について語る一節が中断されているのを覚えていないように思われる。フランドルからの帰還はとてつもない時代錯誤のへまに同じく値する。「王妃が見たことのなかったフランドルの大きな自由都市のような、ムーズ河谷の民主政体がネーデルラントの変動に役割を果たしたか、と王妃は自問しなかった。貴族制にしか力がないと信じ続けた。」『博学精妙な話』の分析は全くでっち上げで、マリエジョルは目を通したのかと言いたくなるほどだ。「王妃が女性のために要求するものは、男性がいつでもその特権を不当に手に入れる恋愛の同等の権利であった。」マルグリットの庶子の話をもたらすデュプレクスに関しては、この歴史家は、十七世紀に王妃が対象となった攻撃の政治的根拠に関して他で述べた分析を覚えていないかのように、「かなり信じやすい[17]」男と思うだけである。

こうした矛盾の深い原因はそれほど遠くを探すには及ばない。これらは公然とサン＝ポンシーを嘲笑し、『諷刺的離婚』を「天才的諷刺文書」と思う男の奥深く激しい女嫌いにあるのだ。マリエジョルは「マルグリットを詩人のリストから消さなくてはならない」と考える。「詩は女性一般が不可能な専心と形式の配慮を要する」。この時期女性政治家は「自分たちの女らしさで勝利し」たはずだと判断するが、これを王妃はすることができなかった。「王妃は愛情を必要とし、心はいつでも半分野心の計略にあった。」このことは男の政治家一般、そして特にアンリ四世にも同じように当てはまらないかのようだ。大家のマリエジョルはそれでも、女性は「矛盾のうちに生きる術を男性よりも」持っているという理由で、容易に「夢想の精神性と快楽の物質性を和解」し得たのをマルグリットに許す。この歴史家が信じていない、マルグリットの三重の近親相姦についてのグラスの司教の偽りの暴露は次のような注釈を思いつかせる。「ヒステリーの観念がすぐに頭に浮かぶ。」特に「女性の病」に関する長い考察がそれでマリエジョルが王妃のフェミニスムを指摘する一節の意味を明らかにし、この最後の気まぐれをこの歴史家はほとんど真面目にとらない。男の欲望にこれほど従う女は――少なくともそれは証明しようとやっきになることだ――男の優位に真剣に異議を唱えることはありえないと確信しているのだ。それゆえ、新しい誤解によって、王妃の図書係を非難する。「グルネー嬢、この老女流文人、偉大なフェミニストで衒学者、楽しんだ滑稽さをこの女性に明らかにするために、反対のものにひかれて、あるいは悔悛の精神によって、モンテーニュはその精神的父となった[18]」。

結論は、著作の残りの部分より少し辛辣ではないが、しかし一九二二年の言葉をほとんどそのまま繰り返す。「プラトンの翼に乗って飛び立つ天への半ばで、ウェヌス・ウラニアはしばしば、そう言ってよいなら、自分の人間としての重さで地面に落ちた[19]。」二つの版の比較は明らかだ。「哀れな王妃マルゴ」は「ウェヌス・ウラニア」になり、「プラトン」は「天」に置き換わり、目配せは年老いたマルグリットの重さへの微妙なほのめかしである。一九二二年にはマリエジョルがどうやら知らなかった細部だ。六年で、それゆえこの歴史家は研究対象の知識と理解で著しく進歩した。その対象となった人は、事実の厳密な面で、歴史記述が詰め込んだほとんどすべての非難を晴らされたのではあるが、この伝記からかつてと同様に打ちひしがれて出てくる。ところでこの伝記はマルグリットに割かれた伝記という名に値する最後の作品であり、その作者の名声により、今日でもなお、この題材での参照文献となっている。

歴史的民俗学の出現（一九二九―一九四五年）

マリエジョルは実際実証学派の最後の偉大な代表者の一人である。第一次世界大戦終結から、特に『アナール（経済・社会史年報）』誌創刊の一九二九年以降、歴史研究は関心と方法の中心の深い革新を経験する。それ以降は心性、大衆現象、社会集団の研究の時代である。個人は、王でも王妃でも、特に王や王妃なら、厚みのない無名性、社会構成の背景へと戻される。奇妙なことに、この進化にもっともよく抵抗する個人は女性だ。王妃の大叔母であるマルグリット・ド・ナヴァール。文学的、宗教的観点によってのみ研究され、この女性はなお続いて碩学を呼び集め、この碩学たちはこの女性の政治的役割を無視するが、それは巨大なのだ[20]。エミール・テルは女性論争との関係でマルグリット・ド・ナヴァールの作品を分析し、女性論争は、現実とは関係のない、言葉のゲームであると躍起になって主張し、「深い意味を見たとは思われずに、論争の口火を切ったのは、女性、クリスチーヌ・ド・ピザンだと気づい[21]」て驚くだろう。

しかしながら事件史と偉人史は相変わらず公衆を夢中にさせ続けるが、通俗化させる人に委ねられ、この人たちは、ご都合主義あるいは無能力のために、「小史」にいい気になって流れる。挿絵つきのものもないものもあるが、常に水準の低い、数多くの歴史コレクションが書籍市場にあふれ、ブラントームの『艶婦伝』は数え切れないほど再刊される。一九二七年から一九四七年に、一七版以上を数え、『著名婦人伝』全体はただ一回再版される。タルマン・デ・レオーの『逸話集』は様々な十ほどの再版によって同じ成功を収め、アレクサンドル・デュマの『王妃マルゴ』は定期的に再刊される。最もいい加減な話題がマルグリットに関して増殖する一方、その著作は一度も読者に提供されず、このテクストが全盛期である言説と関係がないと見えるおそれが大いにあるかのようである。

ポール・リヴァルの名で一九二九年に刊行された『王妃マルゴの途方もない生涯』はこの変化の特性を示す。註のない、多くの挿絵で飾られた、大変不完全な調子の著作である。この書の第一文には次のように書かれている。「三十三歳で、王妃カトリーヌ・ド・メディシスは太って、柔らかく、白すぎる肉体をしていた。子供だったときに聖水に浸かっていた。」作者は、最も興味深いものだけに集中するよう、マルグリットの生涯の大きな時期をたくみに避け、それは章の進展で容易く見出すことができる。「赤く染まった結婚」、「ラ・モル」、「ビュッシー・

ダンボワーズ」。フランドルへの使節は二頁に要約され、ユソンでの二十年は十頁で片付けられる。そのうえいくつかの新たな思い付きが伝説が相変わらず生きていることを証言する。こうして、マルグリットは一人でヴィトーを誘惑したのではなく、アンリエット・ド・ヌヴェールと一緒にだった。「二人はどのようにして支払ったのか。金でかあるいはそれよりよいものでか。」王妃の最後の歌手、ヴィラールは「バジョーモンより精力があり、あるいはチャンスがあり、持ちこたえて、災難に終止符を打つことができた。」マルグリットは事実「底なしの墓のように飽くことを知らなか[22]」った。このイメージは雄弁に語る――もちろん作者の不安をだ。

　オーヴェルニュの人レオン・ヴァスールは一九三四年に『王妃マルゴ、ユソン城への追放』に小冊子を費やす。この城砦の図を再現するカヴァーには、次の副題が現れる。「王妃たちのなかでもっとも恋した女性の生涯の要約」。六十頁ほどの話は、括弧に括られた表現に満ちていて、引用を思わせるが、思い付きであり、本当の引用は参照もなく不適切に行われている。「マルゴ」は相変わらず一五五二年生まれとされている。パリで、ラ・モルの首を埋めるためにその白い手で地面を掘った。バニエールでは、「シャンヴァロンとしばしば会うために、手はずを整えた」。しかし二人はお互いに千キロ離れていたのだ。マルグリットは「暇なときにはものを書いた」が、「その文体は気質の高ぶった状態を感じさせた。『琴瑟相和さぬ閨房』の作者で、そこで官能的で、堕落し、病的な姿を見せている。[23]」ヴァスールはすぐにその一節を提供するつもりだ。その時にはあのガスコーニュの若者の渾名プトンはプロンになった。次に「ナヴァール王妃のスタンス」を引用するが、すでに二十年前から知られているようにマルグリットの作品ではない。

　この小冊子の作者が少し長く述べるオーヴェルニュの時期は、王妃の記憶が当時祝われた精神の非常に代表的ないくつかの指摘に値する。数多い愛人に言及して、ヴァスールは叫ぶ。「美徳と羞恥を示すために、マルゴよ、どれほどの女性がおまえに石を投げたか、また投げるだろうか。そしておまえに似るだけだろうか。」いかなる女性もマルグリットに石を投げたことなどなく、そうしたのは非常に多くの歴史家だったことを思い出す必要があろうか。「碩学」は続ける。カルラ時代から、マルグリットはもう破廉恥しか経験しなかった。「密閉された扉のユソンの城で幾人がその褥をともにしたか誰が知ろう!!!」そしてパリでは「年老いて、よぼよぼでも、私生活は破廉恥だった[24]」。最後に、ヴァスールは『諷刺的離婚』に基づいて作られた、「確かに不完全だが」「順番どおりに」もどした、愛人のリストを挙げる。そこには最近愛人に昇格した、サン＝ヴァンサン、新たにリストに加わったショワナンがいる。

　翌年パリでは単に『マルゴ』と題された、劇作家エドワール・ブルデの戯曲が演じられる。それは十六世紀後半の著名な人物全員がそろう一種の長い物語だ。もちろんシャルル九世、アンリ三世、アランソン公、ナヴァールとカトリーヌがいて、キュルトン夫人、ルブール、フォスーズのような王妃の近しい者、また同様に愛人たち賞賛者、あるいは敵、ギーズ、ラ・モル、ポミニー、デュ・ガ、ブラントームも登場する。アンドロとコリニーも、さらにはヌムール公爵夫人、モンパンシエ公爵夫人、リムイユ嬢やシャトーヌフ嬢までいる。筋立ては三十年に渡り、観客をフランスの相続者の子供時代から、さまざまな場によって、一五八三年の有名な舞踏会を含む王妃の伝説のしっかり根をおろした挿話すべてを通って、アンリ三世の死まで導く。

国立古文書館司書のピエール・ド・ヴェシエールが一九三六年と一九四〇年の間に公刊する五つの研究は、もう少し真面目である。アンリ四世のこの伝記作者はそのときこの王の最初の妻に重要な著作を割こうと準備していて、発見を報告するそれぞれの研究でこの著作を予告する。第一の研究は『諷刺的離婚』を対象とし、ヴェシエールは「一六六三年以前の版を知らない」とするが、これは一方ではあまり探索しなかったということを、他方ではこの諷刺的文書の増補版を使って研究しているということを示している。それでテクストに関して誤った解釈をすることになる。この作者がドービニェでありうるとの仮説を退けるのに躍起となり、説得するにはほど遠い議論を進め、それでこれまで歴史家が一度も出したことのない名前を提案する。この作者は「常軌を逸したシャルル・ド・ヴァロワ」、言い換えればオーヴェルニュ伯爵だと。[25] 常軌を逸しているのは、むしろ、この仮説の方だ。マルグリットの甥は確かに王妃に復讐したい理由はあるが、そうしたとは思われない。『回想録』を書いてはいるが才能はなく、ルイ十三世のお蔭で復帰したかつての陰謀家は王妃とのもめごとをそこで言及さえしていない。そのうえ、この諷刺文書が証言する王妃の若い時期とガスコーニュでの生活の知識のために、この男を作者とするのは困難である。

次の論文は「マルグリット・ド・ヴァロワとオーヴェルニュの旧教同盟」を対象とする。ヴェシエールはそこでカルラへの、次のユソンへの定住の行程を、新しい書類、特に何通かのアンリ三世からカニヤック宛の何通かの未刊の手紙と、オーヴェルニュでの最初の年月の最も暗い時期に王妃の守備隊の「反逆」を明らかにする、ル・ピュイの町当局からリヨンの地方行政官への公用文書によって、たどっている。残りはほとんど新しくはなく、ここではサン゠ポンシーから、そこではロザンから、別の箇所ではマリエジョルから借用しており、これらの作者の名は記されていない。しかしながら、この歴史家は、同僚のやり方を前にして苛立ちを告げ、「王妃の多くの伝記が通れなくしてしまうほど足踏みした泥だらけの地に踏み込む」[26] ことを拒む。『琴瑟相和さぬ閨房』に言及して、ラテルの分析は、この対話をマルグリットの作品としようとする分析よりも適切だと見なす。そして、最初の論文よりもう少し、王妃の生涯での最小の本当らしさを再建しようとする意思を示す。

　同年の、続く二つの論文は、この目的のある種の足踏みを表す。マルグリットを復権させる望みがいつでも前面に押し立てられないからではなく、題材が尽き始めるからだ。実際、この二つの論文は、先行者が既に取り組んでいた一つの主題だけを扱う。ヴェシエールは、十七世紀初めの十年代の日付の、王妃の遺言補足書を発見し、これは財産目録をなしている。この書類から、この歴史家は詳細にマルグリットの晩年の暮らし向き、読書、活動を再構成する。初めの論文には書かれている。「フランス王妃、マルグリット・ド・ヴァロワの姿ほど不明瞭で、隠され、歪められたものはなかったし、いまでもない。」そしてヴェシエールは恋愛で生涯全体を説明しようとした同僚の傾向を批判する。「王妃が大いに恋をした女性だったのは、もちろんだ。しかし［……］他の多くの動機、何より執拗な政治的野心、非常に強い恨み、苦い幻滅がここでは役割を果たした。」二番目の論文は最後のお気に入りたちは愛人ではなかったということを強調し、「恋愛によりマルグリットの生涯全体を説明する習慣」を再び酷評する。(27)

　二年後、最後にヴェシエールはこの告発に立ち戻り、今回は「王妃マルゴの若いとき」に関心を寄せる。「恋していて、それはその容貌［ママ］の最も驚くべき特徴でさえあったこと、私はそれを認める。しかしそれだけだった、これが私の疑うことだ。」主張は繰り返された言葉に向い始める。その上それはこの歴史家の説全体を構成すると思われ、次の書物をいつも予告する。この異議の内容はその上極端に遠慮がちだ。王妃がなにより「大いに恋する女性」だったとする公理は再検討されず、マリエジョルの仄めかしは「恋の熱が常にこの世のものならぬ美しい夢想と結ばれるだろう女性」に言及するために繰り返される。その上ヴェシエールはマルグリットの最後の伝記作者を擁護者の一人に数える。事実王妃を傷つけた文書全体を「サン＝ポンシーの誠実だが、無邪気な伝記、マリエジョルとメルキの素晴らしい研究、シモーヌ・ラテルの明瞭で明敏な頁」(28)と対立させる。

　それでこの奇妙な「復権」が王妃の遺伝に関する考察――ここでも、十九世紀の「科学的」研究の成果――について続行されるのは驚くべきではない。「独特な精神的特性、マルグリットに現れる奇妙な錯乱に関しては、多分精神的よりも肉体的な説明を与えなくてはならない。そして民族的よりもむしろ生理学的先祖に遡ることができよう。確かに、ロレンツォ・ディ・メディチがフランスにマドレーヌ・ド・ラ・トゥールを娶りに来たとき、恐るべき病に罹り、それで翌年に死ぬことになった。そしてかなり奇妙なことに、カトリーヌの他の子供は全員［……］遺伝的欠陥により悪化したと思われる病で若死にしたのに、十分堅固な肉体的健康に恵まれた二人の子どもだけ――アンリ三世とマルグリット――は、十分似た狂気の障害で恐ろしいトレポネーム〔梅毒などの病原体〕に犠牲を払ったと思われる。アンリ三世は寵臣を抱え、マルグリットはバジョーモンとサン＝ジュリアンを持つだろう。しかしここには精神分析医の力が必要だろう。[29]」多分、もちろん歴史の分野でだが、特にただ能力が必要だろう。アンリ三世の専門家ピエール・シャンピオンは既にこれらの寵臣の伝説をひどくそこなっていたから。[30]五十歳の女性がなお口説かれたいと思うのは、実際は精神分析医の所管でしかありえない。

しかしながら、マルグリットの生涯は恋愛だけではない、とヴェシエールは告げていた。より重要な感情が王妃に宿っていて、それが生涯を説明する。「権力への抑圧された野心、国事に関わり、政治の駆け引きに介入したいとの抑え難い好み。」王妃はそれゆえ一生空想を追い続ける。それに「王族のもう一人の王女、あのグランド・マドモワゼル」のようにであり、「この女性の一生は空想の恋愛と、権力と支配への渇望を偽ろうとした陰謀の結び付いた追求のうちに燃え尽きるだろう」。これらの女性が実際に権力を行使し、当時の政治で役割を果たしたという考えは検討すらされない。それでは、この予告された「恋愛以外のもの」が雰囲気でしかないとわかるなら、何によって論文を埋めるのか。多くの歴史的余談と幾つかのご立派なへまでだ。最もいただけないのは、結婚したときから夫に対してマルグリットが「嫌悪」と「不快」を感じたという「証拠」だ。それは離婚交渉の時期の、もちろんその機会のためになされた作品である証言だ。[31]予告された書物は、日の目を見ないだろう。ピエール・ド・ヴェシエールはそこで革新的な作品をなさなかったと信じるのは許される。

一九三九年、既に女性（カトリーヌ・ド・メディシス、ジョルジュ・サンド……）に多くの書物を割いてきた小説家ジャンヌ・ガルジーは『王国無き王妃、マルゴ』を扱う小説を上梓する。その対象以上に、この著作は民衆層の歴史的知識への渇望に二十世紀半ばにどう応えるかを見事に教える。一、二頁の短い百ほどの章が王妃の生涯をアジャン出発から死までを描く。背景はむしろしっかり資料の裏づけがあるが、伝説全体がそこにあり、『諷刺的離婚』にしばしば従う。一九四〇年代に喜んで考えられたような自由な女の原型として、マルグリットはカルラで世話をされた若い薬種商同様オービヤックとの関係で主導権を握る。リニュラックに犯され、次に身を救うことができるようマルセを毒殺せざるをえなくなり、ユソンで城主となるためにカニヤックを誘惑せざるをえない。読者――あるいはむしろ女性読者――の幻想に訴える、この女流小説家の調子は、次の十年間を特徴付ける横滑りを既に予告する。こうしてポミニーとのめぐり合いでは、「そこにいるのは老練な歌い手だろうと予想していたのに、若者を見たのだ。髪はふさふさとし、栗色で、額の上ではむしろ金髪だった。目は明るい。この若者が歌うや、王妃はこの熱烈な声が愛撫し、まどろみから目覚めさせ、忘れていたときめきへと投げ入れるのを感じた。お勤めの間中それで息もできなかった[32]」。この書物の唯一の興味はマルグリットによりあるいはマルグリットのために書かれた作品の一部を付録に載せたことだ。

　ジャン・デルベはこの書を翌年の『万国雑誌』でコメントし、適切にもそのいくつかのとっぴさを指摘し、低級なロマネスクが章全体を通じて現実の人物の想起に取って代わったことを遺憾に思う。「芸術の観点から、この小さな絵が称賛されるとしても、歴史的観点からは、まったくとは言わないまでも、ずっと価値がない。それは最悪のロマンチックな伝統に信用を与え、このうえなく嘆かわしいことに、それを続ける気まぐれである。[33]」

　ジャック・カステルノーが一九四五年に『王妃マルゴ』を対象とする著作はマルグリットの生涯の再現において二十世紀の半ばに到達した損傷と、マルグリットに言及する「研究」の型を今や特徴づける真面目さの欠如を反映する。サブタイトルそのものが日付の誤植を含むが、大叔母に与えられた日付で、この誤植はずっと見落とされ、一九八一年の再版まで訂正されないだろう。おおよそのあるいは思いつきの引用に満ちた小さな本で、伝説の挿話すべてが見られる。マルグリットの文学的あるいは政治的役割については何も語られない。反対に、結論は、クレオパトラの鼻、ユゴーのガーンジー島〔英仏海峡のイギリス領の島、ナポレオン三世にフランスを追放されたユゴーが滞在〕の岩、ナポレオンの三角帽しか思い出さないのと同様に、王妃は永遠に自分の恋に追いやられるのが賢明だとする。「マルゴをその閨房に残しておこう。[34]」

　ここで採り上げる最後の作品は、明らかな善意にも拘わらず、この偏向を打ち破るには至らない。実を言えば、モーリス・ドネが戦時中に研究した『王妃マルゴ』はこの時期に見られる損傷の路線に完全に乗るわけではないのは、作者が専門の歴史家ではなく、劇作家だからだ。その伝記はテンポよく、物語風で、出典の指示はないが、鋭さ、深みがなくはない。『回想録』に緊密に従うが、適切な指摘をする時には、王妃の話と距離をとることもある。しかしながら伝説はしっかりこの再現にも根を下ろしていて、『諷刺的離婚』のリストとほぼ同じく盛りだくさんで、ヴァロワの「疲弊した家系」が説明する愛人のリスト、マルグリットとアンリエットが段取りをつけたデュ・ガの殺害、「「ラ・フェールで過ごした」アランソン公とのかなりあやしげな親密な二カ月」、オービヤックの「若い動物」の「野生のにおい[35]」、そしてポミニーが下に隠れていないかよく見るための、ユソンでの、侍女の共同寝室の一段高くなったベッドさえ見られる。すべてを飾るために、この著作はやりきれない考察で閉じられる。マルグリットの『回想録』と書簡を大いに称賛したが、王妃が最もよく身を委ね打ち込んだのは『閨房』である、と。

レジスタンス、参政権、『第二の性』

それゆえ第二次大戦に先立つ十年にはマルグリットはなにもかも「小史」の領域に落ちた。碩学に見捨てられ、歴史の大人物の――当然スキャンダラスな――私生活を読者に詰め込み夢を売る人々の、奥の部屋のフランス王や王妃と一緒になった。そして読者はそれを再び要求する。一九四七年にモーリス・ラによる『艶婦伝』の校訂版が出版され、その豊富な註はほぼすべてラランヌの注釈に影響されている。このテクストは、やがて文庫版となり、平均二年に一度の頻度で再版される。アレクサンドル・デュマの小説は、この時期ほぼ毎年再版され、ジャン・ドレヴィルは一九五四年に、この小説家の作品からとって、『王妃マルゴ』の映画を製作し、マルグリットをジャンヌ・モローが演じる。[36]マルグリットの同時代人の新たな証言が明らかにされたにも拘わらず、王妃の生活は再考慮されず、参照作品は無造作に王妃に言及し続ける。[37]マルグリットの作品は相変わらず再刊されない。

記憶が既に多くの偶然性を経験していたが、王妃は、「公衆の領域」と本当に呼びうるところで、まだ下に転落する。同名の一女、大物の娼婦、ルネサンスの習俗の退廃の申し分のない権化となる。この致命的な一撃は、今一度、戦後の文脈に関連付けられるべきである。レジスタンスの間女性は重要な役割を果たし、一九三〇年代から熱烈に要求していた参政権を付与されただけでなく、運動としてはどうやら死んだと見られたフェミニスムは、シモーヌ・ド・ボーヴォワールの書が一九四九年に引き起こすスキャンダルとともに、インテリゲンチャの内部そのものに出現した。マルグリットに言及する男たち――もはや歴史家とはとても呼べない――の怒りはそのとき限度を知らない。

そのタイトルだけで話題の真剣度が窺われようが、『ヴァカンスの王妃』のタイトルで、ピエール・ド・ゴルスは一九四九年旧制度の政治的に偉大な何人かの女性の生涯の幾つかの挿話を提示する。マルグリットに割かれた部分は、「王妃マルゴの錯乱と彷徨」と題され、調子を伝える、次の文で始まる。「賢明さの後には、錯乱」。話は、いわゆるピブラックの小歌まで、伝説の主要な材料を繰り返す。「私は長官だった、王妃マルゴ、マルグリットよ、私は長官だった、高等法院の。」調子は快活で、嘲笑的、道徳的だ。「適切に年老いることを知らないとき、年を重ねるのは残酷だ。」オーヴェルニュ時代に言及してゴルスはこう叫ぶ。そうして王妃の忠実さをおもしろがる。「マルグリットは二股を認めないので自分を有徳だと思う女の一人だった。[38]」

しかしながら、一九五六年に、マルグリットはギィ・ブルトンに『諷刺的離婚』以来最も激しい誹謗者を見出す。その『フランス史の恋の話』の約四分の一、つまりまる一巻に、実際王妃を登場させるが、新しい型の復権の意思を持ってである。実際ブルトンは、かまととぶって、歴史における女性の役割を過小評価したとして歴史家を非難する。「女性の役割は、好結果をもたらすものでさえ、現代の歴史家によってわざとふれずにおかれた。色事など木っ端微塵である。長椅子に横たわるカップルよりは恐ろしい大虐殺のシーンを詳細に示す方を好む[39]。」男は歴史の大虐殺を、女は色事を代表し、それゆえ何より寝そべった姿勢で過去のヒロインは言及され、マルグリットはこの証明の中心的人物の一人である。

公然と『諷刺的離婚』に依拠するが、その作者よりさらに進み、ブルトンは十一歳の王女に最初の愛人を与える。「遊撃騎兵隊〔カトリーヌ・ド・メディシスの女官団〕の只中で育てられ、実際、本能に任せ、魅力的と思う若者のベッドに入り込むのは全く自然に思われた。」続きもご同様だ。「マルグリットは合図した男のベッドについて行った。アンリが力を貸していた。」後には、「ルーヴルの衛兵全員」、次には「王妃が好意を寄せたネラックの役人全員」さらにカルラでは「守備隊ほとんどすべての男」となる。ユソンでは、もしそのようなことがなお可能であるなら、淫蕩のあらゆる限界を越えた。「マルゴは、いつも愛の戯れを同じように愛し、実際、『通る人がチラッと見て、自分のお宝を追い求めに来る気にさせるために』窓を開け放して裸でベッドに寝る習慣だった[40]。」重みを強調するために詳細は括弧で括られ、城は村の三十メートル上に聳えていただけにいっそう興味深い。

次の最後の例は、ブルトンの用いる方法だけでなく、特に、隅から隅までポルノ風の文体の特徴も示す。ラ・モルの死のすぐ後のマルグリットは「一週間過ぎると、あまりに熱狂した状態であるのを感じ、言葉を見出すのに困り、じっとしていられなかった。鎮めるものが必要だった。サン＝リュックと言う名の宮廷の若者にそれを見出したが、この若者は精力絶倫との評判だった。何回かの手合わせで、若者はマルゴの悩みを鎮めた。そのとき若い王妃は、再びなごやかに微笑んで、周囲を見渡し、美男のシャルル・ド・バルザック・ダントラーグに目を留めて、その愛人となった。」ルーヴルで三カ月囚われた後、「マルゴは雄を奪われた雌虎のようだった。肉を燃え立たせる欲望でときに腰を反らし、口を開け、荒々しい叫びをあげた[41]。」この書が今日まで途切れず売れていることを言っておかねばならない。『フランス史の恋の話』のすぐ後に、一五五九年クロード・バレの書『王妃マルゴの熱狂的恋愛』が公刊される。これは文庫本の一種で、カラーのカヴァーに黒髪の決然とした女性を印刷しているが、格好のよい胸元をのぞかせ、今のハーレクイーン・コレクションの一つとも言えるだろう。この伝記は、非常に小説風で、「いまいましいあばずれめ」で始まり、そう言って結婚の日に、マルゴの頭を押すのはシャルル九世だ。王妃は三人の兄弟の愛人だが、ギーズにも首ったけである。「熱烈にそして少しの羞恥心もなく、二人の若い男女は、欲望に捕えられるところで、愛に身をまかせる。」ピブラックも同じく王妃の好意を手に入れる。「王妃はこの者の気をくじかず、〔……〕愛撫する。」思い出すが、全くあべこべだ。王妃は恋する尚書を厳しく追い払ったのだから。実際、『諷刺的離婚』のリストに従い物語は愛人から愛人へと展開し、アンリの嫉妬の発作で区切られ、王妃に責任のある二つの殺害、デュ・ガとジョワユーズ公の使いの殺害によって面白くされる。すべては格言によって有利に風味付けされる。「男と女が集い、共生し、知り合う至る所と同様に宮廷では、雄は永遠に獲物を追っている。年若い雌鹿が礼儀行儀作法の求めるほど気難しくなることは稀だ。[42]」調子はブルトンほどポルノ風ではないが、しかしカンブレの「内輪の舞踏会」が証言するように、一度ならず卑俗の限界を越える。

一九六五年に新しい一歩がジャン・バブロンによって踏み出され、バブロンは今一度『王妃マルゴ』を読者に再び供する。今回は伝記と言うこともできない。これは歴史的事実、伝説的挿話や個人的考察の寄せ集めで、生涯の歴史を追うのは不可能である。年代順は犠牲にされ、話は仄めかし（母は「マルグリットを愛さないが、それもそのはずだ」）、愚かな言葉（離婚は「愛情の危機」と形容される）、ひどい誤り（コリザンドはガブリエル・デストレと混同される）、変形された引用（シャルルは「聖父が拒まれるなら、私が妹小マルゴを腕の下に抱え、説教中に結婚させるだろう」と言ったとされる）に満ちている。続く思い付きの列挙はこの当惑させる錯綜の概略を与えるだろう。「王妃マルゴの恋は数え切れなかった。アンリ・ド・ギーズは恐らく最初の愛人だが、いつでも新しい名前の付け加わるリストをどのように作成できよう。デュ・ガ、ラ・モル、ビュッシー・ダンボワーズ、サン＝ジュリアン、チュレンヌ子爵、シャンヴァロン、ピブラック、そして王マルゴという渾名で揶揄えあげたヴィラールと言う名の若い歌手まで。この若者は、石女に庶子を与えたと思われているが、この子がアンジュ神父というカプチン会修道士だ。[43]」卑俗さは数え切れず、「既に好色だった小王子」の言及は、詩的であろうとする強調と隣り合わせる。「宗教！　それはいつでも鉛色の雲に筋をつける閃光だ。」すべてはマルグリットの能力と希求を貶める絶えざる意志によって印付けられる。「兄弟より健康だが、マルグリットは兄弟と一種の生まれつきの不安の芽を共有し、それを野心のために用いようとする。野心、支離滅裂な能力によりあまりうまく使われない、度外れた自己中心主義、精神的不安定、肉体的あるいは感情的放恣。」「恋愛の達人」であり、よく考えることなく行動し、「交互に双方のために探る[44]」。

この同じ年一九六五年、ジャン・バブロンは自分の書物の刊行を利用して、『古銭学雑誌』に「兄シャルルが無礼にもそう呼んだ『太っちょマルゴ[45]』」の肖像が刻印された幾つかのメダルに関する短い論文を発表する。王妃はそこで「放恣な貴婦人の回廊で先頭とみなされる女性」として提示される。指摘はすべて、「性的解放」が女性の解放の乗り越え難い地平と大多数に思われる時に、政治で活動することを望み、あるいは望んだ女性が引き起こす苛立ちについて雄弁に物語る。

とうとう、三年後、「風変わりできわどい回想録叢書」に『王妃マルゴの回想録』が現れるが、初めてこのように指し示すのに飽きたらず、『自身によるテオドール・アグリッパ・ドービニェの秘密の物語』――マルグリットの敵の自伝に与えられた新しい名である――と組み合わされる。それゆえ王妃には何も容赦されないだろう。作品のタイトルに読み取れる歪曲はテクストにもたらされる唯一の変更ではない。マルグリットの話はこうして多くの小見出しで区切られ、(直接あるいは間接の)伝えられた話は一方でイタリックで、他方で対話として、人物が変るごとに改行されて、提示される。フランソワ・ド・クレルモン＝トネールの署名のある序文は控えめだが、一語一語伝説を繰り返す。そしてこの作品が「一五六三年から一五八七年の出来事[46]」をカヴァーすると告げる。つまり五年余計だ。

同じ時期にマルグリットを対象とするさまざまな記事が現れる。特殊な地方刊行物のものもあれば、大部の大衆雑誌のものもある。大部分は非常に短く、マルグリットの生涯の知識に新しい要素をほとんど付け加えることはなく、伝説が特徴的「バランス」をとっている。前者の中では、マルセル＝ジョルジュ・トマがダレ伯爵夫人アンヌ＝テレーズ・ド・プレショネに一九五九年に割いたものを挙げねばならない。この伯爵夫人はクレルモンの聖母訪問会修道院の創設者となる前に、若いとき王妃のところで仕えた。実際、この記事は、行間を読むという条件でだが、真面目な伝記作者がオーヴェルニュ時代について言っていることを確認する、興味深い要素を含む。しかしこの若い娘の使命とユソンで通用する哲学的神学的論争の結び付きを見る代わりに、トマはマルグリットの宮廷に蔓延した放恣の主題を繰り返し、伯爵夫人がこのような環境でかくも敬虔になったのに驚く。

第二の型の記事はギィ・ド・ヴァルネが先鞭をつけ、一九五九年に、「スペイン領ネーデルラントへの王妃マルゴの外交的旅行」を挿絵の多い大衆的歴史雑誌で描き出す[47]。作者はこれは「アンリ・ド・ナヴァールの非常に美しく非常に浮気な妻」の生涯のエピソードであると告げる。話は全面的に『回想録』のテクストを引き写すが、幾つかの変化で興を添え、結論は武勇活劇物語のヒロインのイメージを強化する。「マルゴは常軌を逸して色事に散りばめられた生活の歩みを再び続けた。」この記事に、今日まで、大衆に提供される歴史雑誌の同じ性質を持つ数多くの他の記事が続くだろう。

この時期研究の名に値する唯一のものは、よく知られた碩学の十六世紀研究者、ウジェニー・ドロによるもので、ドロは一九六四年、自身が『マルグリット・ド・ヴァロワのアルバム』と名づける未刊の資料を初めて分析する。それは王妃が自分の好む詩を写させた帳面で、ドロの考えでは、マルグリットの財産目録で、王妃の『アムール』の名で示されるものであるかもしれず、この書類は失われたと思われていた。『アルバム』は特にガスコーニュ滞在時のテクストを含み、ドロはこの帳面に現れる詩人に関して文学的研究を行い、それはマルグリットの趣味を明らかにし、ネラックの宮廷で重要な作家をよりよく知ることができる。悪意のある言葉の一つも見られない研究の終りに、ドロは結論する。「美しく、才気煥発で、優雅で、無限に学識がある、ナヴァール王の最初の妻は私たちにはこのように見える。すべての人を魅了するが、夫は別で、夫は書物、洗練された作法、音楽、舞踏会にいかなる趣味もなかった。(48)」

一九七〇年代の偽りの復権

一九六八年五月の事件以後のフランス社会の再政治化とフェミニスト運動の国際舞台への再出現は、一八八〇年代同様、マルグリットのイメージの悪化を停止させる。言葉は以前ほど激しくなくなり、分析はより節度があり、著作がとうとう再刊される。だからと言って、傾向が完全に覆されたのではなく、伝記と研究の再開によって働くと思われる復権は見かけ倒しである。それは、一方で、「新しい歴史」の問題提起のある種の息切れにも拘わらず、碩学は『アナール』派が捨て去るものについてごくわずかしか意見を変えず、過去の偉人は、例外を除いて、その運命に委ねられたままであるからだ。他方で、フェミニスムが心性の問題について深く社会を研究し、この分野で重要な勝利を奪い取り、高々と政治運動の資格を要求するとしても、女性の権力の問題はほぼタブーであり、フランスの女性は「代議制」と言われる議会で九五パーセント以上排除され続けている。

この特徴は、少なくともフランスでは、伝統的な大学での研究だけでなく、十年間の初めから配置されるフェミニストの歴史記述にも重く圧し掛かる。一九六八年以後フランス社会が経験するマルクス主義の新しい勢いに強く刻印され、この分野で企てられる多くの研究は、いくつかの例外を除いて、現代に関わり、労働、家族、身体、母性、魔女、売春、暴力、狂気、召使などの主題を、抑圧が取った形に女性を同一視すると思われるという論理で、扱う。ルネサンスと十七世紀の貴婦人はその結果、生まれる問題の脇に残され、この時期の初めの年月にマルグリットに対して示された共感の流れは一九八〇年代の半ばから涸れ果て、フェミニスト運動の後退とかなり論理的に一致する。

一九七一年、イヴ・カゾーは『回想録』の新版を出すが、一九六八年の残念な接合版を除くなら、一九二〇年から出版されていなかった。アンリ四世の伝記を書いたこの人は『回想録』に『弁明書』、六十ほどの書簡(ゲサール版から採られるが、最もひどい間違いは訂正されていない)と、「マルグリット自身による魅力的な諷刺」として提示される『琴瑟相和さぬ閨房』を続けることを選ぶ。テクストの帰属に関する疑いは言及されず、『博学精妙な話』の存在は触れられず、詩の存在も語られない。この刊行者の選択がなされる復権の限界を示すなら、序文は基底にある偏見を明らかにする。「きれいな女性、恋愛の熱心な実践者、教養のある精神、情熱と熱望の間で引き裂かれた魂、作家の気質、これが『回想録』の作者だ。」確かに、ブルトンの侮辱的な言葉からは程遠く、マリエジョルの中傷する当てこすりからさえ遠い。しかしジャンヌ＝ダルブレは「義母を演じ」、カトリーヌは同時に「悪魔的な女、知的な政治家、耐え難いメガイラ〔復讐の女神エリニュスの一人〕」、感動的な母」であり、マルグリットは「夫と弟の接近のための道具」でしかない。歴史的文脈はかなり正確で、肖像はかなり賞賛的で、調子はかなり簡潔だが、王妃は何より時代の危険に勝つことのできた女性である。「エネルギーの奇妙な源を持っていたから。それは才気と恋愛だ。[49]」翌年、アルベール・ドロルムはカゾーの校訂した版に敬意を表する。これは「十六世紀のすぐれたテクストで、歴史の証言である」と批評家はコメントするが、仔細に見なかったに違いない。実際『回想録』は「かなり短い。一五七〇年から一五九二年の時期に渡っているから。[50]」と記している。今度は、十年多すぎる。

六〇年代末のフェミニストの激しい動きは女性の生を考えるための新しいイデオロギー的文脈を作り出し、いくつもの著作が、まずはイギリスで、次にフランスで、『回想録』の再刊のすぐ後に続いて、現れる。まずはイギリス人シャーロット・フランケン・ハルデインの一九六八年の書物で、事実面では比較的よく資料で裏づけされているが、味気なく、視点も問題提起もなく、意見の表明もない。ハルデインは大抵『回想録』と書簡に、時には四、五人の同時代人と二十世紀初頭の何人かの歴史家に依拠して王妃の生涯を語る。どこから来たのか正確に述べずに陰口に言及し、良識を引き合いに出して最悪のものを否定するだけだ。描き出す生活において働く唯一の論理は王妃が「大恋愛家」であったことだと思われる。そのうえハルデインは「晩年にマルグリットがひけらかすニンフォマニアは敵に中傷のいくつかの要素を与える」と判断し、結婚の際に『回想録』の物語が中断されるのは意図的だと初めて主張する。王妃は「個人的勝利の報告[51]」に留まることを望んだ、と。

次はフランスで一九七二年に出た、フィリップ・エルランジェの書、『王妃マルゴあるいは反逆者』である。このタイトルがこの人物の再読——確かに時代錯誤だが——を予告しても、作品の内容は古典的だ。エルランジェはマリエジョルに依拠し、単純化しおどける。スパへの外交使節を語る章は「滑稽な旅」と題され、王妃のフランス帰還とパリ定住を記述する章は「また恋そして死」と題される。最後に、エルランジェは「異教的で狂信的な時代、道徳もなく同情もなく、生きる熱狂に錯乱するまで身を委ねた時代の、犠牲者[52]」として大層独創的にマルグリットを描き出す。

二年後、エリック・ラッセル・チェンバーリンは王妃の新しい伝記を提示する。これは幸いにもマルゴという渾名と縁を切るが、マリエジョルに多くを負っている。実際、このアメリカ人の割合真面目な研究にはフランスの歴史家の大部分の非難が見出される。この人物のうぬぼれ（「直情的でもめごとを引き起こす人はみんなそうだが、マルグリットは自分を思慮深く冷静だと思っていた」）、偽り（「完全な作り事を包み隠すために半ばは本当のことを言った」）、「ヒステリー」、無用な政治的騒乱（スパへの旅は「宮廷での謀とは別のことに力強い精神と魅惑的な性格を向けるに至った」唯一の時である）だ。マリエジョルと同様、本能的な不信がこの「素敵な青踏婦人」とその仲間に対して表現され、この婦人たちは現実の力を持たないが、それでも害をなす。全体の肖像はしかしながらフランス人の歴史家ほど誇張されていない。チェンバーリンは王妃の忠誠と責任感に敬意を表し、ナヴァール王を弁護するとき「並外れている」と思い、時に「高度の知性と非常に強い意志に恵まれた若い女性[53]」として描き出す。

一九七六年、もう一人のアメリカ人、マーク・ストレイジは「権力のある女性」を対象とする論文を提出し、少なくともタイトルでは、当時の新しいイデオロギー的文脈に明瞭に印付けられている。これはディアーヌ・ド・ポワチエ、カトリーヌ・ド・メディシス、マルグリットに関する作品だが、本質的には、太后の――下手な――伝記である。マルグリットの生涯を描く部分は、書物の半分近くだが、いい加減で、伝説の影響を強くうけている。「マルゴは、母が恐れていたように、並外れてセクシーな娘だった。」「たくさんの性質を持っていて、その中にはうぬぼれ、高慢、そしてまさにお手本であるニンフォマニーへの性向があるが、残酷でも不誠実でもなかった。」一五七五―一五七六年のアランソン公とナヴァール王の二重の逃走は「心理学用語でのみ意味がある」。ユソンでの、カニヤックの不可避の誘惑は、（原文でフランス語で書かれている[54]）「三角関係」へと至ったのだろうが、一五八九年侯爵の死によってようやく終わった。

七〇年代にマルグリットを対象にした論文はこの時期に働いた復興のもろさを示す。すべての論文が地方誌に発表され、ほとんどすべてがタイトルに王妃の名前をただ入れるだけだが、本当には王妃には関心がない。その一つの研究はアントワーヌ・ブルボンから叔母のギーズ公爵夫人への手紙を示し、この手紙は一五五七年、息子のアンリとマルグリットとの結婚計画を告げている。もう一つの研究は「アジュネ地域の町々での政治機能の復活」に割かれていて、三つ目の論文は「マルグリット・ド・ヴァロワの時代の演劇とバレー」を研究し、四番目はロワ・パポンが王妃に献呈した写本を飾る細密画を詳細に記述する。これらそれぞれに、伝説と最も有名な挿話に対する周知のこびが読み取れる。

一九八〇年代は今言及したおずおずとした前進と比べて一種の後退が際立つ。マルゴは小説に、特に非常に人気のあるロベール・メルルの小説でお役をまた勤め、メルルは自分の十六世紀長編物語の一つに組み入れる。大抵、この王女は背景の一部だが、いくつかの文で現れ出て、自身の小説のように、フィクションの中心に現れることも起り、最後に永遠がその姿を固定させる。一九八〇年、例えば『わがよき町、パリ』で、当時の他の英雄に取り囲まれ、過去のよい香りがする語彙の助けを借りて描写される。「ギーズは最悪のことをした。王の妹、マルゴに美しい視線を投げる。火打ち石はこの燃えやすい麻くずを燃え上がらせる。この女はいつもそうであったように多情でお股をおっぴろげて、最も若いころから兄弟に踏み石に置かれていて、瞬く間にこのロレーヌ男のブラゲットを解き、自分のベッドに押し込む。王はこの淫蕩を聞きつける。夜明けに王は自室に呼び寄せ、マルグリットが入るや、メディチ家出の母后と王は怒り狂った魚売りの女のように襲いかかり、叩きのめし、引っかき、あざだらけにし、シャツを引き裂く[55]。」

そしてまた、一九八二年に、『あの王子』で言及される。「この目でナヴァール王との結婚を見たことのあった王妃マルゴについて、兄王が宮廷から追放して以来ほとんど噂を聞いたことがなかった。その狂気の沙汰により家族全体にほぼ拒絶されたのだ。夫については、ネラックの城に迎え、心地よい言葉といい顔で優しくなでるが、手や、口や、あるいはあのものでは全く愛撫せず、自分の若枝で孕んだと言い張ることができるのを望まなかったからで、ゴーチエなるもので孕んでいる確率が極めて高く、この奥方は本質的に非常に気前がよかったのだ[56]。」そこでは、いっそう膨らまされた、レトワールの文が見られる。「心地よい言葉といい顔で優しくなでるが、もう一方ではまったくそうでない。それを母と娘は渇望していたのだ。」

一九八四年リズロット・ディークマンは王妃の『回想録』の英訳最新版を出し、その唯一の利点は、アングロサクソンの読者にずっと前から手に入らなくなっていたテクストを再流通させたことである。序文は短く、過ちを含み（マルグリットは相変わらず一五五二年生まれにされている）、フランスの女嫌いの最も使い古された月並みな表現を繰り返す。「マルグリットもまた、母親同様、メディチ家の女であり、母親の血の渇きではないにしても、少なくとも権力への意志、気配りのなさ、陰謀への才能を受け継いだ。だれかを死に追いやるのなど、あるいは内戦を始めさせることなど何ほどのこともなかった。［……］自分の王家の者である人となりを侮辱した者に復讐することはこの女性には当然の要求であった[57]。」内戦や殺害（少なくともマルグリットの伝説を知るとき、それはアメリカ人の並の学者によくあることではない）について語るときディークマンが何をほのめかしているのか分かれば、それ以上の説明なしになされ、王妃が五、六度内戦を始めさせ、何十人と「死に追いや」ったように思われる表明での曖昧さを伴った非難の重大さを前にして仰天する。

フランスでも、マルグリットは、一九八五年フランソワ・ペドロンが書いた『王妃マルゴ、恋愛と栄光』が示すように、新たに砂漠を横切るために再出発したように思われる。これは小説化された新しい作品で、調子はポルノグラフィーと単なる通俗小説の間でためらっていて、最も重大な歴史上の過ちが見出される。カバーの四枚目で離婚の年代を一五九九年の代わりに、一六〇五年にしているような場合だ。そのうえ王妃の生涯の終りはほとんど興味を引かず、この書はユソンで過ごした時期で終わっている。この作品のヒロインは、もちろん、「宮廷でもっとも口説かれ、賞賛を受け入れないことの最も少ない女性」で、これは生涯の始まりからである。「望まれて、マルゴはそれが例外的運命であると思った。」[58]

王妃のフランス語の最新の伝記[59]は少し戯画化されることが少ないが、それでも、そのタイトル『王妃マルゴの悲劇的生涯』（一九八八年）が示すように、ほとんど真面目でない。作者アンヌ・ダンクロは小説家であり詩人で、この註も書誌もない書物で、「マルゴ」の錯乱を「和らげる状況」を見出すよう私たちを誘う。王妃は実際「つらく、不寛容で、残酷な時期を宮廷で」生き、「そこでは近親相姦、暗殺、毒薬がありふれたことで、同時に宮廷は途方もない贅沢、度外れた洗練のうちに快楽にふけっていた。マルグリットはそこに落ち込み、フランスの王冠を失った[60]」。ふしだらゆえに離縁された女の神話はやっぱり厳しい生涯だ！　そのうえ誤読されたのはこれだけはない。王妃は「現代的な」女性、「時代に先立つ反俗の人」として描かれるのだから。調子は確かに悪意はない、しかし伝説は不可侵であることが明らかになり、触れられていない。

マルグリットを「巡る」最近のいくつかの研究

ナヴァールの最後の王妃について発せられた見解のパノラマを、直接マルグリットを対象とはしないが、しかし近くから触れるいくつかの研究に言及せずに、終わることはできないだろう。これらの「周辺的」言説は、何巻にものぼり、マルグリットに集中するため、これまで脇に残してきた。しかしながら、一九七〇年代末以来の伝記的研究の再生とルネサンスが引き起こす増大する関心のために、数多くの研究者は、今まで伝統により非常に歪曲されていた分析を見直し、王妃の家族の人物像や王妃が関わった出来事について革新的な解釈を提示するようになった。それゆえどのようにこの革新の意志がその主題に表現されるかを理解するのは興味のないことではない。

ジャクリーヌ・ブシェが一九八一年に、ピエール・シュヴァリエが一九八五年にアンリ三世に割いた二つの研究はこの観点で特に興味深い。マルグリットの兄は実際マルグリットに非常に近い死後の運命を経験した。生前は非常に論争の的になり、残忍な敵も無条件の讃美者も生み出し、同時代人によるしばしばあまり理解されない非常に高い熱望に取り付かれ、アンリ三世は、妹と同様、主として個人的な攻撃の対象であったが、攻撃の狙いは純粋に政治的なものだった。マルグリットよりもいっそう、アンリ三世はプロテスタントの修史に泥沼へと引きずられたが、これらの修史はサン＝バルテルミーの大虐殺に加わったのを赦さず、またブルジョワの修史はアンリ三世の品行のために――あるいは少なくともこの修史が信じようとしているもののために――嫌悪した。そしてマルグリットよりいっそう長く、アンリ三世は稀な弁護者を待たねばならなかった。こうした弁護者は二十世紀初めより前にはほとんど現れなかった。しかしながらマルグリットとは反対に、伝説を生み出すことはなく、その評判はどうやら夢想には好都合でなく、少なくとも善き社会ではそうである。

この理由で過去から受け継いだ判断の再検討に最も開かれた歴史家は、歴史で兄と妹に共通の扱いがなされたと見るのを拒むのだろうか。あるいは単に、二人が憎みあったので、伝記はその研究対象の視点を無意識に採るからなのか。ともかく、シェヴァリエ同様ブシェも、二人ともアンリ三世に求められる偽りの諍いを探りあて、ひどい評判の責任を告発しようとし、マルグリットを復権の企ての外に置くだけでなく、マルグリットに対して最悪の非難を更新するのはなんとも残念である。

この王とその宮廷を対象とする博学の学位論文で、ブシェは何世紀もの間幅をきかせたエピナル画のイメージをこうして自分で再び引き受ける。「兄と妹の品行の乱れは周知のことで、多分性格のアンバランスによった。マルグリットの好みはまともだったが、度外れていた。」マリエジョルの主張を繰り返し、この歴史家は『琴瑟相和さぬ閨房』の帰属を疑わず、陽気な猥談が十七世紀初頭に宮廷で非常に流行した証拠をそこに見さえする。そして『博学精妙な話』に関してマリエジョルの表明した誤解を繰り返した。「ナヴァール王妃の悲劇は、女性にほとんど有利でない世紀に、自由を要求して、フェミニストとして行動したことであった。[61]」

シュヴァリエはこの王の評判の再検討でさらに先に行く。この歴史家の説明では、王のホモセクシュアリティは「正当化されない中傷の伝説」であり、君主の周囲でさえ笑い飛ばしていたもので、「集団的記憶に永続化するような寵臣の伝説の主な責任者」としてドービニェを告発する。しかし王の妹が同様の伝説が築き上げられたことの犠牲者であるというのは一瞬もこの人は思いつかない。ミシュレとともに、王妃はデュ・ガの殺害の後ろ盾となり、「殺人者の恋の要求額を、修道院の教会の都合のよい薄明かりで満足させることを承諾して」を支払ったと考える。ブルトンとともに、一時的な感情に基づいて行動する姿を記述するが、シュヴァリエの解剖の他の部分がこの感情の動機となっている。「ビュッシーを奪われ、その不在は重くのしかかり、ナヴァール王妃は夫と弟とを和解させ、二人に自由を回復させるようと決意した。」そして確かに、マルグリットはアンリには「[フランソワほど]恐ろしくない」敵である。「なぜならマルグリットは弱き性であるから。」この著作で見下すような指摘(カトリーヌは「政治的なおしゃべり」で、周囲に「自分のひな」を集める)、あてこすり(一五七五年『日記』にレトワールが挿入した追従のソネは「[……]ナヴァール王妃のところからでた可能性がある」)、誤り(「オービヤック殿ジャン・ド・ガラール、マルグリットの「美しきアチス」は王妃とともにユソンで暮らした[62]」)を挙げればきりがないだろう。

アンリ四世の数限りない伝記作家の最近の一人、ジャン=ピエール・バブロンは、一九八二年に刊行するよく資料に裏づけされた重要な著作で、この王の最初の妻に結び付けられた悪口のかなりの部分を無視する。この歴史家は十六世紀は「聡明な女性が西洋世界を手中にする時期」だと知っており、こうした女性たちの価値、特にマルグリットの価値を認めるのにやぶさかではない。『弁明書』を書いて夫にもたらした助けに敬意を表し、「恋人たちの戦い」の「責任を若い王妃に負わせるのは幾分不正である」と抗議し、王妃が王よりも洗練された多くの点を持つことを示す。しかしながら「マルゴ」を兄アンリに結び付ける「感情の混乱」を避けることはなく、十歳での「この王女の非常に自由奔放なやり方と媚態」を証明するために躊躇なく十七世紀の作家に依拠する。同様に、「ユソンの城で愛の奇妙な巡礼生活をいつも」送る姿を描き、パリでは、「ますます若くなる相手との欲望の満足をなお[63]」確保する姿を描き、アンリ四世への賛同を錯乱の結果としてしか分析しない。

ジャン・オリユーの発表したカトリーヌ・ド・メディシスの最新の伝記は、先行する作品と比べて、一九五〇年代の最悪の傾向の再現のように思われる。『黒い王妃』に関するこの書物で、実際マルグリットの『回想録』の偽の引用が見られ、どのような伝記（ほとんど真面目でないものでも）を読んでも避けることができただろう誤りがみつかる。こうして、マルグリットは「一五六八年に宮廷に現れた」（即ち十五歳でだ）、兄と妹はそれまでに一度も会ったことがなかったように、「大巡幸」が存在しなかったかのように、兄の「アンリはマルグリットに「とって新発見だった、アンリは多くの面でマルグリット同様女性的であったが、おそらく男性の度を越した新発見であった」、と言われるのだ。サン＝バルテルミーの大虐殺の朝に、王妃の部屋に負傷したユグノーの貴族が来たこともこうして同様に変更される。「レランはベッドの中の王妃に飛び掛り、抱きしめ、狂ったように抱擁し、後を追ってきた殺人者たちは、このシーンとこの血まみれの見知らぬ者に抱擁されたマルグリットの狂乱の情景を前にして、どっと笑った。」ここでいくつも指摘できるのは悪意ではなく、へまと卑俗な言葉で、次のように、それほど数多い。「セックスしながら、マルゴとラ・モルはヴァンセンヌからアランソン公とナヴァール王を逃亡させる計画を準備した。[64]」二人の王子がヴァンセンヌに捕虜であったとき、ラ・モル自身も監禁され、定期的に拷問を受けていたことを思いださねばならないのか。

しかしマルグリットは家族を越えて語られるのか。愛顧を受けた人たちの側、特にギーズ側から見てみよう。ジャン＝マリ・コンスタンが一九八五年に『ギーズ家』で、ロレーヌ家を研究したから。この作品のタイトルが思わせるのとは反対に、この研究はこの一家の男たちだけに関わっていて、女性の場合は数行で、特に「ヒステリックなモンパンシエ公爵夫人」の場合が決着を付けられていることをここでは強調しなくてはならない。マルグリットに関しては、この歴史家は浴びせられた最悪の非難を眉もひそめず繰り返し、マルグリットの評判に奇妙にも欠けていた新しいでっちあげの言葉でこの件に興趣を添える。「アンリ三世の戦術は弟と妹を引き離し、服従に追い込むために、二人を孤立させることだった。こうしてナヴァール王に、マルグリットとのよからぬ関係を告発されたジローヌ・ド・トリニーに暇をだすよう強いるに至った。[65]」

最後に、最悪の敵によってさえこれまで触れられずに来た分野、文学的才能について、王妃に根拠なしに投げつけられた最新の侮辱を指摘するのが相応しい。実際、数年前から、サン＝バルテルミーの大虐殺の歴史家ジャン＝ルイ・ブルジョンは『回想録』の信憑性を疑うまでになり、その事実の説明はこの歴史家に都合がよくない。ニコラ・メアリー・サザーランドに続いて、ブルジョンは実際虐殺の「第一幕」でのカトリーヌの責任を問題視し、カトリーヌの責任をマルグリットの筆で読めると思っている。それゆえ一九八九年に書く。「現在では、はっきりさせることができないが（内容に関してだけではなく、マルグリット・ド・ヴァロワの語彙に関しても、研究が必要だろう）、単に偽りではないかと私たちはいぶかる。[66]」

三年後、この歴史家は再びこの考えにいっそう断固として戻り、ある論文で大虐殺に関する主な「証言」の無効を宣告する。「特に、タヴァンヌ元帥の『回想録』は偽りだ。［……］『アンリ三世王の演説』はまったくのでっちあげだ。マルグリット・ド・ヴァロワの有名な『回想録』も同じように疑わしい。[67]」奇妙な「新発見」だ。タヴァンヌのテクストはそのままのものとして提示されたことは一度もなく、息子が練り上げた話であり、アンリ三世の『演説』に関する欺瞞は世紀初めから知られている。第三の主張は、三百五十年の歴史的文学的研究（そのうちの幾つかは大変確かなものであることを思い出そう）をむしかえすもので、少しの証拠もなしに、他の二つに続いて、検討がなされたかのように付け加えられている。そしておそらく、あやふやな主張に重みを与えるために、ブルジョンはこれらがサザーランドの結論から生じたかのように提示するが、サザーランドは王妃の『回想録』についてこのようなことは何も言っていない。同僚に真面目さが欠けていると非難することをやめない研究者からは、こうしたやり方は少なくとも奇妙だ。

変化のきざし？

一九七〇年代の初めにマルグリットに対して表現された共感の流れはそれゆえまったく涸れてしまったように見える。この数年の間になされた幾つかの例外的研究は、しかしながらおずおずとこの印象に反対する。実際何人かの碩学は、自分たちの研究がそれでもルネサンス末期の文化的シーンの最も重要な人物の一人として出現させる女性に関して、意気阻喪させる同じたわごとを長々と聞くのに飽いたと思われる。他方、確かに、何世紀も前からその人柄にのしかかっていた道徳家の非難は、宗教がもはやほとんど真の影響力を持たなくなり、フェミニストの数世紀の闘いが社会、それゆえ歴史に、両性のそれぞれの位置を再考慮するように導いた世界ではもはや現実的重みを持たなくなり始める。

そのうえフランスのフェミニストの歴史記述は近年大いに前進した。長い間周辺的であったが、ジョルジュ・デュビーとミッシェル・ペロー監修の大部の『女の歴史』の近年の公刊が示すように、認められた研究者の影響の下に、お墨付きを獲得し始める。政治権力に充てられた位置はこの著作では限られているにしても、フランス人は相変わらずこの問題に関心を持たないように思われる――ルネサンスにあてられた巻でこの項目に直接位置する唯一の論文はアメリカ人ナタリー・デーヴィスの手になるものだ[68]――にしても、空間は少しずつ広がり、今日状況は一九七〇年代よりもこの分野での問題の復活の準備が完了しているように思われる。

マルグリット・ド・ヴァロワはなるほどこの進化の中心ではない。しかしながら、マルグリットは真剣に研究者を再び呼び集め始めている。この書の元となった博士論文はその一例だが、これだけではない。一九九一年、ジルベール・シュランクは王妃の『回想録』を対象とする的確な論文を書き、書物の「閾」が明確にするような、しかしまた二つの著作の分析から演繹しうるような、ブラントームの『貴顕婦人伝』と王妃の話の間に存在するテクスト関係を検討する。同年、フランス十六世紀研究学会がアジャンとネラックで開催した研究集会は、王妃が真面目な研究対象の地位をまだ完全には回復してはいなくとも、何人かの大学人が大いに注意して王妃を検討し始めていることを示した。マドレーヌ・ラザールは『博学精妙な話』を発想を得ている女性論争の他のテクストと照らし合わせて分析した。リチャード・クーパーはマルグリットのマチニョン宛の書簡を何通か発見し、ジャン・ガラポンは『回想録』の本当の文体分析――最初の一つである――を行った。他の研究者は生涯のすべての時期での、メセナ同様ミューズとしての、霊感を与える女性としての役割に関心を示す[69]。

＊

歴史的研究の分野と比して今のところ非常に周辺的だが、この現実的前進は、マルグリットに直接関係するもので、二十世紀の決算は最も耐え難いものの一つであることを忘れさせないだろう。六十年間の無益なおしゃべりと研究と自称するもの――例外は片手で数えられる――は、先立つ時代の意味ある進歩を無に帰させ、最後のナヴァール王妃と私たちの間にかつてなく濃い霧のようになった。今日一般大衆が十九世紀から二十世紀の転換点よりも王妃の生と作品をよりよく知っているわけではないだけでなく、王妃について知られていることは時間の流れとともに後退したとも思われる。マリエジョルの伝記は、サン＝ポンシー、ロザン、メルキの著作を消し去り、王妃の生涯について発せられた最後の言葉として幅をきかせた。王妃の作品は、相変わらず注釈者と愛好家を待っている。『回想録』はまだ煉獄にあり、大部分の書簡同様『博学精妙な話』は随分前から手に入らず、詩編は相変わらず刊行されていない。プチ・ロベール辞典が記述するように、王妃は「ニンフォマニアの犠牲者」の女性であり続け、一九九〇年には、『艶婦伝』の最初の映画化で最も露な姿の――痛ましい――ヒロインの一人にさえなった。

それゆえ一九八〇年代の末に見られる稀な進歩は注意深く吟味されねばならない。それは孤立した一時的な現象、一九七〇年代のフェミニストの激しい動きがもたらした問題によって遅らされた結果なのか。旧制度の貴婦人の歴史において十九世紀末と二十世紀初頭に実行された前進が、一八八〇年代の婦人参政権論者の運動との相関関係でなされ、いわば延長したとの同様に。あるいは、歴史的、政治的、認識論的な、本当の変化の始まりにいるのだろうか。要するに、フランス史が立ち上がった女のいないところでないことを見る状態にあるということなのか。今後十年経なくてはそれは分らないだろう。

それまでの間、一つのことは確かだ。偉大な王女としての、そして大作家としての、マルグリットの復権は、外部と連絡を絶ってはなされないだろう。そしてそれは大いに結構だ。いつの日か、フィロゾーフの時代のアンリ四世のように、とうとう、「マルグリットに相応しい世紀」に出会うに至るなら、それはマルグリット一人ではなく、アンリ四世のように、仲間を犠牲にしてではないだろう。このような女性の生涯と作品は、ルネサンスの貴婦人が、その役割は私たちの国の政治的、文化的生活で非常に重要だったのだが、私たちのフランス史でその女性たちのものである地位を再び得るだろう時になって、ようやく本当に理解されるだろう。そしてそれは、今日の社会で男女の政治的権力のシェアについて現実の同意が見出されることなしには起らないだろう。いってみれば、その日には、「人間（男）の権利の祖国」は本当の革命を経験しているだろう、ということだ。

ペラン版後記

いまお読みになった書物が刊行されてすぐに、最後の節で提示された疑問（「変化のきざし？」）は、大予算の映画と王妃マルゴに割かれた刊行物の急増、つまり二十世紀が経験した神話の再活性化の最も強力な試みによって、激しくはねつけられた。しかしながら同時に、そして特に続く年月に、マルグリット・ド・ヴァロワに関する研究の続行は研究者の共同体にこの女性が赦されて戻ることを確認し、マルグリットの全集の出版は十九世紀半ば以来の新しい資料の最も重要な発掘となった。それゆえ本研究の出版の十二年後、この新しい展開の情勢を分析し、この人物の死後の生でイデオロギー的なそして政治全体の文脈が占める決定的な重要性を今一度確かめるのは特に興味深い。

まず神話から始めよう。運命――ゆるやかな退化の運命――に委ねるどころか、神話は一九九三年、まさにこの研究の出版の年に、『王妃マルゴ』の制作とそれに伴う最初の出版の折に、そして特に一九九四年、この映画の公開とそれを支える、この人物に費やされた大量の作品の出版の時に、目覚しく持ち直した。この映画は、幾年も前から予告されていて、名声に包まれた演出家（パトリス・シェロー）が監督し、フランスとヨーロッパの何人かの最も有名な俳優（イザベル・アジャーニ、ダニエル・オートゥイユ、ヴィルナ・リージ）が出演し、メディアの報道とフランス映画史上ほとんど前例のない宣伝に支えられ、カンヌ映画祭で公開され、その年の重大事の一つとなった。この出来事にどうにかして結び付いた文化的生産物は、映画そのもの（シナリオ、サウンドトラック、ヴィデオ）、デュマの小説（十二版を下らず、そのうち十一版は完全版）、王妃の伝記（新作三作）、そして王妃自身の作品（『回想録』の文庫版）に及んだ。このような一団となった方針は確かに文化が産業となったことを、そして産業はこの見事なマルゴを大いにあてにしていたことを示す。しかしこの夥しい骨折りは期待された結果をもたらさなかった。いかなる「マルゴブーム」も始まらず、この映画は公開六カ月以上経っても相変わらず採算がとれなかった。

おそらくそのことが半ば失敗したことに大いに関係がある。セットの華やかさと俳優の才能にも拘わらず、用いられた資力にも拘わらず、大衆を引き付けるために拵えられたこの作品は、実際はだれも満足させたとは思われない。シェローの美学的、政治的先入観（シェイクスピアの劇作法の「騒ぎと熱狂」を再び見出す、サン＝バルテルミーの大虐殺をショアーのプリズムを通して読む）は、このエピソードの歴史的明快さをかなり縺れさせ、しかしながらフランス史の知識が増すことがないのを暗示的な部屋着で埋め合わせることもない。一般の観衆は、もはやマルゴの唯一本当の「通」で、というのも『フランス史の恋の話』（一九六八年から一九九一年に六版）にいつも潤されているからだが、ほとんど話の筋がわからなかった。映画ファンの観衆は、「時代劇映画」にしり込みして、この悪魔のような長い話に関心を認めなかった。そのうえ筋に施された変更（シャルロット・ド・ソーヴはほぼ完全に姿を消す、マルゴの役割が弱まる、一八四五年の小説ではほとんど不在だったアンリ三世に重要性が与えられる）は、デュマの政治的メッセージの完全な裏切り（特に若き超人アンリ・ド・ナヴァールが四十がらみの怯える田舎者に変えられる）同様、この小説の愛好家を引き離すことができただけで、愛好家は相変わらず非常に数多かったのだ（他の作品は数えずに、『王妃マルゴ』は一九六九年と一九九二年の間に八版を重ねた）。反対に、デュマの他のメッセージの再利用（ヴァロワ家の者たちは当然退廃しており、王女たちはかつてなくふしだらである）は、デュマには非常に意味があったが、二十世紀末には完全に廃れてしまって、新しい歴史的アプローチに熱中する見識のある観客、特に『西洋における女の歴史』を大いに評価した観客を失望させることしかできず、こうした観客はそれ以降に必要な情報を十分手に入れていた。

映画愛好家の批評は、形式の問題にしか夢中にならず、これらのさまざまなゆがみを解明することをよしと判断せず（それにこうしたことをきっと目に留めておらず）[1]、それゆえ少しの論争（それは多分この映画の認識を変更しただろう）も惹起することができず、依然として書物に向いたいと渇望している観客のものであり続けた。デュマの小説を読むのは、六、七百頁を前にしてしり込みしない限り、確かに考えさせることができたが、しかし二十世紀末のこのような派手な宣伝の重要性を把握することはできなかった。王妃の『回想録』の版は、王妃が書いたことを見出す限り、このことについていかにしても新しい視点を提出しなかった。十六世紀の歴史同様フランス語の奥深さにも明らかにほとんど精通していない英訳者シルヴィー・ローザンカーによってトゥールーズの小さな出版社のために拵えられ、この版は綴りの間違いだらけの（しかし現代化された綴りの）テクストを提供し、非常に短い解題が巻頭に置かれているが、それでも誤りと伝説の素材を撒き散らしており、短い註で説明しているがそれも時に誤っており、本研究から着想を得た――幸運にも引用はしていないが――短い後記が付いている。

生涯の物語は、同じご都合主義と同じ出来の悪い質で感じられたはずだ。一九六〇年代初めからフランス史に含まれる偉人と著名な女性に関することは何にでも関心を抱いた通俗的伝記作者アンドレ・カストロは、ヴァロワ家の最期の女性に関心を抱くという考えをまだ持っていなかった。一九九三年から、自分の作品に合った、『王妃マルゴ』を発表した。ガスコーニュの歴史愛好家ジャン・カスタレードは、既に『ガブリエル・デストレあるいは王の熱情』の作者で、『アキテーヌの恋愛地図』を後に書くが、一九九三年からまた、『王妃マルゴの三重の生涯――恋する女、陰謀家、作家』で似たり寄ったりの考察をした。こうした作品からは何らの新しさは期待されず、その ご都合主義の性格が目に付き、五十年以上前から穿たれていた畝に書き込まれる。一九七三年に『キャスリン・デ・メディチ』のタイトルで英語で出版され、一九七九年に同じ意図で(『カトリーヌ・ド・メディシス』)で仏訳された、ヒュー・ロス・ウィリアムソン(一九七八没)の研究の再版にも何ら新しいものはないが、突然『カトリーヌ・ド・メディシス、三人のフランス王と王妃マルゴの母』と銘打たれた。反対に、十六世紀のプロテスタントとサン=バルテルミーの大虐殺の研究の著名な専門家ジャニーヌ・ガリソンの『マルグリット・ド・ヴァロワ』には新しく真面目なものを期待する権利があった。まったく逆に、そうしたものは何もなかった。この作品は、マリエジョルの伝記と読んだばかりの研究から拵えられ、不正確、矛盾、誤りを積み重ねており、「疑わしい目配せ」さえしているが、フィリップ=ジャン・カタンシが『書物の世界』の一九九四年六月三日号で取り押さえ、最期のヴァロワ家の時代のもう一人の歴史家ドニ・クルゼが示唆的なタイトル「真珠のキャラバン――「嫌な婦人」に関する批判的注解」で分析した要素を含む。

しかしながらその年の残りの間に何千部も売れることになるのはこうした本であり、アンドレ・カストロの書は一九九四年以降再版された。実際、本研究は出版の際に控えめに調査目録に挙げられたが、(先に挙げた『書物の世界』の記事に現れた幾つかのインタヴューと称賛のわずかな行のへの返事として)フェスティヴァルの開幕以降入手不可となり、六カ月後にようやく再び入手可能となったが、この騒ぎの落ち着いた後であった。しかしながらその間、主要な結論を要約する二つの記事が現れ、一つはリーヴル・ド・ポッシュの『王妃マルゴ』の後記であり、他方は中等教育教員に多く配布される『エコール・デ・レットル』誌にである。反対に、イタリアでは、本書を大出版社モンダドーリが一九九四年秋のイタリアでのこの映画公開に合わせて選んだ。「メディチ家の娘」である女性の歴史と伝説を関係付ける本書は、シーズン・ベストセラーのトップテンを何週間も占めた。

こうして、フランスで神話の立ち直りへの失敗に貢献した要素、明白な異議申し立て、十九世紀半ばからフランス社会で果たす役割の分析は、かなり二次的な役割しか果たさなかったように見える。実際この失敗は、上に言及した失望させる結果を越えて、『王妃マルゴ』をタイトルに掲げるこれ以後の出版が珍しいことで計れる。これらはまず二つの歴史小説である。ジャン＝アンドレ・ソビオンの『ルネサンスの都市ネラック——王アンリ、王妃マルゴ、大臣シュリー』（ネラック、一九九五年）とジョスリヌ・ゴダールの『王妃マルゴの恋——犠牲にされた恋人たち』（パリ、二〇〇三年）である。第三番目のそして最期の著作はより驚くべきで、それが近代史、より特別には魔術の専門家による研究であるからだ。ロベール・ミュシャンブレはそそるタイトル（『王妃マルゴ時代の女性の情念、一五五三―一六一四年』、パリ、二〇〇三年）で、十六世紀と十七世紀の女性の犯罪と軽罪の懲罰に関心を寄せる。王妃はこの主題の論証にどの点で使うことができるのかよく分らない。あちこちにばら撒かれた表現（「王妃マルゴの時代」、「マルゴの世紀」など）以上には、そして『屈服させられないマルゴ』と題された第一章以上には、そのうえほとんど問題ではなく、この第一章は十九世紀半ばの偽研究を思い出させるおどけた調子で語られる入手可能な伝記の要約である。おそらくこの歴史家は、レイプと子殺しの死刑判決に関する章を「ご婦人方のご不幸に」〔ゾラの小説『ご婦人方のお幸せに』のもじり〕と題するが、もう一つの「疑わしい目配せ」をする楽しみに抵抗できなかったのだろう。夫を騙し、多分堕胎し、さらに愛人たちを犠牲にした、マルグリット・ド・ナヴアールは罪を犯した女性の象徴ではないのかと。王妃を神話に再びつなぎとめようとする意志はいずれにせよこの書では明白である。王妃は常にデュマの使う渾名で呼ばれるのだから。

反対にこの時期に現れた他の著作のカヴァーに記されるのは王妃の本当の名と肩書きである。ジャクリーヌ・ブシェの『十六世紀末の二人の妻王妃——ルイーズ・ド・ロレーヌとマルグリット・ド・フランス』（サン＝テチエンヌ、一九九五年）、ミッシェル・モワザンの『マルグリット・ド・ヴァロワ、王妃マルゴのオーヴェルニュ追放』（ノネット、ピュイ＝ド＝ドーム、一九九九年）、ロジェ・マルシャル監修の『サロン生活と文学的活動　マルグリット・ド・ヴァロワからスタール夫人まで』（ナンシー、二〇〇一年）。近年増加した、王妃の作品集のカヴァーに現れるのも、同様に最も通用する名前、そしてこの名前だけである。この選択は、一九九八年と一九九九年に二巻で出た全集版であれ、二〇〇四年出版の散文テクストの文庫本であれ、私の校訂したものでは意外ではない。反対にメルキュール版ではびっくりさせるものであり、一九七一年に『マルグリット・ド・ヴァロワ、王妃マルゴの回想録』のタイトルでカゾーにより編まれた選集を、二〇〇四年に三度目に復刊することを選んだが、今回は渾名は抜きである。この違い以上にこの版の不幸な選択が近年の研究に照らして訂正されていないだけに事態はいっそう際立っている。実際、近年の研究はこの選択を完全に非難している。[2] 同様に、クレルモン＝フェランの小さな出版社は、また二〇〇四年に、王妃の『回想録』に渾名を書きこまないことにしたが、残念なことにテクスト校訂はカゾー版によっている。マルグリット・ド・ヴァロワ著、『回想録　一五六一――一五八二年』。最後に、別の版が、『琴瑟相和さぬ閨房』の版なので大変残念なのだが、今度はアルルの小さな出版社から刊行された。この作品はそこでは「フランス王妃、マルグリット・ド・ヴァロワ」の作とされている。

こうした出版ラッシュはそれ自体としてすばらしい。十七世紀以来王妃の作品（あるいはそのように思われるもの）がこのように出回るのは初めてであるから。おそらくこれは神話の復興の試みの失敗した補助的証拠であろう。神話の発展は、十九世紀中頃から、出版カタログから王妃の書いたものが消えることで表されていたことを思い出すからだ。しかしながら、この関心の再生は一方で研究の進展に反して、神話への異議申し立ての外で、さらにその要素を継続しながら続かざるをえない。それに、この神話に結着をつけるために、この映画のシナリオ作者も何人かの「真面目な歴史家」も、これに自ら貢献して新たな神話をもたらすことを止めなかったことを指摘しよう。シエローとトンプソンはマルグリットが兄弟たちに公衆の面前でレイプされる場面を登場させたし、ざらつく壁を背にして衣服を捲り上げられるために、「男たちを探し」に首都を（多分サン＝ドニ街か）お供もつれずにフランス王女がうろつく姿を示した。ガリソンは「嫌な婦人」を酒の好きな貴婦人としたが、王妃の所帯の家政簿に記録されたワインの出費を見ただけだ。ブシェは、一九八〇年代のブルジョンより証拠があるわけでもないのに、『回想録』はきっと付き添いの婦人の一人によって書かれたと示唆した。

したがって表に出ない敵意がアンリ四世の最初の妻とフランスのエリートの一部の関係の特徴となり続ける。反対に、見識のある読者の目に神話は「もう働か」ず、こうした読者にはこの女性が女性たちの「邪悪さ」を体現することができるとも、女性たちが公的場面から遠ざけられるべき証拠となることができるとも思われない。その同じ証明はカトリーヌ・ド・メディシスについてもなされうるだろう。一般の読者は映画の波に乗ることができると思った二人の小説家に喝采をおくらなかった――少なくともそう言える――そして人気の大作家のだれ一人としてこの方向に乗りださなかった。

このさまざまな特徴は、同年代のうちにフランス社会が経験した変化と関係づけられるべきだ。実際一九九〇年代初めは、代議制議会での女性比率に関するヨーロッパ統計（そこでフランスは五パーセント以下で最下位であった）の新事実の結果、男女の同数の要求が生まれ、フランス社会全体をとらえた時期である。(3) 同国人全体よりフランス史に親しんでいるわけでもなく、すでに見たように、「かつての貴婦人」の運命に極わずかにしか関心を抱かず、フェミニストは「フランスの例外」の問題に激しく再び直面した。「人権（男の権利）の国」は隣国よりもずっと遅れてしか女性に投票権を与えなかったことですでに注目されたのだから。『『フランス流』民主主義あるいは好ましからざる女性たち」をテーマとする研究集会が開催された一九九三年から、ジュヌヴィエーヴ・フレスは主張していた。「私の仮説はサリカ法がまだ機能しているというものです。」[4]この時期からこの仮説は他の女性研究者にも重要視された。[5]大部分のフランス人の男女は中世末に女性を権力から排除することになった過程を知らないままだが、明らかに、今日各人は、この排除が何ら自然ではなく、私たちの国が最も素晴らしい役割を演じられなかった歴史に深い根を持つことをよく知っている。

こうしておそらく現代フランス社会が、マキャベリ的な王妃と堕落した王女の歴史を今日の趣味に戻そうとする試みに対して無関心である深い理由が理解される。反対に、『王の小道』の「第二の生」を適切な眼鏡でフランス史を見直す必要性の新たな意識に帰すことができるはずだ。フランソワーズ・シャンデルナルゴールがマントナン夫人というこのもう一人の嫌われ者を対象として書いた、この資料によく裏打ちされ、公然と偶像を破壊するこの小説は、一九八一年に出版され、一九八二年と一九八三年に再版されたが、実際一九九三年と一九九五年の間に五度新しく再版された。マルグリット・ド・ヴァロワは、最近十年間に過去一世紀よりも多くの関心を研究者から受けた。

それで最後にこの活動が生み出した新しい意識に取り組もう。まずこの人物が私たちと異なる国で今日引き起こす関心を記さなければなるまい。ロシアの若い研究者ウラジーミル・シーシキンはマルグリットを対象にいくつも歴史的研究を行い、サンクト・ペテルブルク図書館に保存されていた未刊行作品を出版し、いま『回想録』のロシア語初版を準備している。[6]アメリカでは、シャルル九世が保護した宮廷アカデミーに関する個別研究の作者である、ロバート・シーリーが王妃マルゴ神話にあてた研究を公表し、「伝説の排除の方へ」向う意志を示す。三人の大学研究者は王妃の『回想録』と王妃に帰せられる作品『琴瑟相和さぬ閨房』を検討した。そのうえこの北アメリカ大陸で「［フランスの］旧制度の女性作家」の初めての四度の研究集会が開催され（一九九三年、一九九五年、一九九七年、一九九九年）、そこでマルグリット・ド・ヴァロワに関するいくつもの研究が、出版される前に、発表された。

フランスでも、先に挙げた書物以外に、この人物に完全に当てられた最初の研究集会で発表された一連の論文が一九九四年に出版され、[7]マルグリット・ド・ヴァロワと音楽に関する歴史の博士論文が一九九六年に口頭試問を受け博士号を授与された。そのうえ、二十ほどの論文がマルグリットに関して、雑誌あるいは研究集会で、発表された。最終的に、研究に属する作品だけを考慮しても、一九九三年から八つの著作と四十ほどの論文が王妃マルグリットに関して発表され、私のものは半分以下である。これらの研究は非常にさまざまな分野を探求した。王妃の作品――一般には『回想録』――の研究は、最も多い刊行物を生んだ。歴史的アプローチは王妃の生活の物質的、制度的側面（家屋、資産、婚姻）の研究、生涯の個別のエピソード（アジャンとオーヴェルニュの時期、離婚、パリへの帰還）の研究、生涯における宗教、哲学、音楽の役割の研究、文化的、政治的役割の研究、サークルに関する研究、王妃の宮廷に関する研究、使用人の身元に関する研究へと多様化した。[8] いくつかの研究は特に王妃の人柄を検討しており、それゆえ、著書と政治的選択から判明するものとしての、教育と近親者との関係を検討した。これらの研究のかなりの部分が、生前の評判から、『諷刺的離婚』、『アストレ』、アレクサンドル・デュマの小説への王妃の登記を通って、『王妃マルゴ』の映画化まで、王妃の受容のさまざまな様相に当てられている。最後に、王妃の全作品の批評版により、未刊あるいは十七世紀初頭以来再刊されていなかった十ばかりの詩編が日の目を見ることになり、『ナヴァール王の申告』（あるいは『弁明書』）の写本が再発見され、現存する写本を見て『回想録』のテクストが校訂され、そして特に、一貫性をもって、今日王妃の書簡集を構成する五百通ほどの書簡が現れ出た。実際未刊の百五十通ほどがこの機会に発掘され、新しい書簡は同定され、十通ほどは日付が推定され、王妃の生涯の全面が現れた。

いってみれば書誌の初めの頁に挙げられた「マルグリットの作品」の記述も一部古くなったということだ。オノレ・シャンピオン書店の二巻の序文に王妃の作品の最新情報が見られる。同様に、この同じ作品に関する註に指示された十ほどのさまざまな参考文献は今日、読者が大いに快適なことに、当該の二巻に見出すことができる（散文作品だけの、二〇〇四年刊行の文庫本でも同様だ）ということだ。最後に、これらの刊行本を読むことで、本書の第一部を占める伝記的話と文学的分析を肉付けすることができるだろう、ということだ。

こうして王妃の詩編は、公表の適切な戦略同様、詩人たちと熱意に溢れた関係を結んでいたことを明らかにする。自分の保護する詩人の詩集に何編かを忍び込ませたことが判明するからである。大人になってからの生涯の初めと終りの時期、不平党の陰謀と一六一〇年代の諸侯のフロンドの際の、ヌヴェール公父子への書簡は同様に王妃の政治的選択を解明する。一五八三—一五八四年の王妃の送還のエピソードも数多くの書簡により解明され、これらの書簡は続く時期に、誰であれ信頼するのを拒んだ理由をよりよく説明するばかりである。長い離婚交渉は、今後はマルグリット、異父姉ディアーヌ・ダングレーム、王、大臣、そしてガブリエル・デストレとの手紙のやり取りで明らかにされ、さまざまな主役が奇妙な鬼ごっこに身を委ねることを示し、王妃の交渉家としての才能を裏付ける。反対に、オーヴェルニュ伯領の回復は思っているよりずっと微妙であることが分る。実際、マルグリットが財産を王権に寄贈したのは、信じられていた一六〇七年（これが公式の説明であるから）ではなく、一六〇六年、かつての夫との常軌を逸したポーカーゲームが終わる、裁判開始の数日「前」に過ぎない。それほど、アンリエット・ダントラーグへの熱愛にかられて、王が言い逃れするのを恐れていたのだ。城砦の管理、森林の伐採、ユソンのかつての女城主の家政の監督は、十九世紀の刊行者たちが放置した数多くの通信文を通して相当にはっきりとし、これらの刊行者はとるに足りないと思われるステータスのない仕事上の通信相手をほとんど気にかけないが、これらの通信文は注意深く最新の経済理論に非常に通じた管理者であったことを示すのである。王妃の愛情生活の知識も同様に、ヌヴェール公爵夫人、レ公爵夫人、ブリサック公爵、フルクヴォー男爵夫人——世紀の変わり目にマルグリットに少し言い寄り、王妃を笑わせる以前に、そのことが王妃を動揺させた、この人の[9]夫宛の一連の手紙については言わないが——宛の手紙のおかげで、飛躍的に明らかになる。大きな発見だが、マルグリットがアンリ三世の死亡直前に王と和解し、バリケードの日が全体の政治的文脈をすっかり変更していなければ、おそらく一五八〇年代末にパリに戻っていただろうことも理解される。そして三分の四は自筆のこの書簡の全体で、本当の綴り（過去の刊行者はすっかり細工した）の確実さだけでなく、言葉よりも、しばしば、王妃の本能の気持ちを表現するのに適した、モノグラムの多様性も発見するだろう。

　二十一世紀の戸口で、それゆえフランスがその最も有名なヒロインの一人と取り結ぶ関係に変化がまさしく生じたことは疑う余地がない。確かにまだ公式の関係修復には遠く、王妃あるいはその影響についてすべてを知っているわけでは毛頭ない。同様に現代社会での権力機能の男性による独占の構築において、王妃マルゴの神話がいかなる役割を演じたかを理解するにもほど遠く、「非難されるべき王妃」の他の神話の中でこの神話が占める位置の理解も遅々たるものだが、この過程の他の大きな側面が同定され始めている。フランスの教科書と歴史において女性が消えゆくことについてである。[10] しかしこうした考察は進行中である。それが深まれば、この独占の解消が続けば、「王妃マルゴ」はそんなにすぐには務めを再開しないだろうというのは、私にはほとんど疑いがない。

マルグリットの系図

＊ ゴチック体はフランス王。

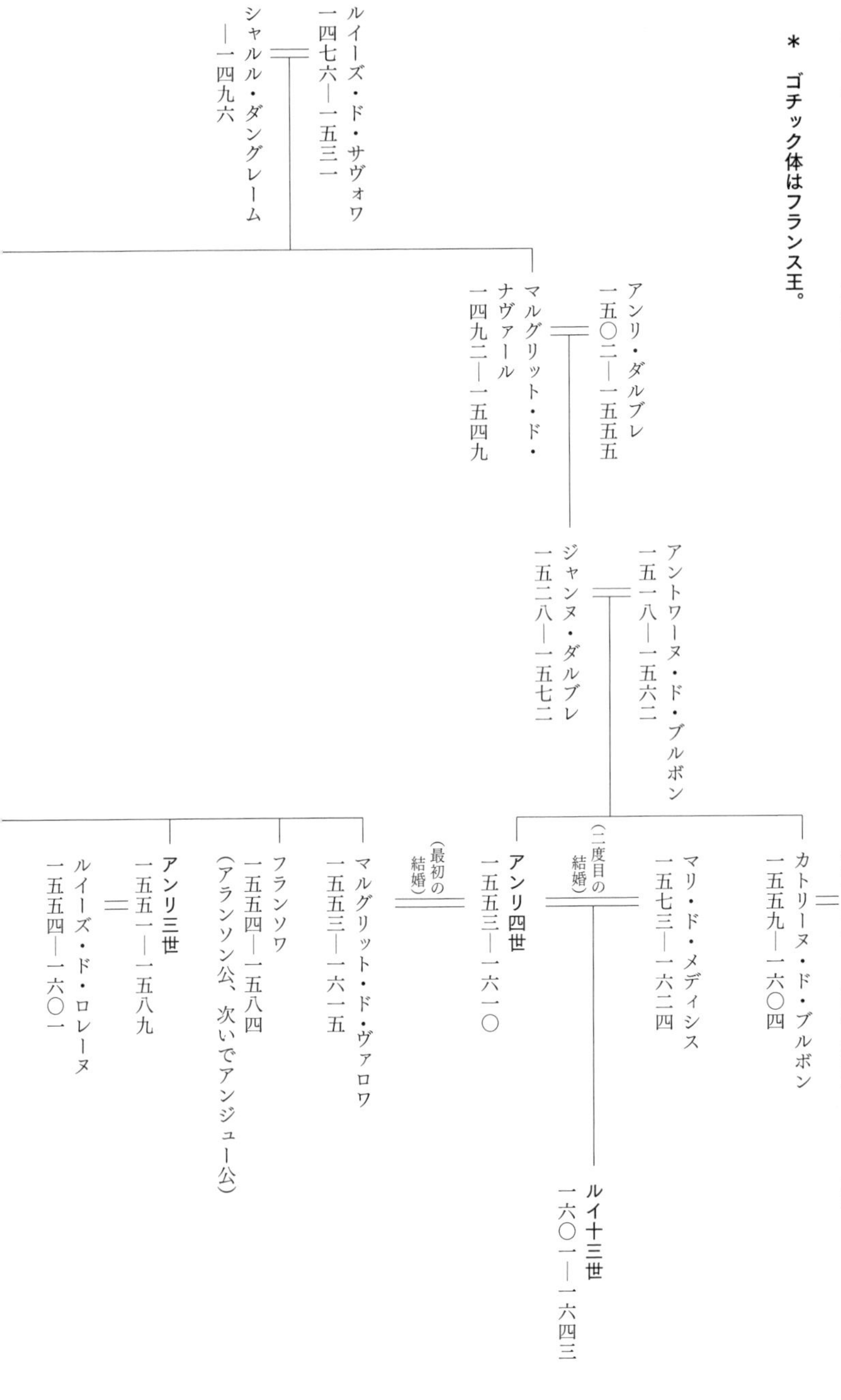

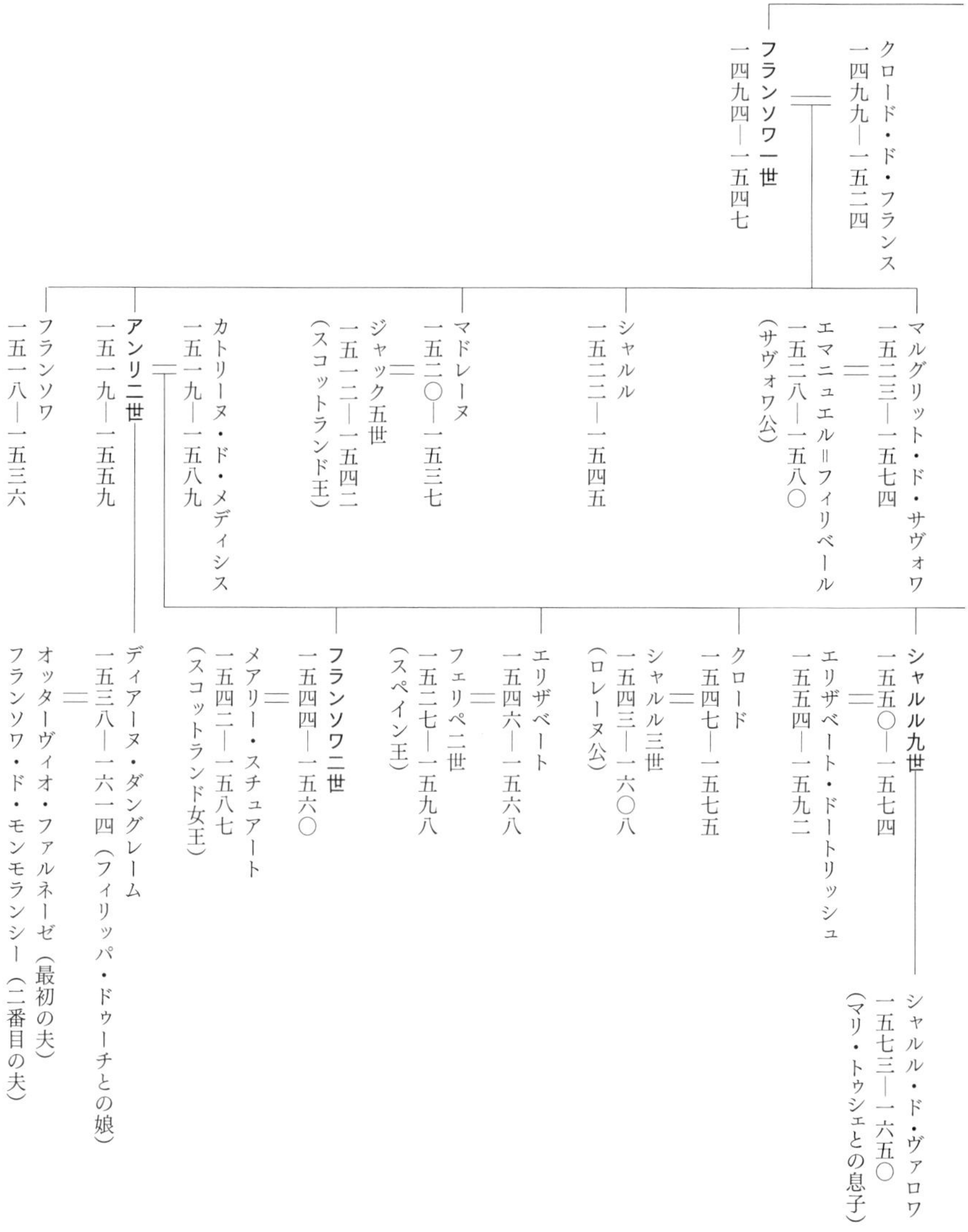
クロード・ド・フランス
一四九九—一五二四
フランソワ一世
一四九四—一五四七
マルグリット・ド・サヴォワ
一五二三—一五七四
エマニュエル=フィリベール
一五二八—一五八〇
（サヴォワ公）
シャルル
一五二二—一五四五
マドレーヌ
一五二〇—一五三七
ジャック五世
一五一二—一五四二
（スコットランド王）
カトリーヌ・ド・メディシス
一五一九—一五八九
アンリ二世
一五一九—一五五九
フランソワ
一五一八—一五三六
シャルル九世
一五五〇—一五七四
エリザベート・ドートリッシュ
一五五四—一五九二
シャルル・ド・ヴァロワ
一五七三—一六五〇
（マリ・トゥシェとの息子）
クロード
一五四七—一五七五
シャルル三世
一五四三—一六〇八
（ロレーヌ公）
エリザベート
一五四六—一五六八
フェリペ二世
一五二七—一五九八
（スペイン王）
フランソワ二世
一五四四—一五六〇
メアリー・スチュアート
一五四二—一五八七
（スコットランド女王）
ディアーヌ・ダングレーム
一五三八—一六一四（フィリッパ・ドゥーチとの娘）
オッターヴィオ・ファルネーゼ（最初の夫）
フランソワ・ド・モンモランシー（二番目の夫）

年譜

一五五三　フランス軍、メス攻囲。マルグリット、誕生。
一五五五―一五五六　フェリペ二世、スペイン王になる。
一五五八　フランス軍、カレー奪取。エリザベス・オブ・イングランド戴冠。
一五五九　カトー・カンブレジの和約。アンリ二世、死去。
一五六〇　アンボワーズの陰謀。フランソワ二世、死去。
一五六一　ポワシーの会談。
一五六三　第一次宗教戦争。フランソワ・ド・ギーズ、暗殺される。アンボワーズの和議。
一五六四　フランス「大巡幸」（―一五六六）。
一五六七　第二次宗教戦争。
一五六八　第三次宗教戦争。スペイン王子ドン・カルロ、死去。
一五六九　ジャルナックの戦い。モンコントゥールの戦い。マルグリット、兄アンジュー公に仕える。
一五七〇　サン＝ジェルマン＝アン＝レの和約。
一五七二　マルグリットとアンリ・ド・ナヴァールの結婚。サン＝バルテルミーの大虐殺。
一五七三　第四次宗教戦争。ラ＝ロシェルの和約。アンリ・ダンジュー、ポーランド王に選出される。
一五七四　不平党の陰謀。ナヴァール王、アランソン公、ラ・モル、ココナの裁判。マルグリット、『弁明書』起草。シャルル九世、死去。アンジュー公、帰仏しアンリ三世となる。マルグリット、ビュッシー・ダンボワーズを恋する。
一五七五　アランソン公、フランス宮廷から逃走。マルグリット、監視されてルーヴルに起居。デュ・ガ殿ルイ・ベランジェ、死去。第五次宗教戦争。
一五七六　アンリ・ド・ナヴァール、フランス宮廷から逃走。マルグリット、監視されてルーヴルに起居。ボーリューの和約。
一五七七　ブロワの全国三部会開会。第六次宗教戦争。ベルジュラックの和約。マルグリット、フランドルを旅行。
一五七八　マルグリット、ガスコーニュでナヴァール王と合流。ネラックの会談。
一五八〇　「恋人たちの戦い」あるいは第七次宗教戦争。フレクスの和議。マルグリット、シャンヴァロンと出会う。
一五八二　マルグリット、フランス宮廷に滞在（―一五八三）。
一五八四　長い巡歴のあとネラックに戻る。アランソン公、死去。
一五八五　第八次宗教戦争。マルグリット、アジャンに定住しついでカルラに逃走。
一五八六　マルグリット、数カ月ユソンに幽閉され、後ユソン城に居を定める。
一五八八　バリケードの日。無敵艦隊敗北。ギーズ公、暗殺される。ロレーヌ家とパリの一六区総代会がパリ行政権を掌握する。

一五八九　カトリーヌ・ド・メディシス、死去。アンリ三世、暗殺される。アルクの戦でアンリ四世が勝利する。
一五九三　アンリ四世、カトリックに改宗しシャルトルでフランス王に戴冠。マルグリットとの婚姻解消交渉開始。
一五九四　アンリ四世、パリ入城。王国の平和の始まり。マルグリット、『回想録』執筆開始。
一五九八　ナントの王令。スペインとのヴェルヴァン条約。
一五九九　マルグリット、結婚解消し「王妃マルグリット」となる。
一六〇〇　アンリ四世、マリ・ド・メディシスと結婚。
一六〇五　マルグリット、パリに帰還。（ブーローニュの）マドリッド城、ついでサンス館に居を定める。
一六〇七　マルグリット、セーヌ通りの自らの館に居を定める。全財産を王太子ルイに遺贈。
一六一〇　アンリ四世、暗殺される。マリ・ド・メディシス、摂政になる。
一六一四　マルグリット、『博学精妙な話』を書く。王族のフロンドの乱に介入。
一六一五　マルグリット、死去。

マルグリット伝説の年表

＊　伝説を構成するエピソードを初出順に並べた。（　）内はエピソードの出所。

十六世紀

一五七二　サン＝バルテルミーの大虐殺でナヴァール王を救う(不明)。

一五七五　アンジュー公アンリとの近親相姦（『フランス人の目覚まし』)。

一五八〇　チュレンヌとの関係（フランス宮廷？)。

十七世紀

一六〇四　ヴィトーにデュ・ガを殺すよう求める（ド・トゥー)。

一六〇七　「若い兄弟」を数えずに、「千人の虜になった」。いつも夫を忌み嫌った。ヌヴェール公爵夫人と、ラ・モルとココナの首を捜しに行き、自分たちの手で埋葬した（『諷刺的離婚』)。

一六一七　一五八〇年「恋人たちの戦い」に至らせた。兄アンリ三世が公然と軽蔑し、弟アランソン公はソーヴ夫人の面前で、ギーズ公とともに嘲笑したから（ドービニェ)。

一六三〇　ギーズに「心を許した」（コスト)。アランソン公への「並外れた情愛」を感じた（デュプレクス)。

一六三二　一五八三年にアンリ三世と公に諍いを起こした後、ルーヴルを追われたのは、品行とジョワユーズ公の使いの殺害の責任が原因（ブスベック　一五八三年の書簡)。二人の私生児を設けた、一人はシャンヴァロンと、もう一人はオービヤックと（デュプレクス)。

一六四六　結婚式の日、シャルル九世が承諾させるために頭を押した（メズレ)。

一六五一　「恋人たちの戦い」を望んだ、一五八〇年にアンリ三世がマルグリットとチュレンヌに関して流れている破廉恥な噂をナヴァール王に知らせたから（メズレ)。

一六六五　王妃は「世界の奇跡」である。ユソンから追放するためにカニヤックを誘惑した（ブラントーム、『マルグリット篇』、一五九二年起草か)。「世界で最も忠実な歴史家というわけではない」（ゴンベルヴィル)。

一六九四　七歳でギーズ公に約束されていた（ヴァリラ)。

十八世紀

一七一五　『回想録』で二歳若くしているが、称賛する者たちは真実を隠した（ベール)。

一七七六　「十六世紀に現れた最も異常な王女」（ドルー・デュ・ラディエ)。

十九世紀

一八三四　『琴瑟相和さぬ閨房』の作者（タルマン・デ・レオー)。

一八三六　一八五二年パリに戻るとギーズ公との関係を再開した（ビ

ュション）。ルーヴルでの「公の諍い」は舞踏会の最中に起こった。マルグリットは続きを告白しなくてはならないのを恥じて『回想録』を中断した（ミショー／プジュラ）。

一八四三　シャンヴァロンへの手紙は「純粋に文学的な練習」。王妃の「伝説」の初めての識別（バザン）。一五八〇年四月十日のナヴァール王からマルグリットへの手紙は「これ見よがし」（ベルジェ・ド・グジブレ）。

一八四五　『王妃マルゴ』（デュマ）。

一八五二　ブラントームによる称賛は「馬鹿げている」（サント＝ブーヴ）。

一八五五　『琴瑟相和さぬ閨房』は「ためらいなく」マルグリットの作品（ララーヌ）。

一八五八　デュ・ガ殺害の褒章としてヴィトーに身を委ねた（ミシュレ）。

一八八五　一五八二年のシャンヴァロンとの間の疑惑はソーヴ男爵夫人の仕業。一五八三年の「公の諍い」のとき、舞踏会があっただけではなく、それはマルグリットの主宰だった（ラ・フェリエール）。

一八八六　ロック・ド・コンベットが愛人だった（ラ・イット）。

二十世紀

一九〇五　「王妃マルゴ」に当てられた最初の伝記。一章が伝説に割かれた（メルキ）。

一九二三　デュ・ガが愛人だった（『二十世紀ラルース』）。

一九二四　「太っちょマルゴ」と呼ばれた（ラテル）。サン＝ヴァンサンが愛人だった（アンドリュー）。

一九二八　ヒステリーだった（マリエジョル）。

一九二九　マルグリットはアンリエット・ド・ヌヴェールの助けを借りてヴィトーを誘惑した（リヴァル）。

一九三四　ショワナンが愛人だった（ヴァスール）。

一九四〇　ニンフォマニーは、兄アンリ三世の同性愛同様、祖父母から遺伝した、梅毒トレポネーマ〔梅毒の原因となるバクテリア〕による（ヴェシエール）。

一九六五　アンジュ修道士は最後の歌手ヴィラールとの間に設けた息子（ジャン・バブロン）。

一九六八　王妃の『回想録』で、結婚の話に関する欠落は意図的。マルグリットは「個人的勝利の報告」に留まりたかった（ハルデイン）。

一九八五　トリニーと「許されない関係」を持った（コンスタン）。

注

第一部　一人の女性の物語

第Ⅰ章　王女の幼年期

（1）　Hilarion de COSTE, *Les Éloges et vies des reynes, princesses, dames et damoiselles illustres*..., Paris, Cramoisy, 1647, vol.2, p.292.

（2）　この表現はブラントームのものである（Pierre de BOURDEILLE, abbé de BRANTÔME, *Œuvres complètes*, éd. L. Lalanne, Paris, Veuve Jules Renouard, 1864-1896, vol.9, p.220）が、同時代人全員に同じような思いが見出される。

（3）　Madeleine LAZARD, *Images littéraires de la femme à la Renaissance*, Paris, PUF, 1985, p.95 以下参照。

（4）　Paul ROUSSELOT, *Histoire de l'éducation des femmes en France*, Paris, Didier, 1883, vol.1, chapitre 3 参照。

（5）　Léo de SAINT-PONCY, *Histoire de Marguerite de Valois, reine de France et de Navarre*, Paris, Gaume et Cie, 1887, vol. 1, p.14 以下参照。一五五四年に兄たちの教師となったジャック・アミヨの教えは受けなかったと思われる。ともかくプルタルコスの『対比列伝』のこの有名な翻訳家は一五六〇年にその職を辞したであろう。

（6）　BRANTÔME, *Œuvres complètes*, vol.7, p.75.

（7）　MARGUERITE DE VALOIS, *Mémoires et autres écrits 1574-1614*, Édition critique par Éliane Viennot, Honoré Champion, 1994, p.74.〔原著のゲサール版ではなく、著者の意向によりこの新版により引用箇所を示す。以下も同様。〕この話は厳密に年代順なので、『回想録』からの引用は頁の言及をしない。

（8）　Emmanuel LE ROY LADURIE, *L'État royal, 1460-1610*, Hachette, 1987, p.199 以下参照。

（9）　ドービニェは言っている。「最初の会議は十二月十三日に開かれ、王、太后、オルレアン公、マルグリット王妃、ナヴァール王、フェラーラ大公妃が出席された」（Agrippa d'AUBIGNÉ, *Histoire universelle, 1550-1601*, éd. Alphonse de Ruble, Paris, Renouard, 1886-1909, vol.1, p.304）。

（10）　エドゥワール・アレクサンドルは将来のアンリ三世で、当時はオルレアン公であったが、マルグリットは『回想録』ではアンジュー公の肩書きで示す。この肩書きは一五六六年に手に入れたもので、一五七三年ポーランド王に選ばれるまで保持する。一五六四年に名前を変えた。

（11）　Jean-Pierre BABELON, *Henri IV*, Paris, Fayard, 1982, pp.93-4 参照。

（12）　マルグリットの弟は当時エルキュールという名前で、アンジュー公である。やがてフランソワと名を変え、一五六六年、アランソン公となり、次いで一五七七年再びアンジュー公となる。王妃はいつでもこのアランソン公の名前で呼ぶ。

（13） Ronsard, *Œuvres complètes*, éd. G. Cohen, Paris, Gallimard, ‹Pléiade›, 1976, vol.1, p.935.

（14） ナヴァール王アントワーヌ・ド・ブルボンの妹ヌヴェール公爵夫人への書簡を参照（*Lettres d'Antoine de Bourbon et de Jehanne d'Albret*, éd. marquis de Rochembeau, Paris, Renouard, 1877, p.144, 1556/3/21）。同様にブラントームも、知らせを打ち明けるジャンヌ・ダルブレが母に宛てた手紙を挙げている（*Œuvres complètes*..., vol.8, p.44）。外交書簡にはこれらの計画のいくつもの痕跡が残っている。

（15） CATHERINE DE MÉDICIS, *Lettres*, éd. Hector de La Ferrière et Baguenault de Puchesse, Paris, Imprimerie nationale, 1880-1909, vol.1, p.576, et vol.2, p.106.

（16） それぞれ Abel DESJARDINS, *Négociations de la France avec la Toscane, 1311-1610*, documents recueillis par Giuseppe Canestrini, Paris, 1859-1886, vol.3, p.445 と CATHERINE, *Lettres*, vol.2, p.230, vol.10, p.109 参照。

（17） Michel de CASTELNAU, sieur de La Mauvisière, *Mémoires*, éd. Michaud et Poujoulat, Paris, Guyot Frères, 1838, série 1, vol.9, p.499.

（18） 「大巡幸」の詳細と政治的背景については、Pierre CHAMPION, *Cathrine de Médicis présente à Charles IX son royaume, 1564-1566*, Paris, Grasset, 1937; V.E. GRAHAM et Mac Allister JOHNSON, *The Royal Tour of France by Charles IX and Catherine de Medici*, Toronto, 1979; BOUTIER et al., *Un tour de France royal: le voyage de Charles IX*, Paris, Aubier, 1984 参照。

（19） Hack P. HOLT, *The Duke of Anjou and the Politique Struggle during the Wars of Religion*, London, New York, Melbourne, Cambridge University Press, 1986, p.10 参照。

（20） *Calendars of State Papers: Foreign Series of the Reign of Elizabeth*, London, His Majesty's Stationery Office, 1863-1950, vol.7, pp.331 et 335 参照。

（21） BRANTÔME, *Œuvres complètes*, vol.7. p.174.

（22） *Ibid.*, vol.7, p.370.

（23） HOLT, *The Duke of Anjou*..., pp.10-11 参照。

（24） 一五八五年にもサヴォワ大使にまだ言うだろう。「（エリザベートは）わたしの子供のなかで最も愛した娘でした」（René de LUCINGE, *Lettres sur les débuts de la Ligue, 1585*, éd. Alain Dufour, Genève/Paris, Droz/Minard, 1964, p.151）。

（25） CATHERINE, *Lettres*, vol.3, p.221.

（26） *Ibid.*, p.279. この長い交渉の詳細については、J.C. TAUZIN の論文 « Le mariage de Marguerite de Valois », *Revue des questions historiques*, 80 (1906), pp.447-98 参照。

（27） BRANTÔME, *Œuvres complètes*, vol.8, pp.72-73.「兄王」「妹王妃」の用語はここではこの回想録作者の言語習慣を示すだけである。アンリは実際一五七四年春にフランス王になり、そのとき既にマルグリットは二年前からナヴァール王妃であったが、両者間の友情はもはやすでに思い出に過ぎない。アンリが既にポーランド王であったが、まだフランスにいた短い期間（一五七三年五月―十一月）を指示するのはほぼありえない。言語習慣を選ぶなら、ブラントームの想起する期間は、一五六九年秋の口論の後か、サン＝バルテルミーに先立つ二年間（一五七〇―一五七二年）に位置づけられうる。この後の時期には『回想録』が示唆するのとは反対に、兄と妹はすっかり和解していた。

（28） この場面は『回想録』では正しい時に指定されておらず――その訳はやがて見る――一五七四年春に置かれている。

（29） Philippe HURAULT, comte de CHEVERNY, *Mémoires*, éd.

Michaud et Poujoulat, Paris, Guyot Frères, 1838, série 1, vol.10, p.469.

第二章　最初の同盟、初めての恋

（1）　Gaspard de SAULX-TAVANNES, *Mémoires* (écrits par son fils Jean), éd. Michaud et Poujoulat, Paris, Guyot Frères, 1836, série 1, vol. 8, p.320 以下。

（2）　Pierre CHEVALLIER, *Henri III*, Paris, Fayard, 1985, p.116 参照。

（3）　*Ibid.*, p.128 参照。

（4）　Ivan CLOULAS, *Catherine de Médicis*, Paris, Fayard, 1979, p.250 参照。

（5）　CHEVALLIER, *Henri III*, p.122 参照。

（6）　私の博士論文でこの主題に割いた二つの章を参照。*La Vie et l'œuvre de Marguerite de Valois: Discours contemporains, historiques, littéraires, legendaires*, thèse de l'université Paris-III, 1991, « La famille, ou le pouvoir du sang », pp.18-49, et « Pouvoir exercé, pouvoir contesté », pp.111-47.

（7）　CATHERINE, *Lettres*, vol.3, p.289 (1569/12/25).

（8）　*Discours Merveilleux de la Vie et Déportemens de Catherine de Medicis, royne mere*, s.l., 1575.

（9）　BRANTÔME, *Œuvres complètes...*, vol.9, p.553.

（10）　Jacques LAVAUD, *Un poète de cour au temps des derniers Valois, Philippe Desportes, 1546-1606*, Paris, Droz, 1936, pp.141-51 参照。

（11）　CHEVALLIER, *Henri III*, p.442 参照。

（12）　Nicolas Mary SUTHERLAND, *The massacre of St Batholomew and the European Conflict, 1559-1572*, London, Macmillan, 1973, p.120 以下参照。

（13）　六月十八日。Jean-Hippolyte MARIÉJOL, *La Vie de Marguerite de Valois*, Paris, Hachette, 1928, p.18 参照。

（14）　*Calendars of State Papers*..., vol.9, p.291 参照。

（15）　CATHERINE, *Lettres*, vol.3, p.228 (1570/8/14).

（16）　『回想録』のあちこちに見られる様々な表現が証言している。「寛大な王シャルル」、「このすばらしい王子」、「この偉大で王に相応しい魂」、「わたしの命の支え」。

（17）　DESJARDINS, *Négociations diplomatiques*..., vol.3, p.633 参照。

（18）　Michel de LA HUGUERIE, *Mémoires inédits*, éd. A de Ruble, Paris, Renouard, 1877-1880, vol.1, p.51 以下参照。ギーズ家とフランス王家の同盟の恐怖はジャンヌに決意させる第一の論拠の一つである。しかしながらこの回想録作者は、周囲で、この脅威は熱狂を強いるための策略ではないかと思われていたと指摘する。BABELON, *Henri IV*, p.161 以下も参照。

（19）　CATHERINE, *Lettres*, vol.4, p.25 (1571/1/8).

（20）　Scipion DUPLEIX, *Histoire générale de France avec l'Estat de l'Église et de l'Empire*, Paris, Claude Sonnius, 1621-1628, vol.3, p.784. この書はギーズとマルグリットの間の一時の情熱がすぐに終わったことを新たに確認させる。

（21）　CATHERINE, *Lettres*, vo.4, p.75.

（22）　*Ibid.*, p.79 (1571/10/30).

（23）　*Lettres d'Antoine de Bourbon et de Jehanne d'Albret*, p.340 (1572/2/21).

（24）　*Ibid.*, p.342.

（25）　DESJARDIN, *Négociations diplomatiques*..., vol.3, p.758 (1572/3/24) 参照。

（26）　*Lettres d'Antoine de Bourbon et de Jehanne d'Albret*, p.350 (1572/3/11).

（27） DESJARDIN, *Négociations diplomatiques*..., vol.3, p.748 (1572/2/14) 参照。

（28） BRANTÔME, *Œuvres complètes*, vol.8, pp.37-8. この件はブロワで起こる。

（29） ラ・モルの使命とこの時期のフランス国外政治の交渉に関しては、SUTHERLAND, *The Massacre of St Bartholomew*..., pp.298-311 参照。

（30） サン＝バルテルミーの虐殺の時期のルーヴルの貴重な描写に関してはBABELON, *Henri IV*, pp.178-9 の描写を参照。

（31） CATHERINE, *Lettres*, vol.4, p.110 (1572/8/14). 教皇庁は最終的には既成事実に従うだろうが、赦免は結婚のずっと後、同年の十一月十九日にようやく届く。

（32） MARIÉJOL, *La Vie de Marguerite*..., pp.40-1 参照。

（33） AUBIGNÉ, *Histoire universelle*..., vol.3, p.302.

（34） 式の描写に関しては、国民議会図書館、写本一一〇四（fol. 181-183）参照。

（35） 多くの詩人がマルグリットに「真珠」という名を与えている。ラテン語で「真珠」を意味する語 margarita との伝統的な言葉遊びである。

（36） RONSARD, *Œuvres complètes*, vol.1, pp.346-54. 第一の詩の終わりは結婚式の時に書かれたことを示す。「そのとき私は、いっそう激しい勇気に満たされ／私の声の力を二倍にして／聖なる結婚の幸福な和合を／ナヴァラの野にまで至らせるだろう」（p.350）

（37） *Ibid.*, p.354.

（38） Catherine MAGNIEN-SIMONIN の論文、« La jeune Marguerite et ses poètes », in *Colloque « Marguerite de France, reine de Navarre, et son temps »*, Agen, 1991（近刊［*«La jeune Maruguerite des poètes (1553-1578)»* のタイトルで一九九四年刊］）参照。

第三章　忠誠から対立へ

（1） Henri DUBIEF, « L'historiographie de la Saint-Barthélemy », in colloque *L'amiral de Coligny et son temps*, 1972 参照。より最近では SUTHERLAND, *The Massacre of St Bartholomew*..., Jean-Louis BOURGEON, « Les légendes ont la vie dure: à propos de la Saint-Barthélemy et de quelques livres récents », *Revue d'histoire moderne et contemporaine*, 34 (janv.-mars 1987) 参照。

（2） クルラは「最初の夫の死をコリニーに償わせようとするヌムーヌ公爵夫人アンヌ・デストと」カトリーヌは一致していたと言う（*Catherine*..., pp.283-4）。バブロンにとって、「カトリーヌの意思は疑いなく」カトリーヌは「実行に好都合の道具、ギーズ公を容易く見出した」（*Henri IV*, pp.183-4）。ジャン＝マリ・コンスタンも同様に「サン＝バルテルミーの虐殺の折に、カトリーヌがギーズ家を用いた」と語る（*Les Guise*, Paris, Hachette, 1984, p.69）。シュヴァリエはカトリーヌとアンジュー公にこの企ての責任を負わせる（*Henri III*, p.159 以下）。エマニュエル・ル・ロワ・ラデュリはカトリーヌは「一石二鳥あるいは三鳥」を望んだと言う。シャルル九世に対して自分の影響力を回復し、フランドル派兵計画を停止させるためにユグノーの首領を取り除き、同時に、殺害の責任者と確実に見なされるだろうギーズ家を孤立化させる（*L'État royale*..., p.22）。

（3） SUTHERLAND, *The Massacre of St Bartholomew*..., p.328.

（4） この主張はサン＝バルテルミー虐殺のほぼすべての正史に反対するもので、サザーランドの近年の発見に通じるが、サザーランドはネーデルラントに計画された企てに関してシャルル九世とコリニーが完全に一致していたことを示した。

（5） 特にドービニェ（*Histoire universelle*..., vol.3, p.304）とブラントーム（*Œuvres complètes*, vol.4, p.301）。その上サザーランドは、一五七八年の諷刺文書がフランドルの企てを何としても止めるためにレが二万五千から三万エキュを受け取ったらしいと言っているのを想起させるが、これでギーズ家との結びつきが説明されるだろう（*The Massacre of St Bartholomew*..., p.327）。

（6） Jean de MERGEY, *Mémoires*, éd. Michaud et Poujoulat, Paris, Guyot Frères, 1838, 1er série, vol.9, p.575.

（7） 多分レラン伯爵ガブリエル・ド・レヴィ。

（8） TAVANNES, *Mémoires*, pp.387, 390.

（9） BRANTÔME, *Œuvres complètes*, vol.8, pp.58-59.

（10） CLOULAS, *Catherine*..., p.295.

（11） Janine GARRISSON, *Tocsin pour un massacre: la saison des Saint-Barthélemy*, Paris, Éd. d'Aujourd'hui, 1975 参照。

（12） ポーランド王妃は一五七二年四月に死去した。夫のシギスムンド＝アウグストゥス二世は、嫡子がなく、王位は空白になりそうであった。夏前からアンジュー公が議会において王に選出されると考えて、カトリーヌはジャン・ド・モンリュック司教の庶子、ジャン・ド・バラニーをポーランドに偵察に送っていた。この者が結局交渉を行うことになろう。

（13） 再び、この文がカトリーヌにコリニー襲撃の責任を免れさせることに注意しよう。

（14） この議論は、マルグリットが『回想録』で述べるのとは異なり、虐殺の「五、六日後」に行われたのではないようだ。「祝祭日」という言及がその可能性を排除する。マルグリット王妃は時間の目印に関してはしばしば誤りを犯す。

（15） DUPLEIX, *Histoire générale*..., vol.3, p.784.「再び」ギーズ公を愛するというこの提案をどのように解釈すべきか。カトリーヌについて知られていることからは、カトリーヌが娘に不貞を提案したというのはあり得ない。マルグリットの離縁と同時に、ギーズの離縁を検討したというも同じくあり得ないし、カトリーヌのできることではない。他方、ギーズとマルグリットのほのかな恋はずっと前に終わっていた。カトリーヌが類推によりこの表現を用いた（「ギーズ公を選んだであろうのと同じように」今度は自分で選ぶことのできる男との別の結婚をカトリーヌは娘に提案する）、あるいはマルグリット自身が類推したと想定しなくてはならない。あるいは、より確かだと思われるが、デュプレクスが自分のやり方で脚色したと考えられ、これは一度ではないだろう。

（16） CHEVERNY, *Mémoires*, p.471.

（17） ラ・ユグリは「アランソン公の権威の下に、フランスに立ち上がった大党派」について語る（*Mémoires inédits*, vol.1, p.184）。Francis de CRUE, *Le Parti des politiques au lendemain de la Saint-Barthélemy: La Mole et Coconat*, Paris, Plon, Nourrit et Cie, 1892, 特に pp.88-103 参照。

（18） Arelette JOUANNA, *Le Devoir de révolte : La noblesse française et la gestation de l'État moderne, 1559-1661*, Paris, Fayard, 1989.

（19） *Ibid.*, とりわけ p.166 以下。

（20） クロード＝カトリーヌの母ジャンヌ・ド・ヴィヴォンヌ（ダンピエール夫人）はブラントームの母アンヌ・ド・ヴィヴォンヌの妹である。ジャンヌはクロード・ド・クレルモンと結婚していた。クロード＝カトリーヌのアルベール・ド・ゴンディの結婚は妻には格下げ、夫には上昇となった。双方が利点を見出す頻繁な図式である。（同じようなケースであるヌヴェール公爵夫人とマルグリットのように）伯爵夫人は妻としての生涯の間中特に舞台前面にい続けなければならなかった。

(21) 今日のカスティリオーネ街とサン＝トノレ街との交差点に建てられた館はもう存在しない。

(22) Frances YATES, *French Academies of the XVIth Century*, London, Sixteenth-Century Studies of the Warburg Institute, 1947; Robert J. SEALY, *The Palace Academy of Henry III*, Genève, Droz, 1981 参照。

(23) *Album de la maréchale de Retz*, Bibliothèque nationale, ms.fr. 25455.

(24) Jacques LAVAUD の分析 *Un poète de cour*..., p.88 以下参照。

(25) « Quatrain », *Album de la maréchale de Retz*, fol. 112.

(26) チュレンヌは次のように言う。「この当時［一五六五―一五六八年］にはひとつの慣習があった。愛人がいなければ良家の若者は相応しくなかったのだ。この愛人は若者に選ばれるのではなく、愛情によるのでは［いっそう］なく、親族や上位の者によって与えられ、あるいは愛人自身が奉仕されたい者を選んだのだ。［……］アンヴィエル元帥は［……］愛人として私にシャトーヌフ姫を与え、私の自由と年齢が許す限り、この女性に私はことのほか注意深く奉仕した。」(Henri de LA TOUR D'AUVERGNE, vicomte de Turenne, *Mémoires*, éd. Michaud et Poujoulat, Paris, Guyot Frères, 1839, série 2, vol.11, p.5)

(27) Jacqueline BOUCHER, *Société et mentalités à la cour de Henri III*, Lille, publication de la faculté de Lille-III, 1981, vol.1, p.147 以下参照。この割合は貴族に当てはまる。宮廷の全体に関しては、二十から三十の男に一人の女の割合である。

(28) *Album de la maréchale de Retz*, fol. 155-6. 私はジャック・ラヴォー（*Un poète de cour*..., pp.153-67）には従うことはできない。この箇所では他の多くの問題の後でデポルトがこの作品を誰のために書くのかを知る問題を提示して、日付が全く一致しないのを指摘しながら、ビュッシーを選んでいる。この人の理論と他の幾人かの批評家の理論を再検討する覚悟で、より本当らしい仮説はデポルトは自分自身のために書くということであると私は信じる。それで『イポリット』でのようにデポルトに帰せられる『アルバム』での作品では余りに大きな野心と希望の空しさに言及していることになる。古代の多くの英雄の男の名であるイポリットは女性の指示対象（しかもどの！）アマゾン族の女王しか持たないことを強調しなくてはならないだろうか。

(29) « Sonnet pour la déesse Eryce », *Album de la maréchale de Retz*, fol. 112.

(30) BRANTÔME, *Œuvres complètes*, vol.8, pp.25, 40, et 41.

(31) *Ibid.*, vol.8, pp.33-4. このソネは恐らく失われた。

(32) AUBIGNÉ, *Sa vie à ses enfants*, éd. Gilbert Schrenck, Paris, Nizet, 1986, p.85. この作品は一五八二年十月ジョワユーズ公爵の結婚式で上演されるだろう。*Histoire universelle*..., vol.9, p.402 以下の付録に梗概が載せられている。

(33) CHEVERNY, *Mémoires*, p.472.

(34) « Lettres inédites de Marguerite de France, fille d'Henri II », par Roger PEYRE, *Revue des études historiques* (1913), p.320 参照。

(35) JOUANNA, *Le devoir de révolte*..., p.172.

(36) DE CRUE, *Le Parti des Politiques*..., p.137.（長い間ポリティーク派と不平党は混同されていた）

(37) HOLT, *The Duke of Anjou*..., pp.14-33 参照。

(38) JOUANNA, *Le Devoir de révolte*..., p.174 参照。

(39) Pierre de L'ESTOILE, *Mémoires-Journaux*, éd. Brunet, Champolion, Halphen, Lacroix, Read, Tamizey de Larroque, Tricotel,

Paris, Alphonse Lemerre, 1875-1896, vol.12, p.387.

(40) アンリ三世は、少し後に、ラ・モルとココナが「監獄に」いるのを見て楽しむだろう。しかし特に後者を恨んでいるように思われる。*Lettres d'Henri III, roi de France*, recueillies par Pierre CHAMPION, éd. Michel François, Paris, Klincksieck, 1959, lettres 928 et 943 参照。

(41) *Archives curieuses de l'Histoire de France depuis Louis XI jusqu'à Louis XVIII*, éd. Cimber et Danjou, Paris, Beauvais, 1834-1840, vol.8, p.117.

(42) TURENNE, *Mémoires*..., p.16.

(43) Eugénie DROZ, « La reine Marguerite de Navarre et la vie littéraire à la cour de Nérac, 1579-1582 », *Bulletin de la Société des bibliophiles de Guyenne*, 80 (juillet-déc. 1964), pp.100-1.

(44) CHEVERNY, *Mémoires*, p.473.

(45) DESJARDINS, *Négociations diplomatiques*..., vol.3, p.907 (1574/3/5) 参照。

(46) AUBIGNE, *Histoire universelle*... vol.4, p.224. ナヴァールとアランソンの「牢獄」を語る回想録作者たちは裁判に先立つ期間よりも裁判後の期間に言及し、その間に二人は何回目かの逃走の企みをおこそうとするほどまだ自由であった。

(47) *Déclaration de très illustres princes et seigneurs, les duc d'Alençon et roi de Navarre*..., Paris, Jean Morel, 1574 (Bibliothèque nationale, 8° Lb33 366). それぞれのテクストは一五七四年四月二十四日、即ち二人の逮捕の日付けである（BABELON, *Henri IV*, p.202 参照）。

(48) MARGUERITE DE VALOIS, *Mémoire Justificatif pour Henri de Bourbon*（このタイトルは刊行者のものである）, in *Mémoires et autres écrits*, pp.239-250. このテクストはル・ラブルールがカステルノーの『回想録』に付した増補で初めて刊行され（Paris, Lamy, 1659, vol.2, pp.390-4）、長い間「ナヴァール王の申告（あるいは供述）」の名で知られていた。十八世紀にマルグリットの作品と同定され、一世紀半前からマルグリットの『回想録』とともに定期的に刊行されている。*Archives curieuses* はこのテクストを再現しており（vol.8, p.143）、三月二十四日付けにしているが、この日になされた申告ときっと混同があるのだろう。マルグリットは三月二十四日から四月十三日の間に弁論を書いたに違いない。

(49) AUBIGNE, *Histoire universelle*..., vo.4, p.231. ドービニェはマルグリットが自分の主人の弁護の作者だと知っていたのだろうか。一言も言っていないが、王妃に対する態度から見て、知っていたとしても決して言わなかったのはほぼ間違いない。

(50) *Archives curieuses*..., vol.8, p.175. ド・トゥーの行う取調べは一四三—一五一頁にある。

(51) DESJARDINS, *Négociations diplomatiques*..., vol.3, p.924 (1574/5/1).

(52) ル・ラブルールがカステルノーの『回想録』に付した増補（édition 1659), vol.2, p.381.

(53) CLOULAS, *Catherine*..., p.373 参照。

(54) « Sonnet sur la constance des déesses Callipante, Pistère et Pasithée », *Album de la maréchale de Retz*, fol.48.

第四章　不平党に仕えるナヴァール王妃

(1) CHEVALLIER, *Henri III*, p.228 以下参照。

(2) BRANTÔME, *Œuvres complètes*, vol.8, pp.60-1.

(3) *Ibid*., pp.63-5.

(4) *Ibid*., vol.7, p.367 参照。アントラーグは実は始めはレ元帥に仕えた。
（５）　L'ESTOILE, *Mémoires-Journaux*..., vol.1, p.33; CATHERINE, *Lettres*..., vol.5, p.105 (1574/11/20) 参照。
（６）　BRANTÔME, *Œuvres complètes*, vol.8, p.138.
（７）　HOLT, *The Duke of Anjou*..., p.17 参照。
（８）　BRANTÔME, *Œuvres complètes*, vol.6 p.347.
（９）　André JOUBERT, *Un mignon de la cour de Henri III : Louis de Clermont, sieur de Bussy d'Amboise, gouveneur d'Anjou*, Anger, 1885 参照。また以下も参照。L. MOUTON, *Bussy d'Amboise et Mme de Montsoreau*, d'après des documents inédits, Paris, Hachette, 1912.
（10）　デュ・ガの親友であるブラントームは、王はデュ・ガをとても大切にして、「デュ・ガは宮廷で未曾有で奇妙なほど重用された」（BRANTÔME, *Œuvres complètes*, vol.6, p.335.）と言うだろう。レトワールは「主人の厚遇に増長した、尊大で大胆な寵臣」（*Mémoires-Journaux*, vol.1, p.92）と言うだろう。
（11）　BRANTÔME, *Œuvres complètes*, vol.6, p.182 et p.185.
（12）　*Ibid*., vol.9, p.501.
（13）　*Ibid*., p.109.
（14）　*Ibid*., vol.6, p.187 et p.189.
（15）　ジロンヌ・ド・ゴワヨンは、マチニョン元帥とトリニーの姫の娘で、レ元帥夫人の「緑のサロン」の常連であった。
（16）　DESJARDINS, *Négociations diplomatiques*..., vol. 4, p.38（ヴィエノの仏訳）。この外交官はナヴァールが追放の原因だと考えるが、これは妻の恋愛生活に対して決して捨てないだろう放任的な態度と矛盾する。
（17）　*Ibid*.（デジャルダンの要約）。
（18）　L'ESTIOLE, *Mémoires-Journaux*, vol.1, p.88; AUBIGNÉ, *Histoire universelle*..., vol.4, p.372.
（19）　Maximilien de BÉTHUNE, duc de SULLY, *Mémoires des sages et royales Économies d'État domestiques, politiques et militaires de Henri le Grand*, éd. Michaud et Poujoulat, Paris, Guyot Frères, 1838, série 2 (vol. 2 et 3), vol.1, p.20.
（20）　Henri III, *Lettres*..., 1446 (1575/9/15).
（21）　*Calendars of State Papers*..., vol.11, p.144 (1575/9/28).
（22）　CATHERINE, *Lettres*, vol.10. p.385. この手紙の日付一五七五年九月十六日は、恐らく誤りである。十九日あるいは二十日であるはずだ。太后は、実際、アランソンはロワール川を越えて、全面的停戦を提案したと指摘するが、これは十八日以前には起こりえない。
（23）　L'ESTOILE, *Mémoires-Journaux*, vol.1, pp.92-93.
（24）　DESJARDINS, *Négociations diplomatiques*..., vol.4, p.50 (1575/11/2).
（25）　*Calendars of State Papers*..., vol.11, p.173 (1575/11/2).
（26）　BRANTÔME, *Œuvres complètes*, vol.6, pp.333-5.
（27）　DESJARDINS, *Négociations diplomatiques*..., vol.4, p.50.
（28）　CHEVALLIER, *Henri III*, p.442 参照。
（29）　BRANTÔME, *Œuvres complètes*, vo.8, p.61.
（30）　シュヴェルニもナヴァール王は国王代理官を常に望んでいたと示唆し、それが、ソーヴ夫人の魅力と同じく、自分の計画を実行に移す時を説明するだろう（*Mémoires*, p.477）。このためらいと出発については、BABELON, *Henri IV*, pp.211-3 参照。
（31）　L'ESTOILE, *Mémoires-Journaux*, vol.1, p.114.
（32）　HENRI III, *Lettres*..., 1797 (1576/4/26).
（33）　« Quelques lettres de Marguerite de Valois », éd. Philippe Lauzun, *Revue de l'Agenais* (1917), p.164.

（34） 私は、話を明快にするために、この王子をアランソン公の名で示し続ける。それに大部分の同時代人も、マルグリット自身も同じようにしたのである。ボーリュー、あるいはロッシュ、あるいは王弟殿下の和議は、マルグリットによっていつも、サンスの和議と言われている。

（35） ルネサンスのネオプラトニスムを扱う著作は非常に数多い。十六世紀の女性に関する全ての研究、マルグリット・ド・ナヴァールに関する全研究、ルネサンス文学を扱う全研究を挙げなくてはならないだろう。ここ数十年の主要な貢献の中で、次の研究を挙げておこう。Jean FESTUGIÈRE, *La Philosophie de l'amour de Marsile Ficin et son influence sur la littérature française du XVIe siècle*, Paris, Vrin, 1941; Ruth KELSO, *Doctrine for the Lady of the Renaissance*, Urbana, Univ. of Illinois Press, 1956; Ian MACLEAN, *The Renaissance Notion of Woman*, Cambridge, Cambridge University Press, 1980.

第五章　フランドルへの使節

（1） DESJARDINS, *Négociations diplomatiques*..., vol.4, p.68. ヴィエノの仏訳。

（2） L'ESTOILE, *Mémoires-Journaux*, vol.1, p.156.

（3） *Ibid*.

（4） CHEVALLIER, *Henri III*, p.334.

（5） HENRI III, *Lettres*..., 2062 (1576/10/7).

（6） L'ESTOILE, *Mémoires-Journaux*, vol.1, p.157 参照。

（7） *Ibid*., p.160.

（8） AUBIGNÉ, *Histoire universelle*..., vol.4, p.515.

（9） DESJARDINS, *Négociations diplomatiques*..., vol.4, p.92 (1576/12/4).

（10） BRANTÔME, *Œuvres complètes*, vol.8, p.35.

（11） DESJARDINS, *Négociations diplomatiques*..., vol.4, p.95 (1576/12/16), p.98 (1576/12/28) p.101 (1577/1/8) 参照。

（12） Louis de GONZAGUE, duc de NEVERS, *Mémoires*, éd. Gomberville, Paris, T. Jolly, 1665, vol.1, p.169.

（13） ラ・ロシュ＝シュル＝ヨン大公妃フィリップ・ド・モンテスペドン。シャルル・ド・ブルボンとクロード・ド・ラ・トゥールの娘。

（14） HENRI III, *Lettres*..., 2464 (1577/5/21). ユミエール殿は、結局、旅には加われないだろう。

（15） マルグリット・ド・リーニュはエスコルネ男爵フィリップ・ド・ラランの妻である。姉妹のディアーヌ・ド・ダンマルタンはアヴレ侯爵シャルル＝フィリップ・ド・クロワの妻である。

（16） BRANTÔME, *Œuvres complètes*, vol.8, p.26.

（17） 一つ確かなことがある。アンリ三世はネーデルラント問題で中立を続けたい。アンリ三世は、八月十五日ドン・ファンに書簡を送り、ナミュール奪取には言及しないが、知っていた（*Lettres*..., 2623）。九月に、イングランド駐在フランス大使に、ドン・ファンの救援に赴くためシャンパーニュにギーズ公を送ったことを釈明する（2701）。「反抗者」に対して取った行動を賞賛するためにドン・ファンに十一月十五日再び書簡を送る（2747）。

（18） *Ibid*., 2689.　ベルジュラックの和議は九月十七日である。

（19） L'ESTOILE, *Mémoires-Journaux*..., vol.1, p.219 参照。

（20） DESJARDINS, *Négociations diplomatiques*..., vol.4, p.123 参照。

（21） *Ibid*., p.123 以下。

（22） « Relation de Jérôme Lippomano, ambassadeur de France en 1577 », in Nicolo TOMMASEO, *Relations des ambassadeurs vénitiens sur les affaires de France au XVIe siècle*, Paris, Imprimerie royale, 1838, vol.2, p.635.

(23)　DESJARDINS, *Négociations diplomatiques...*, vol.4, p.132.

第六章　一方の味方から他方の味方へ

(1)　L'ESTOILE, *Mémoires-Journaux...*, vol.1, pp.228, 232.

(2)　HENRI III, *Lettres...*, 2838 (1578/2/15) ; 2855 (3/1); 2864 (3/14).

(3)　CATHERINE, *Lettres*, vol.6, p.10 (1578/3/20).

(4)　Bibliothèque nationale, ms.fr. 18586 参照。ゴールの伯爵領はバ＝アルマニャックの一部であり、その中心はフルランスである。

(5)　L'ESTOILE, *Mémoires-Journaux...*, vol.1, p.246.

(6)　*Ibid.*, p.238 (1578/4/12).

(7)　*Calendars of State Papers...*, vol.12, pp.679-81; vol.13, p.6 参照。ヴィエノによる仏訳。

(8)　CATHERINE, *Lettres*, vol.6, pp.16, 28 (1578/6/6).

(9)　HENRI III, *Lettres...*, 2959, 2975.

(10)　Anselmo DANDINO, *Correspondance du nonce en France, 1578-1581*, éd. Yves Cloulas, Rome/Paris, Presses de l'Université grégorienne/Boccard, 1970, p.173 (1578/6/26).

(11)　*Calendars of State Papers...*, vol.13, pp.16, 61 参照。

(12)　HENRI III, *Lettres...*, 2977 以下参照。

(13)　L'ESTOILE, *Mémoires-Journaux*, vol.1, p.263.

(14)　HENRI III, *Lettres...*, 3043 (1578/8/6) 参照。

(15)　L'ESTIOLE, *Mémoires-Journaux*, vol.1, p.263.

(16)　*Calendars of State Papers...*, vol.13, p.16 参照。ヴィエノの仏訳。

(17)　イングランド大使は五月に次のように言っていた。ナヴァール王妃の旅は「ここではその実行で多くの人を怒り狂わせる」だろう（*Ibid.*, vol.12, p.618）。

(18)　BRANTÔME, *Œuvres complètes*, vol.8, p.39.

(19)　DROZ, « La Reine Marguerite... », p.94 参照。

(20)　トゥルーズ出のギ・デュ・フォール・ド・ピブラックはトゥルーズの副奉行であったが、アンリ三世に従ってポーランドに赴いた。当時パリ高等法院院長であり、国務会議の顧問官であった。著名な『四行詩』の作者である。ルイーズ・ド・クレルモン＝タラールは随分前からカトリーヌの話し相手、友人である。マルグリットはこの女性をことのほか愛し、それはアンリ三世も同様で、珍しく自由に発言させていた。生涯の最後にカルヴァン派に改宗することになった。

(21)　Philippe LAUZUN, *Itinéraire raisonné de Marguerite de Valois en Gascogne d'après ses livres de comptes, 1578-1586*, Paris, Picard, 1902, pp.25-30 参照。

(22)　HENRI III, *Lettres...*, 3083, (1578/9/3).

(23)　BRANTÔME, *Œuvres complètes*, vol.8, p.32.

(24)　*Ibid.*, pp.41-2.

(25)　CATHERINE, *Lettres*, vol.6, p.40 (1578/9/29).

(26)　HENRI III, *Lettres...*, 3515 (1578/9/30).

(27)　CATHERINE, *Lettres*, vol.6, p.47.

(28)　« Henri III et Marguerite de Valois », *Bulletin de la Société de l'Histoire de France* (1851-1852), pp.342-4 参照。

(29)　HENRI IV, *Recueil de Lettres missives*, éd. Berger de Xivrey, Paris, Imprimerie royale, 1843-1876, vol.1, p.291 (1578/10/14).

(30)　BABELON, *Henri IV...*, pp.225-44 参照。

(31)　CATHERINE, *Lettres*, vol.6, p.56.

(32)　マルグリットはここでは、ガスコーニュだけでなく、ラングドックとドーフィネでの母の滞在全体を数えている。

（33） CATHERINE, *Lettres*, vol.6, p.77.

（34） LA FAILLE, *Annales de la ville de Toulouse*, Toulouse, Imprimerie G.L. Colomyes, 1701, vol.2, p.355.

（35） TURENNE, *Mémoires*..., p.39.

（36） SULLY, *Mémoires*, 1838, vol.1, p.27. この時代の多くの回想録作者同様、シュリーは回想の物語で一人称を選ばなかった。書き手と想定された者がシュリーに語りかける。

（37） CATHERINE, *Lettres*..., vol.6, p.134, (1578/11/25).

（38） Salluste du BARTAS, *La Judith*, Rouen, T. Tallard, 1588 参照。この集成は同様に『ウラニー』、『信仰の勝利』、「ナヴァール王妃を迎える詩」を含んでいる。

（39） 公爵夫人は一五七八年の末に出発する (Hector de LA FERRIÈRE, *Les Deux Cours de France et d'Angleterre au XVIe siècle*, Paris, Ollendorff, 1895, p.68 参照)。

（40） MARGUERITE DE VALOIS, *Mémoires et lettres*, p.198.〔ヴィエノによるマルグリットの書簡集での箇所を併記する。*Correspondance 1569-1614*, Honoré Champion, 1998, p.83. 以下 *Correspondance* と略記する。〕

（41） *Ibid*., p.207.

（42） *Calendars of State Papers*..., vol.13, pp.447-8（エリザベス女王の返事、1579/3/9), 529（マルグリットの手紙、英訳、日付なし）参照。シミエのイングランド到着は一五七九年の初めである (Carolly ERICKSON, *Elisabeth Première*, Paris, Seuil, 1985, p.280 参照)。

（43） CATHERINE, *Lettres*, vol.6, p.252 (1579/2/6).

（44） *Ibid*., pp.441-8.

（45） MARGUERITE DE VALOIS, *Mémoires et lettres*, pp.204, 205.〔*Correspondance*, p.91, p.92〕

（46） CATHERINE, *Lettres*, vol.6, p.266.

（47） MARGUERITE DE VALOIS, *Mémoires et lettres*, p.204.〔*Correspondance*,p.91〕

（48） BABELON, *Henri IV*, p.252 参照。

（49） MARGUERITE DE VALOIS, *Mémoires et lettres*, p.199.〔*Correspondance*,p.102〕; HENRI III, *Lettres*..., 3296 (1579/3/16) 参照。

（50） CATHERINE, *Lettres*, vol.6, p.325 (1579/4/12). 実際は、太后はその年の末にようやくパリに戻るだろう。

（51） *Ibid*., p.340 (1579/4/23).

（52） *Ibid*., pp.357 (1579/5/6), 360 (1579/5/9), 358 (1579/5/6).

（53） SULLY, *Mémoires*..., vol.1, p.28. シュリーは、オーシュ滞在中の一五七八年末にこの挿話を位置づけ、二人の王妃がそこにいたと断言しているが、間違いである。ドービニェもモントーバン滞在（七九年夏）の後に位置づけて同様に間違っている。LAUZUN, *Itinéraires*..., pp.102-3 参照。

（54） LA FERRIÈRE, *Les Deux Cours*..., p.78.

（55） BRANTÔME, *Œuvres complètes*, vol.8, p.61.『回想録』の導入部で、ポーのことを語るときブラントームは誤っていると王妃は指摘している。二つのテクストの比較は一つの不一致だけを明らかにする。ル・パンに関する不一致である。ブラントームは細かな点にはこだわらず、ナヴァールは「ル・パンを叱責して追放した」(*Œuvres complètes*, vol.8, p.60.）とする。マルグリットは、夫はこの秘書を許し、何度も圧力をかけた後ようやく、大変不満だが、遠ざけるのを受け入れた、と言う。

（56） カトリーヌのお付のアヤラはカトリーヌと共に出発する。ルブールはマルグリットの侍女の一人である。

(57)　MARGUERITE DE VALOIS, *Mémoires et lettres*, p.243. ロザンのように（*Itinéraires*..., p.108）、尚書がそれで不興を蒙った時期であると結論するのは誤りである。より後の手紙はマルグリットがピブラックのために介入していることを示しており、ピブラックの「二心」がまだマルグリットの目には明らかでなかった証拠である（« Lettres inédites de Marguerite de Valois, tirées de la bibliothèque de Saint-Pétersbourg », par Philippe Lauzun, *Archives historiques de la Gascogne*, 11 (1886), p.6 参照)。

(58)　CATHERINE, *Lettres*, vol.7, p.12 (1579/6/15).

(59)　HENRI III, *Lettres*..., 3398 (1579/6/14), 3401 (1579/6/15).

(60)　CATHERINE, *Lettres*..., vol.7, p.38 以下。

(61)　フランソワーズ・ド・モンモランシーは、ジャクリーヌ・ダヴォグールとフォッスー男爵ピエール・ド・モンモランシーの娘で、ネラックの宮廷のみんなから「フォスーズ」と渾名されていた。当時十七歳で、一五七八年以来マルグリットに仕えていた。

第七章　悲喜こもごものネラックの宮廷

(1)　HENRI III, *Lettres*..., 3440 (1579/7/12).

(2)　CATHERINE, *Lettres*, vol.7, p.87 (1579/8/17); vol.10, pp.447-8 (1579/8/28).

(3)　HENRI III, *Lettres*..., 3567 (1579/11/9).

(4)　L'ESTOILE, *Mémoires-Journaux*, vol.1, p.322.

(5)　DROZ, « La reine Marguerite... », p.110 参照。

(6)　Michel de MONTAIGNE, *Œuvres complètes*, éd. A.Thibaudet et M. Rat, Paris, Gallimard / La Pléiade, 1962, pp.453, 541.（『レイモン・スボン弁護』、第二巻第十二章）

(7)　Guy LE FEBVRE DE LA BODERIE, *Discours de l'honneste amour sur le Banquet de Platon*, par Marsile Ficin, Paris, Jean Macé, 1578.

(8)　AUBIGNÉ, *Histoire universelle*..., vol.5, p.381.

(9)　SULLY, *Mémoires*..., vol.1, pp.28, 32.

(10)　BABELON, *Henri IV*, p.267.

(11)　『諷刺的離婚』はしばしばドービニェに帰せられる。*Œuvres complètes*, éd. Eugène Réaume et F. de Caussade, Paris, Alphonse Lemerre, 1873-1892, vol.2, p.660.

(12)　Faurin, *Journal sur les guerres de Castres*, éd. C. Pradel, Marseille, Lafitte Reprints, 1981 の報告において容易にチュレンヌの移動を追える。

(13)　TURENNE, *Mémoires*..., p.43.

(14)　LAUZUN, *Itinéraire*..., p.127. レイモンド・リッターは、カトリーヌは二人の王妃のガスコーニュ到着以前の初期の申し出に心を動かさないことはなく、子爵のラ・ヴェルニュとの恋愛沙汰がカトリーヌの心を冷却させた、と説明する（*Catherine de Bourbon, la sœur d'Henri IV, 1559-1604*, Paris, J. Touzot, 1985, vol.1, p.202）。リッターは「チュレンヌが愛人の一人であることは少しも証明されていない。そのうえ、ネラックの小宮廷では、王妃は自由に振舞えず、事実よりも意図で過ちを犯したのであろう」（p.233）とよく分っていた。

(15)　L'ESTOILE, *Mémoires-Journaux*, vol.1, p.345.

(16)　LAUZUN, *Itinéraire*..., p.121 参照。バブロンは、実際改革派の首領たちのモントーバンでの会合以来脅威が感じられたと明確にしている（*Henri IV*, p.259）。

(17)　*Archives historiques de la Gascogne*, 11 (1886), p.6.

(18)　MARGUERITE DE VALOIS, *Mémoires et lettres*, p.209.〔*Correspondance*, p.116〕

（19）　HENRI III, *Lettres...*, 3617 (1580/1/6).
（20）　L'ESTOILE, *Mémoires-Journaux*, vol.1, p.263.
（21）　MARGUERITE DE VALOIS, *Mémoires et lettres*, p.208.〔*Correspondance*, p.125〕
（22）　AUBIGNÉ, *Histoire universelle...*, vol.5, pp.382-3.
（23）　SULLY, *Mémoires...*, vol.1, p.28.
（24）　MARGUERITE DE VALOIS, *Mémoires et lettres*, p.208.〔*Correspondance*, p.102〕
（25）　*Ibid.*, p.236.
（26）　FEUILLET DE CONCHES, *Causeries d'un curieux*, Paris, Plon, 1864, vol.3, p.78.
（27）　HENRI IV, *Lettres missives...*, vol.1, p.285. この手紙はマルグリットの無罪を証明するために書いたと言われた。これを証するものは何もなく、微妙な意図はナヴァール王側だけのものであろう。これに対して、王妃はこの目的で用いたに違いない（本文以下を参照）。
（28）　DANDINO, *Correspondance du nonce...*, p.646 (1580/4/24) 参照。
（29）　« Deux lettres de Marguerite de Valois », par E. De Charavay, *Revue des documents historiques* (1873-1874), p.185.〔*Correspondance*, p.139〕
（30）　*Lettres inédites de Marguerite de Valois, 1580,* tirées des archives de la ville de Condom, par Philippe Lauzun, *Revue de Gascogne*, 12 (1881) 参照。
（31）　FEUILLET DE CONCHES, *Causeries...*, p.81〔*Correspondance*, pp.135-136〕参照。この手紙は二人以上の読み手がいただろう。実際イングランド大使はこれ（あるいは少なくとも写し）を手中にしており（*Calendars of State Papers...*, vol.14, p.256 参照）、レトワールは「ナヴァール王は自ら［グルドンに］赴き、部下の入市の十時間後で、このベアルン人の特徴敏速さを用いて、妻の傍らのベッドから起きたが、この妻が何も疑わないように、わざわざ一緒に寝ようとしたのだった。それについて妻は夫はそこにいないと両陛下に確言したのであった。」（*Mémoires-Journaux*, vol.1, p.360）と記す。
（32）　CATHERINE, *Lettres*, vol.7, p.254 (1580/4/21).
（33）　MARGUERITE DE VALOIS, *Mémoires et lettres*, p.236.
（34）　DESJARDINS, *Négociations diplomatiques...*, vol.4, p.320 (1580/5/30).
（35）　カトリーヌの手紙の刊行者による。本書の第二部第四章参照。
（36）　AUBIGNÉ, *Histoire universelle...*, vol.5, p.386; *Archives curieuses...*, vol.8, p.416 参照。
（37）　AUBIGNÉ, *Sa vie...*, p.113（恋していないのはファヴァスである）。シュリー同様、ドービニェは回想録では「私」とは言わず、三人称で人生を語ることを選んだ。
（38）　SULLY, *Mémoires...*, vol.1, p.75.
（39）　MARGUERITE DE VALOIS, *Mémoires et lettres*, p.212.〔*Correspondance*, p.155〕
（40）　SULLY, *Mémoires...*, vol.1, p.80; AUBIGNÉ, *Histoire universelle...*, vol.6, p.46; DESJARDINS, *Négociations diplomatiques...*, vol.4, p.336 も参照。
（41）　BRANTÔME, *Œuvres complètes...*, vol.8, p.78. ブラントームは「王妃様は元帥に怒り、根に持って、復讐しようと強く思われた」そして二年後にようやく許した、と続ける（p.79）。疑いなく、この主張に、マルグリットは『回想録』の初めで言及しており、そこでは、これに割いた話でブラントームは間違ってと言っている。事実、ビロンは王妃とほどなく和解した。
（42）　DESJARDINS, *Négociations diplomatiques...*, vol.4, p.259.

(1579/7)

（43） MARGUERITE DE VALOIS, *Mémoires et lettres*, p.212. 〔*Correspondance*, p.155〕

（44） LA HUGUERIE, *Mémoires inédits*, vol.2, p.111. ラ・ユグリによれば、コンデは罠を嗅ぎつけた。しかしながらアランソン公が出発した翌年四月にはガスコーニュにいた。これに言及している書簡はない。

（45） CATHERINE, *Lettres*, vol.7, p.319 (1580/1/12).

（46） DESJARDINS, *Négociations diplomatiques*..., vol.4, p.346 (1580/1/22) 参照。

（47） *Calendars of State Papers*..., vol.15, p.85 (1581/3/12) と、ナヴァール王側の否定的反応（p.151）を参照。

（48） AUBIGNÉ, *Histoire universelle*..., vol.6, p.158, p.160.

（49） イングランド大使は、王は妹が自分を嫌い、アランソン公を隠し立てへと追いやり、王権に少しも献身しない代官を薦めるのではないかと疑う、と説明する（*Calendars of State Papers*..., vol.15, p.208, (1581/6/15) 参照)。

（50） *Archives historiques de la Gascogne*, 11 (1886), p.23. ベリエーヴルのカトリーヌ宛て書簡も参照。「太后様の娘であられる王妃はポー近くの温泉に行かれ、子を得るという満足を夫王に与えるこの上ない願いのためにそうするのだと言われます。」（CATHERINE, *Lettres*, vol.7, p.472 (1581/6/1).

（51） MARGUERITE DE VALOIS, *Mémoires et lettres*, p.446. 〔*Correspondance*, p.174〕

（52） « Lettres de Marguerite de Valois à Henri IV », *Revue rétrospective*, 1 (1838), p.98 〔*Correspondance*, p.172〕. マルグリットの求めに応じて、ボルドーの詩人ピエール・ド・ブラクは一五八四年にタッソーのこの作品のフランス語初訳をなすだろう。

（53） LAUZUN, *Itinéraires*..., p.174.

（54） CLOULAS, *Catherine*..., p.456 以下参照。

（55） *Archives historiques de la Gascogne*, 11 (1886), p.6 〔*Correspondance*, p.114〕参照。

（56） CATHERINE, *Lettres*, vol.7, p.373 (1581/4/29).

（57） *Ibid*., p.472 (1581/6/1).

（58） DESJARDINS, *Négociations diplomatiques*..., vol.4, p.372 (1581/6/27) 参照。

（59） *Archives historiques de la Gascogne*, 11 (1886), p.24. 〔*Correspondance*, p.100〕

（60） MARGUERITE DE VALOIS, *Mémoires et lettres*, pp.216-23. 〔*Correspondance*, p.190, p.193〕

（61） *Archives historiques de la Gascogne*, 11 (1886), pp.27-30 〔*Correspondance*, p.185〕参照。

（62） CATHERINE, *Lettres*, vol.7, p.420 (1581/12/21); *Calendars of State Papers*, vol.15, p.397 (1581/12/11) も参照。

（63） MARGUERITE DE VALOIS, *Mémoires et lettres*, p.215. 〔*Correspondance*, p.208〕

第八章　大恋愛と「大嫌悪」

（1） この表現はブラントームによる。BRANTÔME, *Œuvres complètes*, vol.8, p.72.

（2） Jacques-Auguste DE THOU, *Mémoires*, éd. Michaud et Poujoulat, Paris, Guyot Frères, 1838, 1er série, vol. 11, pp.297, 305. ドービニェ同様、ド・トゥーも自分を三人称で語る。ピブラックの準備する返答は、本当の弁護論で、MARUGUERITE DE VALOIS, *Mémoires et lettres*, pp.224-79 に再現されている。

（3） *Archives historiques de la Gascogne*, 11 (1886), p.44 (1582/1/3).

（4） *Journal de Guillaume et Michel Le Riche avocats du roi à Saint-Maixent (de 1534 à 1586)*, Genève, Slatkine Reprints, 1971, pp.354-62.

（5） *Ibid.*, pp.361-2. 王妃の固い決意はアンリ三世との関係でナヴァール王に幾つかの問題を出したはずだ（LA HUGUERIE, *Mémoires inédits*, vol.2, p.62 参照）。

（6） AUBIGNÉ, *Sa vie*..., p.123.

（7） L'ESTOILE, *Mémoires-Journaux*, vol.2, p.43.

（8） しかしながら、マルグリット―アントラーグの関係を一五七四年夏に位置付けながら、諸注釈者はこの関係に信用を与えるために、ドービニェに頼っているのだ。

（9） *Calendars of State Papers*..., vol.15, p.620 (1582/4/10) 参照。

（10） CATHERINE, *Lettres*, vol.8, p.18.

（11） BRANTÔME, *Œuvres complètes*, vol.8, p.80.

（12） *Revue rétrospective*, 1 (1838), p.101.〔*Correspondance*, p.213〕

（13） LAUZUN, *Itinéraire*..., p.210 参照。

（14） *Revue rétrospective*, 1 (1838), pp.103-4.〔*Correspondance*, p.215, p.218〕

（15） Marc VÉNARD, « La grande cassure », in *Histoire de la France religieuse*, sous la direction de Jacques LE GOFF et René RÉMOND, Paris, Seuil, 1988, p.306 以下参照。

（16） L'ESTOILE, *Mémoires-Journaux*, vol.2, p.64. レトワールは三月八日と記しているが、王妃のこのパリ帰還の日付は誤りである。「王妃は、クチュール・サント＝カトリーヌ所在のビラーグ国璽書尚の住まいを、二万八千エキュで購入した。」恐らくマルグリットの所帯の者が首都にこのことのために先着したのであろう。

（17） *Calendars of State Papers*..., vol.16, p.2 (1582/5/3).

（18） CATHERINE, *Lettres*, vol.8, p.26 (1582/5/10), *Calendars of State Papers*..., vol.16, pp.53 (1582/5/30), 189 (7/26), DESJARDINS, *Négociations diplomatiques*..., vol.4, p.221 (1582/6/19) 参照。

（19） 一五八三年相変わらずマルグリットの家にいて（LAUZUN, *Itinéraire*..., p.227）、この若い女性はサン＝マルス男爵フランソワ・ド・ブロックと結婚する。

（20） *Revue rétrospective*, 1 (1838), p.107.〔*Correspondance*, pp.223-224〕

（21） CATHERINE, *Lettres*, vol.8, p.36 (1582/5/12).

（22） *Ibid.*, pp.36-7.

（23） *Revue rétrospective*, 1 (1838), pp.107-8.〔*Correspondance*, p.224〕

（24） *Ibid.*, p.100 参照。六月にトスカナ大使は、マルグリットは、「ユグノーである間は」夫とともにいたくない、と報告する（DESJARDINS, *Négociations diplomatiques*..., vol.4, p.221. (1582/6/19)）。一カ月後、太后と娘は「満足させるためのすべての約束をして」ナヴァール王をフランス宮廷に来させるためにできることは何でもすることで一致していると同大使は指摘する（*Ibid.*, p.445. (1582/7/22)）。

（25） *Calendars of State Papers*..., vol.16, pp.247 (1582/8/15), 340 (9/28) 参照。

（26） AUBIGNÉ, *Histoire universelle*..., vol.9, p.402 以下参照。

（27） BRANTÔME, *Œuvres complètes*, vol.9, p.398; vol.8, p.61.

（28） 神聖ローマ帝国大使ブスベックは、シャンヴァロンは宮廷での秘密を漏らしたためにアランソン公の寵を失ったと主張する。*Lettres du Baron de Busbec*, Paris, Bauche, 1748, vol.3, p.211 (1583/8/27). しかしこの情報はいつでも信頼できるものとは到底言い難い。

（29） マルグリットからシャンヴァロン宛の現存する十七通の手紙

は、確かに部分的な書簡であるが、しかし一貫しており、原本はアルスナル図書館の写本に複写される以前に大事に保管されていたはずだ。シャンヴァロンからの手紙は二通のみ残っている。この書簡の全体はゲサールによって刊行された（MARGUERITE DE VALOIS, *Mémoires et lettres*, pp.445-79）。

（30）　ブイヨン公爵ロベール・ド・ラ・マルクとジャクリーヌ・ド・ロンウィの娘との娘。

（31）　DUPLEIX, *Histoire de Louis Le Juste*, Paris, Claude Sonnius, 1633, p.70[78].

（32）　*Revue rétrospective*, 1 (1838), p.105.〔*Correspondance*, p.238〕

（33）　*Calendars of State Papers*..., vol.17, p.297 参照。

（34）　マルグリットの出立を報告するとき、レトワールは、ずっと前から王はマルグリットに出発するよう求めていて、「フランス宮廷よりも夫のそばの方がよりよく貞淑となるだろうし、フランス宮廷では何の役にも立たない」と言う」と言及するだろう（*Mémoires-Journaux*, vol.2, p.130）。

（35）　SULLY, *Mémoires*..., vol.1, p.43.

（36）　*Calendars of State Papers*..., vol.17, p.358 参照。

（37）　CATHERINE, *Lettres*, vol.8, p.107 (1583/6/24).

（38）　DESJARDINS, *Négociations diplomatiques*..., vol.4, p.466 (1583/6/27). ヴィエノの仏訳。

（39）　L'ESTOILE, *Mémoires-Journaux*, vol.2, p.130.

（40）　*Calendars of State Papers*..., vol.17, p.409 参照。

（41）　L'ESTOILE, *Mémoires-Journaux*, vol.2, p.130.

（42）　少なくとも、一六六〇年に刊行された初版ではそうなっている。後の諸版は、大いに「増補」され、シャンヴァロンの子供に言及している（本書の第二部第二章参照）。

（43）　CLOULAS, *Catherine*..., p.468 参照。

（44）　CATHERINE, *Lettres*, vol.8, p.116 (1583/7/31) 参照。

（45）　BUSBEC, *Lettres*, vol.3, p.211, (1583/8/27).

（46）　*Calendars of State Papers*..., vol.18, pp.58-9 参照。

（47）　BUSBEC, *Lettres*, vol.3, p.230 (1583/12/14).

（48）　イングランド大使は八月四日にマルグリットの出立を指摘するが、出来事を七月二十九日の日付としている。八月五日に調査をして、送信相手にいっそうの説明をする。それ故、王妃の出発同様一般に受け入れられている八月八日の日付にもう少しで立ち戻るように思われる。

（49）　特に、L'ESTOILE, *Mémoires-Journaux*, vol.2, p.130; *Calendars of State Papers*..., vol.18, pp.53-67; PIBRAC, « Harangue au roi Henri III », *Archives curieuses*, vol.10, pp.191-2 参照。

第九章　一難去ってまた一難

（1）　AUBIGNÉ, *Sa vie*..., p.127. デュプレシの交渉に関しては、Philippe de MORNAY, seigneur du Plessis-Marly, *Mémoires et correspondence*, Paris, 1824-1825, vol.2, pp.313 以下、364 以下、391 以下、475 以下、529 以下を参照。

（2）　CATHERINE, *Lettres*, vol.8, pp.126 (1583/8/21), 129 (1583/8/29), 132 (1583/9/4), 138 (1583/9/6).

（3）　*Revue rétrospective*, 1 (1838), p.99 (1583/9/7-12).〔*Correspondance*, p.255〕

（4）　LAUZUN, *Itinéraire*..., p.194.

（5）　MARGUERITE DE VALOIS, *Mémoires et lettres*, p.295.〔*Correspondance*, p.256〕

（6）　AUBIGNÉ, *Histoire universelle*..., vol.10, p.172. この使節は疑わ

れたが、歴史家は、全体として、一五八三年十月十日、デュプレシの使節の後、行われたと認めるようになった。HENRI IV, *Lettres missives*..., vol.1, pp.572-3; Armand GARNIER, « Un scandale princier au XVIe siècle, 1583 », *Revue du XVIe siècle*, 1 (1913), p.185 参照。

（7）　« Trois lettres inédites de Marguerite de Valois », par Tamizey de LARROQUE, *Revue des questions historiques* (1870), p.255.〔*Correspondance*, p.256〕タミゼ・ド・ラロックがこの書簡を一五八五年としたのは誤り。

（8）　CATHERINE, *Lettres*, vol.8, p.157, (1583/11/21).

（9）　« Lettres inédites de Marguerite de Valois à Pompone de Bellièvre », par Tamizey de LARROQUE, *Annales du Midi* (1897), p.142.〔*Correspondance*, p.266〕

（10）　マルグリットは二通の手紙でモンテーニュの介入に触れている。一五八三年十二月三日の手紙（LAUZUN, *Itinéraire*...,p.257）〔*Correspondance*, p.265〕と、数日後のベリエーヴル宛の手紙（*Annales du Midi* [1897], p.158）〔*Correspondance*, p.258〕である。

（11）　L'ESTOILE, *Mémoires-Journaux*, vol.2, p.145.

（12）　CATHERINE, *Lettres*..., vol.8, pp.172 (1584/1/26), 172 (1/31), 175 (2/29). この手紙のやり取りの調子は太后の熱意を証し、ラ・フェリエールやロザンのように、マルグリットが、自分の死を願うと母を非難する手紙をここに置くことを不可能にする。私たちはこの手紙に、その時に、即ち一五八六年末、ユソン滞在の最も暗い時期に触れるだろう。

（13）　LAUZUN, *Itinéraire*..., p.275 に挙げられている。

（14）　MARGUERITE DE VALOIS, *Mémoires et lettres*, pp.295-6, 297.〔*Correspondance*, p.287, p.288〕

（15）　L'ESTOILE, *Mémoires-Journaux*, vol.2, p.150.

（16）　DUPLESSIS-MORNAY, *Mémoires et correspondance*, vol.2, p.574 参照。

（17）　LA HUGURIE, *Mémoires inédits*, vol.2, p.316.

（18）　LAUZUN, *Itinéraire*..., p.281; *Archives historiques de la Gascogne*, 11 (1886), pp.34-5; *Annales du Midi* (1897), p.161 参照。

（19）　CATHERINE, *Lettres*, vol.8, p.181 (1584/4/25).

（20）　Raymond RITTER, *Cette grande Corisande*, Albin Michel, 1936, p.174 以下参照。

（21）　AUBIGNÉ, *Sa vie*..., p.131.

（22）　イングランド大使は、マルグリットの宮廷からの出発の状況を分析して、一五八三年八月以下のように記していた。「マルグリット王妃は王の憤りの一部をエペルノン公爵に帰している。」（*Calendars of State Papers*..., vol.18, p.59）

（23）　CATHERINE, *Lettres*, vol.8, p.190 (1584/6/11).

（24）　*Ibid*., pp.194 (1584/7/4), 200 (1584/7/30).

（25）　LAUZUN, *Itinéraire*..., p.258.〔*Correspondance*, p.307〕

（26）　BARNTÔME, *Œuvres complètes*, vol.8, pp.66-7.

（27）　LAUZUN, *Itinéraire*..., p.303 に挙げられている。〔*Correspondance*, p.309〕

（28）　*Revue rétrospective*, 1 (1838), p.106.〔*Correspondance*, p.313〕

（29）　CONSTANT, *Les Guise* 参照。

（30）　AUBIGNÉ, *Histoire universelle*..., vol.6, p.204.

（31）　RITTER, *Cette grande Corisande*, p.179 参照。

（32）　特に以下を参照。HENRI IV, *Lettres missives*..., vol.2, p.79; Henri de NOAILLES, « Lettre à sa mere », *Cabinet historique* (1873), p.389; TURENNE, *Mémoires*..., p.49; Antoine BATAILLER, *Mémoires sur les guerres civiles à Castres et dans le Languedoc*, éd. Ch. Pradel,

Paris/Toulouse, Picard/Privat, 1894, p.89.

（33） L'ESTIOLE, *Mémoires-Journaux*, vol.2, p.181.

（34） 以下に再録されているベリエーヴルの書簡を参照。Catherine, *Lettres*, vol.8, p.432 (1585/4/5), p.435 (1585/4/18). ドービニェは「この王妃を殺害するための密議によび出された」「[しかし] 建言をしてこのような行為を思いとどまらせ、それで主人は自分に感謝した」（*Sa vie*..., p.131〔『児らに語る自伝』成瀬駒男訳、九八頁〕）と主張する――しかしドービニェを信じるべきだろうか。

（35） この表現は Le Roy LADURIE, *L'État royal*..., p.272 による。ル・ロワ・ラデュリ同様、アルレット・ジュアナは二つのグループ間の同盟は最初に思われるほど「自然に反して」いないと指摘した（*Le Devoir de révolte*..., p.180）。

（36） CATHERINE, *Lettres*, vol.8, p.431 (1585/4/3).

（37） *Ibid*., p.265 (1585/4/27).

（38） *Ibid*., p.299 (1585/5/28), L'ESTOILE, *Mémoires-Journaux*, vol.2, p.197 参照。

（39） CATHERINE, *Lettres*, vol.8, pp.291 (1585/5/22), 299 (1585/5/28), 318 (1585/6/15).

（40） 「ナヴァール王妃は旧教同盟派であると宣言し、アジャンに飛び込む」と五月末にレトワールは記す（*Mémoires-Journaux*, vol.2, p.197）。リュサンジュは、同時期に、「自らの勢力をギーズ殿に加えようとする」と書いている（*Lettres sur les débuts de la Ligue, 1585*, éd. Alain Dufour, Genève/Paris, Droz/Minard, 1964, pp.97-8, 1585/5/25）。回想録作者たちもこの分析を繰り返す。「王妃はこの同盟者だった」とフォランはいうだろう（FAURIN, *Journal sur les guerres de Castres*, éd.Charles Pradel, Marseille, Laffitte Reprints, 1981, p.127）。そしてバタイエは「王妃はギーズ公の同盟に署名した」と言及するだろう（BATAILLER, *Mémoires*..., p.64）。

（41） *Revue rétrospective*, 1 (1838), p.227.〔*Correspondance*, p.465〕

（42） BATAILLER, *Mémoires*..., p.64.

（43） これは « Nique à Noque » という題の諷刺文である（L'ESTOILE, *Mémoires-Journaux*, vol.2, p.288 に掲載）。

（44） HENRI IV, *Lettres missives*..., vol.2, pp.74 (1585/6/10), 79 (1585/6/28).

（45） CATHERINE, *Lettres*, vol.8, p.325 (1585/6/20).

（46） *Calendars of State Papers*..., vol.19, p.681.

（47） LAUZUN, *Itinéraire*..., pp.330-1 の手紙を参照。

（48） バタイエとフォランは「マルグリットが夫に仕掛けた戦」と言及する。マルグリットの所帯の家政簿によれば、自身で戦闘の場には赴いていないようだ（LAUZUN, *Itinéraire*..., p.327）。

（49） HENRI IV, *Lettres missives*..., vol.9, p.334.

（50） この時期に関して、より詳しくは以下を参照。Francisque HABASQUE, « La domination de Marguerite de Valois à Agen, d'après les pièces d'archives », *Bulletin historique et philologique* (du Comité des travaux historiques et scientifiques) [1890], pp.226-56 ; LAUZUN, *Itinéraire*..., p. 319 以下、Charles MERKI, « La domination de Marguerite de Valois à Agen », *Revue hebdomadaire*, 12 (1904), pp.169-84, 308-24; Louise BOURRACHOT, « La vie à Agen au temps de la reine de Navarre », in colloque *Marguerite de France*... も参照。

（51） LUCINGE, *Lettres 1585*..., p.190 (1585/9/20).

（52） CATHERINE, *Lettres*, vol.8, p.357.

（53） « Lettre de M. de Birac », *Cabinet historique* (1873), p.412.

（54） BRANTÔME, *Œuvres complètes*, vol.8, p.70. マルグリットはブラントームがアジャンについて語るとき誤っていると言う。これはこの逃走ではほぼあり得ない。オービヤック兄によって確認されているから。それでマルグリットが異論を挟みうる二つの主張が残る。第一はアジャンへの撤退の理由に関するもので、ブラントームは宗教的理由とする。「ナヴァール王妃様は熱心なカトリックであったので、アジャンに引き下がられた。〔……〕そこではカトリックが行われ、それを維持し、もう一方の宗教を追い払わねばならなかったので、王妃はできる限り自分側で自分の宗教を強化しようと望み、他方の宗教に対してに戦をしようとされた。」(*ibid.*) 既に見たように、マルグリットは特にユグノーに「戦をし」ようとは考えていなかった。もう一つの主張はデュラス夫人に関するもので、ブラントームが言うには、夫人は「王妃様を支配し、王妃様の名前で税金を取り立て、公金を私消していた」(*ibid.*)。真実でも虚偽でも、告発は、愛情に忠実な王妃の気に入ることはありえない。

第十章　どん底

(1) LAUZUN, *Itinéraire*..., p.341 参照。
(2) LAUZUN, *ibid.*, p.342 に引用。
(3) *Ibid.*, p.346.
(4) CATHERINE, *Lettres*, vol.8, p.361 (1585/10/23).
(5) *Archives historiques de la Gascogne*, 1 (1886), p.38.〔*Correspondance*, pp.321-322〕
(6) CATHERINE, *Lettres*, vol.8, p.376.(十二月末)
(7) SAINT-PONCY, *Histoire de Marguerite*..., vol.2, p.220 以下、LAUZUN, *Itinéraire*...p.347 以下参照。
(8) *Le Divorce satyrique*, in AUBIGNÉ, *Œuvres complètes*, vol.2, p.666; DESJARDINS, *Négociations diplomatiques*..., vol.4, p.667.
(9) LAUZUN, *Itinéraire*..., p.349.
(10) René de LUCINGE, *Lettres sur la cour d'Henri III en 1586*, éd. A. Dufour, Genève/Paris, Droz/Minard, 1966, p.128 (1586/3/25).
(11) *Le Divorce satyrique*, in AUBIGNÉ, *Œuvres complètes*, vol.2, p.668.
(12) LUCINGE, *Lettres...1586*, 七月と八月参照。このサヴォワの大使はそのとき公然とナヴァール王との「離婚」の件が語られ、ナヴァール王の密使は提案がなされた場合の指示をもっていたと報告する (p.215, 1586/6/5)。
(13) Kervyn de LETTENHOVE, « Un mémoire inédit de Marguerite de Valois », *Revue d'histoire diplomatique* (1891), p.165 参照。
(14) LUCINGE, *Lettres...1586*, p.266 (1586/7/1). この外交官はマルグリットのではなく、新しい勅令の不人気の例としてこの件を挙げる。
(15) *Calendars of State Papers*..., vol.20, p.521 (1586/4/4) 参照。
(16) LUCINGE, *Lettres...1586*, p.298 (1586/7/16); LAUZUN, *Itinéraire*..., p.351 も参照。
(17) MARGUERITE DE VALOIS, *Mémoires et lettres*..., pp.363-68 参照〔*Correspondance*, pp.464-469〕。
(18) このショワナンは、アンリの王選出交渉の折にモンリュック司教とともにポーランドに赴いた者だと思われる。この交渉について「ポーランド王選出の交渉全体でなされ起きたことの本当の話」を報告した。*Mémoires* par Michaud et Poujoulat, Paris, Guyot Frères, 1838, 1er série, vol.11, pp.375-469 で刊行された。モンリュックは実際マルグリットに一五七八―一五七九年ガスコーニュに同行した随員の一人であり、この時期にマルグリットはショワナンを雇い入れた。
(19) この諷刺文書は『琴瑟相和さぬ閨房』かもしれない。(Éliane

VIENNOT, « Marguerite de Valois et *La Ruelle mal assortie*, une attribution erronée », *Nouvelle Revue du XVIe siècle*, 10 (1992), pp.81-98 参照。）

（20） *Revue d'histoire diplomatique*（1891）, p.166 参照〔*Correspondance*, p.330〕。一年後に書かれた非常に偏向したこの手紙には明らかに取捨選択すべきものがあるが、リニュラックの裏切りは疑うべきでない。マルグリットがこの者の中立を買った遣り方もである。

（21） 少なくとも、親族であるカニヤックにより王妃が補足されたと語るためにアンリ・ド・ノアイユが母に書く手紙から推論できるのはこうしたことである。「カルラに王妃を連れて行く者は、人々がこの者をそこから追放したいと思っているという意見を抱き、あるいはこれを口実として、その要塞の主人となり、マリオンにイザボーの叔父［どうやらオービヤックらしい］は岩を飛び越えねばならなかったと言う。王妃にはとても厳しい知らせで、悲しんだ。懇願やらでこの人物に保証した後、王妃は前記のものがいないでそこに留まるより、立ち退き、場を変えるほうを望んだ。」（*Cabinet historique*（1873）, pp.383-6, 誤って一五八三年十月二十九日とされているが、一五八五年でなければならない）。

（22） *Ibid.*

（23） MARIÉJOL, *La Vie de Marguerite*..., p.258.

（24） *Revue d'histoire diplomatique*（1891）, p.167.〔*Correspondance*, pp.330-331〕

（25） MARGUERITE DE VALOIS, *Mémoires et lettres*, p.298.〔*Correspondance*, pp.323-324〕「王妃が攻囲の間に書かれたすばらしい手紙を私に見せたが、私はまだ写しを取る暇がなかった」とアンリ・ド・ノアイユは母に言うだろう（*Cabinet historique* [1874], p.71）。

（26） CATHERINE, *Lettres*, vol.9, pp.108, 109 に挙げてある。*Calendars of State Papers*..., vol.20, p.155 (1586/11/25) も参照。

（27） CATHERINE, *Lettres*, vol.9, p.108.

（28） 一五八六年十一月十一日付けのアンリ・ド・ノアイユの母宛の書簡（*Cabinet historique* [1873], p.71）。

（29） ユソン城は十七世紀初めに取り壊されることになった。

（30） ギーズ家は当時サリカ法廃止のための宣伝活動を始めた。この家は「女系によって」シャルルマーニュの直系の子孫であると主張する。

（31） 特に、LA HUGUERIE, *Mémoires inédits*, vol.2, p.373; Claude GROULART, *Mémoires*, éd. Michaud et Poujoulat, Paris, Guyot Frères, 1838, 1er série, vol.11, p.582. この分析は Henrico CATERINO DAVILA (*Hisoire des guerres civiles en Franc*, Paris, Recolet, 1644, vol.1, p.336) で繰り返されるだろう。

（32） DESJARDINS, *Négociations diplomatiques*..., vol.4, p.664 参照。

（33） *Archives historiques de la Gascogne*, 11（1886）, pp.32-3.〔*Correspondance*, pp.324-325〕

（34） それぞれ、DESJARDINS, *Négociations diplomatiques*..., vol.4, p.665 (1586/12/8) と CATHERINE, *Lettres*, vol.9, p.177 (1587/2/18).

（35） Bibliothèque nationale, ms.fr. 10210（327）et 18020（505）.〔Marguerite de Valois, *Mémoires et autres écrits*, pp.289-290〕

（36） CATHERINE, *Lettres*, vol.9, pp.166 (1587/2/18), 181 (1587/2/20).

（37） BRANTÔME, *Œuvres complètes*, vol.8, p.71.

（38） ブラントームは当時宮廷にいた。トスカナ大使は、この回想録作者に非常に近い言葉で、書いている。「カニヤックは、王妃に恋して、今では監視人ではなく、虜囚であるように思われる。」（*Négociations diplomatiques*..., vol.4, p.674. ヴィエノの仏訳）

（39）　しかしながらカトリーヌは侯爵が相応しく報いられるよう言い張った（*Lettres*, vol.9, pp.92, 154）。しかし王は聞く耳を持たなかった。

（40）　*Revue d'histoire diplomatique*（1891）, p.167.〔*Correspondance*, p.331〕

（41）　SAINT-PONCY, *Histoire de Marguerite*..., vol.2, pp.283-4. マリエジョルはこの資料は偽造だと考える（*La vie de Marguerite*..., p.267）が、カニヤック買収の分析は認める。

（42）　『諷刺的離婚』（in AUBIGNÉ, *Œuvres complètes*, vol.2, p.672）に一六六三年になされた付加の作者は初めてこれを主張し、多くの歴史家がこれに従う。

（43）　レトワールは一五八九年四月カニヤックの死を指摘する。「オーヴェルニュの際立った貴族で、旧教同盟派に属し、マイエンヌ公の寵臣であった」（*Mémoires-Journaux*, vol.3, p.285）。

（44）　*Revue d'histoire diplomatique*（1891）, p.167 とマルグリットのジャック・ド・ラ・ファンへの書簡（in Michel COHENDY, *Lettres missives, la plupart autographes, inédits, de la reine Marguerite de Valois*, Clermont-Ferrand, F. Thibaud, 1881, p.28）〔*Correspondance*, pp.408-409〕参照。

（45）　*Revue d'histoire diplomatique*（1891）, pp.168, 174.

（46）　BRANTÔME, *Œuvres complètes*, vol.9, p.603.

（47）　*Revue de l'Agenais*, p.172.〔*Correspondance*, pp.334-335〕

（48）　それぞれ *Calendars of State Papers*..., vol.20, p.591（1588/4/12）; DESJARDINS, *Négociations diplomatiques*..., vol.4, p.778（1588/5/8）参照。

（49）　この点については Éliane VIENNOT, « De "femme d'État" au XVIe siècle : les princesses de la Ligue et l'écriture de l'Histoire », in *Femmes et pouvoirs*..., pp.77-97 参照。

（50）　Michel FÉLIBIEN et Guy LOBINEAU, *Histoire de la ville de Paris*, Desprez, Paris, 1725, vol.4, p.40.

（51）　Pierre de VAISSIÈRE, « Marguerite de Valois et la Ligue en Auvergne », *Revue des questions historiques*, 131, (mars 1938), p.5 以下参照。

（52）　Maurice DUMOULIN, « Jacques de La Fin, études et documents sur la seconde moitié du XVIe siècle », *Bulletin historique et philologique* [du Comité des travaux historiques et scientifiques], 1895, pp.150-287.

（53）　COHENDY, *Lettres missives de Marguerite*, p.18〔*Correspondance*, pp.340-341〕. 日付としてコアンディは一五九一年七月を、デュムランは四月を提示する。

（54）　BRANTÔME, *Œuvres complètes*, vol.8, p.72.

第十一章　追放と回想

（1）　Josephe COPPIN, « Marguerite de Valois et le livre des créatures de Raimond Sebond », *Revue du XVIe siècle*, 10（1923）, pp.57-66 参照。ヘルメス主義へのマルグリットの好みは少なくとも最初のネラック滞在に遡り、そのときフランソワ・ド・フォワ＝カンダルが *Pimandre de Mercure Trimégiste*（1579）『ヘルメス・トリスメギストゥスのピマンデル』の翻訳を捧げた。

（2）　BRANTÔME, *Œuvres complètes*, vol.8, p.82.

（3）　BRANTÔME, *Œuvres complètes*, vol.8, pp.82-3 に引用されている。それ故この手紙は一五九一―一五九二年に遡る。

（4）　*Discours*『マルグリット篇』の大部分は一五九一―一五九二年の「旧教同盟の戦争が最も盛んな」時期に執筆された。

（5）　BRANTÔME, *Recueil des Dames, poésies et tombeaux*, éd.

Étienne Vaucheret, Paris, Gallimard/ La Pléiade, 1991, p.906 参照。

（6）　BRANTÔME, *Œuvres complètes*, vol.8, pp.81-2.

（7）　HENRI IV, *Lettres missives*..., vol.4, p.28 (1593/9).

（8）　BRANTÔME, *Œuvres complètes*, vol.8, p.81.

（9）　「オーヴェルニュのユソン城に捕らわれのヴァロワ女公爵マルグリット王妃によって作られ一五九三年十二月に秘書のド・ラ・ベロドリーズ殿に与えられたソネ」、Bibliothèque nationale, ms. fr. 10210 (fol.328).〔Marguerite de Valois, *Mémoires et autres écrits*, p.293〕

（10）　マルグリットは『回想録』の初めの方の頁で「ナヴァールの若殿、今ではわたしたちの立派で寛大な王」〔Marguerite de Valois, *Mémoires et autres écrits*, p.89〕と言っており、このことからアンリ四世の戴冠の時期である一五九四年二月以前にはきっと『回想録』を書いていなかっただろう。一方ブラントームの「マルグリット篇」に詳細に答えていることは、これを読み終わって直後に『回想録』を書き始めたと考えさせる。ところで回想録作者ブラントームは自分のテクストを送る前に何年も待つ理由はなかった。最後に、『回想録』の巻頭と一五九三年十二月の日付の詩との間の着想の類似性はマルグリットが一五九四年初めに著作に取り掛かったと確信させる。

（11）　この表現は、アンヌ＝マリ・コキュラ＝ヴェリエール（*Brantôme, amour et gloire au temps de Valois*, Paris, Albin Michel, 1986, p.388）、そしてその後でエチエンヌ・ヴォシュレ（BRANTÔME, *Recueil des Dames*..., p.xxxv）が主張することに反して、マルグリットが『回想録』を書き始めた時、まだブラントームに再会していなかったことを証明する。

（12）　自分たちの証言の価値と歴史的「事実」と自分たちとの関係に関する回想録作者たちの感情については、André BERTIÈRE, *Le Cardinal de Retz mémorialiste*, Genève, Klinksieck, 1977, pp.18-25 参照。Marc FUMAROLI も参照。「弁論の虚栄の拒否」は「英雄主義の哲学とレトリックの最高の表明」として理解されるべきだとする（« Mémoire et histoire: le dilemme de l'hstoriographie humaniste au XVIe siècle », in Noémie HEPP et Jean HENNEQUIN, *Les Valeurs chez les mémorialistes français du XVIIe siècle avant la Fronde*, Actes du colloque Strasbourg-Metz, 1978, Paris, Klincksieck, 1979, p.36）。

（13）　MONTAIGNE, *Œuvres complètes*, p.397 (II, 10).

（14）　この考えは最初に一八三六年にミショーとプジュラにより『回想録』の序文で表明された。本書の第二部第四章参照。

第十二章　王妃マルグリットの誕生

（1）　Charlotte ARBALESTE DE LA BORDE, Mme de MORNAY, *Mémoires*, éd. Mme de Witt, Paris, Vve Jules Renouard, 1868-1869, vol.1, p.278. この提案の一部はマルグリットの書簡で読める（*Mémoires et lettres*..., p.303）。

（2）　ルネサンスの結婚を扱う非常に数多い書物の中で、Benoît LHOEST（*L'Amour enfermé: Amour et sexualité dans la France du XVIe siècle*, Paris, Olivier Orban, 1990）と Jacques SOLÉ（*L'Amour en Occident à l'époque moderne*, Bruxelles, Complexe, 1984）の書を参照。またこの制度の配置に関しては、Jacques DUBY の基本的な書（*Le Chevalier, la femme et le prêtre*, Hachette, 1981）を参照。

（3）　ブラントームは、義姉の死を知って、「王妃様は二十日間床に着かれ、悲しみ、絶えず涙にくれ、引き続いて嘆いておられた。そしてこの方を惜しむことしかおできにならなかった」（*Œuvres complètes*, vol.9, p.603）と言う。

（4）　*Revue rétrospective*, 1 (1838), pp.110-1.〔*Correspondance*, pp.347-348〕

（5） MARGUERITE DE VALOIS, *Mémoires et lettres*, p.332.〔*Correspondance*, p.413〕

（6） DESJARDINS, *Négociations diplomatiques*..., vol.5, p.293.

（7） BABELON, *Henri IV*, pp.626-69 参照。

（8） *Revue rétrospective*, 1 (1838), pp.116 et 124.〔*Correspondance*, pp.366-367 et p.397〕

（9） SULLY, *Mémoires*..., vol.2, p.318 に挙げられている〔*Correspondance*, p.423〕。この用語（bagasse[bagasse]）は、中世には召使を示したが、「身持ちの悪い女、娼婦」の意味を取ったことを思いださなければならない。ブラントームは『艶婦伝』でこの用語をこの意味で幾度も用いている。

（10） 何人かの歴史家は、手紙はガブリエルの記憶を汚す目的で考え出され、作者はシュリーだと主張するだろう。（BAZIN, « La reine Marguerite », in *Études d'histoire et de biographie*, Paris, Chamerot, 1844; Adrien DESCLOZEAUX, *Gabrielle d'Estrées*, Paris, Champion, 1889）言葉遣いが隔たり、マルグリットの書簡集で唯一であるけれども、しかしながら文体はマルグリットのものであるようだ。

（11） BRANTÔME, *Œuvres complètes*, vol.7, p.176.

（12） MARGUERITE DE VALOIS, *Mémoires et lettres*, p.340.〔*Correspondance*, p.427〕

（13） *Ibid.*, pp.348-9〔*Correspondance*, pp.437-438〕, et L'ESTOILE (*Mémoires-Journaux*, vol.7, pp.197-8). 写本に従い、ゲサールは誤ってこの手紙を一六〇〇年四月としている。しかしデュプレクスは一五九九年にしており、パリの年代記作者は、幾つかの異文を除いて、十二月二十二日の日付で全文を再現している。

（14） MARGUERITE DE VALOIS, *Mémoires et lettres*, p.342.〔*Correspondance*, p.435〕ゲサールは誤ってこの手紙を一五九九年十一月十一日の日付にしている。レトワールの注釈に基づくが、それによれば「十一月十日水曜、パリ司教アンリ・ド・ゴンディの館でこの大きな件［離婚］に関して幾度も会談が行われた後、三人の委員は婚姻が無効であると判断した」。しかし解消の判決は十二月十七日である。イラリオン・ド・コスト神父はマルグリット賛美の二頁以上を離婚に関する、教皇同様関係者と証人に由来するあらゆる書類を挙げることに割いている。

（15） MARGUERITE DE VALOIS, *Mémoires et lettres*, p.349.〔*Correspondance*, p.437〕

（16） *Revue rétrospective*, 1 (1838), p.124.〔*Correspondance*, p.397〕

（17） *Ibid.*, pp.125, 223, et 225.〔*Correspondance*, p.446, p.460 et p.463〕

（18） しかしながら、収入に関してアンリ四世と衝突している最中の、一六〇四年〔一六〇二年〕四月、戦闘者の調子を再び見出し、「わたしほどの身分ではなくて、年金十万フランを持っている王侯は何人もいます」と主張する（*Revue rétrospective*, (1838), p.222〔*Correspondance*, p.455〕）。

（19） VAISSIÈRE, « Marguerite de Valois et la Ligue... », p.12.

（20） Antoine d'URFÉ, « De la Beauté qu'acquiert l'esprit par les sciences », 1594. おそらく失われたこの書物の献辞は A. BERNARD（*Les d'Urfé, souvenirs historiques et littéraires du Forez aux XVIe et XVIIe siècle*, Paris, Imprimerie royale, 1839, p.222）が与えている。Anne d'URFÉ, *Hymne à la Perle de France*, 1608; Honoré d'URFÉ, *Troisième Livre des Épîtres*, Paris, Jean Micard, 1608; Claude LONGEON, *Une province française à la Renaissance; la vie intellectuelle en Forez au XVIe siècle*, Centre d'études foréziennes, 1975 も参照。

（21） ダレ伯爵夫人である若きアンヌ＝テレーズ・ド・プレショ

ネは王妃に仕え、クレルモンの聖母訪問会僧院の創立者となるだろう。マルグリットに関する誤解は脇において、Marcelle-Georges THOMAS, « De la Cour de la reine Margot à la Visitation », *L'Auvergne littéraire, artistique et historique*, 164 (1959), pp.21-8 参照。

（22）　この点では特にLONGEON, *Une province française*..., p.431 参照。

（23）　Jean DARNALT, *Remonstrance ou harangue solennelle faicte aux ouvertures des plaidoyers d'après la Saint-Luc dans la Sénéchaussée d'Agen, avec le panegyrique de la reyne Marguerite*..., Paris, François Huby, 1606, p.127.

（24）　Simone RATEL, « La Cour de la reine Marguerite », *Revue du XVIe siècle*, 12 (1924), p. 19 参照。Évelyne BERRIOT, « Le temps des disgrâces, le temps de la philosophie : Marguerite et la vulgarisation des sciences », in colloque *Marguerite de France*... も参照。

（25）　*Revue rétrospective*, 1 (1838), p.350.〔*Correspondance*, p.450〕

（26）　BRANTÔME, *Œuvres complètes*, vol.10, p.4.

（27）　ディアーヌはアンリ二世と、ピエモンテの女性フィリッパ・ドゥーチ（ブラントームによればディアーヌ・ド・ポワチエ）の間の娘である。オッターヴィオ・ファルネーゼ、次いでフランソワ・ド・モンモランシーと結婚した。子供はなく、一五七九年に寡婦となった。

（28）　COHENDY, *Lettres missives de Marguerite*..., p.28 (1598/5/31)〔*Correspondance*, p.409〕参照。

（29）　« Stances funèbres d'une dame sur le trépas de son amant » (« La mort ne gagne rien par si cruel ennui... »), in *Les Muses françaises ralliées*, Paris, Mathieu Guillemot, 1599, p.86 (cote B.N. Ye 11425)〔*Mémoires et autres écrits*, pp.291-292〕参照。

（30）　*Le Divorce satyrique*, in AUBIGNÉ, *Œuvres complètes*, vol.2, p.675. ポミニーに関しては、SAINT-PONCY, *Histoire de Marguerite*..., vol.2, p.265 以下参照。Georges PAUL の論文の第二部、« Claude François, seigneur de Pominy et des Grèzes, et la reine Marguerite de Valois », *Amitiés foréziennes*, 5 (1925), pp.764-79 も参照。

（31）　*Revue rétrospective*, 1 (1838), p.234.〔*Correspondance*, p.474〕

（32）　それぞれ *ibid.*, p.222〔*Correspondance*, p.454〕; MARGUERITE DE VALOIS, *Mémoires et lettres*, p.356〔*Correspondance*, p.457〕. この件に関する手紙は日付が正確ではなく、*Revue rétrospective* の編者とそれを再現するゲサールは一六〇二年にしている。

（33）　SULLY, *Mémoires*..., vol.2, p.614.〔*Correspondance*, p.482〕

（34）　ヴェルヌイユ侯爵夫人カトリーヌ・アンリエット・ド・バルザック・ダントラーグはマリ・トゥシェとその二番目の夫フランソワ・ド・バルザック・ダントラーグとの間の娘である。マリ・トゥシェはシャルル九世との関係でシャルル・ド・ヴァロワ（あるいはダングレーム）をもうけた。

（35）　*Revue rétrospective*, 1 (1838), p.350.〔*Correspondance*, p.450〕

（36）　DESJARDINS, *Négociations diplomatiques*..., vol.5, p.520.

（37）　*Revue rétrospective*, 1 (1838), p.223.〔*Correspondance*, p.460〕

（38）　SULLY, *Mémoires*..., vol.1, p. 625 に引用〔*Correspondance*, p.485〕。同じ言葉はマルグリットの王宛の手紙に見られる（*Mémoires et lettres*, pp.386-8）。

（39）　MARGUERITE DE VALOIS, *Mémoires et lettres*, p.390.〔*Correspondance*, p.493〕

第十三章　パリの再征服

（1）　SULLY, *Mémoires*..., vol.2, pp.45, 46.

（2）　*Revue retrospective*, 1 (1838), pp.240-1.〔*Correspondance*, pp.495-496〕

（3） SULLY, *Mémoires*..., vol.2, p.51 に引用されている。

（4） DUPLEIX, *Histoire de Henri le Grand*, Paris, Claude Sonnius, 1632, p.535.

（5） SULLY, *Mémoires*..., vol.2, pp.56, 57 (1605/7/25) に引用されている。

（6） *Ibid*., p.59 (1605/7/27).

（7） L'ESTOILE, *Mémoires-Journaux*, vol.8, p.187.

（8） 本書の第二部第一章を参照。

（9） *Revue rétrospective*, 1 (1838), p.242.〔*Correspondance*, p.500〕

（10） *Journal de Jean Heroard, médecin de Louis XIII*, Fayard, 1989,1605/7/13, 8/6, 8/11. この文献により五十回以上の会見を数え上げることができる。大抵は王太子が妃に会いに行き、従者を伴うだけだが、時には父と同行することもある。

（11） DESJARDINS, *Négociations diplomatiques*..., vol.5, p.557.

（12） *Revue rétrospective*, 1 (1838), p.338.〔*Correspondance*, p.505〕

（13） L'ESTOILE, *Mémoires-Journaux*, vol.8, p.187 以下。

（14） MARGUERITE DE VALOIS, *Mémoires et lettres*, pp.397-8 参照。〔*Correspondance*, p.503〕

（15） *Archives historiques de la Gascogne*, 11 (1886), p.44.〔*Correspondance*, p.532〕

（16） RATEL, « La Cour de la Reine... » 参照。

（17） *Revue rétrospective*, 1 (1838), p.325.〔*Correspondance*, p.513〕

（18） L'ESTOILE, *Mémoires-Journaux*, vol.8, p.214.

（19） *Revue rétrospective* , 1 (1838), p.342 参照。ラテルは「妃がどの住まいに住んだか分らない」と疑問を抱き（« La Cour de la Reine... », [1924], p.5）、当惑はレトワールの言葉で同様に迷う他の注釈者も共通である。ラテルは、マルグリットがこの時期に購入したイッシーの別荘の他に、マドリッド城（ブーローニュ）を提案する。しかしマルグリットの書簡はこの仮説を否認する。マルグリットは、この年の五月に、そこに偶然赴き、酷い状態であるのを見たと言っている。そこに戻る意図はなく、修復するために王にお金を求めている。「パキエ殿の従兄弟のある立派な人が、［……］別荘に家具を備え付け清潔にしてくれるでしょう。そして陛下がそこに行かれるのがお気に召すときに門を開けておいてくれるでしょう。」（MARGUERITE DE VALOIS, *Mémoires et lettres*, p.417）〔*Correspondance*, p.526〕それ故アウグスティヌス会士の館に移るまでマルグリットはサンス館に留まったと認めなければならない。

（20） L'ESTOILE, *Mémoires-Journaux*, vol.8, p.214.

（21） この詩は写本でいつも一緒に見出される三篇のうちの一部である（特に Bibliothèque nationale, ms fr. 10210, fol.329）。これは、署名なしで、*Le Parnasse des plus excellents poètes de ce temps*, Mathieu GUILLEMOT, 1607（*Muses françaises ralliées de divers parts* の続編。この表題でフランス国立図書館では Rés. Ye 2739 で目録化されている）, vol.2, seconde pagination, p.48 で公表された。同様に、相変わらず署名なしで、*Satyres et autres œuvres folastres du sieur Regnier*, Paris, S. Thiboust, 1616, で « Air pour Cloride » の表題で公表された。〔Marguerite de Valois, *Mémoires et autres écrits*, p.299〕

（22） 先の詩の続きから終わりまで。

（23） « Plaintes de Cléorite sur la mort de Atys » *Le Parnasse*..., (vol.2, seconde pagination, 47).

（24） DUPLEIX, *Histoire de Louis le Juste*..., pp.70 [78], 71 [79].

（25） L'ESTOILE, *Mémoires-Journaux*, vol.8, p.214.

（26） *Revue rétrospective*, 1 (1838), p.244.〔*Correspondance*, p.515〕

(27)　*Ibid*., p.326 参照〔*Correspondance*, p.519〕。ディアーヌ・ド・フランスは再婚により、元帥となったアンリ・ド・モンモランシー＝ダンヴィルの義理の姉妹であり、この元帥の娘はシャルル・ド・ヴァロワと結婚した。
(28)　これが何人かの歴史家の結論である。Pierre de VAISSIÈRE, « Reine sans couronne: les dernières années de la Reine Margot à Paris », *Revue des études historiques*, 105 (1938), pp.17-44 参照。
(29)　これを報告するのはデュプレクスである（*Histoire de Henri le Grand*..., p.541）。他の訴訟はリムーザンの地所を取り戻すためのものと子爵領勅令の締結を得るためのものである（*Revue rétrospective*, 1 (1838), pp.327, 333 参照〔*Correspondance*, p.534, p.529〕）。
(30)　*Revue rétrospective*, 1 (1838), p.333.〔*Correspondance*, pp.529-530〕
(31)　*Ibid*., p.324.〔*Correspondance*, p.524〕
(32)　MARGUERITE DE VALOIS, *Mémoires et lettres*, p.416.〔*Correspondance*, p.526〕
(33)　BABELON, *HENRI IV*, p.875 以下参照。
(34)　*Revue rétrospective*, 1 (1838), p.342.〔*Correspondance*, p.527〕
(35)　DUPLEIX, *Histoire de Henri le Grand*..., p.541.
(36)　L'ESTOILE, *Mémoires-Journaux*, vol.8, p.221.
(37)　GROULART, *Mémoires*..., pp.597-8 (1606/7/4) の報告。
(38)　MARGUERITE DE VALOIS, *Mémoires et lettres*, p.422.〔*Correspondance*, p.534〕

第十四章　国の恩人の晩年

(1)　L'ESTOILE, *Mémoires-Journaux*, vol.8, p.240.
(2)　*Revue rétrospective*, 1 (1838), p.351〔*Correspondance*, p.541〕; MARGUERITE DE VALOIS, *Mémoires et lettres*, p.426.〔*Correspondance*, p.542〕
(3)　*Revue rétrospective*, 1 (1838), p.246.〔*Correspondance*, pp.548-549〕
(4)　Alexandre BOUTEROUE, *Le Petit Olympe d'Issy. A la Royne Marguerite, Duchesse de Valloys*., s.l., 1609; 主棟は後にサン＝シュルピス会の所有地となる。Joseph NAUD の研究、*Le Château d'Issy et ses hôtes*, Paris, Champion, 1926, pp.62-100 参照。
(5)　L'ESTOILE, *Mémoires-Journaux*, vol.8, pp.293, 296 参照。
(6)　アウグスティヌス会士の館のより完全な描写については、Charles DUPLOMB, *L'Hôtel de la reine Marguerite, première femme de Henri IV*, Paris, L. Willem, 1881（特に「王妃マルグリットの館訪問の調書」、付録一）参照。すべては十七世紀末以前に解体された。
(7)　SULLY, *Mémoires*..., vol.2, p.192 参照。
(8)　*Revue rétrospective*, 1 (1838), p.339.〔*Correspondance*, p.556〕
(9)　レトワールの『日記』の補遺 L'ESTOILE, *Mémoires-Journaux*, vol.8, p.366. 参照。
(10)　FÉLIBIEN et LOBINEAU, *Histoire de la ville de Paris*, vol.4, p.40. 同様にほぼ同じ言葉を繰り返す « Contrat de la Fondation, faite par la reine Marguerite, des Augustins déchaussés, au faubourg Saint-Germain en l'an 1609, par-devant Pierre Guillard et Raoul Bontemps, notaires» (*Ibid*., p.39) とレトワールの「日記補遺」（L'ESTOILE, *Mémoires-Journaux*, vol.9, p.399）参照。サン＝ポンシーは跣足アウグスティヌス会士はマルグリットを満足させず、サン＝ギヨームのアウグスティヌス会士に置き換えたと指摘する（*Histoire de Marguerite*..., vol.2, p.507 以下）。マルグリットの祈願の痕跡は今日ほぼ何も残っていない。美術学校内の、僧院の礼拝堂以外は、全てが解体された。

二つの名前が同じように存続している。ジャコブ街とオーギュスタン街の名前である。
(11)　RATEL, « La Cour de la Reine... », (1924), pp.15-21 参照。
(12)　本書の第二部第一章参照。
(13)　この点については、RATEL, « La Cour de la Reine... »; VAISSIÈRE, « Reine sans couronne... », pp.17-44 参照。
(14)　Pierre MATTHIEU, *Histoire de France*, Paris, Vve Nicolas Buon, 1631, vol.2, p.40. このヴァージョンはこの歴史家の息子によりたっぷりと手直しされるが、現在形のこの一節は父親の手になるもので、一六一〇―一六一五年の日付だと思われる（本書の第二部第二章を参照）。
(15)　女性論争については、Rose RIGAUD, *Les Idées feministes de Christine de Pisan*, Lausanne, 1911; Émile TELLE, *L'Œuvre de Marguerite d'Angoulême, reine de Navarre, et la Querelle des Femmes*, Genève, Slatkine Reprints, 1969 [1937]; Ruth KELSO, *Doctrine for the Lady*... 参照。最後の宣言については、Ian MACLEAN, *Woman Triomphant: Feminism in French literature, 1610-1652*, Oxford, Clarendon Press, 1977 参照。
(16)　BRANTÔME, *Œuvres complètes*, vol.7, p.405.
(17)　Étienne PASQUIER, *Œuvres*, Amsterdam, Libraires Associez, 1723, vol.2, pp.666-8.
(18)　DUPLEIX, *Histoire de Louis le Juste*, p.72 [80].
(19)　一方で、この年代記作者は王がマルグリットのもとから戻ると、「売春宿から戻ったと言われるのが常であった」（*Mémoires-Journaux*, vol.8., p.296,1607/5）と主張する。他方で、宮廷では「決闘、放蕩、女衒」が支配し、「賭けと冒瀆が影響力を持つ。ソドミー（嫌悪すべきものの極み）が支配し、手をブラゲットに入れる者どもがいる。汚い用語で、枕頭の剣と、その者たちの間で呼ぶ道具だ」（vol.9, p.187,1608/12）と言う。
(20)　DUPLEIX, *Histoire de Louis le Juste*, p.70 [78]. 一六〇七―一六〇八年について『諷刺的離婚』も同じようにこの件に言及する。近くにいた者の書く詩はさらにほかの名で呼ばれることを示す。クロリド、クレオリット、ダフネ（あるいはダフェン）、フィランドル。
(21)　L'ESTOILE, *Mémoires-Journaux*, vol.9., p.214, 919; vol.10, p.39; 同様に DESJARDINS, *Négociations diplomatiques*..., vol.5, p.589; Jacques NOMPAR DE CAUMONT, duc de LA FORCE, *Mémoires*, éd. La Grange, Paris, Charpentier, 1824, vol. 2, p.216; François de BASSONPIERRE, *Journal de ma vie*, éd. mis de Chantérac, Paris, Vve Jules Renouard, 1870-1877, vol.1, pp.196, 224 参照。聖別式については、FONTENAY-MAREUIL, *Mémoires*, Éd. Michaud-Poujoulat, Paris, Guyot Frères, 1838, série II, 5, p.14 参照。同様に L'ESTOILE, *Mémoires-Journaux*, vol.9., p.398 以下 ; *Archives curieuses*..., vol.15, p.16 参照。同時代人の指摘する聖別式での上席権争いはマルグリットに関係しない。
(22)　SULLY, *Mémoires*..., vol.2, p.262; BASSONPIERRE, *Journal*..., p.224.
(23)　*Revue rétrospective*, 1 (1838), p.348.〔*Correspondance*, p.585〕
(24)　*Ibid*, 1 (1838), p.245〔*Correspondance*, p.546〕; MARGUERITE DE VALOIS, *Mémoires et lettres*, p.431〔*Correspondance*, p.558〕; *Revue rétrospective*, 1 (1838), pp.246, 327, 122〔*Correspondance*, pp.562-563, pp.586-587, p.403〕参照。
(25)　MARGUERITE DE VALOIS, *Mémoires et lettres*, p.435.〔*Correspondance*, p.565〕
(26)　Pierre VITAL D'AUDIGUIER, *Œuvres poétiques*, Paris,

Toussainct du Bray, 1614, vol.2, p.19.

（27） *Le Divorce satyrique*, in AUBIGNÉ, *Œuvres complètes*, vol.2, p.683.

（28） L'ESTOILE, *Mémoires-Journaux*, vol.10, pp.32, 153, 164.

（29） *Ibid*., vol.8, p.340; vol.9, p.391.

（30） *Ibid*., vol.8, pp.296, 339.

（31） DUPLEIX, *Histoire de Louis le Juste*, p.72 [80].

（32） L'ESTOILE, *Mémoires-Journaux,* vol.10, p.413.

（33） DUPLEIX, *Histoire de Louis le Juste*, p.14.

（34） SULLY, *Mémoires*..., vol.2, p.485.

（35） FONTENAY-MAREUIL, *Mémoires*..., p.17. このエピソードに関しては同様にL'ESTOILE, *Mémoires-Journaux,* vol.10, p.333; *Le Mercure françois*, Paris, Jean Richer, année 1610, p.14 以下参照。コマンの供述は *Archives curieuses*..., vol.15, pp.165-75 に採録されている。

（36） L'ESTOILE, *Mémoires-Journaux,* vol.11, p.64 (1611/1).

（37） ラヴァイヤックが共謀したか（どうか）の問題に関しては、BABELON, *Henri IV*, p.995 以下の要約参照。

（38） L'ESTOILE, *Mémoires-Journaux,* vol.10, p.363; vol.11, p.42..

（39） HEROARD, *Journal*..., 1614/6.

（40） *Le Mercure françois*, année 1612, p.472 以下。

（41） « Regrets de Daphné sur le trépas de Daphnis », in Vital d'AUDIGUIER, *Œuvres poétiques,* vol.2, p.34.〔Marguerite de Valois, *Mémoires et autres écrits*, pp.308-309〕

（42） « Lettre de la Reine Marguerite à M. de Nevers », 1614/8/10, s.l. [cote B.N. 8° Lb36 322].〔*Correspondance*, pp.598-603〕

（43） *Revue des questions historiques*, 1 (1870), pp.258-60 (1614/11/17) 参照。〔*Correspondance*, pp.603-607〕

（44） L'ESTOILE, *Mémoires-Journaux*, vol.9, p.218.

（45） HEROARD, *Journal*..., 1609/12/20. 1610/4/28, 1612/5/3, etc 参照。

（46） DUPLEIX, *Histoire de Louis le Juste*..., p.7 (1614/7)。

（47） Madeleine LAZARD, « Un manifeste féministe de Marguerite: *Le Discours docte et subtil* », in colloque *Marguerite de France* の分析を参照。

（48） Evelyne BERRIOT-SALVADORE, *Les Femmes dans la société française de la Renaissance,* Genève, Droz, 1990, p.397; Nancy ROELKER, *Queen of Navarre, Jeanne d'Albret, 1528-1572*, Cambridge (Massachusetts), Belknap Press of Harvard University Press, 1968, p.421.

（49） « Discours docte et subtil dicté promptement par la Reine Marguerite et envoyé à l'auteur de *Secretz Moraux* », in LORYOT, *Les Fleurs des Secretz Moraux*, Desmarquets, 1614.〔Marguerite de Valois, *Mémoires et autres écrits*, pp.269-273〕

（50） Nicolas du PESCHIER, *Le Tombeau de la sérénissime royne Marguerite*..., Paris, P. Burray, 1615, p.13.

（51） DUPLEIX, *Histoire de Louis le Juste*., p.72 [80].

（52） *Ibid*., p.70 [78].

（53） イッシーの地所についてジョゼフ・ノーの与える例を参照。この地所は一六六二年以前には売れないだろう（*Le Château d'Issy*..., p.100 以下）。

（54） François MALHERBE, *Œuvres complètes*, Éd. L. Lalanne, Paris, Hachette, 1862-1869, vol.3, pp.492-3.

第二部　一つの神話の歴史

第一章　当時の噂

（1）　生前マルグリットに献呈あるいは捧げられた作品のより完全な一覧は、私の博士論文、付録二を参照。この時期についてはより特別に、Catherine MAGNIEN-SIMONIN, « La jeune Marguerite... » も参照。

（2）　« Hymne sur la naissance de Madame Marguerite de France, en l'an 1553 », in *Dernières poésies d'Olivier de Magny*, Paris, A. Lemerre, 1880, pp.3-14.

（3）　LA GESSÉE, « Épithalame de Henri de Bourbon Roy de Navarre et de Marguerite de France » (1572), in *Premières Œuvres françoises*, Anvers, Plantin, vol.1, pp.436-8.

（4）　Philippe DESPORTES, *Les Amours d'Hippolyte*, Paris, 1573, sonnet 61.

（5）　Jean PASSERAT, « Quatrains des trois Marguerites, pour réciter sur la lyre », in *Œuvres poétiques*, éd. Prosper Blanchemain, Paris, Alphonse Lemerre, 1880, vol.1, p.157.

（6）　Rémi BELLEAU, *Les Amours et Nouveaux Eschanges des Pierres Précieuses*..., Paris, M. Patisson, 1576.

（7）　Guy LE FEBVRE DE LA BODERIE, *Discours de l'Honneste Amour*...

（8）　Gillaume de SALLUSTE, seigneur du BARTAS, *Judith*, in *Œuvres*, Toulouse, publication de la faculté des lettres et sciences humaines de Toulouse, 1971, vol.1, p.3.

（9）　ジョゼフ・コパンはその身元が同時代の碩学に知られていることを示した（« Marguerite de Valois...», p.57 参照）。

（10）　MONTAIGNE, *Œuvres complètes*, p.540.

（11）　François GRUDÉ, sieur de LA CROIX DU MAINE, et DU VERDIER, sieur de VAUPRIVAS, *Les Bibliothèques françoises*, éd. La Monnoye, Bouhier, Falconet, Paris, Saillant et Nyon, 1772-1773, p.83.

（12）　EUSÈBE PHILADELPHE, Cosmopolite [Nicolas BARNAUD ?], *Le Réveil-Matin des François*, s.l., 1574, p.43 以下。

（13）　L'ESTOILE, *Mémoires-Journaux*..., vol.1, p.263.

（14）　この年代記作者は『雑集』（vol.11, p.156）で « Stances amoureuses de la Reine de Navarre » しか採録しないが、これらは多分シャンヴァロン自身かバンジャマン・ジャマンのものである。

（15）　L'ESTOILE, *Mémoires-Journaux*..., vol.2, pp.272, 305, 309.

（16）　こうしてパリの旧教同盟派はナヴァール王同様、厳格な母のジャンヌ・ダルブレを淫乱だと非難した。レトワールが報告するには、ナヴァール王は「我らの母なる教会と寝て、モンマルトルとポワッシーの尼僧を孕ませて、神をコキュにした」（*ibid*., vol.5, p.84）と言われた。そしてジャンヌ・ダルブレについては、「万人のためのものであって、みんなに身を委ねた。そして通常次々とそこに行く牧師が五、六十人いた」と言われた（*ibid*., vol.7, p.154）。

（17）　*Ibid*., vol.3, p.108; vol.5, p.181.

（18）　*Ibid*., vol.7, p.81.

（19）　*Ibid*., vol.7, p.199, et vol.8, p.187.

（20）　*Ibid*., vol.11, pp.204, 296.

（21）　*Ibid*., vol.8, p.187.

（22）　*Ibid*., vol.9, pp.1-13.

（23）　*Le Divorce satyrique*, in AUBIGNÉ, *Œuvres complètes*, vol.2, pp.653-84. これが書かれた時期は比較的単純に同定できる。バジョ

ーモンはそこでは「この飢えた女の新しい料理」として表現されるから、それ故一六〇七年のことである。

（24）　この意見は出所が違う。ブラントームは言っている。「私の知っている高貴な王子は［……］広げた黒いタフタの敷布の間に宮廷人や女官を寝かせておられた」（*Œuvres complètes*, vol.9, p.254）。多分アランソン公である。

（25）　フランスの図書館には多くの写本版が存在する。特に国立図書館、ms. fr. 4779, 10210, 18020, 20608。

（26）　L'ESTOILE, *Mémoires-Journaux*, p.51.

（27）　*Ibid*., p.187. 二年前、同じように書いていた。「不貞、放蕩、毒殺、殺人、殺害と決闘はパリ、宮廷、至る所で頻繁で、宮殿でも他のことが話題になるのを聞かない」（*ibid*, vol.8, p.264）。

（28）　L'ESTOILE, *Mémoires-Journaux*, vol.9, pp.200-201 に引用されている。

（29）　Pierre MATTHIEU, *Histoire des derniers troubles de France*, Lyon, E. Bonnaventure, 1594; *Histoire de France et des choses plus memorables advenuës aux Provinces estrangères durant sept années de paix*..., Paris, Janet Metayer, 1605, vol. 1, pp.186, 188.

（30）　Pierre Victor PALMA CAYET, *Chronologie septenaire, contenant l'histoire de la paix entre les roys de France et d'Espagne*, Paris, Jean Richer, 1605; *Chronologie novenaire, contenant l'histoire de la guerre sous le règne du très chrétien roy de France et de Navarre*, Paris, Jean Richer, 1608.

（31）　Jacques-Auguste de THOU, *Histoire universelle de J.-A. De Thou*, London/Paris, 1734, vol.7, pp.300-1.

（32）　ID., *Mémoires*..., p.286.

（33）　ID., *Histoires*..., vol.7, pp.553-4.

（34）　*Le Mercure françois*..., année 1606, p.107 b.

（35）　Claude GARNIER, *La Réception de la reyne Marguerite par Leurs Majestéz. A Monsieur Des Portes, Abbé de Tyron*, Paris, F.Huby, 1605, pp.3-4.

（36）　Jean DÉSISTRIÈRES, *Panégyrique de la royne Marguerite, duchesse de Valois, sur son arrivée*, Paris, Du Carroy, s.d., p.7.

（37）　Honoré d'URFÉ, *L'Astrée*, Paris, Du Bray, 1607.

（38）　アントワーヌ・アダンはタルマン・デ・レオーの『逸話集』の校訂本で、国立図書館（Fonds Français, 15220, fol.32）に「[コンデ］公と王妃マルグリットに関するボトリュ殿」の大変いかがわしいソネが存在すると指摘している。このソネは「ソドムの助役」と「ロトよりも強力な身分の高い婦人」を登場させ、この婦人は「女陰でやりましょう、私たちは都市を救うでしょう」と言いながら、援助を申し出に来る（*Historiettes*, p.1075）。この諷刺文書のどの語でも王妃、公も、認めることはできず、写字生のタイトルは恐らく推測である。

（39）　Jean D'ALARY, *La Mort immortelle. Pour les regrets funèbres de la reine Marguerite de Valois, comtesse de Senlis, etc*., composés sur la presse le 28 mars 1615..., s.l.; p.8.

（40）　Nicolas du PESCHIER, *Le Tombeau*..., p.13.

（41）　*La Pyramide royale*..., par maître Mathieu de MORGUES, sieur de Saint Germain..., Paris, Pierre Chevalier, 1615, pp.22, 32.

第二章　生きている思い出

（一）　*Almanach pour le temps passé, composé par Jean Guérin, Parisien, cy-devant président de la justice establie en la cuisine de la Royne Marguerite*, s.l. [Paris], 1623; *L'Euthymie, ou du Repos d'esprit*...

par Maistre Jean Claverger, advocat en Parlement, conseiller et Maistre des Requestes de la feue Royne Marguerite, Paris, Adrient Perier, 1624; *La Philosophie morale, par Elie Pitard, Saintongeois, Conseiller et Aumosnier de la feue Royne Marguerite*, Paris, 1639…

（2） *Le Victorieux et triumphant combat de Gedeon. Representé à Paris… en presence de la Royne Margueite*, Paris, Charles Hulpeau, 1626.

（3） Ian MACLEAN, *Woman triumphant…*, p.31 以下参照。

（4） 幾人もの作家、特にヴィグルー（VIGOUROUX, *La Défense des femmes…*）とアダン・スカリジェ（Adam SCALIGER, *Le Champion des femmes…*）はこの「女嫌い」を一刀両断にし、この小品は十七世紀に十版以上を数えた。ラ・ブリュイエールは反フェミニストの立場を取った（*Réplique à l'antimalice […] du sieur Vigoureux*）。

（5） *L'Excellence des femmes, avec leur response à l'autheur de l'Alphabet. Accompagnee d'un docte et subtil discours de la feu reyne Marguerite et envoyé à l'Autheur des Secrets Moraux*, Paris, Pierre Passy, 1618. この論争の他の反響に関しては、Maïté ALBISTUR et Daniel ARMOGATHE, *Le Grief des Femmes, anthologie de textes féministes*, Paris, Hier et demain, 1977, vol.1, pp.62-4; ID, *Histoire du Féminisme français du Moyen Age à nos jours*, Paris, Éd. Des Femmes, 1978, p.122 以下、MACLEAN, *Woman triumphant…* 参照。

（6） 善意の読者への呼びかけ、女性の抑圧の源泉としての無知の批判、女嫌いの作家への軽蔑、テクストの短さは、この小品が証言する王妃の知識同様、この諷刺文書の作者としてマリ・ド・グルネーを指し示すだろう。

（7） MACLEAN, *Woman triumphant…*, p.58 以下参照。

（8） フランシスコ会士ジャック・デュ・ボスクの *L'Honnête Femme* (1632)、司教座聖堂参事会員ルイ・マションの *Discours ou Sermon apologétique en faveur des femmes* (1641)、イエズス会士ル・モワヌの *Galerie des femmes fortes* (1645)、ピュル大修道院長の *Roman de la Précieuse ou le mystères de la Ruelle* (1656) を挙げておこう。女性の伝統的に非常に否定的なイメージを修復する努力は、同時期に対抗宗教改革を広げる役割を持つ宗教者が実行する仕事と平行に置くことにあり、対抗宗教改革はこうするために優先的に女性をよりどころとし、この点で最も著名な先行者ヴァンサン・ド・ポール――マルグリットのかつての施設付き司祭（*Femmes et pouvoirs sous l'Ancien Régime* の中のダニエル・アアゼ＝デュボスクとジャン・ド・ヴィグリの二つの論文参照）――の例に従う。

（9） 次のようにある。「王妃は一五八三年に宮廷に旅するが、短くしか滞在しなかった、と言う者もある。」マチニョンはネラックでマルグリットを手篭めにしかねなかったのだろう。それでアジャンに逃れ、全てはアランソン公の死の前に起こった。マルグリットはカルラに十八カ月滞在するだろう。（COSTE, *Éloges et vies…*, p.300 以下）

（10） コストは書いている。「この名家の領主は王妃の囚われ人となった。王妃に勝利したと考えたが、象牙色の王妃の腕を一目見るだけでこの者は王妃に勝利を許し、その時から美しい囚われ女の勝ち誇る目の好意によってのみ生きた。」しかしながら、すぐ後で、「王妃は自分を泊めた者を追い立てた」（*Éloges et vies…*, pp.301-2）。ブラントームは言っていた。「王妃様を虜囚とした者は、とても雄々しく勇敢だったが、たちまち囚われ人になった。可哀想な男。どうしようと思ったのだろう。眼差しと美しい顔で、徒刑囚のように、世界の残りの人を縛め、鎖につなぎとめておくことのできる女性を、自らの牢獄で捕え、従わせ、虜囚として留めおきたいとは。

〔……〕しかし王妃様の方が強くなり、その要塞を奪取し、侯爵を追い払われた。」(BRANTÔME, *Œuvres complètes*, vol.8, p.71)

(11) ドービニェはついでに、この件でほとんど情報を持っていないこと、断固として嘘をつく気であることを示す。ドービニェが言うには、マルグリットはカルラで、王の命に基づいて「城砦の隊長」により投獄され、少し後でユソンに移送された。ドービニェのカルラの描写は実際はユソンに適用される(*Histoire universelle*..., vol.3, p.641)。

(12) 一六二六年版は、一五八〇年春、チュレンヌをネラックに戻させるためのマルグリットの介入が言及されるときに曖昧な変更を提出する。「王妃自身がこの点に関して乗りかかったチュレンヌ子爵に勝った」という文に、「恋に乗りかかった」が加わる。王妃への恋にか。これは『諷刺的離婚』の誹謗を繰り返すことだろう。他の女に対する恋か。それでは、ほとんど正確でない、細部となろう。

(13) 『フェネスト男爵の冒険』でのマルグリットへの唯一の言及で、ドービニェはそのうえマルグリットを「一万ピストルもらっても名前を挙げたくないだろう女性」として提示する(プレイアッド版、一九六九年、第三巻、二一章、七六四頁)。

(14) « Harangue au roi Henri III faite par M. de Pibrac », in *Recueil de Plaidoyers, Harangues et Remonstrances*..., Paris, Adrien Tiffaine, 1618.

(15) 最初の空白は王妃の結婚式の数週前に位置づけられ、ジャンヌ・ダルブレの通夜に関する逸話を語ろうとしていた。王権にとってこの一節が受容できない秘密を包み隠していたというのはほぼありえない。第二の空白は、恐らく数行であろうが、結婚のミサの終わりの語りを中断する。中断に続く最初の文が示すように、マルグリットはそこで儀式に由来する壮麗さを記述したにちがいない。「運命は決して人間に完全な幸福を与えず、まもなく勝利と結婚のこの幸福な状態を正反対に変えました。」第三の空白は、この巻で確かに一番重要で、サン＝バルテルミーの大虐殺の話から将来のアンリ三世のポーランド出発へと、即ちほぼ一年経過させ、そこに何があったのか知り難い。

(16) この非難の痕跡を保持する国立図書館の写本は最初の処罰の取り消しにしか関係せず (ms. fr. 22087)、書店を刑法上自由にするが、この書の出版禁止は維持する。

(17) FONTENAY-MAREUIL, *Mémoires*..., p.83.

(18) Paul PELLISSON, *Relation contenant l'Histoire de l'Academie Françoise*, Paris, Pierre Le Petit, 1653, p.481.

(19) リシュリューは、国家理性に反する女性の不吉で反体制的な行動を上演するデマレ・ド・サン＝ソルランの幾つかの劇(『ロクサーヌ』、『ミラム』)を特に監視するだろう。

(20) Pierre MATTHIEU, *Histoire de France*..., Paris, Veuve Nicolas Buon, 1631, p.39(「ルイ十三世の治世」); p.318 以下(「アンリ四世の治世下」)。

(21) MARIÉJOL, *La Vie de Marguerite*..., p.47 参照。

(22) Scipion DUPLEIX, *Histoire de Henri III*, Paris, Claude Sonnius, 1630, pp.46, 94, 100, 101.

(23) ID., *Histoire de Henri IV*, 1632, p.536.

(24) *Ibid*., p.596.

(25) ID., *Histoire de Louis le Juste*, Paris, Claude Sonnius, 1633, p.14.

(26) *Ibid*., pp.70[78]–72[80].

(27) *Ibid*.

(28) Mathieu de MORGUES, *Lumières pour l'Histoire de France, et pour faire voir les calomnies, flatteries et autres défauts de Scipion Dupleix*, s.l., 1636, pp.5, 10, 127, 185, 186.

(29)　SULLY, *Mémoires...*, vol.2, p.496.

(30)　*Remarques de Monsieur le mareschal de Bassompierre sur les Vies de Henri IV et de Louis XIII, de Dupleix*, Paris, Cardin Besongne, 1665, pp.144, 145, 147, 211-212. 同年の別版（Paris, Bienfait）がある。この作品の執筆はともかく一六四六年、元帥の死亡の年以前に位置づけられる。

(31)　*Ibid.*, pp.213, 217.

(32)　BUSBEC, *Lettres*, vol.3, pp.211, 213.

(33)　CHEVERNY, *Mémoires*, p.496.

(34)　François EUDES (MÉZERAY), *Histoire de France depuis Faramond jusqu'à maintenant* , Paris, Guillemot, 1643-1651, vol.2, pp.1085 et 1138.

(35)　*Ibid.*, vol.3, pp.218-9.

(36)　*Ibid.*, pp.225, 304, 374.

(37)　*Ibid.*, pp.304-72.

(38)　*Mémoires de Michel de Castelnau, sieur de La Mauvissière*, illustrés et augmentés de plusieurs commentaires et manuscrits, par J. Le Laboureur, Paris, p. Lamy, 1659, vol.2, p.540.

(39)　ル・ラブルールは「フランスはブラントーム殿の仕事に非常に感謝していて、この人の剣での奉仕はペンでの奉仕に譲らないはずだと言うのを私はためらわない」と書いたが、次のようにはっきりさせる。「私がここでは『著名婦人伝』の第二巻も第三巻についても語らない。他の著作が多くの尊敬に相応しくする貴族の回想録を非難しないために。そうすれば私は当時の宮廷の退廃について犯罪を撒き散らしてしまう。この人が報告する最もひどい話ができてしまう」（*ibid.*, vol.2, p.761）。ル・ラブルールはここで『艶婦伝』をやり玉にあげており、その写本は、当時、二巻に分かれていたと思われる。

(40)　PATRU (*Plaidoyers et œuvres diverses*, Paris, S. Cramoisy, 1681) の « Éclaircissement sur l'histoire de *l'Astrée* » は、オノレ・デュルフェがマルグリットの愛人であるとの噂を報告し続ける。

(41)　デュプレクスが引き起こした論争がこの変化の代表である。デュプレクス自身マルグリットの恋愛生活について語ることの自己正当化の必要を感じていて、そして受けた攻撃はまた（それだけでないが）先の世代への反動として理解しうる。こういうことは言われない。

(42)　*La Fortune de la Cour. Ouvrage curieux tiré des Mémoires d'un des principaux conseillers du duc d'Alençon*, Paris, Nicolas de Sercy, 1642. DAMPMARTIN の *De la connaissance et Merveilles du monde et de l'homme* (1585) は *Le Bonheur de la Cour* というタイトルで一五九二年に再刊された。ソレルによる訂正増補版は *La Fortune de la Cour ou Discours curieux sur le bonheur ou le malheurs des favoris* のタイトルで一六四四年に再刊される。

(43)　*La Ruelle mal Assortie*, in *Nouveau Recueil des pièces les plus agréables de ce temps*, éd. Charles Sorel, Paris, Nicolas de Sercy, 1644, p.95. しかしながらタルマンのこの意見は、『逸話集』の刊行年代である（第二部の第四章参照）一八三四年以前には知られないだろう。この作品の分析と作品の作者推定については、Éliane VIENNOT, « Marguerite de Valois et *La Ruelle mal assortie*: une attribution erronée », *Nouvelle Revue du XVIe siècle* (1992) 参照。

(44)　*Histoire des amours du Grand Alcandre, en laquelle, sous des noms empruntez, se lisent les advantures amoureuses d'un grand prince du dernier siècle*, Paris, Vve Guillemet, 1651, pp.238, 258.

(45)　アンヌ・ド・ブルターニュとルイ十二世の曽孫女であり、コンチ公女は青春期を旧教同盟のもとで生き、母、祖母、叔母がこの反乱で指導的役割を果たすのを見た。

(46) *Recueil de diverses pièces pour servir à l'histoire de Henri III...*, Cologne, Pierre du Marteau, 1660.『諷刺的離婚』は«D.R.H.Q.M.»とかいう者の署名がある。

(47) *Histoire du Roy Henri le Grand*, composée par Messire Hardouin de Péréfixe..., Paris, E. Martin, 1661, pp.50, 32.

(48) *Ibid.*, pp.275, 39, 52, 276, 53.

(49) *Ibid.*, pp.37, 472, 424.

(50) Joseph Juste SCALIGER, *Scaligerana*, Genève (La Haye), Columnesium (Vlack), 1666. 参照した言及はケルン、一六九五年刊のフランス語版、二八一頁と八五頁。ナンシー第二大学フランシヌ・ウィルド教授に、私の博士論文のこの一節に関する適切な批判に感謝いたします。

(51) *Entretiens et lettres poétiques* du père Pierre LE MOYNE, Paris, Étienne Loyson, 1665, pp.202, 210.

(52) BERTIÈRE, *Le Cardinal de Retz...*, p.29 以下参照。

(53) *Mademoiselle de Tournon*, Paris, Claude Barbin, 1678, avertissemnet (cote B.N. Ye 50023-50024). この小説の分析については本書の後の頁を参照。

(54) Louise d'ORLÉANS, duchesses de MONTPENSIER, *Mémoires*, Amsterdam, 1746, vol.4, p.172; この作品は十七世紀末のものである。

(55) Mme de LA GUETTE, *Mémoires*, Paris, Mercure de France, 1982, p.41.

(56) RATEL, « La cour de la reine... » (1925). 引用は当時の書簡に関わると思われるが、ラテルは挙げていない。

(57) BRANTÔME, *Œuvres complètes*, vol.7, pp.1-2 et vol.10, p.4.

(58) TURENNE, *Mémoires...*, p.43.

(59) NEVERS, *Mémoires...*, vol.1, pp.70, 91.

(60) *Ibid.*, vol.1, pp.75（強調はヴィエノ）, 90.

(61) *Ibid.*, p.82.

(62) なかでも次のものを挙げよう。*Recueil de pièces galantes, en proses et en vers* (PELLISSON, Mme de LA SUZE, 1664); *Histoire amoureuse des Gaules* (BUSSY-RABUTIN, 1665); *Nouvelles galantes, comiques et tragiques* (DONNEAU DE VISÉ, 1669); *Recueil de diverses pièces comiques, gaillardes et amoureuses* (PRÉFONTAINE, 1671); *La Fausse Clélie, histoire française, galante et comique* (SUBLIGNY, 1671); *Lettres galantes* (Mme de BRÉGY, 1667, Le Pays, 1671); 一六六三年と一六六九年の間のMme de VILLEDIEUの恋愛中篇物語（*Lisandre, Anaxandre, Cléonice*）, 次いで *Annales galantes* (1670), *Les Galanteries grenadines* (1673); *Les Désordres de l'amour* (1675); *Les Amours des dames illustres*, 1680（匿名）; 特に、一六七二年の『メルキュール・ガラン』の創刊を挙げよう。社交的かつ文学的雑誌で、特に非常に数多くの恋愛中篇物語と恋愛小説を世に送りどんどん成功を収めた。*Littérature française*, Paris, Arthaud, 1984, vol.4, p.133 以下参照。この流行はブラントームの刊行者が『著名婦人伝』の第二巻に選んだタイトルを説明する。これまたその作品全体の成功も説明する。回想録作者は同時代の「色事」について同類の作家より多く語っていた。

(63) *Le Duc d'Alençon* (Paris, E. du Chemin, 1680, cote B.N. Ye 28620) はマルグリットを登場させず、弟とイングランドのエリザベス女王だけを登場させる。

(64) *Mademoiselle de Tournon*, vol.2, pp.77-8. この小説はピエール・ドルティグ・ド・ヴォモリエール、ヴィルデュー夫人、シャルル・コトランディ、ラ・シェタルディ侯爵の手になるとされる。

（65）　*Ibid.*, pp.207-8.
（66）　DE BRYE, *Le Duc de Guise surnommé le Balafré*, Paris, Brunet, 1695 (seconde édition, cote B.N. Y2 28623), pp.8, 228.
（67）　*Ibid.*, p.43.
（68）　*Ibid.*, pp.58, 182.
（69）　この混乱の例を幾つか挙げておこう。スキュデリー嬢の *Femmes illustres, ou les Harangues héroïques* は古代の女性しか称賛しない。公然たるリベルタンのビュッシー＝ラビュタンは断固としたフェミニストのプレシューズ〔才女たち〕に感心した。そしてデカルト主義者プラン・ド・ラ・バールは、男女の平等の偉大な理論家だが、「好き者」扱いされ、その著作は実際上注意を引かない（ALBISTUR et ARMOGATHE, *Histoire du feminisme*..., p.166）。
（70）　コンチは一六六六年に、チュレンヌは一六七五年に、シュヴルーズ、ロングヴィル、レは一六七九年に、ラ・ロシュフコーは一六八〇年に、コンデは一六八六年に死亡する。モンパンシエとラ・ファイエットは一六九三年に、スキュデリーは一七〇一年に死亡する。

第三章　陰の時代

（1）　René POMEAU, Jean EHRARD, *De Fénelon à Voltaire*, tome 5 de *Littérature françiase*, Paris, Arthaud, 1989, p.195 以下参照。
（2）　François EUDES (MÉZERAY), *Histoire de France depuis Faramond jusqu'à Louis le Juste*, Paris, Thierry, Guiganrd, Barbin, 1685. 変化していない文は、結婚、「恋人たちの戦い」、ピブラックのまやかし、ジョワユーズの使いの殺害に関するマルグリットの疑わしい責任、アジャンでの戦いである。
（3）　*Ibid.*, vol.3, p.457.
（4）　*Ibid.*, pp.457, 465, 1265.
（5）　*Ibid.*, p.1265.
（6）　一六五九年のフランス語初版は一五七四年より先には行かなかった。フランス語の完全版は一七三四年刊である。
（7）　VARILLAS, *Histoire de Henri III*, Paris, Claude Barbin, 1694, vol.1, p.290.
（8）　*Ibid.*, vol.2, partie 1, pp.315, 316.
（9）　*Ibid.*, partie 1, p.316; partie 2, p.30.
（10）　Pierre BAYLE, *Dictionnaire historique et critique*, Rotterdam, Reinier Leers, 1697, vol.3, p.65.
（11）　*Ibid.*, Compagnie des Libraires, 1734, vol.4, pp.332, 333, 336.
（12）　*Ibid.*, vol.5, pp.519-20, 525.
（13）　*Ibid.*, pp.332, 334, 526-7.
（14）　BERTIÈRE, *Le Cardinal de Retz*..., appendice 参照。
（15）　*Mélanges historiques de M. Colomiès,* Orange, J.Rousseau, 1675, p.86.
（16）　PASQUIER, *Œuvres*, 1723, vol.2, p.666.（「マンゴ氏宛て書簡」）
（17）　*Ibid.*, p.668.
（18）　AUBIGNÉ, *Sa vie*..., pp.94, 97.
（19）　MÉZERAY［リシュリュー枢機卿］, *Histoire de la mère et du fils*, Amsterdam, Le Cene, 1730, p.109.
（20）　*Ibid.*, p.110.
（21）　VOLTAIRE, *Essai sue les mœurs et l'esprit des nations*..., Paris, Garnier, 1963, vol.2, pp.557, 494.
（22）　*Ibid.*, pp.557-8.
（23）　*Ibid.*, pp.494, 522, 568, 494.
（24）　Louis-Pierre ANQUETIL, *L'Esprit de la Ligue, ou Histoire*

politique des troubles de France pendant les XVIe et XVIIe siècle*, Paris, Delalain, 1771, vol.2, p.306.

(25) *Ibid.*, p.245.

(26) *L'Esprit d'Henri IV, ou Anecdotes les plus intéressantes, Traits sublimes, Reparties ingénieuses, et quelques Lettres de ce Prince*, Paris, Prault, 1777, p.66.

(27) *Histoire littéraire des femmes françoises*, ou lettres historiques et critiques, par l'abbé J. de La Porte, aidé du marquis J.-F. de La Croix, Paris, Lacombe, 1769, p.105.

(28) *Essais sur le caractère, les mœurs et l'esprit des femmes dans les différents siècles*, par M. Thomas, de l'Académie Française, Paris, Moutard, 1772, avertissement, pp.1, 107.

(29) *Ibid.*, pp.172, 178, 202, 204.

(30) M. DREUX DU RADIER, *Mémoires historiques, critiques et anecdotes des reines et régentes de France*, Amsterdam, M.Rey, 1776, vol.5, p.268. 初版は前年の日付であると思われる。

(31) *Ibid.*, pp.242, 275, 291.

(32) *Ibid.*, pp.211, 317.

(33) Antoine MONGEZ, *Histoire de la Reine Marguerite de Valois*, première femme du roi Henri IV, Paris, Ruault, 1777, pp.408, 14, 328.

(34) *Ibid.*, pp.5, 165, 224, 242, 340.

(35) *Ibid.*, pp.136, 137, 28, 32, 75.

(36) « La Saint-Barthélemy», *Revue d'histoire littéraire de la France* (sep.-oct. 1973) 参照。

(37) MARGUERITE DE VALOIS, *Mémoires*, éd. Boucher, London/Paris, 1789, pp.100, 126, 127.

(38) *Ibid.*, pp.128, 135, 101, 130, 135, 136.

(39) Louis-Marie PRUDHOMME, *Les Crimes des reines de France depuis le commencement de la monarchie jusqu'à Marie-Antoinette*, Paris, Bureau des Révolutions de Paris, 1791, pp.277, 332.

(40) *Ibid.*, pp.321, 336, 339, 344.

(41) Paule-Marie DUHET, *Les Femmes et la Révolution*, Paris, Gallimard, 1971; Dominique GODINEAU, *Citoyennes tricoteueses: les femmes du peuple à Paris pendant la Révolution française*, Aix-en-Provence, Alinéa, 1988; Actes du colloque international *Les Femmes et la Révolution française*, Toulouse, 1989, Presses universitaires du Mirail, 1989-1990 参照。

第四章　王妃マルゴ伝説の誕生

(1) 一七九三年憲法（最も民主的だが、一度も実施されない）は政治的権利から「子供、狂人、未成年者、女性、復権する前の体刑あるいは名誉刑を宣告された者を」排除するつもりであった。一八一四年憲章は、市民権を享受し、三百フランの直接税を納め、三十歳以上の男性にだけ代議士選挙権を付与し、それで有権者は九万人に縮小するだろう。

(2) Victor COUZIN, « Les Femmes illustres du XVIIe siècle », *Revue des Deux Mondes*, 1 (1844), p.195.

(3) Geneviève FRAISSE, *Muse de la Raison, la démocratie exclusive et la différence des sexes*, Aix-en-Provence, Alinéa, 1989, pp.26, 32 に引用。

(4) F. ROUILLON-PETIT, *Histoire des reines de France*, Paris, Pillet aîné, 1821, p.111.

(5) LA CROIX DU MAINE, *Les Bibliothèques françoises...*, p.84; Fortuné BRIQUET, *Dictionnaire historique, littéraire et bibliographique des Françaises et étrangères naturalisées en France*, Paris, Treuttel et

Würtz, an XII (1804), p.225; LA MÉSANGÈRE, *Galerie française de femmes célèbres par leurs talents, leur rang ou leur beauté. Portraits en pied dessinés par M. Lanté, la plupart d'après des originaux inédits, gravés par M. Gatine et coloriés*, Paris, Chez l'Éditeur, 1827.（頁付けなし）

（6）　Gédéon TALLEMANT DES RÉAUX, *Historiettes*, éd. Antoine Adam, Paris, La Pléiade, 1960, p.60.

（7）　特に一五八七年のアンリ三世を記述するレトワールを参照。王は「大変信心深くミサに出席されるが、その間いつも赤玉の大きな数珠で口の中でつぶやかれ、それはしばらく前から腰に纏っておられたものだ。説教をすっかり聞かれ、偉大で信心深いカトリックのすべての行為を外見上はなされた。私は外見上はと言うが、噂によれば、そこを出られると、（これらの茶番をみんな嘲笑するかのように）言われるからだ。大きな数珠を見せて、『ほらこれがカトリック同盟員の鞭だ』と。」（*Mémoires-Journaux*, vol.3, p.39）

（8）　*Archives curieuses...*, vol.10, p.94.

（9）　MARGUERITE DE VALOIS, *Mémoires*, éd. Petitot et Monmerqué, Paris, Foucault, 1823, introduction.

（10）　*Ibid.*, éd. Buchon, Paris, Desprez, 1836, introduction.

（11）　*Ibid.*, éd. Michaud et Poujoulat, Paris, Guyot Frères, 1836, introduction. 強調はヴィエノ。

（12）　*Revue rétrospective*, (1836), pp.350, 97, 240.

（13）　*Le Chansonnier des Grâces*, 1819, pp.35-6; 1821, pp.133-4 (BN = cote Ye 10997 et 10999). これらの作品を指摘してくださったボドウィン・カレッジ（アメリカ、メイン州）教授カリン・ディルマン夫人に感謝いたします。

（14）　Prosper MÉRIMÉE, *Chronique du roi Charles IX*, Paris, A. Mesnier, 1829.

（15）　STENDAHL, *Le Rouge te le Noir*, Paris, Gallimard, coll. Folio, 1988, p.353.

（16）　*Ibid.*, pp.355, 576.

（17）　Alexandre DUMAS, *La Reine Margot*, Paris, Garnier, 1845, pp.3, 27, 32.

（18）　マルグリットを登場させ続ける小説家は稀である。この点で、昔のネラック友の会会長デルポン氏に、デュマの友人の作品 Roger de BEAUVOIR, *Le Moulin d'Heilly*, Paris, Levy, 1872 を指摘頂いたことを感謝します。

（19）　ALBISTUR et ARMOGATHE, *Histoire du féminisme...*, p.252 以下参照。

（20）　Christine PLANTÉ, *La Petite Sœur de Balzac: la femme-autuer au XIXe siècle*, Paris, Seuil, 1989 参照。

（21）　André IMBERDIS, *Histoire des guerres religieuses en Auvergne pendant les XVIe et XVIIe siècle*, Moulins, 1840, vol.2, pp.327, 157, 331.

（22）　*Ibid.*, pp.29, 157, 328.

（23）　BAZIN, « La reine Marguerite », in *Études d'histoires et de biographie*, Paris, Chamerot, 1844, p.94.

（24）　*Ibid.*, pp.95, 98, 108, 115.

（25）　*Ibid.*, pp.100, 78, 120, 121, 125.

（26）　dom Claude de VIC et dom VAISSETE, *Histoire générale du Languedoc*, Toulouse, Paya, 1840-1846, vol.9, p.466 以下参照。二人の宗教者の注釈については、同様に、同巻の、メージュ騎士の「付記と註」の注釈（第二の頁付、三八頁）とシャンソン自体（八七頁）も参照。このシャンソンの三つの詩句はラ・ファイユによって、*Annales de la ville de Toulouse...*, vol.2, p.357 に掲載されていた。

（27）　SAINTE-BEUVE, *Causerie du lundi*, Paris, Garnier, 1853, vol.6, p.149.
（28）　*Ibid*., pp.154, 160-2.
（29）　*Ibid*., p.158.
（30）　*Ibid*., pp.148, 158, 151, 155, 156, 157.
（31）　*Ibid*., pp.159, 160.
（32）　クリスチーヌ・プランテ（『バルザックの妹』）は、十九世紀に、女性の作品について考えを表明した大部分の作家においてこの意見が変らないことを指摘する。
（33）　SAINTE-BEUVE, *Causeries*..., p.149.
（34）　Jules MICHELET, *Histoire de France*, Paris, Calmann-Lévy, 1923, vol.10, pp.155, 160; vol.12, pp.37, 172, 259.
（35）　*Ibid*., vol.12, p.66.
（36）　ALBISTUR et ARMOGATHE, *Histoire du Féminisme*..., p.286 以下参照。
（37）　MICHELET, *Journal*, Paris, Gallimard, 1958, vol.1, p.685; vol.2, p.117.
（38）　HENRI IV, *Lettres missives*..., vol.1, p.285.
（39）　*Ibid*., vol.1, p.572; vol.2, p.154.
（40）　特に次の二つの文。「三人［のカトリーヌの息子］競っては同じ場所で／淫乱の最初の収穫をした」(*Œuvres*..., éd. Pléiade, p.76)。「私は恐怖と恥辱の冷たい身震いを感じる／恐れもなく、昂然と、俗な狂人が語るとき／パリを夜に走り、／産婆へと飛んで行き、目隠しをし／マスクをした王妃の子を取りあげ、殺しに導く御者について」（*ibid*., p.78)。
（41）　ブラントームは、愛人であったときにマルグリットが死ぬのを目にした男のリストに入れるのに一人の名前（ラ・モル）しか持たないだろう。ビュッシーは死んだときもはや愛人ではなかった。オービヤックはブラントームが「その時に見た」奉仕者の一部ではほとんどない。サン＝ジュリアンとバジョーモンに関しては、オービヤックよりいっそう確実に同じ理由で遠ざけられるはずだ。そのうえこの回想録作者がこの者たちを知っていたことは確かではない。
（42）　BRANTÔME, *Œuvres complètes*, vol.9, pp.188, 713.
（43）　*Ibid*., vol.8, p.82; vol.5, p.355.
（44）　フレデリック・ラシェーヴルは一九一四年に、この詩はバンジャマン・ジャマンのものであると指摘するだろう（*Les Recueils collectifs de poésies libres et satiriques publiés de 1600 à 1626*, Paris, Champion, 1914, p.291)。
（45）　LA HUGUERIE, *Mémoires inédits*, vol.2, p.373.
（46）　CATHERINE, *Lettres*, vol.7, p.254.
（47）　MARGUERITE DE VALOIS, *La Ruelle mal assortie*, éd., L.Lalanne, Paris, Aubry, 1855, introduction.
（48）　ID., *Mémoires*, éd., L. Lalanne, Paris, P. Jannet, pp.18, 203-5. グラスの司教ブシコーのたわごとは既にデュプレクスによって指摘されていた。モルグはマルグリットを弁護して書いていた。「この人［デュプレクス］は、解放された修道士の証言を提出しているが、この修道士が宮廷で司教区を探すのを私たちは見ており、この恩知らずが語るペテンも見ており、この僧侶は、規則の厳格さに飽き、冒険小説の遍歴の騎士のようにこのペテンを語った。」(*Lumières*..., p.187)
（49）　MARGUERITE DE VALOIS, *Mémoires*, avec notes biographiques et littéraires, par Charles Caboche, (Paris?), Charpentier, 1860, introduction.
（50）　Léon FEUGÈRE, *Femmes poètes au XVIe siècle, anthologie*

commentée, Paris, Didier, pp.90-5.

(51) FEUILLET DE CONCHES, *Causeries d'un curieux*, vol.3, pp.76, 63.

(52) « Deux lettres de Marguerite de Valois », *Revue des documents historiques*, (1873), pp.184, 185.

(53) *Revue de Gascogne* (1881), pp.6, 10.

(54) *Ibid.*, pp.13, 15, 10.

(55) *Archives historiques de la Gascogne*, 11 (1886), pp.18, 24, 21, 38.

(56) « Une lettre de Marguerite de Valois », *Revue de Gascogne* (1886), pp.456, 457. この夢想は、先年同じ作者がフォワの総督ペレス宛のナヴァール王の手紙を公刊したときに、既に働いていた。その手紙で君主は「妻が妊娠したというよき知らせ」を受け取ったと言っていた。一五八二年頁の希望に関する通知はラ・イットによって次のように注釈された。「だれがこの『よき知らせ』の素朴な通知を予期しただろうか。これは王の中で最もみだらな男のみだらさではむしろないだろうか。そしてこの秘書に口述させた文は含まれている揶揄の調子をうかがわせないだろうか。(若いシャンヴァロンを除いて) 浮気なマルグリットの夫よりも誰がこの妊娠が自分に関係しないことをより知りうるだろうか。」(« Une lettre inédite de Henri IV » [1582/9/18], *Archives historiques de Gascogne*, 10 [1885], p.53.)

(57) これは第二帝政の追放者がフランスに戻る時期で、ジェニー・デリクールは『解放された女性』を出版し、ジュリエット・ランベールは、女性問題に関して、『反プルードン思想』を起草する (ALBISTUR et ARMOGATHE, *Histoire du Féminisme...*, p.317 以下参照)。

(58) SAINT MARC GIRARDIN (Marc GIRADIN, dit), *Tableau de la littérature française du XVIe siècle*, Paris, Didier, 1862, p.389.

(59) *Ibid.*, p.406.

(60) ÉDOUARD FRÉMY, *Essai sur les duchesses Marguerite de Valois et Louise de Montpensier, l'une femme, l'autre petite-fille de Henri IV, leurs escrits et leurs caractères*, Paris, 1865, pp.1-2, 6, 12, 15.

(61) Hector de LA FERRIÈRE, *Trois Amoureuses au XVIe siècle: Françoise de Rohan, Isabelle de Limeuil, la reine Margot*, Paris, Calmann-Lévy, 1885, pp.315, 128.

(62) *Ibid.*, pp.174, 210. 既に見たように、ラ・フェリエールはカトリーヌの書簡集でこれらの主張の幾つかに立ち戻るだろう。註でなされる訂正がバグノーのものである場合は別だが。

(63) *Ibid.*, pp.127, 135, 164, 195.

(64) *Ibid.*, pp.295, 315.

(65) SAINT-PONCY, *Histoire de Marguerite de Valois*, vol.2, pp.335, 339.

(66) *Ibid.*, vol.1, p.233; vol.2, p.316; vol.1, p.52; vol.2, pp.311, 286.

(67) *Ibid.*, vol.1, p.238; vol.2, pp.571, 576.

(68) *Ibid.*, vo.2, p.577; vol.1, p.351; vol.2, p.562.

(69) *Ibid.*, vol2, p.134.

(70) この枠組で以下のものを指摘しよう。Edmond, STOFFET, *Les Marguerites françaises: Les Saintes, les Reines, les Princesses, les Grandes Dames, les femmes du peuple*, Paris, Plon, 1888. この名前を持つ有名な女性のカタログ。Charles CASATI DE CASATIS, *Villes et Châteaux de la vieille France: Duché d'Auvergne*, Paris, Picard et fils, 1900. 五頁がユソンに割かれ、ひどい誤りで一杯で、同年のもう一つの小冊子 *La Reine Marguerite et Belle Châteauneuf*, Paris, Leroux/Picard, 1900 に無造作に繰り返され、発展させられた。最後に Albert SAVINE, *La Vraie Reine Margot*, Paris, Michaud, 1908 を挙げよ

う。二百頁以下の小版型の半ば歴史的半ば虚構の物語で、ほとんど註はないが多くの挿絵（城、肖像、舞台、書簡）を含み、おおっぴらに伝説に依拠し、後の二十世紀にようやく花開く傾向の口火を数年先取りしている。

（71）　ギュスターヴ・ランソンは『フランス文学史』（パリ、アシェット、一八九四年）で王妃に註でしか言及しない。プチ・ド・ジュルヴィルは『起源から一九〇〇年までのフランス語とフランス文学の歴史』（パリ、アルマン・コラン、一八九七年）で、『回想録』を「歴史文学の小傑作の中に」（第三巻、五四八頁）分類するが、かなり悪意のある三頁を割り当てる。

（72）　ALBISTUR et ARMOGATHE, *Histoire du féminisme...*, p.368 以下参照。

（73）　*Revue des questions historiques* (1870), p.256; *Annales du Midi* (1897), p.132.

（74）　Léonce COUTURE, « La reine Marguerite, d'après quelques publications méridionales », *Revue de Gascogne* (1897), pp.493, 503, 507, 508, 509.

（75）　BAGUENAULT DE PUCHESSE, « Une prétendu lettre de Henri III », *Revue des questions historiques*, 20 (1898), pp.196, 201; « Le renvoi par Henri III de Marguerite de Valois et sa réconciliation avec le roi de Navarre d'après des documents inédits », *Revue des questions historiques*, 70 (1901), p.389.

（76）　LAUZUN, *Itinéraire...*, p.7.

（77）　*Ibid.*, pp.73, 278, 349.

（78）　*Ibid.*, pp.14, 73, 183, 327, 361.

（79）　Charles MERKI, *La Reine Margot et la fin des Valois, 1553-1615*, Paris, Plon, 1905, pp.124, 152, 18, 152, 85.

（80）　*Ibid.*, pp.370, 371, 437, 379.

（81）　*Ibid.*, pp.370, 421, 271, 374, 370.

（82）　Hugh Noel WILLIAMS, *Queen Margot, wife of Henry of Navarre*, New York, Harper and Brothers, 1907, pp.337, 228. ヴィエノによる仏訳。

（83）　William Cooke TAYLOR, *Romantic Biography of the Age of Elizabeth*, London, Richard Bentley, 1842; Bernard Henry BECKER, *Adventurous Lives*, London, Richard Bentley, 1878; Andrew Charles PARKER HAGGARD, *Amours of Henri de Navarre and of Marguerite de Valois*, London, Stanley Paul, 1900.

（84）　London (1892, 1895), Boston (1899, 1905), New York (1903, 1910).

（85）　*Revue de l'Agenais* (1917), p.158.

第五章　ありのままの王妃マルゴ

（1）　*Mémoires de Marguerite de Valois*, éd. Paul Bonnefon, Paris, Bossard, 1920, pp.12, 23, 28.

（2）　参考までに以下の書を挙げておこう。Joseph BARTHÉLEMY, *Le Vote des femmes* (1917-1918); Célestin BOUGLÉ, *Le Féminisme saint-simonien* (1918); Léon ABENDSOUR, *Histoire générale du féminisme des origines à nos jours* (1921); *La Femme et le féminisme avant la Révolution* (1923); Suzanne GRINBERG, *Historique du mouvement suffragiste depuis 1848* (1926); Gustave FAGNIEZ, *La Femme et la société française dans la première moitié du XVIIe siècle* (1929); Lula RICHARDSON, *The Forerunners of Feminism* (1929).

（3）　RATEL, « La Cour de la Reine... » (1924), pp.200, 14, 196; (1925), p.41.「太っちょマルゴ」の表現はレトワールの噂話に由来し、一八九六年に、一五七二年の虐殺後ユグノーの階層でずっと続く悪口に範をとっていることが明らかにされた。「シャルル王がサン＝バルテルミーの大虐殺を行って後、笑いいつものやり方で神に悪態をつきながら言っていた。『ええ、わしの太っちょマルゴのはすてきな［女陰］だわい』」（*Mémoires-Journaux*..., vol.12, p.378）。

（4） *Ibid.* (1925), pp.40, 42.

（5） LAVAUD, *Un poète de cour*..., p.81.

（6） Charles ANDRIEUX, « Le souvenir de la reine Margot en Auvergne », *Amitiés foréziennes*, 4 (1924-1925), pp.237, 240.

（7） Georges PAUL, « Claude François, seigneur de Pominy et des Grèzes, et la reine de Marguerite de Valois », *Amitiés foréziennes*, 5 (1925), pp.668, 771.

（8） Joseph NAUD, *Le Château d'Issy et ses hôtes*, Paris, Champion, 1926, p.62.

（9） Jean-Hippolyte MARIÉJOL, *La Réforme et la Ligue, l'Edit de Nantes, 1559-1598; Henri IV et Louis XIII, 1598-1643* (tome 6 de l'*Histoire de France illustrée depuis les origines jusqu'à la Révolution*, sous la direction d'Ernest LAVISSE), Paris, Hachette, 1904 et 1905, vol.1, p.117.

（10） MARIÉJOL, « Marguerite de Valois, reine de Navarre en Gascogne, sept. 1578-fév.1582 », *Revue de Paris*, 1 (1922), p.793.

（11） マルグリットは言った。「わたしの愛は、神々しい精髄の友である、美徳を忘れてしまい、押し流されるままになり、カストールが自分のものを分けてくれなかったら、その不死性をおそらく失うでしょう。」言い換えれば、恋人に宿る自分の魂の部分により自分の秩序に呼び戻されなければ、ということだ。（*Mémoires et lettres*..., p.465.［*Correspondance*, p.244］）この一節全体で、王妃は反対に貞潔の必要性をシャンヴァロンに説得するために闘った。

（12） MARGUERITE DE VALOIS, *La Ruelle mal assortie*, éd. Jean-Hippolyte Mariéjol, Paris, La Sirène, 1922, pp.5, 7, 10, 11.

（13） MARIÉJOL, *La Vie de Marguerite*..., pp.205, 216.

（14） *Ibid.*, pp.29, 95, 164, 365.

（15） *Ibid.*, pp.182, 343, 109, 107, 159.

（16） *Ibid.*, pp.121, 18, 92, 50, 113-4.

（17） *Ibid.*, pp.35, 112, 354, 373.

（18） *Ibid.*, pp.163, 322, 376, 375, 366, 354.

（19） *Ibid.*, p.375.

（20） なかでも、ピエール・ジュルダ（Pierre JOURDA, *Marguerite d'Angoulême, duchesse d'Alençon, Reine de Navarre*, Étude biographique et littéraire, 1930）、エミール・テル（Émile TELLE, *L'Œuvre de Marguerite d'Angoulême*..., 1937）、リュシアン・フェーヴル（Lucien FEBVRE, *Amour sacré, amour profane: autour de l'Heptaméron*, 1944）の大研究を挙げよう。

（21） Telle, *L'Œuvre de Marguerite d'Angoulême*..., p.31.

（22） Paul RIVAL, *La Folle Vie de la reine Margot*, Paris, Firmin Didot, 1929, pp.7, 71, 181, 186.「赤く染まった結婚」はプロテスタントの歴史家が行ったサン＝バルテルミーの大虐殺とその原因の研究に由来する（Daniel RAMÉE, *Les Noces vermeilles*, Paris, Grasset, 1877）。この書は、大変真面目で、マルグリットに言及するのはそのために必要な場合だけだが、タイトルだけが引き裂かれた結婚の悲壮で通俗的なイメージに作用した。

（23） Léon VASSEUR, *La Reine Margot, son exil au château d'Usson; résumé de la vie de la plus amoureuse des reines*, Issoire, A. Vessely, 1934, pp.24, 25.

（24） *Ibid.*, pp.26, 33, 51.

（25） Pierre de VAISSIÈRE, « Le divorce satyrique: ou les amours de la reine Margot », *Revue des questions historiques*, 125 (1936), pp.132, 135.

(26) ID., « Marguerite de Valois et la Ligue... » (mars, 1938), p.19.

(27) ID., « Marguerite de Valois, princesse de la Renaissance », *Revue de l'Histoire de la Philosophie*, 7 (1938), pp.97 et 98; « Reine sans couronne... », p.21.

(28) ID., « La jeunesse de la Reine Margot », *Humanisme et Renaissance*, 7 (1940), pp.7, 41.

(29) *Ibid*., pp.7, 14.

(30) Pierre CHAMPION, « La légende des mignons », *Travaux d'humanisme et de la Renaissance*, 6 (1939).

(31) VAISSIÈRE, « La jeunesse de la reine... », pp.7, 8, 42-4.

(32) Jeanne GALZY, *Margot, reine sans royaume*, Paris, Gallimard, 1937, pp.118.

(33) Jean d'ELBÉE, « Margot, reine sans royaume », *Revue universelle*, 79 (1940), p.299.

(34) Jacques CASTELNAU, *La Reine Margot, Marguerite de Navarre, 1492-1549*, Paris, Hachette, 1945; Payot, 1981, p.245.

(35) Maurice DONNAY, *La Reine Margot*, Paris, Éditions de Paris, 1946, pp.74, 82, 144.

(36) 特に一九五九年から刊行されたアンリ三世の書簡、一九六四年と一九六六年に刊行された、サヴォワ大使リュサンジュの書簡、一九七〇年刊のヴァチカンの代表者の書簡。

(37) こうしてロベール・バルーの『フランス文学辞典』(Robert BARROUX, *Dictionnaire des lettres françaises*, Paris, Fayard, 1951-1960) で次の二つの事実無根が見られることになる。「夫婦二人は仲が悪かった。アンリは妻に一五八三年から一六〇五年までユソンでの居住を強制した。」(第二巻、四八五頁) リュシアン・マズノの『著名作家』(Lucien MAZENOT, Les *Écrivains célèbres*, Paris, Mazenot, 1952) は出版社の「著名人の回廊」叢書に入るに値する。マルグリットの名はそこでは、ルネサンスの「歴史家と回想録作者」の項目でさえ、挙げられない。

(38) Pierre de GORSSE, *Reines en vacances*, Paris, Éditions du Pavois, 1949, pp.55, 96, 64.

(39) Guy BRETON, *Histoires d'amour de l'Histoire de France*, Paris, Éditions Noir et Blanc, 1956, vol.1, p.9.

(40) *Ibid*., vol.3, pp.3, 19, 27, 74, 77, 140.

(41) *Ibid*., pp.23, 32.

(42) Claude BARRET, *Les Folles Amours de la Reine Margot*, Paris, Gallimard, 1959, pp.17, 113, 52.

(43) Jean BABELON, *La Reine Margot*, Paris, Berger-Levrault, 1965, pp.10, 161, 182, 126. いわゆるマルグリットの愛人のリストとその順番に関する誤りが目に付く。しかしながら、「王マルゴ」と渾名されたのはヴィラール(一六一三年から一六一五年の歌い手の一人)ではなく、レトワールの言うところでは、「ゲランという名の者」であることを思い出そう。そしてこの男は人の父親になるのに大変困ったことだろう。この子は自分より年上に違いないから。

(44) *Ibid*., pp.18, 122, 10, 35, 100.

(45) Jean BABELON, « La Reine Margot », *Cahiers numismatiques*, 5 (1965), pp.133-135.

(46) *Mémoires de la Reine Margot*, suivis de l' *Histoire secrète de Théodore Agrippa d'Aubigné, écrite par lui-même*, Collection de Mémoires pittoresques et libertins, introduction de François CLERMONT-TONNERRE, Paris, Éditions de Cremille, 1968, p.11.

(47) Guy de WARNY, « Le voyage diplomatique de la renie Margot aux

Pays-Bas espagnols », *Aux Carrefours de l'Histoire*, 24 (1959), pp.969, 973.

(48) DROZ, « La Reine Marguerite... », p.120.

(49) MARGUERITE DE VALOIS, *Mémoires, suivis de lettres et autres écrits*, éd. Yves Cazaux, Paris, Mercure de France, 1971, pp.27, 9, 10, 16, 18, 21.

(50) Albert DELORME, « La reine Margot », *Revue de synthèse*, 1 (1972), pp.150-151.

(51) Charlotte FRANKEN HALDANE, *Queen of Hearts: Marguerite of Valois («La Reine Margot»), 1553-1615*, London, Constable, 1968, pp.188, 248, 39. 引用はヴィエノによる仏訳。

(52) Philippe ERLANGER, *La Reine Margot ou la Rébellion*, Paris, Perrin, 1972, pp.165, 377, 420.

(53) Eric RUSSEL CHAMBERLIN, *Marguerite of Navarre*, New York, Dial Press, 1974, pp.17, 112, 244, 164, 120, 145. 引用はヴィエノによる仏訳。

(54) Mark STRAGE, *Women of Power: the Life and Time of Catherine de Medici*, New York, Harcourt Brace Jovanovich, 1976, pp.164, 203, 236, 336. 引用はヴィエノによる仏訳。

(55) Robert MERLE, *Paris, ma bonne ville*, Paris, Plon, 1980, p.42.

(56) ID., *Le Prince que voilà*, Paris, Plon, 1982, p.228.

(57) *Memoirs of Marguerite de Valois*, éd. Liselotte Dieckmann, Paris/Seattle/Tübingen, Papers on French Seventeeth-Century Literature, Biblio 17, vol.18, 1984, p.11. 引用はヴィエノによる仏訳。

(58) François PEDRON, *La Reine Margot: l'amour et la gloire*, Paris, Laffont, 1985, p.13.

(59) 私のよく理解できない、あるいはまったく分からない言語で出版された二冊の著作は考慮しない。Iva ARNALDI, *Margot e il suo doppio. Storia di une regina di Francia*, Roma, Istituto della Enciclopedia Italiana, 1982. 桐生操、『王妃マルグリット——フランス宮廷の悪の華』、新書館、一九八三。

(60) Anne DANCLOS, *La Vie tragique de la reine Margot*, Paris, F. Lanore/François Sorlot, 1988, カヴァーの四枚目。

(61) BOUCHER, *Société et mentalités...*, vol.1, pp.135, 139.

(62) CHEVALLIER, *Henri III*, pp.432, 706, 307, 299, 450, 455, 453. オービヤックは一度もユソンで暮らしたことがなく、「美しきアチス」はマルグリットがサン＝ジュリアン・ダに与えた渾名であることを思い出す必要があるだろうか。

(63) BABELON, *Henri IV*, pp.104, 269, 98, 123, 545, 870.

(64) Jean ORIEUX, *Catherine de Médicis ou la Reine noire*, Paris, Flammarion, 1986, pp.424, 500, 555.

(65) CONSTANT, *Les Guise*, pp.208, 100.

(66) Jean-Louis BOURGEON, « Pour une histoire, enfin, de la Saint-Barthélemy », *Revue historique*, 282 (1989), p.105.

(67) ID., « Qui est responsable de la Saint-Barthélemy? », *L'Histoire* (avril 1992), pp.69-71.

(68) Natalie ZEMON DAVIS, « La femme "au politique" », *Histoire des femmes*, Paris, Plon, vol.3, pp.175-94. 括弧付——これは私にはこの問題に関する女性研究者の優柔不断の印に思える——にも拘わらず、アングロサクソンのフェミニストの歴史記述はこの分野でのフランスのものよりずっと進んでいることを強調しなくてはならない。特に、ナンシー・ルーカーとロラン・ベイントンの宗教戦争期のプロテスタントのフランス貴族の女たちに関する研究、チャールメアリー・ジェンキンズ＝ブレイスデルのルネ・ド・フランスに関する研究、ヒーザー・ヴォウズのマルグリット・ド・ナヴァールに関する研究、イアン・マックリーンのルネサンスの女性に関する研究を参照のこと。これらの研究のどれも仏訳されていない。マルグリットもアングロサクソンの大学人の興味を引いているように思える。不幸なことに、これまでマルグリットを対象にした唯一の研究は重大な欠陥がある。ジョン・クラークの *A Study of the Narrative Structures of Two Sixteen-Century « Mémorialistes »*. *Marguerite de Valois and Brantôme*（ジョンズ・ホプキンズ大学博士論文、一九八一年）は、ジェラール・ジュネットの理論に鑑みて、二人の作家のサン＝バルテルミーの大虐殺の話を分析する小論だが、ひどい間違いを含む。語りのモデルを『失われた時を求めて』とし、回想録ジャンルにマルグリットとブラントームの作品を位置づけるのを省き、王妃とミシュレの関係を測っているなどである。

（69）マルグリット・ド・ヴァロワ研究集会、参照。〔*Marguerite de France, reine de Navarre et son temps*, Agen, Centre Matteo Bandello, 1994〕

ペラン版後記

（1）ジュヌヴィエーヴ・セリエは「『テレラマ』を除いて、いかなる定期刊行物も原典の問題に少しの関心も払わなかった。制作者が最高権限をもつことは了解されているから、この映画のプレスシートでたぶん提供されるいわゆる歴史的指標を繰り返すだけだ。」ということを示した。（« *La Reine Margot* au cinéma: Jean Dréville (1954) et Patrice Chéreau (1994) », in O.KRAKIVITCH, G.SELLIER, et É.VIENNOT (dir.), *Femmes de pouvoir: mythe et fantasmes*, Paris, L'Harmattan, 2001, p.214）

（2）本書の第二部三四九—三五〇頁参照。もう一つ欠陥を付け加えねばならない。テクストの校訂に一六二八年の刊行本に戻っていることで、これはゲサール版により実現された進歩を消してしまう。

（3）このことに関してはフランソワーズ・ガスパールの論文 Françoise GASAPARD, « De la parité: genèse d'un concept,naissance d'un mouvement », *Nouvelles Questions féministes*, 1995, pp.29-44 を参照のこと。

（4）G. FRAISSE, « Quand gouverner n'est pas représenter », in É. Viennot (dir), *La Démocratie « à la française » , ou les femmes indésirables*, Paris, Publications de Paris 7 – Denis Diderot, 1995, p.43.

（5）以下を参照。Janine MOSSUZ-LAVAU, *Femmes/hommes pour la parité*, Paris, Presses de Science Po, 1998, p.23; Sarah HANLEY, « The Politics of Identity and Monarchic Governance in France. The Debate over Female Exclusion », in Hilda L. SMITH (dir.), *Women Writers and the Early Modern British Political Tradition*, Cambridge, Cambridge University Press, 1998, pp.289-304; É. VIENNOT, « La loi salique dans la culture politique française: règle monarchique ou idéal républicain? », in Hedwige PEEMANS-POULLET (dir.), *La Démocratie à l'épreuve du féminisme*, Bruxelles, Université des femmes, 1998, pp.101-124.

（6）この展開部で言及した研究の出典注記は追加書誌に見られる。

（7）*Marguerite de France, reine de Navarre et son temps*, Agen, 1991. 主要な参考論文——マルグリットを知るのに役立ち、他で公刊された研究に含まれないもの——は追加書誌に挙げた。

（8）ジャクリーヌ・ブシェは特に、思い出されるようにヴェルモン夫人となったトリニーが、ジロンヌという名前ではなく、メルキオールという名であり、マチニョン元帥と縁続きではないことを明らかにした（*Deux Épouses et reines…*, pp.51 et 355-356）。

（9）スペイン大使の息子である。

（10）　シモーヌ・リニョーとフィリップ・リシェルのフランス資料収集への報告（Simone RIGNAULT, Philippe RICHERT, *La représentation des hommes et des femmes dans les livres scolaires*, 1997）とアネット・ヴィヴィオルカの経済社会会議への報告（Annette WIEVIORKA, *Quelle place pour les femmes dans l'histoire enseignée?*, 2004）を参照。同じく以下の書を参照のこと。Denise GUILLAUME, *Le Destin des femmes et l'école*, Paris, L'Harmattan, 1999; Françoise & Claude LELIÈVRE, *L'Hisoire des femmes publiques contées aux enfants*, Paris, PUF, 2001.

書誌

一　マルグリットの作品

a　『アンリ・ド・ブルボンの弁明書』

『弁明書』の写本は存在しない。カステルノー・ド・ラ・モヴィシエールの『回想録』の補遺に「ナヴァール王の申し立て」として初めて刊行された（CASTELNAU DE LA MAUVISSIÈRE, *Mémoires*, 1659, vol.2, pp.390-4）。十八世紀にマルグリットの作品と突き止められ、一八三六年以降『回想録』に付随して定期的に再刊された。最後の版はイヴ・カゾーの版である（Yves CAZAUX, *Mémoires*, Mercure de France, 1971, pp.183-9）。参照版はゲサール版（GUESSARD, *Mémoires et lettres...*, 1842, pp.185-94）。

b　『回想録』

自筆ではないが、すべて相互に類似した、初版に非常に近い写本がフランス国立図書館（Bibliothèque nationale, Fonds Dupuy, 237; Nouvelles Acquisitions françaises 7264; Fonds français 1521）とアルスナル図書館（Arsenal, Pièces manuscrits 5414）に見出される。

初版はグラニエ殿オジェ・ド・モレオンの手になるものである（*Les mémoires de la roine Marguerite*, Paris, Chappellain, 1628, p.362）。この三「巻」からなる版は幾度も再刊され、十七世紀に他の数多くの版が続き、しばしば刊行地のないものもある（差し止め、参照）。誤植が多く、版によって、時には訂正されるが、時には増えている。十八世紀には、J・ゴドフロワ版を挙げることができ、この版の方がよく、初めて宛名人の正確な名、ブラントームを挙げる（*Mémoires de Marguerite de Valois, auxquels on a ajouté son éloge, celui de M. de Bussy et la Fortune de la Cour*, Liège, J.-F. Broncart, 1713 et La Haye, A. Moetjens, 1715）。十九世紀にはこの『回想録』は回想録のどの大叢書でも再刊された。Petito, 1823 (série I, vol. 37, pp.27-186), Buchon (1836, vol. 14, pp.506-63), Michaud et Poujoulat, 1836 (série I, vol. 10, pp.391-453)。参照版 Guessard（*Mémoires et lettres de Marguerite de Valois*, Paris, Jules Renouard et Cie, 1842, pp.1-194）は、正当にも、一続きのテクストを与える。続いて、ボヌフォン版（Paris, Bossard, 1920）だけが『弁明書』ではなく『博学精妙な話』の付随した『回想録』を刊行する。カゾーは三巻への分割を再び取り上げた（*Mémoires et autres écrits de Marguerite de Valois, la reine Margot*, Paris, Mercure de France, 1971, 1987, pp.1-170）。

c　『書簡集』

マルグリットは大量の手紙を書いたが、多くは失われた。保存され確認された約三百五十通の中で、未刊のものはごく一部である。

ヨーロッパのいくつもの図書館に、自筆あるいは写しの、書簡が存在する。サンクト・ペテルブルク（?-）、フィレンツェ（メディチ古文書館)、ロンドン（ブリティッシュ・ミュージアム Reg IX)、モナコ、シマンカ（古文書館)。フランスでは多くの市立図書館に分散している。国立図書館は非常に多くを収蔵し、主として次のコレクションに含まれる。Béthune (8833-9086), Dupuy (217), Fonds français (3159-3387; 6379; 15563-20051), Nouvelles Acquisitions françaises (7264; 24253). アルスナル図書館も同様に所有し、その中にシャンヴァロン宛書簡がある (Pièces manuscrites 4410; 6613)。フランス学士院図書館のゴドフロワコレクションも同様に所蔵する。

生前に二通が公刊された。婚姻の解消の翌日の日付のアンリ四世宛 (Pierre Victor Palma de CAYET, *Chronologie novenaire*... 1608）と、きっと自身で公刊させた若いヌヴェール公爵宛（*Lettre de la Reine Marguerite à M. de Nevers, 10 août 1614*, s.l.）である。続いて、回想録作者（シュリー、ブラントーム、レトワール)、パリ市の歴史家、フェリビアンとロビノー (FÉLIBIEN et LOBINEAU, *Histoire de la ville de Paris*..., 1725, vol. 4, p.40)、最初の伝記作者モンジェ (MONGEZ, *Histoire de Marguerite de Valois*..., 1777, pp.363, 365, 381）がいくつかを挙げた。

最も浩瀚な巻は十九世紀のものである。七十九通（内七十七通は未公刊）が一八三八年に公刊された（« Lettres de Margurite de Valois à Henri IV. », *Revue rétrospective*, 1, pp.97-129, 221-47, 324-50)。ゲサールは自分の『回想録』の版（1842, pp.195-476）に百三十八通を載せた（内八十通は未公刊)。タミゼ・ド・ラロックは三十通ほどを公表した。*Intermédiaire des chercheurs et curieux*, 3 (1866, p.606); *Revue des questions historiques*, 8 (1870, pp.254-63); *Annales du Midi*, 9 (1897, pp.129-64)。フィリップ・ロザンは六十八通を公刊した。*Revue de Gascogne*, 12 (1881, pp.1-40); *Archives historiques de la Gascogne*,11 (1886, pp.1-46); *Itinéraire raisonné* (1920). 最後に *Revue de l'Agenais*, 44 (1917, pp.157-73). ミシェル・コアンディは十六通を与える (Michel COHENDY, *Lettres missives, la plupart autographes, inédites, de la reine Marguerite de Valois*, Clermont-Ferrand, F. Thibaud, 1881)。

アンリ四世の書簡集（*Lettres Missives*..., 1843-1876, vol.1, p.698）とカトリーヌ・ド・メディシスの書簡集（1880-1909, vol.7, p.486）に他から切り離された数通が見られ、次の作品にも同様に見られる。F. FEUILLET DE CONCHES, *Causeries d'un curieux*, (Paris, Plon, 1862-1868, vol.3, pp.78, 79, 83, 109), Hector de LA FERRIÈRE, *Trois amoureuses au XVIe siècle* (1885, appendice), SAINT-PONCY, *Histoire de Marguerite de Valois*, (1887, vol.1, p.143), Jacqueline BOUCHER, *Société et mentalités*... (1981, vol.4, p.1551), *Colloque Marguerite de France*.

最後に、数通の他から切り離された手紙が次のものに公刊されている。*Tablettes historiques de l'Auvergne* , 1 (1840, p.522), 2 (1841, pp.625-6), *Bulletin du bouquiniste* (1859, p.217), *Revue nobiliaire*, 6 (1870-1871, p.42), *Revue des documents historiques* (1873-1874, pp.184-6), *Revue de Gascogne* (1886, pp.456-60), *Bulletin du bibliophile* (1891, p.424), *Revue d'histoire diplomatique* (1891, pp.165-7), *Revue des études historiques* (1913, pp.318-21), *Bulletin de la Société d'histoire et d'archéologie du Périgord*, 12 (1915, pp.241-7), *Revue belge de philosophie et d'histoire*, 25/ 3-4 (1946-1947, pp.617-8).

カゾー版の『回想録』はこれらの書簡を六十通載せているが、未公刊のものはない（pp.191-275)。

d 『詩編』

マルグリットは一度も詩編に自分の名を付したことはないが、書いたことは知られている。残されているものはおそらく作品の極わずかな部分であろう。国立図書館の写本にいくつか見つかる（Fonds français 10210 (fol.327-9) et 18020 (fol.505))。ルーアン市立図書館と国民議会図書館はその写しを所有している。

十六世紀末と十七世紀初頭の共編詩集成に挿入された、無署名のいくつかの詩編はマルグリットのものであるか、そうである可能性が高い。これらは *Les Muses françaises ralliées de diverses pars* (Paris, Mathieu Guillemot, 1599), *Le Parnasse des plus excellents poètes de ce temps* (Paris, Mathieu Guillemot, 1607, vol.2), *Les Œuvres poétiques d'AUDIGIER* (Paris, Toussainct du Bray, 1614, vol.2) に見られる。

詩の断片は、正当にも、『諷刺的離婚』の諷刺作家によってマルグリットのものとされている（in AUBIGNÉ, *Œuvres complètes*, vol.2, p.675）。そのうえレトワールは、メナール作のサン＝ジュリア・ダの死に関する詩句の後で、マルグリットのものであろういくつかの詩編を載せた（*Mémoires-Journaux*, vol.11, pp.218 et suiv.）。

マルグリットの作と同定された二、三編は以下の書に収録されている。*Les Poètes français depuis le XIIe siècle jusqu'à Malherbe* (éd. R. Auguis, Paris, 1824, vol.5, pp.520-2), *Les Femmes poètes au XVIe siècle: anthologie commentée* de Léon FEUGÈRE (Paris, Didier, 1860, pp.90-5), *Margot...* de Jeanne GALZY (pp.281 et suiv.).

e 『博学精妙な話』

この作品は唯一マルグリットの生前に刊行された。イエズス会神父のロリオの書を批判する長い手紙で、この書の第二版において刊行された。タイトルはこの神父自身のものである。『王妃マルグリット様によってすばやく口述され道徳の秘訣の作者に送付された博学精妙な話』(In:Loryot, *Les Fleurs des Secretz Moraux*, Paris, Desmarques, 1614.)。

同年、もう一つの版がシャプレにより提供された。この手紙は *L'Excellence des femmes, avec leur response à l'autheur de l'Alphabet* (Paris, Pierre Passy, 1618) に再現された。一八九一年になってようやくシャルル・ユルバンによって再刊され（Charles Urbain, *Bulletin du bibliophile*, pp.416-23）、次いで『回想録』のボヌフォン版（1920, pp.228-33）で最後に採録された。

f 『琴瑟相和さぬ閨房』（誤ってマルグリットの作品とされている）

この諷刺文書の写本はとりわけ次のところで見出される。国立図書館（Fonds français 4779）、アルスナル図書館（Pièces manuscris 4409）、ルーアン市立図書館（Fonds Leber 5715, fol.60-70）。非常に異文が多い。

このテクストはシャルル・ソレルにより *Nouveau Recueil des pièces les plus agréables de ce temps* (Paris, Nicolas de Sercy, 1644, pp.95-101) で初めて公刊された。十九世紀まで他の版は知られず、その後ゲサールにより（*La Ruelle mal assortie, Dialogue d'amour entre Marguerite de Valois et sa bête de somme*, Paris, Imprimerie Crapelet, 1842）、次いでララーヌにより（*La Ruelle mal assortie, ou Entretiens amoureux d'une dame éloquente avec un chevalier gascon plus beau de corps que d'esprit et qui a autant d'ignorance comme elle a de sçavoir*, Paris, A. Aubry, 1855）、最後にマリエジョルにより（*La Ruelle mal assortie*, Paris, La Sirène, 1922）再刊された。最近ではカゾーが『回想録』でこの作品を採録した（pp.173-81）。この作品の作者についてはラテル（RATEL, « La Cour de la Reine... », 1924-1925）とヴィエノ（VIENNOT, « Marguerite de Valois et la *Ruelle*... », 1992）を参照のこと。

二　主要原典

a 未公刊文書

Archives nationales : J 969, モンパンシエ公と王妃マルグリットのオルレアン公と王太子への贈与。KK, 158-186, 340 et 353, マルグリット・ド・ヴァロワの家政簿。Archives Simancas (microfilms), 1535 à 1569, ギーズとスペインの関係文書。

Bibliothèque nationale : 肩書き、嫁資、婚姻解消に関する非常に多くのさまざまな書類。王妃の家政簿の一部は Fonds français 11494 にある。

Album de la maréchale de Retz, Bibliothèque nationale, ms. fr. 25455.

b　公刊文書、書簡

BUSBEC (Ogier Ghislain, seigneur de), *Lettres du baron de Busbec...*, traduites en françois par M. l'abbé de Foy, 3 vol., Paris, C.J.B.Bauche et L.d'Houry, 1748.

Calendars of State Papers. Foreign Series of the reign of Elizabeth. London, His Majesty's Stationery office, 1863-1950.

CATHERINE DE MÉDICIS, *Lettres*, éd. Hector de La Ferrière et Gustave Baguenault de Puchesse, 11 vol., Paris, Imprimerie nationale, 1880-1909.

——, « Vingt-sept lettres inédites », éd. Baguenault de Puchesses, *Bulletin historique et philologique* (1971), pp.130-157.

CHARLES IX, *Lettres à Fourquevaux, ambassadeur du roi Charles IX en Espagne, 1565-1572, publiées pour la première fois*, éd. Chanoine Douais, Paris, Alphonse Picard, 1897.

DANDINO (Anselmo), *Correspondance du nonce en France, 1578-1581*, éd. Yves Cloulas, *Acta Nuntiaturae Gallicae*, 8, Rome/Paris, Presses de l'Université grégorienne/Boccard, 1970.

DESJARDINS (Abel), *Négociations de la France avec la Toscane, 1311-1610,* Documents recueillis par Giuseppe Canestrini, 6 vol., Paris, 1859-1886.

FOURQUEVAUX, *Dépêches de M. Fourquevaux, ambassadeur du roi Charles IX en Espagne, 1565-1572*, éd. abbé Douais, 2 vol., Paris, Ernest Leroux, Société d'histoire diplomatique, 1896-1904.

HENRI III, *Lettres d'Henri III, roi de France*, recueillies par Pierre Champion, éd. Michel François, 4 vol., Paris, Klincksieck, depuis 1959.

HENRI IV, *Recueil des lettres missives de Henri de Navarre*, éd. M. Berger de Xivrey, 9 vol., Paris, Imprimerie royale, 1843-1876.

Lettres d'Antoine de Bourbon et de Jehanne d'Albret, éd. marquis de Rochambeau, Paris, Renouard, 1877.

LUCINGE (René de), *Lettres sur les débuts de la Ligue, 1585*, éd. Alain Dufour, Genève/Paris, Droz/Minard, 1964.

——, *Lettres sur la cour d'Henri III en 1586*, éd. Alain Dufour, Genève/Paris, Droz/Minard, 1966.

TOMMASEO (Nicolo), *Relations des ambassadeurs vénitiens sur les affaires de France au XVIe siècle*, 2 vol., Paris, Imprimerie royale, 1838.

c　その他のさまざまな公刊文書

Archives curieuses de l'histoire de France, depuis Louis XI jusqu'à Louis XVIII, éd. Cimber et Danjou, 27 vol., Paris, Beauvais, 1834-1840.

AUBIGNÉ (Théodore Agrippa d'), *Histoire universelle, 1550-1601*, éd. Alphonse de Ruble, pour la Société de l'histoire de France, 10 vol., Paris, Renouard, 1886-1909.

——, *Sa vie à ses enfants*, éd. Gilbert Schrenk, Paris, Nizet, 1986, (*Mémoires*, 1729).

——, *Œuvres complètes*, éd. Eugène Réaume et F. de Caussade, 6 vol, Paris, Alphonse Lemerre, 1873-1892.

BASSOMPIERRE (François de), *Journal de ma vie,* Mémoires du maréchal de Bassompierre, éd. marquis de Chantérac, 4.vol., Paris, Vve Jules

Renouard, 1870-1877.
——, *Remarques de Monsieur le mareschal de Bossompierre sur les Vies de Henri IV et de Louis XIII, de Dupleix*, Paris, Cardin Besongne, 1665.
BATAILLER (Antoine), *Mémoires sur les guerres civiles à Castres et dans le Languedoc*, éd. Charles Pradel, Paris/Toulouse, Picard/Privat, 1894.
BRANTÔME (Pierre de Bourdeille, abbé de), *Œuvres complètes,* éd. L. Lalanne, 12 vol., Paris, Vve Jules Renouard, 1864-1896; le *Discours sur Marguerite* est au vol. 8, pp. 22-88 *(Mémoires,* 1665-1666).
——, *Recueil des Dames, poésies et Tombeaux*, éd. Étienne Vaucheret, Paris, Gallimard/La Pléiade, 1991.
CASTELNAU DE LA MAUVISSIÈRE (Michel de), *Mémoires*, éd. Le Laboureur, 2 vol., Paris, Lamy, 1659 (1621).
——, *Mémoires*, éd. Michaud et Poujoulat, Paris, Guyot Frères, 1838, série 1, vol. 9, pp.401-558.
CAYET (Pierre Victor Palma de), *Chronologie septenaire, contenant l'histoire de la paix entre les roys de France et d'Espagne,* Paris, Jean Richer, 1605.
——, *Chronologie novenaire, contenant l'hitoire de la guerre sous le règne du très chrétien roy de France et de Navarre, Henri IV,* 3 vol., Paris, Jean Richer, 1608.
CHEVERNY (Philippe Hurault, comte de), *Mémoires*, éd. Michaud et Poujoulat, Paris, Guyot Frères, 1838, série 1, vol. 10, pp.459-576.
CHOISNIN (Jean), *Mémoires*, éd. Michaud et Poujoulat, Paris, Guyot Frères, 1838, série 1, vol. 11, pp.375-469.
DAVILA (Enrico Caterino), *Histoire des guerres civiles de France sous les règnes de François II, Charles IX, Henri III et Henri IV.* Traduction Baudoin, 2 vol., Paris, Recolet, 1644.
Le Divorce satyrique (1607), in AUBIGNÉ, *Œuvres complètes*, vol.2, pp.653-84 (in *Recueil de diverses pièces servans à l'histoire de Hneri III*, Cologne, Pierrre du Marteau, 1660).
DUPLEIX (Scipion), *Histoire générale de France avec l'estat de l'église et de l'empire*, 3 vol., Paris, Claude Sonnius, 1621-1628.
——, *Histoire de Henri III, Roy de France et de Pologne,* Paris, Claude Sonnius, 1630.
——, *Histoire de Henri IV le Grand, Roy de France et de Navarre*, Paris, Claude Sonnius, 1632.
——, *Histoire de Louis le Juste*, Paris, Claude Sonnius, 1633.
EUSÈBE PHILADELPHE, Cosmopolite (Nicolas BARNAUD ?), *Le Réveil-Matin des François*, s.l., 1574.
FAURIN, *Journal de Faurin sur les guerres de Castres*, éd. Charles Pradel, Marseille, Laffitte Reprints, 1981 (1878).
FONTENAY-MAREUIL (Duval, marquis de), *Mémoires*, éd. Michaud et Poujoulat, Paris, Guyot Frères, 1838, série 2, vol. 5, pp.1-192 (1826).
GERZAN (François du Soucy, sieur de), *Le Triomphe des dames*, Paris, chez l'auteur, 1646.
GOULART (Simon [Samuel du Lys]), *Mémoires de la Ligue, contenant les événements les plus remarquables depuis 1576 jusqu'en 1598*, 3 vol., Amsterdam, Arkstrée et Merkus, 1758.
GROULART (Claude de), *Mémoires, ou Voyages par lui faits en cour*, éd. Michaud et Poujoulat, Paris, Guyot Frères, 1838, série 1, vol.11, pp.549-98.
(François Grudé, sieur de LA CROIX DU MAINE), et du VERDIER (sieur de Vauprivas), *Les Bibliothèques françoises*, éd. La Monnoye, Bouhier, Falconet, Paris, Saillant et Nyon, 1772-1773 (1584).
HEROARD (Jean), *Journal de J.H., médecin de Louis XIII,* Paris, Fayard,

1989.

LA FORCE (Jacques Nompar de Caumont, duc de), *Mémoires authentiques*, éd. marquis de La Grange, 4.vol., Paris, Charpentier, 1843.

LA HUGUERIE (Michel de), *Mémoires inédits*, éd. A. de Ruble, 3 vol., Paris, Renouard, 1877-1880.

LE RICHE, *Journal de Guillaume et de Michel Le Riche, avocats du roi à Saint-Maixent (de 1534 à 1586)*, Slatkine Reprints, Genève, 1971 (1846).

L'ESTOILE (Pierre de), *Mémoires-Journaux*, éd. Brunet, Champollion, Halphen, Lacroix, Read, Tamizey de Larroque, Tricotel, 12 vol., Paris, Alphonse Lemerre, 1875-1896 (*Journal de Henri III*, 1621, *Journal de Henri IV*, 1732).

MALHERBE, *Œuvres complètes*, éd. L. Lalanne, 5 vol., Paris, Hachette, 1862-1869.

MATTHIEU (Pierre), *Histoire de France*, 2 vol., Paris, Janet Metayer, 1605.

——, *Histoire des derniers troubles de France*..., Lyon, E. Bonnaventure, 1594.

—— [revu par son fils Jean-Baptiste], *Histoire de France*, 2 vol., Paris, Vve Nicolas Buon, 1631.

Le Mercure François, ou Suite de l'histoire de la paix, Paris, Jean Richer, 1611 (1606-1610), 1615 (1611-1612), 1617 (1612-1615).

MERGEY (Jean de), *Mémoires*, éd. Michaud et Poujoulat, Paris, Guyot Frères, 1838, série 1, vol. 9, pp.555-80.

MONTAIGNE (Michel de), *Œuvres complètes*, éd. A. Thibaudet et M. Rat, Paris, Gallimard/La Pléiade, 1962.

MORGUES (Mathieu de), *Les Lumières pour l'Histoire de France et pour faire voir les calomnies, flatteries et autres défauts de Scipion Dupleix,* s.l., 1636.

MORNAY (Charlotte Arbaleste de La Borde, Mme de), *Mémoires,* éd. Mme de Witt, 2 vol., Paris, Vve Jules Renouard, 1868-1869 (1824).

MORNAY (Philippe de, seigneur du Plessis-Marly), *Mémoires et correspondance*, 12 vol., Paris, 1824-1825 (1624-1625).

NEVERS (duc de), *Mémoires de Monsieur le duc de Nevers, Prince de Mantouë*, éd. Marin Le Roy de Gomberville, 2 vol., Paris, T. Jolly, 1665 (seul le « Journal des états généraux de 1577 » est du duc de Nevers, le reste est de l'éditeur).

PASQUIER (Étienne), *Œuvres,* 2 vol., Amsterdam, Librairie associez, 1723.

Recueil de diverses pièces pour servir à l'histoire de Henri III, Cologne, Pierre du Marteau, 1660.

RICHELIEU (cardinal de [sous le nom de Mézeray]), *Histoire de la mère et du fils*, Amsterdam, Le Cène, 1730.

RONSARD (Pierre de), *Œuvres complètes*, Paris, Gallimard/La Pléiade, 1960.

SAULX-TAVANNES (Gaspard de [écrits par son fils Jean]), *Mémoires,* éd. Michaud et Poujoulat, Paris, Guyot Frères, 1836, série 1, vol. 8, 1-434.

SCALIGER (Joseph Juste), *Scaligerana ou Bon Mots, rencontres agréables et remarques judicieuses et savantes*, Cologne, 1695.

SULLY (Maximilien de Béthune, duc de), *Mémoires des sages et royales Oeconomies d'Estat, domestiques, politiques et militaires de Henri le Grand,* éd. Michaud et Poujoulat, Paris, Guyot Frères, 1838, série 2, vol. 2 et 3.

TALLEMANT DES RÉAUX (Gédéon), « La reyne Marguerite », in *Historiettes*, introduction et annotation d'Antoine Adam, Paris, Gallimard/La Pléiade, 1960, pp.59-62 (1834).

THOU (Jacques Auguste de), *Mémoires depuis 1553 jusqu'en 1601,* éd.

Michaud et Poujoulat, Paris, Guyot Frères, 1838, série 1, vol. 11, pp.265-374.

——, *Histoire universelle de Jacques-Auguste de Thou depuis 1543 jusqu'en 1607*, 16 vol., London/Paris, 1734 (1604-1608).

TURENNE, *Mémoires de Henri de La Tour d'Auvergne, vicomte de Turenne, depuis duc de Bouillon*, éd. Michaud et Poujoulat, Paris, Guyot Frères, 1839, série 2, vol. 11, pp.1-54 (1666).

VAIR du, *Anecdotes inédites de l'histoire de France pendant les XVIe et XVIIe siècles, tirées de la bouche de M. le Garde des sceaux Du Vair et autres*, in *Mémoires de Marguerite de Valois...*, éd. Lalanne, 1858.

VILLEROY (Nicolas de Neufville, seigneur de), *Mémoires d'Estat*, éd. Michaud et Poujoulat, Paris, Guyot Frères, 1838, série 1, vol. 11, pp.89-263.

三　ルネサンス、女性、マルグリットの近親に関する全体的研究

ALBISTUR (Maïté) et ARMOGATHE (Daniel), *Histoire du féminisme français du Moyen Âge à nos jours*, Paris, Des Femmes, 1977.

Amour et sexualité en Occident, sous la direction de G. Duby, Paris, Seuil-Point, 1991.

Anonyme, *L'Esprit d'Henri IV, ou Anecdotes les plus intéressantes, Traits sublimes, Reparties ingénieuses, et quelques Lettres de ce Prince*, Paris, Prault, 1777.

ANQUETIL (Louis-Pierre), *L'Esprit de la Ligue, ou Histoire politique des troubles de France pendant les XVIe et XVIIe siècle*, Paris, Delalain, 1771.

BABELON (Jean Pierre), *Henri IV*, Paris, Fayard, 1982.

BAINTON (Roland H.), *Women of the Reformation in France and England*, Minneapolis, Augsburg Publishing House, 1973.

BALMAS (Enéa) et GIRAUD (Yves), *De Villon à Ronsard*, vol. 2 de *Littérature française*, Paris, Arthaud, 1986.

BAYLE (Pierre), *Dictionnaire historique et critique*, Rotterdam, Reinier Leers, 1697, vol. 3.

——, *Dictionnaire historique et critique*, Compagnie des Libraires, 1734, vol. 4 (1715).

Becoming Visible, Women in European History, éd. Renate Bridenthal et Claudia Koonz, Boston, Houghton Mifflin, 1977.

BERRIOT-SALVADORE (Evelyne), *Les Femmes dans la société française de la Renaissance*, Genève, Droz, 1990.

BERTIÈRE (André), *Le Cardinal de Retz mémorialiste*, Genève, Klincksieck, 1977.

BOUCHER (Jacqueline), *Société et mentalités autour de Henri III*, 4 vol., Lille, publication de la faculté de Lille-III, 1981.

BOURCIEZ (E.), « Nérac au seizième siècle », *Revue des cours et conférences* (mars, avril, mai et juillet 1913), pp.583-91, 780-9, 262-83, 644-58.

BOURGEON (Jean-Louis), « Les légendes ont la vie dure: à propos de la Saint-Barthélemy et de quelques livres récents », *Revue d'histoire moderne et contemporaine*, 34 (janv.-mars 1987), pp.102-16.

——, « Pour une histoire, enfin, de la Saint-Barthélemy », *Revue historique*, 282 (1989), pp.83-142.

——, « Qui est responsable de la Saint-Barthélemy? », *L'Histoire* (avril 1992), pp.69-71.

BRETON (Guy), *Histoires d'amour de l'histoire de France*, 4 vol., Paris,

Éditions Noir et Blanc, 1956, vol.3, pp.11-228.

BRIQUET (Fortunée), *Dictionnaire historique, littéraire et bibliographique des Françaises et étrangères naturalisées en France*, Paris, Treuttel et Würtz, an XII (1804).

BOUTIER (Jean), DEWERPE (Alain) et NORDMAN (Daniel), *Un tour de France royal : le voyage de Charles IX*, Paris, Aubier, 1984.

CAZAUX (Yves), *Henri IV ou la Grande Victoire*, Paris, Albin Michel, 1977.

CHAMPION (Pierre), *Catherine de Médicis présente à Charles IX son royaume, 1564-1566,* Paris, Grasset, 1937.

CHEVALLIER (Pierre), *Henri III*, Paris, Fayard, 1985.

CLOULAS (Ivan), *Catherine de Médicis*, Paris, Fayard, 1979.

COCULA-VAILLIÈRES (Anne-Marie), *Brantôme, amour et gloire au temps des Valois*, Paris, Albin Michel, 1986.

CONSTANT (Jean-Marie), *Les Guise*, Paris, Hachette, 1985.

CRUE (Francis de), *Le parti des politiques au lendemain de la Saint-Barthélemy: La Molle et Coconat*, Paris, Plon, Nourrit et Cie, 1892.

DELUMEAU (Jean), *La Civilisation de la Renaissance*, Paris, Arthaud, 1967.

DREUX DU RADIER, *Mémoires historiques, critiques et anecdotes des reines et régentes de France*, 6 vol., Amsterdam, M. Rey, 1776, vol. 5, pp. 211-317.

DUMOULIN (Maurice), « Jacques de La Fin, études et documents sur la seconde moitié du XVIe siècle », *Bulletin historique et philologique* [du Comité des travaux historiques et scientifiques], 1895.

ERICKSON (Carolly), *Élisabeth Première,* Paris, Seuil, 1985.

FEBVRE (Lucien), *Amour sacré, amour profane: autour de l'Heptaméron*, Paris, Gallimard-Idées, 1971 (1944).

Femmes et pouvoirs sous l'Ancien Régime, sous la direction de Danielle Haase-Dubosc et Éliane Viennot, Paris, Rivages, 1991.

FESTUGIÈRE (Jean), *La Philosophie de l'amour de Marsile Ficin et son influence sur la littérature française du XVIe siècle*, Paris, Vrin, 1941.

GARRISSON (Janine), *Tocsin pour un massacre: la saison des Saint-Barthélemy,* Paris, Éd. d'Aujourd'hui, 1975.

Histoire de France illustrée des origines à la Révolution, sous la direction d'Ernest Lavisse, vol.VI (de Jean-Hippolyte Mariéjol), *La Réforme et la Ligue, l'Édit de Nantes, 1559-1598* (1) et *Henri IV et Louis XIII, 1598-1643* (2), Paris, Hachette, 1904-1905.

Histoire de la France religieuse, sous la direction de Jacques Le Goff et René Rémond, Paris, Seuil, 1988.

Histoire des femmes, sous la direction de Georges Duby et Michelle Perrot, Paris, Plon, 1991; vol. 2, sous la direction de Nathalie Zemon Davis et Arlette Farge.

HOLT (Hack P.), *The Duke of Anjou and the Politique Struggle during the Wars of Religion,* London, New York, Melbourne, Cambridge University Press, 1986.

IMBERDIS (André), *Histoire des guerres religieuses en Auvergne pendant les XVIe et XVIIe siècle*, Moulins, 1840, vol.2.

JENKINS-BLAISDELL (Charmarie), « Renée de France between Reform and Counter-Reform », *Archif für Reformations-geschichte*, 63 (1972), pp.203-7.

JOUANNA (Arlette), *Le Devoir de révolte: la noblesse française et la gestation de l'État moderne, 1559-1661*, Paris, Fayard, 1989.

KEATING (Louis Clark), *Studies on the Literary Salons in France, 1550-1615*, Cambridge, USA, Harvard University Press, 1941.

KELSO (Ruth), *Doctrine for the Lady of the Renaissance*, Urbana,

University of Illinois Press, 1956.

LA FAILLE (M.G.), *Annales de la ville de Toulouse*, 2.vol., Toulouse, Imprimerie G.L. Colomyes, 1701.

LA FERRIÈRE (Hector de), *Les Deux Cours de France et d'Angleterre au XVIe siècle*, Paris, Ollendorff, 1895.

LA PORTE (abbé J. de), aidé du marquis J.-F. de La Croix, *Histoire littéraire des femmes françoises, ou Lettres historiques et critiques*, 3 vol., Paris, Lacombe, 1769.

LAVAUD (Jacques), *Un poète de cour au temps des derniers Valois, Philippe Desportes, 1546-1606*, thèse de lettres, Paris, Droz, 1936.

LAZARD (Madeleine), *Images littéraires de la femme à la Renaissance*, Paris, PUF, 1985.

LEFRANC (Abel), *La Vie quotidienne à la Renaissance*, Paris, Hachette, 1938.

LE ROUX DE LINCY (et LEYNADIER pour le vol. 2), *Femmes célèbres de l'ancienne France: Mémoires historiques sur la vie publique et privée des femmes françaises depuis le Ve siècle jusqu'au XVIIIe*, 2 vol., Paris, Leroy, 1847, et A. de Vresse, 1858.

LE ROY LADURIE (Emmanuel), *L'État royale*, *1460-1610*, Paris, Hachette, 1987.

LHOEST (Benoît), *L'Amour enfermé: Amour et sexualité dans la France du XVIe siècle*, Paris, Olivier Orban, 1990.

MACLEAN (Ian), *The Renaissance Notion of Woman: A Study in the Fortunes of Scholasticism and Medical Science in European Intellectual Life,* New York, Cambridge University Press, 1980.

——, *Woman Triomphant: Feminism in French literature, 1610-1652*, Oxford, Clarendon Press, 1977.

MATTINGLY (Garrett), *Renaissance Diplomacy*, Boston, Houghton Mifflin Compagny, 1971 (1955).

MAULDE LA CLAVIÈRE (René de), *Vers le Bonheur! Les femmes de la Renaissance*, Paris, Perrin, 1898.

MÉZERAY (François Eudes, dit), *Histoire de France depuis Faramond jusqu'à maintenant*..., 3 vol., Paris, Guillemot, 1643-1651.

——, *Histoire de France depuis Faramond jusqu'au règne de Louis Le Juste*..., 3 vol., Paris, Thierry Guignard, Barbin, 1685.

MICHELET (Jules), *Histoire de France*, Paris, Calmann-Lévy, 1923, vol. 10-12 (*La Renaissance* [1855], *La Réforme* [1855], *Les Guerres de Religion* [1857], *La Ligue et Henri IV* [1857], *Henri IV et Richelieu* [1858], Paris, Chamerot).

MOREL (Jacques), *De Montaigne à Corneille*, vol.3 de *Littérature française*, Paris, Arthaud, 1986.

ORIEUX (Jean), *Catherine de Médicis ou la Reine noire,* Paris, Flammarion, 1986.

PÉRÉFIXE (Hardouin de Beaumont de), *Histoire du Roy Henri le Grand,* Paris, Martin, 1661.

PRUDHOMME (Louis-Marie), *Les Crimes des reines de France depuis le commencement de la monarchie jusqu'à Marie-Antoinette*, Paris, Bureau des révolutions de Paris, 1791.

RITTER (Raymond), *Cette grande Corisande*, Paris, Albin Michel, 1936.

——, *Catherine de Bourbon, la sœur d'Henri IV, 1559-1604*, 2 vol., Paris, J. Touzot, 1985.

ROELKER (Nancy), *Queen of Navarre, Jeanne d'Albret, 1528-1572*, Cambridge (Massachusetts), Beknap Press of Harvard University Press, 1968.

——, « The Role of Noblewomen in the French Reformation », *Archiv für Reformations-geschichte*, 63 (1972), pp.173 et suiv.

——, « The appeal of calvinism to French Noble Women in the XVIth Century », *The Journal of Interdisciplinary History* (1972).

ROUILLON-PETIT (F.), *Histoire des reines de France*, Paris, Pillet aîné, 1821.

ROUSSELOT (Paul), *Histoire de l'éducation des femmes en France*, Paris, Didier, 1883.

SEALY (Robert J.), *The Palace Academy of Henri III*, Genève, Droz, 1981.

SOLÉ (Jacques), *L'Amour en Occident à l'époque moderne*, Bruxelle, Complexe, 1984 (1976).

SUTHERLAND (Nicola Mary), *The Massacre of St Bartholomew and the European Conflict, 1559-1572*, London, Macmillan, 1973.

TELLE (Émile), *L'Œuvre de Marguerite d'Angoulême, reine de Navarre*, Genève, Slatkine Reprints, 1969 (1937).

THOMAS (Antoine-Léonard), *Essai sur le caractère, les mœurs et l'esprit des femmes dans les différens siècles*, Paris, Moutard, 1772.

Les Valeurs chez les mémorialistes français du XVIIe siècle avant la Fronde, sous la direction de Noémie Hepp et Jean Hennequin, actes du colloque Strasbourg-Metz, 1978, Paris, Klincksieck, 1979.

VARILLAS, *Histoire de Henri III*, Paris, Claude Barbin, 1694.

VIC (dom Claude de) et VAISSIÈTE (dom Jean Joseph), *Histoire générale du Languedoc*, Toulouse, Paya, 1840-1846.

VOLTAIRE, *Essai sur les mœurs et l'esprit des nations, et sur les principaux faits de l'histoire depuis Charlemagne jusqu'à Louis XIII*, 2 vol., Paris, Garnier, 1963 (1756).

VOSE (Heather M.), « That "righte English Woman" [Marguerite de Navarre] », *Sixteenth-Century Journal* (1985), pp.315-33.

YATES (Frances), *French Academies of the XVIth Century*, London, Sixteenth-Century Studies of the Warburg Institute, 1947.

四　マルグリットに関する研究

« Ce que le couronnement de Marie de Médicis et le deuil d'Henri IV ont coûté à la reine Margurite », *Documents inédits XVIe-XVIIIe siècle*, 1 (1965), pp.24-25 (reproduction d'une facture relative au coût, au sens propre, de la cérémonie).

« Henri III et Marguerite de Valois », *Bulletin de la Société de l'histoire de France* (1851-1852), pp.342-4 (sur une lettre de la duchesse d'Uzès au roi, à propos des retrouvailles Marguerite-Navarre, en 1578).

« Une lettre d'Antoine de Bourbon à sa tante Antoinette de Bourbon, duchesse de Guise: il lui annonce les fiançailles de son fils Henri de Navarre avec Marguerite de Valois, 3 mars 1557 », *Bulletin de la Société des amis du château de Pau* (1972), pp.27-32.

ANDRIUX (Charles), « Le souvenir de la reine Margot en Auvergne », *Amitiés foréziennes*, 4 (1924-1925), pp.230-45, 297-302.

BABELON (Jean), *La Reine Margot*, Paris, Berger-Levrault, 1965.

——, « La Reine Margot », *Cahiers numismatiques*, 5 (1965), pp.133-5.

BAGUENAULT DE PUCHESSE (Gustave), « Une prétendue lettre de Henri III », *Revue des questions historiques* (juillet 1898), pp.194-204.

——, « Le renvoi par Henri III de Marguerite de Valois et sa réconciliation avec le roi de Navarre d'après des documents inédits, août 1583 - avril 1584 », *Revue des questions historiques*, 70 (1901), pp.389-409.

—— « Dix années de la vie de Marguerite de Valois », *Revue des questions historiques*, 74 (1903), pp.158-63 (compte rendu du livre de Philippe Lauzun, *Itinéraire*...).

BARRET (Claude), *Les Folles Amours de la reine Margot*, Paris, Gallimard, collection « Les Amours célèbres », 1959.

BAZIN (Anaïs de Raucou, dit), « La reine Marguerite », in *Études d'histoire et de biographie*, Paris, Chamerot, 1844, pp.75-125 (*Revue de Paris*, 3, 1843).

BONNARDOT (Alfred), « Le Petit Olympe, propriété de la reine Marguerite à Issy », *Bulletin de la Société d'histoire de Paris et d'Ile-de-France* (1879), pp.167-75.

CASTELNAU (Jacques), *La Reine Margot, Marguerite de Navarre, 1492-1549* (sic), Paris, Payot, 1981 (1945).

CHAMBERLIN (Eric Russel), *Marguerite of Navarre*, New York, Dial Press, 1974.

CHARPENTIER (Hélène), « Amour, politique et religion dans la vie et dans les *Mémoires* de Marguerite de Valois », Actes du 5e colloque *Littérature, régions, religion*, Bordeaux, Presses universitaires, 1987, pp.33-56.

CLARK (John), *A Study of the Narrative Structures of two Sixteen-Century "memorialistes": Marguerite de Valois and Brantôme*, thèse de PhD, John Hopkins University, 1981.

CLÉMENS (Jacques), « La renaissance de la fonction politique des villes de l'Agenais: Marguerite de Valois en Gascogne, 1578-1586 », *Revue de l'Agenais* (1972), pp.19-27.

Colloque Marguerite de France, reine de Navarre et son temps, Agen, 11-13 oct. 1991. 〔ペラン版追加書誌参照〕

COLOMIÈS, *Mélanges historiques*, Orange, J.Rousseau, 1675, pp.86-90.

COPPIN (Joseph), « Marguerite de Valois et le livre des créatures de Raimond Sebond », *Revue du XVIe siècle*, 10 (1923), pp.57-66.

COSTE (père Hilarion de), « La Reyne Marguerite, duchesse de Valois », in *Les Éloges et vies des reynes, princesses, dames et damoiselles illustres en piété, courage et doctrine, qui ont fleury de nostre temps, et du temps de nos peres*..., 2 vol., Paris, Sebastien et Gabriel Cramoisy, 1647 (1630).

COUTURE (Léonce), « La reine Marguerite, d'après quelques publications méridionales », *Revue de Gascogne*, 38 (1897), pp.433-511 (compte rendu de plusieurs études).

DANCLOS (Anne), *La Vie tragique de la Reine Margot*, éd. Fernand Lanore/François Sorlot, Paris, 1988.

DELORME (Albert), « La reine Margot », *Revue de synthèse* (1972, 1), pp.150-151 (compte rendu de l'édition Cazeaux des *Mémoires*).

DIENNE (comte de) « La reine Marguerite à Carlat », *Revue de la Haute-Auvergne*, 5 (1903), pp.290-5 (compte rendu du livre de Philippe Lauzun, *Itinéraire*...).

DONNAY (Maurice), *La Reine Margot*, Paris, Édition de Paris, 1946.

DROZ (Eugénie), « La reine Marguerite de Navarre et la vie littéraire à la cour de Nérac, 1579-1582 », *Bulletin de la Société des bibliophiles de Guyenne*, 80 (juillet-déc. 1964), pp.77-120.

DUPLOMB (Charles), *L'Hôtel de la reine Marguerite, première femme de Henri IV*, Paris, L.Willem, 1881.

ELBÉE (Jean d'), « Margot, reine sans royaume », *Revue universelle*, 79 (1940), p.299 (critique du roman de Jeanne Galzy).

ERLANGER (Philippe), *La Reine Margot ou la Rébellion*, Paris, Perrin, 1972.

FERRET (P.), « Nullité du mariage de Henri IV avec Marguerite de Valois », *Revue des questions historiques*, 20 (1876), pp.77-114.

FRÉMY (Édouard), *Essai sur les duchesses Marguerite de Valois et Louise de Montpensier, l'une femme, l'autre petite-fille de Henri IV, leurs escrits et leurs caractères*, Paris, 1865.

GARNIER (Armand), « Un scandale princier au XVIe siècle, 1583 », *Revue du seizième siècle*, 1 (1913), pp.153-89, 355-91, 561-612.

GOMART (M.), « Les sièges du Catelet », *Bulletin de la Société académique de Laon*, 14 (1864), pp.37-40.

GORSE (Pierre de), *Reines en vacances*, Paris, Éditions du Pavois, 1949.

GRANDIDIER (Charles), *Le Séminaire d'Issy, ancien château de Marguerite de Valois*, Paris, chez l'auteur, 1853.

HABASQUE (Francisque), « La domination de Marguerite de Valois à Agen, d'après les pièces d'archives », *Bulletin historique et philologique* (du Comité des travaux historiques et scientifiques), [1890], pp.226-56.

HALDANE (Charlotte Franken), *Queen of hearts: Marguerite of Valois ("La Reine Margot") 1553-1615*, London, Constable, 1968.

LA FERRIÈRE (Hector de), « Marguerite de Valois », in *Trois Amoureuses au XVIe siècle: Françoise de Rohan, Isabelle de Limeuil, le reine Margot*, Paris, Calmann-Lévy, 1885, pp.127-315 (*Revue des Deux Mondes*, 5 [1884], pp.552-84 et 6 [1884], pp.134-65).

LAGRANGE-FERRÈGUES (G. de), « Nérac: les fournisseurs de la reine », *Revue de l'Agenais* (1962), pp.39-45.

LAUZUN (Philippe), « Marguerite de Valois et la ville de Condom en 1580 », *Revue de Gascogne*, 22 (1880), pp.5-16.

——, *Itinéraire raisonné de Marguerite de Valois en Gascogne d'après ses livres de comptes, 1578-1586*, Paris, Picard, 1902.

——, « Le voyage de Marguerite de Valois aux eaux d'Encausse en 1584 », *Bulletin de la Société archéologique du Gers*, 14 (1913).

LAVERGNE (A.), « Marguerite de Valois en Gascogne », *Bulletin de la Société du Gers*, 4 (1903), pp.56-8 (compte rendu du livre de Philippe Lauzun, *Itinéraire...*).

MARIÉJOL (Jean-Hippolyte), « Marguerite de Valois, reine de Navarre en Gascogne, sept. 1578-fév. 1582 », *Revue de Paris*, 1 (1922), pp.505-34, 773-800.

——, *La Vie de Marguerite de Valois, reine de Navarre et de France, 1553-1615*, Paris, Hachette, 1928.

MASSON (André), « La guirlande de Marguerite de Valois », *Bulletin de la Société des amis du château de Pau* (1977), pp.159-63 (sur le manuscrit de l'*Hymne à la très illustre princesse Marguerite de Valois* de Loys Papon).

MÉRAS (Matthieu), « La joyeuse entrée de la reine Margot à Montauban, 1579 », *Recueil de l'Académie de Montauban* (1965-1966), pp.115-26.

MERKI (Charles), « La domination de Marguerite de Valois à Agen », *Revue hebdomadaire*, 12 (1904), pp.169-84, 308-24.

——, *La Reine Margot et la fin des Valois, 1553-1615*, Paris, Plon, 1905.

MONGEZ (Antoine), *Histoire de la reine Marguerite de Valois, première femme du roi Henri IV...*, Paris, Ruault, 1777.

NAUD (Joseph), « Marguerite de Valois », in *Le Château d'Issy et ses hôtes*, Paris, Champion, 1926, pp.54-100.

PAUL (Georges), « Claude François, seigneur de Pominy et des Grèzes, et la reine Marguerite de Valois », *Amitiés foréziennes*, 5 (1925), pp.666-77, 764-79.

PEDRON (François), *La Reine Margot: l'amour et la gloire*, Paris, Laffont, 1985.

RATEL (Simone), « La Cour de la reine Marguerite », *Revue du XVIe siècle*, 11 (1924), pp.1-29, 193-207; 12 (1925), pp.1-43.

RIVAL (Paul), *La Folle Vie de la reine Margot*, Paris, Firmin Didot, 1929.
ROBERT (Jean), « Comédies et ballets au temps de Marguerite de Valois », *Bulletin de la Société des amis du château de Pau* (1977), pp.145-56.
SAINT MARC GIRARDIN (Marc Girardin, dit), « Les Mémoires », in *Tableau de la littérature française du XVIe siècle*, Paris, Didier, 1862.
SAINT-PONCY (Léo, comte de), *Histoire de Marguerite de Valois, reine de France et de Navarre*, 2 vol., Paris, Gaume et Cie, 1887.
SAINTE-BEUVE (Charles Augustin), « La reine Marguerite, ses Mémoires et ses lettres », in *Causeries du lundi*, 11 vol., Paris, Garnier, 1853, vol.6, pp.148-62.
SAVINE (Albert), *La Vraie Reine Margot, d'après des documents d'archives et les Mémoires*, Paris, Michaud, Collection historique illustrée, 1908.
SCHRENCK (Gilbert), « Brantôme et Marguerite de Valois: d'un genre à l'autre, ou les Mémoires incertains », in *La Cour au miroir des mémorialistes, 1530-1682*, sous la direction de Noémie Hepp, Paris, Klincksieck, 1991.
STRAGE (Mark), *Women of Power: the Life and Time of Catherine de Medici,* New York, Harcourt-Brace-Jovanovich, 1976.
TAUZIN (J.J.C.), « Le mariage de Marguerite de Valois », *Revue des quetions historiques*, 80 (1906), pp.447-98.
THOMAS (Marcelle-Georges), « De la cour de la reine Margot à la Visitation », *L'Auvergne littéraire, artistique et historique*, 164 (1959), pp.21-8.
VAISSIÈRE (Pierre de), « Le *Divorce satyrique* ou les amours de la reine Margot », *Revue des questions historiques*, 125 (1936), pp.131-9.
——, « Marguerite de Valois et la Ligue en Auvergne », *Revue des questions historiques*, 131 (1938), pp.15-35 (janvier); pp.3-26 (mars).
——, « Marguerite de Valois, princesse de la Renaissance », *Revue de l'histoire de la philosophie*, 7 (1938), pp.97-104.
——, « Reine sans couronne: les dernières années de la reine Margot à Paris », *Revue des études historiques*, 105 (1938), pp.17-44.
——, « La jeunesse de la reine Margot », *Humanisme et Renaissance*, 7 (1940), pp.7-44, pp.190-212.
VASSEUR (Léon), *La Reine Margot, son exil au château d'Usson*, résumé de la vie de la plus amoureuse des reines, Issoire, A. Vessely, 1934.
VAUCHERET (Étienne), « De Brantôme à Dumas: une double image de la reine Margot », *Cahiers universitaires de Pau-VI* (1985), pp.87-111.
VIENNOT (Éliane), *La Vie et l'œuvre de Marguerite de Valois. Discours contemporains, historiques, littéraires, legendaries*, Thèse de l'Université de Paris III, 1991.
——, « Marguerite de Valois et *La Ruelle mal assortie*: une attribution erronée », *Nouvelle Revue du Seizième Siècle*, 10, 1992, pp.81-98.
WARNY (Guy de), « Le voyage diplomatique de la reine Margot aux Pays-Bas espagnols », *Aux carrefours de l'histoire*, 24 (1959), pp.969-73.
WILLIAMS (Hugh Noel), *Queen Margot, wife of Henry of Navarre,* New York, Harper and Brothers, 1907.

五　マルグリットに言及するフィクションの作品（年代順）

SHAKESPEARE, *Love's Labour's Lost* (*Peines d'amour perdues*), 1595(?).
URFÉ (Honoré d'), *L'Astrée*, Paris, Du Bray, 1607.
DAMPMARTIN, retouché par SOREL, *La Fortune de la Cour. Ouvrage curieux tiré des Mémoires d'un des principaux conseillers du duc*

d'Alençon, Paris, Nicolas de Sercy, 1642.
La Ruelle mal assortie, in *Nouveau Recueil des pièces les plus agréables de ce temps*, Paris, Nicolas de Sercy, 1644, pp.95-101.
CONTI (Louise de Lorraine, princesse de), *Histoire des amours du grand Alcandre*, Paris, Vve Guillemet, 1651.
LE MOYNE (père Pierre), « Consolation à Endoxe [Eudoxie] », in *Entretiens et lettres poétiques*, Paris, Étienne Loyson, 1665.
Mademoiselle de Tournon, Paris, Claude Barbin, 1678.
BRYE (de), *Le Duc de Guise surnommé le Balafré*, Paris, Brunet, 1695.
Le Chansonnier des Grâces, 1819, pp.35-38, 1821, pp.133-4.
MÉRIMÉE (Prosper), *Chronique du roi Charles IX*, Paris, A. Mesnier, 1829.
STENDHAL, *Le Rouge te le Noir*, Paris, A. Levavasseur, 1831.
Le Pré-aux-Clercs, opéra de Hérold, livret de Planard, 1832.
Les Huguenots, opera de Meyerbeer, livret de Scribe, 1836.
DUMAS (Alexandre), *La Reine Margot*, Paris, Au Bureau du *Siècle*, 1852.
BEAUVOIR (Roger de), *Le Moulin d'Heilly*, Paris, Levy, 1872.
GALZY (Jeanne), *Margot, reine sans royaume*, Paris, Gallimard, 1937.
BOURDET (Édouard), *Margot*, in *Théâtre*, Paris, Stock, 1949, vol.3, pp.424-599.
MERLE (Robert), *Paris, ma bonne ville*, Paris, Plon, 1980.
——, *Le Prince que voilà*, Paris, Plon, 1982.

ペラン版の追加書誌

a　マルグリット・ド・ヴァロワの作品

Correspondance, éd. É.Viennot, Paris, H.Champion, 1998.
Mémoires et autres écrits, éd. É.Viennot, Paris, H.Champion, 1999.
Mémoires et discours, éd. É.Viennot, Paris, Saint-Étienne, Publications de l'Université, 2004.

b　研究

BAUSCHATZ (Cathleen), « *Plaisir et proffict* in the Reading and Writing of Marguerite de Valois », *Tulsa Studies in Women's Literature* 7/1 (Spring 1988)
BOUCHER (Jacqueline), *Deux épouses et reines à la fin du 16e siècle: Louise de Lorraine et Marguerite de France*, Saint-Étienne, Publications de l'Université, 1995.
CHICHKINE (Vladimir), « Marguerite de Valois, en chemin vers les "noces sanglantes" [en russe, et portugais pour 5 documents inédits], in Vladimir Chichkine et Pavel Ouvarov (dir.) *La Nuit de Saint Barthélemy, L'événement et les débats* [en russe], Moscou, Universtié étatique humanitaire de Russie, 2001.
——, « Marguerite de Valois et 7e guerre de religion en France (1580)» [en russe, et français pour un document inédit de la reine], in Ada Svanidze & Vladimir Vediushkin (dir.), *L'Homme du XVIe siècle* [en russe], Moscou, Institut d'Histoire Universelle, 2000.
——, « Trois lettres inédites de Marguerite de Valois conservées à la Bibliothèque Nationale de Russie », *Histoires et Archives*, 2 (1997), pp.141-150.
——, « Marguerite de Valois-Angoulême et son autographe inédit conservé à la Bibliothèque Nationale de Russie », *Revue d'histoire universelle* [Saint-Petersbourg], 1 (1997), pp.87-90 [en russe, et français pour l'autographe].
CHOLAKIAN (Patricia), « Marguerite de Valois and the Problematics of Female Self-Representation », in Anne Larsen & Colette Winn (dir.),

Renaissance Women Writers: French Texts/American Contexts, Detroit, Wayne State UP, 1994, pp.65-81.

CROUZET (Denis), « La caravane des perles: notes critiques à propos de la “dame aux chameaux” », *L'Information historique*, 57, 1995, pp.25-31.

GARRISSON (Janine), *Marguerite de Valois*, Paris, Fayard, 1994.

GIOANNI (Florence), *La Société aristocratique française du XVIe siècle et la musique: le cas de Marguerite de Valois (1553-1615)*, thèse d'histoire, Tours, 1996.

HILLMAN (Richard), « À la réécoute de “Marguerite de Valois” dans la *Ruelle* », in Isabelle Brouard-Arends (dir.), *Lectrices d'Ancien Régime*, Rennes, Presses Universitaires de Rennes, pp.657-664.

LAZARD (Madeleine), « The *Memoirs* of Marguerite de Valois and the Birth of Women's Autobiography », in Colette Winn and Donna Kuizenga (dir.), *Women Writers in Pre-Revolutionary France: Strategies of Emancipation*, New York/London, Garland Publishing, 1997, pp.349-362.

Marguerite de France, reine de Navarre et son tepms, Agen, Centre Matteo Bandello, 1994. Principaux article (ne recoupant pas d'autres études publiées): Jean-Claude ARNOULD, « La mémoire dans les *Mémoires* de Marguerite de Valois », pp.217-226; Jean BALSAMO, « Marguerite de Valois et la philosophie de son temps », pp.269-282; Évelyne BERRIOT-SALVADORE, « Le temps des malheurs, le temps de la philosophie: Marguerite et la vulgarisation des sciences », pp.255-268; Louise BOURRACHOT, « Agen et Marguerite de Valois, reine de Navarre », pp.61-80; Anne-Marie COCULA, « Marguerite de Valois, de France et de Navarre: l'impossible identité de la Reine Margot », pp.17-27; Marie-Madeleine FRAGONARD, « La Reine Marguerite au rang des illustres », pp.193-204; Jean GARAPON, « Une autobiographie dans les limbes, les *Mémoires* de la reine Marguerite », pp.205-216; Madeleine LAZARD, « Le *Discours docte et subtil* », pp.227-237; Catherine MAGNIEN-SIMONIN, « La jeune Marguerite des poètes (1553-1578)», pp.135-158; Gabriel-André PÉROUSE, « Le petit-maître et Marguerite: un mot sur le sieur de la Fontan », pp.283-296; Bernard YON, « L'*Astrée* et le salon de Marguerite », pp.297-308; Luigi ZILLI, « L'italianisme à la cour parisienne de Marguerite de Valois », pp.239-254.

MOISAN (Michel) , *L'Exil auvergnat de Marguerite de Valois, la reine Margot*, Nonette [Puys-de-Dôme], 1999.

SCHRENCK (Gilbert), « Marguerite de Valois et son monde, ou la chambre bruissante », in Roger Marchal (dir.), *Vie des salons et activités littéraires, de Marguerite de Valois à Mme de Staël*, Nancy, Presses Universitaires de Nancy, 2001.

SEALY (Robert), *The Myth of the Reine Margot: toward the Elimination of a Legend*, New York, Peter Lang, 1994.

SELLIER (Geneviève), « *La Reine Margot* au cinéma: Jean Dréville (1954) et Patrice Chéreau (1994) », in O. Krakovitch, G. Sellier et É. Viennot (dir.), *Femmes de pouvoir: mythes et fantasmes*, Paris, L'Harmattan, 2001, pp.205-218.

VIENNOT (Éliane), « De la reine Marguerite à la Reine Margot: les lectures de l'Histoire d'Alxandre Dumas », *L'École des lettres* 13-14 (juillet 1994), pp.81-105.

——, Postface et notes à *La Reine Margot* d'Alexandre Dumas, Paris, Le Livre de Poche classique, 1994.

——, « Les poésies de Marguerite de Valois », *XVIIe siècle*, 183 (avril-juin 1994), pp.349-375.

——, « Les ambiguïtés identitaires du *je* dans les *Mémoires* de Marguerite de

Valois », in Madeleine Bertaud et François-Xavier Cuche (dir.), *Le Genre des Mémoires, essai de définition*, Paris, Klincksieck, 1995, pp.69-79.

——, « À propos de la Saint-Barhtélemy et des *Mémoires* de Marguerite de Valois: authenticité du texte et réception au XVIIe siècle », *Revue d'Histoire Littéraire de la France* (sep.-oct. 1996), pp.894-917.

——, « Douze lettres inédites de Marguerite de Valois à ses ami-e-s », *Nouvelle Revue du XVIe siècle*, 14/2 (1996), pp.261-281.

——, « Autour d'un "démariage" célèbre; dix lettres inédites de Marguerite de Valois », *Bulletin de l'Humanisme, la Réforme et la Renaissance*, 43 (déc. 1996), pp.5-24.

——, « Agrippa d'Aubigné, Marguerite de Valois et le *Divorce satyrique* », *Albineana*, 7 (1997), pp.87-111.

——, « L'heureux voyage de Flandres: temps du récit, temps de l'écriture, dans les *Mémoires* de Marguerite de Valois », in Belinda Cannone (dir.), *Le Bonheur en littérature, Représentation de l'Autre et de l'Ailleurs*, Klincksieck, 1998, pp.97-109.

——, « Les métamorphoses de Marguerite de Valois, ou les cadeaux de Brantôme », in Jean-Philippe Beaulieu & Diane Desrosiers-Bonin (dir.), *Dans les miroires de l'écriture. La réflexivité chez les femmes écrivains de l'Ancien Régime*, Montréal, Paragraphes, 1998, pp.83-94.

——, « Écritures et culture chez Marguerite de Valois », in Colette Nativel (sous la dir. de), *Femmes savantes, savoir des femmes, du crépuscule de la Renaissance à l'aube des Lumières*, Genève, Droz, 1998, pp.175-184.

——, « Marguerite de Valois et le comté d'Auvergne: stratégies pour la renconquête du pouvoir », in Kathleen Wilson-Chevalier et É. Viennot (dir.), *Royaume de Femynie. Pouvoir, contraintes, espaces de liberté des femmes, de la Renaissance à la Fronde*, Paris, H. Champion, 1999, pp.91-102.

——, « Une intellectuelle, auteur et mécène parmi d'autres: Marguerite de Valois (1553-1615) », *Clio-Histoire, Femmes et Sociétés*, 13 (2001), ("Intellectuelles"), pp.125-134.

——, « Conversation, innovation: les *Mémoires* de Marguerite de Valois et la naissance d'un genre », in Marie-Paule De Weerdt-Pilorge (dir.), *Mémoires des XVIIe et XVIIIe siècles. Nouvelles tendances de la Recherche*, Tours, *Cahiers d'histoire culturelle*, 13 (2003), pp.5-12.

VILLEMUR (Frédérique), « De la *philautie* chez Marguerite de Valois: amour de soi et pacte autobiographique », in Jean-Philippe Beaulieu & Diane Desrosiers-Bonin (dir.), *Dans les miroires de l'écriture. La réflexivité chez les femmes écrivains de l'Ancien Régime*, Montréal, Paragraphes, 1998, pp.95-108.

[訳者による追加書誌]

マルグリット・ド・ヴァロワの作品

Album de poésies, éd. Colette Winn et François Rouget, Paris, Classiques Garnier, 2009.

研究

Catherine Magnien et Éliane Viennot(dir.), *De Marguerite Valois à la reine Margot*, Presses universitaires de Rennes, 2019.

訳者あとがき

本書は以下の書の全訳である。

Éliane Viennot, *Marguerite de Valois. Histoire d'une femme, histoire d'un mythe*, Payot, 1993.

翻訳の底本には同出版社から出ている一九九五年版を用い、また著者の了解を得て、二〇〇五年にペラン（Perrin）社から発行の版に収録された「後記」も訳出した。付録として収録されている、マルグリットの旅程と索引は割愛した。

作者のエリアーヌ・ヴィエノはサン＝テチエンヌ大学のルネサンス文学の名誉教授である。ホームページ（http://www.elianeviennot.fr）に掲載されている略歴および訳者に送付された紹介文によって経歴を紹介すれば、以下のようになろう。リヨンで生まれ、トゥルーズで中等教育を、パリで高等教育を受けた後、人工中絶と避妊の自由のための運動に関わり、フェミニストのための書店カラボスの創設に参加する。その後研究を再開し、二年間のアメリカ滞在を経て、高等教授資格を得、コレージュおよびリセの教授を歴任。本書の元となった博士論文により博士号を取得する。アメリカ、ワシントン州のシアトル大学、ナント大学等を経て、サン＝テチエンヌ大学の教授に就任する。

専門領域はルネサンス期の政治的女性の書物であり、特に女性と権力の関係、十六世紀以来のこうした関係の扱い、集団的記憶の伝達などを研究している。

本書以外の単著として次のようなものがある。

Non, le masculin ne l'emporte pas sur le féminin! Petite histoire des résistances de la langue française, Donnemarie-Dontilly, édition iXe, 2014.

La France, les femmes et le pouvoir, Paris, Perrin, 2006, 2008. (2 volumes parus)

さらに多くの共著、校訂本、論文があるが、なにより本書と関係深いものとして以下のマルグリット・ド・ヴァロワの著作集、書簡集の校訂版を挙げておかなくてはなるまい。

Marguerite de Valois, *Mémoires et autres écrits, 1574-1614*, Édition critique établie par Éliane Viennot, Paris, Honoré Champion, 1998.
Marguerite de Valois, *Correspondance, 1569-1614*, Édition critique établie par Éliane Viennot, Paris, Honoré Champion, 1997.

さて本書の対象であるマルグリット・ド・ヴァロワは、十六世紀のヴァロワ王家の王女で、ブルボン家の始祖であるアンリ四世の最初の妻である。渡辺一夫の『戦国明暗二人妃』によって、またアレクサンドル・デュマの小説『王妃マルゴ』やパトリス・シェローによるその映画化によって、ご存知の方もおられるかもしれない。日本では、例えばマリ・アントワネットなどに比べれば、フランス王妃のなかでも知名度はかなり落ちると思われる。本国フランスでは大変よく知られた王妃であるが、その知られ方はある傾向を持つ。渡辺一夫が前記著作でこの王女を紹介するに当たって、タッソー蝋人形館に飾られていたというある情景を紹介しているが、その場面が示すように、この女性は、もっぱら恋多き女性、いな淫蕩好色な女性として知られてきたのである。ヴィエノはこの書で、マルグリット・ド・ヴァロワの人生を再検討し、こうしたイメージが出来上がってくる歴史的展開を追っている。

本書は第一部と第二部からなり、第一部ではマルグリットの人生が辿られ、第二部はマルグリットのイメージの形成、神話化が扱われる。まず第一部のいわゆる伝記では、十六世紀後半という混乱の時代に生きたこの王女の足跡が検討される。フランスではよく知られた歴史的背景であるが、日本の読者にはあまり馴染みがないと思われるので、短く補足しておこう。フランスでは十五世紀半ばに長いイングランドとの百年戦争が終結し、ようやく国内的安定を取り戻し、一四九四年シャルル八世はイタリアに進撃する。その後、ルイ十二世、フランソワ一世、アンリ二世へと継承され、一五五九年のカトー・カンブレジの和約によって終結を見たこのイタリア戦争は、フランスのイタリアでの領土権益獲得の側面では失敗に終わる。しかしすでにその地に栄えていたルネサンスの文化がフランスにもたらされ、フランソワ一世の政策ともあいまって、十六世紀前半は明るい新時代の到来と見られた。しかし一五五九年アンリ二世が騎馬槍試合の事故で死亡した後は、勢力を増してきたプロテスタントとカトリックの宗教的対立が決定的となり、一五六二年のギーズ公によるヴァシーでの新教徒殺害を期に、新旧両派による宗教戦争へと突入し、一五九八年のアンリ四世によるナントの王令発布まで、断続的に八次に渡る内戦が繰り広げられた。しかもこの時代の対立はカトリックとユグノーの間にだけ存在したわけではない。絶対主義に向けて権力を強めようとする王権と中世以来の有力貴族との対立、また王権をめぐるヴァロワ、ブルボン、ギーズの王族間の争い、またヴァロワ王家内部での、兄王と弟たちの立場の違いも加わって、複雑な様相を見せる。さらには宗教的相違とネーデルラントでの覇権を巡る争いによる、フランス、スペイン、イングランドなどの国際的紛争の様相も示していた。

第一部では、生誕から死に至るマルグリットの生涯が、マルグリットの『回想録』『書簡』を主な資料として、またカトリーヌ、アンリ三世、アンリ四世などの書簡、さらにレトワールの『日記』、外国大使の報告文を参照し、また最新の歴史研究による考証を踏まえて辿られ、資料に裏打ちされた実証的な伝記となっている。ヴィエノは、マルグリット自身の手になる『回想録』に大きく依拠して記述するが、その記述をすべて鵜呑みにするわけではない。例えばアンリが兄の死によってフランス王位後継者となり、王位についていたポーランドを脱出し、ようやくフランスに戻り、リヨンでフランス宮廷のものと再会した折、『回想録』で、マルグリットは、夏の暑い時期であるにもかかわらず、体中が震えた、と書いていた。ヴィエノは、ここに兄を裏切った不安を読み、アンリ三世が後に示すマルグリットへの敵意を説明するために、マルグリットはこの再会でアンリが怒り出すのを描き、嘘をついた、と解釈する。『回想録』を書きながら、再会した新王が近づいてきた折に感じた居心地の悪さを思い出し、動揺あるいは後悔に捉えられたのであろう。この後に続く「幻視」を語る脱線は、これが故であると、ヴィエノは説明する。手紙などによってアンリ三世との敵対関係がより後に位置づけられるだけに、説得力のある、興味深い指摘である。

こうして再構成されるマルグリットの生涯では、「政治的、文化的生活で女性が占めていた位置」に一つの焦点が合わされる。もちろんマルグリットの感情の側面、恋愛を避けるわけではないが、それにもまして政治的役割が重視される。こうしてフランドル旅行は、『回想録』が示す通り、ネーデルラントでの弟アランソン公の地位を固めるための、外交的目的を持ったものであり、マルグリットは南部諸州の一定数の指導者をアランソン公に結びつけるのに成功した。また『回想録』でマルグリット自身は言及していないが、カトリーヌの書簡などによって、フレクスの和平交渉でマルグリットが中心的役割を果たしたと、ヴィエノは強調する。

ヴィエノは、これまで公表されていたがあまり注目されていなかったマルグリットの書簡などを読み込んで、マルグリットの現実的、物質的生活に関わる姿をも提示している。単なる誇り高い王妃ではなく、それを貫くために現実的側面を確保する実際家の姿である。マルグリットを捕えてユソンに連行したカニヤックは、やがて陣営を変え、マルグリット側に寝返った。一般にはマルグリットがカニヤックを籠絡したと見られているが、サン＝ポンシーの発見した証書により、この時期カニヤックにマルグリットが所有する地所を譲渡したことが明らかにされ、カニヤック買収がことの真相であると示される。またアンリ四世との離婚交渉での粘り強い姿勢や、シャルル・ド・ヴァロワとの遺産争い裁判開始の前になした、王太子ルイ（後のルイ十三世）の遺贈の決定など、したたかなマルグリット像を垣間見せてくれる。

後半のマルグリット神話の形成部分は、「どのように歴史が形成され、書かれ、変形され、再び創造されるか」のモデルケースとして描き出される。マルグリットには、恋愛（エロス、淫蕩）、美点（美貌、才能、文学性）、政治的活動、役割などのイメージが、語る人それぞれに付きまとっているが、こうしたイメージの形成過程を跡付けようとするのである。生前から多くの詩人に美貌や才を歌われ、『フランス人の目覚まし』では近親相姦の噂が指摘され、ド・トゥーはデュ・ガ暗殺の扇動者とするなど、マルグリットのイメージは既に複雑であった。しかし神話が形成される大きな時期は十七世紀と十九世紀である。

ヴァロワ朝からブルボン朝へと王権が代わり、絶対主義の時代を迎えるにあたり、マルグリットのイメージはこの時代の趨勢に影響を受ける。リシュリューによる女性の権力からの排除は、マルグリットらの高位の女性から政治的次元をなくす傾向を推し進め、三人の修史官マチュー、デュプレクス、メズレによる歴史では、もっぱら恋する女として描き出される。モルグ、シュリー、バッソンピエールらの弁護や、力を失った大貴族が書き始める回想録の手本とはされたものの、一六六〇年に出版された『諷刺的離婚』は、アンリ四世による妻の愛人リストが添えられ、淫蕩な女性のイメージを強く押し出す。十七世紀にはまた王妃は物語に登場し、一六四四年にソレルの刊行した『琴瑟相和さぬ閨房』ではネオプラトニスムに衒学的にかぶれた淫乱な女性となり、一六六五年のゴンベルヴィルの『ヌヴェール公爵殿の回想録』はラ・モルとココナの斬られた首のエピソードを伝える。

「光の世紀」である十八世紀は、マルグリットたち貴族の高位の女性には陰の世紀であったが、十九世紀にはまた新たな神話化が進行する。まず世紀初めに、ミショーとプジュラらによる過去の回想録の集成の大規模な出版、『琴瑟相和さぬ閨房』をマルグリットに帰すタルマン・デ・レオーの『逸話集』の刊行（一八三四年）、マルグリットの『回想録』の再刊（一八二三年）、書簡の刊行、ゲサールによるマルグリットの『著作集』の刊行など、資料が整備され始める。しかしこうした資料整備は必ずしもマルグリットの真の姿を明らかにするものとは言えず、刊行者は従来の偏見にとらわれていた。世紀半ば以降の歴史学では、ブルジョワ派対貴族派の対立が見られるが、マルグリットはそこではあたかもリトマス試験紙のように、両派をくっきりと浮かび上がらせる。ブルジョワ派のミシュレは、性的役割分配の理論により、公的領域を男に、家庭の領域を女に分かち、当然マルグリットには批判的で、マルグリットがデュ・ガ殺害を依頼したとする。また『ブラントーム全集』編纂（一八六四年〜）を託されたララーヌは、『艶婦伝』の多くの註で根拠なくマルグリットを指示し、『琴瑟相和さぬ閨房』を再刊し、手紙などの新資料を公表するもマルグリットへの偏見を捨てなかった。これに対抗する貴族派ではバザン（アナスタジー・ド・ロクー）が新しい資料によるマルグリットの読み直しを行い、サン＝ポンシーは貴族のフェミニストとしてマルグリットの伝記を著し、政治的役割を立証するも、『琴瑟相和さぬ閨房』をマルグリットの作とした。

こうして歴史学の対象となる間に、今日に繋がる重大な変化が起こる。マルグリットはロマン派世代のヒロインとして文学に本格的に登場するのだ。一八二九年のメリメによる『シャルル九世年代記』や一八三二年のエロルドの『学生の牧場』、一八三六年のマイアーベアの『ユグノー教徒』の両オペラではまだ、中心的人物ではないが、スタンダールの『赤と黒』（一八三〇年）ではマチルドはラ・モルの子孫とされ、マルグリットらの恋愛と結びついた英雄主義が称揚された。そして一八四五年のアレクサンドル・デュマの『王妃マルゴ』の成功で、マルグリットの名は大衆にもしっかりと根を下ろす。

その後の歴史は十九世紀のこうした流れを補いながら、変奏するものとなろう。世紀末から第一次世界大戦期にかけては、フェミニスト運動の進展と女性への関心とともに、マルグリットに関する新しい学問的著作が発表され、ロザンは一九〇二年に『ガスコーニュでの旅程』で、ガスコーニュ到着からユソン定住までの八年間を描くが、マルグリットの政治的役割を認めつつ限定する。第一次大戦から第二次大戦にかけては文学的研究としてはラテルのマルグリットの宮廷の研究が、歴史研究としてはマリエジョルの新しい伝記があるが、前者は大胆さに限界をもうけ、後者は実証派の伝記としていくつかの挿話を修正するも、共和派伝統の女嫌いを脱せず、不愉快な指摘を多く含む。しかし、やがてアナール派歴史学の台頭によって人物史が重視されなくなり、戦後一九五六年にはギィ・ブルトンによってポルノまがいの作品で色事師へと貶められる有様である。こうしてカゾーによる『回想録』出版（一九七一年）や、アンリ三世やアンリ四世などのマルグリット周辺の研究が進展するにもかかわらず、ヴィエノの研究がなされるまで、マルグリットは特に十九世紀に形成された「伝説」の中にいたことが示される。

原著のペラン版後記でも触れているように、シェローによるマルグリットの大予算での映画化（フランスでの公開は一九九四年）は、フランスでも、それほどのブームとはならなかった。しかしその後もこの女性はかの地では公衆の興味をかなり引き続けており、相も変らぬ伝説を繰り返す伝記も出版されている（訳者も二〇〇〇年代に入ってからのものを二点所有している）。こうした「神話」の存続の傍らで、本書の原書の出版が一つの契機ともなり、また近年の女性文学・文化の探求の進展とともに、マルグリットを対象とする論文・研究も深化している。マルグリット没後四百年に当たる二〇一五年十月にはヴィエノも実行委員となって、記念の研究集会がネラックで開催された（*De Marguerite de Valois à la reine Margot: Autrice, mécène, inspiratrice*, C. Magnien, É. Viennot (dir.), Presses universitaires de Rennes, 2019)。こうした流れに棹さす形で、本訳書が、マルグリットやフランス十六世紀における女性文学・文化の日本での理解の一助になれば幸いである。またマルグリット周辺の女性をめぐる様々な領域での研究——十六世紀—十八世紀の王妃の役割をめぐるコザンデ（Fanny Cosandey）の研究（*La reine de France, Symbole et pouvoir*, Gallimard, 2000）、デュボスト（Jean-François Dubost）のマリ・ド・メディシスの伝記（*Marie de Médicis La reine dévoilé*, Payot, 2009）など——も進展しており、これらの著作がすぐれた訳者により、日本で紹介されればとも思う。個人的には、モンテーニュの精神的養子であるマリ・ド・グルネーの著作及び伝記が翻訳紹介されれば、女性研究に裨益することは大きいと思うのだが。

出版に関しては水声社社長鈴木宏氏のお世話になった。翻訳に時間がかかったことをお詫びすると同時に、謹んで感謝いたします。また『マルグリット・ド・ヴァロワ回想録』の翻訳に引き続き編集を担当された板垣さんの貴重な指摘・助言にも感謝します。

最後に私事で恐縮であるが、この翻訳を、亡き赤木昭三先生の思い出に捧げたい。先生には公私において大変お世話になりながら、修士論文を除いては、まとまったものは何一つお目にかけることがかなわなかった。かつてある文学作品の翻訳について言われたように、お叱りをうけるかもしれないが、肉声で聞くことができないのがまことに残念である。

鍛治義弘

著者／訳者について――

エリアーヌ・ヴィエノ（Éliane Viennot）　一九五一年、リヨンに生まれる。サン＝テチエンヌ大学名誉教授。主な著書に *Non, le masculin ne l'emporte pas sur le féminin! Petite histoire des résistances de la langue française*, Donnemarie-Dontilly, édition iXe, 2014; *La France, les femmes et le pouvoir*, Paris, Perrin, 2006, 2008 (2 volumes parus) などがある。

＊

鍛治義弘（かじよしひろ）　一九五六年、兵庫県に生まれる。大阪大学文学部卒業、大阪大学大学院博士課程単位取得退学。博士（文学、立教大学）。専攻、フランス・ルネサンス文学。主な著書に『エクリチュールの冒険――新編・フランス文学史』（共著、大阪大学出版会、二〇〇三年）が、主な訳書に『マルグリット・ド・ヴァロワ回想録』（水声社、二〇二四年）がある。

装幀——齋藤久美子

マルグリット・ド・ヴァロワ
――一人の女性の物語、一つの神話の歴史

二〇二四年一一月二〇日第一版第一刷印刷　二〇二四年一一月三〇日第一版第一刷発行

著者――エリアーヌ・ヴィエノ
訳者――鍛治義弘
発行者――鈴木宏
発行所――株式会社水声社
東京都文京区小石川二―七―五　郵便番号一一二―〇〇〇二
電話〇三―三八一八―六〇四〇　FAX〇三―三八一八―二四三七
［編集部］横浜市港北区新吉田東一―七七―一七　郵便番号二二三―〇〇五八
電話〇四五―七一七―五三五六　FAX〇四五―七一七―五三五七
郵便振替〇〇一八〇―四―六五四一〇〇
URL : http://www.suiseisha.net

印刷・製本――モリモト印刷

ISBN978-4-8010-0818-2

水声社の本

マルグリット・ド・ヴァロワ回想録

鍛治義弘訳　男たちを破滅させた〈悪女〉と伝えられる一方で、高い知性と教養を備え、カトリックとユグノーの狭間で外交手腕を発揮したヴァロワ朝最後の王妃マルグリットの高名な回想録。サン＝バルテルミーの大虐殺で幕を開ける宗教戦争時代の最良の証言にして、フランス・ルネサンスを代表する〈自伝〉作品。

Ａ５判上製二四一頁　三五〇〇円